마르크스 평전

Karl Marx
by Francis Wheen
Copyright © Francis Wheen 1999
All rights reserved

Korean translation copyright © 2000 by Prunsoop Publishing Company
Korean translation rights published by arrangement
with Fourth Estate Limited
through Eric Yang Agency, Seoul.

이 책의 한국어판 저작권은 에릭양 에이전시를 통한
Fourth Estate Limited사와의 독점계약으로 한국어 관권을 도서출판 푸른숲이 소유합니다.
저작권법에 의하여 한국 내에서 보호를 받는 저작물이므로
무단전재와 복제를 금합니다.

마르크스 평전

프랜시스 윈 | 정영목 옮김

푸른숲

■ 머리말

1883년 3월 17일 카를 마르크스의 장례식에는 겨우 11명의 조객이 참석했다.

"그의 이름과 업적은 많은 세월이 흘러도 사라지지 않을 것이다."

프리드리히 엥겔스는 하이게이트 공동묘지에서 읽은 추도사에서 그렇게 말했다. 그때는 그 말이 허세로만 보였는데, 결국 맞는 말이 되었다.

20세기 역사는 마르크스의 유산이다. 요시프 스탈린, 마오 쩌둥, 체 게바라, 피델 카스트로 등 현대의 우상이자 괴물들은 모두 마르크스의 상속자를 자임했다. 그러나 과연 마르크스가 그들을 상속자로 인정했을까 하는 것은 또 다른 문제다. 마르크스는 생전에도 그의 제자를 자칭하는 사람들의 기괴한 짓거리 때문에 절망감을 맛보곤 했다. 프랑스의 새로운 정당이 마르크스주의 정당임을 내세우자, 마르크스는 그렇다면 "적어도 나는 마르크스주의자가 아니다." 하고 대꾸했다. 그럼에도 마르크스가 죽은 지 1백 년이 안 되어 전세계 인구의 반이 마르크스주의를 신앙으로 고백하는 여러 정부의 통치를 받게 되었다. 마르크스의 사상은 경제학, 역사학, 지리학, 사회학, 문학 연구를 바꾸어놓았다. 예수 그리스도 이래 미미한 빈민 한 사람이 이렇게 세계를 뒤바꿀 만한 영감을 제시한 적은 없었다. 또 이렇게 잘못 해석되어 불행한 결과를 초래한 적도 없었다.

이제 신화를 벗겨내고 인간 카를 마르크스를 재발견할 때가 왔다. 마르크스주의에 대해서는 수천 권의 책이 나왔지만, 대부분 학자들이나 열렬한 지지자들이 쓴 것이었으며, 그들에게는 마르크스를 피와 살을 가진 한 인간으로—프로이센 출신의 망명자이지만 영국의 중간 계급 신사가 된 사람으로, 사나운 선동가이지만 삶의 많은 시간을 영국박물관 열람실에서 학자처럼 정적에 싸여 살았던 사람으로, 사교와 연회를 좋아했지만 거의 모든 친구들과 불화를 일으켰던 사람으로, 가족에 헌신적이었지만 하녀를 임신시킨 사람으로, 매우 진지한 철학자였지만 술과 담배와 농담을 좋아했던 사람으로—대접하는 것이 신성모독에 가까운 일이었다.

냉전 시대에 서구에서는 마르크스가 모든 악을 낳은 악마이자, 무시무시하고 사악한 종교의 창시자이자, 반드시 억눌러야만 하는 해로운 영향력을 지닌 인물이었다. 1950년대 소련에서 마르크스는 세속적인 신의 지위에 올라갔다. 세례 요한은 레닌이었고, 구원자 메시아는 물론 스탈린 동지였다. 마르크스를 대량 학살과 숙청의 공범으로 지목하는 데는 이 사실 외에 더 많은 증거가 필요하지 않았다. 마르크스가 몇 년만 더 오래 살았다면, 칼잡이 잭 살인 사건(1888~1889년 런던에서 일어난 연쇄 살인 사건으로, 범인을 잡지 못했다. 마르크스는 1883년에 죽었다 : 역주)의 가장 유력한 용의자로 마르크스를 지목하는 기발한 저널리스트가 나왔을지도 모를 일이다. 왜 이런 일이 벌어졌을까? 마르크스 자신은 물론 한 번도 성삼위일체에 포함되기를 요구한 적이 없으며, 그의 이름으로 저질러진 범죄를 알았다면 아마 경악했을 것이다. 스탈린, 마오쩌둥, 김일성이 신봉한 사생아적인 주의(主義)들은 현대의 기독교인들이 구약을 이용하는 것과 비슷하게 마르크스의 작업을 이용했다. 대부분은 무시하거나 버리고, 대중의 귀에 솔깃한 몇 가지 구호들('인민의 아편', '프롤레타리아 독재')만 문맥과 관계없이 끄집어내어 거꾸로 뒤집은 다음, 가장 야만적이고 비인도적 행위들을 거룩한 행위로 정당화하기 위해 인용했다. 키플링의 시에는 이런 구절이 있다.

> 인류에게 전파할
> 복음을 가진 자,
> 몸과 영혼과 마음을
> 그 복음에 온전히 바치지만,
> 매일 그 복음을 위해
> 갈보리에 가지만,
> 그의 제자가
> 그 모든 노력을 헛되게 만들 것이다.

바보가 아니라면 소련의 강제 노동 수용소의 책임을 마르크스에게 묻지 않을 것이다. 그러나 안타깝게도 바보는 많다.
"우리 시대의 가장 중요한 사건들은 뒤로 거슬러 올라가면 결국 이렇게든 저렇게든 한 사람, 카를 마르크스를 가리킨다. 소비에트 러시아의 존재 자체를 대표하는 인물, 특히 소비에트적 방법론을 대표하는 인물이 바로 카를 마르크스라는 데 대해서는 논란의 여지가 없다."
레오폴트 슈바르츠실트가 1947년에 쓴, 마르크스에 대한 악의에 찬 전기 《붉은 프로이센인》의 서문에서 한 말이다. 그가 보기에 마르크스의 방법론과 스탈린의 방법론이 똑같다는 사실에는 논란의 여지가 없기 때문에 그는 구태여 이 터무니없는 주장에 대해 증거를 들이댈 생각도 하지 않고, "나무는 열매를 보면 안다."는 말로 만족하고 만다. 많은 속담들이 그렇듯이 이 속담 역시 생각만큼 자명한 것은 아니다. 철학자들이 자기 사상의 모든 돌연변이에 책임을 져야 하는 것일까? 슈바르츠실트가 그의 과수원에서 벌레 먹어 바람에 떨어진 열매를 보았다고 해서, 또는 점심으로 지나치게 익은 애플파이를 먹었다고 해서, 도끼를 들고 가 죄를 지은 나무에 대해 즉결 재판을 해야 하는 것일까?

아둔하거나 권력에 굶주린 추종자들이 마르크스를 신격화했듯이, 그의 비판자들 역시 그를 사탄의 대리인으로 상상하는, 정반대이지만 똑같은 잘못을 저질렀다.

"마르크스는 악마에게 사로잡힌 것처럼 보이는 때가 있다. 마르크스는 악마적인 세계관을 가졌으며, 악마의 악의를 가졌다. 때때로 마르크스는 자신이 악마의 사업을 하고 있다는 사실을 알았던 것 같다."

현대의 전기 작가 로버트 페인이 한 말이다. 이런 생각은 1976년 미국의 유명한 복음 전도사 리처드 웜브랜드 목사—《그리스도를 위해 고난을 받으며》('2백만 부 이상 팔렸다')와 《모스크바의 경전에 대한 나의 답변》과 같은 불후의 걸작의 저자다.—가 쓴 괴상망측한 책 《카를 마르크스는 악마 숭배자였나?》에서 어처구니없는 결론에 이르게 된다.

웜브랜드에 따르면 카를 마르크스는 젊은 시절 '철저한 비밀을 유지하는 악마 숭배 교회'에 들어갔으며, 그 이후 평생 동안 충실하고 사악하게 악마를 숭배했다. 물론 아무런 증거도 발견할 수 없지만, 증거가 없다는 사실이야말로 탐정의 육감의 증거가 된다.

"악마 숭배 교파는 철저하게 비밀을 유지했기 때문에, 마르크스가 그 교파와 관련되었을 가능성에 대해서는 실마리들밖에 남은 것이 없다."

이 '실마리들'이란 무엇인가? 자, 마르크스는 학창 시절 〈울라넴(Oulanem)〉이라는 제목의 운문극을 쓴 일이 있는데, 이 울라넴은 성경에서 예수를 가리키는 이름인 엠마누엘(Emanuel)의 철자를 대충 바꾸어 쓴 것이며, 이것을 보면 "악마 숭배적인 흑(黑)미사에 등장하는 도착(倒錯)들을 떠올리지 않을 수 없다." 대단한 혐의다. 그러나 이것이 끝이 아니다. 웜브랜드는 묻는다.

"마르크스의 턱수염에 궁금증을 느낀 적이 없는가? 그 당시 사람들은 보통 턱수염을 길렀다. 그러나 이런 식의 턱수염은 아니었다. …… 마르크스의 인상착의는 쉴로라는 악마와 접촉했다고 주장하며 사탄을 숭배하던 여사제 조애너 사우스콧의 제자들의 특징이다."

사실 마르크스가 살던 시대의 영국에는 크리켓 선수 W. G. 그레이스에서 정치가 솔즈베리 경에 이르기까지 턱수염을 더부룩하게 기른 사람들이 많았다. 그럼 그들도 모두 악마 쉴로와 접신한 사람들이라는 말인가?

냉전이 끝나면서 신이 사탄에게 승리를 거둔 것처럼 보이자, 아는 체하기 좋아하는 수많은 사람들은 드디어 인류가 '역사의 종언'—프랜시스 후쿠야마가 독선적으로 지어낸 말이다.—에 이르렀다고 선언했다. 공산주의는 마르크스와 마찬가지로 사망했으며, 마르크스가 역사상 가장 영향력 있는 정치적 팸플릿인 《공산당 선언》을 마무리지으면서 이야기했던 섬뜩한 협박— '지배 계급들이 공산주의 혁명 앞에서 벌벌 떨게 하라. 프롤레타리아에게 잃을 것은 사슬뿐이요, 얻을 것은 세계다. 만국의 노동자여, 단결하라!'—도 이제는 색다른 역사적 유물에 지나지 않는 것처럼 보인다. 오늘날 노동 계급을 묶고 있는 유일한 사슬은 가짜 롤렉스시계다. 현대의 노동자들은 잃고 싶지 않은 것이 전자 레인지, 공동 소유 휴가 시설, 위성 접시 안테나 외에도 많다. 노동자들은 공영 주택도 샀고, 사영화된 공익 기업의 주식도 샀다. 주택 금융 조합이 은행으로 바뀔 때는 짭짤하게 횡재를 하기도 한다. 간단히 말해서 이제 우리는 모두 부르주아지다. 심지어 영국 노동당도 대처주의로 방향을 틀었다.

    내가 이 전기를 쓰기 위해 조사를 시작했을 때, 많은 친구들이 가엾다는 표정으로, 또는 믿을 수 없다는 표정으로 나를 보았다. 그들은 궁금해했다. 도대체 누가 이 불신당하고, 낡고, 의미도 없는 인물에 대해 쓰고 싶어할까? 하물며 읽고 싶어할까? 그럼에도 나는 조사를 계속했다. 마르크스를 공부하면 공부할수록, 그는 나에게 놀라울 정도로 현대적인 화두로 다가왔다. 오늘날 자신이 현대적 사상가라고 생각하는 학자나 정치가들은 기회가 있을 때마다 '세계화'라는 유행어를 입에 올리고 싶어한다. 그러나 그들은 마르크스가 이미 1848년에 세계화를 논했다는 사실을 모르고 있다. 마르크스는 맥도널드와 MTV가 지구 위에 걸터앉아 세상을 지배하는 것을 봐도 놀라지 않을 것이다. 금융 권력이 대서양에서 태평양으로 이동하는 것—아시아의 호랑이들의 경제 발전과 미국 서해안의 신흥 실리콘 밸리 덕분에—도 빌 게이츠가 태어나기 1백여 년 전에 마르크스가 예측했던 일이다.

    그러나 한 가지, 마르크스도 나도 예측하지 못했던 사태 발전이 있었다. 1990년대 말, 유행을 따르는 자유주의자와 포스트모던 좌파들조차 마르크스를 젖혀놓은 지 한참 되는 시점에서, 다름 아닌 부르주아 자본가들이 갑자기 마르크스를 천재로 떠받들기 시작했다는 사실이다. 이런 괴상한 재평가는 1997년 10월에 첫 조짐이 나타나기 시작했다. 〈뉴요커〉는 특별호에서 카를 마르크스를 '차후의 위대한 사상가'라고 선전하면서, 그를 정치적 부패, 독점, 소외, 불평등, 세계 시장에 대해 우리에게 가르쳐줄 것이 많은 사람으로 떠받들었다. 한 부유한 투자 은행가는 〈뉴요커〉지에서 이렇게 말했다.

"월 스트리트에서 오랜 세월을 보내면서 나는 마르크스가 옳다는 것을 점차 확신하게 되었다. 나는 마르크스의 접근방법이 자본주의를 바라보는 최고의 방법이라고 절대적으로 확신한다."

그 이후로 우익 경제학자와 저널리스트들이 비슷한 찬사를 바치기 위해 줄을 섰다. 그들은 말한다.—공산주의라는 난센스는 다 무시해라, 마르크스는 사실 '자본주의 연구자'였다.

이런 고의적인 찬사조차 마르크스를 축소시킬 뿐이다. 카를 마르크스는 철학자, 역사가, 경제학자, 언어학자, 문학비평가, 혁명가였다. 그는 그런저런 '직업'을 갖지는 않았지만 비범한 일꾼이었다. 그가 쓴 글은 생전에는 거의 발표되지 않았지만, 다 모으면 50권이 된다. 그러나 그의 적도 그의 제자도 인정하지 않으려 하는 것, 그럼에도 그의 모든 자질 가운데도 가장 분명하면서도 가장 놀라운 것이 한 가지 있다. 이 신화적인 괴물이자 성자가 인간이었다는 사실이다. 1950년대 미국 매카시즘의 마녀 사냥, 베트남 전쟁과 한국 전쟁, 쿠바 미사일 위기, 소련의 체코슬로바키아와 헝가리 침공, 중국 천안문 광장에서 벌어진 학생학살—20세기 역사의 이 모든 피 묻은 오점들은 마르크스주의 또는 반마르크스주의라는 명분으로 정당화되었다. 성인이 되어서 대부분의 세월을 궁핍 속에 보낸 사람, 늘 종기와 간장병에 시달린 사람, 흥에 겨워 술집 순례를 하다가 런던 거리에서 경찰한테 쫓기기도 했던 사람이 이루어낸 일치고는 작다고 할 수 없을 것이다.

차례

■머리말

1 아웃사이더 · 15
2 귀여운 멧돼지 · · · · · · · · · · · · · · · · · · 49
3 풀을 먹는 왕 · · · · · · · · · · · · · · · · · · · 89
4 다락의 쥐 · 127
5 무시무시한 요귀 · · · · · · · · · · · · · · · · · 161
6 메갈로사우루스 · · · · · · · · · · · · · · · · · 207
7 굶주린 이리떼 · · · · · · · · · · · · · · · · · · 247
8 말을 탄 영웅 · · · · · · · · · · · · · · · · · · · 295
9 불독과 하이에나 · · · · · · · · · · · · · · · · 357
10 비루먹은 개 · 401
11 광포한 코끼리 · · · · · · · · · · · · · · · · · · 433
12 털 깎은 고슴도치 · · · · · · · · · · · · · · · 477

    후기1-마무리 · · · · · · · · · · · · · · · · · 525
    후기2-고백 · · · · · · · · · · · · · · · · · · · 528
    후기3-왕 살해 · · · · · · · · · · · · · · · · · 530

■고마움의 말 · 531
■카를 마르크스 연보 · · · · · · · · · · · · · · · 532
■역자후기 · 533
■주석 · 537
■찾아보기 · 577

1 아웃사이더

마르크스(1839)와 예니(1840)

당신은 내 앞에 있습니다.
실제 크기 그대로.
나는 그대를 내 품에 안아 올려,
머리에서부터 발끝까지 온몸에 키스를 합니다.
그리고 나는 당신 앞에 무릎을 꿇고 외칩니다.
"마담, 나는 당신을 사랑합니다."
나는 진정 당신을 사랑합니다.
이것은 베네치아의 무어인이 느꼈던 것보다 더 큰 사랑입니다…….
- 결혼 13년 후 마르크스가 부인 예니에게 보낸 편지에서

1818 | 1838
대학 시절

기차가 모젤 골짜기를 천천히 내려간다. 키 큰 소나무, 계단식 포도밭, 산뜻한 마을, 겨울 하늘에는 흔들림 없는 연기 한 줄기. 프랑스 레지스탕스와 함께 싸우다 붙잡힌 스페인 청년은 발 디딜 틈 없는 가축 수송 열차 안에서 숨을 쉬기 위해 입을 벌린 채 지나온 낮과 밤을 헤아린다. 그를 비롯한 포로들은 콩피에뉴에서 출발하여 지금 나치가 부헨발트에 세운 죽음의 수용소로 실려가는 중이다. 갑자기 플랫폼에서 독일 소년이 창을 향해 돌을 던지고, 창살 뒤에서는 곧 죽을 운명인 승객들이 몸을 움츠린다.

유대인 학살을 그린 호르헤 셈프룬의 뛰어난 소설 《긴 여행》은 그렇게 시작된다. 죽음을 향해 가는 그 열차에서 내레이터의 마음을 아프게 하는 것은 부헨발트에서 마주칠 공포보다는 돌을 던지는 아이다.

"하필이면 트리어에서 이런 일을 당하다니, 정말 더러워 못 살겠군."

내레이터는 그렇게 탄식한다. 그러자 어떤 프랑스인이 어리둥절한 표정으로 묻는다.

"왜? 아는 곳이야?"

"아니. 한 번도 와본 적은 없어."

"그럼 이곳 출신인 사람을 아는 건가?"

"그래, 맞아."

어렸을 때 친구야. 내레이터는 그렇게 덧붙인다. 그러나 그것은 정확한 대답이 아니다. 그가 염두에 두고 있는 사람은 트리어 출신이기는 하지만, 그보다 훨씬 오래 전인 1818년 5월 5일 새벽에 태어난 유대인이기 때문이다.

* * *

"가족이 없는 사람은 행복하다네."

카를 마르크스는 1854년 6월 프리드리히 엥겔스에게 보낸 편지에서 지친 목소리로 탄식했다. 당시 마르크스는 36살이었으며, 자신의 탯줄이 이어진 곳과는 단절된 지 오래였다. 아버지는 물론이고, 세 형제 모두, 그리고 다섯 누이동생 가운데 하나도 죽었다. 또 다른 누이는 이태 뒤에 죽었으며, 죽지 않은 누이들도 마르크스와 거의 연락이 없었다. 어머니와의 관계는 소원하고 냉랭했다. 어머니가 주책없이 오래 살아 반항적인 아들에게 상속될 재산을 중간에서 가로막고 있는 것이 중요한 이유였다.

마르크스는 공식 신앙이 복음주의 신교인 나라 안에서 가톨릭이 지배적이던 도시 출신의 부르주아 유대인이었다. 그러나 그는 무신론자이자 무국적자로 죽었으며, 어른이 된 후 부르주아지의 멸망과 민족 국가의 소멸을 예측하는 데 삶을 바쳤다. 마르크스는 자신의 종교, 계급, 국적으로부터 멀어짐으로써, 자본주의가 인간에게 내린 저주라고 생각했던 소외를 스스로 체현했다.

 품위 있는 중간 계급 독일인이 억압받는 대중의 대표자라고 한다면 이상해 보일지도 모른다. 그러나 마르크스라면 자신의 상징적 지위에 놀라지 않았을 것이다. 개인은 자신이 사는 세계를 반영한다는 것이 그의 믿음이었다. 마르크스는 자라면서 종교의 매혹적인 압제에 대해 알아야 할 모든 것을 배웠으며, 인류에게 족쇄를 벗어던지라고 훈계할 수 있는 교훈적 웅변 능력과 자신감으로 무장했다.

 "아버지는 독특하고, 비길 데 없는 이야기꾼이었다."

 마르크스의 딸 엘레아노르는 아버지의 유년과 관련된 드문 일화를 소개하면서 그렇게 이야기한다.

 "고모들한테 들은 바에 따르면, 아버지는 어린 시절 누이들에게 무시무시한 압제자였다. 아버지는 마치 말을 몰듯이 트리어의 마르쿠스베르크에서 누이들을 전속력으로 '몰았다'. 그보다 더 견디기 힘들었던 일은, 아버지가 더러운 밀가루 반죽과 그보다 더 더러운 손으로 만든 '케이크'를 먹으라고 고집을 부렸던 일이다. 그러나 누이들은 '몰기'를 견뎠고, 아무 소리 없이 '케이크'를 먹었다. 그렇게 하면 아버지가 상으로 누이들에게 이야기를 들려주었기 때문이다."

 그러나 세월이 흘러 장난을 좋아하던 이 소녀들이 품위 있는 부인이 되었을 때, 그들은 고집스러운 오빠의 말을 전처럼 잘 들어주지 않았다. 남아프리카로 이주했던 루이제 마르크스는 런던에 들렀을 때 카를의 집에서 저녁을 먹은 적이 있다. 그때 자리를 함께했던 손님은 이렇게 썼다.

 "그녀는 오빠가 사회주의자들의 지도자가 되는 것을 용납할 수 없었다. 그래서 내가 옆에 있었음에도, 카를에게 그들은 트리어에서 누구의 눈에도 어긋나는 짓을 하지 않았던 존경받는 변호사 집안 출신이라는 점을 누누이 강조했다."

마르크스는 가족, 종교, 국적과 단절하겠다고 굳게 마음먹고 노력했지만 완전히 성공하지는 못했다. 턱수염도 희어져 주위로부터 존경을 받을 나이가 되어서도 마르크스는 늘 돌아온 탕자였다. 부유한 친척들에게 돈을 구걸하는 편지를 써대거나, 곧 유언장을 작성할지도 모르는 먼 친척들의 비위를 맞추었다. 마르크스가 죽었을 때 가슴 주머니에서는 그의 아버지의 은판 사진이 발견되었다. 그 사진은 마르크스의 관 속에 들어가 하이게이트 묘지에 함께 묻혔다.

마르크스는 스스로 내키지 않았을지 몰라도, 자신의 논리의 힘에 속박당했다. 조숙한 학생이 쓴 에세이 〈젊은이의 직업 선택에 대한 고찰〉에서 열일곱 살의 카를 마르크스는 말했다.

"우리는 우리가 소명을 받았다고 믿는 자리를 반드시 얻지는 못한다. 사회에서 우리의 관계들은 우리가 그 관계들을 규정할 위치에 이르기 전에 이미 어느 정도 확립되어 있기 때문이다."

처음으로 마르크스의 전기를 쓴 프란츠 메링은 이 한 문장에서 마르크스주의의 맹아를 발견했다고 하는데, 과장일지는 몰라도 일리는 있는 말이다. 마르크스는 성숙해서도 인간들은 사회적, 경제적 환경으로부터—또는 선조들의 싸늘한 그림자로부터—고립되거나 추상될 수 없다고 주장했다.

"모든 죽은 세대들의 전통이 살아 있는 사람들의 마음을 산처럼 무겁게 내리누른다."

마르크스의 《루이 보나파르트의 브뤼메르 18일》의 한 대목이다.

마르크스의 부계쪽 선조 가운데 한 사람인 요슈에 헤셸 르보브는 일찍이 1723년에 트리어의 라비(유대의 율법박사이며 교회의 목사에 해당한다 : 역주)가 되었으며, 그 이후 이 자리는 가문이 승계하는 자리처럼 되어버렸다. 카를의 숙부 자무엘은 카를의 할아버지 마이어 할레비를 이어 트리어의 라비가 되었다. 카를의 어머니 헨리에테 쪽까지 보면 죽은 세대들의 무게는 더 늘어나게 된다. 네덜란드 유대인 출신인 이 가문의 경우 "수백 년 동안 아들들은 라비였다." 실제로 헨리에테 아버지도 라비였다. 이런 가족의 장남이었던 카를은 '사회적, 경제적 환경'이 아니었다면 그 역시 라비의 운명에서 벗어나지 못했을지 모른다.

죽은 세대들의 무게에 덧붙여, 라인란트의 가장 오래된 도시 트리어의 답답한 정신적 전통도 짚고 넘어가야 한다. 괴테는 1793년 트리어를 둘러보고는 우울하게 말했다.

"이 도시는 그 성벽 안에 교회, 예배당, 수도원, 대학, 기사단이나 종교단에 바친 건물 등의 짐을 지고 있다. 아니, 그것들에 억눌리고 있다. 그것으로도 모자란지, 대수도원장 관구, 카르투지오 수녀원, 기타 기관들이 이 도시를 둘러싸고 있다. 아니, 봉쇄하고 있다."

그러나 트리어는 나폴레옹 전쟁 시기에 프랑스에 합병되었으며, 그때 주민들은 언론의 자유, 헌법적 자유, 종교적 관용—세 번째가 마르크스 가족에게는 가장 의미가 컸다.—등 비(非)게르만적 개념들과 접하게 되었다. 비록 마르크스가 태어나기 3년 전 빈 회의의 결정에 따라 라인란트는 다시 프로이센 제국에 통합되었지만, 프랑스 계몽주의의 매혹적 향기는 완전히 사라지지 않았다.

카를의 아버지 히르셀은 모젤에 포도밭 몇 개를 소유하고 있어, 어느 정도 재산이 있고 교육도 받은 중간 계급에 속했다. 그러나 히르셀 역시 유대인이었다. 라인란트의 유대인들이 프랑스 통치 하라고 해서 완전히 해방되었던 것은 아니다. 그러나 약간의 자유는 맛보았으며, 그랬기 때문에 더 많은 자유에 굶주려 있었다. 프로이센이 다시 나폴레옹으로부터 라인란트를 빼앗아가자, 히르셀은 새로운 정부에 자신과 자신의

'동료 신앙인들'에 대한 법적 차별을 철폐해 달라고 청원했다. 그러나 소용이 없었다. 이제 트리어의 유대인들은 1812년 프로이센 칙령에 따라 공직이나 전문 직업을 가질 수 없었다. 히르셸은 2등 시민으로서 사회적, 경제적 불이익을 받아들이고 싶지 않았기 때문에 애국적 독일인이자 루터파 기독교인인 하인리히 마르크스로 다시 태어났다. 어차피 그의 유대교는 오래 전부터 깊고 굳건한 신앙이라기보다는 조상의 유물에 지나지 않았다(히르셸은 말했다. "나는 내 가족으로부터 받은 것이 없다. 다만 한 가지, 어머니의 사랑만이 예외라고 할 수 있다"). 히르셸이 언제 세례를 받았는지는 알 수 없으나, 카를이 태어나기 전에 개종한 것만은 분명하다. 공식 기록에 따르면 히르셸은 1815년부터 변호사 활동을 시작한 것으로 나오며, 1819년에는 방 다섯 개짜리 아파트에서 옛 로마 시대에 트리어로 들어가는 관문이었던 포르타니그라 근처의 방 열 개짜리 개인 소유 주택으로 이사함으로써 그의 가족의 새로운 사회적 지위를 입증해 보였다.

어차피 영적인 정략 결혼이었다면 가톨릭이 좀더 쉬운 선택이었다고 생각할지도 모르겠다. 히르셸이 새로 다니게 된 교회는 11,400명의 인구 가운데 3백 명만을 신자로 거느리고 있었을 뿐이기 때문이다. 그러나 이 3백 명 중에는 트리어에서 가장 막강한 사람들 몇 명이 포함되어 있었다. 어떤 역사학자는 이렇게 말한다.

"프로이센 국가 입장에서 보자면, 로마 가톨릭이 지배적이고 또 약간 위험할 정도로 프랑스화된 라인란트에서 신교 신자들은 견실하고, 믿을 만하고, 충성스러운 핵심을 형성하고 있었다."

그렇다고 히르셸이 프랑스의 매력에 면역이 되어 있었다는 뜻은 아니다. 나폴레옹 지배 시기에 히르셸은 정치, 종교, 인생, 예술과 관련된 자유로운 프랑스 사상에 깊이 빠져들었으며, "볼테르와 루소를 외우고 다니는 진정한 18세기 '프랑스인'이 되었다." 그는 또 계몽된 시민들이 정치와 문학 토론을 위해 모이는 트리어 카지노 클럽의 열성적인 회원이었다. 1834년 1월 카를이 열다섯 살이 되었을 때, 하인리히는 클럽에서 새로 라인란트 의회에 선출된 '자유주의적인' 의원들을 축하하기 위한 연회를 주최했다. 하인리히 마르크스는 이 자리에서 프로이센 왕을 위한 건배를 제안하면서 다음과 같이 연설을 하여 큰 박수를 받았다.

"전하의 아량 덕분에 우리는 민주적 대의제도를 가지게 되었습니다. 전하께서는 그 전능한 힘을 최대한 발휘하여 자신의 자유로운 의지로 국회를 소집할 것을 명함으로써, 진리가 왕좌의 계단에까지 이르게 하셨습니다."

허약하고 반유대적인 왕에 대한 이런 과도한 아첨은 오히려 비꼬는 말로 들렸을지도 모른다. 아마 연회장에 모인 사람들 가운데 좀 거친 축은 그렇게 받아들였을 것이다('그 전능한 힘'은 누가 들어도 어이가 없는 말이었다). 그러나 하인리히는 진지할 따름이었다. 그는 절대 혁명가가 아니었다. 그럼에도 '민주적 대의제'라는 말은 아무리 조심스럽게 아부의 언사와 절제된 표현으로 둘러싼다 해도, 그 말만으로도 베를린 당국을 놀라게 하기에 충분했다. 검열과 경찰 첩자들의 나라에서는 풍자가 반대자들의 유일한 무기인 경우가 많으며, 당시 프로이센의 요원들—늘 꼬투리를 잡으려고 눈을 크게 뜨고 있었다.—은 아무런 의도가 없는 곳에서도 비꼬는 말을 찾아내는 데 능숙했다. 그 결과 지역 신문들은 하인리히의 연설을 보도할 수 없었다. 8일 뒤 카지노 클럽의 한 집회에서 회원들은 〈라 마르세예즈〉를 비롯해 혁명적인 노래들을 합창했는데, 그 뒤부터 정부는 경찰에 클럽 건물의 감시를 명령했으며, 그런 불온한 집회를 허용했다는 이유로 주지사를 견책했고, 하인리히 마르크스를 요주의 인물로 점찍었다.

1. 아웃사이더

하인리히의 부인은 이런 상황을 어떻게 이해했을까? 하인리히는 이런 일들을 부인에게 말하지 않았을 가능성이 높다. 헨리에테 마르크스에게는 남편과 같은 지적 욕구가 없었다. 헨리에테는 교육받지 못한—반문맹이나 다름없었다.—여자였으며, 그녀의 관심은 가족에서 시작해서 가족에서 끝났고, 늘 가족의 일을 놓고 안달을 하고 법석을 떨었다. 그녀 자신도 '어머니로서 지나친 사랑'에서 오는 고통을 인정했으며, 아들에게 보낸 편지 가운데 현재 남아 있는 소수 가운데 한 통—아들이 대학에 다닐 때 보낸 것이다.—은 이런 진단을 충분히 입증하고도 남음이 있다.

"사랑하는 카를, 청결과 질서를 절대 하찮은 것으로 여기지 말아야 한다는 점을 이야기해야겠구나. 건강과 쾌적함이 다 거기서 나오는 것이기 때문이란다. 네 방을 자주 닦되, 꼭 시간을 정해놓고 그렇게 해야 한다는 것을 엄하게 타이르고 싶구나. 사랑하는 카를, 일주일에 한 번씩 스펀지와 비누로 방을 닦도록 해라. 커피는 어떻게 해먹니? 네가 끓여 마시는 거냐? 맛은 어떠냐? 네가 집을 어떻게 꾸려가는지 모든 것을 알려다오."

마르크스 부인이 다정하면서도 걱정이 많은 사람이었다는 것은 하인리히의 말에서도 확인된다.

"너도 네 어머니를 알잖느냐. 네 어머니가 얼마나 걱정이 많은 사람인지……."

카를은 일단 둥지를 떠나자 어머니와 관계를 유지할 생각을 하지 않았다. 별 성공은 거두지 못했지만, 이 나이든 소녀에게서 돈을 우려내려 할 때만이 예외였다. 오랜 세월 뒤, 엥겔스의 연인 메리 번스가 죽었을 때, 마르크스는 친구에게 조문이랍시고 아주 잔인한 편지를 써보냈다.

"학비, 집세 독촉이 심하다네. …… 메리가 아니라, 어차피 병도 들고 또 살 만큼 산 우리 어머니가 죽었어야 하는 게 아닌가 하는 생각이 드네."

* * *

카를 마르크스는 브뤼커가세 664번지에 있는 집 2층에서 태어났다. 브뤼커가세는 모젤강의 다리 쪽으로 구불구불 내려가는 혼잡한 도로였다. 카를의 아버지는 카를이 태어나기 불과 한 달 전 그 집을 임대했으며, 카를이 15개월 되었을 때 다른 곳으로 이사했다. 그러나 독일 사회민주당은 1928년 4월에 카를은 기억도 하지 못하는 이 건물을 사들였으며, 그 이후 이곳은 카를의 생애와 시대를 기념하는 박물관이 되었다. 다만 1933년에서 1945년까지는 무시무시한 단절이 있었는데, 그 기간에는 나치가 이 건물을 점령하여 그들의 당 기관지를 내는 본부로 이용했다. 전후에 독일 사회민주당은 히틀러의 버릇없는 점거자들 때문에 입은 훼손을 복구하기 위한 자금 지원을 호소하는 편지를 발송했다. 1947년 3월 19일에 영국 노동당의 국제 문제 담당 비서는 답장을 보냈다.

"동지에게. 안타깝지만 영국 노동당은 트레비스[트리어의 영국 명칭]의 카를 마르크스 생가 재건을 위한 귀하의 국제 위원회를 조직적으로 지원할 준비가 되어 있지 않습니다. 노동당의 자원은 영국에 있는 카를 마르크스의 비슷한 유적을 유지하는 데 들어가기 때문입니다. 데니스 힐리."

그럴듯한 이야기다. 그러나 런던에서 힐리가 당의 자원을 들여 유지했다고 주장하는 이 유적은 찾아볼 수 없다. 어쨌든 트리어의 마르크스

1. 아웃사이더　25

생가는 살아남았다. 그 생가에서 1백 미터 정도 떨어진 곳에 트리어의 옛 유대교 회당의 유적이 있는데, 이곳은 마르크스의 선조들이 관장하던 곳이다. 그곳에 회당이 있었음을 알려주는 것은 거리 모퉁이의 가로등에 붙어 있는 표지판이다. 거기에는 이렇게 적혀 있다.

"이곳에는 원래 트리어 회당이 서 있었는데, 1938년 11월 국가사회주의자들이 유대인들을 학살하던 밤에 파괴되었다."

카를 마르크스의 유년에 대해서는 누이들에게 억지로 지저분한 케이크를 먹이는 버릇이 있었다는 것 외에 거의 알려진 것이 없다. 카를은 1830년 트리어고등학교에 입학하기 전에는 집에서 교육을 받은 것으로 보인다. 트리어고등학교의 교장 후고 비텐바흐는 하인리히 마르크스의 친구이며, 카지노 클럽의 창립자 가운데 한 사람이었다. 카를은 나중에 동창들이 '시골뜨기'였다고 평가절하했지만, 교사들은 대부분 자유주의적인 인문주의자들로서 그 시골뜨기들을 교화하려고 최선을 다했다. 1832년 함바흐에서 언론의 자유를 지지하는 시위가 벌어진 뒤 경찰은 학교를 급습했으며, 학생들 사이에 돌아다니던 불온한 문서들—함바흐 시위에서 나온 연설문들을 포함하여—을 찾아냈다. 결국 한 학생이 체포당했으며, 비텐바흐 교장은 경찰의 엄중한 감시를 받게 되었다. 2년 뒤인 1834년 1월 유명한 카지노 연회 사건이 벌어진 뒤에는, 수학과 헤브루어 교사들이 '무신론'과 '유물론'이라는 비열한 범죄를 저지른 혐의로 고발당했다. 당국은 비텐바흐의 영향력을 희석하기 위해, 로어스라는 험상궂은 얼굴의 반동적 인물을 공동 교장으로 임명했다.

하인리히는 로어스의 취임식에 참석한 뒤 아들에게 말했다.

"비텐바흐 선생이 무척 힘들겠더구나. 그 사람이 얼마나 속이 상했을지 생각하니 눈물이 나올 지경이었다. 그 사람 잘못이라고는 너무 착한 것밖에 없는데. 나는 내가 그이를 무척 존경한다는 것을 보여주기 위해 최선을 다했다. 그리고 무엇보다도 네가 그 선생에게 깊은 애정을 가지고 있더라는 이야기를 해주었다……."

그러나 카를이 보수적인 공동 교장과 대화를 거부하는 것으로 비텐바흐 선생에 대한 애정을 증명해 보이자, 아버지는 카를을 꾸짖었다. 하인리히는 1835년 카를의 대학 입학식 뒤에 이런 편지를 보냈다.

"로어스 선생은 네가 작별 인사를 하러 가지 않은 것을 안 좋게 받아들이셨다. 안 간 학생은 너하고 클레멘스(다른 학생)뿐이더라. …… 그래서 어쩔 수 없이 그 선생이 집에 없을 때 네가 찾아갔다고 선의의 거짓말을 했다."

이것이 하인리히 마르크스의 진정한 목소리다. 화를 잘 내지만 소심하고, 언짢아하면서도 복종하고, 속담에 나오는 고양이처럼 '하고 싶다' 뒤에 꼭 '하지만 내가 어찌 감히'를 갖다 붙이는 성격.

반면 그의 아들은 늘 호랑이의 행동을 모방하기를 좋아했다. 카를 마르크스는 노동 계급에게 자본주의로부터 자선을 기대하지 말라고 경고하면서 이렇게 썼다.

"사회 개혁은 절대 강한 자들이 약해짐으로써 이루어지지 않는다. 늘 약한 자들이 강해짐으로써 이루어진다."

마르크스는 실제로 이 원칙을 체현했다고 말할 수도 있다. 마르크스의 지적인 능력은 거의 멈칫거리는 일이 없었지만, 이 엄청나게 창조적이고 비옥한 지성을 지탱하는 몸은 약하기 짝이 없는 그릇이었다. 그러나 마르크스는 마치 자신의 육체적 한계에 도전하여 자신의 약한 데서 힘을 찾아냄으로써, 자신이 프롤레타리아에게 주장하는 것을 스스로 시험해보기로 작정이라도 한 것 같았다.

한창 젊은 시절에도, 즉 가난, 수면 부족, 부실한 식사, 과음, 줄담배가 그의 건강을 심하게 해치기 전에도, 마르크스는 몸이 약했다. 하인리히 마르크스는 1835년 열일곱 살이 된 아들이 본대학에 입학한 직후 조언을 했다.

"아홉 개의 강의는 내가 보기에는 다소 많은 것 같다. 네 몸과 정신이 감당할 수 있을 만큼만 하는 것이 좋을 것 같구나. 네 정신을 진정으로 힘차고 건강하게 양육하려면, 이 비참한 세상에서는 몸이 늘 따라주어야 한다는 것을 잊지 마라. 몸이 인간의 행복을 좌우하기 때문이지. 병약한 학자는 세상에서 가장 불행한 인간이다. 따라서 네 건강이 감당해 낼 수 있을 만큼만 공부하도록 하거라."

카를은 그때나 그 후에나 이 조언에는 전혀 귀를 기울이지 않았다. 나중에도 카를은 싸구려 맥주와 형편없는 시가의 힘을 빌려 밤 늦도록 일을 하는 일이 잦았다.

젊은 카를은 평소의 모습 그대로 경솔하고 솔직하게, 아닌 게 아니라 자신의 건강이 나쁘다고 답장을 했다. 그럼으로써 폴로니어스(셰익스피어의 《햄릿》에 나오는 오필리아의 아버지로 수다스러운 궁내대신이다 : 역주)와 같은 아버지에게 또 한 차례의 진지한 설교를 듣게 되었다.

"해로운 것을 무절제하게 즐기는 젊음의 죄는 무시무시한 벌을 받게 된다. 이 점에서는 귄스터 씨가 슬픈 본보기다. 사실 그에게 나쁜 버릇이 많다는 데는 의문의 여지가 없다. 게다가 흡연과 음주가 이미 약해져 있던 그의 가슴을 엉망으로 만들어, 올 여름을 넘기지 못할 것 같구나."

카를의 어머니는 평소와 마찬가지로 안달을 하면서 자신의 계명 목록을 덧붙였다.

"건강을 더 나쁘게 만들 수 있는 것은 모조리 피해야 한다. 너무 덥게 지내도 안 되고, 포도주나 커피를 많이 마셔도 안 되고, 자극적인 것을 먹어도 안 되고, 후추나 양념을 많이 먹어서도 안 된다. 담배는 절대 피우지 말고, 밤에 늦게까지 앉아 있지 말고, 아침에 일찍 일어나거라. 또 감기에 걸리지 않도록 조심해라. 카를, 몸이 다시 좋아질 때까지 춤은 추지 마라."

이 정도면 마르크스 부인이 대단한 잔소리꾼이라고 이야기해도 큰 무리는 없을 것이다.

18살 생일 직후 마르크스는 약한 가슴 때문에 병역을 면제받았다. 물론 마르크스가 자신의 상태를 과장했을 가능성도 있다(병역 기피 의혹은 그의 아버지가 징집을 피하는 방법에 대해 조언을 해준 편지를 보낸 것으로도 뒷받침된다. "카를에게, 가능하다면 그곳에 있는 유능하고 유명한 의사의 확실한 확인서를 받아두도록 해라. 그렇게 한다고 해서 네 양심에 거리낄 일은 없을 게다. …… 그러나 네 양심의 일관성을 지킬 수 있도록 담배는 너무 많이 피우지 마라"). 군대에 못 갈 정도로 몸이 나빴을지는 몰라도 그것 때문에 마르크스가 학창 시절의 흥겨운 놀이를 즐기지 못한 적은 없었다. 마르크스는 본대학에서 1년을 보낸 뒤 공식적 '이수 확인서'를 발급받았다. 이 확인서는 마르크스의 학문적 성취를 찬양하면서도('탁월한 근면과 집중력') 다음과 같은 점을 확인해준다.

"그는 밤에 소란과 만취로 공안을 방해하여 하룻동안 구금당하는 벌을 받게 되었으며…… 그 후에 쾰른에서 금지된 무기를 소지했다는 이유로 고발당했다. 조사는 진행 중이다. 그러나 학생들에게 금지된 결사에 참여했다는 혐의는 받지 않았다."

그러나 대학 당국은 사실의 반을 모르고 있었다. 마르크스가 1학기에 가입했던 '시인 클럽'이 '금지된 결사'가 아닌 것은 사실이지만, 그렇다고 그 이름만큼 순수한 결사였던 것도 아니다. 시와 수사학 토론은 좀더 불온한 이야기를 감추기 위한 위장이었다.

"너도 잘 알겠지만, 네가 활동한다는 그 서클이 맥주집 모임보다는 훨씬 나은 것 같더구나."

하인리히 마르크스는 아들이 진지한 문학적 토론으로 젊음의 빛나는 시간을 보람 있게 보낸다고 상상하며 그렇게 편지를 썼다.

그러나 마르크스는 결코 맥주집과 거리가 먼 사람이 아니었다. 마르크스는 '트리어 선술집 클럽'의 공동 회장이었다. 이 클럽은 그의 고향 출신의 대학생 30명 가량이 모인 결사체로서, 그 주된 목적은 가능하면 자주, 또 시끄럽게 술에 취하자는 것이었다. 젊은 카를이 24시간 구금을 당한 것도 그들과 벌인 주연 뒤의 일이었다. 물론 친구들은 그의 고생을 위로한답시고 더 많은 술과 카드를 들고 그를 찾아갔지만. 1836년에는 술집에서 트리어 패거리와 귀족적인 보루시아 학우회의 청년 무장대 사이에 한바탕 싸움이 벌어졌다. 보루시아 학우회 청년들은 게으름뱅이 대학생들을 억지로 무릎 꿇리고 프로이센 귀족에게 충성을 맹세하게 했다. 마르크스는 이런 수모를 당할 경우에 자신을 방어하기 위해 권총을 샀는데, 4월에 쾰른에 갔을 때 경찰 수색에서 '금지된 무기'가 발견되었다. 카를은 하인리히 마르크스가 쾰른의 한 판사에게 애걸하는 편지를 보낸 덕분에 기소를 면할 수 있었다. 두 달 뒤, 보루시아 학우회와 다시 싸움을 벌인 끝에 마르크스는 결투 도전을 받아들였다. 근시인 공부벌레와 훈련받은 병사 사이의 결투 결과는 뻔한 것이었으며, 마르크스로서는 왼쪽 눈 위에 작은 상처를 입는 정도로 끝이 난 것이 다행이라고 할 수 있었다. 카를의 아버지는 절망적인 어조로 물었다.

"그렇다면 그 결투가 철학과 밀접히 관련된 것이었느냐? 그런 경향, 아니 그런 광기가 뿌리를 내리게 놔두어서는 안 된다. 자칫하면 너 자신과 네 부모에게서 삶이 주는 최고의 희망들을 앗아가버릴 수도 있으니까."

카를이 '본에서 거칠게 미쳐 날뛰며' 1년을 보낸 후, 하인리히 마르크스는 아들을 베를린대학으로 전학시키며 가슴을 쓸어내렸다. 베를린대학은 학과 외의 유혹이 본대학보다 덜한 곳이었다. 철학자 루트비히 포이어바흐는 10년 전 그곳에서 공부를 하면서 이렇게 말했다.

"이곳에서는 술을 마시고, 결투를 하고, 즐겁게 함께 외출한다는 것이 불가능하다. 이곳만큼 공부에 대한 열정이 강한 대학은 없다. ……이 공부의 사원에 비한다면, 다른 대학들은 술집과 다름없다."

하인리히가 전학에 동의하는 서류에 기꺼이 서명했음은 말할 나위도 없다.

"나는 아들 카를 마르크스의 전학 요청을 허락한다. 그가 법 공부를 계속할 수 있도록 다음 학기에 베를린대학에 입학하는 것은 내 뜻이기도 하다……."

그러나 이 방황하는 젊은이가 이제 방해 없이 공부에 집중할 것이라는 희망은 곧 물거품이 되었다. 카를 마르크스가 사랑에 빠진 것이다.

* * *

에드가 폰 베스트팔렌은 마르크스가 어른이 되어서도 관계를 유지했던 트리어 시절 학교 친구다. 그는 붙임성 있고 순한 사람이었으며, 혁명적 경향을 가진 딜레탕트였다. 그러나 두 사람의 우정이 계속되었던 것은 에드가의 자질과는 아무런 관계가 없었다. 그것은 전적으로 그의 누나인 아리따운 요한나 베르타 율리아 예니 폰 베스트팔렌과 관계가 있는 일이었다. 모두가 예니라고 알고 있는 이 여인은 처음이자 마지막 카를 마르크스 부인이 된 사람이다.

그녀는 대단히 인기 있는 여자였다. 오랜 세월 뒤에 고향을 방문한 카를은 아내가 된 예니에게 애정 어린 편지를 썼다.

"매일 어디를 가나 예전의 '트리어 최고 미인'이자 '무도회의 여왕'에 대한 질문을 받게 되는구려. 자신의 아내가 전 도시의 상상 속에 이처럼 '매혹적인 공주'로 살아 있다는 것은 사내에게는 엄청나게 기쁜 일이지."

프로이센 지배 계급 출신—루트비히 폰 베스트팔렌 남작의 딸—인 22살의 공주 같은 처녀가 술 장식이 달린 제복 차림에 물려받은 재산도 상당한 멋쟁이 귀족이 아니라 자기보다 네 살 연하인 부르주아지 출신의 유대인 건달을 사랑하게 되었다는 것은 놀라운 일로 보일지도 모른다. 그러나 예니는 자유로운 사상을 가진 지적인 여자였으며, 마르크스가 과시하는 지성에 저항할 수 없는 매력을 느꼈다. 예니는 공식 약혼자였던 훌륭한 젊은 소위를 걷어차고, 1836년 여름방학 때 카를과 약혼했다. 카를은 이 사실이 너무 자랑스러워 부모에게 한껏 뽐냈으나, 예니의 부모는 이 소식을 거의 1년 동안 알지 못했다.

약혼 사실을 이렇게 오래 감춘 이유는 언뜻 분명해 보인다. 프로이센 지방 정부의 고위 관리인 루트비히 폰 베스트팔렌 남작은 이중으로 귀족 혈통을 지닌 사람이었다. 아버지는 7년 전쟁 당시 참모장을 지냈으며, 어머니 앤 위샤트는 스코틀랜드 출신으로 아가일 백작의 후손이었다. 폰 베스트팔렌 남작은 이런 순종 귀족으로서 자기 딸이 오랜 라비 혈통을 지닌 작위도 없는 젊은이를 떠안는 것을 전혀 바라지 않았을 것이다.

그러나 자세히 살펴보면 문제가 그렇게 간단치는 않다. 폰 베스트팔렌은 속물도 아니었고 반동적 인물도 아니었기 때문이다. 그는 관례적인 상층 계급 간의 결혼을 통해 관례적으로 상층 계급의 자식 넷—그 가운데 하나가 나중에 프로이센 정부의 내무장관으로서 살벌한 억압을 자행한 페르디난트다.—을 둔 뒤, 독일 중간 계급 출신의 평범하지만 품위 있는 집안의 딸 카롤리네 호이벨과 재혼하였으며, 예니와 에드가는 둘 다 카롤리네가 낳은 자식이었다(남작의 첫 번째 부인 리제테 벨트하임은 1807년에 죽었다). 이제 루트비히 남작은 억지로 허세를 부리거나 사회적 지위를 가지고 소란을 떨 이유가 없었기 때문에, 편안하게 타고난 성격을 드러내고 있었다. 그는 교양 있고, 자유주의적이고, 인자했다. 그는 가톨릭이 지배하는 도시에 사는 신교도로서 자신이 아웃사이더 비슷하다고 느꼈을지도 모른다. 실제로 그는 사회 주변부에 속한 사람들을 동정했다. 루트비히 남작은 베를린에 보내는 공식 보고서에서, 비록 원인이나 처방을 제시하지는 않았지만, 트리어의 하층 계급들의 '점점 심해지는 궁핍'에 대해 언급했다. 그는 가난한 사람들의 궁핍 때문에 괴로워하면서도 다른 한편으로 자신의 삶의 풍요는 한껏 누리는, 좋은 의도를 가진 자유주의적 보수주의자의 전형적인 예라고 할 만한 인물이었다.

사실 루트비히 남작은 하인리히 마르크스와 비슷한 면이 있었다. 폰 베스트팔렌은 트리어에 부임한 직후인 1816년에 하인리히를 만났으며, 서로 간에 문학과 계몽철학에 대한 호감 등 공통점이 많다는 것을 알았다. 둘 다 의문의 여지 없는 군주제 지지자이자 애국자였지만, 동시에 프로이센 전제주의의 지나친 면들을 완화할 약간의 온건한 개혁을 주장했다. 그러나 낮은 목소리로 아주 정중하게. 루트비히 폰 베스트팔렌은 하인리히 마르크스와 마찬가지로 카지노 클럽에 가입했으며, 그럼으로써 베를린에 있는 그의 조심성 많은 상관들로부터 의심을 사게 되었다.

두 사람의 부인에게는 공통점이 전혀 없었다. 카롤리네 폰 베스트팔렌은 활달하고 너그러운 여주인이었으며, 늘 시 독서회나 음악의 밤 같은 행사를 마련했다. 반면 헨리에테 마르크스는 편협하고, 자기 표현에

서툴고, 사교에 어줍은 사람이었다. 마르크스 집안 아이들에게 노이슈트라세에 있는 폰 베스트팔렌의 집은 빛과 삶이 있는 피난처였다. 조피 마르크스와 예니 폰 베스트팔렌은 어린 시절에 친한 친구였다. 다섯 살의 예니가 처음으로 미래의 남편을 보았을 때, 그는 갓난아기였다. 카를보다 한 살 위였던 예니의 남동생이 그랬듯이, 예니 역시 이 짙은 색 눈에 성격이 오만한 아기("그는 무시무시한 압제자였다")의 마력에 사로잡혀 결국 벗어나지 못했다.

남작도 남매의 조숙한 놀이 친구에게 눈길을 주기 시작했다. 자기 아들 에드가와는 달리 마르크스 집안의 아들은 지식에 대한 갈증을 드러냈으며, 또 얻는 지식을 소화할 만큼 머리 회전도 빨랐다. 남작은 어린 벗과 함께 오랫동안 산책을 하며 호메로스와 셰익스피어의 긴 구절을 암송해주곤 했다. 마르크스는 셰익스피어의 많은 부분을 외우게 되었다. 뿐만 아니라 어른이 되어서는 적절한 인용구와 희곡에서 끌어낸 비유로 자신의 글에 양념을 침으로써, 어렸을 때 외운 것을 효과적으로 이용하기까지 했다. 마르크스의 사위인 폴 라파르그는 이렇게 회상한다.

"그분의 셰익스피어에 대한 존경심에는 끝이 없었다. 셰익스피어 작품들을 꼼꼼하게 연구해서, 아주 작은 등장인물들까지도 꿰고 있었다. 사실 가족 모두가 영국의 이 위대한 극작가를 숭배했다. 세 딸은 셰익스피어 작품에서 많은 부분을 외우고 있었다. 1848년 이후 그분은 영어에 대한 지식을 완벽하게 다듬고 싶어하셨는데—그때도 이미 읽을 수는 있었지만—그때 셰익스피어의 독창적 표현들을 모두 찾아내 분류를 했다."

마르크스는 말년에 일요일이면 가족을 이끌고 햄스테드 히스까지 소풍을 가면서 셰익스피어 작품—뿐만 아니라 단테와 괴테의 작품도—에 나오는 장면들을 낭독함으로써 폰 베스트팔렌과 함께 보냈던 행복한 시간들을 되새겼다.

"아이들이 늘 셰익스피어를 읽고 있다네."

마르크스는 1856년에 아버지로서 무한한 자부심을 느끼며 엥겔스에게 그렇게 써보냈다. 마르크스의 딸 예니는 열두 살에 아버지의 비서 일을 했던 빌헬름 피퍼를 《헛소동》에 나오는 베네딕과 비교했다. 그러자 열한 살짜리 여동생 라우라는 베네딕은 재치 있는 사람이지만, 피퍼는 어릿광대, '그것도 싸구려 어릿광대'에 지나지 않는다고 맞받아쳤다. 런던에서 오랜 망명 생활을 하면서 마르크스가 유일하게 영국 문화계와 접촉한 것은 이따금씩 셰익스피어 전문 배우들인 살비니와 어빙의 연기를 구경하러 외출한 것이었다. 마르크스의 자식들 가운데 엘레아노르가 무대에 섰고, 다른 딸 예니도 그렇게 하고 싶어했다는 것은 우연이 아니다. S. S. 프로어 교수도 지적했듯이, 마르크스 집안 사람이라면 누구나 '늘 영국 문학에 대한 암시로 이루어진 질풍 속에서' 살아가야 했다. 정적(政敵)을 납작하게 누를 때나, 딱딱한 경제학 텍스트에 활기를 불어넣을 때나, 가족 간에 농담을 할 때나, 강렬한 감정의 진정성을 입증할 때나—어느 때나 인용이 등장했다. 마르크스는 결혼 13년 후 부인에게 쓴 사랑의 편지에서 다시 한 번 폰 베스트팔렌 남작의 지속적인 영향을 드러냈다.

당신은 내 앞에 있습니다. 실제 크기 그대로. 나는 그대를 내 품에 안아 올려, 머리에서부터 발끝까지 온몸에 키스를 합니다. 그리고 나는 당신 앞에 무릎을 꿇고 외칩니다.

"마담, 나는 당신을 사랑합니다."

나는 진정 당신을 사랑합니다. 이것은 베네치아의 무어인(오셀로를 가리키며, 무어는 마르크스의 별명이기도 하다 : 역주)이 느꼈던 것보다 더

1. 아웃사이더

큰 사랑입니다. …… 독을 품은 혀로 나를 중상하는 수많은 적들 가운데 내가 이류 극장의 로맨틱한 배우의 연기를 한다고 비난한 사람이 누가 있었습니까? 그러나 그것이 사실입니다. 그 악당들이 재치가 있었다면, 그들은 한쪽에 '생산관계와 사회관계'를 묘사하고 또 한쪽에는 당신 발 아래 무릎 꿇은 내 모습을 묘사해놓았을 것입니다. 그리고 그 밑에 이렇게 써놓았겠지요. "이 그림과 저 그림을 비교해보라."

예니한테는 말해줄 필요도 없었겠지만, 마지막 구절은 《햄릿》에서 따온 것이다.

그런데 왜 카를과 예니는 예니의 부모에게 그들의 약혼에 대해 말하기를 꺼렸을까? 어쩌면 카를은 폰 베스트팔렌 남작이 그들의 나이 차이를 들어 반대할 것이라고 생각했는지도 모른다. 당시만 해도 연상의 여자와 결혼하는 일은 매우 드물어 자연의 법칙에 위배되는 범죄로 여길 정도였다. 또는 남작이 비록 너그러운 사람이기는 하나, 귀여운 딸이 총명하기는 하지만 성격이 급한 반골에게 자기 운명을 거는 일은 말리려 할 것이라고 생각했는지도 모른다. 카를 마르크스와 사는 인생은 결코 지루하지는 않았겠지만, 대신 안정이나 번영은 기대할 수 없는 노릇이었으니까.

* * *

예니 폰 베스트팔렌에 대한 정열을 빼놓는다면, 마르크스가 젊은 시절에 가장 정열을 바쳤던 인물은 죽은 철학자 게오르크 빌헬름 프리드리히 헤겔이었다. 둘의 관계는 일반적인 연애 관계와 비슷한 경로를 밟았다. 소심하게 경계를 하다가, 첫 포옹의 전율에 취하다가, 광기의 사랑이 시들면서 연인을 차버리는 과정. 그러나 마르크스는 이런 식으로 어른의 비밀 세계에 입문한 것을 늘 고마워했다. 헤겔주의를 거부하고 지적인 독립을 선언한 뒤에도 마르크스는 오랫동안 그를 순수에서 끌어내준 사람에 대해 애정 어린 목소리로 이야기를 했다. 마르크스는 말하자면, 친한 친구로서 건강한 정직성을 전제로 헤겔을 꾸짖을 수 있는 권리를 얻은 셈이었다. 낯선 사람에게는 허용될 수 없는 권리였다.

마르크스는 1873년에 이렇게 썼다.

"거의 30년 전, 헤겔의 변증법이 여전히 유행하던 시절에 나는 헤겔 변증법의 신비적 측면을 비판했다. 그런데 《자본》 1권을 작업하는 동안, 공부를 좀 했다는 독일 서클들에서 말깨나 하는 까다롭고, 불손하고, 범속한 아류들이 마치 레싱의 시대에 모제스 멘델스존이 스피노자를 대하듯이 헤겔을 '죽은 개' 취급하는 것을 낙으로 삼기 시작했다. 그래서 나는 공개적으로 나 자신이 그 걸출한 사상가의 제자임을 공언했으며, 심지어 가치론에 대한 장 여기저기에서 헤겔 특유의 표현 방식들을 가지고 장난을 쳐보기도 했다. 변증법이 헤겔의 손에서 신비화의 고초를 겪었다고 해서, 그것 때문에 변증법의 일반적인 운동 형식을 의식적이고 포괄적인 방식으로 제일 먼저 제시한 사람이 바로 헤겔이라는 사실이 달라지는 것은 아니다."

사실 마르크스가 자신과 의견이 다른 사람을 이렇게 칭찬하는 것은 무척 드문 일이었다. 보통 마르크스와 다툰 사람은 그 이후 평생 마르크스에게 겁쟁이나 멍청이 취급을 당하기 일쑤였다. 다만 하인리히 하이네는 예외였다. 위대한 시인의 경우에는 약점을 용서해주어야 한다고 믿었기 때문이다. 마르크스는 결함에 관계없이 위대한 철학자들에 대해서도 비슷한 규칙을 적용했던 것 같다. 그러나 이류들에 대해서는 삼류 시인, 젠체하는 얼간이, 우쭐거리는 멍텅구리 등 가혹하기 짝이 없는 표현을 갖다붙였다. 마르크스는 헤겔이 그보다 못한 사상가들에게 공격을 당하는 것을 보는 순간, 자신이 어느 편을 들어야 할지 분명히 알았던 것이다.

우선 마르크스는 그렇게 오랜 세월 뒤에도 인정했듯이 헤겔에게 진 빚이 있었다. 헤겔은 급진적인 방법론을 이용하여 보수적인 결론에 이르렀다. 마르크스가 한 일은 변증법적인 틀은 유지하면서 무슨 뜻인지 모를 신비한 이야기들을 폐기하는 것이었다. 속화(俗化)된 예배당을 사서 그것을 사람이 살 만한 세속적인 주택으로 만드는 것과 같은 일이었다.

변증법이란 무엇인가? 자석을 만질 줄 아는 초등학생이라면, 또는 결혼 상담원이라면, 반대되는 것이 서로 끌릴 수 있다는 사실을 알 것이다. 그렇지 않다면 인류는 멸종했을 것이다. 여성은 남성과 짝을 짓는다. 그들이 땀을 흘리며 포옹을 하면 새로운 피조물이 등장하고, 이 피조물은 결국 같은 과정을 되풀이하게 된다. 물론 늘 그런 것은 아니다. 그러나 종의 생존과 진보를 보장할 만큼 빈번히 같은 과정이 되풀이된다.

변증법은 인간 정신에 대해서도 비슷한 기능을 수행한다. 발가벗겨진 하나의 관념(正)은 자신과 반대되는 관념(反)을 열정적으로 끌어안고, 거기에서 종합(合)이 이루어진다. 이것은 다시 새로운 명제가 되어, 새로운 악마-연인의 유혹을 받는다. 두 개의 그릇된 것이 합쳐져 하나의 올바른 것이 생길 수도 있다. 그러나 이 올바른 것은 태어난 직후 다시 그릇된 것이 되고, 이것은 자신의 선조들과 마찬가지로 내밀한 조사를 받을 수밖에 없다. 이런 식으로 우리는 앞으로 나아간다. 마르크스가 헤겔과 맞붙은 것 자체도 어찌 보면 변증법적 과정이라고 할 수 있다. 여기에서 이름 없는 아기가 태어났는데, 이것이 훗날 역사 유물론이 된다.

물론 나는 지금 단순화하고 있다. 그러나 헤겔은 단순화할 수밖에 없다. 그러지 않으면 그의 작업의 많은 부분이 도저히 뚫고 들어갈 수 없을 정도로 모호해 보이기만 할 터이기 때문이다. 베를린대학에 도착한 열여덟 살의 마르크스도 〈헤겔에 대하여〉라는 제목을 붙인 풍자시에서 그런 불투명함과 모호함을 조롱했다.

> 내가 가르치는 말들은 모두 뒤섞여 무시무시한 혼란에 이르고 말았으니,
> 누구든 자기가 생각하고 싶은 대로 생각해도 좋다.
> 적어도 그는 한 번도 엄격한 한계에 둘러싸인 적은 없다.
> 그 시인이 고안해낸, 사랑하는 사람의 말과 생각은
> 홍수난 물에서 부글거리며 넘쳐나 절벽 아래로 곤두박질치는 듯하다.
> 그 자신은 자기 생각을 이해하고, 자기 느낌을 자유롭게 만들어낸다.
> 따라서 각 사람은 스스로 알아서 양분 많은 지혜의 넥타를 빨아들여라.
> 이제 너희는 모든 것을 안다, 내가 아무것도 아닌 말을 엄청 많이 했으므로.

마르크스는 이 시를 "아버지의 생신을 맞이하여 영원한 사랑에 대한 미약한 징표로 사랑하는 아버지에게 바치는" 운문 공책에 적어두었다. 하인리히는 아들이 당시 독일의 거의 전 학문 기관에 퍼지고 있던 헤겔 숭배라는 전염병에 걸리지 않았다는 사실을 알고 기뻤을 것이다. 하인리히는 베를린으로 보내는 편지에서 아들에게 헤겔주의자들의 강한 전염력에 대해 주의를 주기도 했다.

1. 아웃사이더

"그 새로운 비도덕주의자들은 자신들도 자기 말에 귀를 기울이지 않을 때까지 말을 비비 꼬는 사람들이다. 그들은 홍수 같은 말을 놓고 천재의 생산물이라고 부르는데, 그것은 거기에 아무런 사상도 없다는 것을 감추려는 짓거리일 뿐이다."

그러나 카를 마르크스처럼 호기심과 논쟁에서 둘째 가라면 서러울 사람이 그 유혹에 오랫동안 저항했을 리 없다. 헤겔은 베를린대학에서 1818년부터 1831년에 죽을 때까지 철학 교수를 했고, 5년 뒤 마르크스가 대학에 입학했을 때는 그의 지적 상속자들이 유산을 놓고 싸움을 벌이는 중이었다. 헤겔은 젊은 시절 프랑스 혁명의 관념적 지지자였으나, 많은 급진주의자들이 그렇듯이—그때나 지금이나—중년에는 편안하고 고분고분해져서 진정으로 성숙한 인간은 '자신의 눈앞에 있는 세계의 객관적 필연성과 합리성'을 인정해야 한다고 믿었다. 여기서 말하는 세계—프로이센 국가—는 그가 '거룩한 정신' 또는 '이념(Geist)'이라고 부른 것의 완전하고 최종적인 표현물이었다. 따라서 철학자들이 토론할 것은 남지 않았다. 현 상태에 대해 더 의문을 제기한다는 것은 무익한 일일 뿐이었다.

물론 이런 식의 주장 때문에 헤겔은 프로이센 당국의 총애를 받았다. 프로이센 정부는 자신의 정치 체제가 필연적일 뿐 아니라 더 개선할 필요가 없다는 증거로 헤겔의 주장을 내세우고 다녔다.

"현실적인 것은 모두 이성적인 것이다."

헤겔은 그렇게 썼다. 국가는 그것이 존재한다는 의미에서 의심할 바 없이 현실적이었기 때문에 이성적인 것이었고 비난을 벗어나 있었다. 그러나 헤겔의 초기 작업의 전복성을 옹호하는 사람들—이른바 청년헤겔주의자들—은 그 유명한 격언의 후반부를 인용하는 것을 더 좋아했다.

"이성적인 것은 모두 현실적인 것이다."

검열과 비밀 경찰의 힘으로 유지되는 절대 왕정은 명백히 비이성적이었으며, 따라서 비현실적인 것이었다. 누가 대담하게 손을 대기만 하면 사라져버릴 신기루요 허깨비였다.

마르크스는 베를린대학 법대생으로서 이 격투장의 관중석 앞자리에서 싸움을 구경할 수 있었다. 여윈 몸집의 법리학 강사 프리드리히 카를 폰 사비니는 엄격한 반동적 인물로, 헤겔주의자는 아니었지만, 그럼에도 한 국가의 법과 정부의 발전은 그 민족의 특징과 전통을 반영하는 유기적 과정이라는 주장에 동의했다. 프로이센 전제주의에 도전하는 것은 자연적 본성에 도전하는 것이었다. 그렇게 하느니 차라리 떡갈나무 구조의 개혁을 요구하거나, 하늘에서 내리는 비의 폐지를 요구하는 것이 낫다는 입장이었다. 반면 통통하고 쾌활한 형법 교수 에두아르트 간스는 폰 사비니와 반대되는 입장을 대표했다. 급진적 헤겔주의자인 간스는 신비한 태도로 제도를 숭배하는 것이 아니라 이성적으로 비판해야 한다고 생각했다.

마르크스는 베를린에서 처음 1년 동안은 철학의 유혹을 무시하려고 애를 썼다. 결국 법을 공부할 생각이었으니까. 게다가 마르크스는 이미 그 무시무시한 헤겔과 그의 모든 저서들을 거부해버리지 않았던가? 마르크스는 서정시를 쓰면서 다른 쪽으로 생각을 돌리려 했다. 그러나 '산만하고 두서 없는 감정 표현들'만 나올 뿐이었다. "전혀 자연스럽지가 않습니다. 모든 것이 달빛으로만 이루어져 있습니다. 있는 것과 있어야 할 것 사이의 완전한 대립. 시적 사고 대신 수사학적 반성······." (W. B. 예이츠가 말했듯이 우리는 다른 사람들과의 싸움에서 수사학을 만들고, 자신과의 싸움에서 시를 만든다.) 이어 마르크스는 법에 대한 철학을 쓰기 시작하지만— '약 3백 페이지 분량의 작업'—있는 것과 있어야 할 것 사이의 낯익은 간극만 발견했을 뿐이다.

"제가 기쁜 마음으로 법의 형이상학이라고 부르는 것, 즉 기본적 원칙들, 사유들, 개념 정의들은 모든 실제적인 법률, 모든 실제적인 법 형식과 분리되어 있었습니다."

더 심각했던 것은 이론과 실천 사이의 간극을 건널 수 없었기 때문에, 법의 형식과 그 내용을 일치시킬 수 없었다는 점이다. 그의 잘못—그는 이 잘못이 폰 사비니 탓이라고 생각했는데—은 "내용과 형식이 서로 떨어져서 발전할 수 있고 또 발전해야 한다는 믿음이었으며, 그래서 저는 진짜 형식이 아니라 서랍이 있는 책상 같은 것을 얻게 된 것이고, 서랍 안에는 모래를 부어놓은 것입니다."

그러나 그런 노력이 완전히 낭비였던 것만은 아니다.

"이 작업을 하는 동안 제가 읽는 모든 책에서 발췌를 하는 습관이 생겼습니다."

마르크스는 그 뒤로 평생 이 습관을 버리지 않았다. 이 시기 마르크스의 독서 목록은 그의 지적 탐사 작업의 폭을 보여준다. 법 철학을 쓰면서 달리 누가 요한 요아힘 빙켈만의 《예술사》를 꼼꼼하게 공부할 가치가 있다고 생각했겠는가? 마르크스는 타키투스의 《게르마니아》와 오비디우스의 《트리스티아》를 번역하기 시작했으며, "영어와 이탈리아어를 혼자, 즉 문법책을 놓고 공부하기 시작했다." 다음 학기에는 민법 소송 절차와 교회법에 대한 교과서를 수십 권 읽으면서, 동시에 아리스토텔레스의 《수사학》을 번역했고, 프랜시스 베이컨을 읽었고, "라이마루스의 책을 읽는 데 많은 시간을 투자했는데, 동물의 예술적 본능에 대한 그의 책에 즐겁게 마음을 빼앗겼다."

모두가 뇌를 위해서는 좋은 훈련이었음에 틀림없다. 그러나 예술적 본능이 있는 동물들조차도 그의 주요 프로젝트를 구해주지는 못했다.

젊은 카를은 절망감에 사로잡혀 3백 페이지짜리 원고를 포기하면서, 다시 '뮤즈들의 춤과 사티로스의 음악'으로 돌아갔다. 마르크스는 짧고 '익살맞은 소설' 《전갈과 펠릭스》를 단숨에 써내려갔는데, 별난 생각과 농담이 종잡을 수 없을 정도로 쏟아져나오는 이 소설은 영국 소설가 로렌스 스턴의 《트리스트럼 샌디》의 영향을 받아 쓴 것이 분명하다. 그러나 이 소설에도 인용할 만한 가치가 있는 구절이 하나 있다.

　모든 거인은…… 난쟁이를 전제로 하고, 모든 천재는 완고한 속물을 전제로 하고, 모든 바다 폭풍은 흙탕물을 전제로 한다. 앞엣것이 사라지면 뒤엣것이 시작되어, 식탁에 앉아 긴 다리를 오만하게 뻗는다.
　앞엣것은 이 세상이 감당하기에는 너무 커서 쫓겨나고 만다. 그러나 뒤엣것은 이 세상에 뿌리를 내리고 남는다. 샴페인이 역겨운 뒷맛을 남긴다는 사실, 영웅 카이사르가 어릿광대 옥타비아누스를 뒤에 남겼다는 사실, 나폴레옹 황제가 부르주아 왕 루이 필립을 남겼다는 사실 등에서 그 점을 확인할 수 있다…….

이제까지 마르크스에 대해 글을 쓴 어떤 사람도 이 익살맞은 착상과 15년 뒤에 쓴 《루이 보나파르트의 브뤼메르 18일》의 유명한 도입부 사이의 닮은 점을 인식하지 못한 것 같다.

　헤겔은 어디에선가 세계사에서 매우 중요한 의미를 지니는 모든 사건과 인물은 두 번 되풀이된다고 말한 적이 있다. 그러나 헤겔은 거기에 한마디 덧붙이는 것을 잊었다. 즉 첫 번째는 위대한 비극이 되지만, 두 번째는 볼품 없는 소극(笑劇)이 된다는 사실이다. 당통 뒤에 나온 코시디에르, 로베스피에르 뒤에 나온 루이 블랑, 1793~1795년의 산악당 뒤에 나온

1848~1851년의 산악당, 그리고 장군들의 무리를 거느린 꼬마 하사〔나폴레옹〕 뒤에 여남은 명의 빚진 소위들을 이끌고 나온 런던 순경〔루이 보나파르트〕을 보라! 천재의 브뤼메르 18일 뒤에 나온 백치의 브뤼메르 18일을 보라!

이런 유사점이 보인다는 것 외에 《전갈과 펠릭스》에는 우리가 더 이상 관심을 가질 것이 없다. 괴테의 영향의 무게 밑에서 신음하는, 지나치게 공을 들인 운문극 〈울라넴〉 역시 관심을 가질 것이 없다. 어쨌든 이런 실험들 뒤에 마르크스는 마침내 자신의 문학적 야망의 죽음을 받아들였다.

"갑자기, 마치 마법의 손길에 의한 것처럼—아, 그 손길이 처음에는 얼마나 큰 충격을 주었던지—저는 머나먼 요정의 궁전을 보듯이 진정한 시의 먼 나라를 보게 되었고, 저의 모든 창조물은 완전히 부서져버렸습니다."

이것을 확인하면서 마르크스는 잠 못 이루는 많은 밤을 보냈으며 많은 고민을 했다.

"장막이 드리워지고, 제 지성소는 산산조각이 났습니다. 이제 새로운 신들을 봉안해야만 했습니다."

마르크스는 몸이 쇠약해졌기 때문에 의사로부터 시골에 가서 장기 요양을 하라는 명령을 받았다. 그래서 베를린 바로 외곽 슈프레강 강변에 있는 슈트랄라우라는 아주 작은 마을에 집 한 채를 얻었다.

이 시점에서 마르크스는 약간 흔들렸던 것처럼 보인다. 헤겔이라는 세이렌(아름다운 목소리로 지나가는 뱃사람을 유혹하는 바다의 요정 : 역주)의 목소리를 무시하려고 애쓰면서("저는 그 괴상하고 거친 곡조에 매력을 느끼지 못합니다"), 종교, 자연, 역사에 대한 24페이지짜리 대화록을 썼다. 그러나 거기서 그가 쓴 '마지막 명제가 결국 헤겔주의 체계의 시작'을 알리는 것임을 발견했을 뿐이다. 이렇게 그는 적으로 여기던 헤겔의 손으로 넘어가고 말았다.

"며칠 동안 분해서 생각을 전혀 할 수 없었습니다. 저는 슈프레강의 더러운 물 옆에 있는 밭을 미친 듯이 뛰어다녔습니다. 그것이 '영혼을 씻어주고 차를 희석시켜주었습니다.'〔하인리히 하이네에서 인용〕 저는 심지어 집주인의 사냥에 따라나서기도 했고, 베를린으로 달려나가기도 했습니다. 거리 모퉁이에서 빈둘거리는 사람들을 모두 포옹하고 싶었습니다."

흥미롭게도 헤겔 역시 이상을 버리고 '성숙'을 끌어안던 시기에 비슷한 파탄을 겪었다. 헤겔과 마르크스가 둘 다 소외—인간이 자기 자신이나 자신이 속한 사회와 버성기게 되는 것—문제에 대해 길게 이야기한 것은 우연이 아니다. 19세기에 '소외(alienation)'에는 발광이나 광기라는 뜻도 있었기 때문이다. 그래서 'alienist'는 정신 병리학자나 정신병 전문의사를 가리키는 말로 쓰였다.

마르크스는 회복기 동안—긴 산책, 규칙적인 식사, 일찍 잠자리에 들기 등으로 힘을 회복하는 동안—헤겔을 처음부터 끝까지 읽었다. 마르크스는 대학 친구를 통해 '박사 클럽'을 소개받았다. 베를린의 히펠 카페에서 정기적으로 만나 저녁 내내 술을 마시며 토론을 하는 청년헤겔주의자들의 모임이었다. 회원 가운데는 신학 강사 브루노 바우어와 급진적 철학자 아르놀트 루게도 있었는데, 둘 다 마르크스의 지적 협력자가 되었다가 몇 년 뒤에는 철천지원수가 된 사람들이다.

1837년 11월 10일 밤 마르크스는 아버지에게 자신의 변화와 거기에 이르게 된 지적인 편력을 설명하는 아주 긴 편지를 썼다. 편지는 이렇게 시작한다.

"사람의 인생에는 한 시기를 완성했음을 표시하는 동시에 새로운 방향을 분명히 가리키는 변경의 초소와 같은 순간이 있습니다. 그런 이행의 순간에 우리는 우리의 진짜 위치를 파악하기 위해 사유의 날카로운 눈으로 과거와 현재를 볼 수밖에 없습니다. 세계사 역시 이런 식으로 뒤를 돌아보고 자신을 평가하기를 좋아합니다……."

여기에 거짓 겸손은 없다. 열아홉의 나이에 마르크스는 이미 '운명의 인간'의 옷을 입어보려 했고, 그 옷이 자기에게 잘 맞는다는 것을 알았다. 이제 다음 단계의 삶을 시작하기 전에 마르크스는 그때까지 살아온 것에 대한 기념비를 세우고 싶어했다.

"그 기념비를 세우는 데 부모의 마음보다 더 거룩한 곳이 어디 있겠습니까! 부모는 가장 자비로운 재판관이요, 가장 내밀하게 공감하는 분들이요, 노력하는 자의 가장 깊은 속까지 온기를 전해주는 사랑의 태양입니다."

그러나 화려한 아첨도 아무런 소용이 없었다. 하인리히는 아들의 지적인 모험 이야기를 읽으면서 공감을 하지도 자비를 느끼지도 않았다. 두려움만 점점 커졌을 뿐이다. 가족 가운데 헤겔주의자가 있다는 것만으로도 창피한 노릇이었다. 그런데 거기에서 끝나는 것이 아니었다. 아들은 법학 학위를 따서 수입이 좋은 일자리를 얻는 데 온 정신을 집중해야 할 시기에 철학에 시간과 재능을 낭비하고 있었다. 오랫동안 고생해 온 부모에 대해서는 조금도 생각하지 않는다는 것인가? 아주 뛰어난 재능을 타고나도록 축복해주신 신에 대한 의무감도 없단 말인가? 장차 아내가 될 사람—"뛰어난 자질과 사회적 지위를 가졌음에도, 불확실하고 칙칙한 미래를 위해 자신의 밝은 환경과 전망을 버리고 연하의 남자의 운명에 자신을 얽어매는 크나큰 희생을 한 처녀"—은 어떻게 책임질 것인가? 안달하는 어머니와 병든 아버지에게는 관심이 없다 해도, 아름다운 예니에게 부유하고 행복한 미래를 보장해주어야 한다는 의무감은 느껴야 할 것 아닌가. 그러나 이것은 담배 연기가 가득한 방에 앉아 예술적 본능이 있는 동물에 대한 책을 열심히 읽는 것으로는 얻기 힘든 일이었다.

신이 애통해하실 일이다!!! 무질서한 분위기, 지식의 모든 분야를 무기력하게 돌아다니는 일, 침침한 기름 등잔 밑에서 무기력하게 생각에 잠기는 일, 맥주 한 잔을 놓고 미친 듯이 날뛰는 대신 학자의 드레싱 가운을 입고 머리는 산발한 채 미친 듯이 날뛰는 일, 모든 예의를 무시하고 비사교적으로 은둔하는 일…… 이 의미 없고 요령 없는 박학의 작업장에서 너와 네 애인이 따먹을 만한 열매가 익는단 말이냐? 너의 신성한 의무를 이행하는 데 충분한 열매를 거두어들일 수 있단 말이냐?

이 날카로운 질책—동시에 마르크스의 평생에 걸친 작업 방법에 대한 생생한 묘사이기도 하다.—은 1837년 12월, 이미 결핵으로 위중한 상태에 있던 하인리히가 던진 것이다. 그의 말은 마치 다음 세대에 모든 희망을 걸었으나 그 희망이 휴지처럼 구겨지는 꼴을 보고 만 사람이 죽어가면서 마지막으로 으르렁거린 절망의 외침처럼 들린다. 의사가 처방한 한 주먹이나 되는 알약으로 몸을 지탱하면서 하인리히는 탕자를 향해 푸짐하게 불만을 쏟아놓았다. 카를은 부모의 편지에 거의 답장을 하지 않았다. 병에 대해 묻지도 않았다. '가장 부유한 학생도 1년에 5백 탈러 이하를 쓰는' 형편에, 부모의 돈을 7백 탈러나 갖다 썼다. 추상적인 것을 따라다니면서 '괴물들을 낳느라' 정신과 육체가 쇠약해졌다. 방학 때도 한 번도 집에 가지 않았으며, 형제 자매의 존재는 무시했다. 전에는 하늘 높이 칭송하던 예니 폰 베스트팔렌도 이제는 또 한 사람의 짜증스러운 존재일 뿐이었다.

"본에서 너의 거친 소행이 끝나자마자, 네 옛 죄들—아닌 게 아니라 아주 많았다.—이 씻겨나가자마자, 사랑의 번민이 시작되었고 우리는 놀랐다. …… 너는 이렇게 어린 나이에 가족에게서 소원해졌구나……."

사실이었다. 그러나 이런 장황한 불만도 가족의 재결합에는 별 도움이 되지 않았다. 카를의 부모들은 1838년 부활절 방학 동안 며칠이라도 트리어에 왔다 가라고 간청했다. 그러나 카를은 가지 않았다.

실제로 마르크스는 가족을 완전히 벗어나 있었다. 그들 사이의 거리는 1837년 3월 하인리히가 보낸 편지를 통해 짐작할 수 있다. 그 편지에서 하인리히는 카를에게 영웅을 읊은 송시를 써서 이름을 날리라고 권했다.

"그런 송시는 프로이센의 명예를 드높일 것이며, 군주제 정신에 중요한 의미를 부여하는 계기가 될 것이다. …… 깊은 감정을 담아 애국적이고 독일적인 정신으로 쓴다면, 그런 송시도 명성을 얻는 기초가 되는 데 충분할 것이다."

아버지는 아들이 정말로 독일이나 그 군주제를 칭송하고 싶어할 것이라고 생각했을까? 아마 아닐 것이다. 아버지는 슬픈 목소리로 인정했다.

"나는 오직 제안만 하고 조언만 할 수 있을 뿐이다. 너는 나보다 더 커버렸다. 이런 문제에서는 네가 일반적으로 나보다 나으니, 네 생각대로 결정을 내리라고 맡겨둘 수밖에 없구나."

하인리히 마르크스는 1838년 5월 10일 57살의 나이로 세상을 떴다. 카를은 장례식에 참석하지 않았다. 베를린에서 가자면 너무 멀다는 것이 카를이 갖다붙인 이유였으나, 사실 그에게는 더 중요한 일들이 있었다.

2 귀여운 멧돼지

큰 딸 예니헨(1850)

철학은 감추지 않는다. "한마디로 나는 모든 신들을 싫어한다."는 프로메테우스의 선언은
곧 철학의 고백이며, 인간의 자기 의식을 가장 높은 신성으로 인정하지 않는,
하늘과 땅의 모든 신들에 대항하는 구호이기도 하다. 인간의 자기 의식과 맞설 수 있는 것은
아무것도 없다. —마르크스의 박사 논문 〈데모크리토스와 에피쿠로스 철학의 차이〉에서

그는 물건일세. 간단히 말해, 현세대 최고의 —또 어쩌면 유일하게 진짜일지도 모르는—
철학자를 만날 준비를 하게. 마르크스 박사는 아직 아주 젊은 사람이라네.
기껏해야 스물넷 정도일 걸세. 그는 중세의 종교와 철학에 최후의 일격을 가할 걸세.
루소, 볼테르, 홀바흐, 레싱, 하이네, 헤겔을 합쳐서 한 사람을 만들면
그게 바로 마르크스 박사라네. —모제스 헤스가 친구인 베르톨트 아우어바흐에게 보낸 편지

1839 | 1843
청년 헤겔주의자

마르크스는 베를린대학에 다니는 3년 동안 강의실에는 거의 나타나지 않았고 빚을 자주 졌다. 아버지의 죽음은 정기적인 용돈 지급이 끝났다는 뜻이었지만, 법률 공부를 하라는 압박으로부터 해방됐음을 뜻하는 것이기도 했다. 브루노 바우어는 충고했다.

"실천적인 일에 헌신하고자 하는 것은 어리석은 일일세. 지금은 이론이 가장 강한 실천이야. 이론이 어느 정도까지 실천적일 수 있을지 우리는 전혀 예측할 수 없다네."

청년헤겔주의자들의 과제는 학계에 침투하여 자신들의 이론을 새로 통용되는 지혜로 확립하는 것이었다. 마르크스는 박사 논문을 쓰기 시작하여, '데모크리토스 철학과 에피쿠로스 철학의 차이'를 주제로 잡았다. 박사 논문을 쓰면 강사 자격을 얻을 수 있을 것이라고 예상했다.

그러나 때가 몹시 안 좋았다. 헤겔의 좌파 제자들을 새로 철저하게 숙청하는 시기였기 때문이다. 법대 최후의 헤겔주의자였던 에두아르트 간스가 1839년에 갑자기 세상을 떠나면서, 매우 반동적인 율리우스 슈탈이 그 자리를 차지했다. 얼마 후 바우어는 신학과에서 추방되어, 본대학에 피난처를 구해야 했다. 바우어는 그 얼마 전인 1836년에만 해도, 종교는 철학적 비판을 초월한 자리를 유지해야 한다고 상당히 힘을 주어 주장했다. 그런데 이제는 지붕 꼭대기에서 무신론을 외치고 있었다. 바우어는 마르크스에게 빨리 논문을 쓰고, 가능한 한 빨리 그가 있는 본으로 오라고 재촉했다. 어떤 젊은 급진주의자는 이렇게 예측했다.

"만일 마르크스, 브루노 바우어, 포이어바흐가 함께 모여 신학-철학 평론지를 창간한다면, 신은 천사들을 주위로 다 불러모은 다음 자기 연민에 빠져 세월을 보내게 될 것이다. 그 셋은 신을 천국으로부터 몰아낼 것이 틀림없기 때문이다."

그러나 신으로서는 다행스럽게도, 신에게는 프로이센의 고위직에 친구들이 있었다. 1840년 프리드리히 빌헬름 4세가 왕위에 오르면서 반대자들에 대한 박해가 배가되었고, 모든 출판물에 엄격한 검열이 시행되었으며, 학문의 자유는 소멸되었다.

냉랭한 베를린에서 답답함을 느낀 마르크스는 구태여 학교에 나가려 하지 않았다. 낮이면 하숙집에 앉아 책을 읽고, 글을 쓰고, 담배를 피웠다. 저녁이면 박사 클럽에 나오는 비슷한 처지의 사람들과 대화를 나누고 술을 마셨다. 그들은 기분을 풀기 위해 거의 매일 만나고 있었다. 에피쿠로스와 데모크리토스에 대한 연구는 언뜻 보기에 전혀 위험할 일이 없을 것 같았지만, 마르크스는 자신의 논문을 베를린대학 교수들에게는 제출할 수 없다는 것을 잘 알고 있었다. 불건전한 영향력을 근절하라는 새 왕의 개인적 명령을 받아 1841년에 대학에 부임한 노회한 반헤겔주의 철학자 F. W. 폰 셸링이 그의 논문을 정독한다면 더는 희망이 없었다. 마르크스의 데모크리토스와 에피쿠로스 비교 연구는 겉으로 보기에는 딱딱한 주제 같지만 사실 과감하고 독창적인 연구 작업이었다. 마르크스는 이 논문에서 신학은 철학이라는 더 높은 지혜에 복종해야 하며, 회의론이 도그마에 승리를 거둘 것임을 보여주려 했다. 그의 주장은 첫 페이지부터 도전적으로 제기되었다.

세계를 정복하는 자유로운 심장에 피가 단 한 방울이라도 남아 있는 한, 철학은 적들을 향해 계속해서 에피쿠로스처럼 외칠 것이다. "군중의 신들을 파괴하는 것이 불경(不敬)이 아니라, 군중의 사상이 신들에게서 나왔다고 우기는 것이 불경이다." 철학은 감추지 않는다. "한마디로 나는 모든 신들을 싫어한다."는 프로메테우스의 선언은 곧 철학의 고백이며, 인간의 자기 의식을 가장 높은 신성으로 인정하지 않는, 하늘과 땅의 모든 신들에 대항하는 구호이기도 하다. 인간의 자기 의식과 맞설 수 있는 것은 아무것도 없다.

마르크스는 호전적이고 짓궂은 태도―이후 논쟁에서 마르크스의 특징으로 자리를 잡게 된다.―로 자신의 지도교수가 자유주의의 믿음을 상실한 것을 조롱하는 짧은 부록을 덧붙였다. 마르크스는 우선 셸링이 40여 년 전에 쓴 에세이의 한 구절을 인용했다.
"인류의 다수에게 정신의 자유를 선언할 때가 왔다. 그들이 족쇄의 상실을 슬퍼하는 것을 더는 용납할 수 없는 때가 왔다."
그러면서 마르크스는 물었다.
"그때가 1795년에 이미 왔다면, 1841년은 도대체 어떠한가?"
셸링에게는 그 질문에 답을 할 기회가 주어지지 않았다. 마르크스가 논문을 예나대학에 제출했기 때문이다. 예나대학은 아무런 논란 없이 지체하지 않고 학위를 수여한다는 평판을 얻고 있었다. 마르크스는 논문과 함께 본대학의 이수 확인서(여기에 음주, 무기와 관련된 엉뚱한 행동에 대한 언급이 나온다)와 베를린대학 주재 정부 전권위원 대리의 신원

보증서를 제출해야 했다. 전권위원 대리는 "교육의 관점에서는 특별히 흠잡을 것이 없으나", 다만 "여러 번 빚 때문에 송사에 말려들었다."고 밝혔다. 예나대학의 철학 학과장인 카를 프리드리히 바흐만 박사는 그런 사소한 비행은 무시하기로 결정했다. 데모크리토스와 에피쿠로스에 대한 논문이 "박학만이 아니라 지성과 통찰을 보여주며, 이런 이유에서 나는 이 후보자가 탁월한 자격이 있다고 보기" 때문이었다. 예나에 논문을 보내고 나서 불과 9일 뒤인 1841년 4월 15일, 카를 마르크스는 박사 학위를 받았다.

이제 마르크스 박사는 세상에 진출할 준비가 되었다. 그러나 다음 한 해 동안 마르크스는 뚜렷한 목적 없이 본, 트리어, 쾰른을 왔다갔다했다. 무엇을 할지 모르는 사람처럼 보였다. 그의 논문은 '자식으로서 사랑의 증표로…… 아버지 같은 친구이신 루트비히 폰 베스트팔렌에게' 헌정되었다. 마르크스는 트리어에 몇 번 갔을 때도 자신의 어머니는 노골적으로 무시하고, 병든 남작(1842년 3월에 죽는다)과 참을성 있는 예니에게만 신경을 썼다. 마르크스와 오랫동안 만나지 못했음에도 '귀여운 멧돼지'를 사모하는 예니의 마음에는 변함이 없었다.

"내 작은 마음에는 당신에 대한 사랑과 갈망과 뜨거운 기다림이 가득하여 곧 흘러넘칠 지경입니다. 내가 당신과 결혼할 수 있다는 것이 분명하지요, 그렇죠?"

물론, 물론이라고 마르크스는 응답했다. 그러나 아직은 안 된다고. 결혼은 마르크스가 돈벌이가 되는 일자리를 구할 때까지 미루어야 했다. 야비한 어머니가 용돈을 끊어버리고, 하인리히 마르크스의 유산 가운데 카를의 몫이 지급되는 것을 막았기 때문이다.

1841년 7월 마르크스는 본으로 가서 브루노 바우어와 함께 지냈다. 두 무뢰한은 시끌벅적한 여름을 보내며 지역 부르주아지들에게 충격을 주었다. 술에 취하고, 교회에서 웃음을 터뜨리고, 당나귀를 타고 도시의 거리를 달리고, 또 좀더 파괴적인 행동으로,《무신론자이자 적그리스도인 헤겔을 심판하는 최후의 수단》을 써서 익명으로 돌렸다. 언뜻 보면 이것은 무신론자를 욕하는 경건한 글 같다. 헤겔이 혁명적인 무신론자임을 입증하고 싶어하는, 독실하고 보수적인 기독교인이 쓴 것처럼 되어 있기 때문이다. 그러나 그 글의 진짜 의도와 더불어 저자들도 금방 밝혀졌다. 한 헤겔주의 신문에서 '농민'(bauer는 독일어로 농민이라는 뜻)이라면 진짜 의미를 이해할 것이라고 논평했기 때문이다. 브루노 바우어는 대학에서 쫓겨났고, 더불어 마르크스는 대학에 발탁될 마지막 기회를 잃어버렸다.

마르크스는 1842년 3월 급진적인 헤겔주의 철학자 아르놀트 루게에게 보낸 편지에서 이렇게 말했다.

"며칠 뒤면 쾰른에 가야 합니다. 본의 교수들 근처에 있는 것이 견딜 수 없기 때문입니다. 세상의 모든 구석에서 새로운 막다른 골목을 찾아낼 목적으로만 공부를 하는 지적인 스컹크들과 이야기를 나누고 싶어하는 사람이 어디 있겠습니까!"

그러나 한 달 뒤 마르크스는 생각이 바뀌었다.

"쾰른에 정착하려던 계획을 바꾸었습니다. 그곳 생활은 너무 시끄럽기 때문입니다. 좋은 친구가 너무 많으면 더 나은 철학으로 나아갈 수가 없지요. …… 따라서 당분간 본이 내 거처가 될 것 같습니다. 사실 이곳의 거룩한 분들께서 화를 낼 만한 사람이 하나도 남지 않는다면, 그것 또한 딱한 일 아니겠습니까."

그러나 쾰른의 유혹은 견디기 힘들었다. 마르크스가 불평했던 그곳의 '시끄러움'은 뒤집어 말하면 히펠 카페의 박사 클럽 모임의 메아리나 다름없었기 때문이다. 중요한 차이가 하나 있다면 그것은 알코올의

질이었다. 예니는 1841년 8월에 카를에게 쓴 편지에서 이렇게 말했다.

"당신이 행복하다니, 당신이 쾰른에서 샴페인을 마신다니, 그곳에 헤겔 클럽들이 있다니, 당신이 꿈을 꾸고 있다니…… 나는 얼마나 기쁜지 모르겠어요."

샴페인은 베를린에서 즐겼던 맥주보다 더 적당한 윤활유인 것 같았다. 쾰른은 라인란트에서 가장 부유하고, 가장 큰 도시였다. 또 라인란트는 프로이센 전체에서 정치적으로나 산업적으로 가장 앞서 나간 지방이었다. 그 즈음 이 지역의 은행가와 사업가들은 그들을 괴롭히는 절대 왕정과 관료적 억압이라는, 생명이 다한 낡은 장치를 버리고 근대 경제에 좀더 어울리는 정부 형태를 갖추자고 선동하기 시작했다. 마르크스 자신이 나중에 자주 지적했듯이, 사회의 성격은 그 사회의 생산 양식에 의해 규정된다. 이제 산업 자본주의가 확립되었기 때문에, 쾰른의 술집에서는 민주주의, 자유 언론, 통일 독일에 대한 이야기가 오가게 되었다. 따라서 이 도시가 이단적 사상가와 자유분방한 불평분자들을 끌어들이는 자석과 같은 역할을 한 것도 당연한 일이었다. 그들은 이곳에 와서 재계 거물들로부터 부에 대한 지식을 얻고, 그 대가로 지식의 부를 제공했다. 이런 결합의 자식이 〈라이니셰 차이퉁(라인 신문)〉이었다. 1841년 가을 일단의 부유한 제조업자와 금융가들(쾰른 상공회의소 소장도 포함되어 있었다)이 창간한 이 자유주의적 신문은 따분하고 보수적인 〈쾰르니셰 차이퉁(쾰른 신문)〉에 대한 도전이었다.

돌이켜보면 마르크스가 그 신문을 위해 글을 쓰고, 곧 그 신문을 관장하는 수호신으로 터를 잡게 된 것은 필연적인 일이었다. 그러나, 마르크스주의가 종종 '역사적 필연성'을 가르치는 사상으로 희화화되기는 하지만, 마르크스는 개인의 운명은 미리 정해진 것이 아님을 잘 알았다.— 물론 실제로 인생을 형성하는 우연의 중요성을 과소평가하는 경향이 있기는 했지만. 브루노 바우어가 학계에서 쫓겨나지 않았으면 어떻게 되었을까? 마르크스 박사가 저널리즘을 통해 들끓는 지성을 표현하는—달리 더 나은 일이 없어서 택한 것이었다.—대신, 대학의 한직을 맡게 되었다면 어떻게 되었을까?

따라서 우연이 그의 운명을 결정하는 데 한몫을 했다고 말할 수도 있다. 그러나 그것은 마르크스 자신이 추구하던 우연이었다. 이 순간 역시 저 너머의 탐사되지 않은 영역을 가리키는 '변경의 초소와 같은 순간'—예전에 그가 아버지에게 보낸 편지에서 사용했던 표현—이었다. 헤겔은 이제 자기 몫을 다했다. 베를린을 떠난 뒤로 마르크스의 생각은 관념론에서 유물론으로, 추상에서 현실로 옮겨가고 있었다. 마르크스는 1842년에 이렇게 썼다.

"모든 진정한 철학은 당대 지성의 정수이기 때문에, 철학이 내적으로 그 내용에 의해서만이 아니라 외적으로 그 형식을 통해서도 당대의 현실 세계와 접촉하고 상호작용을 할 때가 와야 한다."

마르크스는 "자유가 현실의 단단한 땅 위가 아니라 상상력이라는, 별이 빛나는 하늘에 있어야 한다고 생각하는" 독일 자유주의자들의 모호하고 흐릿한 주장들을 경멸하게 되었다. 바로 그런 비현실적인 몽상가들 때문에 독일의 자유는 감상적인 환상에서 벗어나지 못했다. 물론 마르크스가 새로 택한 방향을 따르자면, 진이 빠질 정도의 철저한 자기 교육이 필요했다. 그러나 이 탐욕스러운 독학자에게는 그것이 장애가 될 수 없었다.

마르크스는 1842년 2월 임종을 앞둔 폰 베스트팔렌 남작을 방문하기 위해 트리어에 가 있는 동안 저널리즘용 글을 처음으로 써서 드레스덴에 있는 아르놀트 루게에게 보냈다. 그가 새로 발행하는 청년헤겔주의 간행물인 〈독일 연보〉에 실어달라는 것이었다. 마르크스의 글은 그 즈음 프리드리히 빌헬름 4세가 내린 검열 지침에 대한 뛰어난 반박문이었다. 검열관이 그 글을 즉시 삭제한 것은 의도와 관계없이 멋진 아이러니였다. 〈독일 연보〉 자체도 몇 달 뒤, 연방 의회의 명령으로 폐간당했다.

마르크스는 '작센 방식 검열의 갑작스러운 부활'에 대해 투덜거리면서 쾰른에서는 좀더 운이 좋기를 바랐다. 쾰른에서는 이미 그의 친구 몇 명이 〈라이니셰 차이퉁〉에 자리를 잡고 있었다. 편집자인 아돌프 루텐베르크는 박사 클럽 출신의 술을 좋아하는 동지(이자 브루노 바우어의 처남)였으나, 늘 술에 취해 있었기 때문에 신문을 제작하는 일은 대부분 부유하고 젊은 사회주의자 모제스 헤스가 담당하고 있었다. 마르크스의 거의 모든 친구들이 그랬듯이 모제스 헤스도 마르크스와 철천지원수 사이가 되지만, 이 시기만 해도 이 전투적인 젊은이에게 정중한 태도를 보였다. 모제스 헤스는 친구인 베르톨트 아우어바흐에게 편지를 썼다.

그는 물건일세. 우리 분야가 아주 비슷한데도 그는 나에게 엄청나게 강한 인상을 주었지. 간단히 말해, 현세대 최고의―또 어쩌면 유일하게 진짜일지도 모르는―철학자를 만날 준비를 하게. 그가 글로든 강연으로든 대중 앞에 모습을 드러내면 모든 독일인의 관심을 끌 걸세. …… 마르크스 박사(이것이 나의 우상의 이름일세)는 아직 젊은 사람이라네.―기껏해야 스물넷 정도일 걸세. 그는 중세의 종교와 철학에 최후의 일격을 가할 걸세. 그는 가장 심오한 철학적 진지함과 가장 신랄한 재치를 겸비한 인물이라네. 루소, 볼테르, 홀바흐, 레싱, 하이네, 헤겔을 합쳐서―나란히 늘어놓는 것이 아니라 합치는 걸세.―한 사람을 만들면 그게 바로 마르크스 박사라네.

마르크스는 당시에 그가 만난 거의 모든 사람에게 똑같은 인상을 주었다. 베를린 박사 클럽이나 쾰른 서클 사람들은 마르크스보다 여덟이나 열 살 연상이었음에도 대부분 젊은 마르크스를 연상으로 대접했다. 프리드리히 엥겔스가 병역을 이행하러 베를린에 온 것은 마르크스가 떠나고 나서 몇 달 뒤였다. 엥겔스는 라인란트 출신의 이 젊은이가 이미 전설이 되었음을 알았다. 엥겔스가 1842년에 쓴 시에는 아직 만나보지도 못한 상태에서 전적으로 동료 지식인들의 숨가쁜 회고에만 의존해 그려본 미래 협력자의 생생한 모습이 담겨 있다.

누가 옆에서 미친 듯이 격렬하게 달려가는가?
트리어의 가무잡잡한 친구, 그 괴물 같은 모습이 눈에 두드러진다.
깡충거리는 것이 아니라, 튀어오르듯 약진하며,
사납게 돌아다닌다. 머리 위 높은 곳에 펼쳐진 하늘의 천막을
손으로 움켜잡아 땅으로 끌어내리려는 듯,
두 팔을 넓게 펴 하늘을 향해 뻗는다.
거친 주먹을 흔들며 미친 사람처럼 날뛴다,
1만 마리의 악마가 그의 머리카락을 움켜쥐고 있는 것처럼.

실제로 마르크스는 가무잡잡했다(그래서 평생 따라다닌 별명이 '무어인'이었다). 게다가 숱이 많은 검은 털이 머리만이 아니라 뺨, 팔, 귀, 코의 모든 털구멍에서 솟아난 것처럼 보였기 때문에 더 검어 보였다. 너무 뻔하면 오히려 알아채기가 힘들고, 아마 그래서 마르크스에 대해 글을 쓴 사람들 대다수가 눈앞에서 빤히 그들을 마주보고 있는 사실을 놓쳤는지도 모른다. 그것은 마르크스가 에서(성경 구약에 나오는 요셉의 아들이며 야곱의 형 : 역주)처럼 털이 많은 사람이라는 사실이다. 그를

아는 사람들은 그 웅장한 말갈퀴 같은 머리카락이 경외감을 불러일으켰다는 점을 누구나 강조한다. 1842년 〈라이니셰 차이퉁〉에 투자를 하기도 했던 쾰른의 사업가 구스타프 메비센은 이렇게 썼다.

"트리어 출신의 카를 마르크스는 24살의 유력한 인물이다. 그의 뺨, 팔, 코, 귀에서는 숱 많은 털이 빽빽하게 솟아 있다. 그는 오만하고, 충동적이며, 정열적이고, 한없는 자신감에 차 있다……."

파리에서 마르크스를 알게 된 시인 게오르크 헤르베그는 이렇게 말했다.

'풍성한 검은 머리카락이 그의 이마를 덮고 있었다. 그는 마지막 스콜라 철학자 역할을 하기에 아주 좋은 외모였다.'

파벨 안넨코프는 1846년에 마르크스를 만났다.

"그는 외모가 아주 특이하다. 머리에는 검은 머리카락이 더부룩하고 손에도 털이 많다. …… 그래서 마치 존경을 요구할 권리와 힘이 있는 사람처럼 보인다."

프리드리히 레스너의 말이다.

"그는 이마가 넓고 반듯하다. 숱이 많은 머리카락은 새까맣다. …… 마르크스는 민중의 지도자로 태어났다."

카를 슈르츠의 말이다.

"넓은 이마에 머리카락과 턱수염이 새까맣고 검은 눈이 반짝거리는, 이 약간 땅딸막한 남자는 즉시 모든 사람의 눈길을 끌었다. 그는 학식이 아주 뛰어나다는 평판을 얻고 있었다……."

빌헬름 리프크네히트는 1896년에 글을 쓰면서 50년 전 '새까만 갈기가 달린 사자 같은 머리카락 밑에서 뿜어져 나오던 안광'을 처음 견디던 순간을 기억하며 몸을 떨었다.

언뜻 아무 생각 없이 더부룩하게 기른 것 같은 이 머리카락과 수염은 사실 의도적인 것이었다. 마르크스와 엥겔스는 더부룩한 모습에서 나오는 힘을 이해했다. 이것은 그들이 1852년에 쓴, 시인이자 비평가 고트프리트 킹켈에 대한 팸플릿의 중간쯤에서 킹켈에 대해 코웃음을 치며 한 말로도 뒷받침된다.

런던은 이 존경받는 인물에게 그가 훨씬 더 큰 찬사를 받을 수 있는 새롭고 복잡한 격투장을 제공해주었다. 그는 망설이지 않았다. 그는 그 시즌의 새로운 사자가 되어야 할 운명이었다. 그는 이 점을 염두에 두고 당분간 모든 정치적 활동으로부터 물러나 그의 집에 은둔하며 턱수염을 길렀다. 그것이 없으면 어떤 예언자도 성공할 수 없기 때문이다.

같은 이유에서인지 몰라도, 마르크스는 대학 때 구레나룻을 기르기 시작하여 그 이후 평생 동안 그 양털처럼 더부룩한 수염을 자랑스럽게 가꾸었다(런던에서 활동하던 프로이센 스파이는 그것이 의미심장하다고 여겼는지, 1852년 베를린의 상관에게 "그는 전혀 면도를 하지 않는다."라고 보고를 올렸다).

프리드리히 엥겔스 역시 어린 나이에 수염에 대한 정치적 이론을 정리했던 것 같다. 19살의 엥겔스는 1840년 10월 누이에게 보낸 편지에서 이렇게 말했다.

"지난 일요일은 콧수염의 저녁이었지. 나는 콧수염을 기를 수 있는 모든 젊은 남자들에게 회람을 돌려, 이제 마침내 모든 속물에게 겁을 줄 때가 왔는데, 그렇게 하는 데 콧수염을 기르는 것보다 더 좋은 방법은 없다고 말해주었어. 그래서 속물 근성에 도전하여 콧수염을 기를 용기가 있는 사람들은 모두 서명을 했지. 금방 여남은 명이 서명을 했어. 그러고 나서 10월 25일, 우리 콧수염이 한 달쯤 자랐을 때를 공동 콧수염

축제의 날로 정했어."
 브레멘 시청의 지하실 방에서 열린 이 수염 애호가들의 파티는 도전적인 건배로 끝을 맺었다.

> 속물은 얼굴을 호각처럼 깨끗하게 면도하여
> 뻣뻣한 털의 짐을 회피한다.
> 우리는 속물이 아니다. 따라서 우리는
> 콧수염이 자유롭게 번창하도록 놓아둘 수 있다.

 엥겔스의 콧수염도 나중에 뺨과 턱까지 번지기는 했지만, 그의 가늘고 연약한 턱수염은 마르크스의 웅장한 깃털에는 상대가 되지 않았다. 헤아릴 수 없이 많은 포스터, 혁명적 깃발, 영웅적 흉상―그리고 하이게이트의 유명한 묘석―을 통해 우리에게 익숙한 카를 마르크스의 이미지는 그 곱슬곱슬한 후광이 없었다면 우상으로서 영향력을 많이 상실했을 것이다.
 마르크스는 뛰어난 웅변가는 아니었다. 약간 혀짤배기소리를 냈던 데다가, 라인강 유역의 거친 악센트 때문에 종종 오해를 사곤 했다. 그러나 그 털이 뻣뻣한 멧돼지의 모습만으로도 영감과 위압감을 주기에 충분했다. 역사학자 카를 프리드리히 쾨펜은 박사 클럽의 단골손님이었는데, 마르크스와 자리를 함께할 때마다 몸이 마비되는 것 같았다. 쾨펜은 이 무시무시한 친구가 1841년 베를린을 떠난 직후에 이렇게 썼다.
 "나는 이제 다시 나 자신의 생각을 가질 수 있다. 말하자면, 내 스스로 생각을 할 수 있다는 것이다. 이전의 내 모든 생각은 모두 멀리 떨어진 곳에서, 즉 쉬첸슈트라세〔마르크스가 살던 곳〕에서 온 것이었다. 이제

나는 진정으로 다시 공부할 수 있다. 나 자신도 그 가운데 한 사람이라는 생각 없이 백치들 사이를 걸어다닌다는 것은 기분 좋은 일이다……"

쾨펜은 브루노 바우어가 기독교의 정치에 대해 쓴 글을 읽고 마르크스에게 말했다.

"나는 경찰이 조사를 하듯이 이 생각을 심문해보고 신분증을 제시하라고 했네. 그 결과 그 생각도 쉬첸슈트라세에서 나왔다는 것을 알게 되었지. 그러니까 자네도 알다시피, 자네는 생각의 창고일세. 진짜 공장이야. 베를린 속어로 말하자면, 공부 벌레의 뇌를 가지고 있네."

마르크스가 〈라이니셰 차이퉁〉에서 일을 하기 시작했을 때, 동료들은 그가 지적으로 끓어오르듯 격하고 급한 모습을 보여주는 반면, 사소한 일에서는 정신을 놓고 사는 듯한 모습, 어떻게 보면 귀엽다고도 할 수 있는 모습을 보여준다는 것을 알게 되었다. 마르크스는 선술집에 앉아 커피를 마시며 근시인 눈으로 신문을 보다가, "갑자기 다른 탁자로 가서 다른 사람이 보고 있는 신문을 향해 손을 뻗곤 했다." 저널리스트인 카를 하인첸은 이런 마르크스의 모습을 관찰하며 재미있어했다.

"기사가 잘린 것에 대해 검열관에게 항의하러 간다면서, 호주머니에 문제의 기사를 넣는 대신 다른 신문, 또는 심지어 손수건을 쑤셔넣고 부리나케 달려나가기도 했다."

배짱이 든든한 사람들한테는 마르크스가 술을 퍼마시고 난장판을 벌이는 것도 매력적인 모습이었다. 하인첸은 어느 날 저녁 포도주 몇 병을 마신 뒤 마르크스를 집으로 데려다주던 일을 기억한다.

내가 집에 들어가자마자 그는 문을 닫고 열쇠를 감춘 다음, 내가 집 안에 갇혀버렸다고 익살을 부렸다. 그는 나에게 자기를 따라 서재로 올라오라고 했다. 나는 올라가서 소파에 앉아 이 놀라운 괴짜가 도대체 무슨 일을 꾸미는지 지켜보았다. 그러나 그는 곧 내가 거기 있다는 것을 잊고, 의자에 거꾸로 걸터앉더니 등받이에 머리를 갖다대고 큰 목소리로 노래를 하듯 연설을 하기 시작했다. 반은 슬픔에 잠긴 목소리였고, 반은 조롱하는 목소리였다.

"불쌍한 중위, 불쌍한 중위! 불쌍한 중위, 불쌍한 중위!"

이것은 그가 헤겔 철학을 가르쳐줌으로써 '타락시킨' 프로이센 중위 때문에 탄식하는 소리였다……

그는 중위 때문에 한참을 탄식하고 난 뒤 갑자기 고개를 쳐들다 내가 방 안에 있는 것을 알았다. 그는 나에게 다가오더니 자신이 나를 마음대로 할 수 있다고 말했다. 이어 그의 의도와는 달리 악마라기보다는 꼬마 도깨비를 연상시키는 심술궂은 표정으로 협박을 하고 손바닥으로 나를 때리기 시작했다. 나는 제발 그런 짓만은 말아 달라고 애걸했다. 그와 똑같은 방식으로 앙갚음을 하는 것은 내 성질에 맞지 않는 일이었기 때문이다. 그래도 그가 그만두지 않아, 나는 정 이렇게 나오면 그가 틀림없이 후회하게 만들어주겠다고 진지하게 경고했다. 그래도 소용이 없어, 나는 그를 방 구석으로 집어던질 수밖에 없었다. 그가 일어났을 때 나는 그의 성격이 짜증난다고 말하고, 앞문을 열어 달라고 했다. 이번에는 그가 의기양양해할 차례였다.

"어디 집에 가보시지, 힘센 아저씨."

그는 조롱을 하더니, 아주 능글맞게 웃었다. 그는 《파우스트》에 나오는 구절을 읊조리고 있는 것 같았다.

"안에서 갇힌 자가 있으니……"

어쨌든 분위기는 비슷했다. 그러나 그의 얼토당토 않은 메피스토펠레스 흉내는 웃음만 자아낼 뿐이었다. 결국 나는 만일 문을 열어주지 않으면 내가 직접 열고 나갈 터인데, 다만 문이 부서지면 그것은 그의 책임이라고 경고했다. 그가 조롱하는 웃음만 터뜨릴 뿐 꼼짝도 하지 않았기 때문에 나는 아래층으로 내려가 현관문 자물쇠를 뜯었다. 나는 거리로 나가 도둑이 드는 것을 막으려면 문을 닫아야 할 것이라고 소리쳤다. 나는 그의 마법에서 빠져나와서도 그와 노는 것이 즐거워 정신을 차릴 수가 없었다. 그는 창에 기대어 물에 젖은 악귀처럼 나를 보며 그 작은 눈을 희번덕거리고 있었다.

이 이야기의 속편은 너무 뻔하다. 몇 년 뒤 마르크스는 하인첸을 촌뜨기 속물이라고("따분하고, 과장과 허세가 심하고, 자만심이 강하다") 비난했고, 그러자 가끔 그에게 포로로 잡혔던 하인첸은 마르크스를 '신뢰할 수 없는 이기주의자'라고 욕했다. 그러자 엥겔스가 싸움에 끼여들어 하인첸을 '금세기의 가장 어리석은 인간'이라고 욕하며, 그의 따귀를 때리겠다고 위협했다. 하인첸은 '경박한 딜레탕트'의 협박에는 눈썹 하나 까닥하지 않는다고 대꾸했다. 그런 식으로 언쟁은 끝도 없이 계속되었다. 하인첸은 미국으로 이민을 간 뒤인 1860년까지 감정의 앙금이 가시지 않아, 어떤 글에서 마르크스를 고양이와 원숭이 사이의 잡종이고, 궤변가이며, 단순한 변론가라고 비난했다. 뿐만 아니라, 노랗고 탁한 안색, 부수수한 검은 머리카락, '악한 불의 영'에 사로잡힌 작은 눈, 들창코, 유난히 두꺼운 아랫입술, 고귀한 모습이나 이상주의라고는 느낄 수도 없는 머리, 늘 더러운 아마포를 걸치고 다니는 몸뚱어리 등으로 그의 인상착의를 악의적으로 묘사하기도 했다.

마르크스의 독설을 제대로 맛본 사람들(그가 1847년에 발표한 카를 하인첸에 대한 글은 거의 30페이지에 이르렀다)은 자주 그를 지적인 깡패라고 욕했다. 마르크스 자신도 언어로 폭력을 가하는 자신의 재주에 즐거움을 느꼈던 것이 분명하다. 한 친구가 감탄하며 말했듯이, 마르크스의 스타일은 원래 스타일러스(철필)가 로마인들의 손에 쥐어져 있을 때의 모양 그대로였다. 즉 글을 쓰는 데 쓸 수도 있고 사람을 찌르는 데 쓸 수도 있는, 끝이 날카로운 강철 펜이었다.

"스타일은 심장을 잘 겨냥하여 찌르는 데 사용되는 단검이다."

하인첸은 마르크스의 스타일이 단검이라기보다는 그와 의견이 완전히 일치하지 않는 사람을 없애는 데 사용하는 대포―논리, 변증법, 학식―라고 생각했다. 하인첸은 마르크스가 '대포로 창문을 부수고' 싶어 한다고 말했다. 그러나 깡패라는 비난은 오래 가지 않았다. 마르크스는 보복하지 않을 사람만 골라 괴롭히는 겁쟁이가 아니었다. 그가 먹이를 선택하는 것을 보면 용감하면서도 무모한 면이 드러나며, 이것은 왜 그가 성인 생활의 대부분을 망명과 정치적 고립 속에서 살아야 했는지 설명해준다.

증거를 찾고 싶다면 멀리 갈 필요도 없이 1842년 5월에 나온 〈라이니셰 차이퉁〉에 실린 그의 첫 글을 보기만 하면 된다. 그 글에서 마르크스는 언론의 자유를 둘러싼 라인 지방 의회의 논쟁에 대해 이론의 여지를 달 수 없는 분석을 했다. 물론 마르크스는 프로이센 절대왕정과 그 아첨꾼들의 편협하고 억압적인 태도를 비판했다. 이것은 놀랄 일은 아닐지 몰라도, 어쨌든 매우 용감한 일이었다. 그러나 마르크스는 거기에서 그치지 않고 "신이여, 나를 내 친구들로부터 구해주소서!" 하는 격앙된 외침과 함께, 자유주의적 반대파의 허약한 태도에 대해서도 가차없이 비판했다. 언론 자유의 적들은 병적인 감정에 사로잡혀 있으며, 그 감정 때문에 자신들의 어처구니없는 주장에 애착과 감정과 확신을 가지게 된다.

"그러나 이 의회 내의 언론 자유 옹호자들은 전체적으로 그들이 옹호하는 자유와 아무런 현실적 관계가 없다. 그들은 언론의 자유를 생사가 걸린 요구로 체득했던 적이 없다. 그들에게는 그것이 머리의 문제이며, 거기에서 심장은 아무런 역할을 하지 못한다."

마르크스는 괴테를 인용하면서—괴테는 화가가 여성의 어떤 아름다움을 제대로 그리려면, 실제로 그런 아름다움을 지닌 여자를 한 사람이라도 사랑한 경험이 있어야 한다고 말했다.—언론의 자유도 그 나름의 아름다움을 지니고 있는데, 그 자유를 옹호하려면 반드시 그것을 사랑한 경험이 있어야 한다고 말했다. 그러나 의회의 이른바 자유주의자들은 언론에 족쇄가 채워져 있는 동안에도 부족한 것 없이 만족스러운 삶을 사는 사람들이었다.

마르크스는 정부와 그 반대자들을 동시에 적으로 만든 뒤, 곧 그 자신의 의논 상대들과도 반목하게 되었다. 쾰른 지역에서 성공을 거둔 변호사로서 〈라이니셰 차이퉁〉에 관여하고 있던 게오르크 융은 마르크스가 '악마 같은 혁명가'라고 생각했다. 실무를 담당하던 급진적인 젊은이들은 1842년 10월 마르크스가 편집장 자리에 앉게 되자 큰 희망을 품었으나, 곧 실망하게 되었다. 마르크스는 그들이 공산주의와 불장난을 한다고 비난하던 경쟁지 〈아우크스부르크 알게마이네 차이퉁〉에 대한 응답의 형태로 자신의 편집 방침을 밝혔다.

〈라이니셰 차이퉁〉은 현재 형태의 공산주의적인 사상이 이론적 실재를 가지고 있다고 인정한 적이 없다. 따라서 그 실천적 실현은 바란 적도 없으며, 그것이 가능하다고 생각한 적도 없다. 〈라이니셰 차이퉁〉은 이 사상을 철저하게 비판할 것이다. …… 그러나 르루, 콩시데랑의 글, 그리고 특히 프루동의 빈틈없는 저작은 피상적으로 스쳐가는 생각만으로는 비판할 수 없다. 그러한 글들을 비판하려면 길고 심오한 연구가 전제되어야 한다.

마르크스는 검열관의 눈을 의식한 것이 틀림없다. 또한 모조리 부르주아 자본가들인 신문의 주주들의 눈도 의식했을 것이다. 그렇다고 해서 마르크스가 거짓말을 했던 것은 아니다. 마르크스는 술꾼 루텐베르크(그가 하는 일은 주로 마침표나 삽입하는 것 정도였지만, 그럼에도 사무실에 나와 일을 하고 있었다)나 모제스 헤스와 같은 동료들의 자세를 싫어했다. 베를린에 있는 청년헤겔주의자 장난꾸러기들의 기묘한 짓거리에는 더 짜증을 냈다. 이제 청년헤겔주의자들은 자칭 '자유로운 자들'이 되어, 그 이름에 걸맞게 국가, 교회, 가족 등 모든 것을 자유롭게 비판하면서, 자신들의 화려한 방탕을 정치적 의무라고 미화했다. 마르크스는 그들을 짜증스럽고 경박한 자기 선전가들로 여겼다. 마르크스는 독자들에게 말했다.

"지금은 진지하고, 씩씩하고, 취하지 않은 정신을 지닌 사람들이 나서서 고귀한 목표들을 달성해야 하는 때다. 이런 시기에 야비하고 불량한 태도를 보이는 자들은 큰 목소리로 단호하게 꾸짖어야 한다."

물론 여기에는 위선의 요소가 있다. 쾰른의 술친구들이 증언하듯이, 마르크스가 술을 끊고 늘 진지한 모습만 보여주었던 것은 아니기 때문이다. 게다가 불과 몇 달 전만 해도 당나귀를 타고 본의 거리를 시끄럽게 돌아다녔던 장본인이 사람들의 이목을 끌기 위한 정치적 행동을 엄숙하게 비판한다는 것은 약간 우습게 보일 수도 있는 일이었다. 그러나 편집 책임을 떠맡으면서 그의 정신은 놀라운 집중력을 보여주었다. 젊은 시절의 장난은 이제는 받아들이지 않았다. 가장 집요하고 귀찮게 굴었던 사람은 방탕한 베를린 일파의 지도자였던 에두아르트 마이엔이었는데, 그는 "세계를 혁명적으로 바꾸자는 취지이기는 하지만, 아무런 사상도 담겨 있지 않은 잡문 무더기"를 보내왔다. 허약하고 분별력이 없던 루텐베르크가 일을 맡던 시절에 마이엔 패거리는 〈라이니셰 차이퉁〉을 그들의 개인적인 놀이터로 여겼다. 그러나 새로운 편집장은 신문을 말도 안 되는 헛소리로 더럽히는 것을 더는 용납하지 않겠다는 뜻을 분명히 했다.

"나는 공산주의나 사회주의, 즉 새로운 세계관을 부차적인 연극 비평 등을 통해 밀반입하는 것은 부적절하다고, 아니 부도덕하다고 생각합니다. 공산주의를 논의할 생각이면, 다른 태도로, 좀더 철저하게 논의할 것을 요구합니다."

마르크스 자신의 공산주의 논의가 장애에 부딪혔던 것은 그가 공산주의에 대해 아무것도 알지 못했기 때문이다. 그는 학교에서 공부를 하면서 자신이 필요하다고 여긴 철학, 신학, 법은 모두 배웠다. 그러나 정치와 경제에는 여전히 초보자였다. 마르크스는 나중에 이를 인정했다.

"〈라이니셰 차이퉁〉 편집장으로서 이른바 물질적 이해관계에 대한 논의에 참여해야 할 때 나는 처음으로 당혹감을 느꼈다."

마르크스가 이 미지의 영역에 처음 도전해본 것은 개인 소유 삼림에서 나무를 훔치는 문제를 다루는 새로운 법을 길게 비판하게 되었을 때였다. 농민이 떨어진 나뭇가지를 모아 땔감으로 사용하는 것은 오래 전부터 내려오는 관습이었다. 그러나 이제는 잔가지 하나를 집어가도 징역형을 받을 수 있었다. 더욱 터무니없는 일은 범법자는 삼림 소유자에게 변상을 해야 하는데, 변상 가격을 삼림 소유자가 정한다는 점이었다. 이런 합법화된 강도 행위를 보면서 마르크스는 처음으로 계급, 개인 소유, 국가의 문제에 대해 생각해보게 되었다. 이 과정을 통해 마르크스는 또 깊은 생각이 뒷받침되지 않은 논증을 그 자체의 논리로 깨부수는 재능을 발휘할 기회도 얻었다. 지방 의회의 어떤 귀족 얼뜨기의 논평—"그런 일이 너무 자주 일어나는 것은 나무를 훔치는 일이 절도로 여겨지지 않기 때문이다."—을 보도하면서, 마르크스는 특유의 귀류법(歸謬

法)으로 힘차게 써나갔다.

"이것에서 유추해보면 그 의원은 다음과 같은 결론을 내리게 될 것이다. 따귀를 때리는 일이 그렇게 자주 일어나는 것은 따귀를 때리는 일이 살인으로 여겨지지 않기 때문이다. 따라서 따귀를 때리는 일은 살인으로 선포해야 한다."

이것은 공산주의적 발언은 아니었을지 몰라도, 어쨌든 프로이센의 관료를 불안하게 만들기에는 충분할 만큼 짓궂은 말이었다. 이 신문의 발행 부수와 평판이 급속하게 늘어나고 있는 상황이어서 더욱 그러했다. 아르놀트 루게의 〈독일 연보〉가 드레스덴에서 당국으로부터 무시무시한 공격을 당한 일이 있는데, 그때 마르크스는 루게에게 편지를 썼다.

"라인 강변의 우리라고 정치적 엘도라도(아마존 강변에 있다고 상상하던 황금의 나라 : 역주)에 살고 있다고는 상상하지 마십시오. 〈라이니셰 차이퉁〉과 같은 신문을 밀고나가려면 흔들리지 않는 집요한 의지가 필요합니다."

1842년 대부분의 기간 동안 이 신문의 상주 검열관은 라우렌츠 돌레샬이었는데, 그는 "거룩한(divine)이라는 말은 희극(comedy)에 어울릴 수 없다."는 이유로 단테의《신곡(Divine Comedy)》광고를 금지한 적이 있는 멍청한 경찰관이었다. 검열관은 매일 저녁 교정쇄를 받아들고 파란 연필로 이해 못하는 기사(대부분 이해하지 못했다)에 표시를 했다. 그러면 편집자는 몇 시간씩 인쇄소를 기다리게 해놓고 그것은 해가 될 것이 없는 기사라고 밤 늦게까지 그를 설득하곤 했다. 마르크스는 돌레샬이 그의 상사들에게서 어떤 기사를 내보냈다고 야단을 맞을 때마다 괴로워하며 하소연할 때 하는 말— '이제 내 밥줄이 위태위태해!'—을 인용하기를 좋아했다. 사실 이 불운한 사람에게 동정이 가지 않는 것도 아니다. 매일 카를 마르크스와 입씨름을 해야 할 정도로 운이 없는 검열관이라면 경찰관 신세가 불쌍하다는 말이 절로 나올 만도 했을 것이기 때문이다. 좌익 저널리스트 빌헬름 블로스의 이야기를 들어보면 돌레샬이 어떤 고생을 해야 했는지 짐작할 수 있다.

어느 날 저녁 검열관은 주지사가 주최한 무도회에 초대를 받았다. 부인, 결혼 적령기에 들어선 딸과 함께 가는 자리였다. 그러나 무도회에 참석하기 전에 먼저 검열 작업을 끝내야 했다. 하필이면 이날 저녁 교정지가 평소와 같은 시간에 도착하지 않았다. 검열관은 공적인 의무를 태만히 할 수 없어서 기다리고 또 기다렸다. 그러나 검열관은 주지사의 무도회에 반드시 얼굴을 내밀어야 했다. 딸에게 중요한 기회를 주자는 뜻도 있었지만, 어쨌든 그로서는 반드시 참석해야 할 행사였다. 10시가 다가왔다. 검열관은 몹시 흥분해서 부인과 딸을 주지사 공관 앞에 대기시켜놓고, 하인을 인쇄소에 보내 교정지를 가져오라고 했다. 그러나 하인은 인쇄소가 문을 닫았다는 소식을 가지고 돌아왔다. 깜짝 놀란 검열관은 마차를 타고 한참 떨어진 마르크스의 하숙집으로 갔다. 11시가 다가오고 있었다.
한참 초인종을 누르자 마침내 마르크스가 4층 창으로 고개를 내밀었다.
"교정지!"
검열관이 위를 향해 고함을 질렀다.
"없소!"
마르크스는 아래에 대고 소리를 질렀다.
"하지만."
"내일은 신문이 안 나갑니다!"
그 말과 동시에 마르크스는 창문을 쾅 닫아버렸다. 검열관은 놀람을 당한 것에 화가 나 말도 제대로 하지 못했다. 그 이후로 검열관은 좀더 친절해졌다.

그러나 검열관의 상사들은 그렇지 않았다. 무도회를 주최했던 주지사 폰 샤퍼는 11월에 〈라이니셰 차이퉁〉의 논조가 '점점 건방져진다'고 불평을 하고, 루텐베르크(주지사는 엉뚱하게 루텐베르크를 범인으로 지목했다)를 편집진에서 해임시킬 것을 요구했다. 어차피 루텐베르크는 술에 절어 살며 부담만 주는 사람이었으니, 그를 해임하는 것은 큰 희생이 아니었다. 마르크스는 주지사를 안심시키는 비굴한 편지에서, 〈라이니셰 차이퉁〉은 오로지 "독일 국민 전체와 더불어 승승장구하시는 전하를 축복하고" 싶어할 뿐이라고 말했다. 프란츠 메링이 오랜 세월 뒤에 논평했듯이, 그 편지는 "그것을 쓴 사람의 인생에서 두 번 다시 찾아볼 수 없는 외교적 조심성"을 드러내고 있다.

그러나 그 편지로도 주지사를 달랠 수 없었다. 12월 중순 주지사는 베를린의 검열 담당관들에게 '현 정치 제도에 대하여 건방지고 불경한 비판'을 한 이유로 〈라이니셰 차이퉁〉—그리고 땔감 채집에 대한 글을 쓴 익명의 필자—을 기소할 것을 권고했다. 1843년 1월 21일, 말을 탄 사자가 베를린으로부터 달려와 3월 말로 〈라이니셰 차이퉁〉의 출판 허가를 취소한다는 장관 명령을 전달했다. 라인란트 전역—쾰른, 뒤셀도르프, 아헨, 마르크스의 고향 트리어 등지—에서 왕에게 구제를 호소하는 청원서를 보냈지만 소용이 없었다. 오히려 마지막 몇 주 동안은 수상한 행위를 미연에 방지하기 위해 검열관을 한 명 더 배치했다. 마르크스는 한 친구에게 불평했다.

"우리 신문은 경찰이 냄새를 맡을 수 있도록 코앞에 갖다바쳐야 합니다. 만일 경찰의 코가 비기독교적이거나 비프로이센적인 것의 냄새만

맡아도 신문은 나올 수가 없습니다."

폐간 이유에 대해 아무런 설명이 없었기 때문에 마르크스는 추측을 할 수밖에 없었다. 신문이 급속히 인기를 얻게 되자 당국이 공포를 느낀 것일까? 그가 루게의 〈독일 연보〉 등 다른 검열 피해자들을 옹호하는 데 너무 앞장섰던 것일까? 마르크스는 폐간 명령 바로 한 주 전에 나간 긴 글이 가장 큰 이유가 되었을 것이라고 추측했다. 마르크스는 그 글에서 당국이 모젤의 포도주 농부들이 처한 비참한 경제적 곤경을 무시한다고 비난했다. 모젤의 포도주 농부들은 다른 게르만 국가들로부터 프로이센으로 수입되는 관세 없는 값싼 포도주와 경쟁할 수가 없었다.

그러나 마르크스는 배후에서 훨씬 더 강력한 힘들이 작용하고 있음을 알지 못했다. 물론 내막을 들었다면 아주 만족스러웠겠지만. 프로이센 왕은 다름아닌 러시아의 차르 니콜라이 1세로부터 신문의 폐간 요청을 받았다. 프로이센 왕의 가장 가까우면서 가장 필요한 동맹자인 니콜라이 1세는 〈라이니셰 차이퉁〉 1월 4일자에 실린 러시아에 대한 통렬한 비난에 격분했다. 나흘 뒤 동궁에서 열린 무도회에서 상트페테르부르크의 궁정에 파견된 프로이센 대사는 차르로부터 자유주의적인 독일 언론의 '파렴치 행위'에 대해 장광설을 들어야 했다. 대사는 급히 베를린에 사람을 파견하여 러시아측이 "어떻게 전하의 정부가 고용한 검열관이 그런 성격의 글을 통과시켰는지" 이해하지 못하고 있다고 보고했다. 그 이후의 사정은 뻔하다.

"오늘 바람의 방향이 바뀌었다. 나는 아주 만족한다."

〈라이니셰 차이퉁〉의 검열관 한 사람은 마르크스가 편집자 자리를 떠난 다음날 그렇게 썼다. 마르크스 자신도 무척 행복했다. 마르크스는 루게에게 털어놓았다.

"그렇지 않아도 그곳 분위기 때문에 숨이 막히던 참이었습니다. 아무리 자유를 위해서라 하지만 그런 비천한 일을 하는 것은 좋지 않지요. 몽둥이로 싸우는 것이 아니라 바늘로 콕콕 찌르는 것과 같습니다. 나는 위선, 어리석음, 엄청난 독단에 질렸습니다. 또 우리 쪽에서 알랑거리고, 피하고, 말 몇 마디를 놓고 지나치게 따지는 것에도 질렸습니다. 결국 정부가 나에게 내 자유를 돌려준 셈이지요."

마르크스에게는 독일에서 미래가 없었다. 그가 신경을 쓰던 사람과 기관 대부분이 이제 죽었기 때문에—아버지, 폰 베스트팔렌 남작, 〈독일 연보〉, 〈라이니셰 차이퉁〉—그를 붙들 것도 없었다. 중요한 것은 약관 스물넷에 펜으로 유럽의 왕들을 겁에 질리게 했다는 사실이었다. 아르놀트 루게가 독일을 떠나 망명지에서 정기간행물 〈독일-프랑스 연보〉를 만들겠다고 결심하고 마르크스를 초대하자, 마르크스는 기꺼이 초대를 받아들였다. 단 한 가지 단서가 있었다.

"나는 약혼을 한 몸이기 때문에 내 약혼녀와 함께가 아니라면 독일을 떠날 수도 없고, 떠나서도 안 되고, 떠나지도 않을 것입니다."

* * *

예니에게 결혼을 서약하고 나서 7년이 지나자, 낯이 두꺼운 카를 마르크스도 서서히 죄책감을 느끼게 되었다. 마르크스는 1843년 3월에 이렇게 말했다.

"내 약혼녀는 나를 위해 매우 격렬한 전투를 여러 번 치렀고 그 바람에 건강을 해치게 되었습니다. 싸움의 대상 가운데 하나는 그녀의 경건한 체하는 귀족 친척들인데, 그들에게는 '하늘에 계신 주님'과 '베를린에 계신 주님'이 똑같이 종교적 숭배의 대상이었습니다. 또 하나의 대상은 내 가족이었는데, 그 안에는 사제 몇 사람을 비롯하여 나의 적들이 자리를 잡고 있었습니다. 그래서 내 약혼녀와 나는 오랜 세월 동안 우리 나이 세 배쯤 되는 사람들이 겪었을 만한 불필요하고 지겨운 갈등에 휘말려야 했지요."

그러나 이 오랜 약혼 기간의 시련과 고통이 전적으로 다른 사람들 탓이라고만은 할 수 없었다. 카를이 베를린에서 야단법석을 떨고 쾰른에서 문제를 일으키는 동안, 예니는 고향 트리어에 머물며 내일도 카를이 자기를 사랑해줄까 조바심을 냈다. 때로는 그런 불안이 그녀의 편지에 드러나기도 했다. 당시에 카를은 이것을 그녀 자신이 흔들린다는 증거로 잘못 해석했다. 1839년 예니는 이렇게 불평했다.

"당신이 내 사랑과 정숙을 의심하니 가슴이 찢어질 것 같았어요. 오, 카를, 당신은 정말 나를 모르고, 내 입장을 알아주려 하지 않고, 내 슬픔에 무심해요. …… 당신이 잠시라도 여자가, 그것도 나처럼 독특한 상황에 처한 여자가 되어볼 수 있다면 좋겠어요."

예니가 설명하려 했듯이, 여자들은 상황이 달랐다. 이브의 원죄 때문에 수동적인 태도에서 벗어나지 못하고, 그저 기다리고, 바라고, 고통받고, 견딜 수밖에 없었다.

"물론 여자는 남자에게 사랑을 줄 수밖에 없겠지요. 그리고 자기 자신을, 한 인간을, 있는 그대로, 나뉘지 않은 그대로 남자에게 영원히 줄 수밖에 없겠지요. 또 정상적인 상황에서라면 그 여자는 남자의 사랑 속에서 완전한 만족을 발견해야 하고, 사랑 속에서 모든 것을 잊어야 하겠지요."

그러나 슬픔의 예감이 성난 벌떼처럼 머릿속에서 윙윙거리는데 어떻게 모든 것을 잊을 수 있을까?

"아, 사랑하는, 정말 사랑하는 당신, 당신은 이제 정치에도 관여하시는군요."

그녀는 1841년 마르크스가 본에서 브루노 바우어와 건들거리는 동안 편지에 그렇게 써보냈다.

"그것이야말로 가장 위험한 일이에요. 사랑하는 귀여운 카를, 여기 고향에는 희망과 고통 속에서 살아가는 당신의 애인, 당신의 운명에 전적으로 매달려 있는 애인이 있다는 사실을 한순간도 잊지 말아주세요."

사실 마르크스의 정치 운동은 그녀의 걱정 가운데 가장 작은 부분이었다. 그것은 물론 위험했지만, 동시에 영웅적 행동으로서 전율을 일으키는 것이기도 했다. 또한 예니는 그녀의 '귀여운 검은 멧돼지', 그녀의 '짓궂은 악당'이 그런 행동을 할 것임을 이미 예상하고 있었을 것이다. 예니가 행복하지 못했던 것은 '당신의 열렬한 사랑이 식었을 것'이라는 두려움 때문이었다. 이런 걱정에는 그럴 만한 이유가 있었다. 마르크스는 베를린에서 공부를 하는 동안 유명한 낭만주의 시인 베티나 폰 아르님—그녀는 마르크스의 어머니뻘이었다.—의 마력에 사로잡혔으며, 한 번은 그녀를 트리어로 데려가 자신의 신부감을 만나보게 하는, 무디기 짝이 없는 행동을 하기까지 했다. 예니의 친구 베티 루카스는 이 비참한 만남의 광경을 목격했다.

어느 날 저녁 문도 두드리지 않고 갑작스럽게 예니의 방으로 들어섰는데, 어두컴컴한 곳에서 작은 형체가 소파에 웅크리고 있는 모습이 보였다. 발을 올려 두 손으로 무릎을 감싸안고 있었다. 인간의 몸이라기보다는 보따리 같았다. 곧 소파에서 미끄러져 내려온 그 여자가 베티나 폰 아르님이었는데, 내가 그녀를 소개받았을 때 느낀 실망감은 10년이 지난 지금도 똑같다. …… 그 유명한 시인의 입에서 나온 말은 오직 더위에 대한 불평

뿐이었다. 그러나 마르크스가 방으로 들어오자, 그녀는 분명한 어조로 함께 라인그라펜슈타인에 가자고 청했다. 시간이 이미 9시였고 그 바위까지 가는 데만 한 시간이 걸릴 텐데도 마르크스는 그러마고 했다. 마르크스는 슬픈 눈으로 약혼녀를 흘끗 보더니, 곧 유명한 여자의 뒤를 따라갔다.

변변한 교육도 못 받은 여자가 그런 세이렌과 어떻게 경쟁할 수 있을까? 마르크스의 지적인 힘은 예니에게 위압감을 주었다. 그녀는 금박을 입힌 무도회장에서 평범한 귀족들과 이야기를 나눌 때는 재치 있고, 생기 있고, 아주 자신만만했다. 그러나 애인과 함께 있을 때는, 애인이 그 깊이를 알 수 없는 검은 눈으로 한 번 바라보기만 해도 그녀는 정신이 멍해졌다.

"나는 신경이 예민해져서 한마디도 할 수가 없어요. 혈관에서 피가 멈추고, 영혼은 떨려요."

예니가 낭만주의 시대의 자식이라는 것은 말할 필요도 없다. 영혼이 불안한, 그 세대의 많은 사람들과 마찬가지로 예니는 셸리의 《사슬에서 풀려난 프로메테우스》를 읽고 또 읽었다. 그 주인공은 신에게 도전하여 인류에게 빛을 가져다준 죄로 바위에 묶여 있었다(마르크스는 박사 논문에서 말했다. "프로메테우스는 철학의 성인 명단에서 가장 탁월한 성자이자 순교자다." 〈라이니셰 차이퉁〉이 폐간된 뒤에 나온 한 우화적인 만화에는 프로메테우스가 된 마르크스가 인쇄기에 사슬로 묶여 있고, 프로이센의 독수리가 그의 간을 쪼아먹는 장면이 나온다). 예니는 카를이 격렬하게 성큼성큼 나아가는 속도를 따라잡을 수 없었기 때문에, 그의 두 다리를 묶어야겠다는 생각을 하기 시작했다.

그래서 당신의 지난 편지를 받은 뒤에 나는 당신이 나를 위해 분쟁이나 결투에 말려들 수도 있다는 두려움 때문에 괴로웠어요. 밤이나 낮이나 당신이 부상당하고, 피를 흘리고, 아파하는 모습이 보여요. 카를, 솔직히 말해서, 이런 생각을 하면서 꼭 불행한 것만은 아니에요. 당신이 오른손을 잃은 모습이 생생하게 떠오른 적도 있어요. 카를, 그때 나는 그것 때문에 황홀감에, 행복한 느낌에 젖었어요. 그렇게 되면 나는 진실로 당신에게 불가결한 존재가 될 것이고, 당신은 늘 나를 곁에 두고 사랑할 것이라고 생각했기 때문이죠. 또 그렇게 되면 나는 당신의 모든 귀중하고 고귀한 생각들을 받아 적으면서 정말로 당신에게 쓸모 있는 사람이 될 수 있을 거라는 생각도 했어요.

예니는 이런 환상이 '괴상하게' 들릴지 모른다고 이야기했지만, 사실 이것은 흔한 낭만주의적 모티프다. 어둡고 위험한 영웅은 불구가 되거나 거세가 되어야만 여자의 마음을 얻을 수 있다는 것이다. 불과 몇 년 뒤 샬럿 브론티는 똑같은 생각을 《제인 에어》의 대단원에서 써먹었다.

예니의 소망은 대체로 이루어졌다. 그들의 40년 간에 걸친 결혼 생활 동안 마르크스는 자주 "피를 흘리고 아파했다." 그의 글씨는 익숙하지 않은 사람은 도저히 알아볼 수 없었기 때문에, 예니는 그의 귀중하고 고귀한 생각들을 옮겨 적어주었다. 그러나 그녀의 아찔한 꿈 속이 아니라 현실 생활에서는 황홀감이 쉽게 찾아오지 않았다.

반은 프로메테우스이고 반은 로체스터 씨(제인 에어의 애인 : 역주)인 존재. 이것이 그를 사모하는 약혼녀가 본 모습이었다면, 그녀보다 관습적이었을 친척들의 태도는 어떠했을지 상상이 가고도 남음이 있다. 유대인과 결혼한다는 것만으로도 충격적인 일이었는데, 그것도 무직에 무일푼이며, 이미 전국적인 악명을 얻은 유대인과 결혼한다는 것은 도저히 용납할 수 없는 일이었다. 아버지가 돌아가신 후 가장 노릇을 해온 반동적인 배다른 오빠 페르디난트는 마르크스가 폰 베스트팔렌 집안 전체에 수치를 안겨줄 변변치 못한 인간이라고 경고하며, 그들의 결합을 막으려고 온갖 노력을 다 기울였다. 끊임없는 수군거림과 위협으로부터 벗어나기 위해 예니와 그녀의 어머니―불안해하기는 했지만 끝까지 충실하게 예니를 지지했다.―는 트리어를 벗어나 50마일 떨어진 유명한 온천 휴양지 크로이츠나호로 갔다. 1843년 6월 19일 오전 10시, 25살의 철학박사 마르크스 씨가 '특별한 직업이 없는' 29살의 요한나 베르타 율리아 예니 폰 베스트팔렌과 결혼식을 올린 곳이 바로 크로이츠나흐였다. 하객은 예니의 멍청한 남동생 에드가, 그녀의 어머니, 그리고 지역 친구들 몇 사람뿐이었다. 카를의 친척은 한 사람도 참석하지 않았다. 신부는 녹색 비단 드레스를 입고 분홍색 장미 꽃다발을 들었다. 예니의 어머니가 준 결혼 선물은 장신구들과 아가일 가문의 문장으로 장식한 은접시였다. 은접시는 폰 베스트팔렌의 스코틀랜드 조상의 유산이었다. 남작 부인은 또 신혼 몇 달을 살아갈 수 있도록 커다란 상자에 현금을 담아주었다. 그러나 불행히도 신혼부부는 이 보물 상자를 들고 라인강으로 신혼여행을 떠났다. 그들은 가는 길에 가난한 친구를 만나면 배불리 먹여주곤 했다. 돈은 일주일이 안 가 바닥이 났다.

결혼식 며칠 전 카를은 예니의 고집에 따라 독특한 계약서에 서명을 했다. 이들 부부가 "재산을 법적으로 공동 소유한다."는 내용이었다. 다만 "각 배우자는 결혼 전에 진 채무, 또는 상속받은 채무는 각자 알아서 갚는다."는 단서가 붙어 있었다. 아마 이것은 예니의 어머니를 달래려고 한 일이었을 것이다. 예니의 어머니는 마르크스가 돈 문제에는 도무지 가망이 없는 사람이라는 것을 잘 알고 있었기 때문이다. 그러나 마르크스가 그 이후 빚에서 헤어나온 적이 거의 없음에도, 그 계약서 조항들은 한 번도 강제된 적이 없었다. 이후 몇 년 동안 아가일 집안의 은쟁반

2. 귀여운 멧돼지

은 부엌 찬장보다도 전당포에서 더 많은 시간을 보냈다.

1843년 결혼식을 올린 뒤에 맞이한 여름에 카를 마르크스 부부는 크로이츠나흐에 있는 남작 부인 집에서 식객 생활을 하며, 루게로부터 새로운 정기간행물 창간의 구체적인 계획에 대한 소식이 날아오기를 기다렸다. 이 시기는 목가적인 짧은 막간극이라 할 만했다. 저녁이면 카를과 예니는 강까지 산책을 나가, 건너편 강둑의 숲에서 나이팅게일이 노래하는 소리를 들었다. 낮이면 〈독일-프랑스 연보〉의 편집인 내정자는 작업실에 틀어박혀 엄청난 강도로 독서를 하고 글을 썼다.

마르크스는 늘 자기 생각을 종이 위에 풀어나가는 것을 즐겼다. 생각이 떠오르는 대로 긁적거리는 식이었다. 현재 남아 있는 크로이츠나흐 시절의 공책 가운데 한 페이지는 그의 생각이 움직이는 과정을 보여준다.

메모. 루이 18세 치하에서는 왕의 힘에 의한 헌법(왕에 의해 강제된 헌장). 루이 필립 하에서는 헌법의 힘에 의한 왕(강제된 왕권). 전체적으로 주어가 술어로 바뀌고 술어가 주어로 바뀌는 것, 결정하는 것과 결정된 것의 교체가 늘 가장 직접적인 혁명이라는 점을 알 수 있다. 혁명적 측면만이 아니다. 왕은 법을 만들고(낡은 군주제), 법은 왕을 만든다(새로운 군주제).

일단 이런 반복 악절 연주를 시작하면, 그가 사랑하는 모순들을 가지고 놀기 시작하면, 마르크스는 중단할 줄을 몰랐다. 낡은 군주들을 새로운 군주들로 바꾸는 단순한 문법적 도치를 통해 독일 철학이 어디에서 잘못되었는지 설명할 수 있지 않을까? 예를 들어 헤겔은 '국가 정신'이 주어이며 사회는 그 술어라고 생각했지만, 역사는 그 역이 진실임을 보여주었다. 헤겔의 잘못된 점들은 모두 그를 물구나무 세우면 고칠 수 있었다. 종교가 인간을 만드는 것이 아니라, 인간이 종교를 만든다. 헌법이 국민을 창조하는 것이 아니라, 국민이 헌법을 창조한다. 위는 아래로, 아래는 위로. 이렇게 하면 모든 것이 완벽하게 납득이 되었다.

이런 발견은 독일 철학자 루트비히 포이어바흐의 공적이었다. 그의 《철학 개혁에 관한 예비 테제》는 1843년 3월에 발표되었다.

"생각에서 존재가 나오는 것이 아니라, 존재에서 생각이 나온다."

마르크스는 이 논리를 추상적 철학에서 현실 세계, 특히 국가와 사회라는 정치의 세계로 확장했다. 헤겔의 제자였던 포이어바흐는 이미 스승의 관념론으로부터 멀리 떨어져나와 유물론을 향해 가고 있었다(지금도 인용사전에서 찾아볼 수 있는, 그의 가장 유명한 경구는 '인간은 인간이 먹는 것'이다). 그러나 그것은 공부에 의해 대뇌에서 나온 유물론으로, 그의 시대나 장소의 사회적이고 경제적인 조건들과는 관계가 없었다. 마르크스는 저널리즘을 경험한 뒤 급진적 철학자는 고대 그리스의 은자들처럼 높은 기둥 꼭대기에서 평생을 보내서는 안 된다고 확신했다. 그들은 아래로 내려와 지금 여기 존재하는 현실에 참여해야 했다.

포이어바흐는, 마르크스가 〈독일-프랑스 연보〉의 출간이 확정되었다는 것을 안 뒤에 가장 먼저 원고를 청탁했던 필자 가운데 한 사람이었다. 1843년 10월 3일, 루게를 만나기 위해 파리로 출발하기 직전, 마르크스는 베를린대학 시절의 적인 프로이센의 궁정 철학자 F. W. 폰 셸링에 대한 파괴 작업을 제안하는 편지를 썼다.

"그는 독일 경찰 전체를 마음대로 휘두릅니다. 이것은 저 자신이 〈라이니셰 차이퉁〉 편집자로 있을 때 경험했던 일입니다. 즉 경찰은 검열명령을 통해 거룩한 셸링에게 불리한 내용이 유포되는 것을 막을 수 있습니다. …… 그러나 셸링이 파리에서, 프랑스의 문인 사회에서 폭로되는 것을 상상해보십시오. …… 편한 형식으로 원고를 보내주시기 바랍니다."

마르크스는 또 하나의 유인책으로 뻔뻔스러운 추신을 덧붙였다.

"제 처는 선생님을 모르지만 인사를 전하고 싶답니다. 선생님이 얼마나 많은 여성 추종자를 거느리고 계신지 잘 모르실 테지요."

포이어바흐는 유혹에 넘어가지 않았다. 그는 이론 자체를 완벽하게 연마하기 전에 이론에서 실천으로 넘어가는 것은 성급하다고 생각한다는 답변을 보냈다. 반면 마르크스는 그 둘이 불가분이라고, 또는 불가분이어야 한다고 보았다. 실천만이 완벽을 만들어낸다. 그리고 이 시점에서 철학자들에게 가장 필요한 실천은 '존재하는 모든 것에 대한 무자비한 비판'이었다. 헤겔에 대한 비판은 포이어바흐한테서 영감을 받은 것이었다. 이제 포이어바흐 자신이 그 목적을 완수했기 때문에 비판을 받아야 할 차례가 되었다. 그에 대한 가장 유명한 비판은 1845년 봄에 쓴 《포이어바흐에 관한 테제》였으며, 이 글은 은자와 활동가 사이의 차이를 가장 간결하게 요약하는 말로 끝난다.

"철학자들은 지금까지 여러 가지 방식으로 세계를 해석하기만 했다. 문제는 세계를 바꾸는 것이다."

마르크스가 씹고 뱉어버린 대부분의 사상가들과는 달리, 포이어바흐는 마르크스의 지속적인 감사를 받을 수 있었다. 마르크스는 1844년 포이어바흐에게 보낸 편지에서 이렇게 썼다.

"제가 선생님께 느끼고 있는 큰 존경심, 그리고 이렇게 말해도 좋다면, 사랑을 선생님께 알릴 기회가 생겨 기쁩니다. 선생님께서는, 의도적인지 아닌지는 알 수 없지만, 사회주의의 철학적 기초를 제공했습니다. …… 인간들 사이의 진정한 차이에 기초한 인간과 인간의 통일, 추상이라는 하늘로부터 현실적인 땅으로 끌어내린 인간 종이라는 개념, 이것이 바로 사회라는 개념이 아니고 무엇이겠습니까?"

마르크스는 크로이츠나흐에 머물던 마지막 몇 주 동안 두 개의 중요한 에세이를 쓰는데, 이것은 나중에 〈독일-프랑스 연보〉에 실리게 된다. 첫 번째는 〈유대인 문제에 관하여〉인데, 이 글은 마르크스주의적인 성인전(聖人傳)에서는 언급을 하지 않거나, 한다 해도 지나가는 길에 잠깐 짚고 가는 정도다. 그러나 이 글은 그의 적들에게 중요한 반격의 기회를 제공했다.

마르크스가 자신을 증오하는 유대인이었을까? 마르크스는 한 번도 자신이 유대인 출신임을 부정한 적이 없지만, 그렇다고 일부러 그 점을 강조한 적도 없다. 이런 점에서 딸인 엘레아노르와는 달랐는데, 그녀는 런던 이스트엔드의 노동자 그룹 앞에서 당당하게 자신은 '유대인'이라고 밝혔다. 마르크스는 훗날 엥겔스에게 보내는 편지에서 그의 적들에게 반유대인적인 욕설을 퍼부으며 잔인한 즐거움을 느끼기도 한다. 독일의 사회주의자 페르디난트 라살이 번번이 그 피해자가 되었는데, 마르크스는 그를 이드(유대인을 경멸적으로 부르는 말 : 역주), 교활한 에브라임, 이지(유대인을 경멸적으로 부르는 말 : 역주), 유대인 검둥이 등으로 다양하게 묘사했다. 마르크스는 1862년에 라살의 조상이라는, 늘 재미있어하던 화제를 다루면서 이렇게 말했다.

"그의 머리 모양과 머리카락이 자라는 방식으로 볼 때 그는 모세가 이집트에서 탈출할 때 동행했던 흑인들의 후손이라는 것이 분명하네. 아니면 그의 어머니나 할머니가 검둥이와 관계를 했거나. 어쨌든 한편으로는 유대인과 독일인의 피가 섞였다는 점, 다른 한편으로는 기본적으로 흑인의 혈통이라는 점 때문에 그 결과물은 불가피하게 독특한 특성을 지닐 수밖에 없네. 그 친구의 집요한 면 역시 검둥이다운 걸세."

〈유대인 문제에 관하여〉의 어떤 구절들 역시 문맥에서 떼어내서 본다면—보통 그렇게 떼어내서 본다.—똑같이 그런 고약한 맛이 난다.

유대교의 세속적 기초는 무엇인가? 실제적 요구, 자기 이익이다.
유대인들의 세속적 숭배 대상은 무엇인가? 흥정이다.
유대인들의 세속적 신은 무엇인가? 돈이다······.
따라서 우리는 유대교 속에 이 시대에 보편적인 반사회적 요소가 들어 있음을 보게 된다. 그 요소의 역사적 진화—유대인들이 그 해로운 측면들을 열심히 양육해왔다.—는 현재 절정에 이르렀다. 그러나 그 요소는 절정을 지나면서 불가피하게 해체될 것이다.
유대인의 해방은 결국 유대교로부터 인류의 해방이다.

여기에서 히틀러의 《나의 투쟁》의 전조를 보는 비평가들은 핵심적인 사실을 한 가지 간과하고 있다. 서툰 표현과 미숙한 고정관념에도 불구하고, 이 에세이는 사실 유대인을 옹호하기 위해 썼다는 점이다. 부르노 바우어는 유대인들이 세례를 받고 기독교도로 개종하지 않는 한 완전한 시민권과 자유를 주어서는 안 된다고 주장했는데, 마르크스의 글은 그 주장에 대한 반박이다. 바우어는 무신론자임을 과시하는 사람으로서, 기독교가 유대교보다 문명의 진보된 단계라고, 따라서 모든 종교의 필연적 붕괴를 통한 환희에 찬 해방으로 한 단계 더 나아간 것이라고 생각했다. 무덤 파는 사람이 5월의 여왕보다는 늙어서 비실대는 귀족 미망인을 더 유망한 고객으로 여기는 것과 같은 태도였다.

바우어는 당시 널리 퍼진 편협한 태도를 이런 식으로 왜곡되게 정당화함으로써 프로이센의 가장 반동적인 얼간이들과 동맹을 맺게 되었는데, 마르크스는 그 특유의 무자비함으로 그런 정당화를 깨부수었다. 마르크스가 유대인은 고리대금업자라는 고질적인 희화화를 수용하는 것처럼 보이는 것은 사실이다. 그러나 그것은 다른 모든 사람들도 마찬가지였다(유대교를 가리키는 독일어 'Judentum'은 당시에는 일반적으로 '상업'과 동의어로 사용되었다). 더 중요한 것은 마르크스는 그들을 탓하거나 비난하지 않았다는 것이다. 정치 제도에 참여하는 것이 금지된 상황에서 그들이 자신들에게 허용된 유일한 힘, 즉 돈 버는 힘을 행사하는 것은 당연하지 않겠는가? 돈과 종교는 둘 다 인류를 그 자신으로부터 소외시켰다. 따라서 "유대인의 해방은 결국 유대교로부터 인류의 해방이다."

주의할 것은 유대교로부터의 해방이라고 했지, 유대인들로부터의 해방이라고 하지는 않았다는 점이다. 결국 인류는 기독교를 포함한 모든 종교의 압제로부터 해방되어야 한다. 그러나 거기에 이르는 과정에서 유대인들에게 다른 시민과 같은 지위를 주지 못하겠다는 것은 터무니없고 잔인한 짓이다. 마르크스가 평등한 권리를 옹호했다는 사실은 그가 1843년 3월 쾰른에서 아르놀트 루게에게 보낸 편지에서도 확인된다.

"얼마 전에 이곳의 유대인 공동체 수장이 나를 찾아왔습니다. 나에게 유대인들을 대신해서 지방 의회에 청원을 내달라고 하더군요. 나는 기꺼이 그러마고 했습니다. 나 역시 유대인들의 신앙이 몹시 마음에 안 들기는 하지만, 그래도 바우어의 견해는 너무 추상적으로 보입니다. 중요한 것은 기독교 국가 내부에서 가능한 한 많은 곳을 부수는 것이고, 이성적인 면을 가능한 한 많이 밀반입하는 것입니다."

이것은 또 그가 1843년 신혼여행 이후 기간에 쓰기 시작한 또 하나의 중요한 글 《헤겔의 '법 철학' 비판 서문》에서도 확인된다. 이 글은 몇 달 뒤 파리에서 완성되어, 1844년 봄에 발표되었다.

이 제목은 마르크스주의를 어느 정도 아는 사람들에게만 익숙하겠지만, 실제로 이 글 자체는, 유대교에 관한 글이 잘 알려지지 않은 것과는 반대로 꽤 유명하다. 마르크스의 저작을 한 줄도 읽지 않은 사람들 가운데도 종교는 인민의 아편이라는 경구를 인용하는 사람들이 지금도 많다. 이 경구는 마르크스의 가장 강력한 비유 가운데 하나인데, 1839년부터 1842년까지 영국과 중국 사이에 벌어진 '아편 전쟁'으로부터 영감을 받았을 것이라고 추측해볼 수 있다. 그러나 그 경구를 앵무새처럼 따라하는 사람들이 과연 그 말을 이해하고 있을까? 소련에서 마르크스의 해석자를 자임하던 사람들 때문에, 그 말은 보통 종교는 사악한 통치자들이 대중을 흐리멍덩한 상태로 유지하기 위해 투여하는 마약이라는 뜻으로 받아들여지고 있다.

그러나 마르크스가 말하고자 하는 바는 좀더 미묘하고 동정적이다. 그는 '종교의 비판은 모든 비판의 전제조건'이라고 주장했지만, 그럼에도 영적인 충동은 이해했다. 이 세상에서 기쁨을 기대할 수 없는 가난하고 비참한 사람들이 내세에서의 더 나은 삶에 대한 약속으로 위안을 삼는 것은 당연하다. 국가가 그들의 울부짖음과 탄원을 들어주지 않는 상황에서, 누구라도 모든 기도에 응답해주겠다고 약속하는 더 힘센 권위자에게 호소하지 않겠는가? 종교는 억압을 정당화하는 장치다. 그러나 동시에 억압으로부터의 피난처이기도 하다.

"종교적 고난은 현실적 고난의 표현인 동시에 현실적 고난에 대한 항의다. 종교는 억압받는 피조물들의 한숨이며, 심장 없는 세상의 심장이며, 영혼 없는 상황의 영혼이다. 종교는 인민의 아편이다."

대단한 웅변이다. 그러나 이 에세이의 다른 곳에서 그의 언변은 이따금씩 단순한 말장난으로 전락해버린다. 더 쌀쌀맞게 말하자면, 언변의 과시처럼 느껴진다. 마르틴 루터와 독일의 종교개혁을 말하는 부분을 보자.

그는 권위에 대한 믿음을 파괴했지만, 그것은 믿음의 권위를 복원하는 방법으로만 가능했다. 그는 사제들을 평신도로 바꾸었지만, 그것은 평신도를 사제로 바꾸는 방법으로만 가능했다. 그는 인류를 외적인 광신에서 해방시켰지만, 그것은 광신을 인간의 내부로 가지고 들어가는 방법으로만 가능했다. 그는 인간을 사슬에서 해방시켰지만, 그것은 마음을 사슬에 묶는 방법으로만 가능했다.

또는 프랑스와 독일의 차이에 대한 부분을 보자.

프랑스에서는 모든 것이 되고자 하면 그것으로 뭔가는 될 수 있다. 그러나 독일에서는 모든 것을 포기하지 않으면 누구도 아무것도 될 수 없다. 프랑스에서는 부분적 해방이 보편적 해방의 기초다. 그러나 독일에서는 보편적 해방이 부분적 해방의 절대조건이다.

이런 꽃불처럼 현란한 몇 구절을 읽고 나면, 이런 화려함이 수단이 아니라 목적이 되어버린 것은 아닌가 하는 의심이 든다.
그러나 마르크스의 이런 스타일상의 지나침이 없어지기를 바라는 것은 핵심을 놓치는 것이다. 그의 악덕은 동시에 미덕이기도 하며, 역설과 도치, 대조법과 교차대구법에 중독된 정신의 표현이다. 때로는 이런 변증법적인 열정이 공허한 수사를 낳기도 하지만, 그것보다는 놀랍고 독창적인 통찰을 보여주는 경우가 더 많다. 마르크스는 어떤 것도 당연시하지 않았으며, 모든 것을 뒤집어보았다. 사회 자체도 예외가 아니었다. 어떻게 하면 강한 자들을 권좌에서 끌어내리고 천한 자들을 높일 수 있을까? 마르크스는 헤겔 비판에서 처음으로 답을 제시했다. 필요한 것은 "근본적 사슬에 묶인 계급, 시민 사회의 계급이면서 시민 사회의 계급이 아닌 계급, 모든 계급을 해체하는 계급이다……. 하나의 특정한 계급으로서 이렇게 사회의 해체를 담당하는 계급은 프롤레타리아다." 마지막 말은 바싹 마른 풍경 위에 떨어지는 천둥소리처럼 귓전을 울린다. 독일이나 프랑스에 아직 그 이름값을 할 만한 프롤레타리아가 없다고 걱정하지 마라. 곧 폭풍이 다가온다.

마르크스의 계급 투쟁 이론은 이후 몇 년 간 더 다듬어지고 정교해진다. 그 가장 주목할 만한 예가 《공산당 선언》이다. 그러나 이미 그 윤곽은 분명했다.

"모든 계급은 그 위의 계급에 대항하는 투쟁에 나서는 순간 그 밑의 계급과 투쟁에 말려들게 된다. 따라서 제후는 왕에 대항하여 투쟁하고, 관료는 귀족에 대항하여 투쟁하고, 부르주아지는 이 모두에 대해 투쟁한다. 그러나 프롤레타리아는 이미 부르주아지에 대항하는 투쟁을 시작하고 있다."

따라서 해방자의 역할은 한 계급에서 다음 계급으로 넘어가고, 마침내 보편적 해방이 달성된다. 프랑스에서는 부르주아지가 이미 귀족과 성직자들을 타도했으며, 또 한 차례의 격변이 임박한 것처럼 보였다. 둔감하고 고루한 프로이센에서도 중세의 정부가 무한히 통치를 이어나갈 수는 없었다.

"철저함으로 유명한 독일은 철저한 혁명이 아니면 혁명을 이룰 수 없다."

마르크스는 이렇게 독일적인 효율에 대해 조롱을 작별 인사로 남기고 파리로 향했다. 마르크스는 그곳이 역사의 그 순간에 자신이 있어야 할 유일한 장소라고 느꼈다.

"모든 내적 조건이 맞아떨어진다면, 프랑스의 수탉이 우는 소리와 함께 독일 부활의 날이 밝아올 것이다."

3 풀을 먹는 왕

엥겔스(1856)

어떻게 천재를 질투할 수 있는지 나는 도무지 이해할 수 없네. 천재란 아주 특별한 것이기 때문에, 그런 재주가 없는 우리는 처음부터 그것이 얻을 수 없는 권리임을 알 수 있지. 그런 것을 질투하는 사람은 자신이 엄청나게 속 좁은 사람임을 보여주는 꼴밖에 안 되네.
-마르크스를 처음 만나고 40년이 지난 1881년 엥겔스의 회고에서

1843 | 1845
파리의 열혈 혁명가

"그래서—파리로, 철학의 옛 대학과 새로운 세계의 새로운 수도로! 사업이 시작되든 되지 않든, 이달 말까지는 파리에 가겠습니다. 이곳 분위기는 사람을 농노로 만들기 때문입니다. 독일에는 자유로운 활동의 영역이 전혀 보이지 않습니다."

마르크스는 1843년 9월에 루게에게 그렇게 편지를 썼다. 1789년과 1830년 혁명으로 프랑스 수도는 자연스럽게 집결지 노릇을 하고 있었다. 파리는 음모자와 시인과 팸플릿 저자들의 도시였으며, 종파와 살롱과 비밀 결사의 도시였다.—"일정한 간격을 두고 전기 충격을 보내 전 세계를 소생시키는, 유럽 역사의 신경 중추였다." 당대 가장 유명한 정치 사상가들은 모두 프랑스인이었다. 신비한 기독교 사회주의자 피에르 르루, 공상적 공산주의자 빅토르 콩시데랑과 에티엔 카베, 자유주의적 웅변가이자 시인 알퐁스 드 라마르틴(그의 명예롭고 긴 이름을 다 말하자면, 알퐁스 마리 루이 드 프라트 드 라마르틴). 누구보다도 1840년 《재산이란 무엇인가?》—이 질문에 대한 답은 첫 페이지에 "재산은 도둑질한 결과다."라는 간단한 공식으로 정리되어 있다.—라는 책으로 일약 유명인사가 된 자유의지론적 무정부주의자 피에르 조제프 프루동이 있었다. 카를 마르크스는 결국 이 모든 정치적 투우사들을 밀치고 들이받게 된다. 그 가운데 가장 유명한 예는 프루동이었는데, 마르크스는 프루동의 주요 저작인 《빈곤의 철학》에 자극을 받아 《철학의 빈곤》이라는 제목으로 예리한 반격을 하게 된다. 그러나 처음에는 새로 도착한 신참으로서 우선 듣고 배우는 데 만족했다.

밤이면 카페에는 음악이 흘렀고, 대기중에는 혁명의 분위기가 감돌았다. '부르주아 군주' 루이 필립이 비틀거리는 상황이었기 때문에, 다시 한 번 감전될 것 같은 흥분을 일으키는 사태가 불가피하고 절박하게 느껴졌다. 루게는 이렇게 기록했다.

"부르주아 왕이 민중에게서 위엄을 잃었다는 것은 왕조의 혈통을 이은 그 독재적 군주를 암살하려는 시도가 여러 차례 있었다는 사실로도 증명이 된다. 어느 날 나는 샹젤리제에서 그가 마차 안에 몸을 감춘 채 쏜살같이 지나가는 것을 보았다. 전후좌우에서는 경기병이 호위하고 있었다. 나는 경기병들이 평소와는 달리 어릿광대 스타일이 아니라 정색을 한 표정으로 언제라도 총을 쏠 준비를 하고 있는 것을 보고 깜짝 놀랐다. 이렇게 부르주아 왕은 늘 꺼림칙한 마음으로 거리를 돌아다니고 있는 것이다!"

루게, 마르크스, 시인 게오르크 헤르베그―〈독일-프랑스 연보〉를 관장하던 3인조―는 1843년 가을 파리에 도착했다. 루게는 '커다란 승합마차'를 타고 드레스덴에서 왔는데, 부인과 수많은 자식들을 동반했으며, 송아지 다리도 하나 들고 왔다. 루게는 공상적인 샤를 푸리에에게 영향을 받아, 세 부부가 '팔랑스테르', 즉 공동체를 만들자고 제안했다. 장보기, 밥 짓기, 바느질은 여자들이 돌아가면서 하자고 했다. 헤르베그 부인의 아들 마르셀은 먼 훗날 이렇게 기록했다.

'헤르베그 부인은 한눈에 상황을 파악했다. 착하고 자그마한 작센 여자인 루게 부인이 어떻게 똑똑하고 그녀보다 야심도 많은 마르크스 부인과 잘 지낼 수 있을까? 마르크스 부인의 지식이 그녀의 지식보다 월등한데. 결혼한 지 얼마 되지도 않았고 그들 가운데 나이도 가장 어린 헤르베그 부인 자신은 이 공동체 생활에서 어떤 매력을 느낄 수 있을까?

게오르크와 엠마 헤르베그 부부는 취향이 사치스러웠다. 게다가 엠마 헤르베그의 아버지는 부유한 은행가였기 때문에, 그 취향에 마음껏 탐닉할 수 있었다. 그들은 루게의 초대를 거절했다. 그러나 카를과 예니(임신 4개월이었다)는 한번 해보기로 했다. 그들은 방노 거리 23번지에 있는 루게의 아파트로 이사했다. 〈독일-프랑스 연보〉 사무실 바로 옆집이었다.

가부장적인 공산주의 실험은 두 주 정도 후에 끝났다. 마르크스 부부는 공동체에서 철수하여, 거리에서 아래로 조금 더 내려간 곳에 그들만의 숙소를 구했다. 루게는 꼼꼼하고 청교도적이며 가정적인 사람이었기 때문에, 공동 편집자의 무질서하고 충동적인 습관들을 견딜 수가 없었다. 루게는 마르크스가 "아무것도 마무리를 짓지 못하고, 모든 일을 중간에 그만두고 나서는 다시 끝없는 책의 바다에 뛰어든다. …… 병이 날 정도로 일을 하여, 사흘, 심지어 나흘 밤을 연속으로 새기도 한다……." 루게는 이런 '비정상적인 작업 방법'에 충격을 받은 데다가, 마르크스가 여가를 즐기는 방식을 보고 완전히 얼굴을 붉히고 말았다. 루게는 몇 달 뒤에 이렇게 썼다.

"부인이 마르크스의 생일선물로 1백 프랑이나 나가는 승마용 회초리를 사주었다. 그러나 이 가엾은 녀석은 말을 탈 줄도 모르고, 말도 없다. 그래도 이 녀석은 보는 것마다 다 '갖고' 싶어한다. 마차, 멋진 옷, 꽃밭,

박람회에서 본 새 가구, 심지어 하늘의 달까지.'

이 쇼핑 목록은 믿기 힘들다. 마르크스는 사치품이나 장식품에는 관심이 없었기 때문이다. 만일 마르크스가 그런 것을 원했다면 그것은 그런 것을 좋아하던 예니를 위해서였음이 틀림없다. 파리에서 보낸 이 첫 몇 달은 결혼 생활에서 그녀가 그런 욕구를 충족시킬 여유가 있었던 처음이자 마지막 시기였다. 쾰른의 〈라이니셰 차이퉁〉의 전 주주들이 1천 탈러를 기부하여 카를의 보수가 늘어났기 때문이다. 또 마르크스는 예니가 모성에 따르는 의무들 때문에 많은 제약을 느끼기 전에 마지막으로 흥청거릴 기회를 주고 싶어했다. 1844년 노동절에 예니는 딸 예니—'예니헨'이라는 애칭으로 더 많이 알려져 있다.—를 낳았다. 그녀의 검은 눈과 말갈기 같은 검은 머리카락은 영락없이 카를을 빼다 박았다.

이 초보 부모는 아이에게 홀딱 빠지기는 했지만, 대책 없을 정도로 무능했다. 그래서 6월 초가 되자 두 예니는 트리어의 폰 베스트팔렌 남작부인 집에서 몇 달을 보내며 어머니 역할의 기초를 배우기로 했다. 예니는 6월 21일에 편지를 보냈다.

"가엾은 꼬마 인형이 애처롭게도 여행 뒤에 병이 들었어요. 변비 때문만이 아니라 너무 많이 먹여서 그렇대요. 우리는 뚱뚱한 돼지〔가족의 주치의인 로베르트 슐라이허〕를 찾아갔는데, 그는 우리 아기가 인공식으로는 쉽게 회복하지 못할 테니 반드시 유모를 두라고 했어요. …… 아이의 목숨을 구하는 일은 쉽지 않았지만, 그래도 아기는 이제 위험에서 거의 벗어났어요."

더욱 잘된 일은 유모가 그들과 함께 파리에 오겠다고 한 것이었다. 그러나 예니는 행복에도 불구하고("내 온 존재가 만족과 풍요를 표현하고 있어요"), 과거의 불길한 예감을 완전히 떨쳐버릴 수 없었다.

"우리 장래에 대해 걱정이 많아요. …… 가능하다면 이 문제에 대해

내 마음을 안정시켜줘요. 사방에서 안정된 수입이 중요하다는 말이 너무 많아요."

그러나 늘 카를 마르크스를 피해간 삶의 필수품이 하나 있다면 그것이 바로 안정된 수입이었다.

파리에서 그가 맡은 일은 경제적인 안정을 약속하는 것처럼 보였지만, 실제로는 그가 전에 맡았던 편집자 일보다 훨씬 더 짧게 끝나고 말았다. 〈독일-프랑스 연보〉는 딱 한 번 발행되었는데, 그때 벌써 루게와의 균열은 복구 불가능한 것이 되고 말았다. 게다가 이 잡지도 그 제목이 약속했던 것과는 달리 양국의 교류를 보여주지 못했다. 프랑스에는 글을 쓸 만한 사람들이 많았지만, 아무도 기고를 하려 하지 않았다. 마르크스는 지면을 메우기 위해 유대인 문제와 헤겔에 대한 자신의 에세이를 수록하고, 거기에 그와 루게가 그 전 1, 2년 간 주고받은 편지를 편집해서 싣기도 했다. 유일한 비독일인 필자는 망명한 러시아의 무정부주의적 공산주의자 미하일 바쿠닌뿐이었다. 바쿠닌은 나중에 이렇게 회고했다.

"당시 마르크스는 나보다 훨씬 앞서 나갔다. 나보다 어렸지만, 이미 무신론자였고, 교육받은 유물론자였고, 의식적인 사회주의자였다. …… 나는 열심히 그와 대화를 하려 했다. 그의 이야기는 편협한 증오심만 끼여들지 않으면 언제나 교훈적이고 재치가 넘쳤다. 그러나 안타깝게도 그런 증오심으로 범벅이 되는 경우가 너무 많았다. 우리 사이에 솔직하고 친밀한 관계는 없었다. 우리의 기질 차이 때문이었다. 그는 내가 감상적인 관념론자라고 했으며, 그의 말이 옳았다. 나는 그가 허영심 많고, 의리 없고, 교활하다고 했는데, 내 말도 맞았다."

〈독일-프랑스 연보〉의 창간호이자 종간호는 그 분명한 결점들에도 불구하고 국제적인 지위가 있는 기고자의 글을 하나 실을 수 있었다. 낭만주의 시인 하인리히 하이네의 글이었다. 마르크스는 어렸을 때부터 하이네를 존경했으며, 파리에 도착하자마자 그와 사귀기 시작했다. 하이네는 애처로울 정도로 민감한 사람이어서, 아주 작은 비판에도 울음을 터뜨리곤 했다. 반면 마르크스는 당당한 무심함을 무기로 하는, 동정심 없는 비평가였다. 그러나 마르크스는 하이네에 대해서만큼은 문학의 진정한 영웅에 대한 경의의 표시로 우상 파괴적인 경향을 억제했다. 하이네는 방노 거리에 있는 마르크스 부부의 아파트를 자주 찾아와, 자신이 쓰고 있는 작품을 낭독해주고 젊은 편집자에게 수정해 달라고 요청했다. 한 번은 하이네가 마르크스 집에 가보니, 카를과 예니가 어린 예니헨에 대한 걱정 때문에 제정신이 아니었다. 예니헨은 몸에 경련을 일으키며 죽음의 문턱을 넘나들고 있었다.—적어도 마르크스 부부는 그렇게 생각했다. 하이네는 즉시 "아이를 목욕시켜야 한다."고 충고했다. 마르크스 가문에 내려오는 전설에 따르면, 하이네의 이 조언 덕분에 아이의 목숨을 구할 수 있었다고 한다.

하이네는 공산주의자가 아니었다. 적어도 마르크스주의적 의미에서 공산주의자는 아니었다. 하이네는 스스로 신이라고 생각했다가 드높은 자만의 자리로부터 비참하게 영락하여 짐승처럼 땅을 기며 풀을 먹던 바빌론 왕의 이야기를 인용했다.

"이 이야기는 다니엘서라고 하는 위대하고 훌륭한 책에 나온다. 나는 나의 훌륭한 친구 루게를 계몽시키기 위해 이 책을 권했고, 또 루게보다 훨씬 고집스러운 친구 마르크스, 그리고 포이어바흐, 다우머, 브루노 바우어, 헹스텐베르크를 비롯해 신을 모르고 스스로 신이라 칭하는 무리에게도 이 책을 권했다."

하이네는 프롤레타리아의 승리를 두렵게 생각했다. 이 새로운 세계에는 예술과 아름다움이 들어갈 자리가 없다고 걱정했다. 1854년 하이네는 마르크스를 염두에 두고 이렇게 썼다.

"대체로 은밀하게 행동하는, 독일 공산주의 지도자들은 위대한 논리학자들이다. 그들 가운데 가장 강력한 자는 헤겔학파 출신이다. 이 혁명의 박사들과 그들의 잔인할 정도로 단호한 제자들은 독일에서 어느 정도 생명력을 가진 유일한 집단이며, 안타깝게도 미래는 그들의 것이다."

하이네는 1856년 죽음을 맞이하기 직전, 만일 자신이 평생 '부도덕한' 글을 쓴 적이 있다면 신에게 용서를 간청한다는 내용의 마지막 유언장을 작성했다. 그러나 마르크스는 하이네가 이런 식으로 신에 대한 신앙으로 타락한 것을 눈감아주었다. 아마 다른 사람이었다면 아주 잔인하게 경멸해 마지않았을 것이다. 엘레아노르 마르크스는 이렇게 썼다.

"아버지는 하이네의 작품만큼이나 그 시인을 사랑했으며, 그의 정치적 약점들은 가능한 한 관대하게 봐주었다. 아버지는 시인들이란 기묘한 인간들이기 때문에 제멋대로 가도록 놔두어야 한다고 설명했다. 그들은 보통 사람의 잣대는 물론이고, 심지어 특별한 사람의 잣대로도 평가할 수 없다는 것이었다."

〈독일-프랑스 연보〉는 경제적으로는 참담한 결과를 맞이했을지 모르지만, 의례적인 찬사는 많이 받을 수 있었다. 거기에는 하인리히 하이네가 쓴 바이에른의 루트비히 왕에 대한 풍자적 송가가 큰 몫을 차지했다. 발행자들은 〈독일-프랑스 연보〉 수백 부를 독일로 보냈으나 경찰에게 압수당했다. 프로이센 정부가 그 간행물이 반역을 선동하는 내용을 담고 있다고 경찰에 미리 주의를 주었기 때문이다. 마르크스, 루게, 하이네는 조국으로 돌아오려 할 경우에 즉시 체포하라는 명령이 떨어졌다. 오스트리아에서는 메테르니히가 이 '혐오스럽고 역겨운' 문건을 파는 서점 주인은 엄벌에 처하겠다고 공언했다.

아르놀트 루게는 겁에 질려 출간을 중단하고 약속했던 보수도 지불하지 않음으로써 마르크스를 곤경에 빠뜨렸다. 일부 역사가들은 '다른 개인적인 차이들, 특히 근본적인 원칙 문제에 대한 차이가 둘 사이에 갑작스럽게 불거지지만 않았다면' 그들 사이의 다툼이 최종적인 상황으로까지 가지는 않았을 것이라고 말한다. 그러나 사실 근본적인 '원칙 문제'라는 것은 우습게도 그들의 동료 게오르크 헤르베그의 성생활을 둘러싼 말다툼이었다. 헤르베그는 이미 새 신부를 배신하고, 백작 부인인 마리 다구와 바람을 피우기 시작했다. 그녀는 과거에 작곡가 리스트의 애인이었으며, 그녀의 딸 코지마는 나중에 바그너와 결혼했다. 루게는 어머니에게 보낸 편지에서 이렇게 말했다.

"저는 헤르베그의 생활 방식과 게으름에 화가 났습니다. 저는 몇 번이나 반 농담으로 그를 악당이라고 부르면서, 남자가 결혼을 하면 그 일에 책임을 져야 한다고 말했습니다. 마르크스는 아무 말도 하지 않고, 아주 다정한 태도로 그의 작별을 받아들였습니다. 다음날 아침 마르크스는 편지에서 헤르베그가 전도유망한 천재라고 말했습니다. 그는 제가 헤르베그를 악당이라고 부른 것에 격분했습니다. 결혼에 대한 내 생각들은 속물적이고 비인간적이라고 했습니다. 그 이후 우리는 서로 만나지 않았습니다."

마르크스는 사보나롤라(15세기 이탈리아의 수도사이자 종교 개혁가 : 역주)처럼 청교도적인 태도로 난잡하고 방탕한 남녀 관계를 격렬하게 비난했지만—공산주의가 공동 섹스와 동의어라는 혐의를 반박하기 위해서였는지는 몰라도—친구들의 사랑의 탈선은 재미있게 생각했다. 어쩌면 약간 부러워했는지도 모른다. 예니는 물론 그런 점을 걱정했다. 그녀는 남편을 파리에 홀로 두고 떠난 지 두 달 뒤인 1844년 8월 트리어에서 쓴 편지에서 이렇게 말했다.

"마음은 원이로되 육신이 약하도다. 부정(不貞)한 행위라는 현실적인 위험, 대도시의 유혹과 매력—내 마음에는 이런 것들이 다른 어떤 것들보다 큰 걱정거리예요."

그러나 그녀는 걱정할 필요가 없었다. 마르크스에게 파리의 유혹과 매력들 가운데 백작 부인의 치마가 바스락거리는 소리는 정치적 소란의 경쟁 상대가 될 수 없었기 때문이다. 1844년 여름 마르크스는 작곡가 마이어베어가 후원하고, 〈독일-프랑스 연보〉에서 마르크스와 협력하기도 했던 카를 루트비히 베르나이스가 편집을 맡고 있던 잡지 〈포어베르츠!(전진)〉의 원고 청탁을 수락했다.

유럽에서 독일어로 된 신문 가운데는 유일하게 검열을 받지 않는 급진적인 신문 〈포어베르츠!〉는 하이네, 헤르베그, 바쿠닌, 아르놀트 루게를 포함하여 모든 오래 된 망명 시인과 논객들의 피난처였다. 그들은 일주일에 한 번씩 물랭 거리와 누브 데 프티 거리가 만나는 모퉁이에 있는 1층 사무실에 모여 편집회의를 열었다. 회의는 베르나이스와 발행인인 하인리히 베른슈타인이 주관했다. 베른슈타인은 이렇게 회상한다.

일부는 침대나 트렁크에 앉았고, 일부는 서 있거나 걸어다니기도 했다. 모두 줄담배를 피워댔고, 흥분해서 정열적으로 자기 주장을 했다. 창문을 열 수는 없었다. 그랬다가는 왜 이렇게 시끄러운지 궁금해하는 사람들이 모여들 것이 뻔했기 때문이다. 곧 담배 연기가 방 안에 자욱하게 내려앉아, 새로 들어오는 사람은 안에 누가 있는지 알 수가 없었다. 마침내 우리는 담배 연기 때문에 서로 알아보지도 못하는 지경에 이르렀다.

마르크스와 루게가 둘 다 참석한 자리였다면 그만하기가 다행이었을 것이다. 자칫하다간 그 시끄러움이 주먹다짐으로 번졌을 테니까.

대신 두 원수는 공공 인쇄물에서 다툼을 계속했다. 1884년 7월 루게는 〈포어베르츠!〉에 '한 프로이센인'이라는 이름으로, 프로이센 왕이 생계를 위협하는 기계를 부순 슐레지엔의 직조공들을 야만적으로 탄압한 일에 대해 긴 글을 썼다. 루게는 직조공들의 폭동을 거의 아무런 의미가 없는 행위로 간주했다. 독일에는 고립적인 불복종 행동을 전면적인 혁명으로 바꾸어나가는 데 필요한 '정치적 의식'이 존재하지 않는다는 것이 그 이유였다.

마르크스는 열흘 뒤 게재한 글에서 혁명의 비료는 '정치적 의식'이 아니라 계급의식이며, 슐레지엔인들에게는 이 의식이 풍부하다고 반박했다. 루게(또는 마르크스의 표현을 빌자면 '프로이센인으로 지칭된 자')는 정치적 영혼이 없는 사회 혁명은 불가능하다고 생각했다. 마르크스는 이 '말도 안 되는 이야기'를 일소에 부치면서, 모든 혁명은 낡은 사회를 해체하고 낡은 권력을 전복한다는 점에서 사회적인 동시에 정치적이라고 주장했다. 혁명은 슐레지엔 직조공들의 경우처럼 한 공장 구역에서만 발생해도 전국을 위협하는데, 그 이유는 "이것이 비인간화된 삶에 대항하는 인간의 저항을 표현하기" 때문이다. 그러나 이것은 너무 낙관적인 이야기였다. 슐레지엔 직조공들의 폭동이 유일하게 장기적인 영향을 미쳤다면, 그것이 하이네의 가장 유명한 시 가운데 하나인 〈슐레지엔 직조공들의 노래〉— 같은 호 〈포어베르츠!〉에 실렸다. —에 영감을 주었다는 것이다.

"영국 프롤레타리아가 유럽 프롤레타리아의 경제학자이고, 프랑스 프롤레타리아가 유럽 프롤레타리아의 정치가이듯이, 독일 프롤레타리아는 유럽 프롤레타리아의 이론가이다."

마르크스는 루게에 대한 반론에서 그렇게 썼는데, 이것은 마르크스주의가 이 세 가지 혈통의 산물이라는 엥겔스의 평가를 예시하는 듯한 대목이다. 26살의 마르크스는 이미 독일 철학과 프랑스 사회주의에 조예가 깊었다. 이제 마르크스는 음울한 과학을 공부하기 시작했다. 1844년 여름 동안 마르크스는 영국 정치경제학의 주요 저작—애덤 스미스, 데이비드 리카도, 제임스 밀—을 체계적으로 읽어나갔고, 그러는 과정에서 논평을 써나갔다. 5만 단어에 이르는 이 메모는 1930년대에야 발견되어, 소련 학자 다비드 랴자노프가 《경제학 철학 원고》라는 제목으로 출판했다. 이 글은 지금은 '파리 원고'라는 별명으로 더 많이 알려져 있다.

* * *

마르크스의 작업은 종종 '조악한 교조'라는 비난을 받아왔는데, 보통 그의 저작을 읽었는지 의문을 품게 만드는 사람들이 그런 이야기를 했다. 이런 즉흥적인 비평가들—여기에는 현 영국 수상인 토니 블레어도 포함된다.—에게는 '파리 원고'를 강제로라도 읽어보게 하는 것이 유용할 것이다. '파리 원고'에는 끊임없이 탐구해 들어가는, 섬세하고 비교조적인 정신이 드러나기 때문이다.

첫 원고는 단순한 선언으로 시작된다.

"임금은 자본가와 노동자 사이의 격렬한 투쟁에 의해 결정된다. 자본가는 이길 수밖에 없다. 자본가 없는 노동자보다 노동자 없는 자본가가 더 오래 살 수 있기 때문이다."

이 전제로부터 다른 모든 것이 도출된다. 노동자는 구매자를 찾는 하나의 상품이 된다. 그나마 판매자 중심의 시장도 아니다. 어떤 일이 일어나도 노동자는 손해를 본다. 사회의 부가 감소하면, 노동자가 가장 크

3. 풀을 먹는 왕 101

게 타격을 받는다. 사회가 번영하면 어떻게 될까?

"이 조건이 노동자에게는 유일하게 유리한 조건이다. 이 경우에는 자본가들 사이에 경쟁이 벌어진다. 노동자들에 대한 수요가 공급을 넘어선다. 그러나……."

정말 '그러나'다. 자본은 노동의 축적된 결과물일 뿐이며, 따라서 한 나라의 자본과 세입은 "노동자의 생산물을 노동자로부터 더 많이 빼앗아갈 때, 노동자 자신의 노동이 소외된 소유물로서 노동자와 점점 더 대립하게 될 때, 노동자의 존재와 활동 수단이 점점 더 자본가의 손에 집중될 때"에만 증가하기 때문이다. 똑똑한 닭(이런 생물이 존재할 가능성은 없지만)이 수십 개의 알을 낳은 뒤 온기가 식기도 전에 탈취당하는 것을 보면서, 자신의 생산력이 가장 풍부할 때 자신의 무능을 가장 크게 의식하게 되는 것과 마찬가지다.

나아가서 번영하는 사회에서는 자본의 집중도 심해지고 경쟁도 치열해진다.

"대자본가들은 소자본가들을 파멸시키고, 자본가의 일부는 노동자 계급으로 전락한다. 이런 식으로 노동자 계급의 수가 증가함에 따라, 임금은 하락하고, 노동자 계급은 소수의 대자본가에게 점점 더 의존하게 된다. 자본가들의 숫자가 줄어들었기 때문에 노동자들을 둘러싼 경쟁은 이제 거의 존재하지 않는다. 반면 노동자들의 숫자가 증가했기 때문에, 그들 사이의 경쟁은 더욱 치열해지고, 부자연스러워지고, 격렬해진다."

그래서 마르크스는 아무리 경제 형편이 좋다 하더라도, 노동자에게 유일한 결과는 '과로와 빠른 죽음, 기계로의 전락, 자본의 노예화'라고 결론을 내린다. 분업은 인간들과의 경쟁만이 아니라 기계와의 경쟁도 도입함으로써 노동자를 더 의존적으로 만든다.

"노동자가 기계로 전락했기 때문에, 기계는 경쟁자로서 노동자와 대립하게 된다."

마지막으로 자본의 집적으로 산업은 점점 더 많은 양의 생산물을 내놓게 된다. 이것은 과잉생산을 낳고, 결국 노동자들의 대량 실직 또는 엄청난 임금 하락으로 끝나게 된다. 마르크스는 냉혹한 아이러니가 섞인 결론을 내린다.

"이것이 노동자에게 가장 유리한 사회적 조건, 즉 부의 성장이라는 조건의 결과다. 그러나 결국에 가서는 이런 성장이 정점에 이르는 때가 온다. 그때 노동자의 상황은 어떻게 될까?"

아주 비참해진다는 답이 나와도 놀랄 사람은 없을 것이다.

판세는 결정적이라고 말할 수 있을 정도로 자본가에게 유리하다. 대자본가는 공장의 생산물들 위에 주저앉아 괜찮은 값을 받을 때까지 기다릴 수 있는 반면, 노동자의 유일한 생산물—이마의 땀—은 매 순간 팔리지 않으면 완전히 가치를 잃는다. 판매되지 않은 노동은 시장에서는 어제 아침 신문처럼 무가치하며, 다시 복구할 수도 없다.

"노동은 생명이다. 만일 생명이 매일 먹을 것과 교환되지 않는다면, 고통을 겪다가 죽게 될 것이다."

다른 상품과는 달리 노동이라는 상품은 축적과 절약이 불가능하다.—어쨌든 노동자에게는 불가능하다. 고용주는 노동자보다 운이 좋다. 자본은 무한한 저장 수명을 가진 '저장된 노동'이기 때문이다.

자본가들의 유일한 약점은 그들 간의 경쟁이다. 경쟁은 임금을 올리고 가격을 낮춘다. 그러나 바로 이런 이유 때문에 대자본가는 늘 경쟁적인 관계를 피하려 하고 사보타주하려 한다. 옛 봉건 영주들이 토지를 독점했듯이—토지에 대한 수요는 거의 무한한데 공급은 한정되어 있다.—산업자본가라는 새로운 종족은 생산물을 독점하고자 한다. 따라서 애덤 스미스처럼, 지주나 자본가의 이해관계가 사회의 이해관계와 일치한다고 결론을 내리는 것은 어리석다.

"사적 소유의 통제 하에서 사회에 대한 어떤 개인의 이해관계는 이 개인에 대한 사회의 이해관계와 반비례한다. 씀씀이가 헤픈 사람에 대한 대금업자의 이해관계가 대금업자에 대한 씀씀이가 헤픈 사람의 이해관계와 전혀 일치하지 않는 것과 마찬가지다."

마르크스는 스미스와 리카도에 대해 비록 비판적 존경심이라 해도 깊은 존경심을 품고 있었다. 헤겔의 경우와 마찬가지로, 마르크스는 그들 자신의 말과 논리를 이용하여 그들 이론의 약점을 드러냈다. 가장 분명한 약점은 이것이었다.

"정치경제학은 사적 소유라는 사실로부터 출발한다. 그러나 사적 소유를 설명하지는 않는다."

고전 경제학자들은 사적 소유를 근본적인 인간 조건으로 취급했다. 신학에서 악의 존재를 인간의 첫 불복종과 금지된 나무의 열매―그것을 따먹음으로써 세상에 죽음이 들어왔다.―와 관련지어 설명하는 것과 비슷하다.

그러나 사적 소유는 고정된 것도 아니고, 불변의 것도 아니었다. 이미 산업혁명으로 권력은 봉건 영주들의 손에서 기업 귀족의 손으로 넘어갔다. 돈의 귀족이 땅의 귀족을 대체한 셈이다.

"우리는 낭만주의가 이 때문에 흘리는 감상적인 눈물을 함께 흘려줄 생각이 없다."

마르크스는 엄하게 논평했다. 봉건 지주들은 자신의 소유에서 최대의 이윤을 끌어내려 하지 않고, 고귀한 무관심이라는 '낭만적 영광'에 탐닉하는 비능률적인 얼간이들이었다. 이런 자비로운 신화를 깨부수고 '토지 소유의 뿌리―지저분한 자기 이익―를 가장 냉소적인 형태로 드러내는 일'은 절대적으로 바람직하다. 자본주의는 목가적인 신비한 분위기 없이 위대한 토지를 단순한 상품으로 환원시킴으로써 적어도 그 의도에서는 투명했다. 'nulle terre sans seigneur(주인 없는 땅은 없다)'는 중세의 모토는, 천박하지만 정직한 모토인 'l'argent n'a pas de maître(돈은 주인을 모른다)'로 바뀌었다.

자본주의의 압제 하에서 거의 모든 사람과 존재는 '사물화'되었다. 노동자는 자신이 소유하거나 통제하지 않는 물건을 생산하기 위해 자신의 생명을 바친다. 따라서 그의 노동은 별도의 외적인 존재가 되며, 그것은 "그의 바깥에, 그와 독립하여, 그를 소외시키는 것으로 존재하며, 하나의 자율적인 힘으로 그와 맞서기 시작한다. 그가 그 물건에 투여한 생명이 적대적이고 이질적인 존재가 되어 그와 맞서는 것이다." 마르크스를 연구하는 학자나 비평가 가운데 누구도 이 이야기와 메리 셸리의 《프랑켄슈타인》—자신을 창조한 사람과 맞서는 괴물의 이야기—사이의 분명한 유사성에 주목하지 않았다(마르크스가 프로메테우스 전설에 매료되었던 것을 생각한다면, 그 소설의 부제인 '이 시대의 프로메테우스'도 다시 한 번 보게 된다). 마르크스는 1863년 12월 갑자기 온몸에 종기가 나서 고생을 하던 중, 특히 지저분한 종기 하나를 '내 등에 있는 제2의 프랑켄슈타인'이라고 불렀다. 마르크스는 엥겔스에게 편지를 했다.

"이것이 단편소설의 좋은 주제가 될 거라는 생각이 들었네. 앞에서 보면 포트 와인, 붉은 포도주, 흑맥주와 커다란 고기 덩어리로 내적인 인간을 잘 먹이는 인간이 있는 걸세. 앞에서 보면 게걸스럽게 먹어대는 인간이 있다는 거지. 하지만 뒤를 보면, 등을 보면, 외적인 인간이 있는데, 이건 염병할 종기야. 만일 악마가 계속 잘 먹여주고 보살펴줄 테니 이런 상황을 계속 유지하자고 한다면, 이 악마를 데려가 달라고 다른 악마를 부르겠네."

마르크스가 당시 여덟 살이었던 딸 엘레아노르에게 그 종기 이야기를 하자 엘레아노르는 이렇게 대꾸했다.

"하지만 그것도 아빠 살이잖아요!"

마르크스의 자식들은 어렸을 때부터 자기 소외의 개념을 주입받게 되었는데, 그것은 주로 마르크스가 아이들을 즐겁게 해주기 위해 지어낸 동화들을 통해서였다.

"아버지가 나에게 해주신 많은 멋진 이야기들 가운데도 가장 멋진, 또 가장 재미있는 이야기는 '한스 뢰클'이었다."

엘레아노르는 회고록에서 그렇게 썼다.

그 이야기는 몇 달씩 계속되었다. 아주 긴 연재물과 같았다. …… 한스 뢰클은 호프만 같은 마법사였으며, 장난감 가게를 운영하고 있었고 늘 "열심히 일을 했다." 그의 가게에는 아주 멋진 물건들이 가득했다. 나무로 만든 남자와 여자, 거인과 난쟁이, 왕과 여왕, 일꾼과 주인, 노아가 방주에 데리고 들어간 수만큼이나 많은 짐승과 새, 탁자와 의자, 마차, 온갖 종류와 크기의 상자들이 있었다. 한스는 마법사였지만, 악마에게나 정육점 주인에게나 자신의 의무를 다 이행하지 못했다. 따라서 비위에 거슬리는 일이었지만, 늘 악마에게 장난감들을 팔아야 했다. 이렇게 팔린 장난감들은 멋진 모험을 하다가 결국에는 다 한스 뢰클의 가게로 돌아왔다.

동화에서는 참 쉽다. 그러나 노동자가 마법에 의존하지 않고 어떻게 노동의 산물을 되찾을 수 있을까? 헤겔에게는 소외가 삶에서 피할 수 없는 것으로서, 개념과 창조 사이에, 욕망과 충동적 행동 사이에 드리운 그림자였다. 일단 관념이 사물이 되면—기계든 책이든—그것은 '외화'

된 것이며, 따라서 그 생산자로부터 분리된 것이다. 소외는 모든 노동의 필연적 결과였다.

마르크스에게는 소외된 노동이 인간 의식의 외적이고 불가피한 문제가 아니라 특정한 경제, 사회 조직 형태의 결과물이었다. 예를 들어 분만은 틀림없이 헤겔의 '외화'의 한 예이지만, 아기가 자궁에서 나가는 순간 어머니가 자동적으로 아기로부터 소외되는 것은 아니다. 그러나 아기를 낳을 때마다 현대의 헤롯 왕(예수가 등장하는 것을 막으려고 이스라엘 산모들에게서 남자 아기를 빼앗아갔다고 하는 왕 : 옮긴이) 같은 사람이 그 즉시 우는 아기를 어머니에게서 빼앗아간다면, 물론 어머니는 큰 소외감을 느낄 것이다. 대체로 이것이 노동자가 매일 겪는 운명이다. 즉 자신이 갖지도 못할 것을 계속 생산하는 것이다. 노동자가 스스로 인간 이하라고 느끼는 것도 당연하다. 마르크스는 그 특유의 역설로 이렇게 말했다.

"그 결과 인간(노동자)은 가장 동물적인 기능을 할 때만, 즉 먹고, 마시고, 생식할 때만, 또는 기껏해야 자신의 거처와 장식품 속에 있을 때에만 자신이 자유롭게 행동한다고 느낀다. 반면 인간적인 기능을 할 때는 동물과 다름없다."

그렇다면 대안은 무엇인가? 마르크스는 1844년에 《경제학 철학 원고》를 쓸 무렵에 이미 사회의 구조적 결함—높아가는 습도, 썩은 목재, 하중을 감당할 수 없는 들보—을 정확히 짚어내고 또 건물 해체용 철구(鐵球)가 시급히 필요한 이유를 설명할 만만찮은 재능을 갖추고 있었다. 그러나 측량 기사와 철거 담당자로서의 기술에 부응할 만한, 그 나름의 웅대한 건축학적 비전은 갖추지 못했다.

"사적 소유의 폐지는…… 인간의 모든 감각과 속성의 완전한 해방이다. 오직 인간 본성이라는 부(富)가 객관적으로 전개되는 과정을 통해서만 주관적인 인간적 감수성이라는 부―음악을 듣는 귀, 형태의 아름다움을 보는 눈, 간단히 말해서 인간적 만족을 얻을 수 있는 감각들―가 계발되거나 창조될 수 있다."

공산주의만이 인간과 자연, 인간과 인간 사이의 갈등을 해결할 수 있다.

"공산주의는 역사의 수수께끼를 푸는 답이다."

이어 마르크스는 과장되고 화려하게 멋을 부려 덧붙인다.

"그리고 자신이 답임을 알고 있다."

그럴지도 모른다. 그러나 공산주의라는 것이 정확히 무엇인가? 마르크스는 자신의 다소 모호한 휴머니즘을 설명할 수 없었기 때문에, 공산주의가 아닌 것을 말하는 쪽을 택했다. 역사의 수수께끼에 대한 해답은 프루동의 소부르주아적인 진부함('가정, 부부애, 그런저런 진부한 것들에 대한 설교')에서는 발견할 수 없다. 또 푸리에나 바뵈프와 같은 평등주의자들의 몽상에서도 발견할 수 없다. 그들은 '평준화하고자 하는 질투심과 욕망'에 사로잡혀, 사적 소유를 폐지하는 것이 아니라 단지 재분배하려 했다. 그들이 상상하는 '행복한 골짜기'는 "노동과 평등한 임금으로 이루어진 공동체이며, 그 임금은 공동 자본, 즉 보편적 자본가로서 공동체가 지불한다." 물질적 소유는 여전히 존재의 목적이 되며, 유일한 차이란 모든 사람―과거의 자본가들을 포함하여―이 '노동자' 범주로 들어간다는 것이다. 여자는 어떻게 될까? 결혼은 그 자체가 배타적 사적 소유의 한 형태이기 때문에, 아마 어쭙잖은 공산주의자들은 "여자들이 결혼에서 일반적 매춘으로 나아가야 한다."고―그래서 모두의 소유가 되어야 한다고―생각할지도 모른다. 그러나 마르크스는 이 '짐승 같은' 전망이 무시무시해서 몸을 사렸다.

왜 루게 부부와의 공동 생활이 실패로 끝나고 말았는지 알 수도 있을 것 같다. 마르크스는 부르주아적인 도덕과 관습을 조롱했지만, 속으로는 매우 부르주아적인 가부장이었다. 남자 친구들과 술을 마시거나 편지를 할 때, 그는 더러운 농담이나 감질나는 성적 추문을 가장 즐겼다. 그러나 남녀가 함께 있을 때는 빅토리아 여왕 시대의 어떤 가장이 보아도 감탄할 만큼, 여성을 보호하는 기사도적인 태도를 보여주었다.

"마르크스는 거칠고 불안한 성격에도 불구하고, 아버지와 남편으로서는 더 없이 상냥하고 온화한 사람이다."

1850년대에 한 경찰 첩자는 깜짝 놀라 그렇게 기록했다. 독일의 사회주의자 빌헬름 리프크네히트―마르크스의 술집 순례에 자주 동행했다.―는 마르크스의 얌전빼는 태도가 감동적이면서도 약간 익살맞다고 느꼈다.

"정치와 경제에 대한 토론에서 그는 말조심을 하지 않았으며, 아주 상스러운 표현도 자주 사용했다. 그러나 아이와 여자가 있을 때는 그 언어가 아주 점잖고 세련된 것으로 바뀌었기 때문에, 영국의 여자 가정교사가 보았다 해도 아무런 흠을 잡지 못했을 것이다. 그런 상황에서 대화가 약간 민감한 문제로 접어들면, 마르크스는 안절부절 못하며 열여섯 살짜리 처녀처럼 얼굴을 붉혔다."

1844년 8월, 예니는 트리어에서 여전히 기나긴 출산 휴가 중이고 카를은 방노 거리에 있는 아파트에서 경제학 공책을 펴놓고 혼자 열심히 공부하고 있을 때, 스물세 살의 프리드리히 엥겔스가 영국에서 독일로 가는 길에 파리에 들렀다. 두 사람은 전에도 만난 적이 있었다. 1842년 11월 16일 엥겔스가 〈라이니셰 차이퉁〉 사무실을 찾아갔을 때였다. 그때는 서로 냉담했고 특별히 기억할 만한 일도 없었다. 엥겔스는 에드가 바우어가 미리 주의를 준 대로, "만 마리의 악마가 그의 머리카락을 움켜쥐고 있는 것" 같은 충동적인 젊은 편집장을 조심했다. 마르크스 역시 엥겔스를 수상쩍게 보았다. 엥겔스가 베를린에 살았으므로 브루노 바우어와 에드가 바우어 형제 등 자유 헤겔주의자들의 어리석은 짓에 공모했을 것이라고 지레 짐작했기 때문이다. 엥겔스는 그 후 곧 베를린에서 맨체스터로 이사함으로써 의심을 씻어냈고, 〈라이니셰 차이퉁〉에 몇 편의 글을 기고하는 것이 허용되었다. 그러나 마르크스가 정말로 관심을 가지게 된 것은 엥겔스가 〈독일-프랑스 연보〉에 보낸 두 편의 글이었다. 하나는 토머스 칼라일의 《과거와 현재》에 대한 서평이었고, 또 하나는 《정치경제학 비판》이라는 긴 글이었다. 마르크스는 뒤의 글을 천재의 작품이라고 평했다. 그 이유는 쉽게 짐작할 수 있다. 마르크스는 이미 추상적인 관념론은 뜨거운 공기일 뿐이며, 역사의 기관차는 경제적이고 정치적인 힘들에 의해 움직인다고 결론을 내리고 있었다. 그러나 자본주의에 대한 실제 지식은 전무했다. 그는 독일 철학자들과 변증법적 투쟁에 골몰해 있었기 때문에 영국—최초의 산업화된 국가이자 프롤레타리아의 출생지—의 상황은 시야 바깥에 있었다. 반면 엥겔스는 랭커셔의 방적공장들이라는 유리한 위치에 자리를 잡고 있었기 때문에, 마르크스를 계몽하기에는 적임자였다.

그래서 그들이 1844년 8월에 다시 만나게 되었을 때, 마르크스의 태도는 불신에서 존경심을 바탕에 깐 호기심으로 바뀌어 있었다. 라 레장스 카페—과거에 볼테르와 디드로가 자주 다니던 곳이었다.—에서 몇 번 아페리티프를 마신 뒤, 마르크스는 방노 거리에 있는 아파트로 가서 이야기를 계속하자고 엥겔스를 초대했다. 그들의 대화는 엄청난 양의 등잔 기름과 붉은 포도주를 소비하며 열흘 동안 빡빡하게 이어졌고, 대화가 끝났을 때 둘은 변치 않는 우정을 맹세했다.

묘하게도 두 사람 다 이 기나긴 대화에 대해서는 기록을 남기지 않았다. 40년 이상 지난 뒤 한 서문에서 엥겔스가 밝힌 이야기는 단 한 문장으로 끝이 난다.

"내가 1844년 여름 파리로 마르크스를 찾아갔을 때, 우리가 모든 이론적 분야에서 의견이 같다는 것이 분명해졌으며, 우리의 공동 작업은 그때부터 시작되었다."

그것이 전부다. 파리에 들렀던 일에 대한 엥겔스의 간략한 이야기만 가지고는, '세계를 흔든 열흘'이라고 불러도 좋을 만한 그 기간의 상황을 거의 추측할 수가 없다.

* * *

프리드리히 엥겔스의 조상은 부퍼탈에서 2백 년 이상 살아오면서 농업으로 생계를 유지했다. 그러다가 직물 사업에 뛰어들어 꽤 많은 돈을 벌었다. 엥겔스와 이름이 같은 아버지 프리드리히 엥겔스는 에르멘이라는 성을 가진 두 형제와 동업을 하여, 맨체스터(1837), 그리고 바르멘과 엥겔스키르헨(1841)에 방적공장을 세워 사업 영역을 넓히고 확장했다.

프리드리히 2세는 1820년 11월 28일에 태어났다. 집안 분위기는 종교적이고 근면을 중시했다. 엄격한 정통파적 분위기가 이따금씩 누그러질 수 있었던 것은 어머니 엘리제의 명랑한 기질 덕분이었다. 엘리제의 유머 감각은 "워낙 특별해서, 노년이 되었을 때도 뺨에 눈물이 흘러내릴 정도로 웃음을 터뜨리곤 했다." 훨씬 더 엄격한 인물인 아버지는 장남이 올바른 길에서 조금이라도 탈선할까 봐 노심초사했다. 아버지는 1835년 8월 27일 엘리제에게 보낸 편지에서 이렇게 썼다.

"프리드리히가 지난주에 성적표를 가져왔는데, 중간쯤 했더군. 당신도 알다시피, 그애 태도는 나아졌소. 그러나 과거에 심하게 벌을 주었는데도, 절대적인 복종을 배운 것 같지는 않구려. 보통 아이라면 매질이 두려워서라도 그렇게 할 텐데. 오늘 나는 또 그애 책상에서 도서관에서 빌려온 더러운 책을 한 권 발견하고 몹시 화가 났소. 13세기의 로맨스요. 그 아이의 마음에 신의 가호가 있기를. 그런 것만 아니면 참 장래가 밝은 아이인데, 이런 것들 때문에 나는 자주 속을 썩고 있다오."

그러나 신은 아버지의 기도를 들어주지 않은 것 같다. 어린 엥겔스는 곧 좀더 위험한 '더러운 책들' 쪽으로 옮겨갔다.

그러나 한 가지 면에서는 부모의 기대를 저버리지 않았는데, 그것은 가족의 회사에 들어간 것이었다. 그렇다고 큰 의욕이 있었던 것은 아니다. 1837년 미카엘마스에 배부한 엥겔스의 최종 학교 성적표에 교장은 프리드리히가 '외적인 직업으로서' 사업가를 '택하고 싶어한다'고 기록했다. 속으로는 이미 다른 계획들을 염두에 두고 있었다. 그러나 그에게는 수입이 필요했다. 〈에르멘과 엥겔스〉사에 취직을 하면 경제적 안정은 보장되면서 시간은 마음대로 쓸 수 있는 한직을 얻을 수 있을 것 같았다.

엥겔스는 브레멘에서 도제 일을 시작했다. 아버지는 하인리히 로이폴트가 운영하는 수출회사의 무보수 사무원 자리를 구해주었다.

"아주 좋은 분이야. 정말 착한 사람이지. 상상을 초월해."

엥겔스는 사장에 대해 그렇게 말했다. 그는 1838년 9월 1일, 학창 시절 친구들인 프리드리히 그라에버와 빌헬름 그라에버 형제에게 보낸 편지에서, '사장이 여기 앉아 있기 때문에' 더 길게 쓰지 못한다고 사과를 한다. 그러나 그 다음 구절을 보면 로이폴트가 그렇게 엄한 감독자는 아니었음을 알 수 있다.

너무 형편없이 쓰는 걸 이해해줘. 맥주를 세 병이나 마셨거든, 후후. 이 편지를 즉시 우체국으로 보내야 하기 때문에, 더는 쓸 수가 없어. 벌써 3시 30분인데, 편지는 4시까지는 부쳐야 하거든. 이런, 이런, 천둥이 치고 번개가 번쩍이는 것 같군. 맥주를 좀 마시긴 마신 모양이야. …… 참 비참한 상태야! 노인네, 그러니까 사장은 이제 곧 나갈 텐데 나는 제정신이 아니야. 뭘 쓰고 있는지도 모르겠어. 머릿속에서 온갖 소음이 들려.

실제로 소리가 들렸다. 사무실에서 자신에게 부과된 약간의 일에조차 신경을 쓰지 않고 있을 때, 점심식사 후에 취해서 편지를 쓸 때, 시가 연기 사이로 천장을 살피며 해먹에 누워 있을 때, 말을 타고 브레멘 교외를 돌아다닐 때, 이미 두개골에서 소리가 들리기 시작했다. 엥겔스는 합창곡을 작곡하기도 했고―많은 부분이 옛날 찬송가에서 표절한 것이었다.―시에 손을 대기도 했다. 1838년 9월 〈브레미셰 콘페어자치온스블라트〉는 그의 시 〈베두인족〉을 게재해주기로 했다. 이것은 엥겔스의 첫 발표작이라는 점에서도 주목할 만하지만, 이 일을 계기로 그가 부르주아 편집자들의 검열관 같은 태도와 처음 마주쳤다는 점에서도 흥미가 있다.

엥겔스가 쓴 대로 하자면, 이 시는 베두인족― '당당하고 자유로운 사막의 아들들'―이 자부심과 자유를 빼앗기고, 이제 관광객들의 즐거움을 위해 눈요깃거리나 제공한다는 사실을 탄식하는 데서 시작한다. 그리고 가슴을 흔드는 전투적 구호로 끝을 맺는다.

집으로 돌아가라, 이국(異國)의 길손들이여!
너희가 사막에서 입는 가운은
우리의 파리식 외투와 조끼에 어울리지 않으며,

너희 노래는
우리의 문학과 어울리지 않는다!

나중에 엥겔스는 이 구절이 '베두인족—비록 현재 그렇게 살고 있기는 하지만—과 이 사람들하고는 이질적인 청중을 대비'시키려는 것이었다고 설명했다. 그러나 게재된 시에서 이 마지막 연은 새로운 연으로 바뀌어 있었다. 저자의 허락도 받지 않고 편집자가 집어넣은 것이다.

그들은 돈이 부르면 펄쩍 뛰어오지만
자연이 중요한 요구를 할 때는 뛰어오지 않는다.
그들의 눈은 공허하며, 모두 입을 다물고 있다.
단 한 사람이 만가(輓歌)를 부르고 있을 뿐.

이렇게 해서 노여운 훈계는 우울하고 애처롭게 어깨나 으쓱하는 태도로 바뀌고 말았다. 당연한 일이지만, 엥겔스는 불쾌했다. 엥겔스는 이미 어렴풋이나마 사회가 경제적 의무에 따라 조직되어 나간다는 것을 알고 있었는데, 편집자는 그가 베두인족의 현 상황을 초래한 범죄자들의 이름을 거론하거나 비난하는 것을 허용하지 않았기 때문이다. 엥겔스는 이 불행한 데뷔 뒤에 결론을 내렸다.
"내 시로는 아무것도 이룰 수 없다는 것이 분명해졌어."
엥겔스의 정치적 취향은 좀더 정치적이고 산문적으로 바뀌었다. 엥겔스는 시사 문제를 다룬 팸플릿인 《야콥 그림이 자신의 퇴직에 대하여》를 구입했다. 이 팸플릿은 괴팅겐대학이 하노버의 새 왕 에른스트 아우구스트의 억압적 통치에 항의한 7명의 자유주의적인 교수를 해직한 사태를 다룬 것이었다.

"내용도 아주 좋았고, 필력도 대단했어."

엥겔스는 '쾰른 사건'—1837년 쾰른 대주교가 프로이센 왕에게 불복한 사건—에 대한 팸플릿은 무려 7개나 읽었다.

"나는 이곳에서 여러 가지를 읽었으며, 우리 지역에서는 절대 인쇄될 수 없을 표현들을 만났지. 특히 문학이라는 면에서 나는 좋은 연습을 하고 있는 셈이야. 매우 자유주의적인 사상 같은 것들인데…… 정말 멋지지."

엥겔스는 그라에버 형제들에게 보낸 편지 가운데 한 통에서, 맥주에 취한 김에 대담하게도 에른스트 아우구스트를 '하노버의 늙은 염소'라고 부르기도 했다.

당시 가장 '진보적인' 목소리는 '젊은 독일'이라는 작가 집단에서 들려왔다. 하이네의 제자들인 이 작가들은 자유 언론, 여성 해방, 종교적 압제의 종식, 세습 귀족의 폐지 등을 옹호했다.

"누가 그런 것에 반대를 하랴?"

엥겔스는 반쯤 조롱하는 투로 반문했다. 엥겔스는 그들의 편안하고 모호한 자유주의에 짜증이 났지만, 좀더 엄격한 분석이 없는 상태에서 달리 기댈 곳이 없었다.

"나라는 가엾은 놈은 이제 무엇을 해야 하나? 계속 혼자 힘으로 공부를 해야 할까? 그러고 싶지는 않아. 충성파로 돌아버릴까? 그것은 있을 수도 없는 일!"

엥겔스는 대안이 없어 스스로 '젊은 독일인'이 되어버렸다.

"밤이면 잠을 이룰 수 없어. 이 세기의 사상들 때문이야. 우체국에 갔다가 문장(紋章)을 보게 되면 자유의 정신에 사로잡혀. 신문을 볼 때마다 자유의 전진을 찾아. 자유의 전진은 내 시 속으로 들어와서, 수도사의 가운과 귀족의 외투에 담긴 반계몽주의를 조롱해."

바르멘의 집에 있는 부모들은 아들의 민주적 열정을 전혀 모르고 있었다. 엥겔스는 그것을 부모에게 비밀로 하려고 최선을 다했으며, 그 태도는 이후로도 오랫동안 이어졌다. 심지어 중년에 들어 마르크스와 함께 즐거운 마음으로 자본주의의 임박한 위기를 기다릴 때도, 아버지가 맨체스터로 와 있는 동안에는 깍듯이 대접했으며, 가족의 재산을 물려받을 만한 자격을 갖춘, 의무감에 충실한 상속자 노릇을 했다. 체셔 헌트 클럽과 함께 말을 타고 사냥을 나갈 때면 보수적인 지역 사업가로 통했던 것과 비슷한 맥락이다. 그의 공산주의, 무신론, 성적인 난잡성은 다른 삶에 속한 것이었다.

사정을 잘 아는 사람들은 엥겔스가 1839년 3월에 이미 부모와 그들의 분위기에 대한 입장을 정리했다고 생각한다. 그 무렵 엥겔스는 '젊은 독일'의 신문인 〈텔레그라프 퓌어 도이칠란트〉에 바르멘과 엘버펠트의 독선적이고 자족적인 부르주아지를 신랄하게 공격하는 글을 실었다. 18살의 엥겔스는 '프리드리히 오스발트'라는 가명을 썼다. 이 글은 신문을 통한 어버이 살해와 같은 것이었으니 그런 주의가 필요했다고 볼 수 있다. 엥겔스는 엘버펠트의 '어두침침한 거리'의 모든 맥주집이 토요일과 일요일 밤에는 손님들로 미어터진다고 이야기했다.

11시쯤 문을 닫을 때면, 술 취한 사람들이 쏟아져나와 죄다 도랑에서 술이 깰 때까지 잠을 잔다. ······ 이런 상황이 벌어지는 이유는 아주 분명하다. 무엇보다도 공장의 일이 중요한 원인이다. 천장이 낮은 방에서 산소보다는 석탄 연기나 먼지를 더 많이 들이마시며 일을 하기 때문에—다수가 여섯 살 때부터 이런 일을 시작한다.—삶에서 힘이나 기쁨은 다 사라질 수밖에 없다. 자기 집에 개별적으로 베틀을 갖춘 직조공들은 아침부터 밤까지 베틀 위에 허리를 굽히고, 뜨거운 난로 앞에서 척수를 말린다. 그러니 사람들은 신비주의에 빠져버리거나 술에 취해 망가져버릴 수밖에 없다.

신비주의를 언급하는 것에서도 알 수 있듯이, 엥겔스는 이미 종교를 착취의 하수인이며 위선이라고 생각하고 있었다.

"공장 소유자들 가운데 가장 신앙이 깊다 하는 사람들이 자기 공장 노동자들을 가장 혹사시킨다는 것은 엄연한 사실이기 때문이다. 그들은 온갖 수단을 동원하여 노동자들의 임금을 깎으면서, 그것이 그들에게 술 마실 기회를 주지 않기 위한 것이라고 핑계를 댄다. 그러나 설교자의 선거 때만 되면 그들은 누구보다 앞장서서 노동자들을 매수한다."

엥겔스는 심지어 이 위선적인 바리새인들 몇 사람의 이름을 대기까지 했지만, 자기 아버지 이름을 대는 데까지 가지는 않았다.

'엘버펠트에서 보낸 편지'는 큰 충격을 주었다. 엥겔스는 자기가 그 글을 썼다는 사실을 털어놓은 극소수 가운데 한 사람인 프리드리히 그라에버에게 보낸 편지에서 이렇게 말했다.

"하, 하, 하! 〈텔레그라프〉의 그 글을 누가 썼는지 알아? 바로 이 편지를 쓰는 사람이 그 글도 썼지. 하지만 아무한테도 말하면 안 돼. 말했다가는 나는 엄청난 곤경에 빠지고 말 거야."

1841년 봄, 엥겔스는 병역을 마치기 위해 브레멘을 떠나 베를린으로 가, 근위 포병대에 입대했다. 청년헤겔파의 수도인 베를린으로 간 것은 우연이 아니었다. 그는 군복을 입은 근엄한 모습으로 위장할 수 있었고, 부모를 안심시킬 수 있었다. 그러나 남는 시간에는 급진적 신학과 저널리즘에 파묻혀 지냈다. 엥겔스는 1842년 가을에 에르멘과 엥겔스의 맨체스터 지사로 파견되었을 때도 같은 수법을 썼다. 겉으로는 의무감에 충실한 상속자로서 가족 사업 훈련을 받는 것처럼 보였지만, 그는 이 기회를 이용하여 자본주의가 인간에게 미치는 영향을 연구했다. 맨체스터는 곡물법 반대 동맹의 탄생지였고, 1842년 총파업의 중심이었으며, 차티스트, 오언주의자를 비롯해 온갖 종류의 공장 선동가들이 들끓는 곳이었다. 엥겔스는 다른 어디보다도 이 맨체스터에서 자본주의라는 짐승의 본성을 발견할 수 있을 것 같았다. 그는 낮이면 면직물 거래소에서 조용하고 근면한 젊은 간부로 일했으나, 근무시간이 끝나면 편을 바꾸어 프롤레타리아들이 사는 랭커셔의 미지의 땅을 탐사하며 그의 초기 걸작인 《영국 노동 계급의 상태》(1845)를 쓰기 위해 사실과 느낌을 기록했다. 이 탐사 여행에는 그의 새로운 연인—아일랜드 공장 노동자 출신 빨강머리 메리 번스—이 동행하기도 했다. 엥겔스는 그의 계급 출신 사람들은 거의 본 적도 없는 슬럼 지구에 용감하게 뛰어들었다. 그 결과 예를 들어 옥스퍼드 로드의 남서부인 '리틀 아일랜드'에 대한 이러한 생생한 묘사가 탄생했다.

    사방으로 쓰레기, 썩은 고기, 역겨운 오물이 엄청나게 쌓여 있다. 거기서 나는 악취 때문에 숨을 쉬기도 힘들다. 게다가 여남은 개의 높은 공장 굴뚝에서 나오는 연기로 대기는 탁하고 시커멓다. 초라한 몰골의 부녀자들이 떼를 지어 여기저기 돌아다니는데, 그 모습이 쓰레기더미와 웅덩이에서 번창하는 돼지떼만큼이나 더럽다. 간단히 말해, 이 빈민굴 전체가 어크 강변의 최악의 뒷골목에서도 볼 수 없는 끔찍하고 역겨운 광경을 보여주고 있다. 이곳 사람들은 쓰러져가는 작은 집에서 사는데, 유리창이 깨져 대신 방수포를 덮어놓았고, 문은 쪼개지고, 문설주는 썩었다. 그보다 못한 더럽고 습기 찬 지하실에 사는 사람들도 있다. 이곳은 말할 수 없이 더럽고 악취가 나며, 공기는 마치 일부러 가두어놓은 듯 답답하다. 이 빈민가에 사는 사람들이야말로 정말로 인간의 최저 단계에 이르렀다고 할 수 있다. 이것이 이 지구의 겉모습을 본 사람이 받을 수밖에 없었던 인상이고,

할 수밖에 없었던 생각이다. 그러나 기껏해야 방이 둘이고, 거기에 다락방이나 가끔 지하실이 붙어 있는 이 축사 같은 곳에 평균 20명이 살고 있다는 이야기를 듣게 되면 무슨 생각을 해야 할까?

이 책에서 힘과 깊이를 느낄 수 있는 것은 엥겔스가 직접 관찰한 것과 의회 위원회, 보건 관리, 의회 의사록에 나온 정보들을 능숙하게 엮어나갔기(그는 방적업자 아니던가) 때문이다. 영국이라는 국가는 노동자들의 운명을 개선하기 위해서는 거의 또는 전혀 일을 하지 않았을지 몰라도, 산업사회의 추한 면에 대해서는 엄청난 자료를 수집했고, 이 자료는 관심 있는 사람이면 누구나 먼지 낀 도서관 선반에서 꺼내볼 수 있었다. 신문 기사, 특히 형사 재판에 대한 기사에 나온 자료는 훨씬 더 자세한 내용을 전해주었다. 엥겔스는 이렇게 전한다.

1844년 1월 15일 월요일, 굶주린 소년 둘이 상점에서 반쯤 조리된 송아지 발을 훔쳐 그 자리에서 먹어치운 죄로 치안판사 앞에 불려나갔다. 치안판사는 추가 조사를 해야겠다고 판단하여, 경찰로부터 다음과 같은 자세한 사실을 보고받았다. 두 소년의 어머니는 군인 출신 경찰관의 미망인이었는데, 남편이 죽은 뒤에 심한 고생을 했다. …… 경찰관이 그녀를 찾아갔을 때, 그녀는 여섯 명의 자식과 함께 조그만 뒷방에서 웅크리고 있었다. 방에 가구라고 할 만한 것은 골풀로 만든 의자 두 개와 작은 탁자 하나 정도였다. 그나마 낡은 의자에는 앉는 자리가 사라졌고, 탁자는 다리가 두 개 부러졌다. 그 위에 깨진 컵과 작은 접시가 하나씩 놓여 있었다. 난로에서는 온기가 거의 느껴지지 않았다. 방 한쪽 구석에는 여자의 앞치마를 하나 채울 만한 낡은 넝마들이 놓여 있었는데, 그것이 온 가족에게 침대 역할을 했다.

엥겔스는 영국 부르주아지의 기관들이 그들 자신의 죄의 증거들을 그렇게 많이 제공하고 있다는 사실에 놀랐다. 엥겔스는 중간 계급 지향적인 〈맨체스터 가디언〉에 나온 질병과 기아에 대한 무시무시한 사례 몇 가지를 인용한 뒤 기뻐서 소리쳤다.

"내 적들의 증언이 기쁘다."

카를 마르크스가 이 기법에서 많은 것을 배웠다는 사실은 《자본》 1권에 나오는 정부 보고서와 주간지 〈이코노미스트〉의 인용문들만 보아도 알 수 있다.

마르크스와 엥겔스는 서로를 완벽하게 보완해주는 존재였다. 엥겔스는 대학을 다니지 않아 마르크스의 박학에는 도저히 미칠 수가 없었지만, 자본주의 기제에 대해서는 중요한 직접적인 지식을 갖추고 있었다. 그러나 '모든 이론적 분야에서 의견이 같을'지는 몰라도, 그들의 습관이나 스타일은 그렇지 않았다. 두 인물은 각각 테제와 안티테제의 화신이라고 부를 만했다. 마르크스의 글씨는 알아보기 힘들었으며, 삭제하고 고친 데가 수도 없이 많았다. 이런 부스럼투성이 같은 글은 그가 얼마나 노력을 기울였는지 보여주는 것이었다. 그러나 엥겔스의 글씨는 단정하고, 사무적이고, 우아했다. 마르크스는 땅딸막하고 가무잡잡했으며, 자기 혐오에 시달리는 유대인이었다. 엥겔스는 키가 크고 잘생긴 아리아인 멋쟁이였다. 마르크스는 혼돈과 궁핍 속에 살았다. 엥겔스는 활달하고 능률적인 일꾼으로서, 가족의 회사에서 상근직을 유지하면서도 만만치 않은 책, 편지, 신문 기고문을 써냈다. 게다가 마르크스를 위해 대작(代作)을 한 경우도 많았다. 그러면서도 언제나 상류 부르주아지의 안락한 생활을 즐길 여유가 있었다. 마구간에는 말들이 있었고, 지하실에는 포도주가 넘쳐났으며, 침실에는 애인이 있었다. 마르크스가 빚쟁이들을 물리치고 가족의 생계를 유지하려 안간힘을 쓰며 비참한 상황에서 헤어나오지 못할 때, 자식 없는 엥겔스는 부자 독신자로서 근심 없이 쾌락을 쫓아다녔다.

서로의 장점이 분명히 달랐음에도, 엥겔스는 자신이 절대 우세한 파트너가 될 수 없다는 것을 알았다. 엥겔스는 처음부터 마르크스의 의견을 따랐으며, 아무런 불평이나 질투 없이—심지어 별 감사도 받지 못하면서—이 가난한 현자를 뒷받침하고 경제적으로 지원하는 것을 자신의 역사적 의무로 받아들였다. 엥겔스는 마르크스를 처음 만나고 나서 거의 40년이 지난 1881년에 이렇게 썼다.

"어떻게 천재를 질투할 수 있는지 나는 도무지 이해할 수가 없네. 천재란 아주 특별한 것이기 때문에, 그런 재주가 없는 우리는 처음부터 그것이 얻을 수 없는 권리임을 알 수 있지. 그런 것을 질투하는 사람은 자신이 엄청나게 속 좁은 사람임을 보여주는 꼴밖에 안 되네."

마르크스의 우정, 그리고 그의 작업이 의기양양하게 최고점에 이르는 것이 엥겔스에게는 충분한 보답이었다.

둘 사이에는 비밀도 없었고, 금기도 없었다. 마르크스는 성기에 커다란 종기가 생기자 아무런 망설임 없이 엥겔스에게 그것을 자세히 묘사했다. 그들이 교환한 엄청난 양의 편지는 역사와 잡담, 정치경제학과 초등학생 수준의 지저분한 이야기, 고귀한 이상과 낮은 수준의 친밀함이 뒤얽힌 시큼한 스튜와 같다. 아무 편지나 대충 뽑아보자. 마르크스는 1853년 3월 23일 엥겔스에게 보낸 편지에서 터키 영토에 영국 수출이 급속히 증가한다는 사실, 보수당 내에서 디즈레일리의 위치, 하원에서 캐나다 성직 제한 법안이 통과된 일, 영국 경찰의 피난민 박해, 뉴욕에서 독일 공산주의자들의 활동, 마르크스의 출판업자가 그에게 사기를 치려 했던 일, 헝가리의 상황 등에 대해서 논의한다. 그리고 나서 외제니 황후의 배에 가스가 많이 찬다는 소문에 대해 한마디 한다.

"그 천사는 아주 야비한 불평 때문에 괴로워하는 것 같더군. 그 여자는 방귀를 뀌는 것에 심하게 중독이 되어 있고, 사람들이 있을 때도 억제하지 못하기 때문이지. 한 번은 치료책으로 승마에 매달렸네. 하지만 보나파르트가 그것을 금지시켰기 때문에, 이제 '배출'에만 의존하고 있네. 그것은 그저 소리일 뿐이야. 작은 중얼거림 같은 것이지. 아무것도 아닐세. 하지만 자네도 알다시피 프랑스 사람들이란 게 원래 바람이 약간 부는 것에도 민감하잖나."

그들은 국적 없는 국제인으로서 그들 자신의 사적인 언어를 개발하기도 했는데, 이것은 영어-프랑스어-라틴어-독어가 뒤섞인 괴상망측한 물건이었다. 물론 이 책에 인용하는 모든 글은 마르크스의 암호를 푸는 고통을 덜어주기 위해 번역해서 싣고 있다. 그러나 이해는 불가능하지만 표현력은 풍부해 보이는 구문에 대한 맛보기로 간단한 문장을 하나 소개해보겠다.

"Diese excessive technicality of ancient law zeigt Jurisprudenz as feather of the same bird, als d. religiösen Formalitäten z.B. Auguris etc. od. d.. Hokus Pokus des medicine man der savages."

엥겔스는 이 뭐가 뭔지 알 수 없는 말을 쉽게 이해하게 되었다. 더욱 놀라운 것은, 예니와 마찬가지로 마르크스의 글씨를 알아볼 수 있었다는 것이다. 그러나 마르크스의 글씨는 이 두 명의 긴밀한 협력자들 외에는 머리를 쥐어뜯어도 제대로 판독하기 힘든 것이었다. 마르크스 사후에 엥겔스는 그 위대한 인물의 미간행 논문들을 정리하고자 하던 독일의 사회민주당원들에게 고문서학에 대해 한참 강의를 해야 했다.

엥겔스는 마치 어머니를 대리한 사람처럼 마르크스를 도왔다. 용돈을 보내기도 하고, 건강에 대해 잔소리를 늘어놓기도 하고, 공부를 태만히 하지 말라고 타이르기도 했다. 지금까지 남아 있는 편지들 가운데 가장 이른 편에 속하는 1844년 10월에 쓴 편지에서 엥겔스는 이미 마르크스에게 정치학과 경제학 원고들을 마무리지으라고 귀찮게 잔소리를 해대고 있다.

"자네가 모은 자료가 곧 세상에 나갈 수 있도록 해야 하네. 지금이 정말 좋은 때야!"

그리고 1845년 1월 20일자 편지에서 다시 이렇게 말했다.

"정치경제학 책을 마무리짓도록 하게. 자네한테는 불만인 부분이 많다고 해도 그것은 사실 상관없네. 정신들이 성숙했네. 쇠는 달구어졌을 때 쳐야 하네. …… 그러니 4월 전에 끝내도록 하게. 나처럼 해. 분명히 일을 끝낼 날짜를 정해놓으란 말일세. 그리고 얼른 인쇄가 되도록 하게."

그러나 가능성이 희박한 일이었다. 마르크스는 다름아닌 엥겔스 때문에 더 갈피를 못 잡았다. 엥겔스는 마르크스에게 브루노 바우어와 그 일당을 분쇄하는 팸플릿을 함께 쓰자는 제안을 하고, 《비판적 비판론 비판》이라는 제목도 정해놓았다. 이것이 실수였다. 엥겔스는 그 팸플릿이 40페이지가 넘지 않아야 한다고 강조했다. 그 이유는 이러했다.

"나는 날이 갈수록 이 이론적인 객담이 지루해지네. 한 단어 한 단어가 반드시 '인간'이라는 주제에 소비되어야 하고, 한 줄 한 줄이 반드시 신학과 추상에 대항해야 한다는 것도 짜증이 나네……."

엥겔스는 방노 거리의 아파트에 있는 동안 자신이 맡은 20페이지 분량을 후딱 써버리고, 라인란트의 고향으로 돌아갔다. 그러나 몇 달 뒤, 그 팸플릿이 3백 페이지가 넘는 엄청난 분량으로 부풀어오르고 제목도 《성 가족》으로 바뀐 것을 알고 "적잖이 놀랐다."

"자네가 속표지에 내 이름을 남겨놓는다면 좀 이상해 보일 걸세. 나는 실질적으로 기여한 바가 전혀 없는데."

그러나 이름을 빼달라는 이유는 이것만이 아니었다. 그는 1845년 2월 마르크스에게 말했다.

"《비판적 비판론》은 아직 도착하지 않았네! 새로운 제목이 《성 가족》으로 정해지면, 그렇지 않아도 화가 나 있는 내 경건한 부모와 한바탕 시끄러워질 걸세. 물론 자네야 모르고 한 일이겠지만."

물론 화난 부모는 엥겔스의 고집 세고 전제적인 아버지를 가리키는 말이었다. 그는 아들의 기독교인으로서의 영혼에 대해 걱정하기 시작했다. 엥겔스는 투덜거렸다.

"나한테 편지가 오면, 냄새를 다 맡고 나서 내 손에 건네주네. 나는 먹고, 마시고, 잠자고, 방귀를 뀔 때마다 하느님의 어린 양이 나오는 진저리나는 이야기를 되풀이해 들어야 하네."

어느 날 엥겔스가 새벽 2시에 비틀거리며 들어오자, 수상쩍게 여긴 가장이 체포되었던 것이냐고 물었다. 엥겔스는 전혀 그렇지 않다고 아버지를 안심시키고 나서, 모제스 헤스와 공산주의에 대해 토론하다 왔을 뿐이라고 덧붙였다.

"헤스하고!"

그의 아버지는 침을 튀기며 말을 이었다.

"맙소사! 어떻게 그런 자하고 만나고 다니는 거냐!"

그러나 그의 아버지는 사실의 반은 모르고 있었다.

"이제 우리 집 노인네가 할 일은 《비판적 비판론》이란 책이 있다는 사실을 알게 되는 것일세. 그러면 노인네는 나를 집에서 내던져버릴 것이 틀림없네. 그뿐만 아니라, 이 사람들과는 아무것도 할 수 없다는 것, 이 사람들은 지옥에 대한 환상으로 자신을 쥐어뜯고 괴롭히기를 적극적으로 원한다는 것, 이 사람들에게는 정의의 가장 진부한 원칙들도 가르칠 수 없다는 것에 계속 짜증이 나네."

《성 가족, 또는 비판적 비판론의 비판 : 브루노 바우어와 그 동료들에 반대하여》는 1845년 봄 프랑크푸르트에서 출판되었다. 마르크스는 20여 년 뒤에 그 책을 다시 읽어보고 나서 "포이어바흐에 대한 숭배가 매우 우스꽝스럽다는 느낌을 주기는 하지만, 이 글에 대해 부끄러움을 느낄 필요는 없다는 것을 알고 놀라는 동시에 유쾌한 기분이 들었네."

그러나 다른 독자들도 만족감을 공유한 것은 아니었다. 마르크스가 이 경멸로 가득 찬 대작을 쓰기 시작할 무렵, 브루노, 에드가, 에그베르트 등 바우어 형제들—제목에서 말하는 신성 가족—은 이미 전투적 무신론과 공산주의에서 빠져나와 어릿광대짓만 하고 있었다. 1930년대의 다다이스트나 미래파와 비슷한 면이 있었다고 할 수 있겠다. 따라서 그들에게 필요한 것은 전면 폭격이 아니라, 재빨리 따귀나 한 대 올려붙이는 것이었다. 나팔총으로 파리를 잡는 사람이 어디 있겠는가?

마르크스의 산탄총은 바우어 형제들만큼이나 관심을 기울일 가치가 없었던 다른 목표물들도 맞추었다. 외젠 쉬에 대한 독설에도 몇 장(章)을 할애했는데, 쉬는 감상적인 소설을 쓰는 대중적인 작가로, 그가 잘못한 것이라고는 브루노 바우어의 〈알게마이네 리테라투르 차이퉁〉에서 칭찬을 받았다는 것뿐이었다. 쉬가 모든 면에서 마르크스가 말한 대로 음산한 작가였는지 모르지만, 어쨌든 죄에 비해 벌이 터무니없이 무거웠다. 현대적인 비유로 말하자면, 조지 스타이너 교수가 대작을 써서 《매디슨 카운티의 다리》를 공격하는 것을 상상해보면 된다. 심지어 엥겔스도 마르크스가 그의 심술궂음을 사막 공기 위에 낭비하고 있음을 인정할 수밖에 없었다. 엥겔스는 편지에서 이렇게 말했다.

'그것은 너무 기네. 우리 둘이 〈리테라투르 차이퉁〉에 대해 표현한 경멸은 최고 수준이지만, 우리가 거기에 바친 22장의 매엽지[352페이지]

는 너무 많아. 게다가 공론과 추상적인 존재 전반에 대한 비판 대부분은 대중에게는 이해가 되지 않을 걸세. 또 일반적인 관심을 끌지도 못할 것이고. 그것만 빼면 이 책은 훌륭하게 쓰여졌네……'

영리한 목사가 주교로부터 썩은 달걀을 받았을 때 "아닙니다, 부분부분은 훌륭합니다!" 하고 말한 것과 같다.

4 다락의 쥐

둘째 딸 라우라(1850)

객관적 진리가 인간의 사고에서 나올 수 있느냐 하는 문제는 이론의 문제가 아니라 실천의 문제다.…… 모든 사회적 생활은 본질적으로 실천적이다.…… 철학자들은 지금까지 여러 가지 방식으로 세계를 해석하기만 했다. 중요한 것은 세계를 바꾸는 것이다.
- 1845년에 쓴 《포이어바흐에 관한 테제》에서

마르크스는 에너지, 의지, 흔들림 없는 신념이 가득한 유형의 인간이었다. 그는 무엇보다도 외모가 눈에 띄었다. 난발로 흐트러진 새까만 머리카락, 털 많은 손, 잘못 끼운 저고리 단추. 그러나 그는 어떤 모습으로 나타나든, 어떤 행동을 하든, 존경을 요구할 권리와 힘이 있는 사람처럼 보였다.…… 한마디로, 내 앞에는 민주적 독재자의 화신이 우뚝 서 있었다.
- 1846년 브뤼셀에서 마르크스를 만난 안넨코프의 회상 중에서

1845 | 1846
브뤼셀의 망명객

마르크스가 미미한 헤겔주의자나 이류 소설가들을 조롱하는 데서 그쳤다면, 그는 평화롭게 살 수 있었을지도 모른다. 그러나 마르크스는 더 크고, 더 위험한 짐승을 조롱할 기회를 그냥 내버려둘 수가 없었다. 1844년 여름, 암살을 모면한 프로이센의 프리드리히 빌헬름 4세는 휴가를 떠나기에 앞서 그의 충성스러운 신민에게 짧은 감사의 메시지를 남겼다.

"나는 비록 짧은 기간이지만 조국 땅을 떠나면서 나와 왕비 이름으로 우리 마음을 움직인 깊은 감사를 공개적으로 표명하지 않을 수 없다."

마르크스는 이 말이 재미있다고 생각했고, 그래서 〈포어베르츠!〉에 기고한 글에서 쾌활하게 그 이야기를 했다. 마르크스는 왕이 한 말의 구문은 언뜻 보면 왕 부부의 이름이 왕 부부의 마음을 움직였다는 뜻으로 보인다고 말했다.

이 묘한 마음의 움직임에 놀라 다시 한 번 생각해보면, '우리 마음을 움직인'이라는 절은 이름이 아니라 감사와 연결되는 것임을 알 수 있다.

······ 이런 어려움이 생긴 것은 세 가지 생각이 결합되었기 때문이다. (1) 왕이 조국을 떠난다는 사실. (2) 그가 잠깐만 떠난다는 사실. (3) 왕은 백성에게 감사해야 할 필요를 느낀다는 사실. 이런 생각들을 지나치게 압축해넣은 발언이기 때문에, 마치 왕이 고국을 떠나는 사실에 대해서 감사를 표명하는 것처럼 보이는 것이다······.

마르크스가 이런 불경죄를 저지르고도 벌을 면할 수 있다고 생각했다면, 그것은 군주들이 그들 나름으로 프리메이슨과 같은 유대를 맺고 있다는 사실을 잊었기 때문일 것이다. 1845년 1월 7일 프로이센의 사절 알렉산더 폰 훔볼트는 파리에서 루이 필립 왕을 알현하면서 그에게 두 가지 물건을 건네주었다. 하나는 귀한 도자기였고, 또 하나는 프리드리히 빌헬름 4세가 〈포어베르츠!〉에 실린 난폭한 모욕과 중상에 대해 항의하는 내용을 담은 친서였다. 루이 필립도 파리에 독일 철학자들이 지나치게 많다는 의견에 동의했다. 〈포어베르츠!〉는 두 주 후 폐간되었으며, 내무장관 프랑수아 기조는 마르크스를 프랑스에서 추방했다.

이제 어디로 갈까? 유럽 본토에서 피난민을 받아들일 뜻이 있는 유일한 군주는 벨기에의 레오폴 1세였다. 그러나 레오폴 1세조차도 얌전히 있겠다고 약속하는 각서를 요구했다('벨기에에 거주 허가를 얻기 위해 나는 벨기에에서 현재 정치 상황에 대해 어떤 글도 발표하지 않겠다는 것을 내 명예를 걸고 서약합니다. 〔서명〕 카를 마르크스 박사'). 예니는 가구와 시트를 팔기 위해 며칠 더 머물기로 하고, 마르크스는 하인리히 뷔르거스와 함께 파리를 떠났다. 〈포어베르츠!〉의 젊은 기자였던 뷔르거스는 '내 친구이자 내 공부의 충실한 지도자인 사람에게 가해지는 벌'이 역겨워 그 나라를 떠나기로 마음먹었다. 두 사람이 마차를 타고 덜거덕거리며 피카르디를 통과할 때, 뷔르거스는 독일의 권주가에 나오는 합창으로

스승의 기운을 북돋우려 했으나 별 소용이 없었다.

오히려 하룻밤 푹 자고 난 것이 더 큰 도움이 되었다. 다음날 아침이 되자 마르크스는 벌써 행동을 하고 싶어 안달이었다. 그는 뷔르거스에게 '오늘 프라일리그라트를 만나러 가야' 하니 서둘러 아침을 먹으라고 말했다. 페르디난트 프라일리그라트는 원래 프리드리히 빌헬름 4세의 궁정 시인이었는데, 반역적인 《신앙 고백》을 출간한 뒤에 체포를 피해 마르크스보다 몇 주 전에 벨기에로 피신해 있었다. 한때 〈라이니셰 차이퉁〉에서 표적으로 삼고 때려대던 사람이었으나, 반(反)프로이센이라는 대의로 전향했기 때문에 용서를 받았다. 급진적인 경향 때문에 벨기에로 새로 피신한 사람 가운데는 모제스 헤스, 카를 하인첸, 스위스의 급진주의자 제바스티안 자일러, 포병 장교 출신의 요제프 바이데마이어(그는 마르크스의 평생에 걸친 친구가 된다), 폴란드 사회주의자 패거리 등이 있었다. 그리고 가장 중요한 사람으로 프리드리히 엥겔스가 있었다. 엥겔스가 답답한 바르멘을 탈출하여 마르크스의 망명길에 동행하는 데는 아무런 설득이 필요 없었다. 예니의 남동생이자 가족의 귀염둥이이긴 하지만 절제력 없는 에드가 폰 베스트팔렌도 따라왔다.

아내와 딸이 합류했을 무렵 마르크스는 이미 과거의 일상으로 돌아가 있었다. 읽고, 쓰고, 술 마시고, 계획을 세우고.

"우리는 미친 듯이 즐거웠다."

바이데마이어는 그렇게 회고했다. 아침에는 카페에서 오랫동안 죽치고, 밤에는 카드 게임을 하고 술에 취해 대화를 나누며 더 오랜 시간을 보냈다. 심지어 가정 형편마저 약간 풍족했다. 마르크스는 파리를 떠나기 이틀 전 다름슈타트의 한 출판업자로부터 정치경제학에 대한 맹아적 작업을 보여주고 1,500프랑의 선금을 받았다. 이 외에도 주로 독일의 후원자들이 지원금을 모아주었고, 거기에 엥겔스가 1천 프랑을 선뜻 보냈다. 뿐만 아니라 엥겔스는 "똥개들의 파렴치한 행위 때문에 자네가 금전적인 창피를 당하는 일이 생기면 그 똥개들이 흡족해할 테니까 그런 일을 막기 위해" 자신의 책 《영국 노동 계급의 상태》의 인세도 건네주었다. 그러나 엥겔스는 선견지명이 있었는지 이렇게 덧붙였다.

"자네는 결국 벨기에에서도 괴롭힘을 당할 걸세. 따라서 영국으로 가는 것 외에 다른 대안이 없을 거야."

다시 임신을 한 예니는 파리의 상점과 살롱을 버리고 따분한 브뤼셀로 온 것에 대한 실망감을 감추려 애를 썼다. 그녀의 어머니는 이 급격한 변화에 크게 걱정을 하여, 딸에게 트리어에 있던 하녀 헬레네 데무트를 영원히 임대해주었다. 그녀는 이후 평생에 걸쳐 헤아릴 수 없이 많은 변화와 위기를 겪으면서도 마르크스 가족을 지탱해주게 된다. 25살의 데무트는 농민 혈통에 몸집이 자그마한 우아한 여자였다. 동그란 얼굴에 눈은 파란색이었으며, 불결한 상황에서도 늘 흠 잡을 데 없이 단정하게 정리된 모습이었다. 가사를 처리하는 능력에서는 그녀를 당할 사람이 없었으며 또 그녀는 지치는 일도 없었다. 어린 시절 마르크스 가족을 찾아간 적이 있는 한 영국 여자는 1922년에도 헬레네의 뛰어난 요리 솜씨를 기억하고 있었다.

"그녀가 만든 잼 타트가 어찌나 맛이 있던지, 지금까지도 기억에서 사라지지 않는다."

헬레네는 일만 열심히 하는 부드러운 여자가 아니었다. 그녀는 호랑이처럼 사나운 태도로 새 고용주들을 보호해주기도 했다. 어떤 손님이든 환영받을 만한 적당한 시간을 넘어서까지 죽치고 있다가는 그녀한테 심하게 시달릴 각오를 해야 했다.

마르크스와 가족은 첫 두어 달 동안 호텔이나 친구네 집의 남는 방에서 생활했다. 그 뒤 오래 살 곳—도시 동쪽 끝에 있는 달리앙스 거리 5

번지의 작은 테라스하우스였다.—을 찾자마자 예니는 딸과 하녀를 데리고 독일의 베스트팔렌 남작 부인의 거처로 여름 휴가를 떠났고, 집을 살 만한 곳으로 꾸미는 일은 카를에게 맡겼다.

"그 작은 집이면 될 거예요."

예니는 트리어에서 편지를 보냈다. 방 하나는 분만을 위해 남겨두어야 했다. 하지만 "위층에서 중요한 일을 마무리지은 뒤에는 다시 아래층으로 옮겨갈 거예요. 그러면 당신은 현재 당신 서재인 곳에서 잘 수 있고, 커다란 응접실은 당신 차지가 되겠죠. 그렇게 하는 것은 조금도 어렵지 않을 거예요. 아래층에서 아이들이 떠드는 소리는 완전히 차단될 것이고, 당신은 위층에서 아무런 방해도 받지 않을 수 있어요. 나는 조용해지면 당신이 있는 곳으로 올라갈 수 있죠. …… 이제 브뤼셀에 멋진 빈민 거류민 집단이 생기겠네요!"

9월 26일, 트리어에서 돌아온 지 겨우 두 주 후에, 예니는 딸 라우라를 낳아 이 거류민 집단에 한 사람을 더 보탰다.

마르크스는 정치에 관련된 글은 발표하지 않겠다고 벨기에 당국과 약속했지만, 정치에 참여하고 경제사 공부를 하는 것은 권리라고 생각했다. 그래서 이제는 없어서는 안 될 부관이 된 엥겔스를 호출했다. 1845년 여름 두 사람은 6주 동안 영국을 방문했다. 맨체스터와 런던의 좋은 도서관들을 이용하려는 목적도 있었고, 세계 최초의 노동 계급 운동인 차티스트 운동 지도자들을 만나려는 목적도 있었다. 영국에서 돌아오자 엥겔스는 마르크스 가족이 사는 집 옆에 집을 얻었다. 그는 브뤼셀에서 표류하는 사회주의자들을 조직하여 상당한 정치적 세력으로 바꾸어놓았다.

그러나 우선 마르크스의 책이라는 작은 문제를 먼저 해결해야 했다. 마르크스는 조사차 영국에도 다녀오고 브뤼셀의 시립 도서관에서도 오랜 시간을 보냈기 때문에, 여름이 끝날 때까지 《정치경제학 비판》이 나오기를 기대하던 출판업자 카를 레스케는 한껏 희망에 부풀었을 것이다. 그러나 마르크스는 차례만 적어놓은 뒤에 원고를 옆으로 밀어두고 있었다. 마르크스는 레스케에게 설명했다.

"내 의견을 적극적으로 개진하기 전에 현재까지의 독일 철학과 독일 사회주의를 비판하는 논쟁적인 글을 쓰는 것이 나에게는 매우 중요한 일로 보입니다. 또 이렇게 해야 독자들은 내가 경제학에서 채택할 관점에 대해 마음의 준비를 할 수 있을 것입니다. 그 관점은 과거와 현재의 독일 학자들의 관점과는 정반대이기 때문입니다. …… 필요하다면, 독자들이 이런 작업을 간절하게 기다리고 있다는 증거로, 내가 독일과 프랑스에서 받은 많은 편지들을 제시할 수도 있습니다."

그러나 실상은 그렇지 않았다. 그의 '논쟁적인 글', 즉 《독일 이데올로기》는 1932년이 되어서야 출간되었다. 그 책을 원하는 사람은 마르크스 자신밖에 없었다. 그 즈음 청년헤겔주의자들은 마르크스를 루트비히 포이어바흐의 경솔한 제자로 희화화하고 있었다. 마르크스는 이것 때문에 격분했다. 물론 포이어바흐가 헤겔의 신비주의를 벗겨낸 것은 키츠가 채프먼의 호메로스를 처음 본 것처럼 찬란한 계시의 순간이었다. 그러나 마르크스는 오래 전부터 포이어바흐가 하나의 신화를 다른 신화로 대체했을 뿐이라고 결론을 내리고 있었다. 포이어바흐는 헤겔을 뒤집어놓았지만, 이제 헤겔과 똑같은 대접을 받아야 했다. 마르크스는 이것을 '외상 청산'이라고 불렀다.

마르크스의 철학적 외상 청산은 1845년 봄, 《포이어바흐에 관한 테제》라고 알려진 짧은 메모를 작성하면서 시작되었다.

"이전의 모든 유물론(포이어바흐의 유물론을 포함하여)의 주된 결함은 사물, 실재, 감각을 대상 또는 숙고의 형태로만 생각하고, 감각적 인간

활동, 실천으로 생각하지 않았다는 것이다."

포이어바흐는 종교의 세속적 기초를 드러냈지만, 세속적 영역 자체가 추상의 구름 속에 둥둥 떠다니게 만들었다.

"객관적 진리가 인간의 사고에서 나올 수 있느냐 하는 문제는 이론의 문제가 아니라 **실천**의 문제다. …… 모든 사회적 생활은 본질적으로 실천적이다. …… 철학자들은 지금까지 여러 가지 방식으로 세계를 해석하기만 했다. 중요한 것은 세계를 **바꾸는** 것이다."

실천이 없는 이론은 학문적 자위의 한 형태였다. 쾌락을 얻을 수는 있지만 궁극적으로 아무것도 생산하지 못하며, 아무런 의미도 없었다. 그럼에도 마르크스와 엥겔스는 1845~1846년 겨울 동안 맹렬히 이론 작업을 수행하여 《독일 이데올로기》를 써나갔다.

이 책은 단번에 사람들의 눈길을 끌어모으는 마르크스 특유의 일반화로부터 시작된다.

"지금까지 인간은 언제나 자기 자신에 대하여, 자신이 무엇을 하는 사람이고 무엇을 해야 하는지에 대하여 그릇된 관념을 형성해왔다."

이 뒤에 마르크스가 애용하던 묘기가 또 하나 이어진다. 도발적인 우화가 뒤따르는 것이다.

옛날에 한 용감한 사나이가 인간은 중력 관념을 소유하고 있기 때문에 물에 빠져 죽는다고 생각했다. 이 관념을 머리에서 없애버리면, 즉 그것이 미신 또는 종교적 관념이라고 선언해버리면, 그것으로 물에 빠져 죽을 위험은 사라진다고 생각했다. 그는 평생 중력이라는 망상과 싸웠으며, 모든 통계학을 동원하여 그 해로운 결과에 대해 여러 가지 새로운 증거들을 내놓았다. 이 용감한 사나이야말로 독일의 새로운 혁명적 철학자들의 전형이다.

이 사상가들은 자신이 이리라는 망상 때문에 힘겨워하는 양들이다. 그들은 맥빠진 소리로 매애 하고 울면서, "독일 중간 계급의 관념을 철학적 형태로 모방하고 있을 뿐"이다.

그 양 가운데 한 마리가 바로 루트비히 포이어바흐였다. 그의 세계에 대한 관념이라는 것은 "한편으로는 세계에 대한 숙고에 한정되었으며, 다른 한편으로는 느낌에만 한정되었다." 따라서 포이어바흐는 아주 단순한 자연적 대상도 사실은 역사적 환경의 산물임을 알아채지 못했다. 예를 들어보자.

"잘 알려져 있다시피, 벚나무는 다른 모든 과수와 마찬가지로 불과 몇백 년 전에 교역을 통해 우리 지대로 이식된 것이며, 따라서 특정한 시대에 특정한 사회에서 이루어진 이 행동에 따라 '감각적 확실성을 가진 실체'가 된 것이다."

그러나 포이어바흐에게 벚나무는 단순히 존재하는 것일 뿐이며, 자연의 이타적 선물일 뿐이다.

이 책은 포이어바흐에 대한 빚을 청산하려고 썼지만, 이상하게도 그에게는 짧은 장(章) 두 개만 할당되었을 뿐이다. 브루노 바우어―'성 브루노'―역시 비슷한 속도로 처리해버린다. 무려 3백 페이지 분량의 재미없는 내용은 영웅적 에고이즘과 자기 방종이 개인들을 가공의 억압으로부터 해방해줄 것이라고 주장한 무정부주의적인 청년헤겔주의자 막스 슈티르너의 어리석음을 공박하는 데 바쳤다. 슈티르너의 실존주의적 신조야 벌을 받아 마땅하지만, 장황하게 비꼬는 글―얄궂게도 이것이야말로 슈티르너가 옹호하던 자기 방종적인 에고이즘의 한 예로 보인다.―보다는 단검으로 짧게 몇 번 찌르는 것이 훨씬 더 효과적인 벌이었을 것이다.

그러나 《독일 이데올로기》가 비록 장황하고 지루하기는 하지만, 이 책은 27살의 마르크스가 그간 철학적이고 정치적인 모험들로부터 배운 것들을 매우 분명하게 드러내준다. 마르크스와 엥겔스는 신, 헤겔, 포이어바흐를 잇달아 거부했기 때문에, 이제 그들 자신의 실천적 이론 또는 이론적 실천의 구도―역사 유물론이라고 알려진 것―를 드러낼 준비가 되었다. 그들은 선언했다.

"우리가 출발점으로 삼는 전제들은 자의적인 것도 아니고 교조도 아닌 현실적 전제들이며, 이 전제들로부터 추상을 하는 것은 상상 속에서만 가능할 뿐이다. 이 전제들은 현실적 개인들이며, 그들의 활동이며, 그들 삶의 물질적 조건이다. …… 따라서 이 전제들은 순수하게 경험적인 방식으로만 확인될 수 있다."

포이어바흐는 인간은 인간이 먹는 것이라고 주장한 반면, 마르크스와 엥겔스는 인간은 인간이 생산하는 것, 그리고 그것을 생산하는 방식이라고 주장했다.

"한 나라 안에서 분업은 우선 산업 노동과 상업 노동을 농업 노동과 분리해낸다. 이어 도시와 농촌을 나누고, 그들의 이해관계를 대립시킨다. 분업이 더 발전하면 상업 노동과 산업 노동이 분리된다……."

이런 식이다. 이런 분업의 다양한 세분화는 소유의 발전을 반영한다. 소유는 원시적인 부족적 소유로부터 고대의 공동체적 소유와 국가 소유, 이어 봉건적 소유 또는 토지 소유를 거쳐, 부르주아적 소유로 나아간다.

"사회 구조와 국가는 일정한 개인들의 생활 과정으로부터 계속 진화해 나아간다. …… 의식이 생활을 규정하는 것이 아니라, 생활이 의식을 규정한다."

농노제는 증기기관이나 물 방적기 없이는 폐지될 수 없다. 농업의 발전 없이 노예제가 폐지될 수 없는 것과 마찬가지다. 일반적으로 "민중은 적당한 질과 양의 의식주를 얻지 못하는 한 해방될 수 없다."

해방은 어떤 기분일까? 마르크스와 엥겔스의 새로운 유물론은 관념론의 부정으로 제시되었지만, 낙원에 대한 그들 자신의 비전은 목가적인 전원시였다. 마르크스가 시골 생활을 보통 '전원에서 이루어지는 백치 같은 행위'라고 묘사하면서 경멸했던 것에 비추어보면 괴상하다는 느낌이 들 정도의 아이러니다. 그들은 현재의 분업 상태에서는 모든 사람이 배타적 활동 영역이라는 덫에 걸려 있다는 점에 주목했다.

그는 사냥꾼이거나, 어부이거나, 양치기이거나, 비판적 비평가이다. 그리고 생계 수단을 잃지 않으려면 그런 상태를 유지해야 한다. 그러나 배타적인 한 가지 활동 영역을 가지는 것이 아니라 모두가 자신이 바라는 분야에서 성취를 이룰 수 있는 공산주의 사회에서는 사회가 일반적 생산을 제어한다. 따라서 오늘은 이 일을 하고 내일은 저 일을 할 수 있다. 사냥꾼, 어부, 양치기, 비평가가 되지 않고, 마음 가는 대로 아침에는 사냥을, 오후에는 낚시를, 저녁에는 소 치는 일을, 그리고 비평을 할 수 있다.

낙원치고는 약간 피곤한 곳이구나 하고 생각하는 사람도 있을 것이다. 엥겔스는 물론 사냥이나 비평은 즐겁게 생각했을 것이다. 그러나 그가 과연 점심을 먹고 나서 소를 치러 간다는 생각에도 가슴이 두근거렸을지는 의문이다.

마르크스의 낙원은 슈티르너를 끝도 없이 비난하던 와중에 약간의 유혹적인 요소로서 끌어들인 것이다. 슈티르너가 적당한 훈련을 받은 사람이라면 누구나 할 수 있는 일—예를 들어 빵을 굽는 일이나 쟁기질—에만 분업이 적용되어야 한다고 제안했기 때문이다. 슈티르너는 누구도 라파엘로의 일을 대신해줄 수는 없다고 주장했다. 그러나 불행히도 이것은 잘못 든 예였다. 마르크스와 엥겔스가 금방 지적했듯이, 라파엘로는 조수와 제자들로 이루어진 여러 팀을 거느리고 벽화를 그렸다. 나아가, 공산주의자는 모두가 라파엘로의 작품을 생산해야 한다거나 생산할 수 있다고 생각하지 않는다. 다만 라파엘로가 될 수 있는 잠재력을 가진 사람은 아무런 장애 없이 그 능력을 계발할 수 있도록 허용해야 한다.

산초〔슈티르너〕는 라파엘로가 당시 로마에 존재하던 분업과 관계없이 그림을 생산했다고 상상한다. 그러나 만일 그가 라파엘로를 레오나르도 다 빈치나 티치아노와 비교해본다면, 라파엘로의 예술 작품들이 당시 로마의 번영—피렌체의 영향 하에 이루어졌다.—에 크게 의존했으며, 레오나르도의 작품은 피렌체의 상황에 의존했고, 훗날 티치아노의 작품은 완전히 다른 발전 경로를 밟은 베네치아의 상황에 의존하고 있었음을 알게 될 것이다. 라파엘로의 활동은 다른 모든 화가들과 마찬가지로 그의 이전에 미술에서 이루어진 기술적 발전, 사회 조직과 분업에 의해 규정되고 있었다. …… 공산주의 사회에는 화가는 없고, 다른 활동들과 더불어 그림에 몰두하는 사람들만 있다.

다른 활동이란 아마도 사냥, 낚시, 양털 깎기 등일 것이다. 누가 변소 청소를 하거나 석탄을 자를 것이냐 하는 문제는 묻지도 않았고 대답하지도 않았다. 독일의 어떤 똑똑한 척하는 멍청이가 마르크스의 허를 찌른답시고, 공산주의 하에서 구두는 누가 닦나 하고 큰소리로 중얼거린 적이 있다. 그러자 마르크스는 퉁명스럽게 쏘아붙였다.
"당신이 닦으쇼."
어떤 여자 친구가 자기는 마르크스가 평등한 사회에서 만족스럽게 살아가는 모습을 상상할 수 없다고 말했다. 그러자 마르크스는 대꾸했다.

"나도 상상할 수가 없소. 그런 시대가 반드시 오겠지만, 그때 우리는 이미 세상에 없을 거요."

《독일 이데올로기》는 뒤늦게 20세기에 출간되면서, 그것이 마르크스의 역사 개념에 대한 '포괄적인 해설'이라는 지나친 주장이 제기되었다. 마르크스 자신은 그 책의 한계에 대해 좀더 현실적으로 생각하고 있었다. 마르크스는 이렇게 썼다.

"우리는 이 원고를 쥐들더러 갉아먹고 비판하라고 주어버렸다. 우리의 주된 목적—자기 해명—은 이루었기 때문에, 더욱더 기꺼이 주어버렸다."

누더기 상태로 남아 있는 원고는 정말로 작은 쥐들이 가장자리를 갉아먹은 것처럼 보인다. 물론 마르크스가 말하는 쥐들은 재구성되지 않은 헤겔주의적 경향을 가진 쥐들일 가능성이 높지만.

마르크스와 엥겔스는 이론을 만족스럽게 정리하고 나자 실천으로 옮겨갔다. "유럽의 프롤레타리아, 그 가운데 먼저 독일의 프롤레타리아를 우리의 신념으로 끌어들이는" 실천이었다. 그런데 독일의 프롤레타리아를 어디서 찾을 것인가? 물론 파리, 런던, 브뤼셀이었다.

망명한 독일 공산주의자들의 최초의 조직인 '무법자 동맹'은 1834년 파리에서 결성되었다. 그 구성원들은 대부분 중간 계급 지식인들—엥겔스 표현을 빌리자면 '가장 잠꾸러기에 가까운 분자들'—이었으며, 과연 그들은 곧 잠이 들어버렸다. 1836년 '무법자 동맹'에서 갈라져나온 '의인 동맹'이라는 비밀 결사체는 독학을 한 숙련공들의 조직이었는데, '무법자 동맹'보다 훨씬 활기가 넘쳤으며, 반란과 음모를 계획하며 행복한 저녁 시간을 보내곤 했다. 그러나 그들의 정치적 입장은 18세기의 유토피아적 이상주의자 그라쿠스 바뵈프에게서 유래한 모호한 평등주의에 지나지 않았다. '의인 동맹'의 지도자 가운데 일부는 1839년 5월 어설픈 파리 봉기에 참여한 뒤 런던으로 탈출하여, 그곳에서 그들의 비밀결사체의 전면(前面) 조직으로 '독일 노동자 교육협회'라는 근사한 이름의 단체를 설립했다. 이 가운데 중요한 인물은 카를 샤퍼, 하인리히 바우어, 요제프 몰 등이다. 가끔 벌목 일도 하는 크고 억센 식자공 카를 샤퍼는 1833년 프랑크푸르트 경찰서 습격 사건에서 혁명적 자극을 받았다. 하인리히 바우어는 프란코니아 출신의, 작은 몸집에 재치 있는 제화공이었다. 시계공 요제프 몰은 중키에 담력이 대단한 사람이었다. 엥겔스는 이렇게 썼다.

"샤퍼와 몰은 밀려오는 수백 명의 적을 현관 입구에서 막아낸 일이 여러 번 있었다."

끝까지 영웅적이었던 몰은 1849년 바덴 봉기 때 독일의 전장(戰場)에서 전사했다.

엥겔스는 1843년 런던에 갔을 때 이 삼인조를 알게 되었다. 그들은 엥겔스가 만나본 첫 노동 계급 혁명가들이었으며, 이 민감한 부르주아 청년에게 그들의 '진짜 사나이'다운 모습은 그들 이데올로기의 편협하고 순진한 면에서 오는 아쉬움을 누르고도 남음이 있었다. 게다가 그들은 효율적으로 일을 수행했다. 그들이 런던에 재건한 '의인 동맹'은 번창했으며, 스위스, 독일, 프랑스 등지에도 지지자 네트워크가 형성되어 있었다. 노동자들의 결사가 법으로 금지된 곳에서는 '지부'를 합창 모임이나 체육 클럽으로 위장했다.

* * *

　이 음모가들은 여전히 파리를 혁명의 어머니로 여겼지만, 프랑스 철학을 과거와 같은 경외감과 존경심으로 바라보지는 않았다. 이제 동맹에도 그들 나름의 이론가가 생겼기 때문이다. 이 이론가는 도제 수습을 끝낸 재단사 빌헬름 바이틀링이었는데, 그의 책 《인간의 현재와 지향해야 할 미래》는 1838년에 동맹에서 출판되었다.
　독일 세탁부의 사생아인 바이틀링은 순교한 예언자와 같은 경건하고 고뇌하는 모습을 지녔다. 아마 중세에 천년왕국설을 설교하던 떠돌이 설교사들 사이에 있거나, 영국 내전 당시에 번성하던 공산주의적 청년왕국 종파들 사이에 있었다면 편안함을 느꼈을 것이다. 그러나 19세기 혁명의 사상가나 선동가들과는 공통점이 거의 없었다. 그의 신조는 요한계시록과 산상수훈을 독자적으로 혼합해놓은 것이었다. 그는 너무 달아서 물릴 것 같은 주일학교 설교에 불과 유황(요한계시록에 나오는 지옥의 불을 뜻한다 : 역주)을 양념삼아 약간 섞어놓았다. 그는 임박한 아마겟돈을 경고하지 않을 때는 행복한 얼굴로 에덴의 복귀를 이야기했다. 그곳은 증오와 질투를 알지 못하는 아르카디아(그리스의 이상향 : 역주)였다. 마치 요한계시록의 말 탄 네 사람 가운데 하나가 갑자기 말에서 내려 지나가는 고양이를 쓰다듬는 듯한 느낌이었다.
　그럼에도 그의 복음주의의 위력을 부인할 수는 없었다. 독일 출신의 공산주의자로서 역시 재단사였던 프리드리히 레스너는 이렇게 썼다.
　"그는 우리 서클에서 무한한 존경을 받았다. 그는 추종자들에게 우상과 같은 존재였다."
　바이틀링은 유럽 각지를 떠돌았기 때문에, 그의 제자들의 국적은 다양했다. 바이틀링은 1839년 프랑스 폭동이 실패한 뒤 스위스로 탈출했으며, 제네바와 취리히에 '의인 동맹' 지부를 설립했는데, 이 일 때문에 스위스 당국의 주목을 받게 되었다. 경찰은 숙소를 급습한 뒤 그의 사악함을 입증하는 증거를 찾아냈다. 자서전 원고인 《가난한 죄인의 복음》이 그 증거였다. 이 원고에서 바이틀링은 자신을 불의에 과감하게 항변하다가 십자가에서 처형당한 가난한 추방자 예수 그리스도에 비유했다. 이 불경함 때문에 바이틀링은 신성모독으로 6개월 징역을 살았으며, 그 뒤에 독일로 추방되었다. 바이틀링은 독일에서 곧 체포되었는데, 이번에는 병역 의무 기피가 죄목이었다. 1844년 런던에 도착한 36살의 재단사 바이틀링은 전설적인 인물이 되어, 그 부흥사 같은 수사(修辭)로 국외 추방당한 독일 사회주의자나 영국 차티스트들을 엄청나게 끌어모았다. 우아한 바지(재단사였던 바이틀링은 늘 멋지게 재단한 양복을 입고 다녔다)를 살짝 들어올려 감옥에서 사슬과 차꼬 때문에 생긴 검푸른 상처 자국을 드러내는 것이 그가 좋아하던 연극적 행동의 하나였다.

이 허황된 유토피아적 몽상가만큼 마르크스의 마음에 안 들었을 사람을 상상하기도 힘들다. 바이틀링의 정치적 강령은 그의 저서 《조화와 자유의 보증》의 황당한 서문에 요약되어 있다.

"우리는 하늘의 새처럼 자유롭기를 바란다. 우리는 하늘의 새처럼 아름다운 조화 속에서 근심 없이 즐겁게 날아다니며 인생을 헤쳐나가기를 바란다."

이런 비행을 위한 이륙의 가장 좋은 방법으로 바이틀링이 제시한 것은 유죄 선고를 받은 도둑과 강도 4만 명으로 군대를 만드는 것이었다. 그들은 사적 소유에 대한 타오르는 적개심으로 강한 자들을 권좌에서 몰아내고 평화와 기쁨의 새로운 시대를 가져올 것이다.

"범죄자들은 현재의 사회 질서의 산물이며, 공산주의 하에서는 더는 범죄자가 아니다."

바이틀링의 지상 낙원에서는 모든 사람이 똑같은 옷을 제공받으며(틀림없이 바이틀링 자신의 디자인일 것이다), 다른 옷을 입고 싶은 사람은 시간외 근무를 통해 옷을 살 돈을 벌어야 한다. 식사는 공동 식당에서 하지만, 식기에 대한 정책은 아직 결정되지 않았다(엥겔스는 바이틀링의 추종자들 몇 명을 만난 뒤에 논평했다. '이 재단사들은 정말 놀라운 친구들이다. 최근에 그들은 칼과 포크 문제를 가지고 정말 심각하게 토론을 했다'). 50살이 되면 노동을 면제받아 은퇴 집단 거주지─구주희(九柱戱, 아홉 개의 핀을 세우고 큰 공으로 이를 쓰러뜨리는 놀이 : 역주) 클럽만 없다뿐이지, 오늘날의 이스트본 지역을 공산주의적으로 바꾸어놓은 것과 비슷하지 않을까.─로 간다.

이 허튼 소리에 마르크스가 코웃음을 치며 조롱하는 소리가 들리는 듯하다. 그러나 그는 공개적으로 비난하는 일은 망설였다. 마르크스는 1844년 애국적인 과장법으로 '독일 프롤레타리아는 유럽 프롤레타리아의 이론가'라고 선언했지만, 사실 1840년대 중반까지 독일 노동자들을 거의 만나지 못했다('프롤레타리아가 무엇인지 우리는 알지 못하며, 사실 알기도 어려울 것이네.' 엥겔스는 1845년 3월에 마르크스에게 그 점을 일깨워주었다). 따라서 조국에서 온 진짜 노동 계급 출신의 사상가가 출현했을 때 마르크스의 반응은 뒷다리로 걷는 개를 보았을 때 존슨 박사가 보였던 반응과 비슷했다. 잘한 것은 아니지만, 그렇게 했다는 것 자체가 놀랍다는 반응. 그렇게 되면 그런 재주를 부린 개를 지나치게 칭찬해주게 마련이다.

"부르주아지─그 철학자들이나 학식 있는 저술가들을 포함하여─가운데 어디에서 바이틀링의 저서 《조화와 자유의 보증》과 유사한 방식으로 부르주아지의 해방─정치적 해방─에 대해 이야기한 책을 발견할 수 있는가? 독일의 정치적 문헌들이 얼마나 편협하고 어리석고 진부한

지, 독일 노동자들의 이 격렬하고 찬란한 문학적 데뷔와 비교해보면 금방 알 수 있다. 독일 부르주아지의 정치적 신발이 얼마나 작고 닳아빠진 것인지, 프롤레타리아의 이 거대한 아기용 신발과 비교해보면 금방 알 수 있다. 우리는 이제 이 독일의 신데렐라가 언젠가는 늠름한 운동선수로 성장할 것이라고 예언하지 않을 수 없다……."

그러나 방랑하는 신데렐라는 유리 구두를 신었든 운동화를 신었든 한 번도 무도회에는 가지 못했다. 샤퍼, 바우어, 몰 등은 바이틀링이 1845년 런던에 도착했을 때 따뜻하게 맞아주었으나, 그들은 곧 그의 생각이 너무 기묘하다고 결론을 내렸다. 바이틀링은 그들이 자신의 수많은 기발한 계획―새로운 보편 언어의 창조, 숙녀의 밀짚모자를 만드는 기계의 발명―에 동참하지 않으려 하자 몹시 실망하고 괴로워했다. 나아가 자신을 그들의 협회 회장으로 선출해주지 않자 몹시 마음이 상했다. 1846년 초 바이틀링은 브뤼셀에서 운을 시험해보기로 하고 런던을 떠났다.

요제프 바이데마이어는 2월에 약혼녀에게 편지를 보냈다.

"우리가 여기서 어떤 생활을 하고 있는지 알면, 당신은 공산주의자들에게 틀림없이 놀랄 거요. 무엇보다 재미있는 것은, 내가 마르크스, 바이틀링, 마르크스의 처남 등과 함께 밤새 놀았다는 거요. 바이틀링이 먼저 지쳐 나가떨어졌소. 마르크스와 나는 소파에서 몇 시간을 자고 나서, 다음날 또 종일 마르크스의 부인, 처남과 함께 아주 멋지게 빈둥거렸소. 우리는 아침 일찍 선술집에 갔다가, 기차를 타고 근처에 있는 빌레보르드에 가서 점심을 먹고, 아주 좋은 기분으로 마지막 기차를 타고 돌아왔다오."

여기서 주목할 것은 바이틀링이 먼저 자리를 뜨고 나서 해장술을 즐기는 자리에는 참석하지 않았다는 것이다. 바이틀링은 고결해 보이는 후광 때문에, 특히 부르주아 지식인들에게는 벗하기가 편치 않았다. 엥겔스는 이렇게 썼다.

"바이틀링은 이제 이 나라에서 저 나라로 쫓겨다니는 위인이고, 예언자였다. 그는 천국을 이 땅에 실현할 처방을 만들어서 호주머니에 넣고 다녔는데, 모든 사람이 그에게서 그 처방을 훔쳐가려 안달이라고 상상했다."

하인리히 하이네는 바이틀링을 만나고 나서 격분했다.

"이자는 나와 이야기를 하면서 전혀 존중하는 태도를 보이지 않았다. 그는 모자를 벗지도 않았다. 내가 그의 앞에 서 있는 동안, 그는 앉은 채로 오른손으로 오른쪽 무릎을 턱까지 들어올리더니, 연신 왼손으로 발목 위쪽을 문질러댔다."

양복 바지를 걷어올리고 감옥에서 입은 상처를 보여주는 낡은 수법이었다. 그러나 하이네는 이것에도 감동하지 않았다.

"재단사 바이틀링이 나에게 그 사슬 이야기를 했을 때 솔직히 나는 움찔했다. 나는 뮌스터에 갔을 때 라이덴의 재단사 요한의 유물에 불타는 입술로 입을 맞추기도 했다. 그 유물이란 그가 찼던 사슬, 그를 고문했던 집게 등인데, 모두 뮌스터 시청에 보존되어 있었다. 그렇게 죽은 재단사를 높이 숭배했던 내가 살아 있는 재단사 빌헬름 바이틀링에 대해서는, 둘 다 같은 대의를 가진 사도요 순교자였음에도, 참을 수 없는 혐오감을 느꼈다."

마르크스와 엥겔스도 비슷한 혐오감을 느꼈다. 특히 바이틀링이 그들을 '사랑하는 내 젊은 친구들'이라고 부를 때 혐오감이 심해졌는데, 그래도 그들은 그의 프롤레타리아라는 지위와 오랜 세월에 걸쳐 박해를 받았다는 사실을 존중하여, 그런 혐오감을 감추려고 최선을 다했다. 1846년 초 그들은 바이틀링을 브뤼셀에서 창립한 '공산주의자 통신 위원회'의 창립 위원으로 초빙했다. 이 위원회의 목적은 서유럽의 '의인 동맹'을 비롯하여 여러 우애적 결사체들과 '지속적인 서신 교환'을 하는 것이었다. 이 위원회는 이후 수많은 공산당의 선조, 말하자면 최초의 인간 아담과 같은 지위에 있으므로, 여기에 창립 위원 18명의 이름을 적어두는 것도 의미가 있을 것이다. 카를 마르크스, 프리드리히 엥겔스, 예니 마르크스, 에드가 폰 베스트팔렌, 페르디난트 프라일리그라트, 요제프 바이데마이어, 모제스 헤스, 헤르만 크리게, 빌헬름 바이틀링, 에른스트 드롱케, 루이스 하일베르크, 게오르크 베르트, 제바스티안 자일러, 필립 기조, 빌헬름 볼프, 페르디난트 볼프, 카를 발라우, 슈테판 보른. 20세기의 그 후계자들 대부분과 마찬가지로 이 공산주의 세포 역시 올바른 공식 방침으로부터 일탈했다는 혐의가 있는 사람은 숙청함으로써 권위를 유지했다. 이 과정에서 바이틀링이 첫 희생자가 된 것은 필연적인 일이었다.

바이틀링에게 모욕을 주는 의식은 1846년 3월 30일 저녁에 이루어졌다. 이 모임에는 6명의 위원이 참석했으며, 외부 입회인으로 파벨 안넨코프가 참석했다. '심미안을 가진 여행자' 안넨코프는 그 무렵 파리에 사는 마르크스의 옛 친구들 가운데 한 사람으로부터 소개장을 받아들고 브뤼셀에 나타난 러시아 젊은이였다. 안넨코프는 사회주의자는 아니었지만, 그가 찾아간 사람의 성격에 매혹되었다.

마르크스는 에너지, 의지, 흔들림 없는 신념이 가득한 유형의 인간이었다. 그는 무엇보다도 외모가 눈에 띄었다. 난발로 흐트러진 새까만 머리카락, 털이 많은 손, 잘못 끼운 저고리 단추. 그러나 그는 어떤 모습으로 나타나든, 어떤 행동을 하든, 존경을 요구할 권리와 힘이 있는 사람처럼 보였다. …… 그는 늘 반박을 허용하지 않을 것 같은 권위 있는 언어로 이야기했다. 무슨 말을 할 때나 그의 어조는 왠지 괴로운 듯한 느낌을 주었는데, 그것 때문에 그의 말은 더욱 날카롭게 들렸다. 동시에 이 어조는 사람들의 정신을 지배하고 사람들에게 삶의 법칙을 처방해주는 것이 자신의 임무라는 마르크스의 단단한 확신을 드러내고 있었다. 한마디로, 내 앞에는 민주적 독재자의 화신이 우뚝 서 있었다.

이와 대조적으로 말쑥한 차림의 바이틀링은 노동 계급의 영웅이라기보다는 여행하는 장사꾼처럼 보였다.

소개를 마친 뒤 마르크스의 집 거실의 조그만 녹색 탁자 주위에 모인 사람들은 혁명의 전술 문제를 토론하기 시작했다. 키가 크고 허리가 꼿꼿하고 위엄 있는 엥겔스는 이론을 공부할 시간과 기회가 없는 노동자들을 위하여 하나의 공통된 신조에 합의할 필요가 있다고 말했다. 그러나 이미 싸움을 하고 싶어 안달이던 마르크스는 엥겔스가 말을 마치는 것을 기다리지 못했다. 마르크스는 엥겔스의 말을 끊더니, 탁자 너머를 노려보며 말했다.

"말해보십시오, 바이틀링. 독일에서 당신의 설교 때문에 큰 소란이 일어났습니다. 무슨 근거로 당신의 행동을 정당화할 것이며, 앞으로 당신 행동의 기초로 삼고자 하는 것이 무엇입니까?"

자유롭게 상식적인 이야기나 하며 저녁을 보낼 것이라고 생각했던 바이틀링은 느닷없는 도전에 허를 찔렸다. 바이틀링은 오랫동안 두서 없이 독백을 했다. 이따금씩 말을 중단하거나 되풀이하기도 하면서, 그의 목표는 새로운 경제 이론을 창조하는 것이 아니라 '가장 적당한' 이론을 채택하는 것이라고 설명했다. 마르크스는 최후의 일격을 향해 다가갔다. 마르크스는 과학적 사상이나 건설적인 신조를 제공하지 않고 노동자들을 선동하려 하는 것은 "영감을 받은 예언자인 척하지만 사실은 입만 뻥긋거리는 멍청이 노릇을 하는 것이며, 설교를 한다고 하지만 기실 쓸데없고 부정직한 연극을 하는 것과 마찬가지"라고 말했다.

바이틀링의 핏기 없는 뺨의 색깔이 변했다. 그는 떨리는 목소리로, 정의와 연대의 이름으로 하나의 깃발 아래 수백 명을 불러모은 사람을 이런 식으로 대접할 수는 없는 일이라고 항변했다. 그는 자신이 받았던 수많은 감사 편지를 기억하는 것으로 자신을 위로하면서, "고통받고 괴로워하는 사람들의 세계로부터 멀리 떨어져 안락의자에 앉은 채 비판과 분석을 하는 것보다는 자신의 겸손한 사업이 공동의 대의에 훨씬 더 큰 의미가 있을 것"이라고 말했다. 바이틀링이 이런 식으로 프롤레타리아의 지위를 앞세운 카드를 내밀려고 하자 마르크스는 더는 참지 못했다. 마르크스는 의자에서 벌떡 일어나 주먹으로 탁자를 내리쳤다. 탁자 위의 램프가 흔들리며 소리를 냈다. 마르크스는 고함을 질렀다.

"이제까지 그 누구에게도 무지가 도움이 된 적은 없소!"

회의는 소란 속에서 끝났다.

안넨코프는 이렇게 전한다.

"마르크스는 화가 나 방안을 왔다갔다했다. 나는 듣고 본 것 때문에 놀란 마음을 가라앉히지도 못하고, 서둘러 마르크스와 그 자리에 있던 사람들을 떠나 집으로 향했다."

그러나 마르크스를 잘 아는 사람이었다면 그렇게 놀라지는 않았을 것이다. 그는 평생에 걸쳐 공산주의 운동의 거짓 신들과 메시아인 체하는 자들을 탄핵하는 일을 필요하고도 즐거운 일로 여겼기 때문이다.

놀랍게도 바이틀링은 그 후에도 몇 주 동안 마르크스의 집을 찾아갔으며, 5월에는 다른 사람에 대한 인민 재판에 참석하기도 했다. 이번의 피고는 결석 재판을 받았는데, 그는 베스트팔렌 출신의 젊은 학생 헤르만 크리게였다. 그는 그 즈음 뉴욕으로 이주하여 독일어 신문을 편집하고 있었다. 5월 11일의 회의에서는 다음과 같은 동의안이 통과되었는데, 바이틀링만이 반대를 했다.

1. 〈폴크스 트리뷴〉의 편집자 헤르만 크리게가 채택한 노선은 공산주의 노선이 아니다.
2. 크리게는 뉴욕에서 독일 공산주의의 대표자로 여겨지고 있기 때문에, 그가 유치하고 거만하게 그런 노선을 지지하는 태도를 보이는 것은 유럽과 미국의 공산당에게 극도로 해로운 일이다.
3. 크리게가 뉴욕에서 '공산주의'라는 이름으로 설교하고 있는 환상적 감정주의는 노동자들이 그것을 채택할 경우 그들의 사기에 극히 해로운 영향을 줄 수 있다.

마르크스와 엥겔스는 이런 고발을 뒷받침하기 위해 '크리게에 반대하는 회람'을 썼다. 그들은 이 회람에서 크리게의 신문 〈폴크스 트리뷴〉의 구질구질한 감상주의를 조롱했다. 이 신문은 여자들을 '인류의 불타는 눈', '사랑의 진정한 여사제', '사랑하는 누이' 등으로 묘사하면서, 남자들을 '행복의 왕국'으로 이끄는 것이 여자들의 신성한 의무라고 말했다. 크리게는 한 사설에서 '사랑할 수 있는 남자가 없다면, 자신의 떨리는 영혼을 바칠 수 있는 남자가 없다면' 여자란 무엇인가 하고 말한 적이 있다. 마르크스와 엥겔스는 이런 사랑의 감상주의 때문에 "공산주의가 이기주의의 대립물—사랑을 기초로 한 대립물—로 나타나며, 세계사적 중요성을 지닌 혁명적 운동이 사랑-증오, 공산주의-이기주의라는 몇 마디 말로 환원되어버린다."고 말했다.

"이 사랑의 병이 양성(兩性)의 기운을 뺄 수밖에 없다는 사실, 그것이 '처녀들'에게 집단적 히스테리와 빈혈증을 일으킬 수밖에 없다는 사실에 대해서는 크리게가 직접 생각해보기를 바란다."

이렇게 해서 원래 18명의 위원은 16명으로 줄어들었다. 그리고 모제스 헤스가 제명을 당하기 전에 먼저 사임함으로써 곧 15명이 되었다. 마르크스가 '민주적 독재자'라는 평판이 퍼지면서, 이 서신 교환 서클에 새로운 위원을 끌어들이는 일이 어려워졌다. 마르크스는 5월에 바이틀링과 크리게를 내보내면서 피에르 조제프 프루동을 클럽에 초빙했다.

"프랑스에 관한 한 선생보다 나은 통신원은 찾을 수 없다는 것이 우리 모두의 생각입니다. 아시다시피, 지금까지 선생의 동포보다도 영국인과 독일인들이 선생을 더 높게 평가해왔습니다. …… 일찍 답변해주시기 바라며, 선생의 신실한 우정을 믿고 있겠습니다. 카를 마르크스."

그러나 존경과 우정의 고백, 그리고 위원회가 교양 있는 '사상 교환'에 몰두하고 있다는 장담은 마르크스가 추신으로 긁적거려놓은 글 때문에 빛을 잃고 말았다.

"추신. 이 자리에서 파리의 그륀 씨를 공격할 수밖에 없습니다. 그 사람은 새로운 사상들을 거래하려고 하는 문학적 사기꾼, 일종의 협잡꾼에 지나지 않습니다. 그는 건방지고 오만한 문구로 자신의 무지를 감추려 하지만, 그가 하는 일이라고는 무슨 뜻인지도 알 수 없는 말로 자신을 우습게 만드는 것뿐입니다. …… 그는 '프랑스 사회주의자들'에 대해 쓴 책에서 오만하게도 자신이 프루동의 스승이라고 말했습니다. …… 이 기생충을 조심하십시오."

안타깝게도 프루동은 '진정한 사회주의'를 선전하는 정치평론가로 유명한 카를 그륀을 좋아하는 편이었기 때문에, 마르크스의 경고를 잘못된 판단에 근거한 혐오감의 표현이라고 생각했다.

"그륀은 망명을 한 사람이고, 가진 것은 없는데 처와 자식 둘을 부양

해야 합니다. 펜으로 먹고 살아야 하는 신세지요. 그가 새로운 사상들을 이용하지 않고 달리 무엇을 이용해 생계를 유지하기를 기대하는 겁니까? …… 나는 그 사람이 불행하고 극히 곤궁한 신세라는 생각밖에 없기 때문에 그를 용서합니다."

사실 프루동은 그륀의 무해한 허영심보다는 마르크스의 앙심이 훨씬 더 걱정스러웠다. 프루동은 마르크스에게 제안했다.

"원한다면 함께 협력하여 사회의 법칙들을 발견하는 데 힘을 써봅시다."

그러나 제발, 선험적인 모든 교조주의를 분쇄한 뒤에, 절대 우리가 민중에게 다른 종류의 교조를 주입하는 일만큼은 하지 맙시다. …… 모든 의견을 공개적인 자리로 끌어내겠다는 선생의 구상에는 온 마음으로 찬사를 보냅니다. 품위 있고 진지하게 논쟁을 하도록 합시다. 학식과 선견지명에 기초한 관용의 예를 세상에 보여줍시다. 우리가 운동의 앞장을 섰다는 이유만으로, 새로운 편협성을 드러내는 지도자가 되지는 맙시다. …… 절대 어떤 문제를 끝난 것으로 취급하지 맙시다. 우리의 마지막 주장까지 다 펼쳤다 해도, 필요하다면 웅변과 풍자로 새로 시작합시다. 이런 조건을 받아들인다면, 나는 기꺼이 선생의 결사에 참여하겠습니다. 그러나 이런 조건을 받아들이지 않는다면, 참여는 없습니다!

마르크스는 이런 윽박지름을 그냥 지나칠 수 없었다. 이 점은 프루동이 그의 서신 말미에서 예상하고 있던 바이기도 했다.

"친애하는 철학자여, 이것이 현재 내가 서 있는 자리입니다. 물론 내가 틀렸고 선생으로부터 매질을 받아야 할 일이 있다면, 기꺼이 받아들이겠습니다만……"

매질을 받아야 할 일은 불과 몇 달 뒤, 프루동이 《빈곤의 철학》이라는 두 권짜리 책을 출간했을 때 생겼다. 마르크스는 《철학의 빈곤》이라는 1백 페이지짜리 통렬한 글로 응징을 했다. 이 책은 1847년 6월 파리와 브뤼셀에서 출간되었으며, 이 프랑스 스승의 한없는 무지를 조롱했다. 마르크스는 서문에서 이렇게 썼다.

프루동 씨는 불행하게도 유럽에서 독특한 오해를 받고 있다. 그는 프랑스에서는 훌륭한 독일 철학자라는 명성을 얻었기 때문에 형편없는 경제학자가 될 권리가 있다. 독일에서는 프랑스의 가장 유능한 경제학자 가운데 한 사람이라는 평판을 얻고 있기 때문에 형편없는 철학자가 될 권리가 있다. 우리는 독일인인 동시에 경제학자이기 때문에, 이 이중의 잘못에 대해 항의하고 싶다. 독자들은 우리가 이 빛이 나지 않는 일을 하면서 독일 철학을 비판하는 동시에 정치경제학에 대해서도 몇 마디 하기 위해 프루동 씨에 대한 비판을 자주 뒤로 미루어야 했다는 점을 혜량해주시기 바란다.

프루동에 대한 인신공격적인 신랄한 비판도 재미가 있지만, 이 책이 지속적인 가치를 지니는 이유는 경제학과 철학에 대한 이 '몇 마디' 때문이다. 《독일 이데올로기》가 쥐가 들끓는 다락방에 내던져진 것임을 고려한다면, 《철학의 빈곤》은 마르크스가 역사에 대한 자신의 유물론적인 구상을 개진한 작업으로는 처음 발표한 것이라고 할 수 있다. 마르크스는 '노동의 분업'과 같은 경제적 범주들은 생산의 실제 조건의 이론적이고 일시적인 표현일 뿐이라고 주장했다. 그러나 '진정한 철학자처럼 사물을 거꾸로 뒤집어 생각하는' 프루동은 이런 실제 조건들이 시간을 초월한 경제적 법칙들의 구체화된 모습일 뿐이며, 분업은 영원하고 불가피한 삶의 현실이라고 결론을 내렸다. 마르크스는 당연히 유명해 질 수밖에 없는 구절에서 이 전도된 논리를 다시 뒤집었다.

> 경제학자 프루동 씨는 인간이 한정된 생산관계 속에서 천, 아마포, 비단 재료를 만든다는 것을 아주 잘 이해한다. 그러나 그가 이해하지 못하는 것은 이 한정된 사회적 관계 역시 아마포나 아마 등과 마찬가지로 인간이 생산한다는 것이다. 사회적 관계는 생산력과 밀접한 관계를 맺고 있다. 인간은 새로운 생산력을 획득하면서 생산 양식을 바꾼다. 또한 생산 양식을 바꾸면서, 먹고 사는 방법을 바꾸면서, 모든 사회적 관계도 바꾼다. 맷돌은 봉건 영주가 존재하는 사회를 제공한다. 증기를 이용한 제분기는 산업 자본가가 존재하는 사회를 제공한다.

마르크스의 용서 없는 눈으로 보기에, 프루동의 사회주의 선언문은 은근슬쩍 현 상태를 받아들이는 수상쩍은 것으로 보였다. 프루동은 노동자들이 조직적으로 임금 인상을 요구해서는 안 된다고 경고했다. 그렇게 하면 물가도 그만큼 비싸질 것이라는 이유였다. 또한 혁명적 폭력으로는 아무것도 얻을 수 없다고 주장했다. 사실 프루동은 '섭리'에 모호하게 의존하는 것 외에 무엇을 옹호하는지 알기가 힘들었다.

마르크스는 따졌다. 언제 온유한 순종으로 무엇이든 얻어낸 일이 있었던가? 《철학의 빈곤》 마지막 페이지에는 마르크스의 분노가 이글거리는 것이 느껴진다.

> 프롤레타리아와 부르주아지 사이의 적대는 계급에 대한 계급의 투쟁이며, 최고의 표현에 이르렀을 때는 전면적 혁명이 되는 투쟁이다. 사실 계급 간의 대립 위에 세워진 사회가 결국에는 가혹한 모순에 봉착한다는 것,

그 대단원에서 몸에 몸이 부딪히는 충격이 온다는 것이 놀라운 일이겠는가?

사회적 운동은 정치적 운동을 배제한다고 말하지 말라. 사회적 운동이 아닌 정치적 운동은 존재한 적이 없다. 계급과 계급 적대가 사라짐으로써 정치적 혁명 없이 사회의 진화가 이루어지는 때가 반드시 올 것이다. 그때까지, 사회를 전체적으로 재편하는 일에 부딪힐 때마다 그 전야에 사회 과학의 마지막 말은 늘 이렇게 될 것이다.

"전투냐 죽음이냐, 유혈 투쟁이냐 소멸이냐. 문제는 이렇게 냉혹하게 제기되어 있다."(조르주 상드)

프루동은 《철학의 빈곤》에 대해 공개적으로 반격하지 않았다. 그러나 프루동이 읽은 《철학의 빈곤》에는 거의 모든 페이지마다 여백에 격한 말들이 적혀 있다.— '말도 안 된다', '거짓말', '실없는 소리', '표절', '뻔뻔스러운 중상', '사실 마르크스는 질투하는 거다' 등등. 프루동의 노트의 한 항목에서는 마르크스를 '사회주의의 촌충(寸蟲)'이라고 부르고 있다.

'공산주의자 통신 위원회'는 프랑스에서 위원회를 대표할 다른 사람을 찾아야 했다. 엥겔스는 1846년 8월 정찰을 하러 파리에 갔다. 엥겔스는 '의인 동맹'의 지역 지도자 아우구스트 헤르만 에베르베크와 이야기를 한 뒤에 위원회에 보고했다.

"여기서 우리 일이 번창할 것 같습니다. 이곳에 남은 바이틀링 일파는 재단사들의 작은 파벌뿐인데, 그나마 지금 쫓겨나는 중입니다. ……소목과 무두장이들은 우수한 사람들이라고 합니다."

에베르베크는 통신원망에 가담할 만한 믿음직한 사람 네댓 명을 천거했다(혁명가들은 모두 반드시 숙련공이어야 한다는 생각은 바꾸기가 어려왔다. 같은 달 파리의 〈주르날 데 에코노미스트〉는 마르크스를 '추상적 공식'에 취미가 있는 '제화공'으로 묘사했다).

그러나 엥겔스는 동맹의 모임에 몇 번 참석해보고 나서 약간 기가 꺾였다. 에베르베크는 붙임성 있고 호의를 보여주었지만 아주 따분한 사람이었고, 그의 전공은 '진정한 가치'에 대해 시시콜콜하게 따지는 것과 옛 독일어 어원에 대해 강의하는 것이었다. 더 심각한 것은 에베르베크와 그의 회원들이 프루동과 그륀의 글을 성경처럼 대접했다는 사실이다.

"아직도 그런 미개한 난센스와 싸워야 한다는 것이 수치스러운 일이네. 하지만 인내심을 가져야겠지. 나는 이곳에서 그륀을 몰아내고, 이 사람들의 뇌에서 거미줄을 걷어내기 전에는 이들을 놔주지 않을 걸세."

엥겔스는 10월 중순 동맹에서 공산주의에 대한 찬부를 묻는 토론을 시작함으로써 공격에 나섰다. 파리의 숙련공들이 스스로 인정한 공산주의자인지, 아니면 그륀이나 그 추종자들이 좋아하는 표현대로 '인류의 선을 지지하는 것'뿐인지 선택하도록 강요했다. 엥겔스는 만일 자신에게 불리한 투표 결과가 나오면 더는 '그들에게 관심도 가지지 않고', 모임에도 참석하지 않겠다고 경고했다. 엥겔스는 마르크스에게 말했다.

"약간의 인내심과 약간의 공포 정치를 통해 나는 다수를 얻는 승리를 거둘 수 있었네."

그륀의 수제자인 늙은 목수 아이저만은 엥겔스의 성벽을 깨부술 듯한 기세등등한 말에 기가 죽어 두 번 다시 얼굴을 내비치지 않았다.

이 시끄러운 논란은 곧 프랑스 경찰서장 가브리엘 델레세르의 관심을 끌게 되었다. 엥겔스는 자신과 에베르베크에 대한 추방 명령이 떨어질지도 모른다는 소문을 듣고, 범인을 쫓는 소리가 잠잠해질 때까지 동맹을 멀리하기로 결정했다. 엥겔스는 건달처럼 고백했다.

"델레세르 덕분에 여직공들 몇 명을 만나 큰 즐거움을 맛볼 수 있었지. 나의 마지막 파리 시절이 될지도 모르는 낮과 밤을 그냥 흘려보내고 싶지 않았거든."

엥겔스는 육체적 욕구를 충족한 뒤 〈포어베르츠!〉에서 편집을 맡았던 사르셀의 카를 루트비히 베르나이스의 집에서 일주일을 보냈다. 그러나 분위기가 참을 수 없을 정도로 고약했다.

"말리지 않은 깃털 침대 5천 개의 악취에다 수없이 많은 방귀를 보탠 것 같은 냄새. 이것이 오스트리아 야채 요리의 냄새일세."

엥겔스는 또 롤라 몬테스에 대해 '음란한 농담이 우글거리는' 풍자 팸플릿을 썼다. 롤라 몬테스는 바이에른의 루트비히 왕을 주무르는 스페인 무희였는데, 마르크스와 엥겔스는 이 여자를 두고 분개하면서도 재미있어했다. 이 팸플릿은 어떤 출판사에서도 내주려 하지 않았고, 오래지 않아 원고도 사라져버렸다.

이 모든 막간극에서도 알 수 있듯이, 엥겔스는 지적 자극이 아쉬웠다. 3월 초에 엥겔스는 마르크스에게 간청했다.

가능하다면 4월에 이곳으로 꼭 오게. 나는 4월 7일이면 떠날 걸세. 아직 어디로 갈지는 모르겠네. 그리고 그 무렵이면 돈도 조금 생길 걸세. 그러니 우리는 한동안 멋지게 놀 수 있네. 우리가 가진 모든 것을 선술집에서 탕진하면서 말이야. …… 만일 나한테 5천 프랑의 수입이 있다면 나는 몸이 박살날 때까지 여자들과 즐기겠네. 프랑스 여자가 없다면 삶은 살 만한 가치가 없을 것이야. 이곳 여직공들이 있는 한 더 바랄 나위가 없지! 그렇다고 가끔 품위 있는 화제를 토론하고 약간은 세련된 생활을 누리고 싶은 소망마저 사라지는 것은 아니라네. 문제는 그 두 가지 다 현재 내가 알고 있는 무리 가운데 누구와도 할 수 없다는 걸세. 자네가 이리로 와야 해.

그 수많은 술잔치 때문에 엥겔스의 머리가 흐려졌던 것인지도 모른다. 엥겔스가 이 편지를 쓰기 석 달 전 예니 마르크스는 첫 아들 에드가를 낳았다. 두 살 난 예니헨과 한 살 된 라우라에게 남동생이 생긴 것이다. 쇠약해진 아내와 어린 세 자녀에다가 하녀까지 혼자 먹여살려야 했던 마르크스에게는 즐거운 파리에서 독신자들의 술잔치에 끼어들 여유가 없었다. 실업 상태인 데다가 실제적으로 고용 불능자이기도 했던 마르크스는 그보다 더 중요한 런던 여행을 할 여비도 마련할 수 없었다. 런던에서는 '의인 동맹'이 6월에 회의를 소집하여 브뤼셀 통신 위원회와의 통합 문제를 논의할 예정이었다.

그러나 이것은 통합이라기보다는 탈취에 가까웠다. 마르크스는 런던 사람들—샤퍼, 바우어, 몰—이 '의인 동맹' 시절의 선웃음을 지으며 경건한 체하는 태도를 버리고 공산주의자 동맹으로 재조직하지 않는 한 그들과 합세하지 않겠다고 버텨왔다. 이제 그들은 마르크스의 요구를 기꺼이 수용하려 했다. 프루동, 그륀, 바이틀링 등은 '공산주의자들에 대한 적대'를 이유로 탄핵할 예정이었다. 그리고 마르크스가 경멸해마지 않았던 "모든 인간은 형제다"라는 동맹의 구호는 "만국의 노동자여 단결하라!"는 명령으로 대체했다.

런던에서 '공산주의자 동맹'의 개회 모임이 열리고 나서 두 달 뒤, 브뤼셀의 통신 위원회는 동맹의 지부(또는 '공동체')로 전환하고, 마르크스가 지부장에 취임했다. 새로운 규칙에 따라 각 공동체는 최소 3명, 최대 12명의 회원을 두어야 했으며, 회원 각각은 '충성스럽게 일하고 비밀을 지킬 것을 서약해야' 했다. 결국 이것은 불법 조직이었기 때문이다. 그러나 마르크스는 런던 사람들의 예를 따라, 좀더 개방적이고 덜 정치적인 '노동자 협회'를 만들었다. '노동자 협회'는 의회를 흉내낸 토론의 무대를 마련했을 뿐 아니라, '노래, 낭송, 연극 같은 것'도 주최했다. 두 주 만에 백 명 이상의 노동자들이 가입했다. 마르크스는 게오르크 헤르베그에게 편지를 썼다.

"아무리 작은 일이라도 공적인 활동은 얼마나 상쾌한지 모릅니다."

마르크스는 런던의 6월 회의에 브뤼셀 대표로 독일인 공산주의자 빌헬름 볼프를 대신 보냈다. 이 회의에는 동맹의 파리 지부 대표로 F. 엥겔스라는 사람도 참석했는데, 이 사람은 새로운 '공산주의자 동맹'의 원칙 초안을 가지고 갔다. 이 안은 공식적으로 채택되지 않았지만, 유럽의 다른 공동체로 보내 '진지하고 성숙하게 고려해볼' 것을 당부하기로 했다. 본부의 회람은 이렇게 설명했다.

"우리는 한편으로는 자꾸 체계만 세우고 까다로운 규칙만 만드는 공산주의를 삼가려고 노력하면서, 다른 한편으로는 눈물 많고 감정적인 공산주의자들[즉 바이틀링 같은 공상가들]의 어리석고 따분한 감상주의를 피하려고 노력해왔다. …… 중앙은 여러분으로부터 이 초안과 관련하여 첨가와 수정에 대한 많은 제안을 받기를 희망한다. 여러분이 특별히 심혈을 기울여 이 초안에 대해 토론할 것을 다시 한 번 촉구한다."

이 촉구를 마르크스만큼 열정적으로 받아들인 사람은 없었을 것이다. 마르크스는 1년이 안 되어 엥겔스의 맹아적 신조를 가장 영향력이 큰 책 가운데 한 권으로 바꾸어놓았다.

5 무시무시한 요귀

마르크스(1861)

마르크스는 타고난 민중의 지도자였다. 그의 연설은 간결했고, 그 논리는 설득력이 있으며 매혹적이었다. 그는 불필요한 말은 한마디도 하지 않았다. 모든 문장이 하나의 생각이었으며, 모든 생각이 설명의 사슬 가운데 꼭 필요한 고리였다. 마르크스에게서는 몽상가적인 모습을 전혀 찾아볼 수 없었다. – 재단사 프리드리히 레스너의 회고록에서

부르주아지는 역사적으로 매우 혁명적인 역할을 해왔다. 부르주아지는 어디에서든 우세한 위치에 서기만 하면, 봉건적, 가부장적, 목가적 관계를 끝장냈다. 부르주아지는 인간을 '타고난 상전'에게 묶어두는 잡다한 봉건적 끈들을 무자비하게 잘라내, 인간과 인간 사이에는 노골적인 자기 이해, 냉정한 '현금 지불' 외에 다른 관계는 남지 않게 되었다.
–1848년 발표한 《공산당 선언》에서

1847 | 1849
《공산당 선언》의 탄생

《공산당 선언》은 인간 역사상 가장 널리 읽힌 정치적 팸플릿일 것이다. 그러나 이처럼 오해하기 쉬운 제목도 없다. 그런 당은 존재하지 않았기 때문이다. 또한 이 팸플릿은 선언문으로 구상되지도 않았다. 1847년에 '공산주의자 동맹' 회원들이 원했던 것은 '신앙 고백'이었으며, 1847년 6월 엥겔스가 처음에 썼던 초안은 그들이 프랑스의 지하 분파들이 좋아하던 입문 의식과 여전히 결부되어 있음을 보여준다.

문 1 : 당신은 공산주의자입니까?
답 : 네.
문 2 : 공산주의자의 목적은 무엇입니까?
답 : 사회의 모든 구성원이 자신의 모든 능력과 힘을 완전히 자유롭게, 동시에 사회의 기본적 조건들을 침해하지 않으면서, 계발하고 사용할 수 있는 방식으로 사회를 조직하는 것입니다.
문 3 : 그 목적을 어떤 방법으로 달성하고자 합니까?

답 : 사적 소유를 철폐하고 그것을 공유로 대체함으로써 달성하고자 합니다.

이 문답은 이런 식으로 7페이지에 걸쳐 진행되다가 문 22('공산주의자들은 기존의 종교를 거부합니까?')에서 절정에 이른다. 이 문제의 정답은 공산주의는 '모든 기존의 종교를 불필요하게 만들고, 그것을 대신합니다.'이다. 현대적인 관점에서 보자면, 이 고된 문답 연습에서 에릭 아이들이 사회를 보는 TV 퀴즈쇼에 마르크스가 출연한다고 설정했던 몬티 피톤(영국의 유명한 코미디언 : 옮긴이)의 쇼를 떠올리지 않을 수 없다.

아이들 : 산업 프롤레타리아의 발전은 다른 어떤 발전을 조건으로 합니까?

마르크스 : 산업 부르주아지의 발전을 조건으로 합니다.

아이들 : 예, 그렇지요. 잘했어요, 카를! 조금만 더 하면 라운지 슈트를 상품으로 받을 수 있습니다! 자, 카를, 2번입니다. 계급과 계급의 투쟁을 무슨 투쟁이라고 부르지요?

마르크스 : 정치 투쟁입니다.

아이들 : 좋아요! 마지막 질문입니다. 이것만 맞추면 저 아름다운 비유물론적인 라운지 슈트를 차지할 수 있어요. 준비됐죠, 카를? 당신은 용감한 사나이입니다. 마지막 질문입니다. 1949년에 영국 FA 컵은 누가 가져갔죠?

마르크스 : 어, 어, 노동자들의 생산수단 통제? 도, 도시 프롤레타리아의 투쟁?

아이들 : 아뇨, 울버햄턴 원더러스입니다. 레스터를 3-1로 이겼지요.

마르크스 : 이런, 젠장!

엥겔스의 교리문답은 옛날의 '무법자 동맹'이나 '의인 동맹'과 같은 비밀 결사에는 적절했을지도 모른다. 그러나 마르크스는 새로운 '공산주의자 동맹'을 바로 그런 은밀하고 음모적인 전통으로부터 구해내려 하고 있었다. 마르크스는 의문을 제기했다. 왜 혁명가들이 자신의 견해와 의도를 감추어야 하는가?

엥겔스는 그 점을 이해했다. 그리고 "그 안에 역사가 어느 정도 서술되어야 하기 때문에, 지금까지 채택했던 형식은 전혀 적절하지 못하다."는 점을 인정했다. 엥겔스는 브뤼셀에 오랫동안 머문 뒤 10월에 파리로 돌아와서, 모제스 헤스가 또 하나의 '고백문' 초안을 준비하고 있다는 것을 알았다. 이 초안은 공상주의 냄새가 너무 강했으며, 프롤레타리아에 대해서는 거의 언급이 없었다. 엥겔스는 '공산주의자 동맹' 지부 모임에서 이 문서를 한 줄 한 줄 조롱했다. 엥겔스는 의기양양한 목소리로 마르크스에게 보고했다.

"그런 식으로 반도 안 나갔는데, 젊은이들은 '만족했다'고 말하더군. 나는 아무런 반대 없이 새로운 초안을 작성할 임무를 위임받았네. 이 초안은 다음 주 금요일에 지구 토론을 거친 뒤 **공동체들 몰래** 런던으로 보낼 걸세. 당연한 이야기지만 아무도 이 일을 알아서는 안 되네. 그러지 않았다가는 우리 모두 쫓겨날 것이고 큰 소동이 일어날 거야."

며칠이 안 되어 엥겔스는 새로운 초안을 완성했다. 이번 것은 《사도신경》과는 약간 거리가 멀어졌고 시험지에 더 가까워졌다. 여기에는 프롤레타리아의 기원과 발전에 대한 긴 역사적 서술과 더불어 '온갖 부차적인 문제'가 포함되어 있었다. 그럼에도 이 초안 역시 앞엣것과 마찬가지로 문답 형식이었다("공산주의란 무엇인가? 답. 공산주의는 프롤레타리아의 해방을 위한 조건과 관련된 신조다. 프롤레타리아란 무엇인가? 답. 프롤레타리아는 자신의 노동력을 판매하는 것으로만 생계 수단을 얻는 사회 계급이다……") 엥겔스는 1847년 11월 23일에 마르크스에게 편지를 썼다. "'신앙 고백'에 대해 약간 생각을 해보게. 나는 교리문답 형식을 버리고 이것을 '공산당 선언'이라고 부르는 것이 좋을 것 같네."

닷새 뒤 두 사람은 '공산주의자 동맹'의 2차 대회에 참석하기 위해 런던으로 가는 길에 오스탕드에서 만났다.

대회 장소는 소호의 그레이트윈드밀 스트리트에 있는 술집 레드라이언 위층에 자리잡은 '독일 노동자 교육협회' 본부였다. 이 대회에서 얼마나 열띤 토론이 벌어졌느냐 하는 것은 대회가 열흘 동안 계속된 것만 보아도 알 수 있다. 참석자들이 목을 축이고 싶은 다급한 욕구 때문에 이따금씩 아래층을 찾았을 것은 의심할 여지가 없다. 당시의 기록은 거의 남아 있지 않지만, 1847년 4월 이후 런던에 살았던 함부르크 출신의 저니맨(도제 기간을 마치고 제구실을 하는 장색 : 역주) 재단사 프리드리히 레스너의 회고록을 보면 회의에서 마르크스가 지배적인 지위를 차지하고 있었음을 알 수 있다.

마르크스는 타고난 민중의 지도자였다. 그의 연설은 간결했고, 그 논리는 설득력이 있으며 매혹적이었다. 그는 불필요한 말은 한마디도 하지 않았다. 모든 문장이 하나의 생각이었으며, 모든 생각이 설명의 사슬 가운데 꼭 필요한 고리였다. 마르크스에게서는 몽상가적인 모습을 전혀 찾아볼 수 없었다. 바이틀링 시대의 공산주의와 《공산당 선언》의 공산주의 사이의 차이를 정확하게 이해할수록, 마르크스가 사회주의 사상을 체현한 인물이었다는 것이 더욱 분명해 보인다.

열흘 간의 마라톤 회의가 끝날 무렵 마르크스와 엥겔스는 모든 면에서 성공을 거두었다. 마르크스가 참석하지 않았던 6월 대회에서 동맹은 단지 '소유의 공유 이론을 전파하고 가능한 한 빠르게 실제로 그것을 도입함으로써 인류를 해방하는 것을 목표로 한다.'고 천명했을 뿐이다. 그러나 2차 대회에서 채택한 규정은 훨씬 더 전투적이고 강건했다.

"동맹의 목표는 부르주아지 타도, 프롤레타리아 지배, 계급 적대에 기초하고 있는 낡은 부르주아 사회의 철폐, 계급과 사적 소유가 없는 새로운 사회의 건설이다."

대표들은 이 기본적 원칙에 만장일치로 합의했다. 그리고 마르크스와 엥겔스는 가능한 한 빨리 새로운 신조를 요약한 선언문을 작성하는 일을 위임받았다.

그러나 마르크스는 별로 서두르는 기색이 없었다. 마르크스는 12월 중순에 브뤼셀로 돌아온 뒤 독일 노동자 협회에서 정치경제학에 대해 일련의 강연을 했다. 이 강연에서 마르크스는 자본은 생명 없는 물체가 아니라 '사회적 관계'라고 주장했다. 그는 또 〈도이체 브뤼셀러 차이퉁〉에서 공산주의자들을 옹호하고, 프랑스에 다가올 혁명을 즐겁게 고대하는 글을 몇 편 썼다. 또 자유무역에 대해 긴 연설을 하기도 했다. 노동자 협회에서 개최한 신년 전야 파티에서는 벨기에를 위해 건배를 하자고 제안했다. 그는 "자유주의적 헌법의 유익한 점을 높이 평가하며, 토론의 자유, 결사의 자유가 있는 나라, 또 전유럽을 위해 인도주의적 씨앗을 키워나갈 수 있는 나라를 높이 평가"했다(아마 마르크스는 그 후 두 달이 안 되어 벨기에 정부로부터 24시간 내에 벨기에를 떠나라는 추방 명령을 받고, 얼마 전까지만 해도 자유로운 낙원이라고 칭찬했던 이 나라의 '전례 없는 야만성'과 '반동적 광포'를 비난하게 될 것이라고는 짐작도 못했을 것이다). 마르크스는 1월 17일부터 23일까지 겐트를 방문하여, '민주 협회'의 지역 지부를 만들었다.

글을 쓰는 사람들은 대부분 그 증상을 알 것이다. 계속 늦추고, 어디

정신을 팔 수 있는 일이 없나 계속 두리번거리고, 당면한 일 외에는 무슨 일이든 할 용의가 있는 상태. 마찬가지로 출판사에서 일하는 사람들은 대부분 '공산주의자 동맹'의 런던 지도자들이 점점 안달하는 태도를 보인 것에도 공감할 것이다. 그들은 1848년 1월 24일 브뤼셀로 최후통첩을 보냈다.

중앙위원회는 브뤼셀 지역위원회에 다음 사항을 명령한다. 마르크스와 연락을 하여, 만일 그가 최근 대회에서 쓰기로 결정난 '공산당 선언문'이 금년 2월 1일까지 런던에 도착하지 않으면 그 점에 대해 조치를 취할 수밖에 없다는 말을 그에게 전할 것. 마르크스가 자신의 임무를 완수하지 못할 경우, 중앙위원회는 현재 마르크스가 맡고 있는 문서들을 즉각 반환할 것을 요청한다.

마르크스는 보통 마감 시간이 다가왔을 때에야 최선을 다했다. 이번 경우도 위의 최후통첩이 효과를 발휘했던 것 같다. 모든 현대판 《공산당 선언》에는 마르크스와 엥겔스의 이름이 함께 실려 있지만—물론 엥겔스의 생각들이 영향을 주었다.—마침내 2월 초에 런던에 도착한 문서는 마르크스가 도를레앙가 42번지에 있는 그의 서재의 자욱한 시가 연기 속에서 밤새도록 미친 듯이 휘갈겨 쓴 것이었다.

키에르케고르는 어디에선가 삶은 앞으로 살아야 하지만, 뒤로 이해될 수밖에 없다고 말한 적이 있다. 이 말은 시대에도 적용된다. 한 특정한 시대의 현실은 그 시대가 끝날 때가 되어야 분명해진다. 또는 헤겔이 《법 철학》 서문에서 쓴 표현대로, "미네르바의 부엉이는 어두워질 무렵에만 날개를 펼친다." 마르크스는 1848년 1월 《공산당 선언》을 쓸 때 지혜로운 부엉이가 다시 날갯짓을 준비하는 모습이 눈에 보인다고 상상했다. 짧지만 찬란했던 부르주아 자본주의 시대는 그 과도적 목적을 달성했고, 이제 곧 자체 모순으로 무너질 것이라고 생각했던 것이다. 근대의 산업은 그때까지 고립되어 있던 노동자들을 공장으로 모아들임으로써 프롤레타리아가 결합하고 연합하여 지배적인 세력으로 등장할 조건을 만들어주었다. 마르크스는 선언문의 첫 절을 마무리지으며 만족스럽게 이야기했다.

"따라서 부르주아지는 무엇보다도 자신의 무덤을 팔 사람들을 만들어낸 것이다. 부르주아지의 몰락과 프롤레타리아의 승리는 둘 다 필연적인 일이다."

어쩌면 그는 자신이 조사(弔詞)를 읽는 예행 연습을 하고 있다고 생각했기 때문에 소멸한 적에게 너그러울 여유가 있었는지도 모른다. 마르크스를 한 번도 읽어보지 않고, 그를 중간 계급에게 겁을 줄 때 불러내곤 하는 피에 굶주린 도깨비 정도로 알고 있는 사람들은 그가 부르주아지에게 푸짐한 찬사를 보낸 것을 알면 깜짝 놀라곤 한다. 마르크스는 적의 업적을 과소평가하는 사람이 아니었다.

부르주아지는 역사적으로 매우 혁명적인 역할을 해왔다. 부르주아지는 어디에서든 우세한 위치에 서기만 하면, 봉건적, 가부장적, 목가적 관계를 끝장냈다. 부르주아지는 인간을 '타고난 상전'에게 묶어두는 잡다한 봉건적 끈들을 무자비하게 잘라내, 인간과 인간 사이에는 노골적인 자기 이해, 냉정한 '현금 지불' 외에 다른 관계는 남지 않게 되었다. 부르주아지는 종교적 열정, 기사도적 열망, 속물적 감상주의라는 천상의 환희를 자기 중심적인 계산이라는 차가운 물에 빠뜨려 죽였다. 부르주아지는 개인적 가치를 교환가치로 해소해버렸으며, 파기할 수 없었던 수많은 특권적 자유 대신에 단 하나의 비양심적인 자유, 즉 '교역의 자유'를 세워놓았다. 한마디로 종교적이고 정치적인 환각이라는 베일에 싸여 있던 착취를 없애고 그 자리에 노골적이고, 부끄러운 줄 모르고, 직접적이고, 야만적인 착취를 갖다놓았다……

부르주아지는 반동주의자들이 감탄해 마지않는, 중세의 활력의 야만적 과시가 사실은 가장 굼뜬 나태에 의해 적절하게 보완되고 있었음을 드러냈다. 부르주아지는 처음으로 인간의 활동이 무엇을 이루어낼 수 있는지 보여주었다. 부르주아지는 이집트의 피라미드, 로마의 수도, 고딕 성당을 훨씬 뛰어넘는 불가사의를 이루어냈다. 부르주아지는 이전의 모든 민족과 십자군의 대이동을 훨씬 능가하는 원정들을 지휘했다.

한 현대 비평가는 이 선언문을 '부르주아지의 업적에 대한 서정적 찬사'라고 불렀다. 어느 정도는 그런 면이 있다. 마르크스는 자본주의를 일시적인 현상으로서, 진정한 혁명의 전조로서 찬양했다. 그러나 마르크스가 자본주의의 단말마라고 여겼던 것은 사실 산통(産痛)에 불과했다. 마르크스가 잘못 해석한 표시들—악을 쓰는 소리, 도리깨질하는 팔다리, 피가 튄 시트 등—은 그의 시대보다 오늘날 훨씬 더 두드러지게 나타나고 있다. 그러나 마르크스가 그런 것들에 주목했다는 사실은 거의 인정받지 못하고 있다. 마르크스는 이렇게 지적했다.

"부르주아지는 세계 시장의 착취를 통하여 모든 나라의 생산과 소비에 세계적 성격을 부여했다. 한 나라의 생산에 의해 충족되던 낡은 요구들 대신에 새로운 요구들이 나타나는 것이 보이는데, 이 요구들을 충족시키려면 멀리 떨어진 나라의 생산물이 필요하다."

슈퍼마켓의 과일과 야채 카운터—높이 쌓여 있는 망고, 아보카도, 슈거스냅 콩, 제철이 아닌데도 나와 있는 딸기—를 살펴본 사람이라면 마르크스의 말이 무슨 의미인지 알 것이다.

부르주아지는 이국적인 산물을 수입하면서 자신의 생산품, 취향, 습관을 다른 모든 사람에게 떠안긴다.

"한마디로, 부르주아지는 자신의 형상을 따라 세계를 창조한다."

이 말이 사실이라는 것을 보려면 베이징—공공연한 공산주의 국가의 수도—에 가보기만 하면 된다. 이곳의 도심은 미국의 중심가를 너무 빼닮아 괴상하다는 느낌이 들 정도다. 맥도널드, 켄터키 프라이드 치킨, 하겐 다스, 피자 헛. 게다가 거기서 생긴 이윤을 적립할 수 있는 체이스 맨해튼, 시티뱅크 등의 은행까지.

《공산당 선언》은 계속해서 말한다.

"지적 생산도 물질 생산과 마찬가지다. 개별 국가의 지적 창조물들은 공용 재산이 된다. …… 부르주아지는 모든 생산 도구의 급속한 개선에 의해서, 엄청나게 편해진 통신 수단에 의해서, 아무리 야만적인 나라라도 문명 속으로 끌어넣고 만다."

물론 아널드 슈워제네거, 존 그리셤, 24시간 쉬지 않는 MTV가 과연 '문명'을 이루는 것이냐고 문제 제기를 할 수 있을지도 모른다. 그러나 마르크스의 인식의 핵심이 진실이라는 것은 부정할 수 없다. 마르크스는 또 테크놀로지의 변화 속도가 점점 더 광적이 되어, 일종의 영구 혁명 같은 상태—컴퓨터 소프트웨어는 2년만 지나면 고물이 된다.—가 생겨날 것임을 이해했다.

"부르주아지는 생산 도구의 혁명, 이에 의한 생산 관계의 혁명, 또 이와 더불어 사회 관계 전체의 혁명 없이는 존재할 수 없다. …… 생산의 계속적 혁명, 모든 사회적 조건의 중단 없는 교란, 지속적인 불안과 흥분, 이러한 것들이 부르주아 시대를 이전의 다른 모든 시대와 구별한다. 단단하게 얼어 고정되어 있는 모든 관계들은 여기에 수반되는 일련의 고색창연한 편견이나 견해와 더불어 쓸려나가고, 새로 형성된 모든 관계들은 **뼈**가 굳기도 전에 낡은 것이 되어버린다. 견고한 모든 것은 녹아서 허공으로 사라진다……"

1998년 《공산당 선언》 발표 150주년을 기념하여 수많은 학자와 정치가들이 달려나와 마르크스의 우둔함을 지적하며 흡족한 웃음을 지었다. 영국의 지식인 스키들스키 경은 마르크스는 임박한 혁명을 예측함으로써 '오류를 범했으니', 그의 작업은 이제 재고할 가치가 없다고 조롱했다. 그러나 실제로는 《공산당 선언》이 발표되고 나서 며칠 안 되어 우선 파리에서, 그리고 유럽 대륙의 많은 곳에서 산불이 일어난 것처럼 혁명이 일어났다. 그러나 혁명은 일어날 때와 마찬가지로 빠르게 사그라들었다. 그리고 부르주아지의 승리주의(원래는 어떤 특정한 종교의 교리가 영원이라고 하는 주장 : 역주)의 오랜 지배가 시작되었다. 그런 의미에서 마르크스의 세계 시장에 대한 비전은 신기할 정도의 선견지명을 보여주는 반면, 그의 낙관주의는 잘못된 것이라고 할 수 있다.

어떻게 이렇게 크게 틀리면서 동시에 이렇게 놀랍게 옳을 수 있을까? 마르크스는 예언자적 분위기에 젖어 있을 때는 가끔 여섯 수 뒤에 검은 왕을 사로잡을 치명적인 협공 작전을 고안한 체스 선수 같은 태도를 보인다. 그러나 자신의 작전에 몰두한 나머지 적이 훨씬 더 빨리 장군을 부를 수 있다는 사실을 눈치채지 못한다. 만일 상대 선수가 실수를 한다면, 마르크스의 계산은 정당성을 얻을 것이다. 설사 마르크스가 진다 해도, 그는 만일 전투가 몇 분만 더 계속되었더라면 자신이 옳다는 것이 증명되었을 것이라고 주장할 수도 있다.

우리는 이런 체스 선수들을 잘 안다. 전략에는 뛰어나지만 전술에는 약한 선수들. 실제로 마르크스는 체스에서 그런 면을 보여주었다. 체커(체스와는 약간 다른 게임 : 역주)에서는 당할 자가 없지만, 체스판의 무한한 복잡성을 따지는 데 필요한 교묘하고 참을성 있는 태도는 없다. 마르크스의 스타일은 시끄럽고, 논쟁적이고, 급했다. 1850년대 초, 런던에 도착한 직후, 마르크스는 저녁에 다른 독일 망명객과 체스를 둔 뒤 지고 나서 분통을 터뜨리며 길길이 날뛴 적이 여러 번 있었다. 빌헬름 리프크네히트는 이렇게 회고한다.

"어느 날 마르크스는 우리를 모두 꼼짝 못하게 할 수 있는 새로운 수를 발견했다고 의기양양하게 발표했다. 우리는 그 도전을 받아들였다. 과연 마르크스는 우리를 차례차례 물리쳤다. 그러나 우리는 점차 패배로부터 승리를 배웠다. 결국 나는 마르크스에게 외통 장군을 부를 수 있었다. 아주 늦은 시간이었기 때문에, 마르크스는 무시무시한 얼굴로 다음날 아침 그의 집에서 복수를 하겠다고 선언했다."

다음날 오전 11시 리프크네히트는 딘 스트리트에 있는 마르크스의 방에 어김없이 나타났다. 마르크스는 밤을 꼬박 새우며 자신의 '새로운 수'를 완벽하게 갈고 다듬어놓았다. 이번에도 처음에는 그 수가 먹히는 것 같았다. 마르크스는 마실 것과 샌드위치를 갖다 달라고 하면서 승리를 축하했다. 그러나 진짜 승부는 그때부터였다. 두 사람은 오후 내내, 그리고 저녁까지 검은색과 흰색의 싸움터를 사이에 두고 굳은 표정으로 마주보고 앉아 있었다. 마침내 자정 무렵 리프크네히트는 마르크스를 두 번 잇달아 외통 장군으로 물리쳤다. 마르크스는 새벽까지 계속할 각오가 되어 있었으나, 의지가 굳센 가정부 헬레네 데무트는 더 참을 수가 없었다. 그녀는 퀭한 눈의 두 사람에게 명령했다.

"자, 그만들 해요!"

리프크네히트는 다음날 아침 일찍 문을 두드리는 소리에 잠을 깼다. 헬레네였다. 전갈을 가져온 것이다.

"마르크스 부인이 이제부터 저녁에 무어와 체스를 두지 말라고 간청을 하시네요. 체스에서 지면 하도 짜증을 부리는 통에 견딜 수가 없다시면서."*

그 후로 리프크네히트는 마르크스와 체스를 두지 않았다. 그러나 그가 마르크스의 체스 기술에 대해 묘사한 말―"그는 과학에서 모자란 부분을 열정으로, 또 충동적인 공격과 기습으로 메우려 했다."―은《공산당 선언》에도 적용될 수 있을지 모른다. 왕, 여왕, 주교, 기사들(체스의 말 이름이기도 하다 : 역주)은 모두 조만간 굴복할 수밖에 없다. 그들에게 도전하는 자들의 순수한 결의에 의해 패배하고 말 것이다. 마르크스가 그렇게 자랑했던 '새로운 수'와 마찬가지로,《공산당 선언》은 으스대고 잘난 체하는 적에 대항하는 복수의 무기로서, 분노를 가슴에 눌러 담고 수많은 밤을 잠도 못 자면서 다듬어서 만들어낸 것이었다. 따라서 오늘날 똑같이 으스대고 있는 그의 비방자들은 핵심을 놓치고 있는 셈이다. 1840년대에 쓰여진 텍스트는 어떤 것이든 지금 눈으로 보면 약간 기이하고 구식인 구절들을 포함하고 있게 마련이다. 굳이 그렇게 멀리 가지 않더라도, 겨우 1, 2년 전에 나온 여러 정당의 수많은 선거용 선언문이나 신문 사설에 대해서도 똑같은 이야기를 할 수 있다. 마르크스는《공산당 선언》을 쓰면서 결코 시간을 초월한 성스러운 문서를 만들려고 했던 것이 아니다.―뒷날 몇 세대에 걸친 제자들이 가끔 그 문건을 그런 식으로 대접하기는 했지만. 바로 첫 구절―메테르니히, 기조, 차르를 언급하는 부분―은 이것이 사라질 수 있는 상품이라는 것, 후손을 염두에 두지 않고 특정한 목적을 위하여 구체적인 순간에 쓴 것임을 강조한다.

따라서《공산당 선언》에서 정말로 놀라운 것은 그것이 현재에도 반향

---

* 마르크스가 실제로 둔 체스 게임 가운데 유일하게 남아 있는 기록에 대해서는 후기 3을 보라.

을 불러일으킨다는 점이다. 최근 런던의 한 서점에서는 영어판을 무려 9종이나 팔고 있었다. 거짓 겸손과는 거리가 멀었던 카를 마르크스조차 그 소책자가 20세기 말에까지 베스트셀러로 팔릴 것이라고는 예상하지 못했을 것이다.

* * *

《공산당 선언》의 잊을 수 없는 첫 문장은 벼락과 같은 위력을 지니고 있다.
"무시무시한 요귀가 유럽을 활보하고 있다……."
첫 영어판《공산당 선언》에는 그런 식으로 표현을 했다. 이 판본은 1850년 〈레드 리퍼블리컨〉 신문에서 펴낸 것으로, 번역은 페미니스트 차티스트였던 헬렌 맥팔레인이 맡았다. 그녀는 마르크스와 엥겔스를 알았으며, 두 남자는 그녀를 매우 존경했다. 그런데 어떻게 된 일인지 안타깝게도 '무시무시한 요귀'라는 표현은 그 뒤에는 이어지지 않았다. 현재 모두가 알고 있는 판본은 새무얼 무어가 번역한 것으로, 1888년에 초판이 나오고 그 후로 무수한 판을 거듭했다.
"하나의 유령이 유럽을 배회하고 있다.—공산주의라는 유령이다. 낡은 유럽의 모든 권력은 이 유령을 추방하기 위해 신성 동맹을 맺었다. 교황과 차르, 메테르니히와 기조, 프랑스의 급진파와 독일의 경찰 첩자들."
이 도입부의 일제사격은 총알이 나가자마자 낡은 것이 되어버렸다. 《공산당 선언》의 독일어 초판은 1848년 2월 24일경 출판되었다. 식자(植字)는 런던의 노동자 교육협회가 맡았고(그들이 구입해놓은 새 고딕 활자를 사용했다), 열혈 청년 프리드리히 레스너가 그것을 리버풀 스트리트 근처 인쇄업자에게 가지고 달려갔다.

"우리는 의욕에 취해 있었다."

레스너는 회상한다. 그가 인쇄된 책—어울리게도 화려해 보이는 노란색 종이로 장정되어 있었다.—을 받았을 때, 이미 프랑스로부터 혁명이 시작되었다는 소식—파리의 거리에 바리케이드가 설치되고 전투가 시작되었다는 소식—이 전해졌다. 1845년 마르크스의 추방 명령서에 서명을 했던 프랑수아 기조는 2월 23일 수상직에서 해임되었다. 루이 필립은 다음날 폐위당했으며, 그의 왕좌는 불에 탔다. 마르크스가 몹시 싫어하던 또 한 사람, 오스트리아의 수상 메테르니히는 3주가 안 지나 밀려났다. 3월 18일에는 소동이 베를린까지 퍼졌다.

프랑스의 수탉이 울자 온 유럽이 갑자기 잠을 깼다. 환희에 찬 엥겔스는 〈도이체 브뤼셀러 차이퉁〉에 서둘러 기고했다.

"우리 시대, 민주주의 시대가 동트고 있다. 튀일리와 팔레루아얄의 불길은 프롤레타리아의 새벽을 가리킨다. 이제 모든 곳에서 부르주아지의 지배는 무너지거나 박살날 것이다. 독일도 곧 뒤따르기를 바란다. 독일은 지금이 아니면 영원히 그 낮은 수준으로부터 벗어나지 못할 것이다……."

그러나 독일, 정확히 말하자면 프로이센 왕은 생각이 달랐다. 벨기에 첩자들은 〈도이체 브뤼셀러 차이퉁〉을 겁에 질린 눈으로 주시하고 있었다. 경찰 첩자는 이렇게 보고했다.

이 사악한 신문은 주요 독자로 삼고 있는 교육받지 못한 대중을 부패시키는 데 큰 힘을 발휘할 것이 틀림없다. 부의 분배라는 유혹적인 이론이 공장 노동자들과 일용 노동자들에게 타고난 권리처럼 전파되고 있으며,

그 이론에는 통치자와 공동체의 다른 부분에 대한 깊은 적개심도 포함되어 있다. 만일 이런 활동 때문에 종교와 법에 대한 존중심이 훼손되고, 또 하층 계급 사람들이 오염된다면, 조국과 문명의 장래는 어두울 것이다.

일찍이 1847년 4월에 프로이센 대사는 "역겨울 정도로 상스럽고 천한 방법으로 폐하의 정부를 공격하는" 이 선동적인 신문의 폐간을 요구했으나, 아무런 반응이 없었다. 하지만 프랑스 공화국이 선포되면서 벨기에 경찰은 공포를 느꼈다. 1848년 3월 3일 오후 늦게 마르크스는 벨기에의 왕 레오폴 1세가 서명한 왕의 명령서를 받아들였다. 24시간 내로 벨기에를 떠나 다시는 돌아오지 말라는 명령이었다.

그러나 행복한 우연의 일치로 마르크스는 이미 떠날 계획을 세우고 있었다. 사태가 발생한 곳은 파리였다. 게다가 마르크스는 〈라 레포름(개혁)〉 편집자로 있다가 프랑스 임시 정부의 각료가 된 페르디낭 플로콩으로부터 동지적인 초대를 받았다. 넉 달 전만 해도 엥겔스는 플로콩을 바보라고 우습게 여겼다.

"플로콩은 완전히 바보야! 그는 모든 것을 파리 사류 은행의 삼류직원의 눈으로 봐."

플로콩이 마르크스와 엥겔스가 그에 대해 품고 있는 경멸감을 알았는지 몰라도, 어쨌든 편지에서는 그런 면이 드러나지 않는다.

선하고 의리 있는 마르크스,
프랑스 공화국의 땅은 자유의 모든 친구들에게 피난처이자 도피처입니다.
전제 정치가 선생을 추방하였지만, 이제 자유로운 프랑스는 거룩한 대의, 즉 모든 민족의 우애라는 대의를 위해 투쟁하는 선생을 비롯한 모든 사람들에게 문호를 개방합니다.

마르크스는 다른 말을 기다릴 것도 없이 짐을 쌌다. 저녁 내내 짐 싸는 일만 했다. 그러나 새벽 1시에 경찰관 10명이 들이닥치더니 그를 끌고가 시청 감방에 가두었다. 마르크스는 그곳에서 '발광한 미치광이'와 함께 갇혀 있었다. 미치광이는 밤새도록 마르크스의 얼굴을 주먹으로 치려 했다. 구금한 공식적 이유는 마르크스의 '여권에 문제가 있다.'는 것이었다. 그러나 마르크스는 그를 잡아간 사람들에게 무려 세 개의 여권을 보여주었는데, 모두 정확하게 도장이 찍히고 날짜가 적혀 있었다. 마르크스는 왕이 서명한 추방 명령서까지 보여주었다. 그러나 마르크스에 대한 경찰의 의심은 언뜻 보기와는 달리 즉흥적인 것이 아니었을 수도 있다. 2월 중순 마르크스의 어머니는 뒤늦게 하인리히 마르크스의 유산 가운데 카를의 몫으로 금화 6천 프랑이라는 거금을 보내주었다. 마르크스는 횡재한 돈 대부분을 체제 전복에 사용했다. 가장 최근에 마르크스의 전기를 쓴 사람 가운데 하나인 데이비드 맥럴런에 따르면, "경찰은 마르크스가 혁명 운동을 지원하는 데 그 돈을 썼다고 의심했다 (증거는 없었지만)." 사실 증거는 많았다. 특히 예니 마르크스가 제시하는 증거가 있다.

"〔브뤼셀의〕 독일 노동자들은 무장을 하기로 결의했다. 그래서 단검, 리볼버 등의 무기를 모았다. 카를은 기꺼이 돈을 댔다. 그때 막 상속받은 돈이 있었기 때문이다. 정부는 이 일을 무슨 음모나 범죄 계획처럼 여겼다. 마르크스가 돈을 받아 무기를 샀으니, 그를 제거해야 한다는 식의 태도를 보이기까지 했다."

아무 죄도 없는데 피해를 보았다는 말투이지만, 이것은 그녀 자신의 고백 때문에 정당화될 수 없다. 그녀의 남편이 '단검, 리볼버 등'의 무기와 관련이 있다는 것이 입증된다면, 그는 큰 곤경에 빠질 수밖에 없었다. 예니 마르크스는 깜짝 놀라 헬레네에게 어린 세 자식을 맡기고, 좌익 변호사에게 마르크스의 체포 소식을 알리러 달려갔다. 그녀가 새벽에 집에 돌아왔을 때 문간에는 경찰관이 서 있었다. 경찰관은 아주 예의 바르게, 만일 마르크스 씨와 이야기를 하고 싶다면 동행해주겠다고 말했다. 그러나 경찰서에 도착하자마자 예니는 '방랑' 혐의—아마 그녀가 신분증을 소지하지 않았다는 것이 구실이 되었을 것이다.—로 체포되어, '가장 하급의 매춘부들'과 함께 어두운 감방에 갇혔다.

다음날 예니가 법정에 출두하자 심리를 맡은 치안판사는 경찰이 아기들도 체포하지 않은 사실에 놀랐다는 말로 경찰을 비꼬았다. 예니와 카를은 무혐의로 처리되어 오후 3시에 풀려났다. 이제 두 시간밖에 여유가 없어, 그들은 서둘러 일을 정리하고, 아이들을 데리고 파리로 가는 기차에 올라탔다. 예니는 서둘러 소지품 몇 가지를 팔았지만, 가족이 쓰던 은식기와 가장 좋은 아마포는 친한 서적상에게 맡기고 가야 했다. 경찰은 국경까지 마르크스 가족과 함께 갔다. 벨기에인의 환대를 마지막으로 맛보게 해주려는 것이었는지도 모르겠다.

카를과 예니는 감방에서 밤을 보내는 바람에 이미 지쳐 있었는데, 여행길마저 피곤했다. 앉을 자리는커녕 서 있을 공간도 넉넉지 않았다. 공간이란 공간은 대부분 혁명의 전염을 막기 위해 남쪽 국경으로 가는 벨기에 군인들이 차지하고 있었기 때문이다. 프랑스로 들어서서 발랑시엔에 이르자 승객들은 모두 기차에서 내려 승합마차를 타야 했다. 러다이트(산업혁명에 반대하여 기계 파괴 운동을 벌이는 노동자 : 역주)적인 마부들이 폭력적 분위기를 이용해 그들의 생계를 위협하던 철로를 뜯어내고 기관차를 부수었기 때문이다.

마르크스는 3월 5일 파리에 도착했다. 거리에는 깨진 유리와 포장용 돌이 가득했다. 마르크스는 그동안 놓친 것을 만회하려는 듯 지체없이 투쟁에 뛰어들었다. 도착한 다음날 마르크스는 런던 '공산주의자 동맹'에 집행 본부를 파리로 옮겼다고 알렸다. 3월 9일 동맹은 모든 회원이 저고리에 '빨간 핏빛 리본'을 달자는 마르크스의 제안을 만장일치로 통과시켰다. 동맹은 여전히 반합법 조직이었기 때문에, 마르크스는 독일 노동자 클럽이라는 조직을 만들었다. 〈라 레포름〉은 이 클럽 위원회가 '제화공 H. 바우어, 소목 헤르만, 시계공 J. 몰, 인쇄공 발라우, 카를 마르크스, 카를 샤퍼' 등으로 구성되어 있다고 보도했다. 카를 샤퍼의 직업은 식자공이었다. 그러나 마르크스는 자신이 무엇을 만드는 사람이라고 이야기했을지 상상이 잘 되지 않는다. '문제를 만드는 사람'이라고 했을까.

사실 망명객들 가운데 일부는 마르크스를 그렇게 보았다. 특히 옛날 동료인 게오르크 헤르베그나 프로이센 육군 장교 출신인 아달베르트 폰 보른슈테트는 그렇게 생각했다. 그들은 '독일인 군단'을 만들어 조국으로 의기양양하게 행군해 들어가 조국을 해방시키겠다는, 제정신에서 나왔다고 할 수 없는 낭만적인 계획을 짜고 있었다. 그런 다음에는 러시아를 침공할 계획이었다.

"아, 단 하루만이라도 과감하게 시도해보자!"

이것이 헤르베그의 징병 구호였다. 프랑스 임시 정부는 이 돈키호테 같은 외국인들을 얼른 내보내고 싶어, 자원자마다 무료 숙소와 더불어 일당 50상팀을 지급했다.

마르크스는 헤르베그와 보른슈테트가 "불한당처럼 행동한다."고 비난했다. 그들의 계획은 수치스럽게 끝날 수밖에 없는 오만한 모험이라고 평가했다. 마르크스의 말이 옳았다. 헤르베그의 오합지졸은 아마 1

천 명을 넘지 않았을 텐데, 만우절에 독일로 출발하여 국경을 넘자마자 참패하고 말았다.

마르크스는 독일 혁명을 위해 필요한 것은 고물 총검을 휘두르는 시인과 교수들의 부대가 아니라, 쉼 없는 선동과 선전이라고 주장했다. 3월 21일에 엥겔스가 파리로 오자, 그들은 '독일 공산당의 요구'라는 제목의 전단을 제작했다. 베를린, 트리어, 뒤셀도르프의 민주적 신문들이 이 전단을 신속히 게재했다. 현대의 한 비평가는 이 17개항의 강령이 '부르주아지를 위협하기 위한' 것이라고 주장했다. 그러나 전혀 그렇지 않다. 마르크스는 독일에 이렇다 할 프롤레타리아가 없기 때문에 그의 운동의 첫 단계가 부르주아 혁명이 되어야 한다는 점을 인식하고 있었다. 따라서 그의 기준에 따르면 이 '요구'는 놀라울 정도로 온건한 것이었다. 여기에는 《공산당 선언》의 10개항 가운데 4개항만이 포함되어 있었다. 즉 누진 소득세, 의무 교육, 모든 운송 수단의 국가 소유, 국립 은행의 창설 등이었다. 마르크스는 자신의 의도를 강조하기 위해 국립 은행은 주화를 지폐로 대체함으로써 교환의 보편적 수단에 들어가는 비용을 낮추고, 금과 은은 외국 무역에 집중적으로 사용해야 한다고 덧붙였다.

"이러한 조치는 보수적 부르주아지의 이해관계를 혁명의 대의와 연결시키기 위해 필요하다."

주목할 만한 양보는 또 있었다. 《공산당 선언》은 '모든 상속권의 폐지'를 주장했다(그렇다고 해서 마르크스가 아버지의 유산 6천 프랑을 안 받은 것은 아니지만). 그러나 '요구'는 상속을 단지 '줄이자'고만 제안했다. 《공산당 선언》에서는 모든 토지의 국유화를 제안했지만, '요구'에서는 이것을 '제후와 기타 봉건 영주의 토지'에만 제한했다. 마르크스는 심지어 농민과 소규모 임차농들—개인적으로는 경멸했다.—에게도 구애를 하기 위해, 국가에서 그들에게 융자금을 주고, 무료 법적 자문을 해주고, 봉건적 부담금과 의무를 모두 폐지하자고 제안했다. 그 요구 가운데 많은 것—성인 보통 선거, 의원에게 세비 지급, 독일을 '단일한 불가분의 공화국'으로 바꾸는 것 등—을 그 이후 자본가적 정부로서의 자격에 의심의 여지가 없는 정부들도 다 받아들였다는 것만 보아도 이 '공산당의 요구'가 얼마나 온건한 것이었는지 알 수 있다.

농민과 소부르주아지에게 구애하는 것도 중요했지만, 이제 마르크스의 가장 시급한 과제는 독일 대중의 의식을 높이는 것이었다. 파리의 공산주의자 동맹 지지자들은 3월 말과 4월 초에 독일—주로 자신의 고향 도시로—로 가서 교육과 조직을 시작했다. 카를 샤퍼는 나사우로 갔고, 빌헬름 볼프는 브레슬라우로 갔다.

"동맹은 해체되었다. 이제 동맹은 모든 곳에 있고, 아무데도 없다."

베를린에 자리를 잡았던 혁명적 식자공 슈테판 보른은 그렇게 썼다(지몬 부터밀히[버터우유라는 뜻]라는 맛있는 본명을 가진 보른은 나중에 공산주의를 버리고, 스위스에서 교장이 되었다).

마르크스가 애용하는 무기는 저널리즘인 경우가 많았다.

"쾰른에서 새 일간신문이 발행될 것이다. 그 신문 이름은 〈노이에 라이니셰 차이퉁(신[新]라인 신문)〉이 될 것이며, 카를 마르크스가 편집할 것이다."

마르크스는 그렇게 발표했다. 마르크스가 쾰른을 택한 데는 그럴 만한 이유가 있었다. 라인란트의 수도인 쾰른은 그가 〈라이니셰 차이퉁〉을 편집하던 시절부터 잘 아는 도시였다. 옛날 주주들 가운데 일부와 여전히 좋은 관계를 유지하고 있었기 때문에, 그들 가운데 몇 사람이 이번 사업에도 참여해줄 것이라는 기대도 있었다. 그러나 어쩌면 더 중요했던 것은 나폴레옹 법령—프랑스 점령기의 유산이었다.—이 여전히 위력을 발휘하여, 어느 정도 언론의 자유가 있었다는 점이었을지도 모른다.

마르크스 가족은 엥겔스, 에른스트 드롱케—26살의 독일 급진주의자였으며, 이미 이력서에 소설 집필, 징역, 과감한 탈옥 등을 적을 수 있는 사람이었다.—와 더불어 1848년 4월 첫쨋주에 파리를 떠났다. 그들은 마인츠에 잠시 머문 뒤, 각자 갈 길로 흩어졌다. 엥겔스는 아버지와 친구들에게 새로운 신문에 투자하라고 설득해볼 생각으로 부퍼탈로 갔다. 드롱케는 코블렌츠에 있는 숙부에게 갔다. 예니와 아이들은 트리어로 갔다. 예니는 카를이 확실한 거처를 마련할 때까지 몇 주 동안 어머니와 함께 지낼 생각이었다.

마르크스는 쾰른에 도착하자마자 경찰 당국에 프로이센 시민권—1845년에 소멸되었다.—을 회복시켜 달라고 요청했다. 그는 '경제학에 대한 책'을 쓰기 위해 가족과 함께 그곳에 머물고 싶다고 이야기했다. 신중하게도 대중적인 일간지를 발행할 것이라는 계획은 이야기하지 않았다. 그래도 당국은 그의 요구를 거부했다. 마르크스가 너무 귀찮게 굴면 추방해버릴 가능성을 남겨둔 것이다.

엥겔스 역시 모든 일이 잘 풀리지 않았다. 그는 4월 25일 바르멘에서 편지를 보냈다.

"염병할, 이곳에서는 주식을 맡아줄 전망이 거의 없네. 근본적으로 보자면 이곳의 급진적 부르주아지는 우리를 자기들의 미래의 중요한 적으로 보기 때문에, 우리 손에 곧 그들을 겨누게 될 무기를 쥐어줄 생각이 없는 걸세."

바로 그것이 마르크스의 의도이기도 했으니, 바르멘의 부르주아지가 보기는 제대로 본 것이라고 할 수 있다. 엥겔스의 편지는 계속된다.

"아버지한테서도 아무것도 얻어내지 못했네. 우리한테 1천 탈러를 내놓느니, 차라리 포도탄(옛날 대포에 쓰인, 한 발이 9개의 작은 탄알로 이루어진 탄환 : 역주) 1천 발을 퍼붓겠다는 태도일세."

결국 마르크스는 1848년 6월 1일에 신문을 내기 위해 자신의 유산 가운데 남아 있던 것을 털 수밖에 없었다. 원래 창간일은 7월 1일로 잡으려 했으나, '반동분자들의 새로운 오만' 때문에 시간을 낭비할 여유가 없다고 판단했던 것이다(마르크스는 창간호에서 이렇게 썼다. "따라서 우리 독자들은 우리에게 광범위한 연결망을 통해 풍부하고 다양한 소식과 보도를 게재할 능력이 있는데도, 처음 며칠 동안은 그렇게 하지 못하는 것을 혜량하셔야 한다. 며칠 뒤면 독자의 모든 요구를 충족시킬 수 있을 것이다").

편집위원회는 '공산주의자 동맹'의 전(前) 회원들이 장악했다. 여기에는 혁명 시인 게오르크 베르트, 에른스트 드롱케, 신문기자인 페르디난트 볼프와 빌헬름 볼프 등이 포함되어 있었다(혈연 관계가 아닌 두 볼프를 구별하기 위해 각각 '붉은 이리'와 '이리자리'라는 별명으로 불렀다). 그러나 엥겔스도 인정했듯이 이 신문은 본질적으로 '마르크스의 절대적 독재'에 따라 운영되었다. 몇 달 뒤 사무실을 찾아갔던 슈테판 보른의 말에 따르면, 이 압제자의 가장 충성스러운 신하들도 가끔은 그의 혼란스러운 독재를 감당하기 힘들어했다고 한다.

"마르크스에 대한 가장 신랄한 불평은 엥겔스의 입에서 나왔다. 엥겔스는 말했다. '그는 저널리스트가 아니야. 저널리스트가 될 수도 없어. 다른 사람 같으면 두어 시간이면 써낼 사설을 무슨 심오한 철학 문제라도 다루는 것처럼 하루 종일 붙들고 앉아 있으니 말이야. 바꾸고 다듬고. 그러고 나서 바꾼 것을 또 바꿔. 그 끈질기고 철저한 태도 때문에 글이 제시간에 나오지를 못해.' 이따금씩 그를 괴롭히는 문제를 입 밖에 내어 말할 수 있다는 것이 엥겔스에게는 큰 위안이 되었을 것이다."

마르크스는 물론 마감 시간에 쫓기는 사람이었겠지만, 보른의 말은 과장일 것이다. 〈노이에 라이니셰 차이퉁〉은 일간신문이었으며, 기사와 특집이 넘칠 때는 두툼한 부록도 자주 냈다. 특별한 사건이 있을 때는 석간도 냈다. 편집자가 보른이 주장하듯이 꾸물대는 사람이었다면, 신문은 인쇄기에 걸리지도 못했을 것이다.

〈노이에 라이니셰 차이퉁〉이 독일의 다른 '민주적' 신문과 다른 점이 있다면, 그것은 이 신문이 장황한 이론에 대한 정보를 자주 싣는다는 것이었다. 마르크스는 사실들을 그의 목적에 맞도록 조심스럽게 보살피면, 공화제의 의미에 대해 심사숙고하는 수많은 학자풍의 자유주의자들이 하는 일보다 훨씬 더 많은 것을 이룰 수 있다고 믿었다. 마르크스는 또 영국의 차티스트들의 활동과 프랑스의 자코뱅들에게도 세심한 관심을 기울였다. 이런 정보들을 통해 독자들이 부르주아지와 프롤레타리아 사이의 필연적 적대―이제는 감히 노골적으로 입 밖에 내어 말하지는 못했지만―에 대해 경각심을 갖기를 바랐기 때문이다(마르크스가 쾰른에 도착하자마자 처음 한 일이 영국의 〈더 타임스〉, 〈텔리그라프〉, 〈이코노미스트〉의 구독 신청을 한 것이다).

마르크스가 1848년과 1849년에 독일에서 보냈던 열두 달은 종종 '미친 해'라고 부른다. 실제로 마르크스는 이 기간의 많은 시간을 부글부글 끓어오른 상태에서 보냈던 것 같다. 전혀 화해할 수 없는 두 가지 충동을 결합시키려는 과정에서 특히 그 자신에 대해 화가 났을 것이다. 《공산당 선언》을 살펴본 사람에게는 이 딜레마가 분명하게 드러난다. 마르크스는 그 글에서 공산주의자들은 부르주아지가 '혁명적인 방식으로 행동하려 할 때마다' 그들을 지원해야 한다고 주장했다. 동시에 노동자들이 "부르주아지와 프롤레타리아 사이의 적대적 대립을 가능한 한 분명하게 인식"하기를 바랐다. 중간 계급―더불어 살 수도 없고, 없이 살 수도 없으니.

마르크스의 주주들 몇 명을 포함한 부르주아 자유주의자들은 3월 폭동 뒤에 수립된 두 가지 민주적 제도에 믿음을 가지고 있었다. 하나는 프랑크푸르트의 독일 의회였고, 또 하나는 베를린의 프로이센 의회였다. 편집자의 의도에 대해 불안해하는 중간 계급 독자들을 안심시키고 싶어하는 편집자라면 이 갓 태어난 의회들에 대해 적어도 한두 달 동안은 의심스러운 점도 좋게 해석해주는 것이 좋았을지 모른다. 그러나 마르크스는 초조함에 굴복했다. 바로 첫 호에 프랑크푸르트 의회에 대한 신랄하고 무자비한 이야기가 실려 있었다. 엥겔스가 쓴 글이었다.

"독일이 국민 전체가 선출한 제헌 의회를 가진 지 두 주가 되었다. 의회의 첫 번째 행동은 독일 국민의 주권을 공개적으로 소리 높여 선포하는 것이어야 했다. 두 번째 행동은 국민의 주권에 기초하여 독일 헌법의 초안을 잡는 일이어야 했다."

그러나 '선출된 속물들'—그들 대부분은 변호사와 교장들이었다.—은 '새로운 수정안과 새로운 탈선으로…… 장황한 연설과 끝없는 혼란으로' 시간을 낭비해버렸다. 막 무슨 결정을 내릴 것 같다가도, 문제를 미루어버리고 휴회를 선포한 다음 저녁을 먹으러 갔다. 이 글이 실리자 이 신문에 돈을 투자했던 사업가 몇 명이 즉시 그들의 지원을 철회했다.

"그 바람에 우리 주주 반이 날아갔다."

엥겔스는 고백했다. 마르크스는 그렇게 온건파들을 적대시한 뒤에 쾰른에서 가장 인기 있는 사회주의자 안드레아스 고트샬크에게 싸움을 걸었다. 고트샬크는 새로 구성된 '쾰른 노동자 협회' 회장이었을 뿐 아니라 '공산주의자 동맹' 지역 분회의 지도적 인물이기도 했다.

두 사람 사이에 격한 적의가 생겨난 것은 설명하기도 힘들고 정당화하기도 힘들다. 어쩌면 질투심이 관련되었던 것인지도 모르겠다. 다른 곳에서도 이미 드러났듯이, 마르크스는 자신이 지배할 수 없는 조직이나 기관은 싫어했다. 그런데 가난한 사람들 사이에서 의료 활동을 하여 큰 사랑을 받아온 의사인 고트샬크는 이 성미 급한 편집자보다 많은 제자를 거느리고 있었다. 〈노이에 라이니셰 차이퉁〉은 5천 부를 판매하고 있었다. 당시 기준으로 보자면 엄청난 부수였다. 그러나 고트샬크의 쾰른 노동자 협회는 결성되자마자 몇 주 안에 8천 명의 회원을 거느리게 되었다.

마르크스는 고트샬크가 좌익 종파주의자로서 배타적인 노동 계급 압력 집단을 형성함으로써, 그리고 더욱 심각하게도, 베를린과 프랑크푸르트의 의회 의원 선거를 보이코트할 것을 요구함으로써 부르주아지와 프롤레타리아의 '연합 전선'을 위기에 빠뜨렸다고 비난했다. 마르크스 자신이 국회를 협잡이나 하고 시간을 낭비하는 자들의 온상이라고 조롱한 사실을 고려한다면, 이 비난에서 사기의 냄새가 난다고 생각하는 사람들이 있을지도 모르겠다. 더욱 심술궂게도, 마르크스는 고트샬크가 철저한 공화제 대신 제한된 입헌군주제를 받아들이려 한다고 불평했다. 그러나 마르크스 자신도 6월 7일자 사설에서, "처음부터 통일된 불가분의 독일 공화국을 선포해야 한다는 유토피아적인 요구는 하지 않는다."고 말했다.

따라서 가엾은 고트샬크는 소심하다는 비난과 과욕이라는 비난을 동시에 받은 셈이었다. 마르크스가 시끄럽게 쾰른에 당도하고 나서 몇 주 후에 고트샬크가 '공산주의자 동맹'에서 사퇴한 것도 놀랄 일은 아니다. 7월 초에 고트샬크와 그의 친구 프리드리히 안네케가 폭력 선동 혐의로 체포되고 고발되었을 때도 〈노이에 라이니셰 차이퉁〉은 묘하게 냉정한 태도를 보였다. 마르크스는 7월 4일자 짤막한 사설에서 논평했다. "그들의 체포와 체포 방식에 대한 분명한 정보가 없기 때문에 우리는 판단을 유보하고 있다. 노동자들은 이 일로 자극을 받고 소요를 일으키지 않을 만큼 분별력이 있다."

다음날 신문에는 좀더 자세한 기사가 나왔는데, 이 기사는 안네케를 체포한 관리들의 행동에 대해서만 집중적으로 이야기했다. 이 기사는 검찰관 헤커 씨가 안네케의 집에 경찰보다 30분 늦게 나타남으로써, 경찰이 용의자를 구타하고 임신한 부인을 공포에 질리게 할 시간을 주었다고 비난했다. 마르크스는 비꼬았다.

"헤커 씨는 야만적 행위를 하라는 명령을 내리지는 않았다고 대답했다.―마치 야만적인 행위를 하라는 명령을 내릴 수도 있었다는 것처럼!"

그러나 불운한 고트샬크 씨에 대해서는 거의 언급이 없다.

고트샬크는 다음 다섯 달 동안 재판을 기다리며 감옥에 갇혀 있었다. 냉소적인 사람 같으면 마르크스가 그 사실에 그렇게 언짢아하지는 않았을 것이라고 생각할 것이다. 경쟁자가 사라진 셈이기 때문이다. 그는 이제 자신의 정치적 권위를 강제하고 다투는 분파들을 통일할 기회를 얻었다. 그러나 마르크스는 결코 타고난 조정자가 아니었다. 본 출신의 학생인 카를 슈르츠는 1848년 8월에 열린 쾰른 민주주의자들의 집회에서 마르크스의 행동을 지켜보았다.

그는 당시에 서른보다 크게 많은 나이는 아니었을 것이다. 그러나 그는 이미 선구적인 사회주의 학파의 수장으로 인정받고 있었다. …… 나는 태도가 그렇게 도발적이고 견디기 힘든 사람은 본 적이 없었다. 그는 자신의 의견과 다른 의견이 나왔을 때, 겸양으로라도 한번 생각해주는 척하는 법이 없었다. 그는 그와 생각이 다른 모든 사람을 야비하게 경멸했다. 그는 마음에 들지 않는 주장이 나올 때마다 그런 주장을 하게 된 한없는 무지를 신랄하게 경멸하거나, 아니면 그런 주장을 개진한 사람의 동기에 대해 무레하게 비방을 해댔다. 나는 그가 남의 말을 자르고 경멸적으로 '부르주아' 하고 내뱉던 모습을 똑똑하게 기억한다. 그는 자신의 의견에 감히 맞서는 모든 사람을 '부르주아'라는 말―그 말은 정신적이고 도덕적인 타락의 가증스러운 예라는 뜻이었다.―로 비난했다. …… 그는 신봉자를 얻지 못했을 뿐 아니라, 그런 태도만 아니었으면 추종자가 되었을 사람들도 많이 쫓아버렸음이 분명하다.

이 글은 50년 이상 세월이 흐른 뒤에, 슈르츠가 미국으로 이주하여 존경받는 정치가로서 상원의원과 내무장관으로 봉직하고 난 뒤에 썼다는 점을 지적해야겠다. 그럼에도 그의 말은 꼭 사실처럼 들린다. 마르크스는 가장 가까운 동지들과도 예의바른 관계를 유지할 수 없었다. 따라서 그가 그렇지 않아도 까다로운, 자유주의자와 좌익의 연합, 농민과 프롤레타리아의 연합이라는 일을 조화롭게 진행시킬 수 있었다고 상상하는 것은 말도 안 된다. 마르크스는 연설과 사설에서 독일은 자신과 같은 뛰어난 공산주의자들의 독재보다는 '매우 이질적인 분자들로 이루어진' 민주적 정부를 가져야 한다고 주장했다. 그러나 이런 견해를 전달하는 맹렬한 방식―감히 그의 의견에 반대하려는 사람에게는 모욕과 조롱을 퍼붓는 태도―을 보면, 이 사람이 양갓냉이 장식을 한 은쟁반에 다원주의를 갖다 바쳐도 절대 그것을 받아들일 사람이 아님을 알 수 있었다.

프로이센 당국은 마르크스의 자비로운 개혁가 같은 모습에 전혀 속아 넘어가지 않았다. 쾰른 경찰서의 휘너문트 경감은 일찍이 4월에 '정치적으로 믿을 수 없는 마르크스 박사'에 대해 그의 상사들에게 주의를 주었다. 〈노이에 라이니셰 차이퉁〉이 안네케 체포를 비판하는 신랄한 기사를 싣자 경찰은 기회를 잡았다. 7월 7일 마르크스는 '검찰관을 모욕 또는 중상'한 혐의로 치안판사 앞에 불려나갔다. 경찰은 그 공격적 기사를 쓴 익명의 필자의 정체를 밝힐 수 있는 서류를 찾기 위해 그의 사무실을 수색했다. 2주 뒤 마르크스는 다시 심문을 받으러 불려갔으며, 8월에는 동료인 드롱케와 엥겔스가 증인으로 불려갔다. 9월 6일 〈노이에 라이니셰 차이퉁〉은 새로운 상황 전개를 우려하는 글을 실었다.

"어제 우리 편집자들 가운데 한 사람인 프리드리히 엥겔스가 다시 마르크스와 그의 동료들에 대한 조사를 이유로 판사에게 소환당했다. 그러나 이번에는 증인이 아니라 공동 피고로 소환되었다."

그러나 당국이 '마르크스와 그의 동료들'을 괴롭혀도 그들은 겁을 먹거나 침묵하지 않았다. 오히려 좀더 무모해졌다. 엥겔스는 8월 중순 쾰른 민주주의자들의 집회에서 말했다.

"라인란트의 특징은 프로이센 관료주의와 뿌리 깊은 프로이센주의에 대한 증오다. 이러한 태도가 계속되기를 희망한다."

엥겔스도 알고 있었겠지만, 프로이센 관료 집단은 누가 꼬리를 잡아당기는 것을 좋아하지 않았다. 특히 군대는 완전히 통제를 벗어난 것 같았다. 그들은 불과 두 달 전에 구성된 이른바 '행동의 정부'를 웃으면서 사보타주했다. 8월에 베를린의 프로이센 의회는 새로운 헌법 체제를 받아들이려 하지 않는 장교는 모두 파면할 것을 요구했다. 전쟁 장관은 들은 체도 하지 않았다. 9월 8일 정부는 의회의 좌파와 중도파가 제안한 불신임 표결 결과 무너졌다.

마르크스는 이때 베를린에 있었다. 자금을 모으기 위해 빈에 갔다가 돌아오는 길이었다. 마르크스는 그가 없는 동안 신문을 운영하고 있던 엥겔스에게 편지를 했다.

"정부가 패배했다는 소식이 밖에 모여 있던 군중에게 알려지자 기쁨의 함성이 터져나왔네. 이 행렬에 수천 명이 합세하여 만세를 부르며 오페라하우스 광장을 가로질렀지. 이곳에서 이런 기쁜 표정을 보는 것은 처음일세."

그러나 이것은 큰 희생을 치른 승리였다. 마르크스는 군중의 행복감에 감염되어 경솔하게도 이제 중도 좌파의 정부가 생길 것이라고 생각했다. 그러나 잠시 생각해보니 프로이센 왕이 그런 모욕을 참을 것 같지 않았다. 아니나 다를까, 마르크스가 쾰른으로 돌아왔을 때 이미 반혁명이 시작되고 있었다. 베를린에서는 왕이 국민의 대표들의 희망에 맞서 반동적인 관료와 장교들로 새 내각을 구성하기 시작했다. 마르크스는 9월 14일에 이렇게 썼다.

"왕과 의회가 맞서고 있다. 폭력으로 사태가 해결될 가능성도 있다. 용기와 일관성이 우세한 쪽이 승리를 거둘 것이다."

물론 이것은 영웅적인 망상이었다. 국가적 위기가 절정에 이르렀을 때 용기는 거의 문제가 되지 않는다. 9월 25일 동이 튼 직후 쾰른 경찰은 새로 구성된 '공안 위원회'의 지도자 몇 명을 체포했다. 그 가운데는 카를 샤퍼와 헤르만 베커도 포함되어 있었다. 그들은 엥겔스도 체포하려 했으나, 엥겔스는 자리에 없었다. 점심 때 마르크스는 옛 장터에서 열린 대중 집회에서 노동자들에게 바리케이드를 친다든가 하는 방식으로 '경찰의 도발'에 대응하지 말라고 경고했다. 아직 시가전의 때가 무르익지 않았다고 판단했기 때문이다.

그러나 때라는 것은 마르멜로 열매나 아보카도처럼 익기도 전에 썩어버리기도 한다. 9월 25일에 쾰른에 계엄령이 선포되었다. 군 사령관은 즉시 〈노이에 라이니셰 차이퉁〉을 정간시켰다. 마르크스는 정기 구독자들에게 "펜이 칼에 굴복해야 한다."면서, 오래지 않아 신문을 '확대된 판형으로' 재발행하겠다고 약속하는 내용의 전단을 발송했다.

기자 몇 명이 이미 수감 상태이고 주주들이 가사 상태의 신문에 대한 지원을 거부하는 상황을 감안하면, 그 말은 약간 낙관적으로 들린다. 특히 마르크스의 가장 귀중한 동료인 엥겔스도 경찰이 그를 쫓는다는 소식을 듣자마자 달아나버린 상황이었기 때문이다. 엥겔스는 바르멘에 잠깐 들러 겁에 질린 부모에게 소식을 전하고, 벨기에로 피신했다. 평소와 마찬가지로 애국적이고 준법 정신이 투철한 경쟁지 〈쾰르니셰 차이퉁〉은 엥겔스의 체포 영장을 신문에 게재했다.

이름 : 프리드리히 엥겔스. 직업 : 상인. 출생지와 거주지 : 바르멘. 종교 : 복음주의. 나이 : 27살. 키 : 170센티미터. 머리와 눈썹 : 짙은 금발. 이마 : 보통. 눈 : 회색. 코와 입 : 균형이 잘 잡혔음. 치아 : 양호. 턱수염 : 갈색. 턱과 얼굴 : 타원형. 안색 : 건강. 몸집 : 여윈 편.

혁명적인 라이프 스타일에 대한 멋진 광고 문구 같다. 이 건강한 안색과 균형이 잘 잡힌 코의 주인은 10월 5일 에른스트 드롱케와 함께 브뤼셀에 도착했다. 그러나 두 도망자가 저녁을 먹으려고 호텔 식당에 자리를 잡기가 무섭게 경찰의 범인 추적대가 들이닥쳐 그들을 프티 카르메 감옥으로 데려갔다. 그들은 이번에도 전에 예니 마르크스에게 효과적으로 써먹었던 '부랑자'에 대한 법을 한껏 활용했다. 두 시간 뒤 엥겔스와 드롱케는 밀봉 마차에 실려 역까지 이송된 다음, 거기에서 다음 기차에 실려 파리로 쫓겨났다.

10월 12일 계엄령 해제와 더불어 〈노이에 라이니셰 차이퉁〉이 복간되자마자 마르크스는 그의 친구들에 대한 '야만적 대우'에 격분하여 사설을 게재했다.

"이 사실로 보아 벨기에 정부는 점차 자신의 위치를 자각하게 된 것이 틀림없다."

마르크스는 그렇게 논평한 뒤에 덧붙였다.

벨기에인들은 점차 그들의 이웃에 대한 경찰관이 되어가고 있으며, 조용하고 복종적인 행동으로 칭찬을 받을 때면 무척 기뻐한다. 그럼에도 이 훌륭한 벨기에 경찰관에게는 어딘지 우스꽝스러운 데가 있다. 진지한 〈더 타임스〉조차도 주변의 비위를 맞추고자 하는 벨기에인의 욕구를 이야기 할 때는 농담을 한다. 최근 〈더 타임스〉는 벨기에인들에게 모든 [노동자들의] 클럽을 없앤 뒤에 나라 전체를 '위험한 일을 더는 하지 말라!'라는 구호를 내건 하나의 큰 클럽으로 바꾸라고 충고했다. 크레틴병에 걸린 벨기에 공식 언론이 이 글을 큰 칭찬으로 여겨 기쁜 마음으로 자신들의 신문에 다시 게재했음은 말할 필요도 없다.

빈에서 혁명적 폭동이 일어나고 베를린에서 시가전이 벌어지면서 독일의 갓 태어난 민주주의를 구하려는 투쟁은 절정에 이르렀다. 마르크스가 10월 22일 '쾰른 노동자 협회' 회장으로 선출되자마자, 협회 신문의 편집자는 헤커를 모욕한 죄로 한 달 징역형을 선고받았다. 원한에 찬 검찰관은 자신을 괴롭힌 자들에게 작은 승리를 거둔 것에 고무되어, 마르크스의 연설이 '대역(大逆)'에 해당한다고 주장하면서 그에게 새로 몇 가지 소송을 걸었다. 그는 또 〈노이에 라이니셰 차이퉁〉이 '헤커'라는 필자명으로 내보낸 기사를 두고 명예훼손 소송을 거는 터무니없는 일을 벌였다. 그러나 이 기사는 미국으로 새로운 삶을 찾아 떠나는 공화주의자 프리드리히 헤커가 독일 국민에게 보내는 송별사일 뿐이었다. 그런데 이 쾰른의 좀스러운 토르케마다(15세기 스페인의 종교 재판소 초대 장관으로 10,220명을 화형했다 : 역주)는 독자들이 그 글을 보고 자신의

5. 무시무시한 요괴

견해가 반영된 것으로 오해할 것이라고 주장했다. 마르크스는 믿을 수 없다는 표정으로 되물었다. 원고는 정말로 "본 신문이 독일 국민에게 검찰관 헤커가 뉴욕으로 이민을 간다, 검찰관 헤커가 독일 공화국을 찬양한다, 검찰관 헤커가 공식적으로 경건한 혁명적 대의를 지지한다는 믿음을 심어주기 위해 스스로 글을 쓰고 거기에 '헤커'라는 이름을 다는 기발한 방법으로 심술을 부렸다고" 생각하는 것인가? 물론 그렇게 생각하지는 않았을 것이다. 그러나 프로이센 국가의 적을 괴롭힐 좋은 기회로 여기기는 했을 것이다.

엥겔스는 이런 다양한 드라마들—반은 비극이었고 반은 소극이었다.—의 대단원을 맞이하기 위해 조국으로 서둘러 돌아가기는커녕, 그것들을 완전히 잊고 살았다. 엥겔스는 파리에서 며칠 쉰 뒤 혼자 프랑스 시골을 정처없이 떠돌아다녔다. 대충 스위스 쪽으로 방향을 잡고 있었다. 그러나 가는 길에 기분 내키는 대로 우회해갔다. 그가 인정했듯이, "프랑스와 작별하는 것은 쉬운 일이 아니다." 쾰른의 동지들은 생명과 자유를 위해 싸우고 있을지 몰랐지만, 그는 서둘러 그들과 합류할 생각이 없었다. 기세가 꺾이기라도 한 것일까?

엥겔스가 이 한 달 간에 걸친 방랑을 기록한 미출간 일기에는 독일을 둘러싼 위기에 대한 이야기는 거의 나오지 않는다. 프랑스를 처음 여행하는 사람처럼 눈이 휘둥그래져서 놀라고 있을 뿐이다. 엥겔스는 감격에 겨운 듯 이야기한다.

"자연의 선물과 산물의 풍요로움, 그 다양성, 그 보편성이라는 면에서 프랑스와 비길 수 있는 나라가 유럽에 달리 어디 있을까? 그리고 그 포도주! 보르도에서 부르고뉴에 이르기까지, 부르고뉴에서 남쪽의 묵직한 생조르주, 뤼넬, 프롱티냥에 이르기까지, 거기에서 반짝거리는 샴페인에 이르기까지, 얼마나 다양한가!"

그는 정도의 차이는 있지만 내내 취해 있었던 것 같다. 특히 오세르에서는 많이 취했던 것 같다. 엥겔스가 도착했을 때 마침 그곳에서는 새로운 부르고뉴 포도 수확을 기념하고 있었다.

"1848년에는 큰 풍년이어서 포도주를 담을 통을 구할 수가 없을 정도였다. 그리고 그 품질은 또 어떠한가. 46년산보다 나으며, 어쩌면 34년산보다도 나을지 모르겠다!"

엥겔스는 술에만 취했던 것이 아니다.

"발 디디는 곳마다 아주 흥겨운 벗, 아주 달콤한 포도, 아주 예쁜 처녀들을 만났다."

전문적이고 철저한 조사 끝에 엥겔스는 '깨끗하게 몸을 씻고, 머리를 잘 빗고, 몸도 날씬한' 부르고뉴 여자들이 센강과 루아르강 사이의 지역에 사는 '촌스럽고 어수선한' 여자들보다 낫다고 결론을 내렸다.

"따라서 산을 오르기보다는 포도주 상인이나 동네 처녀들과 풀밭에 누워 포도를 먹고 포도주를 마시고, 이야기를 하고, 웃음을 터뜨리는 데 더 많은 시간을 보냈다는 것은 금방 짐작할 수 있을 것이네."

왜 이 여행이 그렇게 오래 걸렸는지 알 만하다. 그리고 마침내 스위스에 도착했을 때는 왜 무일푼이 되었는지도. 엥겔스는 아버지와 마르크스에게 돈을 보내 달라고 호소했으나, 두 사람 다 대답이 없었다. 그래서 엥겔스는 혹시 무단 이탈을 이유로 편집자로부터 절교나 당한 것이 아닌가 초조해하며 다시 쾰른으로 편지를 보냈다. 마르크스는 답장을 보냈다.

"엥겔스에게. 아직도 내가 보낸 돈을 받지 못했다니 정말 놀랍네. 내가 (급송 부서에서 보낸 것이 아니라) 오래 전에 61탈러를 보냈는데 말일세. …… 내가 잠시라도 자네를 곤경에 빠지도록 놔둘 사람이라고 생각했다면, 그것은 나를 완전히 잘못 안 걸세. 자네는 언제나 내 속을 털어놓는 친구로 남을 걸세. 내가 그러기를 바라듯이. K. 마르크스."
마르크스는 명랑하게 전투적인 추신을 덧붙였다.
"자네 아버지는 돼지로구먼. 우리 함께 엄청나게 무례한 편지를 보내세."
그러나 이것이 효과적인 기금 마련 방법이 아닐지도 모른다는 생각이 들었다. 마르크스는 한참 생각을 한 뒤인 11월 29일에 편지를 썼다.
"자네 아버지한테서 돈을 뽑아낼 수 있는 틀림없는 계획을 세웠네. 지금 우리한테는 돈이 한푼도 없거든. 나한테 애걸하는 편지를 쓰게(가능하면 서툴게 쓰게). 거기에 자네가 겪은 일들도 다시 이야기를 하게. 하지만 내가 자네 어머니한테 그대로 보여드려도 지장 없게끔 써야 하네. 그러면 자네 아버지도 자네 걱정을 하게 될 걸세."
빌리 번터(텔레비전 코미디의 주인공 : 역주)도 아버지에게서 우편환을 얻어내기 위해 어머니의 동정심에 호소하는, 이와 비슷한 방법을 이용했다. 그러나 빌리 번터도 마르크스, 엥겔스와 마찬가지로 성공을 거두지 못했다.
크리스마스가 되자 엥겔스는 '죄스럽게 사는 것'과 '외국에서 빈둥거리는 것'이 지겨워졌다. 엥겔스는 베른에서 보낸 편지에서 자신의 태만에 대해 터무니없는 새로운 핑계를 댔다.
"내가 구금 상태에서 심문을 당하지 않을 것이라고 믿을 만한 근거가 있다면 당장 가겠네. 그런 다음에는 나를 1만 명의 배심원들 앞에 갖다 놓아도 상관없네. 하지만 체포당해서 심문을 받으면 담배를 피우는 것이 허용되지 않거든. 나는 그것은 견딜 수가 없네."
엥겔스는 대의를 위해 시가를 희생할 필요가 없다는 다짐을 받고 나서 1월에 독일로 돌아갔다. 이때는 이미 혁명이 거의 끝난 뒤였다. 프리드리히 빌헬름 2세의 사생아인 반동적 브란덴부르크 백작의 지휘 하에 새로운 정부가 구성되었으며, 왕은 프로이센 의회를 해산했다.

"부르주아지는 손가락 하나 까딱하지 않았다. 그들은 민중이 그들을 위하여 싸우는 것을 허락했을 뿐이다."

마르크스는 〈노이에 라이니셰 차이퉁〉에서 투덜거렸다. 이로써 노동자와 중간 계급(부르주아지) 사이의 위대한 연대라는 그의 비전이 몽상에 지나지 않았음을 인정한 셈이었다. 프로이센에서의 실패는 독일에서 부르주아 혁명이 불가능하다는 것을 증명했다. 이제는 공화주의자들의 봉기가 아니면 안 되는 상황이었다. 그러나 독일 노동 계급은 외국으로부터, 특히 프랑스로부터 격려가 없으면 행동에 나서지 못했다. 마르크스는 한 해의 교훈에 대해 곰곰이 생각해본 뒤 1849년 1월 1일 개정된 혁명 계획을 발표했다.

따라서 프랑스의 부르주아지 전복, 프랑스 노동 계급의 승리, 노동 계급 전체의 해방이 유럽 해방의 슬로건이다.

그러나 모든 나라들을 자신의 프롤레타리아로 만들고 있는 영국, 전세계를 자신의 거대한 품 안에 안고 있는 영국…… 영국은 혁명의 물결이 부딪혀 부서지는 바위로 보인다. 영국은 새로운 사회가 자궁 안에서 질식사하고 있는 나라다.

프랑스의 모든 사회적 격변은 영국 중간 계급의 산업적이고 상업적인 힘에 방해를 받을 수밖에 없으며, "오직 세계전쟁만이 낡은 영국을 무너뜨릴 수 있고, 오직 이것만이 조직된 영국 노동자들의 정당인 차티스트가 거대한 억압자들에 대항하여 성공적으로 봉기할 수 있는 조건을 제공한다." 마르크스가 새해를 맞이하면서 한해의 결과를 평가해본 작업—1백여 년 뒤에는 도미노 이론으로 알려지게 된다.—은 불가피하게 묵시록적 결론을 낳게 된다.

"1849년의 차례에는 이렇게 적혀 있다. 프랑스 노동 계급의 혁명적 봉기, 세계전쟁."

그 뒤에는? 1848년에 노동 계급은 바리케이드 너머로 머리를 내민 곳마다 무참하게 패배했다. 프랑스에서, 프로이센에서, 오스트리아에서, 그리고 특히 영국에서. 영국에서는 사우스런던의 케닝턴에서 벌어진 대중 시위를 마지막으로 차티스트 운동은 끝나게 되었다. 그러나 마르크스는 특유의 역설과 고집으로, 모든 구름에서 환한 언저리를 분별해내듯이, 지옥 같은 밤 한가운데 숨어 있는 새 새벽을 찾아내듯이, 모든 참패에서 잠재적인 승리를 찾아냈다. 반혁명이 성공하면 어떻게 될 것인가? 노동자들은 자극을 받아 다음 번에는 제대로 공격을 할 수 있게 될 것이다. 마르크스는 일보 후퇴 이보 전진이라는 옛 전술을 믿었다.

그러나 1849년은 1848년의 우울한 후기(後記)에 지나지 않았다. 마르크스와 엥겔스는 신년 메시지를 발표하고 나서 한 달 뒤 이제는 익숙해진 검찰관 모욕 혐의로 재판을 받았다. 마르크스는 피고석에서 한 시간 동안 연설을 하여 그가 아버지의 직업을 이어받지 않은 것이 법조계로서는 얼마나 큰 손실인지를 보여주었다. 마르크스는 나폴레옹 형법 222조와 367조를 해체하여 한줌의 먼지로 만들어버렸다. 그는 배심원에게 모욕적 발언과 중상의 중요한 차이에 대해 현학적인 강의를 했다. 그는 검찰관이 모욕만이 아니라 모욕할 의도도 입증해야 한다고 주장했다. 367조는 언론이 설사 불쾌감을 야기한다 해도 '사실'을 공표하는 것을 허용했기 때문이다. 그는 222조(공직자에 대한 모욕을 금지하는 조항)를 해석하면서, 형법은 프로이센 법률과는 달리 불경죄를 포함하지 않는다는 점을 지적했다. 또한 프로이센 왕은 공무원이 아니기 때문에

222조를 적용할 수 없다는 점도 지적했다.

"검찰관에 대한 모욕은 허용되지 않는 반면, 왕에 대한 모욕이 허용되는 것은 어찌된 일입니까?"

마르크스는 차분하고 법적인 태도로 변론을 해나갔다. 평소의 수사적 책략과 장식은 보여주지 않았다. 그러나 결론 부분에 가서 마침내 배심원들의 정치적 양심에 호소했다.

나는 지역의 높은 분들, 즉 경찰과 검찰에 대해 이야기하기보다는 세계의 큰 사건들을 추적해보고, 역사의 과정을 분석해보려 합니다. 이 신사분들이 공상 속에서 자신을 아무리 크게 상상한다 한들, 현재의 거대한 싸움에서 이들은 아무런 존재도 아닙니다. 정말, 아무런 존재도 아닙니다. 나는 우리가 이들을 상대하여 싸우겠다고 결정하는 것은 사실 희생을 하는 것이라고 생각합니다. 그러나 첫째로, 바로 옆에서 억압당하는 자들을 대신하여 앞으로 나서는 것이 언론의 의무이기도 합니다. …… 현재 언론의 제일 가는 의무는 기존의 정치 상황의 모든 기초를 허무는 것입니다.

마르크스는 법정을 가득 메운 사람들의 큰 박수를 받으며 자리에 앉았다. 마르크스와 엥겔스는 석방을 얻어냈다. 그러나 축하할 여유도 없었다. 바로 다음날인 2월 8일 마르크스는 다시 '라인 지구 민주주의자 위원회'의 동료 두 명과 함께 피고석에 앉았다. 이번에는 '폭동 선동' 혐의였다.

기소가 이루어진 것은 1848년 11월의 소요 와중에서였다. 프로이센 국회의 의원들—당시에 정부에서 보낸 군대의 총구에 떠밀려 회의실에서 밀려나오고 있었다.—은 항의의 표시로 세금 납부를 거부하기로 결정했다. 1848년 11월 18일 마르크스의 위원회는 강제적인 세금 징수에

"모든 곳에서 모든 방법으로 저항해야 하며", "적을 물리치기 위해" 민중 의용군을 조직해야 한다고 선언했다. 마르크스도 인정했듯이 이것은 틀림없는 폭동 선동이었으므로, 유일한 문제는 "피고인들이 세금 납부 거부에 대한 국회의 결정을 통해 이런 식으로 국가 권력에 저항을 호소하고 국가의 무력에 저항할 무력을 조직할 권한을 위임받았느냐" 하는 것이었다. 배심은 잠깐 논의한 뒤 마르크스가 완벽하게 타당한 합헌적 행동을 했다고 만장일치로 결론을 내렸다. 영국에서 독일 망명자들이 발행하던 자유주의적 주간지 〈도이체 런더너 차이퉁〉은 이 상황을 이렇게 표현했다.

"정부는 요즘 정치 재판에서 배심에게 별로 운이 없다."

그러나 정부는 또 다른 무기를 준비해두고 있었다. 불행하게도 프리드리히 엥겔스라는 이름을 가진 쾰른 수비대의 대령은 라인란트 주지사에게 이렇게 보고했다.

"마르크스는 배심원에 의해 석방된 뒤 점점 더 오만해지고 있습니다. 따라서 지금이 이자를 추방할 최적기로 보입니다. 그렇지 않아도 간신히 참아내고 있는 이질적 존재가 독이 묻은 혀로 모든 것을 더럽히는 꼴을 더 두고볼 필요가 없기 때문입니다. 우리 땅에서 자란 해충들이 이미 하고 있는 짓만도 우리는 감당하기 힘듭니다."

엥겔스 대령이 답을 기다리는 동안, 그의 휘하인 제8보병 중대의 하사관 2명이 자기들 멋대로 마르크스를 협박하러 갔다. 그들은 3월 2일 오후에 마르크스의 집에 나타나 그 즈음 〈노이에 라이니셰 차이퉁〉에 실린 군의 부패에 대한 기사를 누가 썼느냐고 물었다. 그 기사가 '8중대원 전체'를 몹시 불쾌하게 했기 때문이라는 이유였다. 편집자는 그들이 말하는 기사란 사실 광고였으며, 그는 광고에 대해서는 책임이 없다고 설명했다. 제복을 입은 방문객들은 검을 덜그럭거리며 기사를 쓴 사람의 이름을 대지 않으면 '나쁜 결과가 생길 것'이라고 경고했다. 마르크스는 대답 대신 그의 드레싱가운 호주머니에 튀어나와 있는 피스톨 손잡이를 가리켰다. 두 사람은 얼른 자리를 떴다.

마르크스는 엥겔스 대령에게 편지를 보냈다.

"군 중대가 마치 도적의 무리처럼 시민 개인에게 대표를 보내 위협을 하며 이런저런 자백을 끌어내려 한다면, 규율의 해이가 심각한 지경에 이르고 법과 질서에 대한 감각이 사라져버린 것이 틀림없습니다. ······ 대령께 간청하거니와, 이 사건을 조사해서 본인의 이러한 추정에 대해서 설명을 해주시기 바랍니다. 이 사실을 공표한다는 것은 나로서도 안타까운 일이 될 것입니다."

마르크스의 펜은 하사관들의 검보다 더 효과적인 협박이 되었다. 가엾은 사령관은 마르크스에게 그 부하들을 견책했으며, 그 사건을 보도하지 않은 〈노이에 라이니셰 차이퉁〉의 신중한 태도에 감사한다고 말했다. 승리로 관대해진 마르크스는 신문이 침묵했다는 것은 자신이 "현재 팽배한 불안의 분위기를 얼마나 고려하고 있는지" 보여주는 증거라고 말했다.

그럴듯한 이야기다. 마르크스는 실제로 닥터 고트샬크(이제 감옥에서 나왔다) 같은 좌익들로부터 전투성이 부족하다고 질책을 당하기도 했으니까. 그러나 그의 신문에 실리는 글들은 대단히 도발적이었다. 그의 신문은 왕에 의한 '관료적-봉건적-군사적 독재'나 귀족 출신의 새로운 내무장관인 폰 만토이펠 남작을 잔인하게 조롱하기도 했다. 마르크스는 3월 12일에 예언을 했다.

"정부는 반혁명을 완성하고자 하는 의도로 쿠데타를 공개적으로 준비하고 있다. 따라서 민중이 봉기를 준비하는 것은 정당한 일이다."

그러나 마르크스는 민중이 이 '서툴게 놓은 덫'에 유인당하면 안 된다고 덧붙였다. 그는 곧 훨씬 더 좋은 기회가 올 것이라고 생각했다. 5월 8일, 드레스덴과 팔츠령(라인강 서부의 신성 로마 제국의 선제후령 : 역주)에서 폭동이 일어나고 게릴라전이 벌어지자, 〈노이에 라이니셰 차이퉁〉은 "혁명이 점점 가까워지고 있다."는 기쁜 소식을 전했다.

엥겔스는 오랜 세월 후에 이렇게 썼다.

"우리가 프로이센의 일급 요새 내에서, 8천 명의 병력이 있는 수비대와 유치장을 마주보고도 그렇게 태평하게 활동을 할 수 있었던 것에 대해 놀라는 사람들이 많다. 그러나 편집실에 있는, 총검이 달린 8자루의 라이플과 250개의 탄약통 때문에, 그리고 식자공들의 붉은 자코뱅 모자 때문에, 장교들은 우리 사무소를 단순한 기습으로는 점령할 수 없는 요새로 여겼다."

그러나 그 요새는 총 한 방 안 쏘고 넘겨주게 되었다. 5월 16일 프로이센 당국은 편집실 직원 반을 기소하고, 나머지 반—마르크스를 포함한 비프로이센인들—에게는 국외 이주를 권고했다. 더는 어쩔 도리가 없었다. 도전적으로 새빨간 잉크로 인쇄한 종간호에서 편집자들은 "언제나 어디를 가나 그들의 마지막 말은 **노동 계급의 해방이 될 것**"이라고 말했다. 그런 다음 마르크스와 기자들은 무기와 짐을 들고 건물을 떠났다. 밴드가 연주를 하고, 지붕에서는 적기가 자랑스럽게 나부끼고 있었다.

모든 것을 정리한 뒤에야—개인적 소유물인 신문 인쇄기와 집의 가구도 포함하여—마르크스는 가까스로 엄청난 빚을 청산할 수 있었다. 그는 무일푼이었다. 예니의 집안에 대물림되던 은식기는 전당포로 갔다. 이번에는 프랑크푸르트의 전당포였다. 예니와 아이들은 다시 트리어에 있는 친정으로 갔다. 마르크스와 엥겔스는 국회의 좌익 의원들에게 독일 남서부의 봉기군—바덴과 팔츠령의 '임시정부'를 위해 여전히 열심히 싸우고 있었다.—에 대한 지원을 설득할 생각으로 프랑크푸르트로 향했다. 그러나 프랑크푸르트에서는 아무도 그들의 말에 귀를 기울이지 않았다. 그래서 다음날 두 사람은 바덴으로 가서, 혁명군에게 무조건 프랑크푸르트로 진군하라고 촉구했다. 이번에도 그들의 호소는 무시당했다. 그러나 옛날 동료였던 빨치산 부대 책임자 빌리히는 그들을 환대했다. 평생 군사 전략을 연구한 엥겔스는 제복을 입고 실전에 참가할 수 있는 기회를 놓치고 싶지 않았다. 그는 자원병으로 입대하여 곧 빌리히의 부관이 되었으며, 그와 함께 작전과 전투를 지휘했다. 다음 몇 주 동안 엥겔스는 네 번의 작은 전투에서 싸웠으나 모두 패배했다. 그는 그가 발견한 가장 중요한 사실은 "사람들이 뽐내는, 총알 속에서의 용기는 사실 아주 평범한 자질"이라는 것이라고 예니에게 밝혔다.

"총알이 날아가며 내는 소리는 사실 아주 사소한 것입니다."

엥겔스는 겁쟁이는 거의 보지 못한 반면, '용감한 어리석음'은 많이 보았다.

군인을 하고 싶은 생각도 없고 또 그럴 몸도 갖추지 못했던 마르크스는 독일에서는 더 할 일이 없다는 것을 깨달았다. 그는 6월 초에 위조 여권을 들고 파리로 떠났다. 프랑스 사람들에게는 자신이 팔츠령 혁명 정부의 공식 사절이라고 소개했다. 그러나 마르크스가 파리에 도착했을 때 그곳은 왕당파의 반혁명과 콜레라 전염병이 지배하고 있었다. 그래도 6월 7일에 마르크스는 엥겔스에게 즐거운 편지를 썼다.

"그렇지만 오늘의 파리에는 혁명이라는 화산의 엄청난 분출이 임박했네. …… 혁명 정당 전체와 이야기를 했는데, 이제 며칠 후면 모든 혁명적 신문을 내 마음대로 할 수 있을 걸세."

그러나 그가 마음대로 할 수 있는 혁명적 신문은 며칠 안에 다 사라져버렸다. 프랑스 국회의 산악당이 6월 13일에 대중 시위를 벌이자고 호소했을 때, 정부군은 거리의 시위자들을 간단하게 무력으로 제압하고 주모자들을 체포했다. 이렇게 해서 1848년에 시작된 혁명은 끝이 났다. 프랑스의 수탉은 홰를 치며 울었지만 목이 비틀리고 말았다.

네 번째 아이를 임신 중이던 예니는 7월 초에 남편을 찾아 파리로 왔다.

"안사람이 임신한 몸만 아니면 돈을 마련하는 즉시 파리를 떠날 텐데."

마르크스는 엥겔스에게 그렇게 편지를 썼다. 그러나 이제 그 결정은 마르크스에게 달린 것이 아니었다. 승리를 거둔 반동 세력은 외국의 혁명가들을 열심히 찾아내 평온을 찾은 파리에서 추방하고 있었다. 3월 19일 화창한 아침에 경찰의 경사가 릴가 4번지 마르크스의 집 문간에 나타나 브르타뉴의 모르비앙 주로 추방한다는 공식 명령서를 전달했다. 유일하게 놀라운 일이 있다면 마르크스가 그때까지 파리에서 버틸 수 있었다는 점이었다. 경찰은 몇 주 동안 마르크스를 찾아내지 못했던 것 같다. 아마 그가 '랑보'라는 가명으로 숙소를 세냈기 때문일 것이다.

마르크스는 내무부에 항의를 하여, 추방을 막지는 못했지만 시기는 늦출 수 있었다. 8월 16일 파리 경찰국장은 명령에는 변화가 없다는 사실을 통보하면서, 다만 예니는 1개월 더 머물 수 있다고 알려왔다. 마르크스는 모르비앙을 '브르타뉴의 폰차 섬(이탈리아의 정치적 유배지로 유명한 섬 : 역주)'이라고 부르면서, 그 말라리아가 들끓는 습지에 가면 가뜩이나 건강이 나쁜 그의 가족은 모두 죽고 말 것이라고 했다. 그는 엥겔스에게 말했다.

"이것은 은근히 내 생명을 노리는 수작인데, 내가 여기에 동의하지 않을 것임은 말할 필요도 없네. 나는 프랑스를 떠날 걸세."

독일도 벨기에도 그를 들여놓으려 하지 않았다. 스위스는 그의 여권

신청을 거부했다. 그렇다고 마르크스가 그 '쥐덫' 같은 나라에 꼭 살고 싶다는 것도 아니었다. 그래서 마르크스는 마지막으로 뿌리를 잃은 혁명가의 마지막 피난처의 문을 두드려보았다. 기선 '시티 오브 불로뉴' 호가 1849년 8월 27일 도버 해협으로 들어갔을 때, 선장은 법이 요구하는 대로 내무성에 '현재 배에 승선하고 있는 모든 외국인'들을 신고했다. 그 외국인들에는 그리스의 배우, 프랑스의 신사, 폴란드의 교수, 직업을 '박사'라고 밝힌 찰스(카를의 영국식 발음 : 역주) 마르크스라는 사람 등이 포함되어 있었다.

마르크스는 로잔에서 포도주와 여자로 전투에 지친 몸을 회복시키고 있던 엥겔스에게 편지를 썼다.

"자네도 당장 런던으로 오게. 여기는 절대적으로 믿을 만하네. 자네는 스위스에 있으면 안 돼. 런던에서 일을 시작하세."

6 메갈로사우루스

셋째 딸 엘레아노르(1860)

마르크스는 하나의 명제를 이야기했다. 그것은 짧을수록 좋았다. 그런 다음 긴 설명으로 그 명제를 입증했다. 그는 노동자들이 알아들을 수 없는 말은 피하려고 최대한 주의를 기울였다. 그런 다음 청중에게 질문을 하라고 했다. 질문이 없으면 노동자들을 시험하기 시작했다. 가르치는 기술은 워낙 뛰어났기 때문에, 어떤 결함, 어떤 오해도 그의 눈을 피해가지 못했다. -노동자들의 교사 마르크스에 관한 빌헬름 리프크네히트의 회상에서

집달리가 들어와 내가 가진 얼마 되지도 않는 물건들을 모두 압류했어요. 침대, 이부자리, 옷가지 등 모두요. 심지어 내 가엾은 아기의 요람까지. 딸애들이 가진 장난감 가운데 괜찮은 것들까지 압류를 해서 애들이 울음을 터뜨렸죠. 집달리들은 두 시간 뒤에 모든 것을 가지고 가겠다고 협박했어요. -1850년 5월에 쓴 예니 마르크스의 편지에서

1849 | 1852
런던의 궁핍한 지식인

카를 마르크스의 마지막 피난처는 세계에서 가장 크고 가장 부유한 대도시였다. 런던은 세계 최초의 인구 1백만 도시였으며, 이렇다 할 폭발적 과정을 거치지 않고 꾸준히 부풀어오르던 거대 도시였다. 저널리스트인 헨리 메이휴는 런던의 전모를 파악하고자 하는 희망에 열기구를 타고 공중에 올라갔으나 '그 괴물 같은 도시가 어디에서 시작하고 끝나는지' 알 수가 없었다.

"건물들이 양쪽 지평선까지 뻗어 있을 뿐 아니라, 그 너머 멀리까지 파고 들어가 있었기 때문이다. …… 그곳에서 도시는 하늘과 섞여버리는 것 같았다."

센서스에 따르면 1841년에서 1851년까지 30만 명이 새로 수도에 정착했다고 한다. 여기에는 정치적 추방자들의 성소라는 명성에 이끌려 찾아온 마르크스 같은 망명자도 수백 명 포함되어 있었다.

그러나 이 '호화로운 거대 도시'는 동시에 어둡고 축축한 괴물이기도 했다. 이 괴물의 모습은 마르크스가 도착하고 나서 3년 뒤에 쓰여진 《황폐한 집》(찰스 디킨스의 소설 : 역주) 첫 부분에도 등장하고 있다.

무자비한 11월의 날씨였다. 지표에서 물이 이제야 물러난 것처럼 거리에는 진흙이 질퍽거렸다. 12미터 길이의 메갈로사우루스(斑龍)가 코끼리만한 도마뱀처럼 홀본 힐을 어기적어기적 걸어 올라가는 모습과 마주치는 것은 즐거운 일이 아닐 터였다. 굴뚝에서 나오는 연기가 낮게 깔리며 보드랍고 검은 이슬비를 만들어냈다. 이슬비 사이에는 함박눈 눈송이만 한 크기의 숯검정 조각이 떠다녔다. 태양의 죽음을 애도하는 것이라고 상상해볼 수도 있을 것이다.

메이페어와 피커딜리의 화려한 살롱들 너머에는 슬럼과 착취 공장, 매음굴과 검정 도료 공장이 있는, 무질서하고 지도에도 없는 판자촌이 자리잡고 있었다. 토머스 칼라일은 그의 형제에게 보낸 편지에서 이렇게 썼다.

"그곳은 마치 우주의 핵심과 같아. 인간의 노력이 큰 물결을 이루어 그곳을 들락거리는데, 그 엄청난 힘 때문에 감각이 마비될 듯해. 아, 우리 아버지가 안개에 싸인 홀본을 보셨어야 하는데! 검은 증기가 꼭 잉크처럼 그곳을 뒤덮고 있는 모습을. 역마차와 짐마차와 양과 황소와 거친 사람들이 고함과 비명과 시끄러운 소음과 더불어 쏜살같이 달려가. 마치 땅 전체가 미쳐버린 것 같아."

병도 일상적이었다. 하수가 템스강으로 흘러들고, 그것이 식수원이었기 때문에 당연한 일이었다. 마르크스가 런던에 도착하기 불과 한 달 전 런던에는 콜레라 전염병이 돌았고, 〈더 타임스〉는 투고란에 다음과 같은 구조 호소문을 실었다.

힘이 있는 분들이 우리를 보호해주셔야 합니다. 우리는 런던의 다른 사람들 처지에서 보자면, 부유하고 훌륭한 분들의 눈으로 보자면, 거친 황야에서 살고 있는 셈입니다. 우리는 진창과 더러움 속에 살고 있습니다. 우리가 사는 곳에는 변소도, 쓰레기통도, 배수구도, 수도도, 하수도도 없습니다. 소호 스퀘어 그리크 스트리트의 하수도 회사를 비롯하여 훌륭하고 부유하고 힘이 있는 분들은 모두 우리의 호소에 전혀 관심을 가지지 않습니다. 걸리홀의 악취는 지독합니다. 우리 모두 고통을 겪고 있고, 많은 사람들이 아픕니다. 이러다 콜레라라도 닥치면 어떡합니까?

어떤 지구에서는 유아 세 명 가운데 하나꼴로 돌을 맞이하기 전에 죽었다.

그러나 마르크스의 눈에는 많은 외국 방문객들에게 큰 놀라움을 안겨주었던, 빅토리아 여왕 시대 런던의 경이와 기형이 보이지 않았다. 그는 기자와 사회 분석가로서의 재능에도 불구하고, 묘하게도 바로 자기 주변에 대해서는 아무것도 모르는 경우가 많았다. 더러운 곳으로 뛰어들어 생생하고 직접적인 관찰을 전해주는 디킨스와는 달리 마르크스는 신문이나 왕립 위원회에서 정보를 얻는 것을 더 좋아했다. 마르크스는 또 새로운 동포의 취향과 습관—옷, 놀이, 대중적인 노래—에 대해서는 전혀 관심을 보이지 않았다. 1850년 7월 마르크스가 리젠트 스트리트 상점의 진열장에서 기관차의 실용 모형을 보고 '매우 흥분한 것'은 사실이지만, 그때도 새로운 것이 가져다주는 전율이라기보다는 경제적인 의미 때문에 흥분한 것이다. 마르크스는 옆에서 함께 구경하던 사람들에게 말했다.

"문제가 해결되었소. 그 결과는 분명하게 말할 수가 없소."

그러면서 마르크스는 증기기관이 지난 세기에 세계를 바꾸었듯이, 이제 전기 스파크가 새로운 혁명을 일으킬 것이라고 설명했다.

"경제적 혁명 뒤에는 정치적 혁명이 따르게 마련이오. 정치적 혁명은 경제적 혁명의 표현이기 때문이오."

리젠트 스트리트의 다른 사람들이 이 트로이 철마의 정치적 의미에 대해 생각해보았을 것 같지는 않다. 그러나 마르크스에게는 오로지 그것만이 중요했다. 마르크스는 홀본 힐의 진창에서 디킨스가 말하는 메갈로사우루스를 만났다 해도, 아마 눈길을 두 번 주지 않았을 것이다. 그가 비참한 곤경에서 유일하게 시선을 돌릴 만한 곳은 일뿐이었다. 마르크스는 새 풍토에 적응할 시간도 갖지 않고 '독일 노동자 교육협회'—혁명적 망명자들이 결성한 수많은 정치 단체 가운데 하나였다—의 런던 사무실에 '공산주의자 동맹'의 새 본부를 차렸다. 9월 중순에는 '독일 망명자 원조 위원회' 위원으로도 선출되었다. 마르크스는 영국에 도착한 지 일주일 남짓 지난 1849년 9월 5일 페르디난트 프라일리그라트에게 편지를 썼다.

"나는 지금 정말 어려운 상황에 처했습니다. 아내는 산달이 가까워옵니다. 15일에는 파리를 떠나야 하는데, 아내의 여행비와 이곳에 정착할 비용을 어떻게 마련해야 할지 모르겠습니다. 하지만 내가 이곳에서 월평을 시작할 가능성이 아주 높습니다……."

마르크스 가족보다 더 원조가 긴급한 망명자는 거의 없었다. 예니는 9월 17일에 '고통받는 가엾은 세 어린것들'과 더불어 병들고 지친 몸으로 런던에 도착했다. 예니헨은 프랑스에서 태어났다. 라우라와 에드가는 벨기에에서 태어났다. 이 순회 분만 기록은 그들의 둘째 아들 때도 유지되었다. 둘째 아들은 런던 사람들이 1605년 가이(구이도) 폭스가 의사당을 폭파시키려고 했던 일을 기념하는 날인 11월 5일에 폭죽 소리와 함께 세상에 태어났다. 마르크스는 그 위대한 음모가를 기려 아들에게는 하인리히 구이도라는 이름을 지어주었으며, 곧 '포크시'라는 별명이 따라붙었다(나중에는 독일식으로 '폭스헨'이라고 불렀다).

마르크스는 별명과 가명에 매우 집착했다. 물론 때로는 정치적으로 필요해서이기도 했다. 예컨대 파리에 은신할 때 채택했던 '랑보'라는 우스꽝스러운 별명이 그런 예였다. 속임수가 거의 필요없는 자유주의적인 런던에서도 그는 우편물 정리 부서에 경찰 밀고자가 있을까 봐 가끔 편지에 'A. 윌리엄스'라고 서명을 하기도 했다. 그러나 그가 친구나 가족에게 마구 붙여주었던 별명은 순전히 기분에서 나온 것이었다. 이론뿐인 군인 엥겔스에게는 가공의 계급인 '장군'이라는 별명을 붙여주었다. 가정부인 헬레네 데무트는 '렌헨' 또는 이따금씩 '님'이라고 불렀다. 예니헨은 복장은 거리가 멀었지만, '중국 황제 퀴 퀴'라는 칭호는 누릴 수 있었다. 라우라는 '카카두'와 '호텐토트'가 되었다. 가까운 사람들에게는 '무어'로 알려졌던 마르크스는 아이들에게 자기를 '올드 닉'이나 '찰리'라고 부르라고 했다. 묘하게도 마르크스가 어떤 사람의 이름을 제대로 부르는 것은 그 사람을 경멸한다는 분명한 표시였다. 마르크스의 팸플릿 《망명의 위인들》에 나오는 반(反)영웅인 시인 킹켈을 마르크스는 꼬박꼬박 '고트프리트'라고 불렀다.

"내 안사람이 한 시민을 세상에 내보내 세상을 더 부유하게 만들었다는 것을 아나?"

마르크스는 포크시가 태어난 직후 프랑크푸르트의 요제프 바이데마이어에게 그렇게 썼다. 그러나 이 쾌활한 말투 뒤에는 두려움과 불안이 감추어져 있었다. 네 어린 자식과 병든 아내를 어떻게 부양한단 말인가? 미코버 씨(찰스 디킨스의 《데이비드 코퍼필드》에 나오는 낙천적인 등장인물 : 역주)와 마찬가지로 마르크스는 어떻게 되겠지 하고 자신을 다독거렸다. 10월에 마르크스는 첼시(당시에도 지금과 마찬가지로 상류층이 사는 비싼 지역이었다)의 앤더슨 스트리트에 있는 집으로 이사했다. 한 달에 6파운드였는데 마르크스로서는 도저히 감당할 수 없는 액수였다.

6. 메갈로사우루스 213

낯선 땅에서 살아가는 무일푼의 뿌리 없는 망명객이라면 친구란 친구는 모두 필요했을 것이라고 짐작할 수 있다. 그러나 마르크스에게는 그렇지 않았던 모양이다. 그에게 필요한 동맹자는 엥겔스뿐이었다. 평소와 다름없이 의리 있는 엥겔스는 11월 12일 배교자, 반역자들과 싸울 각오로 런던에 왔다. 6일 뒤에 열린 '독일 노동자 교육협회'의 회의에서 마르크스는 구스타프 폰 슈트루베, 카를 하인첸, 마르크스 가족이 새로 얻은 주치의 루이스 바우어 등과 같은 '자유주의자들'이 설립한 경쟁적 단체와 구별하기 위해 망명자 원조 위원회의 이름을 바꾸었다. 이어 마르크스는 닥터 바우어에게 엄격하게 격식을 갖춘 편지를 보냈다.

'우리가 속한 두 협회 사이에 형성되고 있는 적대적 관계에 비추어볼 때, 또한 귀하가 이제까지 이곳에 있는 망명자 공동체에 대하여—적어도 그 공동체 내의 내 친구와 동료들에 대하여—직접적인 공격을 해온 사실에 비추어볼 때, 우리는 사교적 관계를 끊는 것이 좋겠습니다. ······ 어제 저녁에는 아내가 있는 자리라 이런 충돌에 대한 내 생각을 표현하는 것이 꼴사납다고 생각했습니다. 귀하의 의학적 도움에 대해서는 심심한 감사를 표합니다. 청구서는 바로 보내주시기 바랍니다.'

그러나 청구서가 도착하자 마르크스는 의사가 바가지를 씌우려 한다고 비난하면서 돈 내기를 거부했다.

크리스마스 무렵 엥겔스는 다른 독일인 동지에게 "전체적으로 이곳의 일은 아주 잘 진행되고 있다."고 보고할 수 있었다.

"슈트루베와 하인첸이 저마다 '노동자 협회'와 우리에 대항하는 음모를 꾸몄으나 성공하지 못했습니다. 그들은 온건한 신조를 가지고 있다가 우리 협회에서 쫓겨난 일부 도망자들과 더불어 배타적인 클럽을 만들었으며, 거기에서 하인첸은 공산주의자들의 해로운 주장에 대해 불평을 늘어놓았습니다."

〈더 타임스〉가 하인첸을 '독일 사회민주당의 빛나는 별'이라고 묘사하자, 엥겔스는 차티스트 신문인 〈노던 스타〉에 준엄한 반박문을 보냈다.

"하인첸 씨는 언급된 정당에 빛나는 별로 복무하기는커녕, 1842년 이후, 비록 성공을 거두지는 못했지만, 사회주의나 공산주의, 그리고 그와 비슷한 모든 것에 열심히 반대해왔다."

마치 파리와 브뤼셀의 옛 시절로 돌아간 것 같았다. 음모의 수레바퀴, 복수, 정복을 위한 노력. 마르크스는 곧 소호의 그레이트윈드밀 스트리트에 있는 '협회'의 클럽 회원용 방에서 새로 오는 사람들을 심사하고 법을 정하는 일을 맡았다.

1850년 런던으로 피신한 빌헬름 리프크네히트는 마르크스가 우위를 확립하기 위해 사용한 위협적 방법들에 대해 생생한 이야기를 남겼다. 그가 도착한 직후 열린 '협회'의 피크닉에서 '아버지 마르크스'는 그를 옆으로 데려가 두개골 모양을 꼼꼼하게 검사하기 시작했다. 마르크스는 눈에 띄는 이상이 없다는 것을 확인하자, 다음날 그를 그레이트윈드밀 스트리트에 있는 '개인 응접실'로 초대하여 더 철저하게 심사를 했다.

나는 개인 응접실이 무엇인지 몰랐다. 그러나 이제 '주요한' 심사가 다가왔다는 느낌을 받았다. 그러나 나는 신뢰감을 가지고 따라갔다. 마르크스는 전날과 마찬가지로 나에게 공감하는 듯한 인상을 주었다. 그는 다른 사람에게 신뢰감을 불러일으키는 자질을 갖추고 있었다. 그는 내 팔을 잡더니 개인 응접실 안으로 들어갔다. 그것은 주인—또는 여주인이었을까?—의 사실로 들어갔다는 뜻이다. 그곳에서 반짝이는 백랍 단지에 거품이 이는 흑맥주를 가득 따라놓고 기다리던 엥겔스는 즐거운 농담으로 나를 맞이했다. …… 육중한 마호가니 탁자, 반짝거리는 백랍 단지들, 거품이 이는 흑맥주, 부속물까지 딸린 진짜 영국식 비프스테이크를 먹을 수 있다는 생각, 담배의 유혹을 느끼게 해주는 긴 점토 파이프—정말 편안했다. '보즈'(찰스 디킨스의 초기 필명 : 역주)의 삽화에 나오는 어떤 그림이 생생하게 떠올랐다. 그러나 그 모든 것에도 불구하고 이것은 심사였다.

심사관들은 자기 할 일을 했다. 마르크스는 리프크네히트가 1848년 독일 신문에 쓴 글을 인용하며 그의 속물주의와 '독일 남부식의 감상적 모호함'을 비난했다. 후보는 한참 동안 처벌을 완화해 달라고 탄원한 뒤에야 용서를 받을 수 있었다. 그러나 그의 시련은 그것으로 끝나지 않았다. 심사관들은 공산주의자들의 상주 골상학자(骨相學者)라고 할 수 있는 카를 파엔더를 불러 리프크네히트의 두개골 윤곽을 더 조사했다.

"카를 파엔더는 내 두개골을 공식적으로 조사했으나, 내가 '공산주의자 동맹'의 지성소로 들어가는 데 장애가 될 만한 점은 발견하지 못했다. 그러나 심사는 그것으로 끝이 아니었다……"

빌헬름 리프크네히트와 같은 '젊은 사람들'보다 불과 대여섯 살 위였던 마르크스는 마치 약간 멍청한 학부생들을 시험하는 교수처럼 문제를 내면서, 자신의 엄청난 지식과 유명한 기억력을 고문 도구로 이용했다.

"그는 '어린 학생'이 시험대에 올라가도록 유혹한 다음, 그 불행한 인간을 통해 우리 대학과 학문적 문화의 낮은 수준을 입증해 보이면서 얼마나 기뻐했는지 모른다."

마르크스는 엄청난 자랑꾼인 데다가 가학적인 지식인 자객이었음이 틀림없다. 그러나 그는 또 영감을 주는 교사로서, 젊은 망명자들에게 스페인어, 그리스어, 라틴어, 철학, 정치경제학을 가르치기도 했다.

"다른 경우에는 그렇게 거칠고 인내심 없는 그가 가르칠 때는 얼마나 참을성이 있던지!"

마르크스는 1849년 11월부터 '부르주아적 소유란 무엇인가?'라는 제목으로 오랜 기간에 걸쳐 강의를 했다. 그레이트윈드밀 스트리트의 2층 방은 만원을 이루었다. 리프크네히트는 회상한다.

"마르크스는 하나의 명제를 이야기했다. 그것은 짧을수록 좋았다. 그런 다음 긴 설명으로 그 명제를 입증했다. 그는 노동자들이 알아들을 수 없는 말은 피하려고 최대한 주의를 기울였다. 그런 다음 청중에게 질문을 하라고 했다. 질문이 없으면 노동자들을 시험하기 시작했다. 가르치는 기술은 워낙 뛰어났기 때문에, 어떤 결함, 어떤 오해도 그의 눈을 피해가지 못했다……. 그는 또 칠판도 이용했다. 그는 칠판 위에 공식들을 썼다. 그 가운데는 《자본》 앞부분에 나오기 때문에 지금은 우리 모두에게 익숙해진 공식들도 있었다."

그레이트윈드밀 스트리트의 주민들은 아주 바빴다. 일요일에는 역사, 지리, 천문학에 대한 강의가 있었다. 그 다음에는 '노동자들의 현상태와 부르주아지를 보는 그들의 태도에 대한 질문'이 뒤따랐다. 월요일과 화요일에는 대부분 공산주의에 대해 토론했지만, 주 후반에는 노래 연습, 언어 교육, 그림 교실, 심지어 댄스 교실도 열렸다. 토요일 저녁은 '음악, 암송, 재미있는 신문 기사 읽기' 시간이었다. 마르크스는 비는 시간에는 옥스퍼드 스트리트 바로 옆의 라스본 플레이스까지 걸어갔다. 그곳에 프랑스 망명자 그룹이 살롱을 열었는데, 사브르, 검, 포일로 펜싱 연습을 할 수 있었다. 리프크네히트에 따르면 마르크스의 베고 찌르기 기술은 서툴렀지만 효과는 있었다고 한다.

"그는 과학에서 모자란 부분은 호전성으로 보완하려 했다. 아주 냉정한 사람이 아니라면 그 점 때문에 깜짝 놀라기 일쑤였다."

검으로도 그랬지만, 더 강한 펜으로도 마찬가지였다. 마르크스는 에 페를 휘두르지 않을 때는 속물들을 찌를 수 있는 새로운 신문의 칼집을 벗길 준비를 했다. 1850년 초, 독일 언론에 다음과 같은 발표문이 실렸다.

"카를 마르크스가 편집하는 〈노이에 라이니셰 차이퉁 폴리티쉬 외코노미셰 레뷔(신라인 신문 정치경제 평론)〉가 1850년 1월에 나올 것이다. …… 이 평론지는 적어도 인쇄업자용 전지 5장 규모로 매월 발간될 예정이며, 구독료는 분기당 24 은(銀) 그로셴이 될 것이다."

사업은 몇 달 전에 런던에 온 자유로운 독일 혁명가 콘라트 슈람이 맡기로 했다.

마르크스의 이 평론지에 대한 야망은 영웅적일 정도로 웅대했다.

"이 월간지의 3호, 아니 2호가 나가면, 세계적인 사건이 일어나게 될 것임을 의심하지 않습니다."

그러나 그렇게 되기 전에 사소하지만 짜증나는 문제인 돈 문제를 해결해야 했다. 마르크스는 "돈은 미국에서만 얻을 수 있다."는 믿음으로, 콘라트 슈람을 대서양 너머에 보내 자금을 모아오게 하기로 결정했다. 그런 긴 여행에는 비용이 엄청나게 들어갈 것이라는 생각이 든 것은 나중 일이었다.

새 잡지―간신히 5호를 내고 종간했다.―는 처음부터 불운을 겪었다. 첫 호는 마르크스가 두 주 동안 앓아눕는 바람에 연기되었다. 게다가 식자공이 마르크스의 원고를 판독하지 못하는 바람에 더 지체되었다. 마르크스는 출판업자와 배포 책임자가 검열관들과 짜고 있다고 의심하고 계속 그들과 싸웠다. 이런 상황에서도 잡지가 나왔다는 것이 기적이었다.

〈레뷔〉에는 좋은 글이 많았다. 특히 마르크스가 변증법적인 재주를 총동원하여 1848년 프랑스 혁명이 실패했다는 통념에 도전한 시리즈가 볼 만했다.

"이런 패배에서 굴복한 것은 혁명이 아니다. 굴복한 것은 혁명 이전의 전통적 부속물들, 아직 첨예한 계급 적대의 지점에까지 이르지 않은 사회적 관계의 결과물들이다……"

성공을 했다면 그것이 오히려 위장된 참패였을 것이다. 혁명적 정당이 환상적인 관념과 기회주의적인 지도자들로부터 벗어나는 것은 오직 일련의 좌절을 통해서만 가능하다.

"한마디로, 혁명은 전진을 했다. 서서히 앞으로 나아갔다. 그러나 이것이 가능했던 것은 직접적인 희비극적 업적을 이루었기 때문이 아니라, 강력하게 단결한 반혁명을 창조했기 때문이다."

마르크스는 이런 모순 명제를 만족스럽게 증명한 뒤("혁명은 죽었다!―혁명 만세!"), 1848년 12월 대통령 선거에서 루이 나폴레옹이 압도적 승리를 거둔 문제로 나아갔다. 왜 프랑스인들은 압도적 숫자로 이 멍청한 게으름뱅이―"서툴게 교활하고, 촌스럽게 순박하고, 어리석게 숭고한 이 계산된 미신, 애처로운 소극, 교묘하게 어리석은 시대 착오, 세계사적인 익살, 판독할 수 없는 상형문자"―에게 표를 던졌을까? 간단하다. 이 작은 보나파르트가 텅 비어 있다는 바로 그 점 때문에 모든 계급과 유형들은 그를 자신의 형상대로 재발명할 수 있었던 것이다. 농민에게 그는 부자들의 적이었다. 프롤레타리아에게 그는 부르주아 공화주의의 전복을 상징했다. 상층 부르주아지에게 그는 왕정 복고의 희망을 주었다. 군대에게 그는 전쟁을 약속했다. 이렇게 해서 프랑스에서 가장 단순한 정신을 가진 사람이 가장 복잡한 의미를 획득하는 일이 벌어졌다.

"그는 아무것도 아니라는 바로 그 이유 때문에 모든 것을 의미할 수 있었다."

〈레뷔〉는 그 대담함과 발랄함에도 불구하고 구독자들을 끌어들이지는 못했다. E. H. 카가 지적했듯이, '전체가 런던에 있는 다른 독일 망명자들에 대한 신랄한 공격으로 교묘하게 간이 맞추어져 있는데, 공격을 당하는 그 사람들이야말로 이 잡지의 독자가 될 가능성이 있는 거의 유일한 집단이었다.' 잡지의 판매부수는 적었으며, 수입은 보잘것없었다. 1850년 5월 예니 마르크스는 프랑크푸르트의 바이데마이어에게 애원하는 목소리로 편지를 썼다.

"〈레뷔〉에서 들어올 돈 또는 들어온 돈이 있으면 가능한 한 빨리 보내주세요. 우리한테는 그것이 간절히 필요해요."

그러나 마르크스는 그렇게 많은 희망과 에너지를 쏟아부은 프로젝트의 실패에도 초연했다. 예니가 감탄했듯이, 그는 '아무리 무시무시한 순간'—1850년에는 그런 순간이 너무 많았다.—에도 명랑한 기분과 굳건한 신념을 결코 잃지 않았다. 마르크스는 바이데마이어를 다독거렸다.

"안사람이 흥분해서 보낸 편지에 불쾌해하지 말기 바라네. 안사람은 아기를 돌봐야 하는데, 사실 이곳 상황은 아주 비참해서, 안사람이 짜증을 낼 만도 하거든."

마르크스는 활달하고 기운차게 간단히 말하고 넘어갔지만, 사실 그들의 생존을 위한 투쟁은 끔찍한 것이었다. 1850년 5월에 쓴 길고 가슴 아픈 편지에서 예니 마르크스는 디킨스의 소설에나 나옴직한 장면을 묘사했다.

우리의 하루 생활을 있는 그대로 이야기할게요. 그러면 망명자 가운데도 이와 비슷한 경험을 하는 사람은 거의 없다는 것을 아실 겁니다. 이곳에서는 유모가 엄청나게 비싸기 때문에, 나는 가슴과 등의 통증이 견디기 힘들기는 하지만 직접 젖을 먹이기로 결정했습니다. 그러나 이 가엾은 어린 천사는 젖과 함께 불안과 말로 하지 못한 슬픔도 빨아서 그런지, 낮이나 밤이나 늘 아픕니다. 세상에 태어난 뒤로 밤 내내 자본 적이 한 번도 없어요. 기껏해야 두세 시간이죠. 게다가 최근에는 경기도 심해서, 늘 죽음과 비참한 삶 사이를 떠돌고 있어요. 아이는 아플 때는 젖을 너무 세게 빨아 내 가슴에 상처가 나요. 살이 찢어져서 뿜어져나온 피가 아이의 작고 떨리는 입 속으로 들어가기도 해요. 어느 날 그러고 앉아 있는데, 갑자기 집주인이 찾아왔어요. 우리는 그 여자한테 겨울 동안에 250라이히스탈러를 주었죠. 그리고 그 다음부터는 그 여자가 아니라 그 여자의 집주인에게 돈을 주기로 계약을 했어요. 그 여자는 그 여자 집주인한테 동산 압류를 당했거든요. 그런데 이 여자는 이제 그런 계약이 있었다는 것을 부정하면서 우리가 그 여자한테 5파운드를 내놓아야 한다는 거예요. 하지만 수중에 그런 돈이 없기 때문에…… 집달리가 들어와 내가 가진 얼마 되지도 않은 물건들을 모두 압류했어요. 침대, 이부자리, 옷가지 등 모두요. 심지어 내 가엾은 아기의 요람까지. 딸애들이 가진 장난감 가운데 괜찮은 것들까지 압류를 해서 애들이 울음을 터뜨렸죠. 집달리들은 두 시간 뒤에 모든 것을 가지고 가겠다고 협박했어요. 나는 덜덜 떠는 애들과 함께, 찢어진 젖가슴을 움켜쥐고 맨바닥에 누워야 할 판이었죠. 그래서 우리 친구 슈람이 도움을 청하려고 서둘러 시내로 떠났어요. 그런데 승합마차를 타다가 말이 놀라는 바람에 마차에서 떨어졌지 뭐예요. 그래서 등에 피를 흘리며, 내가 덜덜 떠는 아이들과 함께 탄식하고 있는 집으로 실려왔어요.

다음날 우리는 집을 비워야 했어요. 하늘은 잔뜩 찌푸렸는데, 춥고 비가 왔죠. 남편이 숙소를 알아보러 나갔어요. 하지만 애가 넷이라고 하니까 아무도 받아주려 하지 않았어요. 마침내 한 친구가 우리를 도와주러 와어요. 덕분에 우리는 돈을 낼 수 있었죠. 나는 서둘러 침대들을 팔아 약방, 빵집, 정육점, 우유가게의 외상들을 해결했어요. 가게 주인들이 집달리가 온 것을 보고 돈을 떼일까 봐 걱정이 되었는지 청구서를 들고 갑자기 뛰어왔거든요. 내가 판 침대들은 보도로 나가 손수레에 실렸어요. 그랬는데 어떻게 되었는지 아세요? 해가 지고 나서 한참 뒤에—사실 영국법으로는 이런 일이 금지된 것인데—집주인 남자가 순경들을 끌고 들이닥친 거예요. 자기 물건을 우리 물건 속에 넣어서 해외로 도주하려 할지도 모른다는 거였죠. 5분이 안 되어 2백, 3백 명이 우리 문간에 몰려들었어요. 죄다 첼시의 하층민들이었죠. 침대들은 다시 안으로 들어왔어요. 내일 아침 해가 뜨기 전에는 구입자에게 넘겨줄 수가 없기 때문이죠. 어쨌든 이렇게 해서 우리는 가진 것을 모두 팔아 빚을 갚을 수 있었고, 나는 어린아이들과 함께 레스터 스퀘어의 레스터 스트리트 1번지에 있는 저먼 호텔로 들어오게 되었어요. 작은 방 두 개가 있는 곳이에요. 이곳에서는 일주일에 5.10파운드를 내는 대가로 인간적인 대접을 받을 수 있죠.

며칠 뒤 마르크스 가족은 소호의 딘 스트리트 64번지에 있는 유대인 레이스 상인의 집에 임시 거처를 마련했다. 그들은 빈곤의 가장자리에서 비틀거리며 비참한 여름을 보냈다. 예니는 다시 임신을 했고, 계속 아팠다. 8월이 되자 상황이 너무 심각하여, 예니는 네덜란드에 있는 카를의 외가쪽 아저씨뻘 되는 리옹 필립스—필립스는 부유한 상인이었으며, 그의 이름을 딴 회사는 오늘날까지 번창하여 텔레비전에서 토스터에 이르는 온갖 전자제품을 판매하고 있다.—의 자비를 구하러 갈 수밖에 없었다. 그러나 예니는 헛걸음을 했다. '혁명이 그의 사업에 주는 불리한 영향 때문에 마음이 몹시 뒤틀려 있던' 필립스는 친척 아저씨로서 포옹을 해주고, 어린 포크시에게 조그만 선물을 주었을 뿐이다. 예니는 만일 그가 도와주지 않으면 미국으로 이민을 갈 수밖에 없다고 말했다. 그러자 필립스는 그거 아주 좋은 생각이라고 대꾸했다.

"안됐지만, 카를, 빈손으로, 실망해서, 죽음에 대한 두려움 때문에 괴롭고 참담한 마음으로, 집에 돌아가는 중이에요. 내가 당신과 어린것들을 얼마나 보고 싶어하는지 알아요? 아이들에 대해서는 아무것도 못 쓰겠어요. 벌써 눈이 떨리기 시작하거든요……."

런던으로 망명한 혁명가들 가운데 다수가 식자공, 제화공, 시계공 등의 숙련공들이었다. 그렇지 않은 사람들은 영어나 독일어를 가르쳐서 몇 파운드를 벌었다. 그러나 마르크스는 정규직에는 어울리지 않는 사람으로 태어났다. 마르크스는 실제로 미국 이민을 고려했으나, 뱃삯이 '엄청나게 비싸다'는 것을 알았다. 만일 뱃삯 지원이 있다는 것을 알았다면 바로 배를 타러 갔을 것이다. 역시 이번에도 엥겔스가 도움을 주었다. 엥겔스는 런던에서 저널리스트로 커보겠다는 야망을 포기하고 아버지의 직물 회사인 〈에르멘과 엥겔스〉의 맨체스터 지사에 취직하러 갔다. 엥겔스는 거의 20년 동안 그 자리를 지켰다. 예니는 1850년 12월 엥겔스가 떠난 지 얼마 안 되어 편지를 썼다.

"남편과 우리 가족은 엥겔스 씨를 몹시 그리워했어요. 하지만 저는 엥겔스 씨가 이곳을 떠나 면직업계의 거물이 되는 길에 나섰다는 것이 너무 기뻐요."

엥겔스는 그런 것이 되고 싶은 욕심이 없었으며, '천한 상업'을 어쩔 수 없이 견뎌야 하는 고행쯤으로 여겼다. 엥겔스는 곧 랭커셔 사업가의 외형을 갖추게 되었지만—좀더 배타적인 클럽에 가입하고, 지하실에 샴페인을 채우고, 사냥개들을 끌고 체셔 헌트와 사냥에 나서는 등—자신의 주된 목적이 총명하지만 가난한 친구를 지원하는 일임을 결코 잊지 않았다. 엥겔스는 적의 전선 배후에 들어간 비밀 요원 노릇을 하여,

마르크스에게 면직업계의 속사정을 자세히 이야기해주고, 전문가적인 솜씨로 세계 시장의 상황을 관찰한 뒤 마르크스에게 알려주었다. 그리고 가장 중요한 것으로, 작은 액수가 적힌 은행권—현금 상자에서 훔치거나 회사 계좌에서 교활하게 빼돌린 돈이었다.—을 정기적으로 보내주었다(엥겔스는 우편물이 도난당할 것을 염려하여, 돈을 가위로 자른 다음 별도의 봉투에 반씩 넣어 보내주었다). 이것만 보아도 이 회사가 얼마나 느슨하게 운영되었는지 알 수 있다. 그의 아버지나 맨체스터에 있는 동업자 페터 에르멘은 전혀 눈치를 채지 못했다.

그래도 엥겔스는 그들의 의심을 사지 않으려고 조심했다. 이것 때문에 가끔 마르크스 가족은 무일푼의 처지로 전락하곤 했다. 엥겔스는 11월에 이렇게 썼다.

"오늘은 안타깝게도 자네에게 약속했던 2파운드를 아직 보낼 수 없는 처지라는 것을 알리기 위해 편지를 쓰네. 에르멘은 며칠 출장을 갔네. 은행에는 대리로 갈 수 없기 때문에, 우리는 송금도 할 수 없고 현금으로 들어오는 몇푼 안 되는 돈으로 버텨야 하네. 현금 상자에 있는 돈은 총 4파운드에 불과하네. 따라서 내가 좀 기다릴 수밖에 없다는 것을 자네도 이해할 걸세."

몇 달 뒤 아버지가 맨체스터 지사를 찾아왔을 때 엥겔스는 1년에 2백파운드의 '비용과 접대비'를 인정해 달라고 했다. 엥겔스는 마르크스에게 보고했다.

"그 돈이면 모든 것이 잘될 걸세. 다음 대차대조표가 나오기 전에 소동이 벌어지지 않고, 이곳 사업이 잘 굴러가기만 하면, 아버지는 종전과는 다른 액수의 돈을 지불해야 할 거야. 심지어 올해에도 내가 쓰는 돈은 2백 파운드를 훨씬 초과하게 될 걸세. 사업이 잘되었고, 아버지는 지금 1837년도보다 2배의 부자가 되었기 때문에, 나도 너무 신중하게 굴

필요는 없을 거야."

그러나 아버지는 곧 다시 생각을 해보고, 프리드리히가 너무 많은 돈을 쓴다고 생각하여, 150파운드로 줄이라고 했다. 방탕한 아들은 이 '우스꽝스러운 강제'에 화를 냈지만, 이것 때문에 그가 마르크스에게 보여주는 관대함이 지나치게 제한을 받지는 않았다. 1853년이 되자 엥겔스는 "다행히도 작년에는 아버지가 이곳에서 벌인 사업에서 생긴 이윤의 반을 먹어치웠다."고 자랑할 수 있었다. 엥겔스는 심지어 집을 두 군데 유지할 여유까지 생겼다. 하나는 멋진 타운하우스로, 그곳에서 엥겔스는 고관과 부자들을 접대했다. 또 한 군데에서는 애인 메리 번스, 그리고 그녀의 여동생 리지와 더불어 세 명이 살았다.

* * *

1850년 6월 15일, 엥겔스가 북부로 떠나기 직전 런던의 〈스펙테이터〉는 소호 딘 스트리트 64번지 '찰스 마르크스'와 '프레드릭 엥겔스'가 보내온 편지를 실었다.

"우리는 정말이지 이 나라에 이렇게 경찰 첩자가 많은지 몰랐습니다. 우리는 운 좋게도 일주일이라는 짧은 시간 안에 그 많은 첩자들을 다 만날 수 있었습니다. 우리가 사는 집의 문은 인상이 상당히 수상쩍어 보이는 사람들이 꼼꼼하게 감시를 합니다. 그들은 사람이 이곳을 드나들 때마다 냉정한 태도로 메모를 합니다. 우리가 어디를 가면 그들이 뒤에서 졸졸 따라다닙니다. 승합마차를 타거나 카페에 갈 때는 이 미지의 친구들 가운데 적어도 한 사람이 고맙게도 벗을 해주지요."

그거야 당연한 일이지. 〈스펙테이터〉 독자들 가운데는 그렇게 생각하는 사람들도 있었을 것이다. 글을 쓴 사람들이 자기가 태어난 땅에서 도망나온 혁명가들이라고 당당히 밝혔기 때문이다. 그러나 마르크스와 엥겔스는 이런 문제 제기를 미리 예상하고, 영국인들의 허영심과 독일인에 대한 공포심에 교묘하게 호소했다. 그들은 이전에 있던 피난처— 프랑스, 벨기에, 스위스—에서는 프로이센 왕의 사악한 권력으로부터 벗어날 수가 없었다고 밝혔다.

"만일 그의 영향력 때문에 우리가 유럽에서 우리에게 남은 이 마지막 피난처로부터도 떠나야 한다면, 프로이센은 자신이 세계를 지배하는 권력이라고 생각할 것입니다. …… 우리는 이런 상황에서 모든 일을 공중 앞에 공개하는 것이 최선이라고 생각합니다. 우리는 영국인들이 오래 전부터 확립되어온 영국에 대한 평판, 즉 영국이 모든 정당과 모든 국가의 망명자들을 위한 가장 안전한 피난처라는 평판을 훼손하는 일에 관심을 가질 것이라고 생각합니다."

말투는 명랑했지만 마르크스에게는 영국이 그를 실망시키지 않을 것이라는 다짐이 간절하게 필요했다. 프리드리히 빌헬름 4세의 암살 기도가 있고 나서부터 프로이센의 내무장관은 경찰 첩자와 공작원을 유럽의 수도들—그 가운데도 런던, 특히 소호의 딘 스트리트—로 파견하여 '정치적 음모자들'을 감시하는 활동을 강화했다. 그도 당연한 것이, 프로이센의 내무장관은 다름아닌 예니의 반동적인 이복 오빠 페르디난트 폰 베스트팔렌이었기 때문이다. 그는 7년 전 마르크스가 자기 가문 여자와 결혼하는 것을 막지 못했기 때문에 복수심에 불타고 있었다.

마르크스는 〈스펙테이터〉에 보낸 편지에서 프리드리히 빌헬름 왕의 암살 기도가 있기 두 주 전 '프로이센 정부 또는 과격한 왕당파 요원들로 생각할 수밖에 없는 사람들이 우리에게 나타났다.'고 말했다.

"그들은 거의 직접적으로 우리에게 베를린과 다른 곳에서 이루어지고 있는 왕 암살 기도를 위한 음모에 참여할 것을 요구했다. 이 사람들이 우리를 속이지 못했다는 사실은 여기에 덧붙일 필요가 없을 것이다."

마르크스에 따르면 그의 목표는 영국 당국을 설득하여 "이 나라에서 이른바 음모라고 하는 것의 이른바 주모자들을 몰아내는 것"이었다. 이 신원 미상의 요원 가운데 한 사람은 빌헬름 슈티버였는데, 나중에 비스마르크의 비밀 기관의 우두머리가 되었다. 그는 1850년 봄에 슈미트라는 저널리스트로 가장하고 런던에 왔다. 슈티버는 카를 마르크스를 철저히 감시하라는 명령을 받았으며, 그는 그레이트윈드밀 스트리트 20번지에 있는 공산주의자 동맹 본부에 잠입하여 폰 베스트팔렌이 사악한 매제에 대해 품고 있던 의심이 모두 맞다고 확인해주는 긴급 전문을 보냈다.

제후들의 살인은 공식적으로 교육, 논의되고 있습니다. 제가 지원하고 볼프와 마르크스가 관장한 그저께 한 모임에서 저는 연사 가운데 한 사람이 "달 송아지[빅토리아 여왕]도 그 운명을 피하지 못할 것이다. 영국의 강철 제품은 최고다. 이곳의 도끼는 특히 날이 잘 든다. 단두대는 왕관을 쓴 모든 머리를 기다리고 있다."고 말하는 것을 들었습니다. 따라서 버킹엄 궁에서 몇백 미터 떨어지지 않은 곳에서 독일인들이 영국 여왕 암살을 선언하고 있는 셈입니다. …… 모임이 끝나기 전에 마르크스는 차분한 태도를 유지하라고, 그들의 조직원이 모든 곳에서 자리를 지키고 있다고 말했습니다. 결정적인 순간이 다가오고 있으며, 유럽의 왕들 가운데 누구도 피하지 못하도록 틀림없는 조치를 취하자는 것이었습니다.

이전에 카를 마르크스의 전기를 쓴 어떤 사람은 "이 보고서는 묘하게도 설득력이 있다."고 주장했다. 그러나 이 사실은 너무나도 어처구니가 없다. 이 점은 당시의 영국 정부도 인정했다. 프로이센 내무장관은 이 전문을 런던에 전달했으며, 파머스턴 경은 이것을 외무성에 넘겨 지금까지 그곳 파일에 보관되어 있다. 한 가지 분명한 것은 파머스턴 경이 스코틀랜드 야드(수도 경찰청)에 경고조차 하지 않았다는 사실이다. 런던의 오스트리아 대사가 내무성 장관인 조지 그레이 경에게 마르크스를 비롯한 '공산주의자 동맹'의 회원들이 국왕 암살을 논의하고 있다고 불평하자, 그레이 경은 거드름을 피우며 자유민주주의의 본질에 대해 간략하게 강의를 했다.

"우리 법에서는 국왕 암살을 논의한다 해도, 그것이 영국 여왕과 관련이 없는 한, 또 분명한 계획이 없는 한, 음모자들을 체포할 만한 근거가 되지 않소."

빅토리아 여왕을 암살한다는 음모야말로 마르크스가 혐오하는 의미 없는 곡예에 속하는 것이었다. 마르크스는 프롤레타리아의 승리를 촉진하는 경제적 위기에 대비하는 지루하지만 필연적인 과정을 견디는 것보다 화려한 제스처를 더 좋아하는 혁명가들을 경멸했다. 사실 런던의 '공산주의자 동맹'이 깨진 것도 마르크스가 이 점에 대해서 몹시 완강한 태도를 보였기 때문이다. 인내심 없는 위원회 위원들이 때를 기다려야 한다는 그의 주장에 안달을 했던 것이다.

불평분자들의 지도자는 엥겔스가 1849년 바덴에서 전투에 참여할 때 사령관이었던 아우구스트 빌리히였다. 빌리히는 영국의 독일 망명자 그룹에 끼면서 계속 성가신 존재가 되어왔다. 오랜 세월이 흐른 뒤에 예니 마르크스는 이렇게 썼다.

"그는 나를 찾아오곤 했다. 모든 결혼 생활에 살고 있는 벌레를 추적하여 그것을 밖으로 꾀어내고 싶다는 것이었다."

빌리히가 하는 일은 거의 모두—그의 자세나 멋부리는 태도, 화려한 옷, 시끄럽게 주의를 끄는 것 등—가 마르크스의 화를 돋우려고 계획한 것이었다. 1850년 여름, 빌리히는 공개적으로 예니의 남편이 '반동'이라고 비난했다. 욕을 할 기회를 놓치는 사람이 아닌 마르크스는 그를 '교육받지 못하고, 네 번이나 오쟁이를 진 멍청이'라고 비난했다. 9월 1일에 열린 '동맹' 중앙위원회의 떠들썩한 회의에서 빌리히는 마르크스에게 결투를 신청했다.

빌리히는 스무 걸음 떨어진 곳에서도 하트 에이스를 맞출 수 있는 명사수였으므로, 마르크스는 분별력 있게 결투 신청을 거부했다. 그러나 평생 피스톨 한번 쏴본 적이 없는, 마르크스의 열렬한 부관 콘라트 슈람이 덥석 결투 신청을 받아들여, 빌리히와 함께 안트베르펜으로 떠났다. 영국에서는 결투가 불법이었기 때문이다. 카를과 예니는 최악의 사태를 걱정했다. 빌리히가 입회인으로 에마뉘엘 바르텔레미를 데려간다는 이야기까지 들었기 때문이다. 사나운 눈초리에 근육질의 폭력배인 바르텔레미는 열일곱 살 때 경찰관을 죽여 유죄판결을 받은 적이 있으며, 그때까지도 어깨에 갤리선 죄수의 낙인이 그대로 남아 있었다. 프랑스 감옥을 탈출하여 불과 몇 주 전에 런던으로 온 바르텔레미는 마르크스와 그의 일파 같은 '반역자들'은 죽여버려야 한다고 떠들고 다녔다. 그가 라스본 플레이스의 살롱에서 보여준 피스톨과 검 솜씨로 보건대, 그것은 빈말이 아니었다.

대담하기는 하지만 몸이 받쳐주지 않는 슈람이 빌리히와 바르텔레미 같은 막강한 선수들과 싸워 이길 가능성이 있을까? 예정된 날 마르크스와 예니는 빌헬름 리프크네히트와 함께 방 안에 앉아 슬픈 얼굴로 젊은 동지가 죽을 시간만 세고 있었다. 다음날 저녁 다름아닌 바르텔레미가 문간에 나타나더니 음산한 목소리로 "슈람은 머리에 총알을 한 발

맞았소!"하고 말하더니, 뻣뻣하게 절을 한 다음 다른 말 없이 사라졌다.

리프크네히트는 이렇게 썼다.

"물론 우리는 슈람이 진 것으로 생각하고 마음을 정리했다. 다음날 우리가 슬픈 마음으로 슈람 이야기를 하고 있는데, 문이 열리더니 머리에 붕대를 감은 사람이 호탕하게 웃으며 들어왔다. 다름아닌 우리가 애도하던 슈람이었다. 그는 총알이 머리를 스치고 지나가는 바람에 정신을 잃었다고 했다. 정신을 차리고 보니, 다 사라지고 해변에는 그의 입회인과 의사만 남아 있더라는 것이다."

빌리히와 바르텔레미는 상처가 치명적이라고 생각하고 다음 기선을 타고 오스탕드로 돌아간 것이다.

이렇게 해서 영국에서 '공산주의자 동맹'을 운영하려던 마르크스의 꿈은 끝이 났다. 1850년 9월 15일에 열린 마지막 회의에서 마르크스는 말다툼이나 하는 런던 선동가들은 어떤 지도력도 발휘할 수 없으므로 중앙위원회를 쾰른으로 옮기자고 제안했다. 그럴듯한 제안이었다. 그러나 쾰른의 공산주의자들 역시 그들 나름의 문제를 안고 있다는 것이 문제였다. 프로이센 정부는 프리드리히 빌헬름 4세의 암살 기도 이후 위험 인물들에 대한 박해를 두 배로 강화했다. 그래서 1851년 여름에는 쾰른 중앙위원회의 11명의 위원들 모두 음모 혐의로 감옥에 갇혀 재판 날짜만 기다리고 있었다. '공산주의자 동맹' 일로부터 놓여나기를 고대하던 마르크스는 독일의 '음모자들'을 대신하여 로비도 하고 항의도 하게 되면서 어쩔 수 없이 다시 일로 끌려 들어가게 되었다. 단지 이타주의 때문만이 아니었다. 검사들이 피고들의 죄목으로 삼고 있는 유혈 음모와 쿠데타의 배후에 자리잡은 사악한 수호신으로 마르크스를 지목하여 그를 격분케 했던 것이다. 마르크스는 밤낮없이 일을 했다. 변호 위원회를 세우고, 자금을 모으고, 신문에 격분에 찬 편지를 보냈다. 예니는 한 친구에게 말했다.

"우리 집에 완전한 사무실 하나가 차려졌어요. 두세 명은 글을 쓰고, 다른 사람들은 심부름을 하고, 또 다른 사람들은 잔돈푼을 모으러 다니죠. 그래야 글을 쓰는 사람들이 목숨을 부지하면서 낡은 관료 세계가 터무니없는 추문을 일으켰다는 것을 증명할 테니까요. 그러는 사이사이에 우리 집의 명랑한 애들은 노래를 하고 휘파람을 불죠. 그러다 애들 아빠한테 야단을 맞은 적이 한두 번이 아니에요. 이 무슨 법석인지!"

11명의 피고 가운데 7명이 수감되었다. '공산주의자 동맹'은 죽었다. 마르크스는 그 이후로 오랫동안 다른 조직에 가담하지 않았다. 요구하는 일은 많지만 이루어내는 일은 거의 없는 위원회니 협회니 동맹이니 하는 것들에 지친 마르크스는 영국박물관 열람실로 들어갔다. 이해할 만한 일이었다. 영국박물관은 딘 스트리트에서 10분 거리였다. 그곳에서 마르크스는 정치경제학을 포괄적이고 체계적으로 설명하는 야심만만한 작업에 몰두했다. 이것이 나중에 《자본》을 낳은 기념비적인 프로젝트였다.

* * *

1850년 말, 그러니까 딘 스트리트 64번지에서 비참한 6개월을 보내고 난 뒤, 카를과 예니 마르크스는 길 위로 1백 미터쯤 더 올라간 곳에서 좀더 오래 있을 만한 집을 구했다. 28번지의 꼭대기층으로, 방이 두 개였다. 현재 그 건물은 현대적인 주방장 마르코 피에르 화이트가 관장하는 비싼 레스토랑이 되었다. 지금은 사라진 대런던 평의회에서 건물

6. 메갈로사우루스 231

앞에 부착한 작고 파란 명판에는 "카를 마르크스(1818~1883) 이곳에서 1851~1856년까지 살다."라고 적혀 있다. 이것이 카를 마르크스가 영국—프롤레타리아 혁명의 아버지와 연관되는 것을 자랑해야 할지 부끄러워해야 할지 모르고 계속 갈팡질팡해온 나라—에서 보낸 34년을 기념하는 유일한 공식적 기념비다. 그나마 명판에 적힌 연도는 맞지도 않는다.

'무서운 해'(원래 왕실 스캔들, 윈저 성 화재가 있었던 1992년을 가리켜 엘리자베스 2세가 한 말 : 역주)는 지나갔다. 그러나 아직 몇 가지 잔혹한 일이 남아 있었다. 마르크스 가족이 딘 스트리트 28번지로 이사하기 두 주 전 그들의 꼬마 화약 음모가 하인리히 구이도 '포크시'가 경기를 일으키더니 갑자기 죽고 말았다. 마르크스는 엥겔스에게 말했다.

"몇 분 전까지만 해도 웃고 장난을 쳤네. 자네도 지금 이곳 상황이 어떨지 상상이 가지? 이런 상황에 자네가 없으니 우리는 몹시 외롭네."

예니는 몹시 괴로워했다. '흥분과 피로 때문에 위험한 상태'였다. 카를은 역시 그답게 동지들의 불성실을 비난하는 것으로 슬픔을 달랬다. 이번에 주요한 공격 대상이 된 사람은 바로 몇 주 전에 마르크스의 명예를 지키기 위해 목숨을 걸었던 무모한 인물 콘라트 슈람이었다.

마르크스는 격분했다.

"11월 19일과 20일 이틀 동안 그는 우리 집에 한번도 얼굴을 내밀지 않았네. 이틀 뒤에야 들르더니, 잠깐 있으면서 얼빠진 이야기를 한두 마디 하고는 바로 사라져버렸네. 그는 장례식 날 우리와 동행하겠다고 자원했네. 그랬는데 약속된 시간 1, 2분 전에 나타나더니, 장례식에 대해서는 한마디도 하지 않고, 안사람한테 동생과 식사 약속에 늦어 얼른 가봐야 한다고 말하고 사라졌네."

이렇게 해서 슈람도 점점 길어지기만 하는 배반자 명단에 올라가게 되었다. 콘라트의 동생인 루돌프 슈람은 런던에서 마르크스와 엥겔스의 동료들을 초대하지도 않고 독일인들의 모임을 연 파렴치 행위로 이미 그 명단에 올라가 있었다.

에두아르트 폰 뮐러 텔러링도 버림받은 자들 가운데 하나였다. 그는 〈노이에 라이니셰 차이퉁〉의 통신원 출신으로 '일급 논쟁꾼'이라는 평판이 자자했다. 그러나 마르크스에게 싸움을 걸려고 했다가 제대로 걸리고 말았다. 이런 치명적인 복수극들이 종종 그렇듯이, 개전(開戰)의 이유는 웃음이 나올 정도로 사소한 것이었다. 텔러링은 '독일 노동자 교육협회'가 개최한 무도회를 코앞에 두고 엥겔스에게 표를 부탁했다. 엥겔스는 너무 늦게 부탁해서 들어줄 수가 없다고 대답했다. 그러면서 텔러링에게 협회의 어떤 모임에도 참석한 적이 없지 않느냐, 심지어 회원증도 안 가져가지 않았느냐고 한마디했다. 그리고 그 뒤에 한마디 덧붙였다.— '그런데 바로 그저께 비슷한 상황에 처한 어떤 사람이 협회에서 쫓겨났다.' 빌리히가 주관하는 협회의 '명예 법정'은 말귀를 알아듣고 텔러링의 회원 자격을 박탈했다. 그러자 텔러링은 마르크스 엥겔스 파벌—또는 이제 마르크스 당으로 종종 일컫게 된 집단—에 대한 비방을 퍼부어댔다.

바로 이 시점에서 당의 지도자 자신이 싸움에 끼여들었다. 마르크스는 우렁찬 소리로 말했다.

"당신이 어제 '노동자 협회'에 보낸 편지에 대해, 당신이 지금도 받아들일 용의가 있다면 내가 도전장을 보내고 싶소. 나는 다른 분야에서 당신의 혁명적 열광이라는 위선적인 가면을 벗겨버리겠소. 당신은 이제까지 그 가면 뒤에 당신의 편협한 이기심, 질투심, 만족할 줄 모르는 허영심, 세상이 당신의 위대한 천재성을 알아주지 않는 것—그것은 당신이 시험을 통과하지 못했기 때문에 시작된 것일 뿐인데—에 대한 성난 불만을 교묘하게 감추어왔소."

텔러링의 저널리스트로서의 야심을 부추겨 그를 협회에 천거한 사람이 바로 마르크스였다. 이제 이 불충실한 종을 바깥의 어둠으로 내치는 사람도 마르크스였다. 텔러링은 마지막으로 도리깨질을 하듯이 반격을 하더니—신경질적으로 반유대적인 모욕을 퍼붓는 팸플릿을 썼다.—미국으로 이주하여, 두 번 다시 소식을 전하지 않았다.

마르크스는 갈등을 즐겼으며, 사실이건 상상이건 어떤 모욕에도 늘 민감했다. 텔러링과 루돌프 슈람은 '그 비열한 자들'이었다. '민주주의 협회'—'독일 노동자 교육협회'의 경쟁 집단이었다.—의 지도자들은 '협잡꾼과 사기꾼들'이었다. 새로 도착한 다른 망명자 집단은 '민주주의적 무뢰한들의 새로운 떼거리'였다. 이 비열한 자들과 무뢰한들이 그렇게 하찮은 자들이었다면, 왜 그들을 완전히 무시하지 못했을까? 그렇게 물어볼 수도 있을 것이다. 스위스의 카를 보크트라는 무명의 정치가가 인쇄물로 그를 비방했을 때 과연 그 답변으로 2백 페이지에 달하는 반박문—《보크트 씨》—을 쓸 필요가 있었을까? 허영심과 자만심이 강한 혁명 시인 고트프리트 킹켈을 싫어하는 사람은 마르크스만이 아니었다. 그러나 《망명의 위인들》이라는 비꼬는 제목 하에 조밀하게 인쇄된 1백 페이지 책자에 킹켈의 부조리한 면들을 외설적으로 조롱할 필요가 있다고 생각한 사람은 마르크스밖에 없었다. 지지자들이 사자는 말똥풍뎅이와 싸우느라 시간을 낭비해서는 안 된다고 충언할 때마다, 마르크스는 유토피아적인 협잡꾼들을 무자비하게 폭로하는 것이야말로 혁명적 의무라고 대답하곤 했다.

"우리의 임무는 공개된 적들보다는 자칭 친구들이라고 하는 자들에 대해 엄한 비판을 하는 것이다."

게다가 마르크스는 그 놀이를 좋아했다. 마르크스가 그들을 꼬챙이에 꿰는 데 얼마나 즐거움을 느꼈는지는 《망명의 위인들》에 나오는 부수적인 인물 묘사를 조금만 읽어보아도 알 수 있다.

루돌프 슈람.

"난폭하고, 시끄럽고, 정신을 못차리는 조그만 난쟁이로, 인생의 모토는 《라모의 조카》(디드로의 작품 : 역주)에서 따왔다. 나는 아무것도 안 되느니 차라리 뻔뻔스러운 수다쟁이라도 되고 싶다."

구스타프 슈트루베.

"그의 가죽질의 외모, 교활하면서도 어리석은 표정이 담긴 튀어나온 눈, 대머리의 정수리에서만 번쩍이는 더부룩한 머리, 반은 슬라브인 같고 반은 칼무크인 같은 이목구비를 처음 보면 보통이 아닌 사람과 함께 있다는 느낌을 받을 수밖에 없다……"

아르놀트 루게.

"이 고상한 사람의 잘생긴 것으로 유명한 외모가 사람들에게 반드시 좋은 인상을 준다고 말할 수는 없다. 파리의 동료들은 그의 반은 포메라니아인 같고 반은 슬라브인 같은 이목구비를 '흰족제비 얼굴'이라는 말로 요약했다. …… 독일 혁명에서 루게는 마치 거리 모퉁이에서 볼 수 있는 통고문처럼 서 있다. "여기에서는 물을 버려도 좋습니다."라는 통고문."

이런 거칠고도 슬픈 이야기들은 그의 기력을 빼앗기는커녕 오히려 갱신해주었던 것 같다. 미미한 일탈자나 멍청이들을 향해 분출하는 화산 같은 분노는 자본주의와 그 모순을 폭로하는 일을 밝혀주는 불 같은 정열과 마찬가지였다. 마르크스는 최고 수준에서 작업을 하기 위해서는 분노가 부글거리는 상태를 유지할 필요가 있었다. 그 대상이 그를 둘러싼 끝도 없는 집안의 재난이 되었든, 자신의 비참한 건강 상태가 되었든, 감히 그의 우월한 지혜에 도전하려는 멍청이들이 되었든. 마르크스는 《자본》을 쓰는 동안, 그에게 심한 고통을 주고 또 늘 성질을 더럽게 만든 종기를 부르주아지가 반드시 기억하게 해주겠다고 맹세했다. 보크트 같은 사람들이나 킹켈 같은 사람들도 똑같은 목적에 이용되었다. 그들은 바퀴 위에 앉은 나비들이라기보다는 부랑자의 몸에서 곪는 종기였던 것이다.

생활 조건도 마르크스가 안이함에 빠지지 않도록 설계된 것인지도 모른다. 방 두 개짜리 아파트의 가구나 설비는 모두 부서졌거나, 누더기거나, 깨졌다. 모든 곳에 1센티미터 정도 두께의 먼지가 쌓여 있었다. 딘 스트리트를 내다보는 앞쪽 거실 한가운데 유포(油布)가 덮인 커다란 탁자가 놓여 있고, 거기에 마르크스의 원고, 책, 신문만이 아니라 아이들의 장난감, 아내의 바느질 바구니에서 나온 천 조각들, 이가 빠진 컵, 칼, 포크, 램프, 잉크병, 텀블러(컵의 한 종류 : 역주), 네덜란드 점토 파이프, 두터운 켜를 이룬 담뱃재도 덮여 있었다. 어디 앉을 곳을 찾기도 쉽지 않았다. 한 손님은 이렇게 말한다.

"여기에는 다리가 세 개뿐인 의자가 있고, 저쪽에 아이들이 음식 만들기 놀이를 하며 놀던 의자가 있다. 공교롭게도 그 의자는 다리가 네 개라서, 주인은 그것을 손님에게 권한다. 그러나 아이들이 가지고 놀던 음식물을 다 치우지 않았기 때문에, 거기에 그냥 앉으면 바지를 버리게 된다."

이 담배 연기가 가득한 동굴로 들어올 수 있었던 소수의 프로이센 첩자 가운데 한 사람은 마르크스의 무질서한 습관에 충격을 받았다.

그는 진짜 보헤미안 지식인 생활을 하고 있다. 씻고, 단장하고, 내의를 갈아입는 일은 좀처럼 하지 않는다. 그는 술에 취하는 것도 좋아한다. 종종 며칠씩 게으름을 피우기도 하지만, 할 일이 많을 때는 지칠 줄 모르고 밤낮없이 꾸준하게 일을 한다. 그는 일정한 시간에 자고 깨는 법이 없다. 밤새 한숨도 안 자는 경우가 다반사이며, 그랬다가 대낮에 옷을 다 입은 채로 소파에 누워 저녁까지 잔다. 누가 왔다갔다해도 전혀 방해받지 않는다.

마르크스가 잠자리에 들기를 꺼렸던 데는 그럴 만한 이유가 있었던 것으로 보인다. 온 가족—가정부인 헬레네 '렌헨' 데무트도 포함하여—이 건물 뒤편에 있는 작은 방에서 자야 했기 때문이다. 카를과 예니가 그 틈에서 어떻게 생식을 위한 시간이나 프라이버시를 찾았는지는 여전히 수수께끼다. 렌헨이 아이들을 데리고 산책을 나간 틈을 노렸다고 생각해볼 수도 있다. 예니가 아프고 카를이 일에 몰두하면, 가정 내에 질서 비슷한 것을 유지하는 과제는 전적으로 그들의 하인에게 떨어졌다. 예니는 1850년에 네덜란드로 성과 없는 원정을 갔을 때 카를에게 편지를 썼다.

"아, 내가 당신과 어린것들을 얼마나 보고 싶어하는지. 물론 당신하고 렌헨이 아이들을 잘 돌보고 있겠지요. 렌헨이 없다면 나는 이곳에서도 마음의 평화를 누리지 못할 거예요."

렌헨은 예니가 없는 동안 정말로 예니의 일반적인 의무들—부부의 잠자리에서의 의무를 포함하여—을 대신해주었다. 아홉 달 뒤인 1851년 6월 23일, 렌헨은 사내아이를 출산했다. 어린 헨리 프레드릭 데무트—나중에는 프레디라고 불렸다.—의 출생 증명서에 아버지 이름과 직업을 적는 곳은 공란으로 남아 있다. 이 아이는 곧 양부모에게 맡겨졌다. 아마 런던 동부의 루이스라는 이름의 노동 계급 부부에게 맡겨졌을 것이다. 이것은 정황증거에 따른 이야기일 뿐이다. 렌헨의 아들은 이름을 프레드릭 루이스 데무트로 바꾸어, 어른이 된 뒤로는 평생 해크니시

6. 메갈로사우루스 237

에서 살았다. 그는 이스트엔드의 여러 공장에서 숙련된 선반공으로 일했으며, '기술자 연합 노조'의 충실한 조합원이었고, '해크니 노동당'의 창립 당원이었다. 동료들은 그를 가족에 대해서는 한마디도 하지 않은 조용한 사람으로 기억하고 있다. 그는 1929년 1월 28일에 사망했다.

프레디는 딘 스트리트 28번지의 작은 뒷방에서 태어났기 때문에―그리고 그 전 몇 주 동안 렌헨의 부풀어오른 배가 눈에 분명히 띄었을 것이기 때문에―이 기적적 수태로 보이는 사건이 예니의 눈을 피해갈 수는 없었다. 예니는 매우 속이 상하고 화가 났지만, 이 소식이 새어나가면 마르크스의 적들에게 치명적인 무기를 쥐어주는 꼴이 될 수 있다는 데 동의했다. 그래서 공산주의의 대의라는 더 큰 선(善)을 위한 최초의, 동시에 대단히 성공적인 은폐 작전이 시작되었다. 마르크스가 사생아를 낳았다는 소문은 많았지만, 프레디의 친부 문제가 공개적으로 거론된 것은 1962년에 와서였다. 독일 역사학자 베르너 블루멘베르크는 암스테르담에 있는 국제 사회사 연구소의 방대한 마르크스주의 기록 보관소에서 발견한 문건을 발표했다. 이 문건은 1898년 9월 헬레네 데무트의 친구이자 엥겔스의 가정부인 루이제 프라이베르거가 자신의 고용주의 임종시 고백을 기술한 것이다.

나는 프레디 데무트가 마르크스의 아들이라는 이야기를 장군〔엥겔스〕으로부터 직접 들었어요. 투시〔마르크스의 막내딸 엘레아노르〕가 그것을 가지고 나를 야단치길래, 직접 노인네한테 물어봤죠. 장군은 투시가 자신의 의견을 그렇게 고집스럽게 내세우는 데 깜짝 놀랐어요. 그래서 나에게, 필요하다면 장군이 아들과 의절했다는 소문이 거짓임을 증명하라고 말했어요. 장군이 돌아가시기 오래 전에 내가 그 이야기를 한 것을 기억하시죠?

게다가 프레드릭 데무트가 카를 마르크스와 헬레네 데무트의 아들이라는 사실은 장군이 돌아가시기 며칠 전에 무어 씨[《공산당 선언》과 《자본》의 번역자인 새뮤얼 무어]한테 한 말에서도 확인되었어요. 그래서 무어 씨가 오핑턴에 있던 투시에게 가서 이야기를 해주었죠. 투시는 장군이 거짓말을 하고 있으며, 장군이 아버지라는 사실은 그 자신이 늘 인정해왔다고 주장했어요. 무어는 오핑턴에서 돌아와 장군에게 다시 꼼꼼히 따져물었죠. 그러나 장군은 프레디가 마르크스의 아들이라는 입장을 고수했어요. 장군은 무어에게, "투시는 자기 아버지를 우상으로 만들고 싶어하는 게야." 하고 말했죠.

일요일에, 그러니까 장군이 돌아가시기 하루 전에, 장군은 투시를 위해 그 사실을 석판에 적어놓았어요. 투시는 그것을 보고 완전히 정신이 나가 나에 대한 미움도 다 잊고 내 어깨에 기대 슬프게 울었어요.

장군은…… 그가 프레디에게 인색하게 굴었다는 비난이 생길 경우에만 그 정보를 이용할 것을 허락했어요. 장군은 이제 그것이 아무에게도 도움이 되지 않는 상황에서, 자신의 이름이 더럽혀지기를 바라지 않는다고 말씀하셨죠. 장군은 마르크스 역을 떠맡음으로써 마르크스를 심각한 가족 내 갈등으로부터 구해주셨어요. 우리와 무어 씨, 그리고 마르크스 씨의 자식들(라우라는 이 이야기를 정확히 듣지는 못한 것 같지만, 어쨌든 그 사실에 대해 알고 있었던 것 같아요) 외에 마르크스에게 아들이 있었다는 사실을 아는 사람은 레스너와 팬더뿐이에요. 프레디의 편지들이 공개된 뒤, 레스너는 나한테 이렇게 말했어요.

"물론 프레디는 투시 오빠지. 우리 모두 그것을 알고 있었소. 다만 그 아이가 어디서 컸는지는 알아낼 수가 없었소."

프레디는 마르크스를 희극적으로 바꾸어놓은 것처럼 생겼어요. 그 진짜 유대인 얼굴과 숱 많은 검은 머리를 보면, 편견에 눈이 먼 사람만이 거

6. 메갈로사우루스 239

기서 장군과 닮은 모습을 찾아낼 수 있을 거예요. 나는 당시 마르크스가 맨체스터에 있는 장군에게 보낸 편지를 보았어요(물론 당시에 장군은 런던에 살지 않았죠). 하지만 장군은 그 편지를 없앴을 거예요. 두 분이 주고받은 많은 편지를 없앴듯이 말이에요.

그것이 내가 그 문제에 대해 알고 있는 전부예요. 프레디는 어머니한테나 장군한테나 자기 친부가 누구인지 한 번도 묻지 않았어요…….

지금 이 문제 때문에 나한테 보내신 편지 가운데 몇 줄을 다시 읽고 있어요. 마르크스는 늘 이혼 가능성을 염두에 두고 있었어요. 부인이 미친 듯이 질투했기 때문이죠. 마르크스는 그 아이를 사랑하지 않았어요. 만일 마르크스가 그 아이를 위해 감히 뭔가를 해주려 했다면, 그 추문은 감당할 수 없었을 거예요.

1962년에 이 편지가 공개된 이후 대부분의 마르크스 학자들은 이 문서를 카를이 간통을 했다는 결정적 증거로 받아들였다. 그러나 의심을 한 사람도 한두 명 있다. 엘레아노르 마르크스의 전기 작가인 이본 캅은 프라이베르거의 편지를 '극단적인 공상'이며, '많은 점에서 믿을 수 없다.'고 이야기한다. 그럼에도 그녀는 "그(프레디)가 마르크스의 아들이라는 점에 대해서는 합리적으로 의심의 여지가 없다."고 인정한다. 엥겔스의 전기를 쓴 테럴 카버 교수는 여기서 더 나아간다. 그는 마르크스도 엥겔스도 프레디 데무트의 아버지일 리가 없다고 생각하며, 이 편지가 위조라고 말한다.

"아마 사회주의에 대한 불신을 퍼뜨리고자 나치 요원들이 위조했을 것이다."

카버 교수는 암스테르담에서 발견된 편지가 타자로 친 사본으로 그 출처를 알 수 없으며, 원본(원본이 있다 해도)이 나타난 적은 없다는 점을 지적한다.

이 편지에 있는 주장들 가운데 몇 가지가 논리나 상식을 뒤엎는 것은 분명하다. 프레디가 태어났을 때 마르크스가 엥겔스에게 보냈다고 하는 '편지', 즉 루이제 프라이베르거가 보았다고 하는 '편지'를 예로 들어보자. 프라이베르거는 1860년에 태어났고 1890년부터 엥겔스 밑에서 일을 했다. 따라서 그녀의 말이 맞다면, 엥겔스가 그 편지를 수십 년 동안 보관했다는 뜻이 된다. 편지를 보관하는 수고를 감안할 때, 왜 엥겔스가 나중에 '장군이 아들과 의절했다는 소문이 거짓임을 증명'할 수 있는 유일한 증거를 없앴을까?

심리적으로 볼 때 있을 법하지 않은 일이 또 하나 눈에 띈다. 예니 마르크스가 그녀의 하인과 남편이 그녀의 등 뒤에서 껴안고 뒹군다는 것—그녀 자신은 임신한 상태에서—을 발견했다면, 그녀는 아마 믿을 수 없는 하인을 그 자리에서 내쫓았을 것이다. 아니면 적어도 그녀를 신뢰하지 않고 냉대했을 것이다. 그러나 두 여자는 평생 애정 어린 파트너 관계를 유지했다. 카버 교수는 결론을 내린다.

"프레드릭 데무트의 생애와 그의 관계들을 조사해보아도 그의 아버지의 정체에 관한 증거는 나오지 않는다. 심지어 엥겔스가 어떤 이유에서 아버지 행세를 했다고 하는 주장도 달리 뒷받침할 만한 사실이 없다. 현재 남아 있는 편지나 회고는 루이제 프라이베르거의 이야기를 전혀 입증해주지 않는다."

이것은 사실이라고 할 수 없다. 공산주의의 위대한 인물들에게 피해나 상처를 주고 싶어하지 않았던 유언 집행자들은 마르크스와 엥겔스의 서류들 가운데 없앨 것은 없앴지만, 몇 가지 분명한 단편적 증거들은 남아 있다. 첫 번째는 엘레아노르 마르크스가 언니 라우라에게 1882년 5월 17일에 보낸 편지다. 이 편지를 보면 마르크스의 딸들이 엥겔스가 프레디의 아버지라는 이야기를 받아들이고 있었다는 사실을 보여준다.
"프레디는 모든 면에서 훌륭하게 행동하고 있어. 엥겔스가 그에 대해 화를 내는 것은 이해할 수 있는 일이면서도 불공평한 일이야. 우리 누구도 혈육으로 이루어진 자신의 과거와 마주치고 싶어하지는 않지. 하지만 나는 프레디를 만날 때마다 죄책감과 뭔가 잘못되었다는 것을 느껴. 그 남자의 인생을 생각해봐! 그가 자신의 인생에 대해 이야기하는 것을 듣고 있으면 나는 슬프고 부끄러워져."

10년 뒤인 1892년 7월 26일 엘레아노르는 다시 그 이야기를 한다.

"내가 너무 '감상적'인지도 몰라. 하지만 나는 프레디가 평생 지워지지 않을 큰 상처를 입었다는 느낌을 떨칠 수가 없어. 이제 사실을 사실대로 보게 되니까 좋지 않아. 우리가 남들에게 설교하는 그 멋진 것들을 실제로 실행에 옮기는 경우는 얼마나 적은지 몰라."

앞의 편지에 비추어볼 때, 그녀의 조롱은 엥겔스를 향한 것이 분명하다.

카를 마르크스와 그의 부인도 진실에 대해 작지만 분명한 실마리들을 남기고 있다. 1865년에 예니가 쓴 자전적인 에세이 《다사다난한 삶의 짧은 기록》에는 묘하게도 유보적인 부분이 포함되어 있다.

"여기서 자세히 말하고 싶지는 않지만, 1851년 초여름에 개인적인 면에서나 다른 면에서나 우리의 걱정을 가중시킨 어떤 일이 일어났다."

여기서 말하는 일이란 프레디가 태어난 것일 수밖에 없다. 만일 헬레네 데무트가 다른 연인의 아이를 가진 것이라면, 왜 그것이 예니에게 그토록 오랫동안 개인적 슬픔으로 남았을까?

더 이상한 것은 1851년 3월 31일, 헬레네가 임신 6개월일 때 마르크스가 엥겔스에게 보낸 편지다. 마르크스는 빚, 채권자, 인색한 어머니에 대해 한참 투덜거린 뒤, 이렇게 덧붙인다.

"자네도 이곳이 난장판이라는 것을, 내가 프티부르주아적인 오물에 목까지 잠겨 있다는 것을 인정할 걸세. …… 그런데 마지막으로, 이런 상황에 희비극적인 요소를 가미하고 싶었는지, 여기에 덧붙여 비밀 (mystère)이 생겼네. 이제 자네한테 그 이야기를 아주 간단히(en très peu de mots) 해주겠네. 아, 그런데 누가 부르는구먼. 가서 안사람을 돌봐주어야겠네. 따라서 자네도 등장하는 나머지 이야기는 다음에 하기로 하세."

그러나 이틀 뒤 편지를 쓸 때 그는 마음을 바꾸었다.

"그 비밀에 대해서는 쓰지 않겠네. 어차피 비용이 얼마가 들든 4월 말에는 자네를 보러 갈 테니까. 여기서 일주일 동안은 벗어나 있어야겠네."

렌헨의 임신이 아니라면 그 비밀이 뭐겠는가? 갑자기 수줍은 듯 프랑스어 완곡어법으로 넘어갔다는 것이 의문의 여지없이 그것을 증명한다. 산부인과에서 다룰 부끄러운 일을 이야기할 때 그의 말투는 보통 그런 식으로 바뀌었기 때문이다(예니가 임신해 있는 동안 그는 엥겔스에게 예니가 'un état trop intéressant'〔아주 흥미있는 상태라는 뜻이지만 임신한 상태를 가리킨다 : 역주〕에 있다고 말하곤 했다). 그가 편지에서 자세히 말하기를 꺼린 이유는 같은 편지에서 자세히 설명하고 있다.

"안사람이 슬프게도 아들이 아니라 딸을 낳았네. 더 심각한 것은 몹시 안 좋다는 걸세."

'안 좋은' 사람이 마르크스 부인이었을까 아니면 새 딸 프란치스카였을까? 아마 둘다였을 것이다. 우리는 예니의 회고를 통해 그녀가 1851년 초여름에 우울했다는 것을 알고 있다. 마르크스가 3월 31일에 쓴 편지도 이것을 확인해준다.

"아내는 3월 28일에 앓아누웠네. 해산은 힘들지 않았지만, 지금은 몹시 아프네. 이유는 신체적인 것이 아니라 가정적인 것일세."

8월 초, 딘 스트리트의 비좁은 아파트에 산모가 둘이 생기자, 다른 이주자들은 늙은 아버지 마르크스에 대해 수군거리기 시작했다. 마르크스는 친구 바이데마이어에게 고백했다.

"상황은 매우 우울하다네. 이런 상황이 더 계속되면 아내는 죽고 말 걸세. 끊임없는 걱정, 아주 사소한 일상적인 고민들이 안사람을 지치게 하고 있거든. 거기에 나의 적들의 파렴치 행위도 있다네. 그들은 지금까지 한번도 내용에 관해서는 나를 공격하려고 엄두도 내지 못했는데 말일세. 그들은 나의 공민으로서의 성격을 의심하거나 나에 대해 도저히 입에 담을 수 없는 악평을 퍼뜨림으로써 자신들의 무능에 대한 앙갚음을 하려고 하는군. 빌리히, 샤퍼, 루게를 비롯해 헤아릴 수 없이 많은 민주주의적 어중이떠중이가 그것을 자기들 사업으로 삼고 있다네."

결투에 나섰던 콘라트의 형제인 루돌프 슈람은 동료들에게 '혁명의 결과가 어떻게 되든 마르크스는 패배자'라고 소근거리고 있었다.

마르크스는 말한다.

"물론 나야 이 지저분한 일 전체를 웃어넘길 수 있습니다. 나는 잠시라도 그것 때문에 내 일에 방해를 받지는 않습니다. 하지만 이해하다시피, 내 안사람은 몸도 안 좋고 아침부터 밤까지 집안에서 일어나는 일들 가운데도 가장 지겨운 일들에 빠져 꼼짝도 못합니다. 그래서 신경이 많이 약해져 있습니다. 그런 상태에서 어리석은 수다쟁이들이 매일 민주주의적 하수구에서 나는 악취를 옮겨오는 바람에 더 힘을 잃고 있습니다. 어떤 사람들은 이 점에서 얼마나 요령이 없는지 말로 다 못합니다."

헬레네 데무트의 수수께끼 같은 임신이 아니라면 이것이 다 무슨 일이겠는가? 마르크스가 그 '입에 담을 수 없는' 소문을 퍼뜨리는 사람들의 요령 없는 태도는 개탄하지만, 실제로 그 소문을 부정하지는 않는다는 점도 눈여겨볼 만하다.

이보다 더 나빠질 수는 없는 상황인 것 같은데, 실제로는 더 나빠졌다. 1852년 부활절, 프란치스카가 첫 돌을 넘긴 직후 심한 기관지염에 걸렸다. 4월 14일에 마르크스는 엥겔스에게 짧게 휘갈겨 쓴 편지를 보냈다.

"프리드리히, 우리 어린아이가 오늘 새벽 1시 15분에 죽었다는 것을 알리기 위해 몇 자 적었네."

이 감정이 들어 있지 않은 보고문으로는 마르크스 가족이 느낀 고뇌와 절망을 짐작도 할 수 없다. 그것을 어느 정도 짐작해보려면 예니의 《다사다난한 삶의 짧은 기록》으로 돌아가보아야 한다.

"아이는 심하게 고통스러워했다. 아이가 죽자 우리는 생명이 사라진 어린 몸을 뒷방에 남겨두고 앞방으로 나와 마루에 이부자리를 깔았다. 살아 있는 아이 셋은 우리 곁에 누웠고, 우리 모두 옆방에서 생명 없는 검푸른 몸으로 누워 있는 어린 천사 때문에 울었다."

마르크스 가족은 장의사를 고용할 돈도 없었다. 그러나 딘 스트리트의 이웃에 사는 프랑스인이 딱하게 여겨 2파운드를 빌려주었다.

"그 돈은 내 아이가 평화롭게 누울 수 있는 관을 사는 데 썼다. 그애는 세상에 나와서도 요람 없이 지냈는데, 죽어서도 한동안 마지막 안식처를 얻지 못했던 것이다."

마르크스는 2년 남짓 런던 생활을 했는데, 두 번이나 자식을 잃었다. 엥겔스는 그럴 만한 이유를 집어냈다. 그는 조문에서 이렇게 탄식했다.

"자네 가족이 좀더 건강에 좋은 곳으로, 좀더 넓은 집으로 이사갈 수 있는 돈만 있다면!"

프란치스카가 빈곤 때문에 죽었든 아니든, 그 아이를 묻는 데는 빈곤이 문제가 되었다. 마르크스는 그 전 몇 주 동안 미국 동조자들로부터

6. 메갈로사우루스 245

기부금을 받아 가계를 안정시키기를 바랐으나, 장례식 당일 아침에 뉴욕에 사는 바이데마이어에게서 편지를 받았다. 그쪽에서는 구원자가 나올 가능성이 거의 없다는 내용이었다. 마르크스는 엥겔스에게 말했다.

"바이데마이어의 편지를 보고 우리 가족, 특히 안사람이 매우 언짢아했네. 안사람은 지난 2년 동안 내가 벌이는 모든 일이 하나같이 실패하는 것만 보아왔거든."

7 굶주린 이리떼

마르크스(1869)

돈이 한푼도 없다는 것은 더 무시무시한 일이네. ―가족의 요구는 한순간도 끊이지 않는다는 사실은 별도로 하고―소호는 콜레라가 선택한 지역이기 때문이야. 좌우에서 사람들이 떼로 죽어나가고 있네(예를 들어 브로드 스트리트에서는 한 집에 평균 세 명일세). 이 더러운 병을 막아내는 데는 '식량'이 최고인데. ―1854년 엥겔스에게 보낸 편지에서

1852 | 1854
가난에 쫓기는 부르주아 신사

1853년 4월 아침 빵가게 주인이 딘 스트리트 28번지에 나타났다. 외상을 갚기 전에는 빵을 배달하지 않겠다고 경고하려는 것이었다. 빵가게 주인을 맞이한 사람은 뺨이 통통한 여섯 살의 에드가 마르크스였는데, 이미 아트풀 도저(찰스 디킨스의 《올리버 트위스트》에 나오는 인물 : 역주)만큼이나 거리에서 닳고 닳은 아이였다. 에드가는 몸집이 작아서 아기 때는 '무쉬(파리)'라는 별명이 붙었지만, 나중에는 꾀와 기지 때문에 '무쉬 대령'으로 별명이 바뀌었다.

"마르크스 씨 집에 계시냐?"

남자가 물었다.

"아뇨, 위층에 안 계신데요."

런던 토박이 개구쟁이는 대답했다. 그러더니 빵 세 덩이를 집어들고 화살처럼 내뺐다.

무쉬의 아버지는 아들을 무척 자랑스러워했지만, 모든 채권자들을 그렇게 쉽게 물리칠 수 있다고 기대하지는 않았다. 마르크스 가족은 소호에 살던 시절 내내 여러 사람의 포위 공격을 받았다. 프로이센의 지저

7. 굶주린 이리떼 249

분한 경찰 첩자들은 드러내놓고 문밖을 배회하며 드나드는 사람들을 기록했다. 뿐만 아니라 약이 바짝 오른 정육점 주인과 빵집 주인과 집달리들도 세차게 문을 두드려댔다.

그가 엥겔스에게 보낸 편지들은 비참함과 비통함을 표현하는 말들이 호칭 기도처럼 끊이지 않고 이어진다.

"일주일 전 저고리를 전당포에 맡기는 바람에 외출을 못하고, 외상값을 돈이 없어 이제는 고기를 먹을 수 없는 유쾌한 지점에 이르렀네. 이 모든 것이 하찮은 일이지만, 언젠가는 이것이 다 추문으로 터지지나 않을지 걱정이네."(1852년 2월 27일)

"안사람이 아프다네. 꼬마 예니도 아프고. 렌헨은 신경성 열병 같은 것에 걸렸다네. 약을 살 돈이 없어 의사에게 연락을 하지 못했고, 지금도 못하고 있네. 지난 여드레 동안인가 열흘 동안인가, 식구한테 빵과 감자만 먹였네. 그러나 오늘은 그나마 먹을 수 있을지 의심스러워. …… 어떻게 이 지옥 같은 혼란에서 벗어날 수 있을까?"(1852년 9월 8일)

"우리의 불행은 절정에 이르렀네."(1853년 1월 21일)

"지난 열흘 간 집에 돈이 한푼도 없었네."(1853년 10월 8일)

"현재 전당포에 돈을 보내는 데만 〔가계 수입 가운데〕 25퍼센트를 써야 하네. 밀린 게 많아 전체 채무는 결코 정리할 수 없을 거야. …… 돈이 한푼도 없다는 것은 더 무시무시한 일이네.—가족의 요구는 한순간도 끊이지 않는다는 사실은 별도로 하고—소호는 콜레라가 선택한 지역이기 때문이야. 좌우에서 사람들이 떼로 죽어나가고 있네(예를 들어 브로드 스트리트에서는 한 집에 평균 세 명일세). 이 더러운 병을 막아내는 데는 '식량'이 최고인데."(1854년 9월 13일)

"내가 지난번에 위층에서 자네에게 편지를 쓰느라 바빴을 때, 안사람은 아래층에서 굶주린 이리떼에 둘러싸여 있었었네, 모두들 '힘든 때'라는 구실로 안사람에게서 있지도 않은 돈을 달라고 독촉해댔네."(1857년 12월 8일)

"그 썩어빠진 지방세 징수원이 만일 월요일까지 돈을 보내지 않으면 월요일 오후에 집으로 압류물 감정인을 보내겠다고 세 번째이자 마지막으로 경고를 했네. 그러니 가능하면 몇 파운드만 보내주게……."(1857년 12월 18일)

이 '몇 파운드'는 결국 상당히 큰 보조금이 되었다. 마르크스가 가장 극심한 가난에 시달렸던 해로 꼽히는 1851년에도 그는 엥겔스와 다른 지지자들로부터 적어도 150파운드를 받았다. 사실 이것은 중간 계급 하층에 속한 가족이 어느 정도 안락하게 살 수 있는 돈이었다. 그해 가을 마르크스는 세계에서 가장 잘 팔리는 신문인 〈뉴욕 데일리 트리뷴〉의 유럽 통신원으로 임명되었으며, 기사 한 편당 2파운드를 받고 매주 기사 2편을 송고하기로 했다. 1854년 이후 〈뉴욕 데일리 트리뷴〉으로부터 받는 돈은 조금 줄어들었지만, 그때는 또 브레슬라우의 〈노이에 오더 차이퉁〉에 기고하여 매년 50파운드를 받았다. 간단히 말해 1852년부터 마르크스에게는 적어도 연 2백 파운드의 수입이 있었다. 딘 스트리트의 집세는 연 22파운드에 불과했다. 그런데 왜 마르크스는 늘 참담할 정도로 가난했을까?

만일 마르크스가 많은 경찰 보고서에 나온 대로 무심한 보헤미안이었다면 아마 가계를 상당히 잘 꾸려나갔을지도 모른다. 그러나 그는 가난하지만 지체 높은 사람들로 이루어진 계급에 속해 있었다. 그는 품위 있는 겉모습을 유지하기를 간절히 바랐으며, 부르주아적인 습관들을 버리고 싶어하지 않았다. 1850년대 대부분의 기간 동안 마르크스는 자기 자식들도 제대로 먹일 여유가 없었다. 그런데 그는 비서를 두겠다고 고집을 부려, 그 일을 몹시 하고 싶어하던 예니 마르크스를 누르고 젊은 독일인 언어학자 빌헬름 피퍼를 비서로 고용했다.

예니는 피퍼를 '꾀죄죄한 수다쟁이'라고 하면서, 경박한 동시에 교조적일 수 있는 드문 사람이라고 평가했다. 그는 또 요령 없고, 버릇없고, 터무니없이 자만심이 강하고, 만족할 줄 모르는 육욕을 가진 사람이었다. 마르크스의 집을 찾아오는 여자들 가운데 일부는 그의 촌스러운 정치적 장광설 때문에 눈물을 흘렸고, 또 일부는 그의 뻔뻔스러운 외설적 태도 때문에 눈물을 흘렸다. 그는 자신을 "바이런과 라이프니츠가 하나로 합쳐진 인물"로 여겼다. 더 중요한 것은 그가 비서로서 전혀 쓸모가 없었다는 점이다. 그의 주요 업무는 마르크스의 신문 기사들을 필사하고 번역하는 것이었다. 그러나 그의 번역은 워낙 별나서 보통 엥겔스가 처음부터 다시 해야 했다. 그리고 1853년 봄부터 마르크스는 영어로 직접 쓰는 데 자신감을 가졌다.

"왜 그 친구가 계속 필요한지 잘 모르겠구먼."

엥겔스는 투덜거렸다. 그해 늦여름 피퍼는 병원에 두 주 입원을 했다. 병상에 붙은 작은 팻말은 그의 수치를 모두에게 드러냈다.

"빌헬름 피퍼, 매독 제2기."

그는 다음에는 좀더 분별력 있게 행동하겠다고 약속했지만, 난잡한 행실은 계속되어 오래지 않아 다시 성병으로 입원하고 말았다.

어느 날 딘 스트리트로 피퍼에게 편지가 날아왔다. 여자 필체로 쓰여진 편지였는데, 만나 달라고 요청하는 내용이었다. 피퍼는 서명을 보고도 누군지 떠오르지 않아 편지를 예니 마르크스에게 건네주었다. 그녀는 전에 유모로 일했던 "아일랜드 출신의 뚱뚱하고 단정치 못한 늙은 여자"의 서명임을 알아보았다. 카를과 예니는 이 새로운 애인 문제를 놓고 피퍼를 놀렸다. 그러나 마르크스는 "그가 그 늙은 암소와 계속 만나는 것을 눈치챘다." 몇 주 뒤에는 런던 남부 출신의 청과상 딸에게 무한한 사랑을 고백했다. 마르크스는 그 여자를 녹색 안경을 낀 수지 양초로 묘사했다.

"그 여자 전체가 야채의 녹색이라기보다는 녹청(綠靑)의 녹색일세. 게다가 고기나 살이 전혀 없는 녹색이야."

나중에 밝혀진 바에 따르면 이 연애의 주된 목적은 피퍼가 그녀의 아버지에게 20파운드를 빌리자는 것이었는데, 그의 모든 책략과 마찬가지로 이 책략도 참담한 실패로 끝나고 말았다. 청과상은 그에게 한푼도 못 빌려주겠다고 했고, 화가 난 딸은 당장 딘 스트리트로 달려가 피퍼에게 사랑의 도피를 하자고 제안했다.

피퍼는 이따금씩 몇 주 동안 사라지곤 했다. 유혹적인 여자를 쫓아간 경우도 있고, 새로운 일—저널리스트로, 교열자로, 시청 직원으로, 램프 영업사원으로, 교장으로—을 찾으러 나간 경우도 있었다. 그러나 그의 사랑과 돈에 대한 꿈은 열매를 맺지 못했다. 그래서 꾀죄죄한 몰골로 딘 스트리트로 돌아와 재워주고 먹여 달라고 간청하곤 했다. 마르크스는 1854년 7월 신음을 토했다.

"슬프게도 나는 다시 피퍼라는 부담을 안게 되었네. 그는 자신이 보배라고 부르는 창녀와 두 주 동안 살다가, 굶주려 반쯤 죽어서 우유에 삶은 새끼 돼지 같은 몰골로 돌아왔네. 그는 두 주 동안 20파운드를 찔끔찔끔 낭비했고, 이제 그의 양쪽 돈주머니는 똑같이 텅 비어 있네. 이런 날씨에 그 친구가 아침부터 밤까지, 밤부터 아침까지 옆에서 어슬렁거리는 것은 짜증나는 일이야. 또 일에도 방해가 되고."

아파트가 워낙 비좁았기 때문에 피퍼는 마르크스와 침대를 함께 써야 했다. 게다가 피퍼는 '미래의 음악'이라고 하면서 리하르트 바그너의 음악—마르크스는 끔찍하게 생각했다.—을 연주해주겠다고 고집을 부렸기 때문에 더욱 괴로웠다.

1857년 피퍼는 보그노의 사립학교에 독일인 교장 자리를 제안받았다고 말했다. 아마 마르크스가 더 좋은 조건을 제시하면서 붙잡기를 바랐던 것 같다. 그러나 결국 마르크스는 뜻대로 하라고 결론을 내렸다. 예니는 어려움 없이 그의 자리를 메웠다.

"그의 '불가결함'은 그 자신의 상상이 꾸며낸 일임이 드러났네."

마르크스는 그 역시 그 상상에 동조했다는 사실은 덧붙이지 않는다. 마르크스는 말을 잇는다.

"안사람은 그 고귀한 젊은이와는 달리 전혀 귀찮은 일을 일으키지 않고 비서의 기능을 이행하고 있네. …… 나는 어떤 면에서도 그가 필요하지 않네."

마르크스가 병석에 눕고 피퍼가 창녀를 쫓아 집을 비운 사이에 예니는 이미 몇 번이나 그 사실을 증명해 보였는데도, 왜 마르크스가 그 사실을 아는 데 그렇게 오래 걸렸을까? 마르크스는 이 신뢰할 수 없는 허드렛일꾼에 오랫동안 짜증을 내왔다. 개인적으로는 그를 덤벙이 어릿광대에 어리석은 당나귀라고 불렀다.

"어설픈 지식과 독선의 결합, 맥빠진 상태와 현학의 결합 때문에 그는 더욱더 견디기가 힘드네. 그런 젊은이에게는 아주 흔한 일이지만, 겉보기에 쾌활한 기질 밑에는 심한 짜증, 변덕, 의기소침하게 쭈그러든 상태가 숨어 있거든."

피퍼를 고용한 것은 처음부터 불필요한 사치였다. 그러나 마르크스가 자신과 같은 위치에 있는 사람이 심복 비서를 두지 않는 것은 어울리지 않는 일이라고 생각했기 때문에 피퍼는 자리를 지킬 수 있었다. 정기적으로 해변으로 휴가를 떠난다거나, 아이들에게 피아노 교육을 시킨다거나, 품위를 유지하는 데 필요한 값비싼 부속물을 구비한다거나 하는 것 등이 모두 같은 맥락이었다. 마르크스는 아무리 주머니가 비어 있다 해도 그의 표현대로 '프롤레타리아 이하'의 생활 방식은 받아들이려 하지 않았다. 따라서 다른 피난민들에게는 사치로 보이는 것이 그에게는 '절대적 필수품'이 되었으며, 식료품상에게 돈을 준다든가 하는 좀 더 긴급한 일은 오히려 선택적 추가 사항으로 취급되었다.

이런 우선순위의 전도는 1854년 6월 엥겔스에게 보낸 편지에서 분명하게 드러난다. 이때는 예니가 병에서 회복되고 있을 때였으며, 그녀를 치료한 닥터 프로인트가 기한이 지난 진료비를 해결해 달라고 아우성을 치던 때였다. 마르크스는 2사분기 회계가 가망 없을 정도의 적자 상태라고 설명하면서 이렇게 말했다.

"나는 곤경에 처해 있네. 가계에 12파운드를 지출해야 하는데, 내 수입은 글을 쓰지 않아 상당히 줄어들었기 때문이지. 게다가 약값만도 지출에서 많은 부분을 잡아먹고 있다네."

그러나 이 가슴 아픈 호소는 바로 그 다음 문장 때문에 효과를 잃고 만다. 마르크스는 예니, 아이들, 가정부가 에드먼턴에 있는 빌라로 두 주 간 휴가를 떠날 예정이라고 말하고 있기 때문이다. 그리고 나면 "안사람은 시골 공기로 몸을 충분히 회복하여, 트리어까지 여행할 수 있을지도 모르네." 엥겔스는 궁금했을지 모른다. 마르크스가 의사한테 낼 돈도 없을 정도로 쪼들린다면, 독일 갈 여비는 어떻게 마련할 수 있을까? 적어도 마르크스 때문에 오랫동안 시달린 채권자들은 예니가 여행을 가기 위해 새로 옷을 장만했다는 것을 알았을 때 그런 의문을 품게 되었다. 마르크스는 그들의 분개를 이해 못하는 척하면서, 독일 남작의 딸이 "초라한 행색으로 트리어에 도착할 수 없음은 당연하다."고 주장했다.

우스꽝스럽게도 마르크스는 귀족과 결혼한 것을 자랑스러워했다. 그래서 그녀의 명함에도 '예니 마르크스 부인, 구성(舊姓) 베스트팔렌 여남작'이라고 박아놓고, 가끔 상인이나 토리 당원에게 자랑스럽게 휘두르곤 했다. 마르크스는 언젠가 예니를 휴가 보내고 난 뒤에 이렇게 썼다.

"바다는 안사람에게 큰 도움이 되네. 안사람은 램즈게이트에서 세련되고, 또 끔찍한 말이기는 하지만, 영리한 영국 여자들을 사귀었네. 오랫동안 여자들을 사귄다 해도 자신보다 열등한 여자들하고만 사귀고 난 뒤라, 자신과 같은 부류의 사람들과 교제하게 되니 그것이 안사람에게는 좋은 모양이야."

예니에게는 그런 기회가 거의 없었다. 그래서 마르크스는 트리어 사교계의 공주 출신이 자기 때문에 지저분한 운명을 감수해야 한다는 것에 늘 죄책감을 느꼈다. 마르크스가 예니의 아가일 가문 은식기를 전당포에 맡기려다가 체포된 일은 그들이 얼마나 밑바닥까지 내려가 수모를 겪었는지 보여주는 일화다. 경찰은 추레한 독일 피난민이 공작 가문의 가보를 적법하게 취득했을 리 없다고 생각했는데, 그것은 합리적인 가정이었다고 할 수 있다. 어쨌든 마르크스는 감방에서 하룻밤을 보낸 뒤에야, 예니가 자신의 귀족 신분을 납득시킨 덕분에 석방될 수 있었.

마르크스는 부인에게 '그녀와 같은 종류의 사람들'에게 어울리는 방식으로 살게 해주지 못했기 때문에, 자식들에게는 잘해주려고 적어도 노력은 했다. 딸들은 물론 결혼을 잘 해야 했다. 그리고 딸들이 적당한 구혼자들을 주위에 끌어당기려면, 무도회 드레스, 댄스 교습을 비롯해 돈으로 살 수 있는 기타 사교적인 장치들이 필요했다. 그 돈을 다른 사람으로부터 구걸해야 하더라도 어쩔 수 없는 일이었다. 엥겔스는 그 다른 사람이 되는 데 오랫동안 익숙해 있었다. 또한 자신의 계급을 잃지 않기 위해서는 분수에 맞지 않게 살 수밖에 없으며, 비싸고 화려한 옷을 과시하는 것이 결국에는 보상을 받는다는 친구의 가정에 한 번도 의문을 제기하지 않았다.

"나 자신은 화이트채플에 산다 해도 상관없네."

마르크스는 그렇게 주장하면서 덧붙였다.

"그러나 자라나는 여자아이들은 그럴 수 없는 일이지."

마르크스의 딸들은 십대 때 분기에 8파운드를 내고 '숙녀 학교'에 다녔으며, 그 외에도 프랑스어, 이탈리아어, 그림, 음악 개인 교습을 받았다. 마르크스는 1865년 런던 북부의 저택으로 이사한 뒤에 엥겔스에게 이렇게 썼다.

"내 집이 분수에 맞지 않는 것은 사실이네. 하지만 이것이 아이들이 사회적으로 자리를 잡음으로써 장차 안정된 미래를 확보할 수 있는 유일한 방법일세. …… 상업적인 관점에서만 보더라도, 이런 상황에서 순수하게 프롤레타리아적인 생활을 한다는 것은 적당치 않네. 물론 안사람과 나 둘만 있다면, 또는 아이들이 딸이 아니라 아들이라면 그렇게 해도 아무 문제가 없을 것이네만. 자네도 나와 같은 의견일 것으로 생각하네."

그러나 엥겔스조차도 한 무리의 아가씨들이 사교계에 진출할 자격을 갖출 수 있도록 단장시키는 비용을 모두 감당할 수가 없었다. 엥겔스는 한참을 고민한 끝에 마르크스가 구원을 얻을 희망은 '서민 미래 대비 보험 조합'에서 돈을 빌리는 것뿐이라고 판단했다.

"머리를 쥐어짰지만 영국에서 그 외에 달리 돈을 구할 방법은 떠오르지 않네. 이제 자네 어머니에게 매달려볼 때가 온 것 같네……."

좀더 분명한 방법, 즉 일자리를 얻는 것은 그의 사업가적인 머리에는 아예 떠오르지 않았던 것 같다. 물론 엥겔스는 다른 망명자들에게는 얼른 그것을 만병통치약으로 제시하곤 했다.

"런던에 있는 우리 젊은 아이들이 다소간 안정된 일자리를 얻어 정말로 안정을 했으면 좋겠네. 그 아이들은 상습적인 게으름뱅이가 되어가고 있거든."

엥겔스는 마르크스에게 그렇게 말한 적이 있는데, 여기에 마르크스를 비꼬는 투는 전혀 없다.

마르크스가 런던에서 34년을 살면서 돈이 될 만한 일자리를 얻으려 한 것은 딱 두 번이었다. 1852년 당시 미국에 살고 있던 요제프 바이데마이어에게 보낸 편지에는 '새로 발명한 라커 광택제'에 대한 이야기가 나온다. 마르크스는 새 친구 반자 대령에게서 그 이야기를 들었다. 반자 대령은 수수께끼의 헝가리 망명자였는데, 나중에 유럽의 왕들 가운데 반을 위해 일한 비밀 요원이라는 것이 밝혀졌다. 마르크스는 바이데마이어에게 뉴욕에서 열리는 국제 산업 박람회에 전시실을 하나 차리라고 하면서, 그러면 손님들이 새로운 발명품에 홀딱 반할 것이고, "자네는 일거에 많은 자금을 모을 수 있을 걸세." 하고 말했다. 물론 런던의 공동 후원자들도 상당한 이윤을 얻을 수 있을 터였다.

"당장 나한테 답장을 해서, 비용에 대해 자세히 알려주게."

마르크스는 그렇게 이야기했다. 그러나 이 마법의 광택제 이야기는 그 뒤에 더는 나오지 않는다. 아마 이것도 바이틀링이 이야기하고 다니던, 여자들의 밀짚모자를 만드는 독창적인 발명품과 같은 운명을 겪었을 것이다. 10년 뒤, 빚이 평소보다 엄청나게 불어나자, 마르크스는 절망에 빠져 철도 직원 채용에 응시했으나 도저히 알아볼 수 없는 필체 때문에 낙방하고 말았다.

마르크스는 은인이 없었다면 "오래 전에 '장사'를 시작했어야 했을 것"이라고 썼다. 작은 따옴표를 해놓은 것에서 마르크스의 '장사'에 대한 구역질나는 역겨움이 느껴지는 듯하다. 사실 엥겔스의 후의 덕분에 마르크스는 대부분의 나날을 영국박물관 열람실에서 보내며 오랫동안 게을리해온 경제학 공부를 계속할 수 있었다. 1852년 '공산주의자 동맹'의 해체 이후 그는 정치적 잡무에 신경을 쓸 필요가 없었다. 뉴욕의 〈트리뷴〉지의 요구는 많은 부분을 엥겔스에게 하청을 주어 처리했다. 마르크스는 1851년 8월 14일에 엥겔스에게 간청했다.

"정치경제학 때문에 너무 바쁘니 자네가 나를 좀 도와줘야겠네. 1848년 이후 독일 상황에 대한 글을 연재해주게. 재치있고 솔직하게."

이렇게 해서 마르크스의 이름으로 첫 주요한 연재물이 나가게 되었다. '독일에서 혁명과 반혁명'이라는 제목의 이 글은 1851년 10월부터 1852년 10월까지 19회에 걸쳐 연재되었다. 그러나 이 연재물은 실제로는 모두 엥겔스가 쓴 것이다. 1853년 12월 익명의 사설로 게재된 러시아-터키 전쟁의 진전 상황에 대한 기사는 군사 전략에 대해 전문가적 수준의 지식을 보여주었기 때문에, 뉴욕에서는 그 글이 당대의 유명한 미국 장군 윈필드 스콧이 쓴 것이라는 소문이 돌았다. 편집자인 찰스 데이나는 예니 마르크스에게 보내는 편지에서 이런 소문을 인용하며, 이것이 그녀의 남편이 뛰어나다는 증거라고 이야기했다. 이번에도 그 글을 쓴 사람이 팔츠령에서 벌어진 전투에 보병으로 참가한 적이 있는 '장군' 엥겔스라고는 짐작도 못 했던 것이다.

"엥겔스는 정말 할 일이 많소."

마르크스는 그렇게 인정하면서도 이렇게 덧붙인다.

"그러나 그는 걸어다니는 백과사전과 다름없기 때문에 술이 취했든 안 취했든, 밤이든 낮이든 일을 할 수 있소. 게다가 글도 빨리 쓰고, 이해도 무시무시하게 빠르지요."

엥겔스는 기꺼이 이 추가의 짐을 떠맡았지만, 방적 공장에서의 오랜 근무에 지쳐 모두 다 쓸 수는 없었다. 마르크스도 그러기를 바라지는 않왔다. 런던 술집의 2층에서 수십 명을 모아놓고 연설하는 데 익숙하던 사람에게 〈트리뷴〉의 영향력 있는 엄청난 독자—주간지만 20만 부가 팔렸다.—는 물리칠 수 없는 유혹이었기 때문이다. 가끔 마르크스는 대강 개요를 잡아 맨체스터로 보냈고, 그러면 엥겔스가 거기에 살을 붙이기도 했다. 신문에서 전쟁이나 '동방 문제'에 대해 글을 써주기를 바라면, 비밀의 유령 작가가 일을 도맡아하기도 했다. 마르크스는 그런 문제에 대해서는 "전혀 아는 것이 없었기" 때문이다.

그렇다 해도 〈트리뷴〉에 보낸 5백 편 남짓한 글 가운데 적어도 반은 마르크스가 쓴 것이라고 할 수 있다. 마르크스는 이따금씩 지쳤을 때는, 처음부터 독자의 눈길을 사로잡으라는 오래 된 저널리즘의 권고를 무시하기도 했다(예를 들어 1853년 3월 급보의 첫 문장인 "한 주 간 동안 의회 토론에는 흥미있는 것이 거의 없다."는 구제불능의 서두다). 그러나 이 논평들 대부분, 특히 영국 정치에 대한 논평은, 어디를 보나 그의 흔적이 묻어 있다. 예를 들어 1852년 선거에 대한 기사를 보자.

"영국에서 총선거 기간은 전통적으로 술과 방탕이 어우러지는 주신제(酒神祭) 기간이며, 정치적 양심을 할인하기 위한 관례적인 투매 기간이며, 선술집 주인들이 최대의 수확을 거두는 시기다. …… 이 시기는 고대 로마적인 의미에서 농신제(農神祭) 기간이다. 이때는 주인이 하인이 되고, 하인은 주인이 된다. 만일 하인이 단 하루 동안만 주인이 될 수 있다면, 그날 야만적 행위가 최고의 위세를 떨칠 것은 자명하다."

영국-인도 부대의 원주민 병사들인 세포이의 폭력적 반란에 대한 그의 언급은 훨씬 더 낫다.

"인간의 역사에는 응보 비슷한 것이 있다. 그런데 응보의 무기는 공격을 당한 사람들이 아니라 공격을 한 사람이 만든다는 것이 역사적 응보의 법칙이다. 프랑스 군주제가 처음 입은 타격은 농민에게서 나온 것이 아니라, 귀족에게서 나왔다. 인도의 폭동은 영국인들로부터 고통과 수모를 당하고 모든 것을 빼앗긴 인도 농민에게서 나온 것이 아니라, 영국인들이 입혀주고 먹여주고 쓰다듬어주고 살찌워주고 응석을 받아준 세포이에게서 시작되었다."

그의 저널리즘적인 촌철살인의 글들이 인용구 사전에 자리를 잡지 못한 것은 놀랄 일이다. 아니, 우울하지만, 놀랍지 않은 일이다. 파머스턴을 마르크스보다 치명적으로 꿰뚫은 사람이 있었던가?

"그가 노리는 것은 성공의 내용이 아니라 성공이라는 외양뿐이다. 그는 할 일이 없으면, 무엇이든 만들어낼 사람이다. 그는 감히 개입을 하지 못하는 곳에서는 주제넘게 참견을 한다. 강한 적과 경쟁할 수 없을 때에는 약한 적을 임시로 만들어낸다. …… 그의 눈에는 역사의 운동이 파머스턴의 고귀한 자작 파머스턴의 개인적 만족을 위해 고안된 여가활동이다."

야비하고 머뭇거리기 잘 하는 존 러셀 경에 대한 이런 말은 어떤가?

"아무도 자신의 타고난 키에 한 치도 보탤 수 없다는 성경의 격언을 이 사람만큼 제대로 입증해준 사람은 없다. 태생, 연줄, 사회적 사건들에 의해 거대한 받침대 위에 놓인 뒤로, 그는 늘 똑같은 키의 난쟁이를 벗어나지 못했다. 피라미드 꼭대기 위에 놓인 악의가 가득 차고 속이 비틀린 난쟁이."

만일 충분한 시간만 있었다면, 마르크스는 이 일을 무한히 계속할 수 있었을 것이고, 그랬다면 그는 19세기에 가장 예리한 논쟁적 저널리스트로서 이름을 날렸을 것이다. 그러나 등 뒤에서 늘 잔소리를 해대는 양심의 목소리가 있었다. 이 목소리는 계속 "그것은 화려하기는 하지만, 전쟁은 아니다." 하고 속삭였다. 일찍이 1851년 4월에 마르크스는 "큰 진전이 있었기 때문에, 다섯 주 후면 경제 문제에 대한 작업을 모두 끝낼 것"이라고 주장했다.

"그것을 마치면 정치경제학은 집에서 마무리짓고, 박물관에서는 다른 분야에 몰두할 걸세."

그 후 두 달 동안 마르크스는 거의 매일 아침 9시부터 저녁 7시까지 열람실에 앉아 있었다. 빌헬름 피퍼는 이렇게 말한다.

"마르크스는 은둔 생활을 하고 있습니다. 친구들이라고는 존 스튜어트 밀과 로이드[경제학자인 새뮤얼 존스 로이드]뿐입니다. 그를 만나러 가면 인사를 받는 대신 경제학적 개념들로부터 환영을 받게 됩니다."

그러나 마르크스가 시작한 거대한 과제는 여전히 끝이 보이지 않았다. 마르크스는 6월에 바이데마이어에게 말했다.

"내가 다루고 있는 자료는 지독하게 복잡해서 아무리 노력을 해도 앞으로 여섯 내지 여덟 주는 지나야 끝이 날 걸세. 더욱이 실제적인 일들이 끊임없이 방해를 하네. 우리가 초목처럼 살아가고 있는 이 비참한 환경에서는 불가피한 일이기는 하지만. 그럼에도, 그럼에도, 급속히 끝이 다가오고 있네. 억지로라도 일을 끝내야만 하는 때가 오고 있네."

이것을 보면 자신을 이렇게 모를까 하는 생각에 웃음이 나온다. 마르크스는 오랜 우정이나 정치적 결사는 충동적으로 태연하게 '끝내' 버릴 수 있었다. 그러나 자신의 일은 그렇게 쉽게 놓아버리지 못했다. 특히 이 일, 자본주의의 수치스러운 비밀들을 마침내 모두 폭로하게 되는, 통계학과 역사와 철학을 모두 합친 이 방대한 개론서는 그렇게 하지 못했다. 글을 쓰고 공부를 하는 시간이 길어질수록, 책은 완성에서 더 멀어져갔다. 《미들마치》(영국의 소설가 조지 엘리엇의 작품 : 역주)에 나오는 캐소본의 끝도 없는 '모든 신화의 열쇠'처럼, 늘 새로운 실마리를 쫓아가야 했고, 모호한 부분을 연구해야 했다(말이 나온 김에 하는 말이지만, 마르크스는 조지 엘리엇의 소설들을 아주 좋아했다. 그는 1869년 지질학자인

J. R. 다킨스를 방문한 뒤에 딸 예니에게 이런 편지를 보냈다. "우리 친구 다킨스는 일종의 펠릭스 홀트〔엘리엇의 소설 《펠릭스 홀트》의 등장인물 : 역주〕이더구나. 그 사람보다 애정은 약간 부족하고 지식은 약간 많은 것 같지만, 물론 나는 그에게 농담을 던지지 않을 수 없었다. 엘리엇 부인을 만나지 말라고 말이다. 만일 그랬다가는 엘리엇 부인이 당장 그를 문학적 자산으로 만들어버릴 테니까.").

엥겔스는 1851년 11월에 충고를 했다.

"중요한 것은 자네가 큰 책으로 다시 한 번 공적인 데뷔를 해야 한다는 걸세. …… 자네가 오랫동안 독일 책 시장에서 사라져버림으로 해서 생긴 공백을 깨는 것이 핵심적인 일이야."

그러나 마르크스는 다음 4년 동안 이 프로젝트를 옆으로 밀어두었다. '끊임없는 방해' 때문이었다. 그러나 그 방해 가운데 다수는 전적으로 자초한 것이었다. 1851년 12월의 프랑스 쿠데타 직후 마르크스는 친구 요제프 바이데마이어가 미국에서 창간한 주간지 〈디 레볼루치온(혁명)〉의 요청에 따라 《루이 보나파르트의 브뤼메르 18일》을 쓰기 시작했다. 큰 책은 그에게 버거운 일이었을지 모르나, 그는 팸플릿 저자로서의 생기는 전혀 잃지 않았다.

그러나 모욕을 주는 솜씨를 발휘할 기회가 생기면 여전히 마다하지 않았다. 1852년 봄 마르크스는 《망명의 위인들》—사회주의 망명자들 가운데 '좀더 주목할 만한 멍청이들'과 '민주주의적 밥벌레들'에 대한 장황한 풍자—을 쓰느라 몇 달을 허비했다. 이번에 주요 악당은 고트프리트 킹켈이었다. 가끔 시도 쓰고 가끔 정치범 노릇도 했던 킹켈은 세인트 존스 우드의 유쾌한 살롱의 여주인 폰 브뤼닝크 남작 부인 등과 같은 런던 사교계 여류 명사들에게 유명인 대접을 받고 있었다. 마르크스는 맨체스터에서 엥겔스와 함께 6월 한 달을 보내면서 《망명의 위인들》의 텍스트에 킹켈을 비롯한 밥벌레들에 대한 좀더 정교한 모욕을 군데군데 집어넣었다. 마르크스는 이렇게 썼다.

"이 어물(魚物)들을 절이는 과정에서 우리는 웃다가 눈물을 쏟을 뻔했소."

이 2인 감응성 정신병(친밀한 두 사람 중 한쪽이 정신병에 걸리면 다른 쪽도 감응하여 발병하는 것 : 옮긴이)이 그들의 사적인 농담 수준에서 끝이 난 것은 그의 평판을 위해서는 다행이라고 할 수 있다. 마르크스는 이 원고를 독일 출판사에 전해 달라고 반자 대령에게 맡겼고, 이 배반자는 곧 그 원고를 프로이센 경찰에 팔았다. 그 바람에 이 원고는 거의 1백 년 동안 잠을 자게 되었으나, 오늘날 이 원고를 읽어본 사람은 그것이 그렇게 큰 손실은 아니었다고 판단할 것이다.

그러나 마르크스는 어물을 절이는 일을 그것으로 끝내지 않았다. 7월에 킹켈이 미국에서 기금 마련 여행을 하던 중 신시내티의 청중에게 이렇게 말했다는 소문이 들려왔다.

"마르크스와 엥겔스는 혁명가가 아닙니다. 그들은 런던의 노동자들에게 술집에서도 쫓겨난 불량배입니다."

마르크스는 그 소문이 사실인지 아닌지 밝힐 것을 요구했다.

"당신의 답변을 우편으로 기다리겠소. 침묵은 사실임을 인정하는 것으로 간주하겠소."

킹켈은 1850년 감옥에 있는 동안 〈노이에 라이니셰 차이퉁〉에서 마르크스로부터 공격을 당한 이후로 "당신과는 아무런 관계도 맺고 싶지 않았다."고 답변했다.

내가 당신이나 엥겔스 씨의 명예에 해가 되는 이야기를 꾸며서 하거나 공표했다는 증거를 당신이 댈 수 있다면, 개인적으로나 정치적으로 아무런 관련이 없는 사람에게 충고하듯이, 당신한테도 현행법 하에서 모욕이나 중상을 당했다고 느끼는 모든 사람들에게 열려 있는 일반적인 방법을 택하라고 충고하고 싶소. 이 방법이 아니라면, 나는 더는 당신과 상대하고 싶지 않소.

마르크스는 자신의 도전이 받아들여지지 않은 것에 약이 올랐다("결투 비슷한 냄새가 나는 것은 그쪽에서 모두 냉정하게 거부해버렸네"). 중상으로 고소한다는 것은 불가능한 일이었다. 신시내티에서 이루어진 모욕 발언에 대해 영국 법정이 판결을 내릴 수가 없었기 때문이다. 마르크스는 킹켈이 소호 소인이 찍힌 편지는 무시할 것이라고 가정하고 정교한 계략을 짰다. 마르크스는 차티스트 지도자인 어니스트 존스를 설득하여 킹켈에게 보내는 편지의 겉봉을 쓰게 했다(거미가 기어가는 듯한 자신의 글씨는 금방 알아볼 것이라고 추측했기 때문이다). 그리고 나서 빌헬름 볼프를 시켜 윈저에서 편지를 부치라고 했다. 물망초와 장미 꽃다발 무늬에 색깔까지 들어간 편지지에 적힌 편지에는 마르크스가 적들에게 흔히 퍼붓는, 충분히 예측 가능한 말들이 가득했다. 마르크스는 신시내티의 증인으로부터 선서 진술서를 받았다고 밝히면서 으르렁거렸다.

"당신의 편지—지금 말하는 것은 바로 그런 편지가 나오게 된 이유이기도 한데—는 상기 킹켈이라는 성직자의 저열함에 맞설 수 있는 것은 오직 그 자신의 겁뿐이라는 것을 보여주는 새롭고 주목할 만한 증거요."

마르크스는 자신의 초등학생 같은 농담에 큰 자부심을 느꼈다. 그는 흡족한 듯이 말했다.

"킹켈은 나중에,《망명의 위인들》의 첫 연재분이 나왔을 때, 이 농담의 정수를 알게 될 걸세. 그러니까 고트프리트에 대한 무시무시한 공격

직전에 나는 그에게 직접적이고 개인적으로 상처를 줌으로써 즐거움을 얻었고, 동시에 망명한 시골뜨기들의 눈앞에서 나 자신을 정당화했거든. 그 목적을 위해 나는 요한 등에게서 문서로 된 뭔가를 받아둘 필요가 있었네. 자, 이제 더 큰 문제들에 대해서는······."

이 '더 큰 문제들' 역시 서로 죽이자고 달려드는 말다툼임이 밝혀지는데, 이번 싸움은 오랫동안 연기된 끝에 1852년 10월에 열린 쾰른 공산주의자 재판을 계기로 야기되었다. 재판에 나온 대부분의 범죄 증거들은 무장 봉기를 옹호하는 메모와 보고서들이었는데, 이 문서들은 런던의 '공산주의자 동맹'에서 훔쳐온 것으로 되어 있었다. 그래서 마르크스는 여름과 가을 동안 그 문서들이 위조임을 확인해주는 선서 진술서를 모으러 다니느라 분주했다. 재판이 끝나자 마르크스는 쾰른의 법정에서 이루어진 '마르크스 그룹'에 대한 비방으로부터 자신을 변호하는 글을 써야겠다고 생각했다. 이 일은 곧 '공산주의자 동맹'의 빌리히 샤퍼 분파에게 칼을 꽂는 일로 발전했다. 불가피한 일이었겠지만, 이 글 역시 곧 《쾰른에서의 공산주의 재판과 관련된 새로운 사실들》이라는 책으로 커졌으며, 이 책은, 역시 불가피한 일이었겠지만, 아우구스트 빌리히의 비난을 받았다. 그러자 마르크스는 단숨에 《고귀한 양심의 기사(騎士)》라는 팸플릿을 써, 과거 동지의 '거들먹거리는 자만심'과 '지저분한 암시'를 맹공했다. 그런 식으로 계속 싸움이 번져갔다······.

마르크스는 그답지 않게 신중한 태도로 그 비천한 기사에게 피해를 줄 수 있는 한 가지 사실을 생략했다. 1852년 빌리히는 런던 북부에 있는 폰 브뤼닝크 남작 부인의 집에서 신세를 졌다. 마르크스가 엥겔스에게 전해준 이야기에 따르면, 남작 부인은 "다른 전직 장교들에게 그랬던 것처럼 이 늙은 숫염소를 희롱하는 것을 즐겼다."

"어느 날 이 금욕주의자의 머리에도 피가 솟구쳤는지, 마담을 야만스럽게 짐승처럼 폭행하려다가 한바탕 소동이 일어나 그 집에서 쫓겨나게 되었다네. 더 이상 사랑은 없다! 더 이상 무료 숙식은 없다!"

빌리히는 런던에서 평판이 망가지면서 그 직후 미국으로 이주했으며, 남북전쟁에 참전하여 대담한 용기를 보여주었다. 마르크스조차도 오랜 세월 뒤에 이 늙은 숫염소가 적어도 부분적으로는 속죄했다는 것을 인정했다.

어쨌든 여기서 다시 물어볼 수밖에 없다. 마르크스는 왜 이런 엉뚱한 복수전에 자신의 재능을 찔끔찔끔 낭비했는가? 집안의 무질서 때문에 더 크고, 더 부담스러운 작업은 할 수 없었다는 것도 한 가지 설명이 될 수 있다(그는 "할 수 있는 일이라고는 작은 똥더미를 생산하는 것뿐이라네." 하고 탄식하기도 했다). 어쩌면 학부 시절 결투에서 남은 옛 상처가 아직 완전히 치유되지 않은 것일 수도 있다. 런던의 독일어 신문 〈하우 두 유 두〉는 마르크스가 비밀리에 처남이자 프로이센의 가혹한 내무장관인 페르디난트 폰 베스트팔렌과 손을 잡고 있다고 암시한 적이 있다. 그때 마르크스는 신문사 사무실로 뚜벅뚜벅 걸어가 편집자에게 결투를 신청했다. 겁에 질린 삼류 글쟁이는 즉시 사과문을 냈다. 폰 브뤼닝크 남작은 마르크스가 요염한 남작 부인이 러시아 첩자라는 소문을 퍼뜨린다고 비난한 적이 있는데, 1852년 10월 마르크스는 남작에게 똑같은 식으로 협박했다. 마르크스는 자신의 무고를 입증할 테니 만나자고 했다.

"만일 내 설명이 충분치 않다면, 나는 신사들 사이에 관례적인 방식으로 귀하에게 만족을 드릴 준비가 되어 있소."

이 싸움은 결국 공식적인 서신 교환 끝에 피를 흘리지 않고 해결되었다. 그러나 한 달 뒤 마르크스는 다시 같은 일을 반복했다. 이번에는 좌익 역사가 카를 에두아르트 베제에게 심술궂은 편지를 보냈다. 그가 드레스덴에서 마르크스의 《망명의 위인들》에 대해 '무례하고', '부적절한' 소문을 퍼뜨렸다는 것이 이유였던 것 같다. 마르크스는 독설을 한참 퍼부은 뒤에 마무리를 지었다.

"이 편지가 기분이 나쁘다면, 런던으로 오기만 하면 됩니다. 내가 어디 사는지는 알겠지요. 내가 언제든지 이런 경우에 관례적인 만족을 드릴 준비가 되어 있다는 점은 믿으셔도 됩니다."

공산주의자들 사이에 서로 잡아먹으려는 이런 싸움에서 유일하게 만족을 느낀 쪽은 프로이센 당국뿐일 것이다. 프로이센 당국은 키스톤 캅스(무성영화 코미디에 나오는 무능하고 우스꽝스러운 경찰 : 역주)를 보내 사보타주를 하고 덫을 놓으려다가 실패만 했는데, 이런 첩자질보다는 마르크스가 빌리히 같은 인물들에 대해 벌이는 복수극이 훨씬 더 효과적이었다. 마르크스도 자기가 적을 도와주고 편하게 해준다는 것은 알았지만, 그는 자신이 공격하는 음모가들이 진정으로 위험한 적이라고 주장했다. 그들이 즉각적인 혁명이라는 세이렌의 노래를 불러댐으로써 사회주의자들이 실패가 뻔한 미숙한 곡예를 벌이도록 유혹하기 때문이라는 것이다. 가짜 메시아들을 폭로하지 않으면 그들이 진짜 군주들보다 훨씬 더 매력적인 모습으로 대중에게 다가간다는 이야기였다. 따라서 인신공격성 팸플릿이나 새벽에 총을 뽑자는 협박은 단순히 불쾌감이나 상처받은 자존심의 표현이라기보다는 필수적인 정치적 개입이었다.—적어도 그는 그렇게 확신했다. 마르크스는 말했다.

"나는 가짜 자유주의자들과 목숨을 걸고 싸우고 있습니다."

이 비겁자들에 대한 가장 치명적인 무기는 왜 혁명가들이 먼저 경제학 공부를 하지 않으면 절대 성공할 수 없는지를 한눈에 보여주는 그의 대작의 완성본이 될 터였다. 마르크스는 이렇게 비아냥거렸다.

"영감이 '위로부터' 오는 이 민주주의적 바보들은 물론 그런 노력을 할 필요가 없을 걸세. 행운의 별을 안고 태어난 이 사람들이 뭐하러 머리를 싸매고 경제 자료와 역사 자료를 들여다보겠는가? 굳세고 용맹스러운 빌리히가 나에게 말하곤 하듯이, 모든 것은 정말이지 아주 간단하네. 이 썩은 두뇌들에게는 아주 간단해!"

마르크스의 적들은 그때나 그 후에나 그가 빌리히를 비롯해 '망명의 위인들'을 싫어한 것이 순수한 질투심 때문이라고 주장했다. 1848년 혁명이 실패한 이후 그 영광스러운 패배의 영웅들 가운데 다수가 전투 훈장으로 장식하고 낭만적인 광휘를 뿜으며 런던에 도착했다. 이탈리아의 마치니, 프랑스의 루이 블랑, 헝가리의 코슈트, 독일의 킹켈 등이 그런 사람들이다. 사교계의 여류명사들은 그들의 관심을 끌기 위해 경쟁을 했다. 그들을 기념하여 화려한 잔치들이 열렸다. 초상화가들이 바쁘게 움직였다. 디킨스는 《집안 이야기》에서 슈판다우 감옥에서 과감하게 탈출하여 영국으로 온 고트프리트 킹켈에게 찬사를 보냈다. 킹켈은 드라마와 문학에 대해 일련의 강의도 했는데, 표는 한 사람당 1기니라는 놀라운 액수에 팔렸다. 마르크스는 이렇게 논평했다.

"뛰어 돌아다니는 일도, 광고도, 협잡도, 끈덕지게 조르는 일도 그는 마다하지 않았다. 그러나 그 대가도 없지 않았다. 고트프리트는 자신의 명성이라는 거울 안에서, 세계라는 수정궁의 거대한 거울 안에서 자족적으로 일광욕을 했다."

마르크스는 비록 궁핍, 무명, 기아에 가까운 상태에 시달렸지만, 한 번도 이 으스대는 세계 해방자들의 명성을 부러워한 적이 없었다. 그는 종종 단테의 격언을 인용했다. Segui il tuo corso, e lascia dir le genti.—네 갈 길을 가고, 혀들이 제멋대로 움직이게 놓아두어라. 마르크스가 영국 협동조합의 선구자 로버트 오언에게 감탄했던 것은 그의 구상이 인기를 끌 때마다 그는 즉시 뭔가 터무니없는 말을 하여 다시 인기 없는 상태로 돌아갔다는 것이다.

리프크네히트는 말한다.

"그는 말 잘 하는 사람을 싫어했다. 미사여구를 늘어놓는 사람에게는 화가 있을지어다. 그는 우리 '젊은 친구들'에게 논리적 사고와 표현의 명료함을 강조했으며, 억지로라도 공부를 시키려 했다. …… 다른 망명자들은 매일 세계 혁명 계획을 짜고 낮이나 밤이나 '내일이면 시작될 것이다!' 하는 아편 같은 구호에 취해 있었는 데 반해, 우리 '유황 패거리', '산적떼', '인류의 찌꺼기들'은 영국박물관에서 공부를 하고, 미래의 전투를 위해 무기와 탄약을 준비하며 시간을 보냈다."

마르크스는 루이 블랑을 예로 들며 허세의 위험을 이야기하기를 좋아했다. 루이 블랑은 몸집은 아주 작지만 허영심은 몹시 강한 사람이었다. 그가 어느 날 아침 일찌감치 딘 스트리트에 나타났다. 렌헨은 마르크스가 옷을 입는 동안 앞 응접실에서 기다리라고 했다. 카를과 예니는 약간 열려 있는 문틈으로 응접실을 내다보다가 입술을 깨물고 웃음을 참아야 했다. 위대한 역사가이자 정치가인 동시에 프랑스 임시정부의 전직 각료는 구석에 있는 초라한 거울 앞에서 점잔 빼고 걸어다니며 흡족해하다가, 발정한 3월의 토끼처럼 펄쩍펄쩍 뛰더라는 것이다. 마르크스는 1, 2분 그 모습을 구경하다가 헛기침을 해서 인기척을 냈다. 그러자 맵시를 낸 민중의 지도자는 거울 앞의 자기도취적인 즐거움에서 얼른 빠져나와 "서둘러 최대한 자연스러운 태도를 취했다."

사회주의 사상이 노동자들의 '정신을 흠뻑 적시지' 않으면—웅변이 아니라 교육을 통해, 멋부리기가 아니라 정치적 조직을 통해—다중의 환호는 아무런 가치가 없었다. 어디에서 이 과제를 시작하는 것이 좋을까? 영국은 자본주의의 요람일 뿐 아니라, 차티스트 운동의 탄생지였다. 마르크스의 동료 망명자들은 비밀 결사와 살롱에서 자족하고 있는 데 반해, 영국인들은 이미 프롤레타리아 저항군을 엄청나게 모으고 있었다. 마르크스는 선언했다.

"영국 노동자들은 현대 산업의 맏아들이다. 따라서 그들은 그 산업이 생산한 사회 혁명을 지원하는 데 마지막이 되지 않을 것이 틀림없다."

* * *

차티스트 운동은 1838년 5월의 '인민 헌장(People's Charter)'에서 이름과 영감을 얻었다. '인민 헌장'에는 6개의 기본적인 요구가 담겨 있었다.—남자 보통 선거, 비밀 선거, 매년 선거, 의원에 대한 보수 지급, 의원의 재산 자격 폐지, 부패 선거구 폐지. 폭력 봉기 옹호자들과 '도덕의 힘'을 믿는 사람들 사이에 줄곧 논쟁이 있어 시끄러웠지만, 차티스트들은 1840년대 대부분의 기간 동안 기존 질서에 대한 유력한 위협 세력이었다. 그들의 신문인 〈노던 스타〉는 일주일에 3만 부 이상 팔렸는데, 이 신문들 대부분이 술집이나 공장에서 판매되는 것이었기 때문에 실제 독자 수는 그보다 훨씬 많았다. 경찰과 일정한 간격을 두고 전투도 벌였는데, 그 가운데도 버밍엄과 먼머스셔의 전투가 유명하다. 전투 뒤에는 지도자들 몇 명이 투옥되거나 유형에 처해졌다. 차티스트 청원은 1842년 의회에 제출했는데—당연히 거부당했다.—3,317,702명이 서명했으며, 그 길이가 10킬로미터 정도 되었다. 그해 여름 인민 헌장을 지지하는 2주 간의 총파업은 미들랜드, 영국 북부, 웨일스 일부를 마비시켰다.

1848년 4월, 유럽의 앙시앵 레짐(구체제)이 비틀거리다 쓰러지자, 차티스트들은 템스강 바로 남쪽의 케닝턴 코먼에 모여 의회까지 행진할 것을 선언했다. 이 소식을 들은 지배 계급들은 공황에 빠진 나머지, 은퇴했던 워털루의 영웅 웰링턴 공을 불러들여 시위대가 강을 건너는 것을 막게 했다. 이것이 차티스트 운동의 마지막 쾌거였다. 3년 뒤 다시 도심에 많은 군중이 모였으나, 이번에는 하이드 파크에서 열리는 만국 박람회 때문이었다. 산업을 통해 쌓은 부, 중간 계급의 탄력, 어디에나 존재하는 경찰 덕분에 영국은 유럽 대륙의 이웃들보다 혁명의 폭풍을 훨씬 쉽게 헤쳐나가는 듯했다. 그렇다 해도 급진주의는 잠복한 상태로 계속 유지되고 있었다. 1851년에 출간된 헨리 메이휴의 《런던의 노동과 런던 빈민》은 "기술공들은 거의 모두가 열광적인 프롤레타리아이며, 과격한 견해를 환영한다."고 기록하고 있다.

카를 마르크스는 차티스트 지도자인 아일랜드의 선동 정치가 퍼거스 오코너는 좋아하지 않았다. 그는 총명하지만 정신이 점점 이상해져가고 있었다. 마르크스는 오코너의 두 부관인 조지 줄리언 하니와 어니스트 존스에게서 더 좋은 인상을 받았다. 마르크스는 1845년 여름 처음 영국에 갔을 때 두 사람을 잠깐 만난 적이 있다. 엥겔스는 그해에 하니의 〈노던 스타〉에 독일에 대한 글을 연재했으며, 그 직후 하니에게 공산주의자들의 통신원망에 가입하라고 권했다. 하니와 존스는 둘다 1847년 11월에 열린 '공산주의자 동맹'의 2차 대회—마르크스와 엥겔스가 선언문을 작성하라는 요청을 받았던 대회.—에 참석했다.

하니는 이 독일 혁명가들의 급속 진행성 낙관주의에 깜짝 놀라 필사적으로 고삐를 죄었다. 그는 1846년에 엥겔스에게 말했다.

"올해 안에 인민 헌장이 인정되고, 3년 내에 사유재산이 폐지될 것이라는 당신의 예언은 틀림없이 실현되지 않을 것이오. 영국인 전체는, 노예적인 사람들이 된다는 뜻은 아니지만, 어쨌든 매우 평화로운 사람들이 되어가고 있소. …… 프랑스, 독일, 이탈리아, 스페인에서 보게 되는 조직적인 투쟁은 이 나라에서는 일어날 수 없소. 이 나라에서 혁명을 조직하는 것, 혁명을 꾀하는 것은 헛되고 어리석은 일이오."

엥겔스는 그의 경고를 무시했다. 1848년 4월 케닝턴 코먼 시위 직후 엥겔스는 공산주의자인 매제 에밀 블랑크에게, 영국 부르주아지는 "차티스트들이 기선을 제압하면 허를 찔릴 것"이라고 말했다.

"행진하는 일 정도야 하찮은 것이었다고 할 수 있지. 두 달 후면 내 친구 G. 줄리언 하니는…… 파머스턴의 자리에 앉게 될 거야. 2펜스 내기를 하마. 아니, 얼마를 걸어도 좋다."

두 달 뒤, 아니 2년 뒤에도 파머스턴은 여전히 외무상 자리에 앉아 있었다.

무엇이 잘못되었는가? 1849년 1월 1일, 마르크스는 〈노이에 라이니셰 차이퉁〉에 실은 글에서 1848년의 실패한 혁명들을 검토하고 다가올 한해를 전망했다.

"영국, 모든 나라를 프롤레타리아로 만들고 있는 나라, 전세계를 그 거대한 품에 안은 나라, 이미 유럽 왕정복고의 비용을 지불한 나라, 계급 모순이 가장 첨예하고 뻔뻔스러운 형태에 이른 나라—영국은 혁명의 물결이 부딪혀 부서지는 바위로 보인다. 새로운 사회가 자궁 안에서 질식사하고 있는 나라로 보인다."

세계 시장은 영국이 지배하고 있었다. 그리고 영국은 부르주아지가 지배하고 있었다.

"차티스트들이 영국 정부를 이끌 때에만 사회 혁명은 유토피아 영역으로부터 현실 영역으로 나아갈 것이다."

간단히 말해서 세계 혁명의 미래는 하니와 그의 동료들에게 달려 있었다. 마르크스는 그들의 용맹에 찬사를 보낸 것이기도 하지만, 동시에 무거운 책임을 떠안긴 것이기도 했다. 그러나 그의 예측은 빗나갔다. 차티스트들은 이미 분파와 파당적 그룹으로 해체되고 있었다. 마르크스와 엥겔스의 격려를 받은 조지 줄리언 하니는 1849년 오코너와 결별하여, 활기에 넘치기는 하지만 오래 가지는 않는 신문들—〈데모크래틱 리뷰〉, 〈레드 리퍼블리컨〉(불과 6개월 간 발행된 신문의 가장 위대한 업적은 《공산당 선언》의 첫 영역판을 게재했다는 것이다), 〈프렌드 오브 더 피플〉을 잇달아 창간했다.

그러나 하니는 자신이 설교하던 '인류의 형제애'를 실천에 옮겼는데, 이것 때문에 마르크스와 엥겔스는 혐오감을 느꼈다. 마르크스는 '인류의 형제애'라는 말을 몹시 싫어했다. 마르크스에게는 어떤 상황에서도 절대 형제가 되고 싶지 않은 사람들이 많았기 때문이다. 유연한 하니는 널리 정치적 혜택을 베풀었으며, 대륙의 민주주의자들 가운데 마르크스의 '악당 같은 적들'—마치니, 르드뤼 롤랭, 루이 블랑, 루게, 샤퍼—도 칭찬했다. '공산주의자 동맹'이 깨졌을 때도 모든 편과 좋은 사이를 유지하려고 했다. 마르크스는 그가 사악하다기보다는 단지 귀가 얇은 것이라고 생각했다. "유명한 이름들에 귀가 얇아, 그 그림자 속에서 감동을 받고 명예를 얻었다고 느낀다." 마르크스는 엥겔스에게 보내는 사신에서 이 무차별적인 응원단장에게 "아무나 만만세 씨"라는 별명을 붙여주었다. 때로는 '우리 자기'라고 부르기도 했다. 이 말은 부끄러움을 타는 듯하면서도 다정하고 세심한 그의 부인 메리 하니의 말투를 빌려다 조롱하는 별명이었다.

"나는 하니가 시시한 위인들의 콧구멍을 향해 지칠 줄 모르고 공적으로 향을 피워대는 데 지쳐버렸네."

마르크스는 1851년 2월에 그렇게 불평했다.

그래도 마르크스는 하니의 이런 이데올로기적인 잡혼을 통해 한 가지 얻은 것이 있었다. 그에게 다시 충성스러운 동맹자가 하나도 남지 않게 되었다는 것이다. 마르크스는 엥겔스에게 편지를 썼다.

"나는 이제 자네와 나, 우리 둘이 찾게 된 진정한 공적 고립에 크게 기뻐하네. 이것은 우리 태도와 우리 원칙에 전적으로 일치하는 것일세. 상호 양보, 품위를 위하여 견뎌야 하는 어정쩡한 상태, 이 멍청이들과 더불어 한 당에 있음으로 해서 감수해야 하는 공적인 수모, 이제 이런 것들은 다 끝나버렸네……. 나는 이곳[런던]에서 피퍼 외에는 거의 아무도 만나지 않고 완전한 은둔 생활을 하고 있네."
엥겔스도 진심으로 동의했다.

나는 하니가 이렇게 제정신이 아닌 상태로 요령 없이 구는 것에 무척 짜증나네. 그러나 근본적으로는 중요한 것이 아니지. 마침내 우리는 다시—실로 오랜만에—우리가 인기를 필요로 하지도 않고, 어느 나라 어떤 정당의 지지도 필요로 하지 않는다는 것, 그리고 우리 입장은 그런 우스꽝스럽고 사소한 것들과는 전혀 관계가 없다는 것을 보여줄 기회를 얻었네. 이제부터 우리는 오직 우리 자신에게만 책임을 지면 되네. 이 무리가 우리를 필요로 할 때가 오면, 우리는 우리 자신의 조건을 제시할 입장에 있게 될 걸세. 어쨌든 그때까지는 약간의 평화와 고요를 얻었네. …… 어떻게 우리 같은 사람들, 공식적인 약속들을 전염병처럼 피하는 사람들이 '정당'에 어울릴 수 있을까? 인기에 침을 뱉고, 인기가 있다는 표시가 드러나게 되면 어째야 할 줄 모르는 우리가 '정당', 즉 우리도 자기들과 똑같은 인간이라고 생각하여 우리를 신뢰하는 멍청이 무리들과 무슨 관계가 있겠는가? 사실 우리가 지난 몇 년 간 함께 어울리게 된 무지한 똥개들의 "적당하고 그럴듯한 대표"로 여겨지지 않는다고 해서 손해볼 것은 없네.

그들은 다른 사람이 된 것처럼, 그들을 회원으로 원할 만한 모든 클럽을 경멸했다. "모든 사람에 대한 무자비한 비판"이 이제 그들의 정책이었다. 엥겔스는 물었다.

"자네가 자네의 정치경제학으로 응답할 때 전체 망명자 집단의 그 모든 객쩍은 이야기가 무슨 가치가 있겠나?"

그러나 객쩍은 이야기에 대한 이러한 고고한 경멸은 대단히 부정직한 것이다. 마르크스와 엥겔스는 망명자들의 소문에 대한 채울 수 없는 갈증을 느꼈다. 평생 그들은 그런 소문을 전하면서 서로 즐거워하거나 분통을 터뜨릴 기회를 절대 놓치지 않았다. 1851년 2월 루이 블랑이 주빈으로 참석하는 한 연회를 하니가 도와주면서 그들의 입에서 침이 튈 듯한 격분은 새삼 고조되었다. 런던 망명자들 가운데 마르크스에게 남은 극소수의 협력자에 속하는 콘라트 슈람과 빌헬름 피퍼가 진행 과정을 살펴보러 달려갔다. 그러나 그들은 홀에서 끌려나와 첩자로 비난받으며 2백 명이 넘는 군중으로부터 발길질과 주먹질을 당했다. 그 2백 명의 군중 가운데는 하니가 주도하는, 이름도 야릇한 '우애의 민주주의자들' 회원도 다수 포함되어 있었다. 슈람은 집사 가운데 한 사람인 랜돌프에게 도움을 청했으나 소용이 없었다. 마르크스가 엥겔스에게 알려준 바에 따르면, 그때 "다름아닌 '우리 자기'가 도착했다."

"그러나 그는 적극적으로 개입하는 대신 더듬더듬 이 사람들을 안다느니 하는 소리를 했네. 내버려두었으면 아주 오랫동안 장황하게 설명을 했을 게야. 그런 순간에 그 따위 장광설이라니."

엥겔스는 피퍼와 슈람이 랜돌프의 따귀를 때려 복수해야 한다고 말했다. 마르크스는, 충분히 예측할 수 있는 일이지만, 다름아닌 결투를 통해서만 필요한 만족을 얻을 수 있다고 생각했다.

"대가를 치러야 할 사람이 있다면 그것은 그 조그만 아무나 만만세 스코틀랜드인 조지 줄리언 하니일세. 따라서 사격 연습을 해야 할 사람은 하니라네."

그 이후로 마르크스와 엥겔스에게 아무나 만만세 씨의 용도는 오로지 조롱의 대상일 뿐이었다. 그러나 그들은 그 악명 높은 연회에 참석하지 않았던 어니스트 존스하고는 친한 관계를 유지했다. 존스는 독일에서 어린 시절을 보냈기 때문에 '비영국적'이라고 여겨졌다. '비영국적'이라는 말은 그들이 영국 시민에 대해 해줄 수 있는 최고의 칭찬이었다(1846년, 아직 매혹의 첫 홍분이 가시지 않았던 시절, 엥겔스는 하니를 "영국인이라기보다는 프랑스인에 가깝다."고 이야기한 적이 있다). 마르크스는 존스가 내던 정기간행물〈피플스 페이퍼〉에 기고했으며, 다른 곳에 기고한 글에서 참정권을 확대해야 한다는 차티스트들의 주장에 계속 찬사를 보냈다. 마르크스는〈노이에 오더 차이퉁〉에서 이렇게 썼다.

"1848년 프랑스에서 보통선거의 의미를 훼손한 실험들이 이루어진 뒤에 유럽 대륙인들은 영국 인민 헌장의 중요성과 의미를 과소평가하는 경향이 있다. 그들은 프랑스 주민 가운데 3분의 2가 농민이고 3분의 1 이상이 도시민인 반면, 영국에서는 3분의 2 이상이 도시에 살고 3분의 1 이하가 농촌에 산다는 사실을 간과하고 있다. 두 나라의 도시와 농촌의 비율과 마찬가지로, 영국의 보통선거 결과는 프랑스의 결과에 반비례할 것이 틀림없다."

프랑스에서 선거권은 정치적 요구였으며 거의 모든 '교육받은' 사람들이 다소간 이 요구를 지지하는 입장이었다. 영국에서 선거권은 사회적 문제로서, 귀족, 부르주아지와 '민중'을 서로 다른 편으로 갈라놓았다. 영국에서 선거권을 위한 선동은 대중의 구호가 되기 전에 '역사적 발전'을 거쳤다. 프랑스에서는 구호가 먼저 나타났는데, 그 이전의 성장 과정이 생략되어 있었다. 여기서 우리는 다시 한 번 마르크스가 자신의 귀화국에 대해 보여주는 묘한 양면적 태도를 만나게 된다. 영국은 농민이 떼지어 몰려다니는 이웃 나라들과는 달리 대규모의 세련된 대도시 프롤레타리아를 갖추었다. 따라서 영국은 더 '선진적'이고 혁명의 준비도 잘 갖추었다. 그러나 영국에는 또 자신감이 넘치는 부르주아지도 있었다. 그들은 혁명의 물결이 부딪혀 헛되이 부서지고 마는 바위였다. 때때로 마르크스는 영국의 정치적 격변이 불가피할 뿐 아니라 임박했다고 확신했다. 때로는 영국인들의 멍청한 보수주의에 분노하고 절망했다. 그러나 당연한 것 아니겠는가? 마르크스는 그 세대의 어떤 사상가보다도 뛰어나게 역설과 모순을 감식할 줄 알았다. 자본주의의 사망을 보장하는 것이 다름아닌 이런 모순들이었기 때문이다.

마르크스는 1856년 4월 〈피플스 페이퍼〉 창간 4주년을 기념하는 런던의 만찬 자리에서 이렇게 말했다.

"우리가 사는 이 19세기의 특징이라고도 할 수 있는 한 가지 중대한 사실이 있는데, 이것은 어떤 정당도 감히 부인하지 못합니다. 한편으로는 이전 인간 역사의 어느 시대에도 생각하지도 못했던 산업적이고 과학적인 힘들이 생겨나기 시작했다는 것입니다. 그러나 다른 한편으로는 로마 제국 말기에 기록된 무시무시한 일들을 훨씬 뛰어넘는 부패의 증상들이 나타났다는 것입니다. 우리 시대에는 모든 것 안에 그와 반대되는 것이 내포되어 있는 듯합니다."

인간의 노동을 줄여주고 노동의 열매를 맺게 해주는 힘을 가진 기계는 동시에 노동자들을 굶주리게 하고 과로하게 했다. 부의 새로운 원천은 어떤 뒤집기 연금술에 휘말렸는지 궁핍의 원천이 되고 말았다. 또한 세계에서 가장 부유하고 가장 근대적인 산업 사회인 영국은 동시에 무르익을 대로 무르익어 파괴를 눈앞에 두고 있었다.

"역사가 심판관이며, 그 집행자는 프롤레타리아입니다."

식후 탁상 연설의 청중, "최고의 음식과 계절의 양념"으로 배를 든든히 한 이 영국의 자코뱅들도 마르크스의 묵시록적 수사에는 눈썹을 추켜올리며 의문스럽다는 표정을 지었을지 모른다. 세계의 금융과 산업의 중심이며, 사상 최대의 제국의 중추이며, 자본주의의 고동치는 심장인 영국이 정말로 그렇게 허약하고 물러터질 수 있을까? 마르크스에게 그런 역설은 실제보다 더 분명해 보였다. 낡은 사회적 세력이 최종적인 단말마 이전에 모든 힘을 끌어모은다는 것은 "오래 전에 역사적으로 확립된 진리"였다. 따라서 가장 위협적으로 보일 때가 사실은 가장 약할 때였다.

"오늘날 영국의 과두 정치가 바로 그런 상태입니다."

이때 그의 연설을 들은 사람들 가운데 마르크스가 1850년 〈노이에 라이니셰 차이퉁〉에 쓴, 프랑스 내전에 대한 에세이의 좀더 신중한 어조를 기억하는 사람이 있었을까?

"최초의 과정은 늘 영국에서 일어난다. 영국은 부르주아 우주의 조물주다."

당시에 마르크스는 그렇게 주장했다. 그러나 영국 부르주아지가 번영을 누리는 동안에는 "진정한 혁명의 이야기는 있을 수 없다. …… 새로운 혁명은 오직 새로운 위기의 결과로만 가능하다."

마르크스는 그때 이후 약간 초조한 마음으로, 신비로운 기호를 판독하고 전조를 찾아내 가면서 위기가 도래하기를 기다려왔다. 엥겔스는 1851년 7월에 마르크스에게 알렸다.

"다음 여섯 주 안에 일이 잘못되지만 않으면, 올해의 면화 생산은 3백만 꾸러미에 이를 걸세. 시장의 붕괴와 더불어 그런 엄청난 생산이 동시에 발생하면, 일은 정말 재미있게 될 거야. 페터 에르멘은 그 생각만으로도 겁이 나서 오줌을 싼다네. 그 조그만 청개구리 같은 사람이 아주 좋은 바로미터가 아니겠나."

면방직업계가 무너지면 마르크스가 〈에르멘과 엥겔스〉사의 작은 현금 상자로부터 정기적으로 받아오던 지원금도 끝나게 될 터였다. 그러나 이것은 물론 모든 작은 청개구리가 총체적으로 몰락하는 것을 보기 위해 치를 만한 대가였다. 마르크스는 "교역의 위기라는 아주 즐거운 전망"에 입맛을 다셨다. 그러나 9월이 되어도 그럴 기미는 보이지 않았다. 오히려 오스트레일리아 남부의 빅토리아주에서 금이 발견되면서, 1848년에 캘리포니아에 골드 러시가 일어났을 때처럼 새로운 시장이 열리고 세계 무역과 신용의 확대가 촉진되었다.

"오스트레일리아의 금이 무역 위기에 개입하지 않기를 바랄 수밖에 없네."

엥겔스는 안달이 났다. 엥겔스는 설사 자본주의가 오스트레일리아에서 거둔 성공으로 구원을 받는다 해도, 두 사람이 어떤 부분에서는 옳았을 수도 있다는 생각으로 위안을 삼았다.

"6개월이 지나면 기선을 통한 세계 일주가 전면적으로 시행될 것이고, 그러면 태평양의 우위에 대한 우리의 예측은 우리가 예상했던 것보다 훨씬 더 빨리 현실화될 걸세."

그렇게 되면 "추방당한 살인자, 강도, 강간범, 소매치기들의 합중국"인 오스트레일리아는 가면을 쓰지 않은 악당들의 나라가 수행할 수 있는 경이로운 일들로 세상을 깜짝 놀라게 할 터였다.

"그들은 캘리포니아를 확실하게 제압할 걸세."

어쨌든 랭커셔 면에 대한 수요는 여전히 아주 기분좋게 줄어들고 있었으며, 곧 "자네의 마음을 기쁘게 해줄 과잉 생산이 생길 것이네."

한 달 뒤, 마르크스가 자본주의의 성채에 들여놓은 트로이 목마로부터 다시 즐거운 소식이 날아왔다.

"철강 교역이 완전히 마비되었네. 철강업계에 돈을 대주는 주요 은행 두 곳—뉴포트에 있는 은행들—이 파산했네. …… 확신할 수는 없지만, 내년 봄 유럽 대륙의 격동이 아주 멋진 위기의 시기와 맞아떨어질 가능성이 높네. 심지어 오스트레일리아도 손을 쓸 수가 없을 것 같네. 캘리포니아 이후 금의 발견은 낡은 이야기가 되었고, 세상은 그런 일에 무관심해졌네……."

1851년 크리스마스 이틀 뒤, 마르크스는 시인 페르디난트 프라일리그라트에게 즐거운 송년 메시지를 보냈다.

"엥겔스가 하는 이야기로 볼 때, 현재는 여러 가지 요인들(예를 들어 정치적 불안, 작년의 높은 면직물 가격 등을 포함하여)에 의해 억제되고 있는 위기가 늦어도 내년 가을에는 폭발할 것 같다는 우리 생각에 도시 상인들도 동의하는 것 같습니다. 최근 사건들 이후 나는 교역의 위기 없이는 진짜 혁명도 없다는 것을 더욱 확신하게 되었습니다."

1852년 2월 러셀이 이끄는 휘그 행정부가 무너지고 더비 경이 이끄는 토리 내각이 들어선 것은 행복한 날을 더욱 앞당기는 것 같았다. 마르크스는 설명했다.

"영국에서 우리 운동은 오직 토리 밑에서만 전진할 수 있네. 휘그는 도처에서 환심을 사면서 모든 사람들을 유혹하여 잠을 재우지. 나아가서 상업의 위기가 점점 가까이 다가오고 있으며, 그 초기 증상들이 도처에서 나타나고 있네. 상황 진행 중."

자유 무역과 면직물 가격 하락은 영국 경제를 가을까지는 유지해주겠지만, 가을에는 재미있는 일이 시작될 터였다.

그러나 엥겔스는 그렇게 자신하지 않았다. "모든 규칙에 따라" 1852년 말에는 틀림없이 위기가 오게 되어 있지만, 인도 시장의 강세와 낮은 원료 가격은 다른 방향을 암시하고 있었다.

"현재의 번영기가 예외적으로 장기간 지속될 것이라는 예측을 내놓고 싶을 정도다. 어쨌든 이런 상황이 봄까지 계속될 가능성이 충분하다."

실제로 그렇게 되었다. 그러나 마르크스는 크게 실망하지는 않았을 것이다. 마르크스는 8월의 파산 사태와 평균 이하의 작황에 주목하면서 이렇게 썼다.

"혁명은 우리가 원하는 것보다 빨리 올 수도 있네. 혁명가들이 빵을 공급해야 하는 상황이 온다면 최악일세."

여기서 마르크스는 자신의 폭발적인 논리에 스스로 묶여 있다. 만일 혁명이 그가 주장하듯이 경제적 파탄에 달려 있다면, 혁명으로 뒤바뀐 세상은 빵이 없는 세상이 될 것이다. 그럼에도 마르크스는 이후 2년 간 불황이 눈앞에 다가와 있다고 확신하며 즐거워했다.

"겨울 작황이 이 정도이니, 위기가 다가왔다고 확신하네."(1853년 1월)

"내 생각으로는…… 현재의 상황이 곧 지진을 일으킬 걸세."(1853년 3월)

"상황은 멋지게 진행되고 있네. …… 금융 거품이 터지면 프랑스에는 지옥문이 열릴 걸세."(1853년 9월)

최종적인 경제 위기가 도래하지 않은 상황에서 마르크스는 다른 불꽃 때문에 불이 붙지나 않을까 궁금해하기 시작했다. 예를 들어 크림 전쟁 때문에? 마르크스는 1854년 2월 2일 〈뉴욕 데일리 트리뷴〉에 이렇게 썼다.

"유럽에는 제6의 힘이 있다는 것을 잊지 말아야 한다. 이 힘은 어떤 순간에는 이른바 5대 '강'국 전체를 압도하며, 그들 각각을 떨게 만든다. 그 힘은 혁명이다. …… 신호만 나타나면, 유럽에서 가장 강한 이 제6의 힘이 올림포스 꼭대기에서 나오는 미네르바처럼 빛나는 갑옷을 입고 손에 검을 들고 나타날 것이다. 임박한 유럽의 전쟁이 그 신호가 될 수도 있다……."

그러나 그런 행운은 일어나지 않았다. 마르크스는 마치 혁명은 경제적 파탄의 결과로만 가능하다는 자신의 주장을 잊기라도 한 듯, 다른 먹구름이 없나 지평선을 살폈다. 1855년 6월 24일 차티스트들은 안식일에 술집 영업과 신문 발행을 금지하는 새로운 일요일 상거래 법안에 항의하기 위해 하이드 파크에서 집회를 열었다. 로튼로를 따라 말을 타고 가던 신사와 숙녀는 시위대 때문에 시련을 겪어야 했다. 일부는 말에서 내려 달아나기도 했다. 마르크스는 〈노이에 오더 차이퉁〉에 글을 썼다.

"우리는 처음부터 끝까지 관찰을 했다. 영국의 혁명이 어제 하이드 파크에서 시작되었다고 말해도 과장은 아니라고 생각한다."

일주일 뒤에 비슷한 집회가 열렸을 때는 훨씬 더 많은 사람이 모였다. 마르크스는 다시 〈노이에 오더 차이퉁〉에 생생한 급보를 전했다.

"곧 잠복해 있던 경찰관들이 달려나와 호주머니에서 경찰봉을 꺼내 사람들 머리를 가격하기 시작했다. 피가 엄청나게 흘렀다. 경찰관들은 거대한 군중 이곳저곳에서 사람들을 끌어내 임시 목조 요새로 데려가기도 했다(이렇게 해서 총 104명이 체포되었다)."

그러나 이 주의 집회 현장의 분위기는 그 전 주말의 즉흥적인 계급투쟁과는 완전히 달랐다.

지난 일요일에 대중은 지배 계급과 개인으로 마주쳤다. 이번에는 지배 계급이 국가 권력, 법, 경찰봉으로 나타났다. 이번에는 저항이 봉기를 의미했다. 그러나 영국인은 웬만큼 도발을 당해서는 봉기를 일으키지 않는다. 그래서 시위대의 대응은 주로 경찰 마차들을 향해 야유하고, 조롱하고, 휘파람을 부는 것과 체포된 사람들을 구출하고자 하는 고립적이고 미약한 시도로 한정되었다. 대개는 무기력하게 자기 자리에 서 있는 수동적 저항이 주종을 이루었다.

이렇게 마르크스가 대담하게 팡파르를 울린 지 불과 7일 만에 '영국 혁명'은 불꽃이 사그라들었다. 영국인들이 제도화된 권력의 위엄과 마주치면서 제도를 공경하는 마음 때문에 소심해졌기 때문이다. 길버트와 설리번의 뮤지컬(19세기 후반의 풍자적 뮤지컬 : 역주)에 나오는 한 장면과 너무나 흡사하다. 펜잰스의 피에 굶주린 해적들은 경찰관들을 포로로 잡은 다음 검을 뽑아들고 그들을 굽어본다. 그러자 한 경사가 엎드린 자세에서 명령한다.

"빅토리아 여왕의 이름으로 말하노니 어서 항복하라!"

그러자 해적 두목은 그 말에 복종하고 만다.

"우리는 겸손한 태도로 즉시 항복한다/우리의 잘못에도 불구하고 우리의 여왕을 사랑하기 때문에."

이후에 마르크스가 영국 프롤레타리아를 보는 관점은 경의와 경멸 사이를 오갔다. 1862년 1월 마르크스는 영국 노동자들이 미국 남북전쟁에서 북군을 지지한 것을 "영국 대중의 변함없는 철저함을 보여주는 새롭고 멋진 증거인데, 이런 철저함이야말로 영국의 위대함의 비결"이라고 말했다. 그러나 1866년 7월 반정부 시위대가 하이드 파크의 난간을 뜯어내는 사건이 벌어졌을 때 마르크스는 그들의 온건함에 절망했다. 마르크스는 엥겔스에게 보낸 편지에서 이렇게 말했다.

"영국인에게는 우선 혁명적 교육이 필요하네. 만일 난간이 경찰에 대항하여 공격적으로 그리고 방어적으로 사용되어 경찰 20명 정도가 쓰러졌다면—사실 일촉즉발의 상황이었거든.—군대는 그냥 시위 행진만 하는 것이 아니라 '개입'을 할 수밖에 없었을 걸세. 그러면 약간 재미가 있었을 거야. 한 가지는 확실하네. 이 우둔한 존 불(전형적인 영국인 : 역주)들—그들의 두개골은 경찰의 곤봉을 견디기 위해 특수 제작된 것처럼 보이더군.—은 통치 권력과 피를 흘리며 맞서지 않으면 아무것도 이루지 못할 걸세."

그러나 마르크스도 인정했듯이, 심각한 전투가 벌어질 가능성은 별로 없었다. 노동자들은 "노예적이었고", "겁이 많았고", "부르주아지의 감염"으로 치료가 불가능할 정도로 약해져 있었다.

이 병은 작지만 분명한 증상들을 많이 드러냈다. 역사학자 키스 토머스는 "원예나 애완동물 기르기, 낚시 등의 취미에 몰두하는 것은······ 영국 프롤레타리아에게 급진적이고 정치적인 충동이 상대적으로 부족하다는 것을 반증한다."고 말한다. 그래서 19세기에는 시민 농장은 유행한 반면, 대규모 공동 주택 단지들은 몹시 부족했다.─그런 공동 주택 단지에는 "노동자들이 필수품으로 여기는 정원이 없기 때문에" 잘 짓지를 않았던 것이다. 하이드 파크에서 난간을 뜯어낸 노동자가 한 명 있다면, 개를 산책시키거나 꽃밭을 살피고 싶은 노동자가 수십 명 있는 셈이었다.

마르크스가 가장 존경했던 차티스트 지도자 어니스트 존스마저도 곧 차티스트들과 철저하게 부르주아적인 급진주의자들 사이의 연합을 옹호함으로써 중간 계급 딜레탕트의 모습을 드러내게 된다. 엥겔스는 존스가 맨체스터의 한 집회에서 연설하는 것을 듣고 나서 말했다.

"존스가 하는 일은 아주 역겹네. 오랜 전통을 지닌 차티스트 형식의 영국 프롤레타리아 운동이 완전히 사라져야만 새롭고 실용적인 형태가 발전할 것이라고 믿을 수밖에 없는 지경일세."

그러나 새로운 형태란 어떤 것일까? 엥겔스는 슬픈 목소리로 예감하고 있다.

"영국 프롤레타리아는 사실 점점 부르주아적으로 되어가고 있네. 따라서 세계에서 가장 부르주아적인 이 나라는 궁극적으로 부르주아지만이 아니라 부르주아적인 귀족과 부르주아적인 프롤레타리아를 소유하는 것을 목표로 삼고 있는 것 같네."

실제로 그렇게 되었다. 오늘날 영국에서는 상류사회에 속한 사람이나 노동자나 똑같이 테스코 슈퍼스토어에서 먹을 것을 사고, 토요일 밤이면 전국 복권 당첨 결과를 지켜본다. 만일 마르크스와 엥겔스의 유령이 돌아와서 오늘날의 영국을 본다면 그들은 가장 괴상한 모순 어법, 즉 부르주아적인 군주제도 목격하게 될 것이다. 영국의 왕자들은 야구 모자를 쓰고, 빅맥을 먹고, 유로디즈니에서 휴가를 보낸다. 한때 차티스트들이 귀족들을 조롱하던—카를 마르크스는 그것을 보고 영국 혁명이 시작되었다고 생각했다.—하이드 파크에 최대 인파가 모인 것은 1997년 9월 6일이었다. 그날은 영국의 왕세자비 다이애나의 장례식 날이었다.

마르크스가 자신의 귀화국에 대해 내린 최종 평결은 1883년, 죽기 직전에 쓴 편지에서 찾아볼 수 있다. 마르크스는 "역사적 과제를 이행할 '책임'을 많이 떠맡을수록 끙끙거리며 쓸데없이 그 과제에 저항이나 하려 하는 가엾은 영국 부르주아지"를 조롱한 뒤에 화가 나서 소리를 지르며 편지를 마무리짓고 있다.

"빌어먹을 영국인들!"

* * *

어니스트 존스는 중간 계급 자유주의자들과 합세하는 변절을 함으로써 마르크스와 엥겔스로부터 가장 가혹한 벌을 받게 되었다. 그에게는 '기회주의자'라는 낙인이 찍혔다. 몇 년 뒤에는 페르디난트 라살이 프로이센의 노동자들과 귀족에게 힘을 합쳐 산업 부르주아지에 대항하자고 제안했다가 같은 욕을 먹었다. 그러나 이런 정략 결혼에는 냉소하면서도, 마르크스 자신은 일부 아주 괴상한 인간들과 기회주의적인 동반 관계를 형성하고 있었다.

그 가운데도 가장 괴상한 인간은 데이비드 어카트인데, 이 기묘한 스코틀랜드 귀족은 토리당 출신으로 의원 생활을 하기도 했지만, 지금은 영국에 터키식 목욕방법을 소개했다는 사실 외에는 거의 잊혀진 인물이다. 어카트의 한 제자는 이렇게 기록하고 있다.

"그의 지지자들 대부분에게 어카트는 죽는 날까지 '장관'이었고, '족장'이었고, '예언자'였으며, '신이 보낸 사람'과 다름없었다. 아버지에 대한 꿈을 꾸는 어린 딸에게는…… 아버지가 꿈 속에서 그리스도로 변하는 것이 하나도 이상해 보이지 않았다. '사실 똑같지 않아요, 어머니?' 딸은 그렇게 말했다."

그러나 그에 대한 숭배심이 강하지 않은 관찰자들에게 그는 턱수염이 기우뚱하고, 보 타이도 기우뚱하고, 생각은 더 심하게 기우뚱한 심술궂은 늙은 해마(海馬)였다. 어카트는 이렇게 자랑했다.

"사람들이 나를 싫어하게 하는 기술만큼 내가 열심히 연마한 기술은 없다. 그렇게 하면 무관심이 사라진다. 사람들에게 말을 시킬 수 있다. 그렇게 하면 그들의 말을 붙잡아 그들에게 다시 던짐으로써 그들을 쓰러뜨릴 수 있다."

빅토리아 여왕 시대 중기의 많은 저명인사들은 이 기술이 성공을 거두었음을 증언해줄 수 있을 것이다. 어카트는 적들을 푸짐하게 거느리고 살았기 때문이다.

어카트는 1805년 스코틀랜드에서 태어나, 프랑스, 스위스, 스페인에서 교육을 받았으며, 21살 때 그리스 독립 전쟁에 참여했다가—그가 존경하던 제레미 벤담의 제안에 따른 것이었다.—스키오 포위 공격 때 심한 부상을 입게 되면서부터 동방에 집착하게 되었다. 어카트는 윌리엄 4세의 개인 비서였던 허버트 테일러 경의 눈에 들어 비밀 외교 임무를 맡아 콘스탄티노플로 파견되었는데, 그곳에서 갑자기 충성의 대상을 바꾸었다.

"이자는 그리스 애호가로서 그리스에 갔다가, 3년 동안 터키인들과 싸우고 나서 터키로 갔는데, 그곳에서 바로 그 터키인들에게 반하게 되었네."

마르크스는 1853년 3월 어카트의 책 《터키와 그 자원》을 읽고 나서 껄껄 웃은 뒤 그렇게 쓰고는 덧붙였다.

그는 "캘빈주의자가 아니면 마호메트주의자가 될 수밖에 없었을 것"이라는 원칙에 의거하여 이슬람에 열광했네. 이자 말에 따르면, 터키인들, 특히 오스만 제국 전성기의 터키인들은 모든 면에서 지상에서 가장 완벽한 나라였네. 터키어는 세상에서 가장 완벽하고 선율이 아름다운 언어지. …… 유럽인이 터키에서 부당한 대접을 받는다 해도 그것은 오로지 유럽인 자신의 책임이야. 터키인들은 프랑크(서유럽인을 가리킨다 : 역주)의 종교를 싫어하지도 않고 그의 성격을 싫어하지도 않네. 다만 그의 좁은 바지를 싫어할 뿐이지. 그는 터키의 건축, 예절 등을 모방할 것을 강력히 권고하네. 그 자신도 터키인들에게 몇 번 구박을 받았지만, 곧 그것이 다 자기 탓임을 깨달았다네. …… 간단히 말해서, 오직 터키인만이 신사이며, 자유는 터키에만 있다는 거지.

콘스탄티노플에서 어카트를 맞이한 사람들은 터키를 찬양하는 그의 태도에 현혹되었다. 《전국 전기(傳記) 사전》에는 이렇게 나온다.

"터키 관리들은 어카트를 무척 신뢰하여, 러시아 대사가 그들에게 하는 말을 즉시 전해줄 정도였다. 그러나 파머스턴 경은 놀랐다. ······ 그는 대사인 폰선비 경에게 편지를 써, 어카트가 유럽 평화에 위험을 줄 수 있으니 즉시 콘스탄티노플을 떠나게 하라고 명령했다."

파머스턴으로서는 당연한 조치였다. 어카트의 뜨거운 당파심—친터키적이고 반러시아적인—은 영국의 정책과 어긋나는 것이었는데, 어카트는 위험한 세력이 영국 정부를 장악했다고 믿었다. 간단히 말해서, 어카트는 외무상인 파머스턴 경이 러시아의 비밀 요원이라고 결론을 내린 것이다. 어카트는 영국에 돌아오자 몇 개의 신문사를 만들고 전국적인 네트워크인 '외무 위원회'를 설립하여, 이 대담한 음모 이론을 퍼뜨렸다. 그는 1847년 의회에 진출하자 "파머스턴 자작 헨리 존 템플에 대한 탄핵을 목적으로" 외무성의 활동을 즉각 조사하자고 연설을 해댔다.

어카트는 본질적으로 낭만적인 반동주의자였지만, 그럼에도 일부 급진주의자들은 그가 정말로 자기들 편이라고 믿게 되었다. 어카트가 사악하고 기만적인 통치자들에 대항하여 짓밟히고 있는 노동자들을 대변한다고 믿었던 것이다. 좀더 혁명적인 차티스트들은 그가 토리의 첩자일 뿐이며, 대중 영합적인 파머스턴 반대 운동은 관심을 다른 데로 돌리기 위한 수단일 뿐이라고 생각했다. 그러나 일부에서는 그가 "러시아 제국의 팽창, 그리고 러시아가 영국의 교역망 파괴를 목표로 각지에서 행사하는 영향력으로 영국의 노동과 자본이 본 피해"를 폭로한 사실을 찬양했다.

이 모든 것이 카를 마르크스의 차르 체제 하 러시아에 대한 증오 및 불신과 딱 맞아떨어졌다. 마르크스는 어카트의 주장에 "흥분하기는 했지만, 확신은 없는 상태"에서 특유의 부지런함으로 증거를 찾기 위해 옛 《영국 국회 의사록》과 외교 《청서》를 뒤지기 시작했다. 그가 엥겔스에게 보낸 편지의 말투가 바뀌는 것을 보면 조사의 진도를 짐작할 수 있다. 1853년 봄에 마르크스는 어카트가 "파머스턴을 러시아 첩자라고 비난하는 미치광이 의원"이라고 조롱했다. 여름이 되면 이미 그에 대한 상당한 존경심을 드러내기 시작한다.

"〈애드버타이저〉에 실린 D. 어카트의 동방 문제에 대한 네 통의 편지에는 둔사와 억지에도 불구하고 흥미있는 것들이 많네."

가을이 다 가기 전, 마르크스의 어카트주의―어카트라는 개인은 아닐지라도―로의 개종은 완료된다. 마르크스는 11월 2월자 편지에서 이렇게 썼다.

"나는 미치광이 어카트와 똑같은 결론에 이르렀네. 그러니까 파머스턴이 수십 년 간 러시아의 첩자 노릇을 해왔다는 걸세. 이 기회에 지난 20년 간의 외교 정책을 자세히 살펴보게 된 것이 다행이라고 생각하네. 우리는 이런 측면을 매우 태만히 했는데, 사람이란 자신이 상대하는 사람을 알아야 하는 법이라네."

이 연구의 첫 번째 열매는 1853년 말 〈뉴욕 트리뷴〉에 기고한 일련의 기사였다. 이 연재물에서 마르크스는 파머스턴과 러시아 정부의 은밀한 '관련'을 이야기한다. 이해할 만한 일이지만, 어카트는 몹시 기뻐하며, 1854년 초에 그 글을 쓴 사람과 만나려고 했다. 그 자리에서 어카트는 마르크스에게 "그 기사는 마치 터키인이 쓴 것 같았다."고 말했는데, 이것은 어카트로서는 최고의 찬사였다. 그 말을 들은 마르크스는 약간 짜증스럽게 자신은 사실 독일 혁명가라고 대꾸했다.

마르크스는 이 묘한 만남 직후에 엥겔스에게 보고를 했다.

그 사람 완전히 정신병자더군. 자신이 언젠가 영국 수상이 될 거라고 확신하고 있네. 자신을 제외한 다른 모두가 짓밟히고 있는 상황이기 때문에, 영국 전체가 결국 그에게 다가가, 우리를 구원해주소서, 어카트! 하고 이야기할 거라는 거야. 그는 이야기를 하다가 반박을 당하면 발작을 일으켰네. …… 이자의 가장 우스운 생각은 바로 이걸세. 러시아가 뇌가 남아 돌기 때문에 세계를 지배한다는 거야. 러시아에 대응하려면 어카트의 뇌를 가져야만 하는데, 불행하게도 어카트의 뇌는 하나밖에 없으므로 모두들 어카트주의자가 되어야 한다는 거지. 즉 어카트가 믿는 것을 믿고, 그의 '형이상학', 그의 '정치경제학' 등등을 믿어야 한다는 거야. '동방'에 살아야만 하고, 그것이 안 되면 적어도 터키의 '정신'을 흡수하기라도 해야 한다는 걸세."

〈뉴욕 트리뷴〉에 실린, 마르크스가 파머스턴에 대해 쓴 글 가운데 일부가 팸플릿으로 재발행되었을 때, 마르크스는 그 팸플릿에 어카트의 주장이 함께 실린다는 것을 알고 깜짝 놀라, 즉시 발행을 금지시켰다. 마르크스는 페르디난트 라살에게 말했다.

"나는 그 사람의 추종자로 간주되고 싶지 않네. 나와 그 사람의 공통점은 단 한 가지, 파머스턴에 대한 견해뿐일세. 그 외 다른 모든 문제에서 나는 그와 대척점에 서 있네."

이것을 보면 마르크스는 이후에 그 미치광이가 제안하거나 권유하는 일은 모두 "사탄아, 내 뒤로 물러가라!" 하는 식으로 기운차게 거부해버렸을 것이라고 생각할 것이다. 그러나 마르크스는 그런 원칙적인 자세를 오랫동안 유지할 만한 여유가 없었다. 안달하는 채권자들에게 시달리는 상황에서 마르크스는 1856년 여름에 어카트의 정기간행물인 셰필드 〈프리 프레스〉에서 원고 청탁이 오자 거절하지 못했다. 마르크스는 투덜거렸다.

"염병할, 어카트주의자들은 끈덕지더군. 돈이 되니까 좋기는 하지.

하지만 정치적으로 그자들과 너무 깊이 얽히는 것이 좋은지 안 좋은지 모르겠소."

그가 쓴 글들은 상당한 센세이션을 불러일으켰다. 마르크스는 영국 박물관의 외교 문서들 가운데서 "18세기 말부터 표트르 대제 시기까지 런던의 내각과 상트페테르부르크의 내각 사이에 은밀하고 지속적인 협력을 보여주는 일련의 문서들"을 발견했다고 주장했다. 더욱 놀라운 것은 이 기간 내내 러시아의 목적이 다름아닌 지구 정복이었다는 점이었다.

"그것이 표트르 대제의 정책이고, 근대 러시아의 정책이다. 그 적의에 찬 권력의 이름, 자리, 성격이 어떻게 바뀌든 상관없다. 사실 표트르 대제는 근대 러시아의 정책을 만들어낸 사람이다. 그러나 그가 그렇게 할 수 있었던 것은 낡은 러시아적 방법으로부터 그 지역적 성격과 우연적 혼합물을 벗겨냈기 때문이고, 그 방법에 추상적 공식을 주입했기 때문이고, 그 목적을 일반화했기 때문이고, 그 목적을 권력의 주어진 한계의 극복에서 무한한 권력에 대한 열망으로 드높였기 때문이다."

영국과 러시아가 150년 동안 한통속이었다는 이론에는 분명한 결함이 있다. 크림 전쟁이 한 예다. 물론 어카트와 마르크스에게는 이 점에 대해 준비된 답변이 있었다. 그 전쟁이 파머스턴과 러시아가 부패한 동맹을 맺고 있다는 냄새를 쫓는 사냥개들을 따돌리려는 교묘한 책략의 결과라는 것이다. 그리고 영국은 고의적으로 가능한 한 무능하게 전쟁을 수행했다는 것이다. 그러나 음모 이론에 집착하는 사람에게는 모든 것이 설명 가능한 법이다. 자신의 이론과 아귀가 맞지 않는 사실들은 적의 악마 같은 사악함을 확인해주는 증거일 뿐이다.

마르크스는 확신을 가졌을지 몰라도, 다른 사람들은 거의 믿지 않았다. 마르크스의 파머스턴과 러시아에 대한 격렬한 공격은 1899년 그의 딸 엘레아노르가 《18세기 비밀외교사》와 《파머스턴 경의 인생 이야기》라는 제목으로 다시 발행했다.—도발적인 구절들 가운데 일부를 슬며시 삭제하기는 했지만. 그러나 20세기 대부분의 기간 동안 이 팸플릿들은 절판 상태였고, 거의 잊혀졌다. 모스크바의 마르크스-레닌주의 연구소에서도 《전집》을 내면서 이 문건들은 넣지 않았다. 소비에트의 편집자들은 러시아 혁명을 지배한 정신적 지주가 실제로는 러시아를 몹시 싫어했다는 사실을 인정할 수가 없었을 것이다. 서구에서 마르크스의 성인전(聖人傳)을 쓴 사람들 역시 혁명가와 반동분자 사이의 이 당혹스러운 동반 관계를 부각시키는 것을 꺼림칙하게 여겼다. 가장 전형적인 예가 1965년에 출간된 존 루이스의 《카를 마르크스의 생애와 가르침》이다. 궁금한 독자는 이 책에서 데이비드 어카트에 대한 언급이 나오는지, 아니면 마르크스가 그의 강박관념에 사로잡힌 운동에 기여했다는 기록이 있는지 찾아보라. 아마 아무것도 찾지 못할 것이다.

어카트 자신은 나중에 다른, 그러나 역시 돈키호테적인 대의에 관심을 돌렸다. 정통적이지는 않다 해도 독실한 로마 가톨릭 신자였던 어카트는 오랫동안 교황 피우스 9세에게 교회법의 복원을 호소했다. 동시에 터키 목욕탕을 확산하기 위한 사업을 지칠 줄 모르고 펼쳐나갔다(마르크스는 1858년 엥겔스에게 보낸 편지에서 이렇게 말했다. "자네가 나한테 보내준 〈가디언스〉 어딘가에서 데이비드 어카트가 영아 살해범으로 등장한 기사를 보지 못했나? 이 바보는 13개월된 아기에게 터키식 목욕을 시켰는데, 그 때문에 아기에게 뇌충혈이 생겨 결국 죽고 말았나 봐. 검시가 사흘이나 계속되었는데, 어카트는 아슬아슬하게 살인 유죄 평결을 피했더군"). 하트퍼드셔의 릭맨스워스에 있는 어카트의 집에 가보았던 어떤 사람은 그의 집이 "터키식 목욕탕을 갖춘 동양식 궁전으로…… 그 호화로움이 콘스탄티노플에 있는 궁전에 못지않다."고 묘사하고 있다. 이 화려한 목욕탕에서 땀을 좀 냈더라면 마르크스의 종기 치료에도 얼마간 도움이 되었으련만, 마르크스는 한 번도 그런 즐거움을 누리지 못했던 것 같다.

8 말을 탄 영웅

엥겔스, 마르크스, 예니헨, 엘레아노르, 라우라(왼쪽 위부터 시계방향으로, 1864)

베이컨은 진짜 훌륭한 사람들은 자연이나 세계와 수많은 관계를 맺고 있고, 또 관심사가 아주 많기 때문에, 어떤 상실도 쉽게 극복한다고 말하네. 나는 그런 중요한 사람이 아닌 모양이야. 내 아이의 죽음 때문에 나는 내 속 가장 깊은 곳까지 흔들렸고, 그 상실감을 첫날과 똑같이 아프게 느끼고 있네. 가엾은 안사람 역시 완전히 무너져버렸고.
-아들 에드가를 잃고 난 뒤 마르크스가 페르디난트 라살에게 보낸 편지에서

1855 | 1864
아이들을 사랑한 아버지

1855년 1월 16일 동이 트기 직전, 예니 마르크스는 딸 엘레아노르를 낳았다. 아버지는 전혀 기뻐하지 않았다. 마르크스는 엥겔스에게 말했다.

"불행하게도 더할 나위 없는 '성(性)'이라네. 사내아이였으면 좋으련만."

마르크스는 4년 전 프란치스카가 태어났다는 소식을 알릴 때도 마찬가지로 별로 즐거워하지 않았다. 따라서 마르크스의 딸들에 대한 애정이 미지근했다고 추측하기 쉽다. 그러나 그것은 잘못된 추측이다. 그들의 편지나 자전적인 짧은 기록들을 보면 모두 '무어'가 딸들을 귀여워하는 아버지였으며, 딸들도 그 사랑에 대한 보답으로 아버지에게 완전히 헌신했음을 알 수 있다. 마르크스는 그의 세대의 많은 아버지들과는 달리, 딸들을 지적인 성인으로 커나갈 수 있는 존재로 대접했다. 마르크스는 언니들한테 했던 것과 마찬가지로 엘레아노르에게도 호메로스나 셰익스피어의 전 작품, 《니벨룽의 노래》, 《구드룬》, 《돈키호테》, 《아라비안 나이트》 등을 읽어주었으며, 그 밖에도 많은 것을 읽어주었다. 엘

8. 말을 탄 영웅 297

레아노르가 여섯 살 되었을 때는 첫 소설책 《피터 심플》을 선물로 주었다. 그리고 곧 메리엇, 쿠퍼, 월터 스콧의 모든 작품도 선물로 주었다. 빅토리아 여왕 시대의 다른 중간 계급 가정에서 아이들 앞에서는 금기로 여기던 주제들―무신론, 사회주의―을 마르크스 집안에서는 허용했을 뿐 아니라 장려하기까지 했다. 엘레아노르는 다섯 살 무렵 가족과 함께 로마 가톨릭 성당에서 열린 장엄미사를 들으러 갔다 와서 "어떤 종교적인 불안"을 느꼈다고 고백했다. 그러자 아버지는 참을성 있게 부자들에게 죽임을 당한 목수 이야기를 해줌으로써 "모든 것을 바로잡아주었다." 마르크스는 엘레아노르에게 말했다.

"기독교는 아이를 받들라고 가르치기 때문에 우리는 기독교를 많이 용서해줄 수 있지."

따라서 새로 태어난 아기의 '불행한' 성에 대한 마르크스의 편지를 여성 혐오나 자식에 대한 냉정한 태도의 증거로 볼 수는 없다. 마르크스는 단지 사회적이고 경제적인 사실을 바라보고 있었을 뿐이다. 중간 계급의 딸들은 돈벌이를 하거나 혼자 힘으로 생계를 꾸려나가지 않기 때문에, 엘레아노르가 이미 바닥까지 내려간 경제 형편에 또 하나의 경제적 부담이 될 것을 우려했던 것이다.

그렇다 해도 마르크스가 에드가―동그란 얼굴의 개구쟁이 무쉬 대령―를 가장 예뻐했다는 데는 의심의 여지가 없다. 병약한 아이였던 에드가는 머리가 너무 무거워 보일 정도로 몸이 허약했다. 그럼에도 에드가의 익살 덕분에 집안 분위기는 아주 좋아졌다. 부모가 낙담했을 때는 늘 엄청난 감정을 넣어 목청껏 의미 없는 민요, 또는 〈라 마르세예즈〉를 불러 부모가 기운을 내게 했다. 마르크스의 비서 빌헬름 피퍼는 에드가에게 다섯 살 생일 선물로 멋진 여행용 가방을 준 뒤 충동적으로 선물을 준 것을 후회하며 도로 빼앗겠다고 위협했다. 그러자 무쉬는 아버지에게 이야기했다.

"무어, 제가 그것을 잘 감추어놓았어요. 피피가 달라고 하면, 가난한 사람에게 주어버렸다고 말할 거예요."

마르크스는 이 꾀 많은 장난꾸러기를 "개인적으로 나에게 그 누구보다 귀중한 친구"라고 하며 무척 귀여워했다. 마르크스의 마음 속의 우선 순위는 1855년 3월 3일 엥겔스에게 보낸 편지에서 확인된다. 이 편지에서 마르크스는 그들의 아파트를 병원으로 바꾸어놓은 다양한 병에 대해 이야기한다. 에드가는 위의 열 때문에 앓아누웠다. 카를 자신은 심한 기침 때문에 일어나지를 못했다. 예니는 손가락에 고통스럽고 짜증나는 생인손이 생겼다. 아기 엘레아노르는 몸이 아주 약한 데다가 날이 갈수록 더 약해지고 있었다. 마르크스는 에드가의 병에 대해 이렇게 말한다.

"이것이 모든 것 가운데도 최악이네."

이것은 의외의 판단인데, 사실 에드가는 며칠 내에 "빠른 속도로 회복을 향해 나아가게" 되었고, 엘레아노르는 자칫 목숨이 위험할 수도 있는 상황이었기 때문이다.

그러나 에드가의 회복기는 금방 끝이 났다. 에드가는 3월 말에 병이 심각해졌으며, 의사는 폐병 진단을 내리면서 회복 가능성이 없다고 말했다. 마르크스는 편지에서 이렇게 말했다.

"내 심장에서는 피가 철철 흐르고 머리에서는 불이 나지만, 물론 나는 냉정을 유지해야겠지. 이 아이는 아픈 동안 단 한순간도 착하면서도 독립적인 원래의 모습에 어긋나는 면을 보여준 적이 없다네."

에드가는 4월 6일 아침 6시 직전 아버지 품에서 숨을 거두었다. 그날은 기독교의 달력에서 가장 잔혹한 날인 성금요일, 즉 예수의 수난일이었다. 그래서 마치 아이가 죽은 것을 애도하듯 교회 종소리가 엄숙하게 울려퍼졌다. 아이가 죽은 직후 빌헬름 리프크네히트가 딘 스트리트에 도착했다. 예니는 시신을 굽어보며 조용히 흐느끼고 있었다. 라우라와 예니헨은 형제와 자매를 앗아간 악한 세력으로부터 자신을 방어하듯이 예니의 치마에 매달려 있었다. 마르크스는 거의 제정신이 아닌 듯, 어떠한 위로도 거부하며 사납고 난폭한 태도를 보였다.

장례식은 이틀 뒤 토튼엄 코트 로드의 화이트필드 태버내클에서 치렀다. 그곳에는 이미 포크시와 프란치스카가 묻혀 있었다. 리프크네히트는 묘지까지 잠깐 마차를 타고 가는 동안 마르크스의 이마를 어루만지며, 그래도 얼마나 많은 사람들이 그를 사랑하고 있는지 알아야 한다는 둥, 다소 얼빠진 소리를 했다. 부인, 딸들, 친구들이 있지 않느냐.

"그래도 내 아들을 돌려줄 수는 없잖아!"

마르크스는 소리를 지르며 두 손에 얼굴을 묻었다. 하관을 할 때 마르크스는 앞으로 나섰다. 잠시 조객들은 마르크스가 관을 따라 땅으로 들어갈지도 모른다고 생각했다. 리프크네히트는 혹시 몰라 팔을 앞으로 뻗었다.

마르크스는 간신히 딘 스트리트로 돌아왔다. 궁정 어릿광대가 사라진 집 안은 견딜 수 없을 정도로 쓸쓸했다. 마르크스는 엥겔스에게 말했다.

"나도 불운은 겪을 만큼 겪은 사람이네. 하지만 진짜 불행이 무엇인지는 이제야 알겠군. 완전히 무너져버린 느낌일세."

그 뒤로 며칠 동안 '다행히도' 머리가 깨지는 듯한 두통이 찾아와 그는 생각을 하지도, 듣지도, 보지도 못했다. 그를 지탱해주었던 몇 가지 가운데 하나는 엥겔스의 우정이었다. 엥겔스는 카를과 예니를 맨체스터로 초대했다. 소호의 저주받은 아파트를 며칠 떠나 있게 해주려는 배려였다(마르크스는 그 지역을 벗어나고 나서 오랜 세월이 지난 뒤에도 "소호 광장 근처는 우연히 가까이 가기만 해도 여전히 등골이 오싹하다."고 말했다).
 그러나 다시 런던으로 돌아오자마자, 에드가의 흔적들—책, 장난감— 때문에 마르크스는 더 깊은 슬픔에 빠져들었다. 마르크스는 석 달 뒤 페르디난트 라살에게 편지를 썼다.
 "베이컨은 진짜 훌륭한 사람들은 자연이나 세계와 수많은 관계를 맺고 있고, 또 관심사가 아주 많기 때문에, 어떤 상실도 쉽게 극복한다고 말하네. 나는 그런 중요한 사람이 아닌 모양이야. 내 아이의 죽음 때문에 나는 내 속 가장 깊은 곳까지 흔들렸고, 그 상실감을 첫날과 똑같이 아프게 느끼고 있네. 가엾은 안사람 역시 완전히 무너져버렸고."
 7월부터 9월까지 마르크스 가족은 런던 남부의 교외 캠버웰에 내려가 있었다. 그곳에 살던 독일 망명자 페터 이만트가 자신이 스코틀랜드에 가 있는 동안 자기 아파트를 쓰라고 했기 때문이다. 딘 스트리트를 벗어나는 것이 즐거운 일이기도 했지만, 주소를 바꾼 주된 이유는 다시 밀려오는 많은 채권자들을 피하자는 것이었다. 특히 복수의 여신과 같은 닥터 프로인트를 피하려는 것이었는데, 그는 밀린 진료비를 놓고 법적 조치도 불사하겠다고 협박하고 있었다. 9월 중순 프로인트가 마르크스의 소재지를 알아내자, 마르크스는 다시 재빨리 도주했다. 마르크스는 그것이 그 전 주에 러시아 군대가 체르나야 전투에서 프랑스군에 패배한 뒤 세바스토폴 남단에서 서둘러 전술적 후퇴를 한 사건에서 영감을 얻은 것이라고 주장했다. 마르크스는 캠버웰에서 보낸 전선 속보에서 이렇게 말했다.
 "우세한 힘에 밀려 남부 전선에서 철수할 수밖에 없었네. 그러나 철수하면서 내 뒤의 모든 것을 파괴하지는 않았네. 사실 내 주둔군은 그곳에 조용히 남아 있을 거야. 나 또한 일주일 정도 뒤에는 그곳으로 돌아갈 생각이야. 다시 말해서, 나는 며칠 동안 맨체스터로 철수할 수밖에 없는데, 내일 저녁이면 그곳에 도착할 걸세. 나는 그곳에서 신분을 숨기고 있어야 하니, 누구에게도 내가 간다는 말은 하지 말게."

이 편지를 읽고 나서 이틀 뒤 엥겔스는 〈뉴욕 데일리 트리뷴〉에 '크림의 전망'에 대한 긴 기사를 송고했다. 이번에도 마르크스 이름으로 보냈는데, 이 글에서 엥겔스는 러시아가 세바스토폴 남부로부터 도주한 작전, 언뜻 불필요해 보였던 작전을 정당화했다. 그는 이렇게 주장했다.

"포위를 당한 장소에서 저항을 하는 것은 길게 보면 그 자체로 사기를 떨어뜨린다. 곤경, 휴식 부족, 병에 시달리게 되며, 마음을 단단히 먹게 만드는 첨예한 위험이 아니라 결국 긴장을 이완시키는 만성적 위험에 시달리게 된다. …… 주둔군이 결국 이런 사기 저하를 겪게 되었다는 것은 놀랄 일이 아니다. 오래 전에 그렇게 되지 않았다는 것이 오히려 놀라운 일이다."

엥겔스는 이런 전술적 평가를 내리면서 빚쟁이들에게 쫓겨다니느라 지친 친구를 눈여겨보지 않을 수 없었을 것이다.

* * *

1855년 봄, 엘레아노르의 출생과 무쉬의 사망 사이에 마르크스에게 순수한 기쁨을 주는 일이 생겼다. 마르크스는 3월 8일에 이렇게 썼다.

"어제 우리에게 아주 행복한 사건에 대한 소식이 전해졌네. 안사람 삼촌이 돌아가셨다네. 향년 90세."

마르크스는 그에게 피해를 준 일이 전혀 없는 변호사이자 역사가 하인리히 게오르크 폰 베스트팔렌에게 별 원한이 없었다. 다만 이 노인의 장수 때문에 부의 재분배가 지연되었을 뿐이다. 이 명이 긴 삼촌은 죽기 몇 년 전부터 마르크스 집안에서 '상속 훼방꾼'으로 일컬어졌다. 예니의 유산 1백 파운드 정도는 연말에 도착했다. 그리고 1856년에는 어머니도 돌아가셔서 예니가 120파운드를 더 받았다. 이때만큼은 마르크스도 노골적으로 좋아하는 기색을 나타내지는 않았다. 예니가 마지막 며칠 동안 트리어에서 남작 부인의 병상을 지키기까지 했기 때문에 더욱 그럴 수가 없었다.

"안사람은 노인의 죽음에 상당히 영향을 받은 것 같네."

마르크스는 약간 놀랐다는 말투로 그렇게 썼다.

이 두 번의 횡재 덕분에 마침내 마르크스는 소호의 '낡고 누추한 집'에서 벗어날 자금을 확보할 수 있었다. 좀더 건강에 좋은 집을 찾아 두 주를 돌아다닌 끝에, 마르크스는 햄스테드 히스에서 멀지 않은 켄티시 타운의 그래프턴 테라스 9번지에 있는 가구 없는 4층 집으로 결정했다. 1년 간 집세인 36파운드는 런던 북부치고는 싼 편이었다. 마르크스가 엥겔스에게 이야기한 대로, 어쩌면 햄스테드의 이 변두리 지역이 '약간 미완성인' 상태였기 때문인지도 몰랐다. 그러나 약간이 아니었다. 거리는 포장도 하지 않았고 가로등도 없었다. 바로 이웃은 커다란 건축 현장이라 늘 질퍽거렸다. 이 땅은 1840년대까지만 해도 녹색 들판이었지만, 철도가 들어서면서 중간 계급 통근자들이 살 수 있는 교외의 주택지로 바뀌게 되었고, 그와 더불어 투기적인 개발이 시작되었다. 오늘날의 훨씬 더 멀리 떨어진 교외의 '호화 단지'처럼, 건축은 여러 양식이 뒤죽박죽 섞여 있었다. 귀돌과 갓돌, 아치형 창문과 로코코 발코니 등.

그래프턴 테라스의 집은 메트로폴리탄 건설부에서는 공식적으로 '3급'으로 분류했다. 그런데도 마르크스는 그 집이 "아주 좋다"고 생각했다. 예니는 그동안 잊고 지냈던, 집의 안락함이 주는 즐거움에 흠뻑 빠졌으며, 헬레네 데무트의 배다른 자매 마리아네 크로이츠까지 고용하여 집안일을 돕도록 했다. 예니는 한 친구에게 말했다.

"이곳은 우리가 전에 살던 초라한 집에 비하면 아주 좋은 거처예요. 이 집에 가구를 들이는 데 모두 해서 40파운드밖에 안 들었지만(중고 폐물들이 중요한 역할을 했죠), 다 꾸미고 나자 우리의 안락한 응접실이 아주 웅장하다는 느낌이 들었어요."

예니는 '엉클스'—전당포 이름이다.—에서 아가일 집안의 아마포와 은식기를 찾아온 뒤, 식탁에 다마스크 냅킨을 놓으면서 큰 기쁨을 느꼈다. 좀더 은밀한 방법으로 축하도 했던 것 같다. 그래프턴 테라스에 온 지 몇 주 안 지나, 예니는 일곱 번째로 임신했음을 알게 되었던 것이다.

세 자녀는 새로운 중간 계급 생활을 사랑했다. 이제 12살과 11살이 된 예니헨과 라우라는 숙녀를 위한 사우스 햄스테드 칼리지로 전학하여, 곧 모든 과목에서 상을 타기 시작했다. 이제 두 살이 된 엘레아노르—고양이라는 뜻의 pussy와 운을 맞추기 위해 투시라는 별명이 붙었다.—는 꼬마 여주인 자리를 차지하여, 놀러오고 싶어하는 모든 아이들에게 문을 열어주었다. 날씨가 좋으면 현관앞 계단에 앉아 차를 마시다 말고 거리에서 벌어지는 놀이에 끼여들곤 했다. 엘레아노르의 명성이 높아지면서 이웃들은 마르크스 가족을 '투시네'로 부르기 시작했다.

심지어 뒷마당—몇 제곱미터의 면적에 풀과 자갈이 깔린 곳에 지나지 않았다.—도 새롭고 기분좋은 곳이었다. 엘레아노르의 유년 시절에 대한 가장 오랜 기억은 마르크스가 그녀를 무등 태우고 그래프턴 테라스를 돌면서, 메꽃을 갈색 곱슬머리에 꽂아주던 일이었다.

무어는 정말이지 멋진 말이었다. 나는 기억을 못하고 이야기만 들었는데, 그 전에는 언니들과 오빠—내가 태어나고 나서 며칠 후에 죽었는데 이 일 때문에 부모님은 평생 슬퍼하셨다.—가 무어의 몸을 의자를 묶은 다음, 의자 위에 올라탔고, 그러면 무어가 그 의자를 끌었다고 한다. ……
개인적으로—어쩌면 내 또래의 자매가 없어서인지도 모르겠지만—나는
의자보다 무어를 직접 타는 것을 더 좋아했다. 나는 무어의 어깨 위에 앉
아 말갈퀴 같은 머리—당시에는 검은 머리에 약간씩 잿빛이 보이기 시작
했다.—를 꼭 움켜쥐고, 우리의 작은 마당을 기분좋게 돌아다녔다. 또 집
주위의 들판—지금은 다 집이 들어섰지만—으로 나가기도 했다.

일요일이면 마르크스 가족은, 혹시 찾아온 친구들이 있으면 그들과
함께, 근처의 햄스테드 히스로 피크닉을 가곤 했다. 이때가 일주일 가
운데 실속 있는 식사를 하는 유일한 기회인 경우도 많았다. 렌헨은 빡
빡한 살림이기는 했지만 송아지 고기를 한 덩어리 마련했고, 거기에 히
스의 행상들에게서 산 빵, 치즈, 새우, 협죽도와 더불어 동네 주점인 잭
스트로스 캐슬에서 산 맥주를 곁들였다. 점심 식사 후에 아이들은 가시
금작화 덤불 사이에서 술래잡기를 하고, 어른들은 수잠을 자거나 일요
일 신문을 읽었다. 그러나 가족끼리 외출한 때는 아이들이 소리를 지르
며 머뭇거리는 아버지를 식사 후의 몽롱한 상태에서 끌어내는 경우가
많았다.
"누가 많이 딸 수 있나 해봐요!"
어느 날 딸들은 밤나무를 가리키며 말했다. 그래서 마르크스는 한두
시간 동안 쉴새없이 밤나무를 공격하여 열매를 다 따고 말았고, 그 뒤로
일주일 동안 오른팔을 쓰지 못했다.
때로는 하이게이트 너머의 녹색 초원과 언덕까지 진출하여, '출입금
지' 팻말을 과감하게 무시하고 야생 물망초나 히야신스를 찾아다니기도
했다. 이런 원정에 몇 번 참가했던 빌헬름 리프크네히트는 습한 영국 기
후에서도 봄꽃이 많이 핀다는 것을 알고 놀라기도 했다.

"우리는 향기로운 아스포델 초원에서 자랑스럽게 세계를 굽어보았다. 막강하고 끝없는 도시는 안개라는 추한 신비에 싸인 채 우리 앞에 놓여 있었다."

집으로 돌아오는 길에 마르크스는 독일 민요나 흑인 영가를 선창하기도 했고, 셰익스피어나 단테의 긴 구절을 암송하기도 했다.

"정말이지 우리가 마법의 성 안에 살고 있다는 생각이 들었어요."

예니 마르크스는 말했다. 그러나 이 마법은 돈이라는 요술에 의존하고 있었다. 마르크스가 어린 엘레아노르를 돈이 궁한 마법사 한스 뢰클의 이야기로 즐겁게 해주기 시작한 것은 바로 이맘때였다.

"그는 악마에게나 정육점 주인에게나 자신의 의무를 다 이행하지 못했다. 따라서 그의 비위에는 거슬리는 일이었지만, 늘 악마에게 장난감들을 팔아야 했다."

예니의 유산은 빚을 갚고 집을 얻는 데 다 썼다. 새 가구와 귀중한 아마포는 다시 전당포를 들락거리기 시작했다.

엥겔스는 마르크스가 그래프턴 테라스로 이사한 바로 그 주에 이렇게 썼다.

"자금 시장 위에는 먹구름이 드리우고 있네. 이번에는 이제까지 본 적이 없는 진노의 날이 닥칠 걸세. 유럽의 산업 전체가 황폐해지고, 모든 시장에 재고가 넘치고(이미 인도 행 상품 선적이 더는 이루어지지 않네), 유산 계급들은 곤경에 빠지고, 부르주아지는 완전한 파산하고, 전쟁과 극도의 방탕이 나타날 걸세. 나 역시 이 모든 일이 1857년에 일어날 것이라고 믿고 있네. 나는 자네가 가구를 또 산다는 이야기를 들었을 때, 즉시 사람들에게 내년의 위기가 절대적으로 확실하다고 단언하고 내기를 걸자고까지 했네. 오늘은 이만. 자네 부인과 아이들에게도 따뜻한 인사를 전해주게……."

상황에 비추어볼 때 다소 눈치 없는 농담이라고 할 수 있다. 마르크스는 마법의 성 안에 들어가자마자 집세를 낼 돈이 없다는 것을 알고 공포에 질렸다. 마르크스는 1857년 1월에 엥겔스에게 편지를 썼다.

"따라서 나는 아무런 전망이 보이지도 않는데, 집안에서의 책임만 커진 셈이네. 내가 가진 얼마 안 되는 현금을 이 집에 몽땅 털어넣고 나서 완전히 곤경에 빠져버렸네. 이곳에서는 딘 스트리트에서처럼 하루하루 근근이 살아갈 수가 없네. 어찌해야 할지 모르겠네. 사실 5년 전보다 더 절망적인 상황일세. 인생의 가장 씁쓸한 찌꺼기는 이미 맛보았다고 생각했는데. 천만에! 최악은 이것이 단지 일과성 위기가 아니라는 걸세. 어떻게 여기서 벗어나야 할지 알 수가 없네."

엥겔스는 당황했다.

"나는 마침내 모든 것이 잘 되어간다고 믿고 있었네. 자네는 괜찮은 집으로 이사했고, 모든 일이 해결되었다고. 그런데 이제 모든 것이 불확실하게 되었군……."

엥겔스는 매달 5파운드를 보내주겠다고 약속하면서, 필요할 때마다 그때 그때 추가로 보내기도 하겠다고 말했다.

"그렇게 하다가 설사 새 회계연도에 많은 빚을 지게 된다 해도 상관없네. 그런 사정에 대해 나한테 두 주 전에만 이야기했으면 좋았을 것을."

엥겔스가 죄책감을 느끼며 고백했듯이, 아버지가 크리스마스 선물로 보내준 돈으로 좋은 사냥말을 한 마리 산 직후였기 때문이다.

"자네와 자네 가족이 런던에서 곤경에 처해 있는 동안 나는 여기에서 말이나 기르고 있다니 이거 어쩔 줄을 모르겠군."

이 불행을 가장 고통스럽게 느낀 사람은 예니 마르크스였다. 그녀의 남편은 책과 신문이 난공불락의 바리케이드를 형성하고 있는 서재로 숨어버릴 수 있었다. 딸들은 새로운 친구들을 사귀고 학교 생활을 하느라 바빴기 때문에 어려움을 잊을 수 있었다. 그러나 예니는 시간이 많았다. 예니는 웨스트엔드의 북적거리는 거리들을 오랫동안 걷던 일, 집회, 클럽과 술집, 망명의 고통을 함께 나누는 독일인들과의 대화가 그리웠다.

우리의 매력적인 작은 집은 전에 살던 곳에 비하면 궁전 같았지만, 집에까지 가기가 힘들었다. 집까지 닿는 평평한 길이 없고, 사방에서 건물 공사가 진행 중이었다. 쓰레기더미를 밟고 길을 찾아가야 했고, 비가 오는 날이면 장화에 끈적끈적한 붉은 진흙이 묻었다. 그래서 집까지 가면 몸도 지치고 발도 무거웠다. 게다가 그 황량한 지구는 어두웠다. 그래서 밖에 나가 어둠, 쓰레기, 진흙, 돌더미와 씨름을 하느니 차라리 따뜻한 불 옆에서 저녁을 보내는 것이 더 좋겠다는 생각이 들 때가 많았다. 나는 그해 겨울에 몸이 아주 안 좋았다. 주위에는 늘 약병이 잔뜩 쌓여 있었다……

예니는 7월 7일에 아이를 사산했다. 그러나 슬퍼할 힘도 거의 남아 있지 않았다.
"하루하루가 똑같았다……"
예니가 그래프턴 테라스 9번지 너머의 세계와 관련을 맺는 유일한 방식은 카를이 일주일에 두 번씩 〈데일리 트리뷴〉에 보내는 기사를 필사하는 것이었다. 그러나 이 생명줄마저도 끝이 났다. 이 신문이 그의 기고문을 싣는 빈도가 점점 줄어들게 되자—물론 돈은 신문에 실리는 글에 대해서만 받았다.—마르크스는 파업에 들어갔다.
"이런 압지(壓紙) 행상 같은 녀석이 내 글을 실어주는 것을 축복으로 여겨야 할 운명에 처한다는 것은 정말 구역질나는 일이야."

마르크스는 격분했다. 마르크스는 자신의 뼈를 부수어 그것으로 수프를 끓여 먹는 구빈원의 빈민이 된 느낌이었다.

마르크스가 다른 신문으로 충성의 대상을 바꾸겠다고 협박하자 효과가 있었다. 그러나 어느 선까지만이었다. 〈데일리 트리뷴〉의 편집자인 찰스 데이나는 앞으로는 일주일에 한 칼럼에 대해 신문에 실리든 안 실리든 원고료를 주겠다고 말했다.

"실질적으로 반으로 줄이겠다는 뜻이지."

마르크스는 그렇게 불평을 하면서도 덧붙이지 않을 수 없었다.

"하지만 나는 거기에 동의할 것이고, 동의하지 않을 수 없네."

데이나는 마르크스의 환심을 사기 위해 《새 미국 백과사전》을 편찬하고 있는데, 위대한 장군들과 전쟁사에 대한 항목을 집필해줄 수 있느냐고 물었다. 그것은 삼류 작가나 하는 가장 지겨운 일이었지만, 마르크스로서는 페이지당 2달러의 원고료를 거절할 처지가 아니었다.

이번에도 자칭 장군인 엥겔스가 기꺼이 대부분의 일을 떠맡아─엥겔스는 덕분에 저녁에 할 일이 생겼다고 말했다.─즉시 첫 꼭지를 쓰기 시작했다. 아벤스베르크, 악티움, 부관, 알마, 탄약, 육군, 포(A로 시작하는 항목들 : 역주)……. 그러나 엥겔스는 갑자기 선열(腺熱) 때문에 앓아눕고 말았다. 엥겔스는 남은 여름 동안 실질적으로 전투력 상실 상태에 빠져, 묘하게도 워털루라는 이름이 붙은 랭커셔의 휴양지에서 쉬게 되었다. 이 때문에 마르크스로서는 왜 갑자기 보급품이 고갈되었는지 데이나에게 설명해야 하는 까다로운 문제에 부딪히게 되었다. 마르크스는 울부짖었다.

"그 사람한테 뭐라고 하지? 아프다고 할 수도 없네. 〈트리뷴〉에는 계속 원고를 보내거든. 이거 아주 난처한데."

마르크스는 우편 사고가 난 것처럼 해서 잠시 시간을 벌었다.

인도에서 세포이 병사들이 영국 통치에 반발하여 폭동을 일으킨 것도 문제가 되었다. 〈데일리 트리뷴〉은 당연히 전문가로부터 긴 분석이 나올 것이라고 예상했기 때문이다. 다행히도 마르크스는 죽고 없는 무쉬에게서 교묘하게 빠져나가는 방법을 배웠기 때문에 허세를 부려 위기를 모면할 수 있었다. 마르크스는 엥겔스에게 털어놓았다.

"델리 사태에 대해서는, 내가 보기에는, 영국이 우기가 본격적으로 시작되자마자 철수를 시작해야 할 것 같네. 당분간 〈트리뷴〉의 군사 통신원으로서 자네 대신 요새를 지켜야 하기 때문에, 내 마음대로 그런 생각을 개진하기로 했네. …… 내가 바보 노릇을 하게 될 가능성도 있지. 하지만 그런 경우에는 늘 약간의 변증법으로 빠져나올 수가 있네. 물론 나는 어느 쪽으로 보아도 맞도록 교묘하게 서술을 했네."

9월이 되자 엥겔스는 건강을 회복하여 다시 《백과사전》 일을 시도했다. 그는 아일오브와이트로 자리를 옮겨 정양하고 있었는데, 이곳으로부터 글들이 쏟아져나왔다. 전투, 포대, 블뤼허 등등(B로 시작하는 항목들 : 역주). 10월에 저지를 방문하던 중에는 알파벳 다음 글자로 옮겨가 '대포'를 쓰기 시작했다. '회전'과 '기병대'도 멀지 않은 것 같았다.

그러나 상상할 수 있는 가장 멋진 일이 이 엄청난 생산성을 막아버렸다. 마침내 국제적인 금융 격변이 일어난 것이다. 뉴욕의 은행 붕괴로 시작된 이 위기는 급속히 퍼져나가는 묵시록적 종말처럼 오스트리아, 독일, 프랑스, 영국으로 퍼져나갔다. 엥겔스는 이 즐거운 일을 목격하기 위해 11월 중순 맨체스터로 황급히 달려갔다. 물가는 급락하고, 매일 파산이 일어나고, 공황이 번져나갔다. 엥겔스는 마르크스에게 말했다.

"이곳 [면직물] 교환소의 전체적인 모습은 정말 재미있네. 이곳 사람들은 내가 갑자기 까닭 없이 쾌활해지자 몹시 약이 올랐다네."

어떤 공장주는 사냥말과 사냥개를 모두 팔아버리고, 하인들을 내보내고, 세를 놓기 위해 저택을 시장에 내놓았다.

"두 주만 있으면 상황은 최고조에 이를 걸세."

그 즉시 혁명이 뒤따를까? 엥겔스는 그렇게 생각하지 않았다. 노동자들은 장기간의 번영 뒤라 매우 노곤했다. 그러나 이것도 좋은 일이었다. 먼저 대중의 지도자가 될 사람들이 싸움에 대비할 시간이 필요하기 때문이었다. 엥겔스는 자신이 봉기군을 지휘할 생각을 하고 있었다. 기병대를 이끌고 무서운 속도로 맨체스터와 베를린의 거리를 휩쓸며 모든 부르주아지의 저항을 분쇄할 생각이었다. 그동안 마르크스는 전쟁의 민간 부문을 지휘하면서, 프롤레타리아에게 정치경제학의 신비를 계몽한다는 계획이었다. 엥겔스는 신발끈을 조여매며 선언했다.

"이것은 죽을 각오로 임해야 하는 일이네. 곧 나의 군사적인 연구에 좀더 실천적인 측면이 포함될 걸세. 나는 지체없이 프로이센, 오스트리아, 바이에른, 프랑스 군대들의 기존 조직과 전술 연구에 몰두할 걸세. 그 외에는 말을 타는 활동, 즉 여우 사냥에만 전념할 생각이네. 그 사냥터가 최고의 학교거든."

체셔 헌트의 회원들은 엥겔스와 술잔을 나누면서도, 튼튼한 새 말을 탄 매력적인 엥겔스 씨가 은밀히 영국 북서부의 나폴레옹이 될 준비를 하고 있다는 것은 짐작도 하지 못했다. 그러나 엥겔스는 매우 진지했다.

"결국 독일에 돌아갔을 때 프로이센 기병대에게 한두 가지 가르쳐주고 싶은 거지. 그곳 신사들은 나를 따라잡기가 어려울걸. 나는 상당한 연습을 했고, 또 매일 나아지고 있으니까. …… 이제야 말을 타고 거친 땅을 달릴 때 진짜 어려운 문제가 무엇인지 짐작이 되네. 아주 복잡한 일일세."

엥겔스는 승마가 모든 군사적 승리의 '물적 기초'라고 믿었다. 왜 프랑스의 소부르주아가 그 가증스러운 루이 보나파르트를 영웅으로 생각할까?

"그가 우아하게 말을 타기 때문일세."

이것은 마르크스에게는 약간 짜증나는 일이었을 것이다. 그가 안장에 앉았을 때 볼품이 없다는 것—일요일에 햄스테드 히스에서 당나귀를 타보면 알 수 있는 일이었는데—은 가족 사이에서 즐겨 입에 올리는 농담거리였기 때문이다.

12월 말이 되자 엥겔스는 그간의 계획적인 훈련을 통해 병든 면직물 상인에서 씩씩한 기사로 바뀌어 있었다. 엥겔스는 12월 마지막 날 숨가쁘게 이야기했다.

"토요일에 여우 사냥을 나갔네. 7시간 동안 안장에 앉아 있었지. 그런 일을 하고 나면 며칠 동안 기분이 하늘을 날아갈 것 같거든. 그것이 내가 아는 육체적 쾌락 가운데는 최고일세. 들판에서 나보다 말을 잘 타는 사람은 딱 둘뿐이었네. 하지만 그들은 나보다 더 좋은 말을 타고 있었어. 어쨌든 덕분에 내 건강은 정말 좋아졌네. 적어도 20명의 사람들이 낙마하거나 쓰러졌고, 말 두 마리가 끝장났고, 여우 한 마리가 죽었네(나는 죽음의 현장에 있었지). …… 자, 자네 가족 모두가, 그리고 1858년의 투쟁이 행복한 새해를 맞이하기를."

이런 식으로 놀며 돌아다니는 것이 반드시 더 큰 목적에 도움이 될 것이라고 확신하지는 않았던 마르크스는 자신의 공저자가 산울타리와 도랑을 뛰어넘으며 돌아다니는 동안 《백과사전》에서 어떻게 돈을 더 벌 수 있을까 궁리했다. 마르크스는 많은 빚을 지고 있었다. 굶주린 이리떼는 다시 집을 날려버리겠다고 협박하고 있었다. 마르크스는 조심스럽게 말을 꺼냈다.

"자네에게 부담을 주어 건강에 해를 주는 것이야말로 내가 원치 않는 일이기 때문에 이 문제는 이야기하지 않으려 했네. 하지만 혹시 자네가 한 이틀에 한 번 정도 조금씩만 해낼 수 있다면, 그것이 자네의 향연들을 억제해주는 역할도 하지 않을까 하는 생각은 가끔 해보았네."

엥겔스는 거절했다. '전체적 붕괴'에 대한 비전으로 머리가 욱신거리고 윙윙거리는 상황에서 어떻게 책을 읽고 글을 쓸 수 있단 말인가? 마르크스는 말을 알아들었다. 생계비를 벌어야 한다고 이런저런 이야기를 하기는 했지만, 그 역시 그 순간의 멜로드라마적인 분위기에 감염되어 있었다. 만일 운명이 혁명을 책임지는 이론가로 그를 발탁한다면, 그렇게 되자니. 마르크스는 "한편으로는 레모네이드 한 잔, 그리고 다른 한편으로는 엄청난 양의 담배"에 힘을 얻어, 1857~1858년의 긴 겨울 내내 매일밤 오전 4시 무렵까지 서재에 앉아, "대홍수 이전에 적어도 윤곽은 분명히 하기 위해" 경제학 공부를 정리했다.

그러나 대홍수는 오지 않았다. 그 짙은 폭풍 구름들은 산발적인 소나기의 전조일 뿐이었다. 그러나 마르크스는 조만간 비가 억수로 쏟아져 큰물이 날 것이라고 확신하고 계속 방주를 지었다. 초등학교 때 배운 산수로는 복잡한 경제학 공식들을 이해할 수 없다는 것을 알게 되자, 서둘러 대수학을 공부했다. 그가 설명했듯이, "공공의 이익을 위해서는 문제를 철저하게 파고드는 것이 절대적으로 중요하네." 그야말로 철저했다. 밤중에 갈겨 쓴 이 메모는 원고로 8백 페이지가 넘었다. 이 원고는 모스크바의 마르크스-엥겔스 연구소가 1939년에 문서보관소에서 꺼내 처음으로 공개했다. 그 후 1953년 《Grundrisse der Kritik der Politischen Oekonomie(정치경제학 비판 요강)》라는 제목으로 독일판이 나오면서 널리 읽혔다. 첫 영역판은 1971년에야 나왔다.

《요강》—현재는 흔히 이렇게 부른다.—은 단편적이고 때로는 두서없는 방대한 책인데, 마르크스 자신은 이것을 진짜 잡탕찜이라고 부르기도 했다. 그러나 이것은 《경제학 철학 원고》(1844)와 《자본》(1867) 1권을 연결시키는 사라졌던 고리로서, 적어도 청년 마르크스와 장년 마르크스의 생각에 어떤 '근본적 단절'이 있다는 그릇된 통념을 물리치는 역할은 해준다. 포도주는 병 속에서 익으면서 더 나아지기도 하지만, 어쨌든 처음에나 나중에나 포도주다. 이 책에는 소외, 변증법, 화폐의 의미에 대한 긴 섹션들이 있는데, 이것은 파리 원고에서 중단되었던 지점에서부터 시작한다. 가장 주목할 만한 차이는 과거에는 철학과 경제학을 순차적으로 다루었던 반면, 이제는 그 두 가지를 합쳐놓았다는 점이다(라살의 표현을 빌리면, 마르크스는 "경제학자가 된 헤겔이요, 사회주의자가 된 리카도"였다). 또한 노동력과 잉여가치에 대한 분석은 《자본》에 나오는 이 이론들에 대한 좀더 상세한 설명을 예고하고 있다.

첫 페이지에서 마르크스는 물적 생산—"사회에서 생산을 하는 개인들"—이 경제사에 대한 모든 진지한 탐구의 기초가 되어야 한다고 주장한다.

"스미스나 리카도에게서 출발점이 되는 개별적이고 고립된 사냥꾼이나 어부는 18세기의 무미건조한 환상에 속하는 존재다."

인간은 사회적 동물이며, '생산'이 독립적으로 활동하는 외로운 선구자들로부터 시작되었다는 믿음은 "언어가 함께 살아가며 이야기를 나누는 개인들 없이 발전했다는 관념과 마찬가지로 매우 어처구니없는 것이다." 이 머리말의 부제목들—'분배, 교환, 소비와 생산의 일반적 관계', '정치경제학의 방법' 등—을 보면 이 책이 엄격한 도식에 따른 책이라는 인상을 받는다. 그러나 마르크스는 자신의 계획을 오랫동안 고수하지 못하고, 곧 아름다운 우회와 일탈로 빠져든다. 어떤 시기의 생산과 사회의 일반적 발전 사이의 관계에 대한 주석에서는 갑자기 하던 말을 중단하고, 문화 유물의 지속적인 매력에 대해 궁금증을 나타낸다.

파르테논이나 《오디세이》는 그 바탕이 되는 신화가 이제 완전히 낯선 것이 되었음에도 어째서 여전히 가치를 지니는 것일까?

그리스의 상상력과 그리스의 예술을 형성했던 자연과 사회 관계들에 대한 관점이 자동 기계와 철도와 기관차와 전신의 시대에도 가능할까? 헤파이스토스가 〈로버츠와 컴퍼니〉와 맞서 끼여들 자리가 있을까? 제우스가 피뢰침에 맞서 끼여들 자리가 있을까. ……《일리아스》가 동력 인쇄소, 심지어 인쇄기와 양립할 수 있을까? 인쇄술의 등장과 더불어 노래와 암송과 뮤즈들은 사라질 수밖에 없는 것 아닐까? 따라서 서사시의 필요조건은 사라지는 것 아닐까?

분명히 그렇지 않다. 마르크스는 그렇게 말한다. 이것은 당대 가장 인기있는 운문 가운데 하나인 《율리시즈》를 쓴 앨프리드 테니슨이 계관시인으로 임명되고 나서 불과 몇 년 뒤에 쓴 글이다. 그렇다면 어째서 고대 그리스의 미학이 여전히 즐거움의 원천이 될 뿐 아니라, 빅토리아 여왕 시대의 많은 예술가와 작가들이 열망하는 기준이나 모범이 되는 것일까?

멋진 질문이다. 그러나 마르크스의 짧은 답변은 만족스럽지 못하다. 마르크스는 어른이 아이로 돌아갈 수는 없지만, "어른도 아이의 꾸밈없는 방식들을 즐기지 않는가? 어른도 더 높은 수준에서 그 진리를 재생산하려고 노력해야 하는 것이 아닐까?" 하고 말한다. 마찬가지로, "가장 아름다운 발전을 이룩했던 인간 사회의 어린 시절 역시 절대 돌아오지 못할 시대로서 영원한 매력을 발산하는 것이 아닐까?" 어쩌면 마르크스는 햄스테드 히스에서 딸들과 목마넘기를 하고 놀던 일을 생각하고 있었을지도 모른다. 때이르게 쇠약해지고 망가져가던 39년된 몸 안에는 밖으로 뛰쳐나오겠다고 야단스럽게 신호를 보내는 십대 소년이 들어 있었다. 가끔 아이들이 장난치며 노는 모습을 지켜보노라면, 그 자신도 공중제비를 넘거나 옆으로 재주를 넘으면서 가슴에 쌓인 불쾌하고 울적한 일들을 씻어버리고 싶은 마음이 간절했다.

가장 골치가 아팠던 것은 마르크스가 '경제학 똥더미'라고 부르던 것이었다. 일찍이 1845년에 마르크스는 정치경제학에 대한 논문이 거의 끝났다고 주장했다. 그러나 이후 13년 간 그는 이 거짓말을 너무 자주 되풀이하고 윤색했기 때문에, 친구들의 기대는 거의 감당할 수 없는 수준으로 높아져 있었다. 친구들은 그가 경제학에 들인 시간으로 판단해 보건대, 그것이 자본주의라는 기초 없는 건물들—구름 위로 우뚝 선 탑들, 화려한 궁궐들, 거룩한 사원들, 위대한 지구 전체—을 자취도 없이 해체시켜버릴 폭발적인 걸작이 될 것이라고 생각했다. 마르크스는 런던에서 맨체스터로 날아가는 정기적인 보고서에는 대단한 진전이 이루어지고 있는 것처럼 꾸며댔다.

"이제까지 나온 이윤 이론을 완전히 분쇄해버렸네."

마르크스는 1858년 1월 엥겔스에게 보낸 편지에서 의기양양하게 말했다. 그러나 영국박물관에서 보낸 그 긴 낮 시간들, 그리고 집 책상에서 보낸 더 긴 밤 시간들을 보낸 결과 그가 보여줄 수 있었던 것은 두서 없이 긁적거려 놓은 메모들이 가득한, 바로 출판할 수 없는 산더미 같은 공책들뿐이었다.

그달 나중에 페르디난트 라살의 헤라클레이토스의 철학에 대한 새 책—문 버팀쇠로 써도 지장 없을 만큼 커다란 두 권짜리 책이었다.—이 나오자 마르크스는 제때에 납품을 하지 못하는 자신의 무능력을 훨씬 더 강하게 의식하게 되었다. 자칭 독일 사회주의의 지도자인 라살은 어떻게 그렇게 실속 있고 두껍기도 한 이론서를 완성할 시간을 냈을까?

마르크스는 라살의 업적을 얕잡아봄으로써 자신의 죄책감을 처리해나 갔다. 마르크스는 엥겔스에게 자신있게, 헤라클레이토스에 대한 책은 '쓸모없는 날조물'이라고 말했다. 사실, 그 책은 학식을 엄청나게 과시하고 있었다. 그러나 "시간과 돈이 있고, 또 라살 씨처럼 본대학 도서관의 책을 임의로 집에 가져올 수 있다면, 그런 식으로 인용문들을 잔뜩 늘어놓는 것은 아주 쉬운 일일세. 이 사람이 자신을 얼마나 박식한 사람이라고 생각하고 있는지 알 수 있네. …… 단어 하나 건너마다 큰 실수가 있는데, 그것을 놀랄 만한 허세로 위장하고 있더군."

라살은 마르크스보다 7년 연하였다. 둘은 공통점도 많았지만—둘다 과거에 하이네와 헤겔의 젖을 먹고 자란 독일의 부르주아 유대인이며 귀족 여자에게 약했다.—그들의 운은 매우 대조적이었다. 라살은 철학과 학생 시절에 폰 하츠펠트 백작 부인의 유명한 이혼 소송에서 부인을 옹호했다. 부인은 언뜻 사회주의적 대의의 여주인공으로는 어울려 보이지 않았다. 그러나 이 야심만만하고 권위적이고 까다로운 젊은이는 상층 계급들의 절도와 다름없는 악행 때문에 부인이 곤경에 처한 것으로 보았다. 백작은 부인의 지참금을 훔친 것이나 다름없었다. 그러나 당시 독일법으로는 부인이 그것을 되찾을 가능성이 거의 없었다. 라살은 이 사건에 뛰어들어 증인을 매수하고, 문서를 훔치는 등 법적인 절차 등은 멋지게 무시해버렸다. 결국 10년 동안 수십 건의 소송에 지친 남편은 약탈물을 돌려주었다. 라살은 이 전리품 가운데 자신의 몫을 챙김으로써 평생 먹고 살 수 있는 발판을 마련했다. 라살은 베를린에 궁궐 같은 거처를 마련하고, 그곳을 아주 이국적이고 호화롭게 꾸몄다. 그의 오페라 귀빈석은 왕의 자리 바로 옆이었으며, 그 화려함이 왕의 자리 못지않았다. 심지어 비스마르크마저 라살을 보았을 때 그가 자신과 같은 '운명의 남자'임을 알아보고 경의를 표했다.

당연한 일이지만 라살이 대표한다고 주장하던 노동자들 가운데 일부는 그의 의도에 대한 불신이 깊었다. 그러나 마르크스가 라살을 지지하는 것처럼 보였기 때문에 곤혹스러워했다. 1856년 봄 뒤셀도르프의 공산주의자들은 마르크스에게 라살과 관계를 단절하라고 설득하기 위해 구스타프 레비라는 사람을 사절로 런던에 보냈다. 레비는 일주일 동안 마르크스에게 라살의 속임수, 기회주의, 독재적 야망에 대해 이야기했다. 마르크스는 그 직후 엥겔스에게 편지를 보냈다.

"그[라살]는 우리가 그를 보는 것과는 완전히 다르게 자신을 보는 모양이야. 내가 비록 라살을 편애하고 노동자들의 객쩍은 이야기를 불신하기는 하지만, 이 일 때문에 나하고 프라일리그라트는 생각을 좀 하게 되었네. 물론 레비에게는 한쪽 이야기만 듣고 어떤 결론을 내릴 수는 없는 일이라고 말했지."

다른 사람의 수상쩍은 행동을 좋게 해석해주는 것은 전혀 마르크스답지 않은 일이었다. 그러나 라살은 간단히 넘어갈 수 있는 사람이 아니었다. 마르크스는 1848년 혁명기에 독일에서 라살을 처음 만났을 때 두려움 없는 태도와 의욕 때문에 아주 좋은 인상을 받았다. 그 후 그들은 순전히 편지에 기초해서 우정을 나누어왔지만, 라살에 대한 생각을 바꾸게 만들 만한 이야기를 달리 들은 적은 없었다. 어쩌면 레비가 경고한 대로, 라살은 대기 중인 압제자라는 말이 맞는지도 몰랐다. 권력을 열렬히 추구하는 과정에서 기꺼이 노동자들을 짓밟고 프로이센의 전제주의와 동맹을 맺을 위험한 과대망상증 환자인지도 몰랐다. 그렇다 해도 라살은 편지에서는 그런 이야기를 한 적이 없었다. 라살은 명성이 최고에 이르렀을 때도 런던에 있는 이 곤궁한 친구에 대한 의리를 잃지 않았다. 그의 구상에 찬사를 보내고, 책을 써나가도록 격려하고, 이따금씩 기부금도 보냈다. 노동자들이 객쩍은 소리를 한다는 이유만으로 그러한 너그러운 후원자와 관계를 단절해야 하는 것일까? 마르크스가 레비를 비롯한 뒤셀도르프의 공산주의자들에게 해준 유일한 충고는 "그를 계속 주시하되, 당분간 공개적인 소동을 일으키지는 말라."는 것이었다.

1858년 봄이 되자 마르크스에게는 '공개적인 소동'을 피해야 할 또 하나의 이유가 생겼다. 라살이 마르크스에게 베를린의 출판업자인 프란츠 둔커(그의 부인이 라살의 정부였다)와 출판 계약을 주선해주겠다고 제안했기 때문이다. 마르크스는 엥겔스에게 보낸 사신에서는 라살의 헤라클레이토스에 대한 책을 조롱했지만, 라살에게 보낸 편지에서는 완전히 다른 이야기를 했다.

"자네의 헤라클레이토스를 주의 깊게 읽었네. 흩어진 조각들로부터 체계를 재구축하는 능력이 뛰어나더군. 자네 주장에 담긴 통찰에서도 마찬가지로 좋은 인상을 받았네······. 그런데 하는 일이 그렇게 많으면서 어떻게 그리스 철학을 공부할 시간을 그렇게 많이 낼 수 있었는지 나로서는 이해할 수가 없네."

이런 부정직한 존경심을 보여주는 한편, 마르크스는 자신이 쓰고 있는 걸작의 구조를 이야기하기 시작했다.

내가 현재 관심을 가지는 작업은 '경제학 범주들의 비판'일세. 또는 부르주아 경제학 체계에 대한 비판적 폭로라고 말할 수도 있겠지. ······ 전체는 6권으로 나누려고 하네. 1. 자본에 대하여(머리말에 해당하는 장이 몇 개 들어갈 걸세) 2. 토지 소유에 대하여 3. 임금 노동에 대하여 4. 국가에 대하여 5. 국제 교역 6. 세계 시장.

마르크스는 이 책이 분할 간행되기를 바랐다. 첫 권—자본, 경쟁, 신용에 대한 부분—은 5월이면 인쇄에 들어갈 수 있을 것이며, 2권은 몇 달 내로 준비한다는 식으로 계획을 밝혔다.

빡빡한 마감 일정이었다. 납품 압력에 시달릴 때면 흔히 일어나던 일이지만, 몸이 다시 반항을 했다. 마르크스는 4월 2일 엥겔스에게 보내는 편지에서 이렇게 썼다.

"이번 주에는 담즙 이상 때문에 몹시 아팠네. 그래서 생각을 할 수도, 책을 읽을 수도, 글을 쓸 수도 없었지. 아무것도 할 수가 없었네. 이 병 때문에 손해가 이만저만이 아니야. 몸이 나아져서 손가락에 펜을 잡을 만한 힘이 생길 때까지는 둔커에게 약속한 일을 시작할 수가 없으니 말일세."

마르크스는 그 달 나머지 기간 동안 전혀 일을 하지 못했다.

"전에는 간이 이렇게 심하게 아픈 적이 없었네. 한동안은 간경화가 아닌가 하는 걱정을 했네. …… 책상 앞에 앉아 두 시간 정도 쓰고 나면, 이틀 동안은 꼼짝없이 누워 있어야 하네."

귀에 익은 탄식이었다. 엥겔스는 오랜 세월 뒤 마르크스의 옛 편지들 가운데 몇 통을 다시 읽고 나서 한마디했다.

"슬프게도 우리는 과제의 미완성에 대한 이런 변명에 매우 익숙하오! 건강 때문에 작업을 계속할 수 없을 때마다 그는 몹시 괴로워했지요. 그래서 왜 과제를 완수할 수 없었는지에 대해 이론적인 변명을 몇 가지 찾아내면 몹시 기뻐했소."

엥겔스는 그가 일을 할 수 없었던 것이 건강 때문이라고 가정하고 있다. 그러나 원인과 결과가 바뀌었다고 생각할 수도 있다. 마르크스가 오랜 세월에 걸쳐 많은 병에 시달린 것은 사실이었지만, 정신이 신체에 영향을 준 부분도 있음이 틀림없다. 그도 인정을 했다.

"내 병은 늘 마음에서 시작되네."

1851년 여름, 〈뉴욕 데일리 트리뷴〉에 정기 칼럼을 연재하기 시작했을 때는 바로 병이 들어 엥겔스에게 그 일을 맡아 달라고 간청했다. 몇 달 뒤 바이데마이어의 신문 〈디 레볼루치온〉에서 원고를 청탁받았을 때는 일주일 동안 앓아누웠다. 1857년 여름 가난 때문에 어쩔 수 없이 미국의 《백과사전》을 위해 싸구려 일을 떠맡게 되었을 때도, 간에 문제가 생겨 3주 동안 아무것도 하지 못했다. 그런데 이제 라살과 둔커가 경제학에 대한 원고를 요구하고 있으니, 마르크스를 아는 사람이라면 그 결과를 짐작할 만했다. 우선 예니는 마르크스가 갑자기 담즙 문제로 고생하게 되었을 때도 전혀 놀라지 않았다. 1858년 4월 마르크스가 편지도 쓰지 못할 정도로 몸이 아팠을 때 예니는 엥겔스에게 이렇게 말했다.

"그이의 상태가 악화되는 것은 주로 정신적인 불안과 흥분 때문이지요. 출판사와 계약을 매듭지은 뒤니까 그런 불안과 흥분이 평소보다 훨씬 심하고 나날이 더 심해지고 있어요. 그 일을 마무리짓는 것이 불가능하다는 것을 스스로 잘 아니까요."

그 직후 마르크스는 맨체스터에서 일주일을 보냈다. 그곳에서 엥겔스는 가장 좋아하는 치료법인 정력적인 승마를 권했다. 그리고 나서 엥겔스는 예니 마르크스에게 보낸 보고서에서 치료 경과를 공개했다.

"오늘 무어는 두 시간 동안 밖에 나가 말을 탔습니다. 그런 다음에는 기분이 아주 좋아, 그 일에 큰 의욕을 보였습니다."

그러나 그래프턴 테라스의 책상으로 돌아오자마자, 과거의 모든 불안이 다시 덮쳐왔다.

마르크스의 침착하지 못한 태도는 치료가 불가능했다. 늘 증거 한 조각을 더 찾기 위해 하던 일을 중단했으며, 자신의 논증을 개선할 방도를 골똘히 생각하며 서재를 어슬렁거렸다. 이 어슬렁거림 때문에 문과 창문 사이의 카펫이 한 줄로 닳아, 마치 초원에 오솔길이 난 것처럼 보였다. 그 전인 1846년 8월, 다른 출판업자에게 그의 '경제학 똥더미'를 보내기로 한 날을 한참 어기고 난 뒤에 그는 그 이유를 이렇게 설명한 적이 있다.

"내 책 1권 원고는 거의 완성했지만 너무 오랫동안 방치했기 때문에, 내용이나 문체 양쪽에서 다시 손을 보지 않고는 출판을 할 수가 없습니다. 꾸준히 글을 쓰는 사람이 여섯 달 전에 써놓은 것을 있는 그대로 출판한다는 것은 있을 수 없는 일 아니겠습니까."

글을 쓰는 사람들이라면 이런 증상에 익숙할 것이다. 마침내 배를 조선대 아래로 내려보내는 것에 대한 두려움, 페인트를 한 번 더 칠하거나 리벳을 몇 개 더 박아야만 할 것 같은 아쉬움. 1846년 여름에 마르크스는 이런 마무리를 하는 데 넉 달 정도가 걸릴 것이라고 생각했다.

"1권 수정판은 11월 말까지는 출간 준비가 끝날 것입니다. 좀더 역사적인 성격을 띤 2권은 그 직후에 나올 수 있을 것입니다."

그러나 10년 이상이 지났음에도 마르크스의 위대한 방주는 여전히 드라이 독(큰 배를 만들거나 수리할 때 해안에 배가 출입할 수 있을 정도로 굴착하여 만든 구조물 : 역주)에 머물고 있었다. 마르크스는 1858년 2월 말에 라살에게 편지를 보냈다.

"내 정치경제학이 어떻게 진행되고 있는지 이야기하겠네. 사실 나는 몇 달 동안 마지막 단계를 작업하고 있네. 하지만 진전 속도는 매우 느리네. 몇 년을 바쳐 연구해온 주제들에 대해 마지막으로 결말을 지으려 하는 순간, 새로운 측면들이 드러나면서 더 많은 생각을 해야 하기 때문일세."

마르크스는 참조하지 않은 자료가 하나라도 남아 있으면, 읽지 않은 논문이 하나라도 남아 있으면—늘 남아 있게 마련일 테지만—그냥 넘어가지 않으려 했다.

물론 약속을 못 지키게 만드는 다른 악명 높은 적들—병, 가난, 가정에서의 의무—과 끝없는 싸움도 있었다. 엘레아노르는 백일해로 기침을 해대고 있었다. 예니는 '신경 쇠약'이었다. 정육점, 전당포, 할부 판매점에서는 모두 돈을 내라고 난리였다. 마르크스가 냉혹하게 농담을 했듯이, "누구도 이렇게 돈이 부족한 상태에서 '돈'에 대해 쓴 적은 없는 것 같네." 진창과 같은 고민거리들에 빠져 허덕이면서 마르크스는 여름 내내 거의 아무것도 쓰지 못했다. 9월 말에 마르크스는 "두 주 뒤면" 원고를 보낼 준비가 될 것이라고 주장했다. 그러나 한 달 뒤에는 "몇 주 뒤에야 원고를 보낼 수 있을 것"임을 인정했다. 모든 일이 서로 짜고 마르크스에게 대항하는 것 같았다. 그렇게 기분좋게 기대했던 세계 경제의 위기는 너무도 빨리 시들어버렸다. 이런 상황 전개에 따른 마르크스의 '아주 나쁜 기분'은 예측할 수 있는 신체적 결과를 초래했다.—"최악의 끔찍한 치통과 입 전체의 궤양."

마감을 여섯 달 넘긴 11월 중순, 베를린의 출판업자는 그 책이 근거 없는 계획이 아닌가 의심하기 시작했다. 마르크스는 뻔뻔스럽게도 라살에게 이런 지연 사태가 "그(둔커)에게 그의 돈으로 살 수 있는 최고의 가치를 주려고 노력하기 때문일 뿐"이라고 설명했다. 어째서 그런가?

내가 염려했던 것은 형식뿐이었네. 그런데 내가 쓴 모든 것의 스타일에 간장병의 흔적이 남아 있는 것 같았네. 나에게는 의학적인 이유들 때문에 이 작업을 망치는 것을 허용할 수 없는 두 가지 동기가 있네.

1. 이 작업은 15년 간의 연구, 즉 내 인생 최고의 시절을 투입한 산물일세.
2. 이 책에는 사회 관계에 대한 중요한 관점들이 처음으로 과학적으로 해설되어 있네. 따라서 병든 간에나 어울릴 것 같은 무겁고 딱딱한 스타일로 그 내용을 왜곡하지 않는 것은 '당'에 대한 나의 의무일세……

이제야 실제로 글을 쓰는 작업을 시작했기 때문에, 지금부터 네 주 정도 뒤면 끝이 날 걸세.

이제야 시작했다니! 2월에 텍스트가 '마지막 단계'에 들어갔다는 이야기를 들었던 라살과 둔커에게 이 말은 상당한 충격으로 다가왔을 것이 틀림없다. 그래도 그 작업이 마르크스가 주장하는 대로 무게가 있고 심오한 것이라면, 기다려볼 가치가 있는 것임에 틀림없었다.

크리스마스가 다가오면서 그래프턴 테라스의 집은 전보다 더욱 깊은 수심에 잠겼다. 예니는 전당포에 달려가거나 거의 매일 날아오는 채권자들의 독촉 편지에 답장을 할 때가 아니면 카를의 원고를 필사하느라 바빴기 때문에 아이들을 위해 잔치를 준비해줄 여유가 없었다.

"안사람은 자기가 지금까지 이렇게 곤궁을 겪고 난 뒤에 혁명이 온다고 해봐야 상황은 더 악화될 뿐이고, 이쪽에 있던 사기꾼들이 죄다 저쪽으로 몰려가서 다시 승리를 축하하는 꼴을 보게 될 것이라고 말하는데, 그 말이 옳기는 옳지."

마르크스는 그렇게 말하면서 한 마디 덧붙였다.

"여자들이 다 그렇지 뭐."

1월 말이 되자 책을 보낼 준비가 되었다. 그러나 우편 요금이나 보험금을 낼 돈이 없었다. 엥겔스는 원고를 보내는 데 필요한 2파운드를 내준 뒤 그 보답으로 무시무시하고 놀라운 고백을 들어야 했다.

"원고는 인쇄용 매엽지 약 12장(192페이지)에 달하네(3회분일세). 그리고 놀라지 말게. 제목은 '자본 일반'이라고 붙였지만, 이 부분에는 아직 자본이라는 주제는 나타나지 않는다네."

어쩌면 엥겔스는 뭔가 잘못되었다고 생각하고 있었을지도 모른다. 그동안 마르크스는 그답지 않게 진행 중인 작업을 엥겔스에게 보여주지 못하겠다고 했기 때문이다. 그렇다 해도 이것은 오랜 세월의 허세 뒤에 나온 결과물치고는 너무나 실망스러운 것이었다. 태산명동에 서일필인 셈이었다. 게다가 이 얄팍한 책의 반은 다른 경제학자들의 이론의 비판적 요약에 지나지 않았다. 지속적인 관심을 불러일으킬 만한 부분은 자전적인 서문뿐이었다. 서문에서 마르크스는 헤겔과 〈라이니셰 차이퉁〉에서 쌓은 저널리즘 경험을 통해 "시민 사회의 해부학적 구조는 정치경제학에서 발견될 수 있다"는 결론에 이르게 된 과정을 이야기한다.

내가 도달하게 된 일반적 결과, 그리고 일단 도달한 뒤에 내 연구를 인도하는 실마리 역할을 해준 결과는 다음과 같이 간략하게 요약할 수 있다. 사람들은 삶의 사회적 생산과정에서 필수적이고 자기 의지와 무관한 일정한 관계들을 맺게 된다. 이 관계들은 그들의 물질적 생산력들의 일정한 발전단계에 상응하는 생산관계들이다. 이 관계들의 총합이 사회의 경제적 구조를 형성하는데, 이것이 진정한 토대이며 그 위에 법적·정치적 상부구조가 세워진다. 또 그 토대에 일정한 형태의 사회적 의식이 조응하게 된다. 물질적인 삶의 생산양식은 사회적, 정치적, 지적 과정 전체의 조건이 된다. 인간의 의식이 그들의 존재를 규정하는 것이 아니라, 그 반대로 그들의 사회적 존재가 의식을 규정한다.

발전의 어느 단계에서 이 '물질적 관계'가 참을 수 없는 굴레로 작용하면, 그때 사회 혁명의 시대가 시작되어 거대한 의식의 '상부구조' 전체—법적이고, 정치적이고, 종교적이고, 미적인—는 따뜻한 겨울 아침의 눈송이처럼 빠르게 녹아버린다. 이 일은 아시아적인 생산양식에서부터 봉건적 생산양식에 이르기까지 이전의 모든 생산양식에서 일어났던 일이며, 근대 부르주아 압제의 운명도 분명히 이와 같을 것이다. 그러나 한 가지 차이가 있었다.

"부르주아적 생산관계는 생산의 사회적 과정의 마지막 적대적—개인적 적대라는 의미에서뿐만 아니라, 개인들의 삶의 사회적 조건에서 생겨나는 적대라는 의미에서도—형태다. 부르주아 사회의 자궁에서 발전하는 생산력은 그 적대의 해소를 위한 물적 조건을 형성한다. 따라서 이 사회 구성체는 인간 역사의 전사(前史)에 종지부를 찍는다."

매우 엉뚱한 '따라서'라고 말할 사람들도 있을 것이다. 사실 이 몇 구절을 둘러싼 논쟁은 하나의 산업을 이루었다고도 할 수 있다. 마르크스주의 철학자들은 '토대와 상부구조'의 정확한 의미를 놓고 자기들끼리 싸움을 했으며, 회의론자들은 왜 하필이면 빅토리아 여왕 시대의 자본주의가 공산주의 낙원 창조 이전의 마지막 적대적 생산 형태여야 하는지 의아해했다. 부르주아 사회는 좀더 세련된 고문 도구를 마련하고 자기 헤게모니를 좀더 설득력 있게 정당화함으로써 더 섬세하면서도 더 선명한 형태로 변화해나갈 수도 있는 것 아닐까?

마르크스가 《정치경제학 비판을 위한 논문(A Contribution to the Critique of Political Economy)》이라고 이름 붙인 이 글에는 이렇게 심사숙고할 것들이 많다. 그러나 그의 숭배자들의 굶주림을 충족시켜줄 것은 거의 없었다. 출판 날짜가 다가옴에 따라 마르크스는 과장이 심한 행상의 모습을 멋지게 보여주었다. 그는 이 책이 문명화된 세계 전체에 번역되어 찬사를 받을 것이라고 공언했다. 그러나 그의 몸은 그 말을 믿을 만큼 어리석지 않았다. 1859년 7월 중순, 완성된 책이 런던에 도착한 직후, 마르크스는 "더위 때문에 콜레라 비슷한 것에 걸려 아침부터 밤까지 토했다." 당연한 일이었다. 마침내 오랫동안 고대하던 걸작을 받아보게 된 친구들이 소스라쳐 놀랐기 때문이다. 빌헬름 리프크네히트는 "어떤 책에도 그렇게 실망해본 적이 없었다."고 말했다.

광고도 나오지 않았고, 서평도 거의 없었다. 거대한 폭발력을 지닌 폭탄인 줄 알았던 것이 사실은 불발탄이었다. 예니는 그해 말에 불만을 토로했다.

"카를의 책에 대하여 우리가 오랫동안 품고 있었던 은밀한 희망들은 독일인들의 침묵의 음모에 의해 무시당했어요. 초라하고 순문학적인 문예란 기사들 두어 개가 그 침묵을 깼을 뿐인데, 그 기사들도 서문에만 관심을 가졌을 뿐 책 내용은 무시했어요. 2차분이 늦잠꾸러기들을 혼수상태에서 흔들어 깨울지도 모르죠……."

아, 그래, 2차분—저자는 1차분이 나오고 나서 몇 달 뒤에 2차분이 나올 것이라고 약속한 적이 있다. 그러나 저자는 이제 시간표를 약간 정정하여, 자본에 대한 그의 논문—그러나 아주 기묘하게도 《비판》에는 빠져 있던 부분—의 완성에 1859년 12월이라는 '마지막 한계'를 설정했다. 마르크스가 일하는 습관을 꿰고 있는 사람이라면 그가 이 계획을 지킬 가능성이 거의 없다는 점을 예측했을 것이다. 아니나 다를까, 다음 한 해 동안 마르크스는 경제학 공책들은 펼쳐보지도 않고, 베른대학의 자연과학 교수인 카를 보크트와 화려하지만 의미없는 싸움에 한눈을 팔았다.

* * *

이 터무니없는 막간극은 급진적인 작가 카를 블린트가 우연히 던진 말 때문에 시작되었다. 블린트는 1859년 5월 어카트파가 주최한 반러시아 집회에서 마르크스와 함께 단상에 앉아 있었다. 독일 사회주의자가 두세 명만 모이면 반드시 다른 망명자들에 대한 중상에 가까운 소문을 교환하게 마련이었다. 이 경우에는 블린트가 카를 보크트—프랑크푸르트 의회의 자유주의적 의원인데 당시 스위스에 망명 중이었다.—에 대한 소문을 전했는데, 그것은 보크트가 나폴레옹 3세로부터 몰래 돈을 받는다는 내용이었다.

보크트는 그 즈음 친보나파르트적인 정치적 소책자를 썼기 때문에 마르크스는 이 소문이 재미있다고 여겨, 저널리스트인 엘라르트 비스캄프에게 전했다. 그러자 비스캄프는 그 즈음 런던 망명자들을 위해 새로 창간한 주간지 〈다스 폴크(인민)〉에 그 사실을 지체없이 공표했다. 한편 블린트는 익명으로 배포한 전단에서 똑같은 주장을 되풀이했고, 이 내용은 독일의 유수한 신문 〈아우크스부르크 알게마이네 차이퉁〉에 실렸다. 보크트는 그 전단을 쓴 사람이 마르크스라고 지레 짐작하고 그 신문에 대해 명예 훼손 소송을 걸었다. 그러자 이 소동의 책임자인 블린트는 겁을 먹고 증언을 거부하면서, 그 전단이 자신과는 상관이 없는 척했다. 이 소송은 절차상의 문제 때문에 취하되었지만, 피고측이 자신의 주장을 입증하지 못했으므로 보크트는 도덕적인 승리를 거두었다(몇 년 뒤 프랑스 문서보관소에서 보나파르트가 실제로 보크트에게 비밀리에 돈을 지급해왔다는 것을 보여주는 문서들이 발견되었다).

일은 거기서 끝날 수도 있었을 것이다. 그러나 보크트는 《〈알게마이네 차이퉁〉을 상대로 한 나의 소송》이라는 작은 책을 써서 흡족한 기분을 한껏 누려보기로 했다. 그 책에서 보크트는 마르크스를 뒤로는 귀족과 교제하면서 앞으로는 노동자들을 등치는 혁명 사기꾼이라고 비난했다. 보크트는 또 마르크스가 돈을 내지 않으면 비리를 폭로하겠다고 독일 공산주의자들을 협박한 '유황 패거리'의 지도자라고 밝혔다. 그러면서 여러 페이지에 걸친 증거를 들이댔는데, 거기에는 특히 결정적인 증거라고 하는 구스타프 테호프의 편지도 포함되어 있었다. 테호프는 중위로 바덴 전투에 참가했던 사람인데, 1850년 런던에 도착한 직후 '공산주의자 동맹'과 만났던 일에 대해 이렇게 이야기하고 있다.

우리는 먼저 포트와인(포르투갈산 포도주 : 역주)을 마시고, 이어 클라레(보르도산 적포도주), 이어 샴페인을 마셨습니다. 적포도주를 마신 뒤부터 그[마르크스]는 완전히 취했습니다. 그것이 바로 내가 원하는 것이었습니다. 그래야만 그가 마음을 열고 이야기를 할 것이었기 때문입니다. 그가 취한 덕분에 나는 하마터면 단순한 가정으로만 남게 되었을 수도 있는 여러 가지 일들을 확인하게 되었습니다. 마르크스는 취한 상태였음에도 끝까지 대화를 주도했습니다.
마르크스는 지적으로 보기 드물게 뛰어난 사람인 동시에 인격도 탁월하다는 인상을 주었습니다. 그러나 만일 그가 정말로 지성만큼이나 감정을, 증오만큼이나 사랑을 갖춘 사람이었다면, 나는 그를 위해 불 속에라도 뛰어들었을 것입니다. 비록 그가 이따금씩 나에 대해 철저한 경멸을 드러내기는 했지만, 그리고 나중에는 그것을 아주 공개적으로 표시하기까지 했지만, 그래도 상관없었습니다. 그는 모든 사람들 가운데 내가 지도자로서 능력을 갖추었다고 믿었던, 또 큰 일을 할 때 결코 작은 일에 정신을 팔지 않을 것이라고 믿었던 첫 사람이자 유일한 사람이기 때문입니다.
우리의 목적에 비추어볼 때, 나는 이 사람이 그 뛰어난 지성에도 불구하고 고귀한 영혼을 갖추지 못한 것이 안타깝습니다. 위험한 개인적 야심이 그의 좋은 점들을 다 갉아먹은 것이 틀림없습니다. 그는 빌리히 같은 공산주의자들이나 부르주아지를 비웃는 것처럼, 자신의 프롤레타리아적 교리문답서를 앵무새처럼 되뇌는 바보들을 비웃습니다. 그가 유일하게 존경하는 사람들은 귀족입니다. 자신이 귀족임을 정확하게 의식하고 있는 진짜 귀족. 그들을 정부에서 몰아내려면 그에게 힘이 필요한데, 그는 그것을 프롤레타리아에게서만 찾을 수 있습니다. 따라서 그는 프롤레타리아에 맞게 자신의 이론을 재단했습니다. 그는 그렇지 않다고 힘을 주어 이야기했음에도, 아니, 어쩌면 바로 그렇게 이야기했기 때문에, 나는 개인적인 권력의 획득이 그의 모든 노력의 목표라는 인상을 받고 그와 헤어지게 되었습니다.

엥겔스를 비롯한 그의 오랜 동료들은 모두 여러 가지 뛰어난 재능에도 불구하고 마르크스에 비하면 매우 열등합니다. 만일 그들이 감히 그 사실을 잠시라도 잊는다면, 마르크스는 나폴레옹에게나 어울릴 만한 뻔뻔스러운 태도로 그들에게 제자리를 찾아줄 것입니다.

현대의 일부 비평가들은 카를 보크트가 그랬던 것처럼, 테호프가 그려낸 마르크스의 모습이 "아주 그럴듯하다"고 생각하지만, 사실 이 모습은 제멋대로 희화한 것에 지나지 않는다. 마르크스가 애처가로서 예니의 타고난 귀족성을 자랑스러워했을 수는 있지만, 이것이 그가 귀족을 하나의 계급으로서 존경했다는 증거는 될 수 없다. 차라리 부르주아지에 대해 어느 정도 존경심을 가지고 있었다고 한다면 그것은 말이 될 수도 있다. 이 점은 《공산당 선언》에서 자본주의의 진보적인 업적을 서정적으로 기념한 것으로도 증명이 된다. 게다가 엥겔스를 굽신거리는 종으로 묘사해놓은 대목에서는 웃음이 터져나온다. 그럼에도 마르크스의 오만한 스타일은 딱 그럴듯하게 묘사해 실제로 큰 피해를 주었다.

보크트의 책은 독일에서 즉시 베스트셀러가 되었다. 그러나 런던에서는 책을 구하기가 어려웠다. 마르크스는 몇 주 동안 그 책에 실려 있다고 하는 "무시무시하게 무례한 말들"이나 "터무니없는 중상"에 대해 소문만 들었다.

"당연한 이야기지만, 나는 이 지저분한 일을 안사람에게는 알리지 않았네."

마르크스는 엥겔스에게 그렇게 말했다. 그러나 예니도 곧 알게 되었다. 1860년 1월 말 베를린에서 간행되는 〈나치오날 차이퉁〉은 보크트의 비난에 기초한 긴 기사를 두 개 실었는데, 이 기사는 "보크트는 나를 하찮고 파렴치하고 부르주아적인 불량배로 만들려고 한다."는 마르크스의 의심을 확인해주었다. 마르크스는 바로 그 신문에 대해 명예 훼손 소송을 제기했다. 마침내 1860년 2월 13일 책이 손에 들어왔을 때, 마르크스는 그 책이 "똥더미, 완전히 허튼소리에 지나지 않는다."는 것을 알았다.

그의 명예를 옹호하는 것은 비용이 많이 들어가는 사업이었다. 마르크스는 옛 동지들—그 가운데 일부는 1848년 이후 한 번도 본 적이 없었다.—에게 성격 증인(소송에서 평판, 행동, 품성 등에 대해 증언하는 사람 : 역주) 노릇을 해달라고 수십 통의 편지를 보내면서 우표값만도 몇 파운드를 썼다. 또 베를린의 변호사 J. M. 베버를 고용하는 비용이 15탈러(2.10파운드)였다. 거기에 베버의 위임장을 작성해주는 오스트리아 대사관의 관리인 "그 망할 놈 치머만"에게도 돈을 따로 내야 했다. 마르크스는 엥겔스에게 말했다.

"지금까지 말한 것만으로도 내가 이제 완전히 무일푼이라는 것을 짐작했을 걸세."

마르크스는 심지어 빵가게 주인에게서 1파운드를 빌리기도 했다. 그가 노동자들에게서 구걸을 했다는 비방을 반박하고자 하는 사람으로서는 대단히 우스꽝스러울 수도 있는 행동이었다.

베를린에서의 소송은 만일 명예 훼손에 대해 개인적인 소송을 제기하지 않고 프로이센 검찰관의 힘을 이용했다면 돈이 한푼도 들지 않았을 것이다. 그러나 마르크스는 이 고귀한 검찰관 나리가 "내 이름의 명예를 변호하는 데 별로 열정을 보이지" 않을 것이라고 생각했다. 맞는 생각이었다. 사실 그의 변호사는 마르크스에게는 알리지 않고 이쪽 길을 뚫어보았으나, 이 사건은 공공의 이익에 부합되지 않는다는 답변만 들었을 뿐이다. 변호사는 민사소송 쪽으로 밀고나갔으나 그마저도 기각당했다(1860년 6월 5일). 법정은 〈나치오날 차이퉁〉에 실린 기사가 "정당한 비판의 테두리를 넘지 않으며", 원고를 "모욕할 의도"가 없다고 판결했기 때문이다("그리스인의 목은 따지만 피해를 줄 의도는 없다는 터키인과 같군." 마르크스는 그렇게 투덜거렸다).

그렇다면 좋다. 마르크스는 복수를 할 다른 방법을 찾기로 했다. 딱 하나 놀라운 일이 있다면 그가 보크트에게 결투 신청을 하지 않았다는 점이다. 스위스까지 가는 여비 때문에 주춤했는지도 모르겠고, 이제 나이를 느꼈기 때문에 망설였는지도 모르겠다. 마르크스는 서재에 틀어박혀 자극적인 반박문을 작성했다. 이 반박문은 길이에서나 잔인함에서나 그 글이 반박하려 했던 원래의 팸플릿보다 훨씬 앞서 나아갔다.

"욕에는 욕. 보복 때문에 세상은 돌아가네!"

마르크스는 3백 페이지가 넘는 분량에 빈정거리는 말을 쏟아부으면서 즐겁게 콧노래를 불렀다. 보크트는 싸구려 키케로가 되었다가 유머가 빠진 폴스타프가 되었다. 그는 어릿광대, 수다쟁이, 손이 끈적끈적한 대폿집 사환, 재주 부리는 개였다. 그러나 보크트는 무엇보다도 스컹크였다.

"그에게는 아주 위험한 순간에 자신을 방어할 수 있는 한 가지 방법이 있다. 그 역겨운 냄새다."

이 소름끼치는 보크트를 돕거나 부추긴 적이 있는 사람도 똑같은 대접을 받았다. 〈나치오날 차이퉁〉의 기사를 재수록한 런던의 한 신문에는 양동이로 김이 피어오르는 똥을 몇 통 퍼붓듯이 욕을 퍼부었다.

런던의 모든 변소들은 감추어진 배관이라는 교묘한 체계를 이용하여 신체적 폐기물을 템스강에 쏟아넣는다. 마찬가지로 세계의 수도는 매일 그 모든 사회적 폐기물을 거위 깃 펜이라는 체계를 통하여 중앙의 커다란 종이 변소에 퍼부어넣는다. 그 변소가 바로 〈데일리 텔리그라프〉다. …… 하수구로 들어가는 입구에는 칙칙한 색깔로 이런 글을 써 놓았다.
"Hic quisquam faxit oletum!"
그 뜻은 바이런이 시적으로 번역을 해놓았듯이, "나그네여, 발을 멈추어라, 그리고—오줌을 누어라!" 이다.

마르크스가 이런 기분에 빠져들 때는 아무도 그를 막을 수 없었다. 그러기에 더욱 애석한 일이다. 〈데일리 텔리그라프〉 편집자인 조지프 모지스 레비는 그의 성의 철자를 "Levi"에서 "Levy"로 바꾸었다는 이유로 여러 페이지에 걸쳐 우악스럽고 반유대주의적인 조롱을 당해야 했다.

레비는 앵글로 색슨이 되려고 결심했다. 따라서 한 달에 적어도 한 번은 디즈레일리(Disraeli) 씨의 비영국적인 정책들을 공격한다. '아시아의 신비'인 디즈레일리는 〈데일리 텔리그라프〉와는 달리 조상이 앵글로 색슨이 아니기 때문이다. 그러나 어머니 자연이 레비의 얼굴 한복판에 가장 분명한 방법으로 그의 기원을 새겨놓았는데, 그가 디이스라엘리(D'Israeli, 이스라엘 출신이라는 뜻 : 역주)를 공격하거나 'i'를 'y'로 바꾼다고 해서 무슨 도움이 될까? 슬로켄버지어스의 수수께끼의 나그네의 코(《트리스트럼 샌디》를 보라)는 코 가운데 가장 멋진 코였기 때문에 슈트라스부르크에서 아흐레 간의 경이를 일으켰다. 반면 레비의 코는 런던 시티에 1년 내내 화젯거리를 제공한다. …… 레비의 코가 뛰어난 점은 1백 킬로미터가 넘는 곳이라 하더라도 썩은 냄새만 있다면 벌름거리며 그 냄새를 따라갈 수 있다는 것이다. 따라서 〈데일리 텔리그라프〉에서 레비의 코는 코끼리의 코, 더듬이, 등대, 전보의 역할을 한다.

이렇게 말하는 사람 자신의 라비 선조들의 성 역시 레비였다. 다만 프로이센 사회에 동화하기 위해 그 성을 버렸던 것뿐이다.

독일에 있는 출판사 가운데는 그 책에 손을 대려는 데가 없었다. 그래서 《보크트 씨》는 출판 비용을 대기 위한 모금 뒤에 런던에서 출판이 되었다. 출판 비용으로 라살과 폰 하츠펠트 백작 부인이 12파운드를 냈고, 포도주상이자 1848년 봉기 때 협력자였던 지기스문트 보르크하임이 12파운드를 냈고, 엥겔스가 5파운드를 보냈다. 오늘날 이 책을 읽어보면 이 사람들이 돈을 내는 것보다도 마르크스가 그런 말도 안 되는 일에 시간을 낭비하는 일을 하지 않도록 설득했다면 훨씬 큰 도움이 되었을 것이라는 생각을 해보게 된다. 그러나 그의 광기에는 전염성이 있었던 모양이다. 엥겔스는 《보크트 씨》가 "자네가 이제까지 썼던 것 가운데 가장 논증적인 책"이라고 칭찬하면서, 심지어 《루이 보나파르트의 브뤼메르 18일》보다 낫다고 덧붙였다. 원고 필사를 맡았던 예니는 그 글에서 '무한한 기쁨과 즐거움'을 맛보았다고 말했다. 마르크스는 평소와 마찬가지로 자신의 책이 센세이션을 일으켜, 유럽 전체는 아니라도 독일에서는 최고의 화제가 될 것이라고 기대했다. 그리고 평소와 마찬가지로 실망하게 되었다. 《보크트 씨》는 1860년 12월 1일에 나왔는데, 《정치경제학 비판》과 마찬가지로 팡파르도 갈채도 받지 못했다.

마르크스는 전통적인 방식으로 자신을 위로했다. 그는 책이 나온 주에 엥겔스에게 말했다.

"나에게 큰 도움이 되었던 것은 무시무시한 치통이 찾아왔다는 걸세. 그저께는 이를 뽑았네. 그 사람(가브리엘이라고 하더군)이 엄청나게 아프게 하면서 치근을 뽑기는 뽑았는데 조각은 남겨두고 말았네. 그래서 얼굴 전체가 부어올라 시큰거려. 목도 반쯤은 막혔지. 이런 육체적 압박 때문에 생각도 못하겠고, 추상의 힘도 사라졌네. 헤겔이 말하는 대로, 순수한 사고나 순수한 존재나 무는 다 똑같은 것이기 때문이지."

그 어느 때보다도 이런 정신적인 마비는 필요했다. 《보크트 씨》의 실패에 대한 실망과는 별도로, 부인의 상태로 인한 슬픔도 마비시켜야 했기 때문이다. 예니는 두 주 전에 천연두에 걸렸다. 카를과 헬레네는 환자를 돌보았고, 딸들은 한 달 동안 리프크네히트 집에 가서 살았다. 딸들은 가끔 집에 돌아와 창밖에 쓸쓸하게 서 있곤 했다. 예니가 병상에서 아이들을 볼 수 있게 해주기 위해서였다.

"아이들은 가엾게도 두려움에 떨고 있네."

마르크스는 엥겔스에게 말했다. 닥터 앨런은 만일 예니가 백신을 두 번 맞지 않았다면 살아남지 못했을 것이라고 말했다. 예니 자신이 루이제 바이데마이어에게 보낸 편지를 보아도 위험천만한 상황이었음을 알 수 있다.

시간이 갈수록 아픈 게 심해졌어요. 천연두는 무시무시하게 퍼졌죠. 정말 견디기가 힘들었어요. 얼굴에 타는 듯한 통증이 찾아왔죠. 잠도 전혀 잘 수가 없었어요. 그리고 카를 때문에 몹시 걱정이 되었죠. 카를은 정성껏 나를 간호해주었어요. 나는 마침내 외적인 기능은 모두 상실했지만, 내적인 기능─의식─은 흐려진 적이 없어요. 나는 내내 열린 창문 옆에 누워 있었죠. 11월의 찬 공기가 들어오도록 말이에요. 내내 난로에서는 지옥의 불이 타오르고 타는 입술은 얼음 같았어요. 그 사이로 이따금씩 클라레 포도주 몇 방울이 떨어졌죠. 그것도 간신히 삼켰어요. 청각은 점점 희미해졌어요. 마침내 눈까지 감겨, 이러다 영원한 밤 속에서 살아가야 하는 게 아닌가 하는 생각까지 들었어요.

마침내 크리스마스 이브에 세 아이는 집으로 돌아올 수 있었다. 아이들은 사랑하는 어머니를 보자 울음을 터뜨렸다. 다섯 주 전만 해도 예니는 나이에 비해 젊어 보이는 46살의 여자였다. 머리에는 흰 머리카락 한 올 없었다.

"내 피어나는 딸들 옆에 있어도 그렇게 초라해 보이지 않았어요."

그러나 이제 그녀의 얼굴은 상처 자국과 진한 자주색 때문에 엉망이 되었다. 그녀는 자신이 "코카서스 인종에 속하기보다는 동물원에 속하는" 물소나 하마 같다고 느꼈다. 한편 걱정과 피로에 지친 그녀의 남편은 다시 간 때문에 고통을 겪고 있었다. 그런 다음에는 엄청난 진료비를 어떻게 감당해야 하느냐 하는 문제가 남았다. 마르크스 자신이 한 달 이상 일을 못했기 때문이다. 이 비참한 크리스마스에 그나마 낙이 있었다면, 그것은 엥겔스가 포트와인 몇 병을 선물로 보내주었다는 것이다. 예니에게는 이것이 가장 효과적인 약이었다. 그러나 이 회복약도 마르크스에게는 소용이 없었다. 의사가 레모네이드와 피마자유만 복용해야 한다고 강조했기 때문이다. 마르크스는 신음을 토했다.

"나는 욥만큼 신을 두려워하지는 않지만, 욥만큼 고통은 겪고 있네."

* * *

　공기 역학의 모든 법칙에 따르면 뒝벌은 날 수가 없는데도 용케 날아다닌다. 마르크스는 뒝벌과 비슷하게 중력에 도전하는 재능을 지녔다. 막 근심의 무게에 짓눌려 무너질 것처럼 보이는 순간, 독일에서 그를 공중으로 띄우는 소식이 날아들었다. 1861년 1월 12일 새로 프로이센 왕좌에 오른 빌헬름 1세는 대관식을 기념하여 정치적 망명자들에 대한 사면을 선포했다. 이로써 마르크스에게는 오래 전에 잃어버렸던 시민권을 되찾을 수 있다는 희망이 생겼다. 일주일 뒤 라살은 마르크스와 엥겔스에게 독일로 돌아와 〈노이에 라이니셰 차이퉁〉을 모범으로 삼은 새로운 '당 기관지'를 편집해 달라고 제안했다.
　마르크스는 이 프로젝트에 대해서는 큰 기대를 걸지 않았다. "독일의 조수가 아직 우리 배를 띄울 만큼 높이 솟아오르지 않았다."고 생각했기 때문이다. 그럼에도 유혹을 느꼈다. 특히 이 신문이 폰 하츠펠트 백작 부인이 내놓은 30만 탈러라는 후원금을 뒤에 업고 있다는 점 때문이었다. 〈뉴욕 데일리 트리뷴〉은 미국의 남북전쟁 때문에 마르크스를 버린 것이나 다름없었다. 그래서 마르크스에게는 그 어느 때보다 수입이 절실하게 필요했다. 라살의 제안을 받아들이든 받아들이지 않든 현장답사는 필요한 것 같았다. 마르크스는 가짜 여권과 라살에게 빌린 돈을 들고 2월 말에 독일로 향했다. 가는 길에 네덜란드의 찰트보멜에 들려, 부유한 친척 리용 필립스로부터 160파운드를 뜯어냈다. 무서운 늙은 독수리 헨리에테 마르크스가 마침내 횃대에서 떨어지게 되면 그녀의 유언장에 따라 그에게 돌아올 유산의 선금을 받은 셈이었다.
　라살과 백작 부인은 마르크스가 베를린에 머문 한 달 동안 그를 왕처럼 대접했다. 결국 그들이 마르크스의 성격을 모른다는 사실을 보여준 셈이다. 반군주제를 주장하는 사람을 왕처럼 대접하는 것은 반드시 피해야 할 일이었기 때문이다. 어느 날 저녁 그들은 마르크스에게 새로운 희극을 보여주었다. 프로이센에 대한 자화자찬이 가득한 희극이었는데, 마르크스는 심한 역겨움을 느꼈다. 다음날 밤 마르크스는 오페라 하우스에 가서 빌헬름 왕으로부터 몇 발 떨어지지 않은 개인 전용석에 앉아 세 시간 동안 발레를 견뎌야 했다("엄청나게 지루했다"). 마르크스를 주빈으로 앉힌 만찬에는 베를린의 유명인사들이 벌떼처럼 모여들었다. 마르크스는 문학 편집자 루트밀라 아싱("내가 본 사람들 가운데 가장 추한 사람")의 옆자리에서 빠져나오지 못했는데, 아싱은 식사를 하면서 줄곧 마르크스에게 추파를 던졌다.

"쉴새없이 미소를 짓거나 싱글거리고, 늘 시적인 산문으로 말을 하고, 항상 뭔가 특별한 이야기를 하려 하고, 의욕이 가득한 체하고, 자기 이야기에 도취되었을 때는 듣는 사람들한테 침을 튀기지요."

한 달 동안 라살의 괴로운 환대를 받고 난 뒤 마르크스는 지겨워서 비명을 지를 지경이었다.

"나는 일종의 사자 대접을 받고 있는데, 아주 많은 전문적인 '재사(才士)'들을 보아야만 하오. 거기에는 남자도 있고 여자도 있소. 하여간 끔찍하오."

마르크스는 엥겔스의 친구인 독일 시인 카를 지벨에게 그렇게 편지를 보냈다. 마르크스가 이런 시련을 계속 견디고 있었던 것은 시민권을 신청한 결과가 아직 나오지 않았기 때문이다. 라살은 신청서를 직접 프로이센 경찰청장에게 갖다주었다. 4월 10일에 답이 나왔다. 마르크스는 1845년 자발적으로 프로이센 신민의 권리를 포기하였기 때문에, 경찰의 최고회의 간부회는 "귀하를 외국인으로 간주할 수밖에 없습니다." 결국 마르크스는 왕의 사면을 받을 자격이 없다는 이야기였다.

백작 부인은 더 머물면서 만찬도 즐기고 기분 전환도 하라고 간청했다.

"용무가 끝나는 대로 베를린을 떠나는 것이 우리가 그간 보여준 우정에 감사하는 태도인가요?"

백작 부인은 그렇게 꾸짖었다. 그러나 마르크스는 미적거릴 수 없었다. 제복을 입은 사람들과 열렬한 여류 문학가들이 지배하는 분위기가 견딜 수 없을 정도로 불편했기 때문이다. 독일은 그곳에 살 필요가 없을 때에만 아름다운 나라야. 마르크스는 그렇게 결론을 내렸다.

"만일 내가 마음대로 할 수 있다면, 뿐만 아니라 '정치적 양심'이라고 부를 만한 것에 구애를 받지 않는다면, 나는 절대 영국을 떠나 독일로 가지는 않겠습니다. 하물며 프로이센으로 가지는 않겠습니다. 소름 끼치는 베를린으로는 더더구나 가지 않을 겁니다."

예니 역시 살던 곳을 다시 떠나는 것에는 강하게 반대했다. 마르크스가 없는 동안 예니는 엥겔스에게 속을 털어놓았다.

"나 자신은 조국에 대한, '귀중하고' 사랑스럽고 믿음직한 독일에 대한, 시인들의 슬픔의 성모에 대한 갈망이 조금은 있어요. 하지만 우리 아이들은! 아이들은 귀중한 셰익스피어의 나라를 떠난다는 생각에 경악하고 있어요. 아이들은 뼛속까지 영국인이 되었고, 꽃양산조개처럼 영국 땅에 착 달라붙어 떨어지지를 않아요."

게다가 예니는 자신의 귀여운 자식들이 어지럽고 화려한 '하츠펠트 서클'의 영향을 받는 것도 원치 않았다.

마르크스 자신은 폰 하츠펠트 백작 부인을 좋아하는 편이었다.

"아주 뛰어난 부인입니다. 일반적인 여류 문학가가 아니지요. 타고난 지성이 뛰어나고, 아주 쾌활하고, 혁명 운동에 깊은 관심을 가지고 있고, 직업적인 '영리한 여자들'의 현학적인 찡그린 얼굴보다 훨씬 뛰어난 태도, 귀족적이고 구애받지 않는 태도를 지니고 있습니다."

물론 노쇠에 따른 파괴의 흔적을 감추기 위해 너무 진한 화장을 하고 있기는 하지만. 마르크스가 베를린에서 일자리를 얻는 것을 내켜하지 않는 결정적인 동기는 페르디난트 라살의 동료나 이웃은 되고 싶지 않다는 것이었다. 마르크스는 그와 10년 넘게 자주 편지를 주고받았지만 이 사람의 허영심, 거만, 과대망상증의 초기 증상 등은 알아채지 못했다. 그러나 한 달 이상 같은 지붕 아래서 살다 보니 왜 뒤셀도르프의 공산주의자들이 그를 멀리하라고 경고했는지 이해할 수 있었다. 엥겔스에게 보내는 편지에서 라살은 이제 '라자로'(죽었다가 예수에 의해 살아난 성경의 인물 : 역주), '유대인 남작', '유대인 검둥이'라는 별명을 얻게 되었다. 마지막 별명은 얼떨결에 나온 것이다. 라살은 피부가 거무스름하기는 했지만—마르크스와 마찬가지로—흑인을 조상으로 두지는 않았다. 그러나 마르크스는 이 농담을 자주 했고, 그 결과 그 말이 진실이라고 믿게 되었다.

"머리 모양과 머리카락이 자라는 방식으로 볼 때 그는 모세가 이집트에서 탈출할 때 동행했던 흑인들의 후손이라는 것이 분명하네. 아니면 어머니나 할머니가 검둥이와 관계를 했거나. 어쨌든 한편으로는 유대인과 독일인의 피가 섞였다는 점, 다른 한편으로는 기본적으로 흑인의 혈통이라는 점 때문에 그 결과물은 불가피하게 독특한 특성을 지닐 수밖에 없네. 그 친구의 집요한 면 역시 검둥이다운 걸세."

마르크스가 〈데일리 텔리그라프〉 편집자인 레비 씨의 놀라운 코에 대해 했던 말과 마찬가지로, 이런 것이 당시에는 꽤나 재미있는 농담이었나 보다 하고 추측해볼 수 있을 따름이다.

독일 여행에서 전혀 소득이 없었던 것은 아니다. 마르크스는 독일을 떠나기 전 트리어에서 어머니와 함께 이틀을 보냈다. 어머니는 이 보기

드문 자식으로서의 배려에 그가 오래 전에 몇 군데에서 진 빚을 갚아주는 것으로 보답했다. 그래서 마르크스는 4월 29일에 리옹 필립스에게서 얻은 현금 160파운드와 찢어진 차용증서들을 들고 런던에 도착했다. 그러나 6월 중순이 되자 마르크스는 다시 엥겔스에게 졸라댔다.

"내가 가지고 온 것을 이미 다 썼다고 해도 자네는 놀라지 않겠지. 애초에 빚 때문에 여행을 떠나게 되었던 데다가, 거의 넉 달 동안 아무것도 들어오지 않았기 때문이지. 그동안 학비와 진료비만으로도 거의 40파운드가 나갔는데 말이야."

마르크스는 곧 다시 핑계를 대거나 응급 수단을 강구하는 옛날 일과로 돌아갔다. 집주인이 세를 받으러 올 때마다 예니는 카를이 출장 중이라면서—사실은 위층 서재에 웅크리고 있었지만—빈손으로 돌려보냈다. 전당포로 가는 집안 기물이 점차 늘어났다. '아이들의 장화와 신발'도 예외일 수 없었다. 1861~1862년 겨울 동안에는 예니헨이 계속 아팠다. 마르크스는 예니헨이 열일곱의 나이에 "벌써 우리 환경의 극심한 어려움과 오점을 완전히 파악할 만큼 나이가 들었고, 그것이 그 아이의 신체적인 병의 주요한 원인들 가운데 하나"라고 생각했다. 엥겔스는 즉시 '약한 피'에 대한 특별 회복약을 보내주었다. 이번에는 클라레 포도주 여덟 병, 혹(독일 라인 지방산 백포도주 : 역주) 네 병, 셰리 두 병이었다. 그것을 마시고 예니헨은 기분이 좋아졌지만, 쇠약해진 몸에는 아무런 변화가 없었다.

1862년 여름 런던은 빅토리아 여왕 시대 중기의 자부심과 업적의 과시인 제2차 대박람회 때문에 축제 분위기였지만, 마르크스 집안 분위기는 훨씬 더 절망적으로 변해갔다. 마르크스는 편지에서 이렇게 말했다.

"매일 안사람은 자식들과 함께 편안하게 무덤에 들어가 있으면 좋겠다고 말하네. 뭐라 할 수도 없는 것이 이런 상황에서 겪어야 하는 수모와 고통과 불안은 이루 말로 할 수가 없다네. 가엾은 애들한테 더욱 미안한 것은 이런 일이 모두 박람회 기간 동안에 일어난다는 점일세. 친구들은 모두 재미있게 노는데, 우리 아이들은 혹시 누가 와서 엉망인 꼴을 보면 어떻게 하나 걱정하며 살아가야 하니……. 나를 만나러 오는 사람은 없는데, 나는 그것이 다행이라는 생각이 드네."

그러나 그렇게 서둘러 말할 일이 아니었다. 3주 뒤에 다름아닌 '유대인 남작' 라살이 그의 문간에 나타났기 때문이다. 그는 하이드 파크에서 전시하고 있는 산업의 경이를 시찰하러 런던에 왔다. 정말 시기가 나빴다. 그러나 마르크스는 그 전 해에 베를린에서 그가 받았던—즐기지는 않았다 해도—환대에 보답하는 시늉이라도 해야 한다는 의무감을 느끼고 있었다. 못이나 나사로 조여놓지 않은 것은 모두 전당포에 가 있는 상황이었다. 이런 집에서 라살은 3주 동안 지옥에서 온 손님 역할을 했다. 그는 굶주린 대식가처럼 먹고 마셨으며, 자신의 끝없는 재능과 야망에 대해 장황하게 늘어놓았다. 라살은 마르크스가 〈뉴욕 데일리 트리뷴〉으로부터 얻던 소득이 말라버렸다는 것을 알았음에도, 이 가족의 곤경에 대해서는 놀랄 만큼 무심해 보였다. 그는 성급하게 주식 투자를 하다가 1백 파운드를 잃었다는 일을 아무것도 아닌 것처럼 이야기했다. 집주인에게는 한푼도 내놓지 않으면서 마차와 시가에는 하루에 1파운드 이상을 썼다. 한술 더 떠서 카를과 예니에게 십대에 이른 딸들 가운데 하나를 하츠펠트 집에 '동무'—허울만 그럴듯했지 실제로는 하녀였다.—로 보낼 생각이 없느냐고 묻는 무례를 범하기까지 했다.

마르크스는 이 시련의 세 번째 주에 이렇게 말했다.

"그자는 내 시간을 허비하게 만들었네. 더 기가 막힌 것은, 그 멍청이는 내가 현재 아무런 '일'을 하지 않고 '이론적인 작업'만을 하고 있으므로, 그와 시간을 죽이는 것이 더 낫다고 생각한다는 걸세!"

라살이 런던—그리고 더 멀리 윈저와 버지니아 워터까지—관광에 나설 때는 온 가족이 그를 수행하면서 끝도 없이 자신을 과장하는 독백을 들어주어야 했다. 영국박물관에서 로제타 스톤을 볼 때는 마르크스를 돌아보더니 이렇게 물었다.

"어떻게 생각하십니까? 내가 여섯 달을 투자해서 이집트 학자가 되는 것이 어떨까요?"

만일 "이 벼락부자가 돈주머니를 과시하는" 모습에 그렇게 화가 나지 않았다면, 마르크스도 이 모든 일을 아주 재미있게 여겼을지 모른다. 마르크스는 엥겔스에게 이렇게 말했다.

"내가 1년 전에 본 뒤로 그는 완전히 미쳐버렸네. 그는 이제 논란의 여지 없이 가장 위대한 학자, 가장 심오한 사상가, 가장 총명한 과학자 등등일 뿐 아니라, 돈 후안 겸 혁명적 리슐리외 추기경이기도 하다네. 여기에 높은 가성으로 쉴 새 없이 쏟아붓는 수다, 불쾌하고 연극 같은 몸짓, 교조적인 말투를 보태면 되네!"

어느 날 라살은 프로이센 정부와 마찬가지로 이탈리아의 해방자 마치니와 가리발디 역시 그가 조종하는 꼭두각시들이라는 '큰 비밀'을 공개했다. 카를과 예니는 참을 수가 없어 이런 나폴레옹적인 환상들을 가지고 라살을 놀리기 시작했다. 그러자 독일의 메시아는 성질이 나서, 마르크스는 너무 '추상적'이라서 정치 현실을 이해하지 못한다고 소리를 질렀다. 라살이 잠자리에 든 후 마르크스는 서재로 들어가 다시 엥겔스에게 손님의 '검둥이 같은' 특징을 조롱하는 편지를 썼다.

그러나 라살이 집에 왔던 이야기를 예니의 입을 통해 들어보면 적의보다는 유머가 느껴진다.

그는 학자, 사상가, 시인, 정치가로서 얻은 명성의 무게에 짓눌려 있는 것 같았다. 그의 올림포스의 이마와 암브로시아의 머리, 아니 뻣뻣한 니그로 머리 위에 씌워진 월계관은 아직 싱싱했다. 그는 막 이탈리아 캠페인을 승리로 이끈 참이었다. 게다가 이 위대한 행동가는 새로운 정치적 쿠데타를 꾀하는 중이었다. 그의 영혼에서는 격렬한 전투가 벌어지고 있었다. 또 아직 그가 탐험해보지 못한 과학 분야들도 있었다.

"내가 이집트 학자로서 세상을 놀라게 할까, 아니면 행동가로서, 정치가로서, 투사로서, 군인으로서 나의 다재다능함을 보여주어야 할까?"

그것은 엄청난 딜레마였다. 그는 생각과 마음에서 우러나오는 감정 사이에서 동요했으며, 큰 목소리로 그런 갈등을 표현하는 경우가 많았다. 그는 마치 바람의 날개에 올라탄 듯이 우리 방들을 쓸고 다녔고, 큰소리로 열변을 토했으며, 손짓을 하고 목소리를 너무 높이는 바람에 이웃들이 그 무시무시한 외침 소리에 겁을 먹고 무슨 일이냐고 물어보기도 했다. 그러나 그것은 '위대한' 인간의 내적인 갈등이 강렬한 불협화음을 이루어 터져나오는 것일 뿐이었다.

라살은 8월 4일, 떠나는 날이 되어서야 마르크스 가족의 곤경에 대해 아는 체를 했다. 사실 모른 체할 수가 없었다. 하필이면 이 시간을 골라 집주인을 비롯한 여러 채권자들이 문을 두드려대며, 큰소리로 집달리를 불러오겠다고 위협했기 때문이다. 그러나 이 순간에도 라살은 쩨쩨한 모습을 보였다. 그는 마르크스에게 15파운드를 내밀었는데, 그것도 단기 대출이었고, 엥겔스가 보증을 선다는 조건이었다.

다음 두 달 동안 라살은 이 작은 거래를 두고 법석을 떨었기 때문에—엥겔스에게 '서명한 보증서'를 내놓으라 하기도 하고, 갚는 날짜를 두고 옥신각신하기도 했다.—마르크스는 돈을 받은 것을 후회하게 되었다. 그러나 서로 신경을 곤두세운 편지를 몇 번 주고받은 뒤에 마르크스는 먼저 사과 비슷한 것을 한다.

"이것 때문에 우리가 완전히 갈라서는 건가?…… 나는 이 모든 일에도 불구하고 우리의 오랜 관계는 아무런 문제 없이 계속될 것이라고 믿고 있네."

마르크스는 화약이 들어간 포신 위에 앉아 있는 사람이었다. 총으로 머리를 쏘아 자살하면 딱 좋을 것 같은, 절망에 빠진 가엾은 사람이었다. 이래도 그의 의도하지 않은 배은망덕을 용서할 수 없을까?

라살은 답장을 하지 않았다. 라살은 두 사람의 우정이 끝난 것이 '금전적인 이유'라고 말했지만, 어차피 두 사람은 정치적인 차이 때문에 머지 않아 갈라설 수밖에 없었을 것이다. 라살은 프로이센 국가의 힘에 대해 노인 헤겔에 가까운 존경심을 품고 있었다. 그는 낡은 융커 지배 계급(비스마르크가 대표자이다)과 새로운 산업 프롤레타리아(당연히 라살 자신이 대표자이다)가 협조하여 떠오르는 자유주의적 부르주아지의 정치적 대망을 저지하자고 주장하기 시작했다. '전독일 노동자 협회'를 세우고 나서 두 주 뒤인 1863년 6월, 라살은 철의 재상에게 편지를 보내 자신이 그 구성원들에게 절대적인 권력을 가지고 있다고 자랑을 한다.

"그 점에 대해서는 재상께서도 나를 부러워해야 할 것입니다! 그러나 이 작은 그림을 보면 재상께서도 노동자 계급이 본능적으로 독재를 지향한다는 것이 사실임을 확신하게 될 것입니다. 물론 그러한 독재가 노동 계급의 이익에 맞게 행사될 것이라고 믿을 수 있어야 한다는 전제가 바탕이 되겠지요. 또한 내가 얼마 전에도 말씀드렸듯이, 노동자 계급은 그 모든 공화주의적인 감정들에도 불구하고—또는 어쩌면 바로 그런 기초 위에서—왕에게서 부르주아 사회의 에고이즘과는 대조되는 사회적 독재의 타고난 담지자를 보고 싶어하는 경향이 있다는 것도 사실임을 확신하게 될 것입니다."

이 편지는 마르크스의 전기 작가 가운데 한 사람인 프리츠 J. 라다츠의, 라살과 "비스마르크의 악명 높은 '음모'는 전혀 있지도 않았던 일"이라는 주장이 거짓임을 보여준다. 노동자들이 원하는 것은 프랑스의 루이 필립의 군주제와 같은 부르주아지가 만들어낸 군주제가 아니었다. 그것은 "원래의 밀가루 반죽에서 빚어낸 대로의 군주제, 검의 손잡이에 의지하는 군주제입니다……."

과연 프로이센 왕이 라살이 보내준, 검을 덜거덕거리며 위협하는 바게트(막대 모양의 프랑스 빵 : 역주)를 그린 괴상한 그림에 기분이 좋았을지는 의문이다. 아마 아니었을 것이다. 라살은 이렇게 과장되게 충성심을 보였음에도, 실제로는 빌헬름 왕, 비스마르크, 그 자신의 3인 지배를 마음 속에 그리고 있었다. 그리고 일단 힘으로 중간 계급의 콧대를 꺾어 놓은 다음에는 두 파트너가 더는 필요하지 않다고 생각했다. 마르크스는 '사회적 카이사르주의'라고 적절하게 묘사되고 있는 그의 독재 계획을 몹시 싫어했다. 게다가 그의 수사(修辭)에《공산당 선언》에서 '뻔뻔스럽게 표절'한 부분이 많이 포함되어 있었기 때문에 더욱 짜증을 냈다. 라살은 그 전에도《공산당 선언》에 그 자신의 반동적이고 이기적인 장식물을 덧붙이기도 했다. 그는 '주인'이자, '구원자'이자, '말을 탄 영웅'이었다. 그는 스무 살의 나이에도 '세상에 대항하는 전쟁 선언'에서 억제할 수 없는 멜로드라마적 자기 중심주의를 보여주었다.

"내게는 모든 수단이 똑같다. 내가 피해갈 만큼 거룩한 것은 없다. 나는 호랑이의 권리, 갈기갈기 찢을 권리를 얻었다. …… 내가 사람의 정신을 지배할 힘을 얻기만 한다면, 나는 그것을 무자비하게 남용할 것이다. …… 머리에서 발가락까지 나는 오로지 '의지'다."

라살이 존재하지 않았다면, 니체가 그를 발명이라도 했을 것 같다.

라살은 그런 정신으로 살았고, 또 죽었다. 1864년 라살은 금갈색 머리의 젊은 미녀에게 반한다. 헬레네 폰 되니게스라는 이 미녀는 이미 발라치아의 제후인 얀코 폰 라코비츠와 약혼한 몸이었다. 기분이 상한 약혼자는 이 슈퍼 히어로에게 결투 신청을 하여, 결국 배에 치명상을 입힌다. 결투 장면을 본 사람들 말에 따르면 라살은 상대가 겨냥을 하는데도 권총을 들어올리지도 않고 수수께끼 같은 미소만 지었다고 한다. 스스로 자신이 무적임을 믿게 되었던 것일까? 아니면 로맨틱하게 요절하는 것이 불멸의 명성을 남기는 확실한 방법이라고 판단한 것일까? 그것은 아직 수수께끼로 남아 있다. 엥겔스는 이렇게 촌평했다.

"그런 일은 오직 라살에게만 일어날 수 있네. 경박과 감상, 유대인적 기질과 기사도 정신이 묘하고도 아주 독특하게 결합된 그 사람에게만."

라살이 죽었다는 소식을 들은 마르크스는 의외로 비탄에 빠졌다. 라살이 어떤 사람이었든 일단은 '우리 적들의 적'이며, 1848년 혁명의 오랜 옹호자 가운데 한 사람이었기 때문이다.

"정말이지, 우리 대오는 계속 줄어들고 있네. 게다가 전력 보강은 눈에 보이지 않는데."

마르크스는 폰 하츠펠트 백작 부인에게 그래도 "그는 아킬레스처럼 젊어서 승리의 때에 죽었다."고 조문했다.

상황을 감안하면 이것은 상당히 너그러운 찬사였다. 이태 전에 마르크스는 그래프턴 테라스에서 라살을 접대하다가 거의 파산할 뻔했다. 라살이 다녀간 뒤로—그리고 그가 다녀간 것도 한 가지 이유가 되었다고 마르크스는 생각했다.—가정 경제는 점점 더 나빠졌다. 1862년 8월, 마르크스는 리옹 필립스에게서 다시 돈을 빌려볼까 하는 기대를 안고 찰트보멜로 갔다. 그러나 필립스는 그곳에 없었다. 마르크스는 내친 김에 트리어까지 갔으나, 어머니는 아무것도 주지 못하겠다고 했다. 그해

크리스마스에 예니 마르크스는 그들이 아는 프랑스인 은행가 아바르바넬을 구워삶아 보려 했으나 훨씬 더 참담한 결과와 마주하고 말았다. 그녀가 타고 가던 페리가 폭풍우를 만나 침몰할 뻔했다. 아바르바넬의 집으로 갈 때 탄 기차는 두 시간을 연착했다. 마침내 예니가 그 집에 도착했을 때, 아바르바넬은 막 뇌졸중을 일으켜 꼼짝도 못하고 침대에 누워 있었다. 빈손으로 런던으로 돌아가는 길에도 불운은 계속되었다. 그녀가 타고 가던 마차가 뒤집혔으며, 런던에서 탄 승합마차는 다른 마차와 충돌하여 바퀴 한 짝이 날아갔다. 짐을 든 두 소년과 함께 걸어서 그래프턴 테라스로 돌아왔을 때는 헬레네 델무트의 배다른 여동생 마리안 크로이츠가 두 시간 전에 심장마비로 죽은 것을 알게 되었다. 그 장면을 한번 상상해보라. 하녀 하나는 앞방에 주검으로 누워 있고, 다른 하녀는 비탄에 젖어 울부짖고, 지친 여주인은 진흙투성이 옷을 입은 채 망연자실하여 서 있고, 가장은 장의사에게 줄 현금 7.10파운드를 구하러 어딘가를 돌아다니고 있고. 마르크스는 이런 희비극적인 광경에 쓸쓸한 웃음을 터뜨렸다.

"가엾은 아이들에게는 멋진 크리스마스 쇼였지."

그러나 이번만큼은 이 해괴한 불행이 평소와는 달리 그의 건강과 생산성을 약화시키는 결과를 낳지 않았다. 라살이 '이론'을 조롱한 것이 자극이 되어, 보크트와의 분쟁 때문에 재난이라도 만난 것처럼 중단했던 책을 마무리하는 작업에 들어가게 되었던 것이다. 마르크스는 라살이 런던을 다녀간 직후 울적한 기분일 때 엥겔스에게 편지를 보냈다.

"내가 무슨 사업이라도 할 줄 알았으면 좋으련만! 친구여, 모든 이론은 회색이고, 오직 사업만이 푸르네. 불행히도 나는 이 사실을 너무 늦게 깨달았네."

마르크스가 철도 관련 사무직에 원서를 냈다가 악필 때문에 퇴짜를 맞은 것도 이 무렵이었다. 그러나 상관없었다. 예니가 그의 갈겨쓴 원고를 식자공이 알아볼 수 있도록 필사만 할 수 있다면 그는 아직 펜을 휘두를 수 있었기 때문이다. 이제 신문 청탁으로 방해를 받는 일도 거의 없었기 때문에, 마르크스는 《정치경제학 비판》의 다음 부분을 쓰기 시작했다.

* * *

마르크스가 죽기 이태 전인 1881년 10월 〈컨템포러리 리뷰〉에서 경제학자 존 레이는 이렇게 말했다.

"카를 마르크스는 그를 가장 모르는 나라에서 마지막 30년 동안 살면서 일을 했는데, 이런 이상한 상황은 나름대로 의미가 있다. 그의 말은 온 세상으로 퍼져, 어떤 곳에서는 정부가 살려둘 수도 없고 죽일 수도 없는 반향을 일으켰다. 그러나 정작 그 진원지인 이곳에 사는 사람들은 그 소리를 거의 듣지도 못했다."

1869년 엥겔스가 《자본》을 자세하게 분석한 글을 자유주의적인 〈포트나이틀리 리뷰〉에 보내자, 편집위원회에서는 그 글이 "영국의 〈포트나이틀리 리뷰〉 독자들이 읽기에는 너무 과학적"이라는 짤막한 설명과 함께 원고를 반송했다. 몇 년 뒤, 어떤 영국인 경제학자가 '이해 관계의 조화'에 대해 강연을 하는 자리에서 청중 가운데 한 사회주의자가 사회의 모든 계급이 똑같은 이해 관계를 가지고 있다는 경솔한 가정에 이의를 제기하면서, 《자본》을 빌러 자신의 주장을 뒷받침했다. 그러자 연사는 "나는 그런 책은 모른다."고 쏘아붙였다.

마르크스 생전에 그의 주요 저서 가운데 영어로 번역된 것은 거의 없다. 가장 중요한 예외라면 《공산당 선언》인데, 이것은 1850년 11월에 조지 줄리언 하니의 〈레드 리퍼블리컨〉을 정기구독했던 소수의 차티스트들만 볼 수 있었을 뿐이다. 그러나 열 달 뒤에 〈더 타임스〉가 뒤늦게 한 부를 손에 넣게 되었을 때, 〈더 타임스〉는 서둘러 독자들에게 "허무맹랑하고 무정부주의적인 주장이 담긴 싸구려 출판물들"에 대해 경고했다.

"그런 출간물은 종교와 도덕을 왜곡하고 조롱하며, 사회 존립의 바탕이 되고 있는 모든 행동 규칙, 경험이 승인해준 규칙을 공개적으로 비난한다."

이어 〈더 타임스〉는 《공산당 선언》의 인용문을 두 개 실었다. 그러나 출처는 밝히지 않았다. "저자를 밝힘으로써, 또는 이 글이 담긴 책의 제목을 밝힘으로써, 이 책의 유통을 돕고 싶지 않기 때문"이라고 이유를 밝혔다. 토리당의 정치가 존 윌슨 크로커는 〈쿼털리 리뷰〉 1851년 9월호에 '혁명적 문헌'에 대한 무시무시한 고발문(〈더 타임스〉와 똑같은 인용문을 싣고 있다)을 기고함으로써 빨갱이 소동을 연장시키려 했다. 그러나 다른 사람들은 끼여들고 싶어하지 않는 것 같았다. 이렇게 해서 영국에서 《공산당 선언》은 새뮤얼 무어가 저자의 사후 5년 뒤인 1888년에 새로운 번역판을 낼 때까지 시야에서 사라졌다.

존 레이는 영국인들이 런던 심장부에 굴을 파고 들어가 있는 이 늙은 두더지의 존재에 거의 신경을 쓰지 않는 것을 "이상하다"고 생각했을지 모르나, 사실 그것은 그럴 만했다. 영국인들이 어떻게 그의 이름을 들을 수 있었겠는가? 급진주의자 하니, 미치광이 어카트 등과 사이가 틀어진 후 마르크스는 영국의 노동자나 지식인들과 의사소통할 수 있는 선을 잃어버렸다. 1850년대에 그가 가족을 부양하는 수단으로 삼던 신문 기고문은 〈뉴욕 트리뷴〉에 실렸다. 영국인들에게 마르크스는 거의 보이지 않는 존재나 다름없었다. 그는 낮 시간은 영국박물관에서 보냈고, 저녁 시간에는 독일인들과 어울렸다. 마르크스는 1869년 5월에 '기술, 제조, 상업 장려를 위한 왕립 학회'—1851년과 1862년에 대박람회에 참여함으로써 유명해진 곳이다.—에 가입했다. 그러나 그가 강연회에 참석하거나 도서관을 이용했다는 증거는 없다. 그는 협회의 여름 파티에 참가해보고는 흥미를 잃었는지도 모른다. 이 파티란 1869년 7월 1일 사우스켄싱턴 박물관에서 열린 '좌담회'였다. 이날 저녁에 마르크스와 동행한 예니헨은 엥겔스에게 충실하게 보고를 했다.

수많은 지겨운 행사들 가운데도 좌담회는 단연 가장 지겨운 행사예요. 영국인들이란 우울한 즐거움을 만들어내는 데는 천재인가 봐요! 이브닝 드레스 정장을 한 사람들이 7천 명 모였다고 생각해보세요. 너무 빽빽이 들어차서 움직이지도, 의자에 앉지도 못했어요. 사실 의자는 개수도 적고 또 띄엄띄엄 놓여 있었죠. 그나마 태연자약한 귀족 미망인 몇 명이 몰려들어 빼앗아버렸지만요. …… 비단, 새틴, 능라, 레이스 외에는 아무것도 보이지 않았는데, 이것들 모두 가장 추한 옷걸이에 걸려 있었죠. 천박하고, 생김새가 상스럽고, 눈이 흐릿하고, 키가 작고 땅딸막하거나 아니면 키가 크고 홀쭉한 여자들한테 말이에요. 영국 귀족 가운데는 미인이 많다고 소문이 자자하지만 그곳에서는 흔적도 찾을 수 없었어요. 예쁘다고 할 만한 여자는 둘밖에 못 보았어요. 남자들 가운데는 흥미있는 얼굴이 몇 있었어요. 아마 예술가들인 것 같아요. 하지만 대다수는 활기 없는 '긴 구레나룻'(톰 테일러의 희극의 주인공 : 역주)이거나 뚱뚱한 성직자들이었어요.

예니헨의 아버지는 모든 손님들에게 나누어준 통지문을 보고 약간 취해서 여봐란 듯이 낄낄거림으로써 그녀의 지루함을 덜어주었다. '귀빈 여러분'이라는 말로 시작되는 통지문은 왕실 후원자나 다른 저명인 사들이 '일반 시민'처럼 자유롭게 걸어다닐 수 있도록 괴롭히지 말아 달라고 요청하고 있었다. 예니헨이 다짐했듯이 "우리는 두 번 다시 거기 가지 않을 거예요."

마르크스와 영국인들의 만남은 거의 언제나 참담하게 끝이 났다. 술을 몇 잔 마셨을 경우에는 특히 그랬다. 어느 날 밤 마르크스는 에드가 바우어, 빌헬름 리프크네히트와 함께 토튼엄 코트 로드로 음주 산책을 나갔다. 옥스퍼드 스트리트와 햄스테드 로드 사이에 있는 모든 술집에서 적어도 맥주 한 잔씩을 마실 작정이었다. 그 길에는 술집이 무려 18군데가 있었기 때문에, 마지막 기항지에 이르렀을 때 마르크스는 얼마든지 소동을 부릴 준비가 되어 있었다. 때마침 오드펠로스(18세기에 창립된 비밀 공제조합 : 역주) 한 그룹이 조용히 저녁을 먹고 있다가 이 술꾼 세 명이 영국 문화의 허약성을 조롱하는 이야기를 듣게 되었다. 다름 아닌 독일만이 베토벤, 모차르트, 헨델, 하이든과 같은 거장들을 배출할 수 있어. 마르크스는 큰소리를 쳤다. 속물적이고 위선적인 영국에서는 역시 속물밖에 나오지 않아. 아무리 온후한 오드펠로스이지만 참을 수가 없었다.

"염병할 외국놈들!"

한 사람이 으르렁거렸고 다른 몇 사람은 주먹을 움켜쥐었다. 독일 술꾼들은 지혜롭게도 밖으로 달아났다. 그 다음 이야기는 리프크네히트에게서 들을 수 있다.

우리는 '맥주 여행'을 잠시 중단하기로 했다. 우리는 뜨거워진 피를 식히기 위해 속보로 행군하기 시작했다. 에드가 바우어가 도로 포장용 돌을 쌓아놓은 곳에 걸려 넘어졌다.

"만세, 좋은 생각이 떠올랐다!"

바우어의 머릿속에 학창 시절의 못된 장난이 떠오른 것이다. 쾅! 와장창! 가스 랜턴이 박살이 났다. 원래 어처구니없는 짓은 전염되게 마련이다. 마르크스와 나도 뒤에 물러나 있지는 않았다. 우리는 네댓 개의 가로등을 깼다. 아마 새벽 2시쯤이었을 것이다. 거리는 텅 비었다. …… 그럼에도 그 소리가 경찰의 신경을 건드렸다. 경찰관은 재빨리 같은 구역의 동료들에게 신호를 보냈다. 즉시 동료 경찰관들이 알았다는 신호를 보내왔다. 상황은 위기로 치닫고 있었다. 다행히도 우리는 한눈에 상황을 파악했다. 역시 다행히도 우리는 그 동네를 잘 알고 있었다. 우리는 냅다 달리기 시작했다. 경찰관 서너 명이 거리를 두고 우리를 쫓아왔다. 마르크스는 평소에는 상상할 수 없는 민첩성을 발휘하고 있었다. 격렬한 추격전이 몇 분 계속된 뒤, 우리는 이면 도로로 빠져들어 거기서 다시 골목으로 들어가는 데 성공했다. 말하자면 두 도로 사이의 뒷마당 같은 곳이었다. 거기서 우리는 경찰관들을 피해 숨을 수 있었고, 경찰관들은 우리를 놓쳤다. 이제 우리는 안전했다. 그들은 우리 얼굴을 보지 못했다. 우리는 더 이상의 모험 없이 각자 집으로 돌아갔다.

마르크스는 런던 거리를 거닐다가 문간에 앉아 있는 어린 사내아이나 부랑아를 보면 머리를 쓰다듬어주고 작은 손에 반 페니짜리 동전을 쥐어주곤 했다. 그러나 마르크스는 경험을 통해 영국의 어른들은 외국인 악센트를 가진 낯선 사람을 친절히 대하지 않는다는 것을 알고 있었다. 어느 날 마르크스와 리프크네히트가 승합마차를 타고 토튼엄 코트 로드를 가는데 싸구려 술집 바깥에 사람들이 모여 있는 것이 보였다. 그때 어떤 여자가 비명을 질렀다.

"살인이야! 살인이야!"

리프크네히트는 말리려 했지만, 마르크스는 승합마차에서 뛰어내려 사람들 속으로 파고들었다. 그러나 그 여자는 술에 취해 남편과 시끄러운 부부싸움을 즐기고 있을 뿐이었다. 마르크스가 현장에 도착하자 두 사람은 즉시 행복한 부부로 재결합하여 그들 사이에 끼여든 참견하기 좋아하는 사람한테 화살을 돌렸다. 리프크네히트는 말한다.
"사람들이 우리를 둘러싸기 시작했다. 그들은 '염병할 외국놈들'에 대해 위협적인 태도를 보였다. 특히 소리를 질렀던 여자가 마르크스를 향해 화를 버럭 내며, 그의 반짝거리는 멋진 검은 턱수염을 움켜쥐려 했다. 나는 분위기를 가라앉히려 노력했지만 소용이 없었다. 만일 건장한 경찰관 두 명이 제때 나타나지 않았다면, 우리는 박애주의적인 간섭의 대가를 톡톡히 치러야 했을 것이다."
그 뒤로 리프크네히트는 마르크스가 런던의 프롤레타리아를 만나는 데 "약간 조심한다"는 것을 알게 되었다.
그렇다고 마르크스가 겁을 먹은 것은 아니었다. 역사학자 커크 윌리스는 이렇게 설명했다.
"1860년에 이르면 마르크스는 영국인 제자들이나 선전가들을 확보하는 데 관심을 가지지 않는다. 그는 훨씬 더 중요한 프로젝트를 진행 중이었기 때문이다. 고전 정치경제학을 지적으로 파괴하는 프로젝트였다."
마르크스는 이후 4년 동안 영국박물관 열람실에서 익명으로 은신하며, 자본주의에 대한 마지막 공격을 준비했다.
"그런데 나는 열심히 공부를 하고 있네. 이상한 말이지만, 내 뇌는 그 전보다 현재 나를 둘러싼 곤궁 가운데서 더 잘 움직이는 것 같아."
마르크스는 1862년 6월에 엥겔스에게 그렇게 말하면서, 분석 과정에서 "한두 가지 즐겁고 놀랍고 새로운 것"을 발견했다고 덧붙였다. 마르크스는 1861년부터 1863년 사이에 1500페이지 이상을 써나갔다.

"나는 이 책을 확장하고 있네. 독일의 악당들은 책의 가치를 그 부피를 기준으로 평가하기 때문일세."

전에 그에게 좌절감을 안겨주었던 이론적 문제들이 이제 갑자기 명료해지고, 마치 한 잔의 술처럼 그에게 힘을 주었다. 지대―그는 이것을 '똥 같은 지대 문제'라고 부르곤 했다.―를 예로 들어보자.

"나는 오래 전부터 리카도의 이론이 절대적으로 옳으냐에 대해 의심을 품고 있었는데, 마침내 그 사기의 핵심에 이르게 되었네."

리카도는 가치와 비용가격을 혼동한 것이다. 빅토리아 여왕 시대 중기 영국에서는 농산물 가격이 실제 가치(즉 농산물에 구현된 노동 시간)보다 높았다. 그래서 지주는 높은 지대라는 형태로 그 차액을 호주머니에 넣었다. 그러나 사회주의에서는 이 잉여가 노동자들의 이익을 위해 재분배될 터였다. 따라서 시장 가격이 똑같다 하더라도 상품의 가치―상품의 '사회적 성격'―는 완전히 변할 터였다.

마르크스는 이러한 진전에 너무 기쁜 나머지 때로는 낙관에 빠져들기도 했다. 하노버에서 루트비히 쿠겔만이라는 의사가 1862년 말에 《정치경제학 비판을 위한 논문》의 속편이 언제 나오느냐고 물었을 때가 그런 경우였다. 마르크스는 즉시 답장을 보냈다.

"선생의 편지를 보니 선생과 선생의 친구들이 나의 정치경제학 비판에 따뜻한 관심을 보이는 것을 알 수 있어 기쁩니다. 제2부는 마침내 완료되었습니다. 즉 깨끗하게 필사하고 마지막으로 손질해서 출판사에 넘기기만 하면 된다는 뜻입니다."

마르크스는 "고국 상황에 대해 이따금씩 편지를 주십시오."라는 제안으로 끝을 맺었다. 이렇게 해서 10년 이상 다정한 서신 교환이 이루어졌으나, 어느 날 마르크스는 갑자기 이 '쪼잔한 속물'과 더는 관계를 갖지 않겠다고 결정을 내려버리게 된다.

물론 원고는 완성과는 거리가 멀었다. '마지막 손질'을 하기까지는 목공일이 많이 남은 상태였다. 그렇다 해도 이것은 적어도 목재라고는 할 수 있었고, 마침내 1867년 이 재료에서 멋진 바로크 걸작품이 등장하게 된다. 이제 거추장스러운 임시 제목—《비판 경제학 비판에 대한 논문, 2권》—도 버렸다. 무슨 반비례의 논리인지, 책이 두꺼우면 짧은 제목을 얻을 자격이 있는 것 같았다. 그래서 마르크스는 쿠겔만에게 보내는 그 편지에서 처음으로, "그 책은《자본》이라는 제목을 달고 독자적인 책으로 나올 것"이라고 밝혔다.

9 불독과 하이에나

라우라와 폴 라파르크(1870년)

내 딸과 관계를 지속하고 싶다면, 현재의 '구애'하는 방식을 버려야 하네.
자네도 아직 약혼하지 않았다는 것, 따라서 아직 아무것도 결정되지 않았다는 것을 잘 알 걸세.
설사 공식적으로 약혼을 한 사이라 해도, 자네는 이것이 장기간에 걸친 문제라는 것을
잊지 말아야 하네. 지나치게 친밀하게 구는 태도는 특히 부적절하네.
- 딸 라우라의 애인 폴 라파르그에게 보낸 편지에서

1864 | 1866
국제노동자협회(제1인터내셔널)의 지도자

예니 마르크스는 결코 남편처럼 프리드리히 엥겔스를 좋아할 수 없었다. 물론 그의 아낌없는 후원에는 감사했고, 카를의 지적인 동반자로서 그를 격려해주는 것도 높게 평가했다. 그녀는 또 엥겔스가 아이들에게 관심을 보이는 것에도 감동을 받았다. 아이들도 삼촌이나 다름없는 '장군'을 아주 좋아했다. 그러나 예니에게 그는 늘 엥겔스 씨일 뿐이었다. 그녀는 여러 면에서 어지간한 충격으로는 꿈쩍도 하지 않고, 기꺼이 폭력 혁명과 부르주아지의 전복을 꿈꾸며 행복해하는 여자였지만, 그럼에도 중간 계급의 예의범절—또는 숙녀로서 얌전하게 구는 태도—을 중시했기 때문에 남자와 여자가 결혼도 하지 않고 함께 산다는 것은 창피해했다. 하물며 그 여자가 문맹의 '공순이'일 때는 말할 것도 없었다.

엥겔스는 1842년 맨체스터에 처음 갔을 때, 《영국 노동 계급의 상태》를 쓰기 위한 자료를 수집하다가 메리 번스를 만났다. 둘은 곧 연인이 되었다. 이 아일랜드 혈통의 프롤레타리아는 활달한 성격에 머리카락이 붉었는데, 그녀는 비록 교육은 많이 받지 못했지만, 엥겔스에게서 배운 것만큼이나 그에게 가르친 것도 많았다. 엥겔스는 그녀의 여동생 리디어—그녀도 결국 그들과 함께 살게 된다.—에게 그랬던 것처럼 메리에게서도 "자신의 계급에 대한 열렬한 애정"을 존경했다.

"그것은 타고난 것이었으며, 모든 위기의 순간에 나에게 큰 힘이 되었고 나를 지켜주었다. 이것은 부르주아지의 '교육받은 다정다감한' 딸들의 예쁜장해 보이는 우아한 태도나 지혜로운 체하는 태도와는 비교도 할 수 없는 것이다."

엥겔스와 마르크스가 1845년에 영국에 다시 왔을 때 그들의 연애도 다시 이어졌다. 이어 엥겔스는 메리가 자신이 있던 브뤼셀에 다녀갈 수 있도록 여비를 보내주기도 했다. 맨체스터에서 천한 상업에 종사하며 살아가게 되었을 때는 그녀를 그의 집 근처의 작은 집에 살게 했다. 그러다가 1850년대 말에 이르러 둘은 함께 살게 되었다. 예니 마르크스는 가끔 어쩔 수 없이 메리에 대해 언급할 수밖에 없을 때는 그녀를 '부인'이라고 불렀다. 물론 두 사람은 실제로는 법적인 부부 관계를 맺은 적이 없었다. 그 집에는 나중에 리디어('리지')까지 들어가 함께 살게 되었는데, 이것은 마르크스 부인의 청교도적인 감수성으로는 도저히 용납할 수 없는 무도한 일이었다. 그러나 엥겔스는 전혀 개의치 않았다.

늘 따뜻하고 중단이 없었던 엥겔스와 카를 마르크스의 동반자 관계가 딱 한 번 냉담해진 일이 있는데, 이것도 엥겔스가 메리 번스에게 헌신했기 때문에 생긴 일이었다. 마르크스는 친구의 비정통적인 가족 구성에 대해서 이의를 제기한 적이 없었다(오히려 간접적으로나마 약간의 기분 좋은 자극을 받았다). 그러나 예니를 존중하는 태도 때문에 번스 자매의 중요성을 과소평가하는 경향이 있었다. 그런 경향은 1863년 1월 7일자 엥겔스의 핏기 없는 짧막한 편지를 받았을 때, 매우 참담한 결과를 낳게 되었다.

무어에게,

메리가 죽었다네. 메리는 어젯밤에 일찍 잠자리에 들었네. 리지가 자정 직전에 잠자리에 들다가 메리가 이상하다는 사실을 알았네. 이미 메리는 죽은 뒤였지. 아주 갑작스러운 일이었네. 심장마비나 뇌졸중 발작인 것 같아. 나는 오늘 아침에야 이야기를 들었네. 월요일 저녁까지는 아주 건강했는데. 내 감정은 뭐라고 말로 표현할 수 없네. 그 가엾은 여자는 온 마음으로 나를 사랑했는데.

FE

마르크스는 다음날 답장을 보냈다.

"메리가 죽었다는 소식에 나는 경악했네. 그렇게 착하고 재치있고, 또 자네 곁에서 늘 마음을 써주었는데."

여기까지야 나무랄 데가 없다. 그러나 이것은 자신의 비애를 길게 늘어놓기 위한 짧은 전주곡에 지나지 않았다.

"도대체 요새는 우리 서클에 있는 모든 사람에게 왜 불운이 쫓아다니는지 알다가도 모를 일이네. 나도 이제는 어느 쪽으로 방향을 잡아야 할지 모르겠네……"

프랑스와 독일에서 기금을 모으려던 노력은 물거품이 되었다. 이제 외상으로는 아무것도 살 수 없다. 아이들 학비와 집세 독촉을 받고 있다. 일을 계속하는 것이 불가능할 정도다. 이런 맥락에서 한참 주절거린 뒤에, 마르크스는 잠깐 정신을 차렸다.

"이런 때 이런 참담한 일들에 대해 이야기를 한다는 것은 매우 이기적인 일이지."

그는 일단 이렇게 인정한 뒤에 덧붙인다.

"하지만 이것은 말하자면 동종요법(同種療法)이라네. 이 불운을 통해

저 불운을 잊자는 것이지. 사실 그 외에 달리 내가 해줄 수 있는 일이 뭐가 있겠는가?"

글쎄, 애초에 좀더 요령있게 조문을 할 수도 있었을 것이다. 좋게 보아 마르크스 자신도 정말 참담한 곤경에 빠져 있었다고 인정할 수도 있다. 실제로 아이들은 크리스마스 이후에 학교에 다시 가지 못했다. 전 학기의 등록금을 아직 못 냈기 때문이기도 하고, 유일하게 입을 만한 옷이나 신을 만한 신은 모두 전당포에 가 있기 때문이기도 했다. 그러나 마무리짓는 말 역시 엥겔스의 상실보다는 자신의 고민과 더 관련된 것이었다.

"메리가 아니라, 어차피 병도 들고 또 살 만큼 산 우리 어머니가 죽었어야 하는 게 아닌가 하는 생각이 드네. 환경의 압박에 시달리는 '문명인'의 머릿속에는 별 이상한 생각이 다 찾아온다는 것을 알 수 있겠지? 안녕."

엥겔스는 이 편지를 읽으면서 화도 나고 놀라기도 했다. 어떻게 이런 때에 돈 이야기를 할 수 있을까. 더군다나 그 즈음 면직물 값 하락으로 엥겔스가 곤경에 처했다는 것을 뻔히 알면서. 엥겔스는 닷새 동안 입을 다물고 있다가 차가운 답례 인사를 보냈다. 그의 편지는 보통 '무어에게'로 시작하지만, 이번 편지에서는 그런 허물없는 태도가 사라졌다.

마르크스에게,
이번에는 내가 당한 불행과 자네가 그 일을 바라보는 차가운 태도 때문에 자네한테 더 일찍 답장을 하는 것이 도저히 불가능한 일이었네. 자네도 그럴 만하다고 생각할 걸세. 내 모든 친구들과 그저 알고 지내는 사이일 뿐인 속물들까지도 이번에 나에게 깊은 충격을 준 이 일을 두고 내가 바랐던 것 이상으로 나에게 동정과 우정을 보여주었네. 하지만 자네는 이것이 자네의 '냉정한 태도'의 우월성을 보여주기에 적당한 기회라고 생각한 모양이지. 그럼 그렇게 하게나!

그때부터 마르크스의 태도에서는 냉정함이니 뭐니 하는 것은 찾아볼 수 없었다. 이후 3주 동안 그래프턴 테라스의 부엌 탁자에서는 신경에 거슬리는 비난이 오갔다. 예니는 카를이 좀더 일찍 엥겔스에게 그들의 비참한 상태에 대해 알리지 않은 것을 비난했고, 마르크스는 그녀가 늘 맨체스터로부터 보조금을 받을 수 있을 것이라고 가정한다고 비난했다 ("이 가엾은 여자는 사실 자신이 저지르지도 않은 죄 때문에 고통을 당해야 했지. 여자들이란 불가능한 것을 요구하는 경향이 있는 것인데. 여자들은 아무리 지능이 뛰어나다 해도 결국 우스꽝스런 존재에 지나지 않아." 마르크스는 나중에 그런 식으로 여자들이 들으면 좋아하지 않을 소리를 했다). 긴 말다툼 끝에 그들은 카를이 파산 법정에서 파산을 선언해야 한다는 데 합의했다. 예니헨과 라우라는 가정교사 일자리를 알아보기로 했다. 렌헨은 다른 곳에서 일자리를 알아보기로 했다. 부부는 어린 투시를 데리고 빈민을 위한 구호 시설인 '시 모범 하숙소'로 들어가기로 했다.
　마르크스는 정말로 이렇게 할 생각이 있었던 것일까, 아니면 스스로 순교를 자초함으로써 엥겔스의 동정을 끌어내려 했던 것일까? 그것은 알 수 없다. 그러나 그가 진지하게 회개를 했다는 점에 대해서는 의문의 여지가 없다.

　자네에게 그런 편지를 쓰다니 내가 크게 잘못했네. 사실 편지를 보내자마자 후회를 했다네. 그러나 내가 그런 편지를 쓴 것은 절대 냉정해서가 아닐세. 내 아내와 자식들이 증언을 해주겠지만, 자네 편지가 도착했을 때 (아침 일찍 도착했네) 나는 나에게 가장 가깝고 가장 소중한 사람이 죽은 것처럼 비탄에 잠겼다네. 그러나 저녁에 자네한테 편지를 쓸 때는 극도로 절망적인 상황 때문에 압박을 받고 있었네. 집주인은 고물상을 집 안에 들여보냈고, 정육점에서는 외상값을 받으러 왔고, 석탄과 양식은 떨어져가고, 어린 예니는 아파서 꼼짝도 못하고 있었네. 이런 상황에서 보통 내가 기댈 곳이 냉소주의밖에 더 있겠나.

이렇게 자신을 찢어발기는 태도에도 여전히 상당한 자기 연민이 섞여 있기는 하지만, 그래도 이것이 마르크스가 평생 다른 사람에게 했던 단 한 번뿐인 진지한 사과다.

언제나 너그러운 엥겔스는 마르크스의 속죄를 한눈에 알아보았다. 그는 예전의 다정한 인사로 다시 돌아가, '무어에게'로 시작하는 편지를 보냈다.

그렇게 솔직하게 이야기해줘서 고맙네. 이제 자네도 자네의 지난번 편지가 나한테 어떤 인상을 주었는지 알게 되었군. 한 여자와 오랫동안 함께 산 사람이라면 그 여자의 죽음에서 엄청난 영향을 받지 않을 수 없네. 나는 그 여자와 함께 내 젊음의 마지막 자취를 묻어버린 느낌이라네. 자네 편지가 왔을 때는 아직 장례를 치르기 전이었네. 솔직히 나는 일주일 동안 그 편지에서 헤어나오지 못했네. 머리에서 지워버릴 수가 없더군. 하지만 신경쓰지 말게. 자네의 이번 편지가 모든 것을 씻어주었네. 나는 지금 메리를 잃는 과정에서 내 가장 오래 되고 가장 좋은 친구도 함께 잃지 않은 것이 기쁘다네.

엥겔스는 두 번 다시 섭섭한 감정을 내비치지 않았다. 엥겔스는 군말 없이 마르크스 가족을 파산으로부터 구출하는 작업에 몰두했다. 엥겔스는 돈을 빌릴 수 없었기 때문에 〈에르멘과 엥겔스〉의 미결 서류함에서 1백 파운드짜리 수표를 훔쳐, 배서한 다음 마르크스에게 보내주었다.

"나로서는 매우 과감한 행동이지만, 모험을 할 수밖에 없지."

몇 달 뒤에는 마르크스가 여름을 날 수 있도록 250파운드를 보내주었다. 이것은 정말 시의적절했던 것이, 마르크스는 온몸에 종기가 번져 거의 일을 할 수 없는 상황이었기 때문이다.

그해 11월에 트리어로부터 헨리에테 마르크스가 향년 75세로 사망했다는 전보가 날아왔다. 그녀는 자신이 죽는 시간과 날짜를 수상쩍을 정도로 정확하게 예언했다. 11월 30일 오후 4시. 바로 그녀의 50회 결혼 기념일 날짜이자 시간이었다. 그러나 이 노인이 스스로 망각의 길로 가버렸던 것은 아닌지 의심한 사람은 없었던 것 같다. 그 소식을 들었을 때 카를은 역시 냉정한 반응을 보였다.

"운명이 우리 가족 가운데 한 사람을 요구했네. 나 자신도 이미 무덤에 한 발을 들여놓고 있었지. 상황이 상황이다 보니, 어머니보다는 나를 더 원했던 것인지도 모르겠네."

엥겔스는 트리어에 가는 여비에 쓰라고 10파운드를 보냈지만, 조문은 하지 않았다. 마르크스를 잘 알았기 때문에 거짓으로 조의를 표하느니 아무 말도 안 하는 편이 낫다고 판단했던 것이다.

유언장 집행에는 몇 달이 걸렸다. 리옹 필립스에게서 끌어다 쓰고 빌려다 쓴 돈을 제하고 나니 마르크스에게 돌아온 돈은 1백 파운드 정도에 불과했다. 그래도 이 정도면 주연을 열어 축하할 만은 했다. 마르크스는 부르주아적인 금전적 신중함을 경멸하여 자신이 설교하는 것을 그대로 실천했다. 집안에 돈이 없으면 숨고 피하고, 허세를 부리고, 거짓말을 하며 버텨나갔다. 그러다가 돈을 한 움큼 움켜쥐게 되면, 내일

일은 생각하지 않고 무모하게 써버렸다. 1856년에 마르크스 가족은 예니가 카롤리네 폰 베스트팔렌으로부터 약간의 유산을 받자 분수에 맞지 않는다는 것을 뻔히 알면서도 그래프턴 테라스로 이사를 한 적이 있다. 이번에도 그들은 또 어리석은 일을 되풀이했다. 1864년 3월, 헨리 에테의 유산 일부가 도착하자마자 그들은 메이틀랜드 파크의 모데나 빌라스 1번지에 있는 널찍한 독립 가옥을 3년 계약으로 임대했다. 새로운 주소는 그래프턴 테라스에서 불과 2백 미터밖에 안 떨어져 있었으나, 스타일이나 지위에서는 천지 차이였다. 그곳은 부유한 의사들이나 변호사들이 사는 곳이었고, 넓은 정원, '매혹적인 온실', 딸마다 자기 방을 가질 만한 넓은 실내 공간을 갖춘 곳이었다. 공원을 바라보는 2층 방은 마르크스가 서재로 징발했다.

모데나 빌라스의 1년 집세는 65파운드로, 그래프턴 테라스의 거의 두 배였다. 마르크스가 이런 사치를 어떻게 감당할 작정이었는지는 수수께끼다. 그러나 자주 그랬듯이, 그의 허황된 낙천적 믿음은 비난을 면할 수 있었다. 1864년 5월 9일 빌헬름 '루푸스'(독일어로 이리라는 뜻: 역주) 볼프가 뇌막염으로 죽으면서, "나의 사망시에 내가 소유하였거나 나의 권리 하에 있거나 내가 처분할 권한이 있는 내 모든 책과 가구와 동산과 채무와 내 채권과 내 개인 재산 가운데 남아 있는 모든 것과 내 모든 부동산과 임차권을 가진 부동산을 모두 이 유언장을 통해 상기 카를 마르크스에게 물려주거나 이용할 수 있게 해준다."고 유언을 남겼다. 볼프는 1840년대에 함께 투쟁했던 동지들 가운데 마르크스와 엥겔스에 대한 의리가 한 번도 흔들리지 않았던 몇 안 되는 인물 가운데 하나였다. 볼프는 브뤼셀에서 '공산주의자 통신 위원회' 일을 할 때도, 파리에서 1848년 혁명 때도, 쾰른에서 〈노이에 라이니셰 차이퉁〉 일을 할 때도 늘 마르크스와 함께 일을 했다. 볼프는 1853년부터는 맨체스터에서 조용히 살았다. 그는 외국어 교사 일을 하면서 주로 엥겔스로부터 정치적인 소식을 전해듣곤 했다. 카를은 볼프의 장례식장에서 추도사를 낭독하다가 중간에 몇 번 말을 잇지 못하기도 했다. 그는 장례식이 끝난 뒤에 예니에게 보낸 편지에서 이렇게 말했다.

"맨체스터의 그 누구도 이 친구처럼 널리 사랑을 받지는 못했소."

유언 집행자였던 마르크스와 엥겔스는 겸손한 루푸스가 근검절약을 통해 상당한 재산을 모았다는 것을 알고 놀랐다. 장례비용, 유산 상속세, 엥겔스에게 남긴 돈 1백 파운드, 볼프의 의사인 루이 보르샤르에게 남긴 돈 1백 파운드—마르크스는 의사에게 돈을 남긴 것에 몹시 화를 냈는데, 이 '입심만 센 돌팔이' 때문에 볼프가 죽었다고 생각했기 때문이다.—를 제하고도 유산 수령인에게 820파운드의 돈이 남았다. 이 돈은 마르크스가 평생 글을 써서 번 돈보다 훨씬 많은 액수였으며, 왜 마르크스가 《자본》 1권(3년 후 출간되었다)에 좀더 당연해 보이고 실제로 그럴 만한 자격을 갖춘 프리드리히 엥겔스가 아니라 "프롤레타리아의 용맹하고, 충실하고, 고귀한 옹호자인 내 잊을 수 없는 친구 빌헬름 볼프에게" 바치는 헌사를 넣었는지 설명해준다.

마르크스 부부는 횡재로 얻은 돈을 지체없이 썼다. 예니는 새 집에 가구를 들이고 새로 장식을 하면서, "그 돈을 자잘한 데 찔끔찔끔 써서 없애는 것보다 이런 용도로 사용하는 것이 더 낫다고 생각했다."고 이유를 댔다. 아이들에게는 애완동물(개 세 마리, 고양이 두 마리, 새 두 마리)을 사다주면서 카를이 가장 좋아하는 술의 이름을 따 위스키, 토디 등등의 이름을 붙였다. 7월에는 가족을 데리고 3주 동안 램즈게이트로 휴가를 갔다. 그러나 마르크스는 생식기 바로 위에 난 종기가 심해지는 바람에 휴가를 즐기지도 못하고, 염세적인 우울증에 빠져 여관 침대에 누워 있었다.

마르크스는 부러운 눈으로 창밖의 해변을 보며 이렇게 긁적거렸다.
"자네 친구인 속물은 여기서 잘 놀고 있다네. 아내와 딸자식은 훨씬 더 즐겁게 놀고 있고. 장엄한 오케아노스, 그 늙은 티탄은 이 난쟁이들이 그의 얼굴에서 노는 것을 견디며, 그들의 즐거움을 위해 봉사하는데, 그 광경을 보니 슬프기까지 하다네."

이제 종기가 집달리를 대신하여 그의 짜증의 주요 원인이 되었다. 그러나 대부분의 경우에는 집달리를 대할 때와 마찬가지로 무심하게 경멸하는 방식으로 대처했다. 그해 가을 마르크스는 예니헨과 라우라를 위해 모데나 빌라스에서 성대한 무도회를 열었다. 두 딸은 그때까지 오랫동안 파티 초대를 거절해왔다. 파티로 보답을 할 수가 없었기 때문이다. 그들의 젊은 친구들이 50명 몰려와 새벽 4시까지 놀다 갔는데, 음식이 너무 많이 남는 바람에 어린 투시도 즉흥적으로 티 파티를 열어 동네 아이들을 즐겁게 해줄 수 있었다.

1864년 여름 마르크스는 리옹 필립스에게 보낸 편지에서 그가 새로 터득한 부유한 생활 방식 가운데 훨씬 더 놀라운 세목들을 밝혔다.

많이 놀라시겠지만, 저는 투자를 하고 있습니다. 미국 국채에도 하지만, 주로 영국 주식이지요. 영국 주식들은 올해에 버섯처럼 솟아나고 있는데(상상할 수 있는, 또 상상할 수 없는 모든 공동 자본 기업들을 장려했기 때문이지요), 터무니없는 수준으로 억지로 끌어올려지다가, 이윽고 대부분은 붕괴합니다. 어쨌든 저는 주식 투자로 4백 파운드 넘게 벌었습니다. 이제 정치적 상황이 복잡해지면서 여기저기 틈이 많기 때문에 저는 다시 투자를 시작해볼 작정입니다. 이것은 시간을 조금만 써도 되는 일이고, 또 적으로부터 돈을 우려내려면 약간의 위험은 감수해야지요.

이런 거래에 대한 분명한 증거가 없기 때문에, 일부 학자들은 마르크스가 사무적인 리옹 필립스를 놀라게 하기 위해 꾸며낸 이야기라고 생각해왔다. 그러나 마르크스의 말은 사실일 수도 있다. 그가 주식 시세를 면밀히 살핀 것은 틀림없다. 마르크스는 엥겔스에게 루푸스의 유산에서 나올 다음 지급액을 빨리 달라고 졸라대면서 이렇게 말했다.

"돈이 있었다면 지난 열흘 동안 이곳 증권거래소에서 큰 돈을 벌었을 걸세. 런던에는 수완과 약간의 돈만 있으면 돈을 벌 수 있는 때가 다시 왔네."

주식 투자를 하고, 무도회를 열고, 공원에 개를 산책시키고······. 마르크스는 품위 있는 시민이 되어갈 심각한 위기에 처해 있었다. 어느 날 묘한 문건이 도착했다. 그가 본인도 모르는 새에 '세인트판크라스 교구회의 치안관'이라는 시 명예직에 선출되었음을 알리는 내용이었다. 엥겔스는 이 일을 무척 재미있어했다.

"세인트판크라스의 총사령관께 경례! 이제 장비도 제대로 갖추어야겠군. 빨간 긴 잠옷, 하얀 잠자리 모자, 뒤축이 닳아빠진 슬리퍼, 하얀 바지, 긴 점토 파이프, 흑맥주 한 잔."

그러나 마르크스는 "나 같으면, 나는 외국인이다, 까불지 마라, 하고 말해주겠다."는 이웃에 사는 아일랜드인의 충고를 인용하면서 선서를 거부했다.

'공산주의자 동맹'이 깨진 이후 마르크스는 단호히 어디에도 가담하지 않았다. 그를 징발하려는 어떤 위원회나 정당에도 코방귀를 뀌었다.

"이제 자네와 나, 우리 둘이 찾게 된 진정한 공적 고립이 한없이 기쁘다네."

그는 일찍이 1851년 2월에 엥겔스에게 그렇게 말했다. 따라서 세인트판크라스의 속물들이 그를 이 긴 겨울잠에서 끌어내리면 훨씬 더 그럴싸한 유혹이 필요했을 것이다. 사실 마르크스는 '진정한 고립'의 세월을 13년 보낸 뒤(그렇다고 평화롭고 고요한 세월은 아니었지만) 이제 다시 얼굴을 내밀 준비가 되어 있었다. 이러한 새로운 분위기를 알리는 첫 신호는 1863년 폴란드에서 차르의 억압에 항의하는 봉기가 일어났을 때 그가 보여준 열렬한 반응에서 감지할 수 있다.

"자네는 폴란드 일에 대해 어떻게 생각하나?"

마르크스는 2월 13일에 엥겔스에게 묻고는 이렇게 말을 잇는다.

"이제 유럽에 다시 한 번 혁명의 시대가 개막되었다는 것 정도는 분명한 것 같네."

나흘 뒤 마르크스는 프로이센이 차르를 대신하여 폴란드 사태에 개입한 것 때문에 "우리는 말을 할 수밖에 없다."고 판단했다. 이 단계에서는 그저 팸플릿이나 선언서 정도를 생각하고 있었다. 실제로 11월에는 '폴란드에 대한 성명서'라는 짧은 글을 발표하기도 했다. 그러나 그는 이후 12달이 안 되어 국제 노동 계급의 첫 대중 운동의 사실상의 지도자가 되리라고는 상상도 못했을 것이다.

* * *

어른이 된 후 마르크스의 삶은 마치 조수와 같은 전진과 후퇴의 리듬을 보여준다. 거품을 일으키며 앞으로 용솟음치는가 하면, 오랫동안 뒤로 물러나며 포효한다. 개입과 고립의 교대는 대체로 마르크스의 뜻과는 관계없는 것이었다. 병, 망명, 가족의 비참한 상황, 정치적 역전, 어긋난 우정 등 우연과 상황에 따른 것이었다. 그러나 이것을 이론과 실천, 개인적 명상과 사회적 참여라는 서로 다른 요구를 조화시키려는 의

도적인 실험으로 볼 수도 있다. 많은 글쟁이들처럼 그는 군거하는 외톨이였다. 방해 없이 일을 할 수 있는 약간의 고독을 갈망하면서도 동시에 행동과 논쟁이라는 자극을 원했다. 그는 이런 딜레마를 남들보다 더 강렬하게 느꼈다. 사회로부터 개인의 소외는 그를 사로잡고 있는 강박관념들 가운데 하나였기 때문이다.

그가 1835년 고등학교에 다닐 때 쓴 에세이에는 막 첫 면도날을 산 17살 난 소년의 복잡할 것 없는 확신이 가득한데, 여기서 그는 소년의 짧은 턱수염을 깎아버리듯 시원하게 그 문제를 제거해버렸다.

"직업의 선택에서 우리를 인도하는 주요한 안내자는 인류의 복지와 우리 자신의 완성이다. 이 두 가지가 대립한다고 생각해서는 안 된다."

왜 안 될까? 인간의 본성상 인간은 다른 사람들에게 헌신할 때 가장 높은 완성의 경지에 이르게 되기 때문이다. 자기 자신만을 위해 일하는 사람은 "유명한 학자나 위대한 현자나 빼어난 시인이 될 수는 있을지 모르지만, 절대 완벽한 인간, 진정으로 위대한 인간이 될 수 없다." 역사는 자신의 부족을 유복하게 함으로써 이름을 얻은 사람들에게만 찬사를 보낸다.

"종교 역시 모두가 모범으로 삼는 이상적인 존재는 인류를 위하여 자신을 희생했다고 가르친다. …… 누가 감히 그런 판단들을 무시하랴?"

바로 마르크스 자신이 무시하게 될 터였다. 마르크스는 종교가 소외의 치료약이 아니라 통증을 무디게 하는 마취약이라는 것을 깨달은 뒤에 다른 곳에서 온전함을 찾을 수밖에 없었다. 처음에는 헤겔 철학의 모든 것을 통일하는 웅대한 자기 의식에서, 그 다음에는 역사 유물론에서. 그러나 신앙 대 행위를 둘러싼 오랜 신학적 논쟁으로부터 빠져나갈 길은 없었다. 그것은 단지 이론 대 실천 또는 말 대 행동이라는 세속적 형태로 바뀌었을 뿐이다.

"철학자들은 지금까지 여러 가지 방식으로 세계를 해석하기만 했다. 문제는 세계를 바꾸는 것이다."

그는 펜을 한번 휘두르면 분업이 철폐되기라도 할 것처럼 1845년에 그렇게 선언했다. 미래에는 모두가 철학자이자 군인이 될 것이다. 우리 모두 아침에는 양을 돌보고, 오후에는 그림을 그리고, 저녁에는 낚시를 하게 되는 것과 마찬가지다. 실존적인 열기에 후끈 달아올랐던 당시 마르크스는 상아탑 안에 머무르려는 태도를 전혀 참지 못했다. 1847년에 쓴 잘 알려지지 않은 글에서 그는 브뤼셀의 혁명적 독일 망명자들의 활동에 겁을 집어먹은 벨기에의 저널리스트 아돌프 바르텔스를 이렇게 조롱했다.

아돌프 바르텔스 씨는 자신에게 공적 생활은 끝이 났다고 생각한다. 사실 그는 사적인 생활로 물러났으며, 거기서 떠날 생각이 없다. 그래서 그는 어떤 공적인 사건이 일어날 때마다 항의를 하는 것으로, 자기는 자신의 주인이라고 믿는다고 큰소리로 선언하는 것으로, 그 운동은 바르텔스 씨 없이 또 바르텔스 씨가 없음에도 불구하고 일어났다고 선언하는 것으로, 자신은 그 운동에 최후의 승인을 거부할 권리가 있다고 선언하는 것으로 자신의 활동을 제한한다. 그러나 이것 역시 다른 방식들과 마찬가지로 공적 생활에 참여하는 방식이라는 데, 그 선언과 선포와 항의에 의해 사적인 개인이라는 겸손한 외피 뒤에 숨어 있는 공적인 인간이 드러난다는 데 누구나 동의할 수 있을 것이다. 이것이 인정받지 못하고, 오해당하고 있는 천재가 자신을 드러내는 방식이다.

그러나 그로부터 몇 년이 안 지나 마르크스는 자신과 같은 오해받는 천재는 고독한 책상으로부터 항의와 선언을 휘갈겨씀으로써 공적인 삶에 참여하는 것이 좋다고 생각하게 되었다. 모든 것에는 제철이 있었다. 찢을 때가 있었고 꿰맬 때가 있었다. 전쟁의 때가 있었고 평화의 때가 있었다. 출처가 다른 이야기들을 섞어서 말해본다면, 전쟁의 광풍이 잠잠해졌는데 왜 호랑이의 행동을 흉내내겠는가?

따라서 그가 《정치경제학 비판을 위한 논문》(1859)의 자전적 서문에서 1843년에 〈라이니셰 차이퉁〉을 폐간하면서 오래 전부터 기다리던 "공적인 무대로부터 서재로 물러날" 기회를 얻었으며, "얼른 그 기회를 잡았다."고 말한 것은 바르텔스를 신랄하게 조롱한 것과 큰 대조를 보여준다. 그 서문은 공적인 일로부터 바르텔스보다 훨씬 더 오래 물러나 있던 기간에 쓴 것이었다. 독일 신문에서 가끔 그가 활동을 하지 않는다고 비난했지만 그는 이 절제를 깨고 싶은 마음을 드러낸 적이 없었다. 1857년 뉴욕의 혁명가들이 그에게 런던에서 옛날의 '공산주의자 동맹'을 부활시켜 달라고 간청하는 편지를 썼다. 마르크스는 1년 이상의 세월이 지난 뒤에야 답장을 썼다.

"1852년 이래 나는 어떠한 결사에도 관여한 적이 없으며, 나의 이론적인 연구가 현재 유럽 대륙에서 활발하게 조직되고 있는 결사체들의 활동에 쓸데없이 참견하는 것보다 더 쓸모가 있다고 굳게 믿고 있습니다."

1860년 2월에 페르디난트 프라일리그라트에게는 이렇게 말하기도 했다.

"선생이 시인이듯이 나는 비평가입니다. 나에게는 1849~1852년의 경험이면 충분합니다. '동맹'은 파리의 '사계절회'(프랑스 혁명가 블랑키가 만든 비밀 결사 : 역주)나 다른 수많은 결사들과 마찬가지로 정당의 역사에서 하나의 에피소드에 지나지 않는 것입니다. 정당은 근대 사회라는 토양에서는 어디서나 자연스럽게 솟아나오게 되어 있습니다."

이 유기적 비유는 4년 뒤 '국제 노동자 협회'가 탄생하게 된 과정에 대한 가장 적절한 묘사다.

'국제적'이라는 말이 붙은 조직이 영국에서 시작되었다는 것은 거의 모순 어법처럼 들린다. 영국은 섬나라라는 것이 오래 전부터 지리적 우연이 아니라 생활 방식으로 자리잡은 나라였다. 이 나라에서는 초등학생들이 여러 세대에 걸쳐 이 왕권을 가진 섬, 이 또 하나의 에덴에 대한 셰익스피어의 시를 노래해왔다.

> 은색 바다에 자리잡은 이 보석이여,
> 불행한 나라들이 이 보석을 탐내지 못하도록
> 바다가 이 보석의 벽 노릇을 하는구나,
> 성을 방어하는 해자 역할을 하는구나.
> 이 축복받은 곳이여, 이 땅이여, 이 나라여, 이 영국이여…….

영국에서 '유럽' 또는 '대륙'이라고 할 때 거기에 자기 나라는 포함되지 않는다. 그곳은 원주민들이 구두에 오줌을 갈기고 침대에서 마늘을 먹는 낯설고 야만적인 곳, 즉 '해외'를 가리키는 말이다. 물론 '해외'를 찾아가볼 수야 있다. 사상 최대의 제국을 창조하기 위해 '해외'를 정복할 수도 있다. 그러나 그런 원정의 목적은 빅토리아 여왕 시대에 함포외교를 한 사람들에게나 현대의 축구 훌리건들에게나, '외국 녀석'에게 그가 열등한 종족에서 벗어날 수 없음을 일깨워주려는 것이다. 사실 하늘의 명령에 따라 푸르른 대양으로부터 생겨났다고 자랑할 수 있는 나라가 달리 어디 있는가? 디킨스의 친구로서 잡지 〈펀치〉에 기고를 했던 19세기의 유머 작가 더글러스 제럴드는 솔직하게 농담을 했다.

"프랑스와 영국 사이에서 내가 아는 가장 좋은 것은 바다다."

이런 뼈가 있는 농담이 여전히 영국의 타블로이드판 신문들의 헤드라인을 장식하고 있다. 영국 이야기만 나오면 똑똑한 사람들조차도 말이 되지 않는 이야기를 주절주절 늘어놓는다. 조지 오웰은 유명한, 그러나 지나치게 높이 평가받은 에세이에서 이렇게 말한 적이 있다.

"어떤 외국에 나갔다가도 영국에 돌아오기만 하면 즉시 다른 공기를 숨쉰다는 느낌이 든다. 불과 몇 분 만에 수십 가지 사소한 일들이 합쳐져서 그런 느낌을 전해주는 것이다. 맥주는 더 씁쓸하고, 동전은 더 무겁고, 풀은 더 푸르다……."

가엾은 '해외'. 그곳은 제대로 된 잔디 하나 못 키우는구나.

그러나 허세와 외국인 혐오의 역사와 더불어 영국에는 국제주의라는 또 하나의 전통이 있다. 이것은 주로 노동조합원들 사이에 널리 퍼진 것인데, 금방 눈에 띄지는 않지만 앞의 전통 못지않게 유구한 전통이다. 남아프리카의 아파르트헤이트에 대한 반대 운동이나, 1970년대 칠레 독재를 돕는 상품 생산을 거부했던 일 등이 그런 예다. 영국 노동자들 가운데 소수에게만 해당되는 이야기라고 할지 몰라도, 그들이 억압받는 사람들에 대한 본능적인 친족 의식을 선뜻 보여준 예는 한두 번이 아니다. 1847년 포르투갈 봉기 때 차티스트 조지 줄리언 하니는 이렇게 말했다.

"사람들은 비로소 국내 문제만이 아니라 외국 문제도 그들에게 영향을 준다는 사실을 이해하게 되었다. 테구스 강변에서 자유가 받은 타격은 템스 강변의 자유의 친구들에게도 피해를 준다. 프랑스에서 공화주의의 승리는 다른 모든 나라에서 압제의 종말을 가져올 것이다. 영국의 민주적 헌장의 승리는 유럽 전체에서 수백만 명을 구원해줄 것이다."

템스 강변의 이 자유의 친구들은 오직 하니의 상상 속에만 존재한다고 생각하기 쉽다. 당시 지배 엘리트들도 그렇게 생각했다. 그렇지 않고

서야 영국이 어떻게 1848년에 유럽 나머지 지역을 휩쓸었던 혁명의 전염병에 면역이 되어 있을 수 있었겠는가? 하니의 '우애 민주주의자들'이라는 결사―이 위원회에는 프랑스, 독일, 스위스, 스칸디나비아에서 온 망명자들이 포함되어 있었다.―에서야 모임을 갖고 대륙을 흔드는 사건들에 대해 토론했을 수 있지만, 일반 영국 노동자들이야 알지도 못하는 먼 나라에서 벌어지는 투쟁에 대해 관심이나 가졌겠는가?

그 답은 1850년의 놀랄 만한 '하이나우 사건'―행복한 우연의 일치인데, 실제로 템스강 바로 옆에서 벌어졌다.―에서 찾을 수 있다. 육군 원수 폰 하이나우 남작은 '하이에나'라는 별명으로 유명한 오스트리아의 잔인한 사령관이었는데, 그가 그런 별명을 얻게 된 것은 이탈리아와 헝가리에서 폭동을 진압하면서 죄수들을 고문하고 여자들에게 매질을 했기 때문이다. 1850년 8월 폰 하이나우는 이 피로한 업무에서 잠시 벗어나 쉬려고 런던에서 짧은 휴가를 보냈다. 그의 관광 일정에는 강 남쪽 강둑에 있는 바클리와 퍼킨스의 양조장도 포함되어 있었다. 조지 줄리언 하니는 '자유'의 모든 친구들에게 그의 방문에 항의하라고 권했지만, 자신의 말대로 될 것이라는 기대는 거의 하지 않았다. 때문에 그 다음에 일어난 일에 누구 못지않게 놀라고 말았다. 하이에나가 양조장에 들어오자마자 짐마차꾼 무리가 그의 머리에 건초 꾸러미를 쏟아붓고, 그를 향해 거름을 던졌다. 그러자 하이에나는 거리로 달아났다. 이곳에서는 거룻배 사공과 석탄 운반 인부들이 추격에 합류했다. 그들은 하이에나의 옷을 찢고, 콧수염을 한 움큼 뜯어내면서 "오스트리아의 백정을 타도하라!"고 외쳤다. 하이나우는 뱅크사이드의 조지 인에 있는 쓰레기통에 몸을 숨기려 했으나, 곧 발각당해 똥더미를 뒤집어쓰고 말았다. 결국 경찰이 술집에 도착하여 하이나우를 배에 태워 템스강 건너 안전한 곳으로 데려갔으나, 수모를 당한 지저분한 몰골의 백정은 휴가를 계속

할 기분이 아니었다. 몇 시간이 안 되어 사우스와크의 거리에는 새로운 노래가 들리기 시작했다.

쫓아내라, 쫓아내라, 템스강 이쪽편에서 그를 쫓아내라,
그를 위대한 토리 나리들과 대작 마나님들에게로 보내버려라.
웨스트엔드에 가서 으스대며 걸어다니라지,
하지만 뱅크사이드의 '조지' 근처에는 두 번 다시 못 올걸.

하니의 〈레드 리퍼블리컨〉은 하이나우를 욕보인 것을 "노동 계급의 정치적 지식의 진보, 정의에 대한 순결한 사랑, 압제와 가혹 행위에 대한 강렬한 증오"의 증거로 보았다. 파링던 홀에서 열린 기념 집회—엥겔스도 연사로 나섰다.—에는 사람이 너무 많이 모여, 수백 명을 돌려보내야 했다. 멀리 파리와 뉴욕의 노동자 결사체들로부터 축하 편지가 날아왔다. 심지어 파머스턴도 하이나우가 똑같은 방법으로 복수를 해야만 기분이 풀릴 것임을 계산하고 은근히 즐거워했다. 그러나 〈쿼털리 리뷰〉와 같은 보수적인 신문들은 웃음이 나오지 않았다. 뱅크사이드에서 벌어진 시끄러운 사건은 "우리 백성들도 외국의 영향을 받고 있다는" 경악할 만한 증거였다. 여기서 외국의 영향이라는 말은 19세기 중반에 사회주의라는 무시무시한 바이러스를 완곡하게 부르던 말이었다.

그러나 〈쿼털리 리뷰〉는 걱정할 필요가 없었다. 적어도 아직은 그랬다. 이후 10년 동안 뱅크사이드의 정신은 다시 찾아볼 수 없었다. 영국의 소수 사회주의 그룹— '공산주의자 동맹', '차티스트', '우애 민주주의자들'—은 죽었거나 잠을 자고 있었다. 1860년 무렵이 되어서야 프롤레타리아는 오랜 잠에서 깨어나기 시작했다. 역사학자 에릭 홉스봄은 이런 부활이 "정치적인 행동과 산업적인 행동의 묘한 혼합, 민주주의에

9. 불독과 하이에나

서 무정부주의에 이르기까지 다양한 급진주의의 묘한 혼합, 계급 투쟁, 계급 동맹, 정부나 자본가의 양보의 묘한 혼합"으로 표현된다고 말했다.

"그러나 무엇보다도 그것은 국제적인 것이었다. 단지 이것이 자유주의의 부활처럼 여러 나라에서 동시에 일어났다는 의미에서만이 아니다. 이것이 노동 계급의 국제적 연대와 떼어낼 수 없는 관계를 맺었다는 점에서도 그렇다."

1860년에 창립된 '런던 노동조합 지역 협의회'가 이 활동들 가운데 많은 부분을 배후에서 주도했다. 협의회는 이탈리아의 해방자 주세페 가리발디를 환영하는 시위를 조직했다(이 자리에는 약 5만 명이 모였다). 미국에서 남북전쟁이 벌어지던 1863년 3월에는 세인트제임스 홀에서 에이브러햄 링컨의 노예 해방 투쟁을 지지하는 공공 집회를 열었다. 마르크스는 이 행사에 참석하기 위해 모처럼 시내에 외출한 뒤, 기쁜 마음으로 "노동자들은 부르주아적 수사의 흔적 없이 스스로 연설을 정말 잘했다."고 썼다. 그러나 나폴레옹 3세가 자기도 모르는 새에 기여를 했다는 점도 잊지 말아야 한다. 나폴레옹 3세는 1862년 런던 박람회에 프랑스 노동자들의 대표가 참석할 비용을 대주었으며, 그럼으로써 그들이 영국 '노동조합 지역 협의회'의 조지 오저 같은 사람들과 만날 기회를 주었다. 이 대표단 가운데 몇 사람은 1863년 7월 폴란드 봉기를 기념하는 집회에 참석하기 위해 다시 런던에 왔으며, 오저는 '영국 노동자들이 프랑스 노동자들에게 드리는 담화'에서 양국 노동자들이 해협을 넘어 유대를 형성하자고 제안했다. 1864년 9월 28일 코번트 가든의 동굴 같은 세인트마틴 홀에서는 '국제 노동자 협회'를 통한 그들의 새로운 단결을 기념하는 집회가 열렸다.

이 이름에 주목하라. 만일 이 조직이 단지 영국과 프랑스만의 제휴가 아니려면, 다른 곳에서 상징적 인물이 적어도 몇 명은 와야 했다. 그래서 1864년 9월 어느 날 아침, 빅토르 르 뤼베라는 젊은 프랑스인이 모데나 빌라스 1번지의 문을 두드리고는 카를 마르크스에게 '독일 노동자들'을 대표해서 연설을 할 만한 사람의 이름을 천거해 달라고 부탁했다. 마르크스는 자신은 너무 부르주아적이기 때문에 자격이 없다고 생각하여, 이주한 재단사 요한 게오르크 에카리우스를 소개했다. 그는 '공산주의자 동맹' 시절부터 마르크스의 협력자였다. 르 뤼베와 오저는 왜 처음부터 에카리우스를 생각하지 않았을까? 에카리우스는 사실 '런던 노동조합 지역 협의회'에 관여했기 때문에 두 사람도 그를 잘 알았다. 그러나 너무 잘 알았기 때문에 경멸하게 되었는지도 모른다. 사실 에카리우스는 그런 따돌림을 당하는 경우가 많았다. 그는 대인관계가 서툴고 유머 감각도 없었기 때문에 결국 함께 일하는 거의 모든 사람들과 등을 돌리게 되었다. 그래서 그들은 마르크스가 이 중요한 집회에서 좀더 사람들 마음을 사로잡을 수 있는 프롤레타리아 웅변가를 찾아내 주기를 바랐던 것인지도 모른다.

여기서 잠시 마르크스가 에카리우스를 천거한 것이 마르크스 자신에 대해서는 무엇을 말해주는지 생각해볼 필요가 있다. 마르크스의 비판자들이 지칠 줄 모르고 퍼뜨리는 전설에 따르면 마르크스는 대책 없는 속물이어서 노동 계급 출신의 사회주의자들을 경멸했고, 자신의 분수를 넘어선 사상을 획득한 바보 멍청이로 취급했다. 예를 들어 전기 작가 로버트 페인은 "마르크스의 인간, 특히 그가 프롤레타리아라고 부른 층에 대한 경멸"에 대해 언급한다. 슐로모 아비네리 교수와 같은 세련된 마르크스주의 학자도 이렇게 말한 적이 있다.

"프롤레타리아가 외부에서 지식인이 도와주지 않고는 자신의 목표를 깨닫거나 그것을 실현할 수 없다는 마르크스의 회의적인 생각은 문서로도 자주 확인된다. 이것은 혁명은 '대중'이 아니라 엘리트 그룹에서부터 시작된다는 그의 언급과도 일치하는 것이다."

도대체 어디에 그런 관점과 언급이 기록되어 있는가? 마르크스의 저작들을 뒤져보고, 거기에 아비네리의 주석까지 살펴보아도 그런 것은 찾을 수 없다. 아비네리는 마르크스가 빌헬름 바이틀링을 '냉대'한 이야기를 예로 든다. 그러나 우리가 이미 보았듯이 마르크스는 사실 바이틀링에게 매우 관대했다. 자신의 믿음 때문에 진짜 고난을 겪은 가엾은 재단사에게 너무 잔인한 태도를 보이지 말아야 한다고 주장했다. 그들이 결국 갈라서게 된 것은 마르크스가 하층 계급을 오만하게 경멸했기 때문이 아니라, 그 병적으로 자기 중심적인 사람의 정치적이고 종교적인 망상이 인내의 한계를 넘어섰기 때문이다. 만일 바이틀링이 중간 계급 출신의 지식인이었다면 마르크스는 그를 훨씬 더 가혹하게 대했을 것이다.

여기서 우리는 아비네리의 두 번째 증거물로 넘어오게 된다.

"가장 충성스러운 추종자들 가운데 하나인 게오르크 에카리우스 역시 재단사 출신이었는데, 그도 주인이자 스승으로부터 이유도 없이 엄청난 경멸을 당하게 되었다."

여기서도 아무런 출처를 밝히지 않는다. 마르크스가 오만하게 재단사, 제화공을 비롯한 미미한 존재들을 경멸했다는 것은 워낙 보편적으로 받아들여지는 사실이라서 굳이 입증할 필요를 느끼지 못했나 보다.

그러나 이것은 사실과는 정반대다. 에카리우스가 쓴 '런던의 재단사 일'을, 단명한 런던 정기간행물 〈NRZ 리뷰〉에 발표하도록 도와줌으로써 그에게 처음 기회를 준 사람도 마르크스였다. 마르크스는 독자들에게 말했다.

"이 글을 쓴 사람은 그 자신이 런던의 한 양복점에서 일하는 **노동자**

다. 우리는 독일 부르주아지에게 묻는다. 당신들에게 이와 같은 방법으로 진정한 운동을 파악할 수 있는 저자가 몇이나 되는가? …… 독자들은 이 글에서 바이틀링을 비롯한 노동자들이 기존 조건들을 비판할 때 사용했던 감상적이고, 도덕적이고, 심리적인 비판이 아니라, 순수하게 유물론적인 이해를 보게 될 것이다. 이 이해는 감상적이거나 일시적인 기분에 따라 손상되지 않았기 때문에 훨씬 더 자유롭게 부르주아 사회와 그 운동을 직시하고 있다."

여기에는 이유가 있든 없든 어떤 경멸의 표시도 없다. 1850년대의 가장 어두운 시절에도 마르크스는 내내 에카리우스에게 관심을 기울이고 동정심을 보였다. 그는 에카리우스가 해외의 독일어 신문에 글을 싣도록 도와주었다. 아침 5시부터 저녁 8시까지 쳇바퀴 돌듯이 하고 있는 재단일로부터 구해주고 싶었기 때문이다. 마르크스는 워싱턴에 있는 저널리스트 동지에게 말했다.

"돈이 나오면 먼저 에카리우스에게 좀 주시오. 그래야 그 친구가 하루 종일 재단일을 하지 않을 수 있소. 가능하다면 그에게 돈이 갈 수 있도록 꼭 좀 알아봐주시오."

마르크스 자신도 경제적 곤경에 빠져 있었지만, 그는 에카리우스가 먼저 돈을 받아야 한다고 고집했다.

1859년 2월 에카리우스가 결핵으로 쓰러지자, 마르크스는 그것이 "내가 지금까지 이곳 런던에서 겪은 일 가운데 가장 비극적인 일"이라고 말했다. 몇 달 뒤 마르크스는 슬픈 어조로 에카리우스가 "다시 착취 공장에서 몸이 엉망이 되고 있다."고 말하면서, 엥겔스에게 이 가엾은 친구가 몸 보신을 할 수 있도록 포트와인 몇 병을 보내줄 수 없겠느냐고 묻는다. 1860년에 에카리우스가 건강 때문에 재단일을 잠시 그만두었을 때는 마르크스가 집세를 대신 내주었다. 그리고 미국 언론으로부터 기사당 3달러씩 받는 일을 정기적으로 할 수 있도록 주선해주었다. 1862년 성홍열이 돌아 에카리우스의 자식 셋이 죽었을 때, 장례비를 마련하기 위해 기금을 모으자고 호소한 사람도 역시 가난에 시달리던 마르크스였다. 마지막으로 1864년 9월 역사적인 공공 집회에서 연사를 추천해 달라고 했을 때, 마르크스는 다시 오랜 친구를 천거했다. 마르크스는 행사 뒤에 에카리우스가 그 일을 "멋지게 수행했다."고 쓴 다음, 그 자신은 단상에서 입을 다물고 있을 수 있어 행복했다고 덧붙였다. 그럼에도 많은 저자들이 마르크스가 미천한 재단사들을 비열하고 오만하게 경멸했다는 말도 안 되는 옛날 이야기를 지금까지 되풀이하고 있다.

사실 마르크스가 "그런 초대는 모두 사양한다는 평소 규칙을 어기고" 인터내셔널(국제 노동자 협회의 약칭 : 역주)의 개회 집회에 참석했던 것도 거기에 진짜 노동자들이 아주 많이 모인다는 사실 때문이었다. 뒤집어 말하면 우쭐하는 중간 계급 딜레탕트들이 없는 상쾌한 분위기 때문이었다. 마르크스는 연설도 하지 않는 관찰자로서 세인트마틴 홀에 갔던 것뿐인데도, 행사가 끝날 무렵에는 '총평의회' 위원으로 선출되어 있었다.

여기에는 약간의 역설이 있는 것 같다. 마르크스 자신은 물론 부르주아 지식인이었다. 따라서 그가 위원회에 들어가게 되면 그가 그렇게 칭찬하던 프롤레타리아의 순수성을 약화시키는 것이 아니었을까? 이 질문에 답하려면 인터내셔널의 구성을 좀더 자세히 살펴볼 필요가 있다. '총평의회'는 독일인 2명(마르크스와 에카리우스), 이탈리아인 2명, 프랑스인 3명, 영국인 27명으로 구성되었는데, 거의 모두가 노동 계급 출신이었다. 그러나 그 내용은 뒤죽박죽이었다. 영국인 노동조합주의자들은 자유롭게 단체교섭을 할 권리에 대해서는 큰 관심을 가졌지만, 사회주의 혁명에는 아무런 관심이 없었다. 프랑스의 프루동주의자들은 유토피아를 꿈꾸었지만, 노동조합은 싫어했다. 거기에 공화주의자, 마치니의 제자들, 폴란드 자유를 위한 운동가들도 있었다. 그들은 거의 모든 문제에서 의견이 엇갈렸다. 특히 계몽된 중간 계급에게 인터내셔널에서 무슨 역할을 맡길 것인지에 대해 의견이 엇갈렸다. 창립 이틀 뒤 마르크스는 엥겔스에게 보낸 편지에서 너무나도 전형적인 사건들에 대해 이야기했다.

우선 국제 협회의 회원에서, 그것이 아니면 적어도 대회 대표에서 '근육 노동자'를 제외한 모든 사람을 배제하고 싶어하는 프랑스인들에 대한 시위로 영국인들은 어제 나를 총평의회 의장으로 밀었네. 나는 어떤 일이 있어도 그것은 받아들일 수 없다고 선언하고 오저〔영국 노동조합 지도자〕를 밀었네. 일부에서 나의 선언에도 불구하고 나에게 표를 던지기도 했지만, 결국 오저가 재선되었지.

이 회의의 속기록을 보면, 마르크스는 "자신이 두뇌를 쓰는 노동자이지 손을 쓰는 노동자가 아니기 때문에 자격이 없다고 생각한다."고 기록되어 있다. 그러나 그렇게 간단하지는 않다(아마《자본》을 계속 쓰고 싶은 욕망이 더 큰 장애가 되었을 것이다). 몇 년 뒤 섹스턴이라는 의사가 회원이 되고자 했을 때, 마찬가지로 '평의회에 전문 직업인을 추가하는 것이 바람직한가'를 놓고 논란이 있었다. 그러나 속기록은 이렇게 기록하고 있다.

"마르크스는 위원회의 대다수가 노동자들이기 때문에 전문 직업인을 몇 명 받아들인다고 해서 걱정할 것은 전혀 없다고 생각했다."
1872년 다양하고 괴상한 미국의 분파들이 인터내셔널에 침투하려 했을 때 마르크스는 다시 그 구성원의 최소 3분의 2가 임금노동자가 아니라면 새로운 분파는 받아들일 수 없다고 제안하여 관철시켰다.

간단히 말해서, 직책을 맡은 사람이나 회원은 대부분 노동 계급 출신이어야 한다는 점을 인정하면서도, 마르크스는 자신이 프롤레타리아가 아니라는 사실은 창피해하지 않았다. 그 자신과 같은 사람들이 지위를 이용하여 유세를 부리거나 명성을 탐하지 않는 한 협회에 제공할 것이 많다고 생각한 것이다. 엥겔스도 마르크스의 예를 따랐다. 물론 부유한 자본가로서 자기 자신을 강제하는 일에 좀더 머뭇거렸지만, 그것은 이해할 만한 일이었다. 엥겔스는 1870년 가족 회사 안의 자신의 지분을 팔아버리고 나서 런던으로 내려온 후, 거의 즉시 총평의회 위원 자리를 받아들였지만, 회계 담당자 직책은 거절했다. 속기록에는 이렇게 기록되어 있다.

"엥겔스는 재정과 관련된 자리에는 노동자만이 임명되어야 한다고 반대 의견을 내놓았다. 마르크스는 이 반대 의견이 근거가 없다고 생각했다. 상업적인 일에 종사하던 사람이 그 자리에 가장 적격이라는 의견이었다."

그러나 엥겔스는 고집스럽게 거부했다. 어쩌면 그렇게 하는 것이 옳았는지도 모른다. 마르크스 연구 학자 핼 드레이퍼가 지적하듯이, 돈을 다루는 것은 노동자들의 결사체에서 가장 민감한 일이었다. 정치적 갈등이 생길 때마다 재정상의 불법 행위를 공격하는 것이 일반적인 책략이었기 때문이다. 이 경우에도 문제를 일으키고 싶어하는 '프랑스인들'에게는 맨체스터 사업가 출신의 신참자가 아주 만만한 목표물이 되었을 것이다.

마르크스는 배후에서 일하는 것을 더 좋아했을지 모르지만, 어쨌든 이 조직에서 아주 열심히 일했다. 그의 노력이 없었다면 인터내셔널은 1년이 못 가 해체되고 말았을 것이다. 평의회는 소호의 그리크 스트리트의 초라한 본부—1백 년 뒤에 이 자리에는 '이스테블리시먼트'(권력을 가진 놈들이라는 뜻 : 역주)라는 이름의 나이트 클럽이 생겼는데, 이곳에서 레니 브루스와 피터 쿡 등의 풍자가들이 약간 다른 방법으로 기존의 정통성을 공격했다.—에서 매주 화요일에 회의를 열었다. 속기록을 보면 마르크스가 기꺼이 자기 몫의 지루하고 고된 일을 떠맡았다는 것을 알 수 있다. ("폭스, 마르크스, 크리머를 식자공 협회에 파견하기로 결정했다. …… 마르크스는 중앙위원회가 코텀의 관대한 선물에 감사를 표명할 것에 동의하고, 크레머가 재청했다. …… 마르크스는 바젤과 취리히의 협회들이 국제 노동자 협회에 가입했다고 발표했다. …… 마르크스는 독일로부터 회원증 대금으로 3파운드를 수령하여 회계 담당 비서에게 전달했다고 보고했다…….") 처음부터 마르크스의 영향력은 분명했다. 1864년 10월 5일에 열린 위원회의 첫 회의에서 처음 처리한 안건은 윌리엄 랜들 크리머를 서기로 임명하자는 마르크스의 제안이었다("크리머 씨는 만장일치로 선출되었다."). 그날 저녁 늦게 마르크스는 '협회'의 규칙과 원칙을 작성하는 과제를 맡은 소위원회에 선출되었다.

거기까지는 아주 좋았다. 그러나 마르크스는 병에 걸리는 바람에 다음 두 번의 회의에 불참했다. 그러나 10월 18일 에카리우스가 보낸 긴급 서신 때문에 병상에서 일어났다. 마르크스가 그날 저녁 총평의회에 나오지 않으면, 그가 없는 자리에서 목표를 밝히는 성명서를 채택할 것인데, 그 내용이 아주 무미건조하고 혼란스럽다는 내용이었다. 마르크스는 비틀거리며 그리크 스트리트로 가서 르 뤼베가 성명서를 낭독하는 것을 듣고는 소스라치게 놀랐다.

"상투어투성이에, 문체도 형편없고, 전혀 다듬지도 않은 전문(前文)을 마치 원칙 선언문처럼 읽고 있었네. 그 글은 위에는 프랑스 사회주의의 가장 공허한 조각들이 덕지덕지 달라붙어 있었고, 밑으로 가면 전체에 걸쳐 마치니의 영향이 드러나고 있었네."

오랜 논란 끝에 에카리우스는 이 재미없는 글을 소위원회로 다시 돌려보내 더 편집을 하게 하자고 제안했다. 그는 글에 실린 '감정'은 그대로 유지한다고 약속함으로써 교묘하게 쿠데타에 대한 의심을 미리 막았다.

이것이 마르크스가 원하던 기회였다. 마르크스는 아무런 의도가 드러나지 않는 표정으로 이틀 뒤 자기 집에서 소위원회를 열자고 제안했다. 그곳이 그리크 스트리트의 좁고 답답한 방보다는 편안할(그리고 지하실에 술도 많을) 것이라는 이유였다. 마르크스는 집에 소위원회 위원들이 모이자 규칙들에 대해 끝도 없이 이야기를 했다. 새벽 1시가 되었는데도 전문의 '편집'은 시작도 하지 못했다. 이런 식으로 한다면 닷새 뒤인 다음 총평의회 회의 때까지 어떻게 준비를 마칠 수 있을까? 하품을 참느라 안간힘을 쓰던 지친 동료들은 마르크스가 자기 혼자 어떻게 대충 짜맞추어보겠다고 제안하자 고맙게 받아들였다. 모든 초안 서류는 마르크스 손에 넘겨졌으며, 위원들은 잠자리로 흩어졌다.

마르크스는 엥겔스에게 말했다.

"그 재료를 가지고는 아무것도 만들 수 없다는 것을 알 수 있었네. 그들이 이미 '실어놓은' 감정들을 편집하는 매우 독특한 방법을 정당화하기 위해, 나는 '노동 계급에게 드리는 담화'를 썼네. 이것은 원래 계획에는 없던 것인데, 1845년 이후 노동 계급의 모험에 대한 일종의 평가서로서 작성한 것이지. 이 '담화'에 모든 필요한 사실들이 담겨 있고, 같은 말을 세 번이나 반복할 필요는 없다는 구실로, 나는 전문 전체를 바꾸고, 원칙 선언서는 폐기하고, 40개 규칙은 10개로 바꾸었네."

그는 신앙심이 강하고 덜 혁명적인 회원들에 대한 뇌물로, 진리, 도덕성, 의무, 정의에 대해 몇 번 언급했고, 《공산당 선언》에 생기를 불어넣었던 그 호전적인 화려한 수사는 가급적 피했다.
"부활한 운동이 예전과 같은 과감한 언어를 허용하기까지는 시간이 걸릴 걸세. 우리는 fortiter in re, suaviter in modo여야 하네."
이 라틴어의 핵심적인 의미를 번역하면, "말은 부드럽게 하되 큰 몽둥이를 들고 다녀라."가 된다.
오랜 은둔에도 불구하고 절차를 처리해나가는 마르크스의 간지(奸智)는 전혀 녹슬지 않았다. 11월 1일의 회의에서는 마르크스를 포함한 몇 사람의 제안으로 총평의회의 새 임원을 몇 사람 선출했다. 이들은 '공산주의자 동맹'의 베테랑으로 빌헬름 리프크네히트의 두개골을 검사한 적이 있는 카를 팬더, 스위스의 시계공 헤르만 융, 프랑스의 악기 제조공 외젠 뒤퐁, 1848년 《공산당 선언》의 원고를 들고 인쇄업자에게 달려갔던 재단사 프리드리히 레스너 등이었다. 이들 모두 마르크스의 강력한 지지자들이었다. 마르크스에게는 최대한의 지지가 필요했다. 영국인 위원들 가운데 몇 사람이 그의 새 텍스트를 전혀 달가워하지 않았기 때문이다. 의사록에 따르면, 온건한 제안 가운데는 "'질소'와 '산소'라는 용어에 대해 (주석의 형태로) 약간의 설명을 해주자."는 것도 있었다(마르크스는 이것이 전혀 필요하지 않다고 생각했다. 그래서 주석에 짜증난다는 투로 이렇게 적어놓았다. "산소와 질소가 물을 비롯한 유기물질을 이루는 원소일 뿐 아니라 인간의 음식의 원료가 되기도 한다는 점은 독자에게 굳이 설명할 필요가 없을 것이다."). 좀더 적대적인 불만을 제기한 사람은 인쇄공 윌리엄 윌리였다. 그는 이미 지난번 회의에서 "자본가는 노동자와 대립한다."는 명제에 반대함으로써 자신의 입장을 분명히 밝혔다. 그런데 이번에 마르크스가 자본가들을 '이윤만 노리는 자들'이라고 표현하자, 그의 개량주의자로서의 양심에 불이 붙었다. 평의회는 11 대 10으로 그 선동적인 표현을 삭제하기로 결정했다. 그 뒤에 연설문은 만장일치로 통과되었다.

이 '노동 계급의 모험들에 대한 평가서'가 만장일치로 통과되었다는 것은 이 조직의 한계에 대한 마르크스의 판단력을 보여주는 좋은 예다. 이 글에는 혁명적인 예측도 없었고, 유럽을 활보하는 유령 또는 요귀에 대한 언급도 없었다. 그럼에도 마르크스는 영국의 산업을 아이들의 피를 빨아먹음으로써만 생존할 수 있는 뱀파이어로 묘사함으로써 독자들의 소름을 돋게 하려고 최선을 다했다. 대체로 마르크스는 사실들이 스스로 말을 하게 했다. "근로 대중의 곤궁은 1848년부터 1864년까지 줄어들지 않았다."는 주장을 정당화하기 위해 집필 중이던 《자본》에서 공식 통계들을 잘라다가 붙여놓았다. 그러나 평소와 마찬가지로 그가 상상하는, 자본주의의 대안은 한 그릇의 블랑망제(우유를 갈분, 우무로 굳힌 과자 : 역주)처럼 달콤하기는 했지만 형체가 없었다.

"노예 노동, 농노 노동과 마찬가지로 고용된 노동은 일시적이고 열등한 형태일 뿐이어서 결국 사라질 운명이며, 그 뒤에는 연합한 노동이 나타나 준비된 자세로 선뜻 나서서 즐거운 마음으로 일을 할 것이다."

이 담화문은 "만국의 프롤레타리아여 단결하라!"는 말로 끝이 난다. 그러나 우리 귀에 이 구절과 똑같이 익숙한 구절, 즉 사슬을 벗어던지라는 구절은 교묘하게 생략해버렸다. 그렇다 해도 그의 동료들이 이 연설문을 승인하기 전에 얼마나 꼼꼼히 읽어보았는지는 의문이 간다. 마르크스는 마지막 페이지에서 이렇게 말하고 있다.

"토지의 지배자와 자본의 지배자들은 그들의 경제적 독점을 방어하고 영속화하기 위해 언제든지 그들의 정치적 특권을 이용할 것이다. 따라서 정치적 권력을 획득하는 것이 노동 계급의 중대한 의무가 되었다."

이런 생각은 총평의회의 영국인 대표들 가운데 다수가 몹시 싫어하는 것이었다. 그들은 노동조합을 만들어 더 나은 임금과 노동 조건을 위해 협상하는 것이 노동 계급의 중대한 의무라고 생각했다. 정치는 의회 의원들에게 맡기자는 쪽이었다. 흠잡을 데 없이 온건하기만 한 서기장 윌리엄 랜들 크리머는 분명히 이런 견해였다. 그는 나중에 자유당 의원이 되고, 마지막에는 기사 작위까지 받게 된다. 그런 사람조차 이 연설문에 찬성표를 던졌다는 사실은 마르크스의 설득력이 어떠했는가를 보여준다. 팬더와 레스너 같은 '공산주의자 동맹' 출신 위원들은 잘 알고 있었지만, 마르크스는 위압적인 면모—검은 눈, 신랄한 재치, 막강한 분석적 두뇌—를 통해 어떤 위원회에서든 중심적인 위치에 올라섰다. 세인트마틴 홀의 무대에서 말없이 앉아 있던 때로부터 한 달이 지나지 않아 마르크스는 이미 지휘자의 위치에 올라서 있었다.

그러나 단순히 개인의 힘만으로는 인터내셔널과 같은, 조화를 이루지 못하는 혼합물에서 필연적으로 발생할 수밖에 없는 분쟁과 적대를 진압할 수 없었다. 총평의회에서는 숫자가 많지 않은 프랑스 대표들조차 공화주의자와 프루동주의자라는 두 분파로 갈려 적대하고 있었다. 르 뤼베가 대표하는 공화주의자들은 본질적으로 중간 계급 급진주의자들이었다. 그들은 자유, 평등, 우애에는 열광했지만, 산업이나 재산에 대한 논쟁에는 미지근한 태도를 보였다. 조판공(彫版工) 앙리 루이 톨랭이 이끄는 프루동의 진지한 제자들은 공화국이든 정부든 모두 그들이 옹호하는 소상점 주인이나 기술공들의 이익에 불리한 중앙집권적 압제로 간주했다. 그들이 원하는 것은 상호 신용조합과 소규모 협동조합의 네트워크였다. 1866년에 총평의회에 들어온 젊은 의대생 폴 라파르그 역시 프루동주의자였는데, 그는 훗날 라우라 마르크스의 남편이 된다. 그는 장차 장인이 될 사람을 처음 만났을 때 별로 좋은 인상을 주지 못했다. 카를은 라우라에게 불평을 했다.

"그 라파르그라는 염병할 녀석이 프루동주의로 나를 괴롭히고 있단다. 한번 호되게 몽둥이 찜질을 해주기 전에는 가만히 있지 않을 것 같구나."

라파르그가 그 수많은 연설 가운데 어느 때인가 국가와 민족이라는 것은 정말 쓸데없는 것이라고 선언했는데, 마르크스는 영국인 동료들에게 "라파르그를 비롯해 몇 사람은 민족을 폐지했다면서 청중 가운데 10분의 9는 알아듣지도 못하는 '프랑스 말'로 연설을 하는군." 하고 농담을 해서 영국인 동료들의 웃음을 유도했다. 짓궂게도 마르크스는 그 열렬한 청년이 민족의 존재를 부인함으로써 "무의식적으로, 모범적인 프랑스 국가에 의한 다른 민족의 흡수를 의도하는 것 같다."고 덧붙였다.

용맹한 영국의 노동조합주의자들은 이런 프랑스인들의 말다툼에는 꽤나 즐거워했던 반면, 독일인과 프랑스인들이 위대한 마치니―런던에서는 영웅적 인물이었다.―를 젠체하는 얼간이 취급하는 것을 보고 경악했다. 그들이 마치니를 그런 식으로 취급하는 이유는 민족 해방에 대한 정열 때문에 계급이 핵심적으로 중요하다는 사실을 망각했기 때문이었다. 마르크스는 그리크 스트리트에서 벌어진 또 한 번의 치열한 회의 뒤에 이렇게 말했다.

"이제 상황은 매우 까다롭네. 한편으로는 영국인들의 어리석은 이탈리아주의에 반대해야 하고, 다른 한편으로는 프랑스인들의 그릇된 논쟁에 반대해야 하기 때문이지."

그것은 시간을 무척이나 잡아먹는 일이었다. 1865년 3월에 엥겔스에게 보낸 편지에서 마르크스는 일반적인 한 주일의 일정을 이야기해주었다. 화요일 저녁에는 총평의회가 열렸다. 위원회에서 톨랭과 르 뤼베는 자정까지 싸웠다. 그런 뒤에 마르크스는 근처 술집으로 자리를 옮겨

2백 개의 회원증에 서명을 했다. 다음날은 세인트마틴 홀에서 열린, 폴란드 봉기 1주년 기념식에 참석했다. 토요일과 월요일에는 '프랑스 문제'를 놓고 열린 소위원회에 참석했는데, 이 떠들썩한 회의는 둘다 새벽 1시가 되어서야 끝이 났다. 다시 화요일에는 총평의회에서 또 다시 폭풍이 휘몰아치는 듯한 논쟁이 벌어져, "특히 영국인들은 프랑스인들에게 왜 보나파르트 같은 인물이 필요했는지 이제야 알겠다는 표정을 지었네!" 이런 회의들 사이사이에는 다음 주말에 열릴 호주(戶主) 선거권에 대한 회의와 관련하여 '나를 만나려고 여기저기서 뛰어온 사람들'이 있었다.

"엄청난 시간 낭비야!"

마르크스는 신음을 토했다.

엥겔스도 그렇게 생각했다. 마르크스가 죽은 뒤 엥겔스는 "인터내셔널이 없는 무어의 삶은 다이아몬드가 깨진 다이아몬드 반지와 같다."고 말했지만, 처음에는 왜 햄스테드의 책상에서 《자본》을 쓰고 있어야 할 시간에 더러운 소호의 뒷방에서 고생을 하면서 시간을 보내는지 도무지 이해하지 못했다. 1865년에 다시 프랑스인들 사이에서 서로 죽일 듯한 분쟁이 일어나자 엥겔스는 점잔을 빼며 한마디 했다.

"나는 국제 노동자 협회의 순진한 우애가 오래 가지는 않을 것이라고 늘 짐작하고 있었네. 그 조직은 앞으로도 그런 과정을 훨씬 더 많이 겪으면서 자네 시간을 엄청나게 잡아먹을 걸세."

엥겔스는 1870년에 회사를 그만두고 런던으로 오기 전에는 협회 일에 참여하지 않았다.

1865년에 마르크스는 인터내셔널의 실질적인 지도자가 되었다. 그러나 공식 직함은 '독일 담당 통신 서기'였다. 그러나 이나마도 정확한 직함이라고 하기 힘들었다. 라살이 죽자, 독일 전체에 마르크스 친구라고는 두 명밖에 없었다. 한 사람은 빌헬름 리프크네히트였고, 또 한 사람은 산부인과 의사 루트비히 쿠겔만이었다. 그의 '통신' 내용은 대부분 라살의 후계자인 요한 밥티스트 폰 슈바이처의 진위가 의심스러운 동성애에 대한 조롱이나 게르만족의 경악할 만한 정치적 후진성을 폄하하는 말 몇 마디였다. 마르크스는 닥터 쿠겔만에게 이렇게 말했다.

"나는 현재 프로이센에서는 할 수 있는 일이 아무것도 없습니다. 여기서 '국제 협회'를 통해 선동을 하는 편이 백 배 낫습니다. 이 조직이 영국 프롤레타리아에게 미치는 효과는 직접적이며, 또 대단히 중요합니다. 우리는 현재 여기서 보통선거권 문제를 선동하고 있는데, 물론 이 문제는 프로이센의 경우와는 의미가 다릅니다."

참정권 확대는 당시 영국 의회의 가장 주요한 쟁점이었다. 그러나 1860년대 중반 토리당과 휘그당이 제출한 다양한 개혁안들은 수준 높은 원칙에 근거한 것이라기보다는 당리당략에서 나온 것이었다. '등본 소유권자', '6파운드 지방세 납부자', '50파운드 임차인'의 투표권을 놓고 엄청난 논쟁이 벌어지기는 했으나, 지금 보면 슐레스비히-홀슈타인 문제(19세기 덴마크와 독일 사이에 주권 분쟁을 일으켰던 문제 : 역주)처럼 너무 멀게 느껴지고 이해하기도 힘들다. 그러나 다양한 선거권과 복수 투표를 놓고 온갖 불가해한 논쟁이 벌어졌음에도 모든 귀족과 의원들이 받아들이는 점 한 가지가 있었다. 다수의 하층민이 국사에 대해 발언하는 것을 막기 위해 어떤 식으로든 재산 자격을 두어야 한다는 것이었다. 월터 배젓은 《영국 헌법》에서 이렇게 썼다.

"내가 두려워하는 것은 우리의 양 정당이 노동자들의 지지를 얻으려고 애를 쓰다가 그들이 원하는 대로 해주겠다고 약속하는 사태가 오는 것이다."

급진적 압력 단체로 여겨지던 '국가 개혁 조합'조차도 호주와 지방세를 납부하는 동거인에게만 선거권을 주기를 바랐다.

1865년 봄 세인트마틴 홀의 비좁은 공간에서 회의가 끝난 뒤 남자 보통 선거권을 위해 투쟁할 '개혁 동맹'이 만들어졌다(여자들도 투표를 하고 싶어하거나 할 수 있을지 모른다는 가능성은 너무 먼 이야기이기 때문에 고려 대상이 되지도 못했던 것 같다). 마르크스를 비롯한 인터내셔널의 동료들이 동맹의 주도권을 잡았다.

"지도부 전체가 우리 손에 있네."

마르크스는 의기양양하게 엥겔스에게 밝혔다. 이후 1년 정도의 기간 동안 마르크스는 활기차게 개혁 운동을 벌이는 한편 인터내셔널, 《자본》 원고, 가족과 채권자들의 요구 등에도 주의를 기울였다. 물론 그 어느 때보다 왕성해진 엉덩이의 종기에도 주의를 기울여야 했다. 마르크스는 면도날로 종기를 잘라낸 뒤, 나쁜 피가 카펫 위로 쏟아지는 것을 지켜보며 뒤틀린 쾌감을 맛보기도 했다. 때로는 새벽 4시에 잠자리에 드는 '지독하게 괴로운' 날이 며칠씩 이어지는 바람에, 겨울잠에서 빠져나온 것을 후회하기도 했다.

이 일이 그렇게 많은 밤에 늦게까지 촛불을 켜둘 만한 가치가 있었을까? 마르크스는 그렇다고 믿었다. 마르크스는 '개혁 동맹'을 출범시킨 뒤에 이렇게 썼다.

"영국 노동 계급의 정치적 운동에 다시 전기를 공급할 수 있다면, 우리 '협회'는 쓸데없는 소란 없이 유럽의 노동 계급을 위해 가장 많은 일을 하게 되네. 그리고 성공 가능성도 매우 높아."

그러나 그렇지가 않았다. 크리머나 오저와 같은 개량주의적 노동조합 지도자들은 곧 양보를 하고, 한 남자에 한 표 대신 호주 투표권으로 만족하기로 했다. 그리고 그들은 대체로 그 정도를 얻어냈다. 1867년 여름 의회는 디즈레일리의 개혁 법안을 승인했는데, 이 법안은 주의 유권자의 재산 자격을 낮추고, 모든 도시 호주에게로 선거권을 확대했다. 이렇게 해서 유권자 수는 두 배로 늘어났다. 그러나 노동 계급 대다수에게는 여전히 선거권이 없었다.

인터내셔널 역시 결코 마르크스의 과장된 기대에 부응하지 못했다. 초기에는 약간의 성공을 거두기도 했다. 영국 고용주들이 외국 노동자들을 파업 파괴자로 징발하려는 것을 막아낸 것, 그때 얻은 명성으로 몇몇 작은 동업조합들—그 가운데는 '달링턴 제화공 연합', '통제조공 친목 조합', '웨스트엔드 가구공', '주간 근로 제본공', '영국 저니맨 이발사들', '고무줄 그물 직조공 조합', '시가 제조공들' 등의 이색적인 단체들도 있었다.—을 인터내셔널에 가입시킨 것이 주목할 만하다. 그러나 대규모 산업 조합들은 거리를 유지했다. 기계공 연합회의 서기장인 윌리엄 앨런은 인터내셔널의 대표단을 만나는 것조차 거부했다. 더욱 괴로웠던 일은 오저가 '런던 노동조합 지역 협의회' 의장과 인터내셔널 의장을 겸하고 있었음에도, 그의 지역 협의회를 가입시키지 못했다는 것이다. 1866년 여름 제네바에서 '인터내셔널' 제1차 전유럽 대회가 개최되었을 때, 가입 조합들에 속한 회원들의 총수는 25,173명이었다. 절대 무시할 수는 없는 숫자지만, 그렇다고 영국 프롤레타리아에게 "다시 전기를 공급했다."는 증거라고 하기도 힘들었다. 인터내셔널이 더 팽창하려면, 그 이름에 걸맞은 모습을 보여주어야 했고, 달링턴 제화공들을 훨씬 넘어 그 지평을 확대할 필요가 있었다.

마르크스 자신은 제네바 대회에 참가하지 못했지만, 그래도 그 절차는 주관했다. 프랑스의 프루동주의자들이 미리 철저한 준비를 한 뒤에 중간 계급 사회주의자들에 대해 문제를 제기했을 때("노동 계급의 그룹들을 대표할 의무가 있는 모든 사람은 노동자여야 한다"), 윌리엄 랜들 크리머는 총평의회에 들어와 있는 소수의 비근육 노동자들의 자격을 옹호했다.

"그 위원들 가운데 나는 단 한 사람, 노동 계급의 승리를 위해 평생을 바쳐온 마르크스에 대해서만 얘기하겠다."

그러자 '저니맨 이발사들'의 제임스 카터가 그 뒤를 이었다.

방금 마르크스 이야기가 나왔다. 그는 이 1차 대회의 중요성을 완벽하게 이해했다. 이 대회에는 오직 노동 계급 대표들만 참석해야 한다고 생각했다. 그래서 총평의회에서 대표 자격을 주었음에도 스스로 거부했다. 그러나 이것이 그나 다른 사람을 우리에게로 오지 못하도록 막을 이유는 아니다. 오히려 프롤레타리아의 대의에 완전히 헌신하는 사람들은 그 수가 너무 적어 거부하고 말고 할 것도 없다. 중간 계급은 부유하고 강력했지만 과학을 하는 사람들과 동맹을 맺었을 때 비로소 승리를 거두었다…….

이 이발사가 연설하고 나서는 프루동 분파의 지도자인 앙리 톨랭마저 그 자리에 없는 영웅을 치하하지 않을 수 없었다.

"한 사람의 노동자로서 나는 마르크스가 그에게 제안한 대표 자격을 받아들이지 않은 것에 감사드린다. 마르크스는 그렇게 함으로써 노동자들의 대회가 오직 근육 노동자들로만 구성되어야 한다는 것을 보여주었다."

마르크스는 그런 것을 보여줄 의도는 전혀 없었다. 그가 제네바에 가지 않은 것이 프롤레타리아의 감정을 고려해서라는 증거도 없다. 프랑스 배타주의자들의 지루한 장광설을 견디느니 며칠 동안 방해받지 않고 《자본》 작업이나 하기를 바랐다는 것이 더 그럴듯한 설명일 것이다.

1년 전 마르크스는 엥겔스에게 초고에 몇 가지 '마무리 손질'만 하면 된다고 말했다. 그러면서 이 마무리가 1865년 9월이면 끝날 것이라고 덧붙였다.
"나는 지금 말처럼 일하고 있네."

친구들은 오래 전부터 그런 희망적인 관측을 자주 들어왔지만, 이번에는 그가 진짜로 마지막 고비에 들어가 있는 것 같았다.—비록 절름발이가 된 늙은 말은 질주를 하는 것이 아니라 절뚝거리며 걷고 있었지만. 1865년 여름이 되자 마르크스는 매일 구토를 했다("더운 날씨와 그 때문에 생긴 담즙 이상으로"). 게다가 갑자기 집에 손님들이 쏟아져들어오는 바람에 어쩔 수 없이 집중을 할 수가 없었다. 예니의 어릿광대 같은 남동생 에드가 폰 베스트팔렌이 여섯 달을 머물며 지하실 포도주 창고를 바짝 말려버렸으며 "아침부터 밤까지 위(胃)의 요구에 대해서만 생각했다." 그 외에 남아프리카에 사는 마르크스의 매제, 마스트리히트에 사는 조카, 프라일리그라트 가족 등도 그를 찾아왔다. 이것은 그가 방이 여유 있는 집으로 이사했기 때문에 치르는 대가였지만, 사실 그런 대가를 지불할 경제적 여유는 없었다. 마르크스는 초조했다.

"두 달 동안 나는 오로지 전당포에 의지해서 살았네. 채권자들이 줄을 서서 문을 두드리는데, 날이 갈수록 견디기가 힘들어지네."

그러나 이 소용돌이 중심의 고요한 지점에서 그의 걸작은 완성에 다가가고 있었다. 1865년 말 《자본》은 1,200페이지의 원고가 되었다. 잉크 얼룩과 줄을 쭉쭉 그어 지운 부분과 꼬부라져 읽기 어려운 글자들로 이루어진 기이한 혼란의 덩어리였다. 1866년 새해 첫날 마르크스는 깨끗하게 필사를 하고 문장을 다듬기 위해 자리에 앉았다.—"오랜 산고 끝에 나온 갓난 새끼를 핥아주는 일". 그러나 종기가 다시 도졌다. 마르크스는 의사의 명령에 따라 한 달 간 마게이트로 쫓겨났다. 그곳에서는 해수욕을 하고, 하루 세 번 비소를 먹고, 자신을 안쓰러워하는 일 외에는 거의 아무런 일도 하지 못했다.

"내 입에서는 '디강의 방앗간 주인'의 노래가 나오네. '아무도 나에게 관심이 없고, 나 역시 누구에게도 관심이 없네.'"

해수욕 치료가 끝나자 종기는 사라졌다. 그 대신 류머티즘과 치통이 들어섰다. 거기에 간장병이 다시 도졌다. 그나마 몸이 좀 괜찮아 일을 하려고 하는 날이면 또 뭔가 불행한 일이 생겼다. 예를 들어 문구점에서 외상을 갚지 않으면 종이를 못 주겠다고 하던가.

폴 라파르그는 하필이면 이렇게 안 좋은 때를 절묘하게 골라 스무 살 된 라우라 마르크스에게 청혼했다. 크레올 사람인 이 의대생은 인터내셔널을 통해 마르크스를 만났으며, 녹색 눈의 딸에게로 관심을 옮겨 열렬히 구애하기 시작했는데, 마르크스는 그런 태도가 아주 버릇없다고 여겼다. 그렇지 않아도 마르크스는 라파르그를 수상쩍게 보던 참이었다. 비단 푸르동주의적인 경향 때문만이 아니라, 프랑스인-스페인인-인디언-아프리카인이 뒤섞인 이색적인 조상(크레올인이라는 말의 뜻이기도 하다 : 역주) 때문이기도 했다. 이것은 장인될 사람에게는 유전적인 무책임성을 뜻했다. 마르크스는 종이를 구하자마자 이 도를 넘어설 정도로 열렬한 구혼자에게 빅토리아 여왕 시대의 가장이라면 누가 보아도 고개를 끄덕일 만한 편지를 보냈다.

라파르그에게,

자네에게 다음과 같은 말을 해야겠네.

1. 내 딸과 관계를 지속하고 싶다면, 현재의 '구애'하는 방식을 버려야 하네. 자네도 아직 약혼하지 않았다는 것, 따라서 아직 아무것도 결정되지 않았다는 것을 잘 알 걸세. 설사 공식적으로 약혼을 한 사이라 해도, 자네는 이것이 장기간에 걸친 문제라는 것을 잊지 말아야 하네. 지나치게 친밀하게 구는 태도는 특히 부적절하네. 두 연인은 어쩔 수 없이 장기간 심한

곤경과 연옥을 거치며 한 곳에서 살아야 하기 때문일세. …… 내 생각으로는 진정한 사랑은 절제, 겸손, 그리고 심지어 자신이 숭배하는 대상에 대한 수줍음을 통해 표현되는 것이지, 자신의 정열을 자유롭게 방출하고 때이르게 익숙함을 과시하는 것을 통해 표현되는 것은 절대 아닐세. 만일 자네가 크레올인다운 기질로서 자네를 방어하려 한다면, 자네 기질과 내 딸 사이에 내 건전한 이성을 개입시키는 것이 내 의무일세. 만일 자네가 내 딸이 있을 때 런던이 허용하는 범위 내에서 그애를 사랑할 수 없다면, 멀리서 그애를 사랑하는 쪽으로 물러나라고 할 수밖에 없네.

사실 이런 열정—그리고 그 외의 거의 모든 것—을 '크레올인 기질' 탓으로 돌렸던 사람은 라파르그가 아니라 마르크스였다. 그는 1882년 11월에 가서도 그 이야기를 계속하고 있었다. 그는 엥겔스에게 이렇게 말했다.

"라파르그에게는 니그로 부족에게서 흔히 발견되는 흠이 있네. 염치가 없다는 거야. 바보 짓을 하는 것이 수치인 줄 모른다니까."

마르크스는 결혼에 동의하기 전에 사위될 사람의 장래의 가능성에 대한 이야기를 충분히 듣고자 했다. 그는 라파르그에게 편지를 보냈다.

"자네도 내가 혁명 투쟁에 전재산을 바쳤다는 것을 알고 있을 걸세. 나는 그것을 후회하지 않아. 정반대지. 내가 다시 살게 된다 해도, 나는 똑같이 할 걸세. 그러나 나는 결혼은 하지 않을 거야. 내 능력으로 할 수 있는 일이라면, 나는 내 딸이 그애의 어머니 인생을 좌초시켰던 암초에 걸리는 것은 막고 싶네. …… 자네는 결혼을 생각하기 전에 인생에서 뭔가 이루어놓았으리라 믿네. 그리고 자네와 라우라에게는 오랜 기간의 시험이 필요하네."

그러나 그렇게 오래 걸리지 않았다. 마르크스가 위의 편지를 보내고 나서 한 달 뒤인 1866년 9월 라우라 마르크스와 폴 라파르그는 약혼을 발표했으며, 그들은 1868년 4월 2일 세인트판크라스 등기소에서 결혼했다. 신부 아버지는 이들의 결합 덕분에 "집안 전체가 큰 짐을 덜었는데, 그동안 라파르그가 우리와 같이 살다시피 하는 바람에 생활비가 눈에 띄게 늘었다."고 다소 무뚝뚝하게 소감을 이야기했다. 결혼식 오찬에서는 엥겔스가 신부에 대해 너무 농담을 많이 하는 바람에 신부가 울음을 터뜨렸다.

라우라는 예니헨이나 엘레아노르와는 달리 숫기가 없었기 때문에 관심이 집중되는 것을 전혀 즐거워하지 않았다("나는 습관적으로 늘 뒤에 물러나 있었기 때문에, 사람들은 나를 못 보고 지나가거나 잊어버리기 일쑤였다."). 마르크스의 딸들 가운데 아마 그녀가 예니 마르크스를 가장 많이 닮았을 것이다. 다른 딸들은 무대에서 활약하는 꿈을 꾸었던 반면, 라우라의 유일한 야망은 좋은 아내가 되는 것이었다. 그녀는 거의 정확히 결혼 9개월 뒤인 1869년 1월 1일에 첫아들 샤를 에티엔('슈납스'라는 별명이 붙었다)을 낳았다. 이후 2년 동안 딸과 아들을 하나씩 더 낳았다. 그러나 모두 갓나서 죽고 말았다. 그녀 역시 어머니의 삶을 좌초시켰던 암초들을 피해갈 도리가 없는 것처럼 보였다. 예니 마르크스는 손자들을 잃고 상심하여 이렇게 썼다.

"이 모든 투쟁들 속에서 우리 여자들이 더 힘든 역할을 감당해야 해요. 그것이 작은 역할이기 때문이지요. 남자는 바깥 세계와 투쟁하면서 힘을 얻어요. 또 적의 숫자가 엄청나다 해도, 그 적을 보고 활력을 얻지요. 그러나 우리들은 집에 앉아 양말을 깁고 있어요."

10 비루먹은 개

엘레아노르(1870)

이보다 어려운 환경에서 쓴 책은 거의 없을 거예요. 나는 그 책을 쓴 내밀한 역사에 대해 글이라도 쓸 수 있을 것 같은데, 그러면 이루 말할 수 없는 고통과 불안과 괴로움이 많이, 정말 많이 쏟아져나올 거예요. 노동자들이 이 책, 오로지 그들을 위해서 쓴 이 책을 완성하는 데 얼마나 많은 희생이 필요했는지 눈치라도 챌 수 있다면, 아마 지금보다는 조금 더 관심을 보여줄 거예요. -《자본》의 집필 과정을 지켜본 예니 마르크스의 고백

1866 | 1868
《자본》의 탈고와 출간

모데나 빌라스 1번지 집은 먼지로 사라진 지 오래다. 그러나 폴 라파르그는 마르크스가 일하던 2층의 어지러운 서재를 생생하게 묘사한 글을 남겨놓았다. 이 글을 읽어보면 도무지 방을 깨끗이 치우지 못하는 수많은 글쟁이들의 마음이 한결 밝아질 것이다.

창문 맞은편과 벽난로 양쪽의 벽에는 책꽂이들이 줄지어 서 있었다. 이 책꽂이들에는 책이 가득한 것은 물론, 신문이나 원고가 천장까지 쌓여 있었다. 벽난로 맞은편에는 창문이 있고, 그 한쪽 옆에는 서류, 책, 신문이 쌓인 탁자가 두 개 있었다. 방 한가운데 빛이 잘 드는 곳에는 작고 평범한 책상(가로 90센티미터, 세로 60센티미터)과 나무로 만든 팔걸이의자가 있었다. 팔걸이의자와 책장 사이, 그러니까 창문 맞은편의 공간에는 가죽 소파가 놓여 있어, 마르크스는 이따금씩 그곳에 누워 쉬곤 했다. 벽난로 선반에는 책, 시가, 성냥, 담배 상자, 문진 등이 놓여 있었다. 또 그곳에는 딸과 부인, 빌헬름 볼프, 프리드리히 엥겔스의 사진이 있었다······.

마르크스는 책과 서류를 정리하는 일─아니, 어지르는 일이라고 해야 하나—을 누구에게도 허락하지 않았다. 책과 서류는 겉으로만 무질서해 보일 뿐이었다. 사실은 모든 것이 의도한 자리에 놓여 있었기 때문에, 마르크스는 쉽게 책이나 공책을 찾을 수 있었다. 심지어 이야기를 하던 도중에도 말을 멈추고 방금 자신이 언급한 인용문이나 수치를 짚어 보이는 경우도 많았다. 마르크스와 서재는 하나였다. 그 안의 책과 서류들은 수족과 마찬가지로 그의 통제를 받고 있었다.

이것은 12년 전 프로이센의 경찰 첩자가 쓴 보고서와 내용이 거의 똑같다. 그 첩자는 소호 딘 스트리트에 있는 어지러운 앞방을 이렇게 묘사했다.

"원고, 책, 신문만이 아니라 아이들의 장난감, 부인의 바느질 바구니에서 나온 천 조각들, 이가 빠진 컵 몇 개, 칼, 포크, 램프, 잉크병, 텀블러, 네덜란드 점토 파이프, 담뱃재—한마디로 모든 것이 뒤죽박죽이었다."

마르크스가 일하는 습관은 전혀 바뀌지 않았다. 잊어버리고 다 피우지 않은 파이프와 시가에 다시 불을 붙이느라 성냥을 수도 없이 낭비했다. 그는 라파르그에게 이렇게 말한 적이 있다.

"《자본》을 써보았자 그것을 쓰느라고 피운 시가 값도 안 나올 걸세."

마르크스는 품질 좋은 아바나 시가를 피울 만한 경제적 능력이 안 되었기 때문에 어느 날 홀본에서 "담배를 많이 피울수록 더 많이 절약할 수 있다."고 써놓은 담배상을 보는 순간 괴상한 경제적 상상을 하게 되었다. 그곳에서 파는 시가는 그가 평소에 피우던 값싼 여송연보다 값이 훨씬 싸지만 품질도 많이 떨어지는 것이었다. 마르크스는 새 시가로 바꾸면서 친구들에게 한 상자당 1실링 6펜스를 절약하게 되었으며, 따라서 이 시가를 많이 피우면 언젠가는 거기서 '절약한 돈'으로 살아갈 수 있을 것이라고 말했다. 마르크스는 이 이론을 검증하기 위해 열심히 폐를 혹사했기 때문에, 결국 주치의가 개입하여 씨근덕거리는 환자에게 부자가 되려면 다른 방법을 찾아보라고 명령해야 했다.

마르크스는 1866~1867년 겨울에도 병에 시달렸다. 그럼에도 그는 《자본》 1권을 끝내고야 말겠다는 결의를 굽히지 않았다. 엉덩이 주위 종기 때문에 앉는 것이 너무 고통스러워 1권의 마지막 몇 페이지는 일어서서 썼다("평소에 쓰는 마취제인 비소를 복용하면 정신이 너무 흐려지기 때문에, 맑은 정신을 유지하기 위해 복용하지 않았네"). 엥겔스의 노련한 눈은 텍스트 가운데 '종기가 영향을 미친 부분'을 한눈에 알아보았다. 마르크스도 허리의 열 때문에 글이 약간 납빛 색조를 띠었을지 모른다고 인정했다.

"어쨌든 나는 부르주아지가 그들이 멸망하는 날까지 내 종기를 기억하기를 바라네. 그 돼지들!"

마르크스는 그렇게 저주했다.

어쨌든 20년의 회임 기간 끝에 마침내 알이 부화했다. 마르크스는 1867년 4월 2일에 엥겔스에게 보낸 편지에서 이렇게 말했다.

"책이 완성되었다고 말할 수 있을 때까지는 자네한테 편지를 쓰지 않겠다고 결심했는데, 이제야 비로소 그 소식을 전할 수 있게 되었네."

일주일 뒤 마르크스는 출판업자 마이스너에게 원고를 넘기기 위해 함부르크로 출발했다. 물론 그 전에 전당포에서 옷과 시계를 찾기 위해 엥겔스에게 애원하는 편지를 보내는 필연적인 수순을 거쳤다.

"내 가족을 이런 상태로 두고는 떠나기가 힘드네. 집 안에는 돈 한푼 없고, 빚쟁이들은 날이 갈수록 뻔뻔스러워지네. 아, 잊기 전에, 라우라의 샴페인 치료에 써야 할 돈은 식구들이 먹고사는 데 써버렸네. 그애한테는 내가 사줄 수 있는 것보다 품질이 나은 붉은 포도주가 필요하다네.

보다시피 이와 같은 상황일세."

엥겔스는 평소와 마찬가지로 이 상황을 감당했다. 즉시 런던으로 5파운드짜리 지폐 7장을 보내준 것이다.

마르크스는 종기와 《자본》을 모두 끝장냈기 때문에 "돼지 5백 마리처럼 게걸스럽고 건강한" 기분으로 영국을 떠났다. 질풍과 비에 시달리는 52시간의 무시무시한 항해에도 좋은 기분은 눅눅해지지 않았다.

"그 모든 하층민이 배멀미를 하면서 내 왼쪽과 오른쪽에서 쓰러지는 상황에서, 중심이 확고하게 버티어주지 않았다면 얼마 안 지나 모든 것이 정말 갑갑했을 걸세."

그 중심은 런던의 소 장수("모든 것에 둔감한 진짜진짜 존 불〔존 불은 영국인을 가리키는데, 불에는 황소라는 뜻도 있다 : 역주〕이었네."), 15일 동안 페루 동부를 방랑한 독일 탐험가, 하노버 액센트를 쓰는 신앙심 깊은 노파 등으로 이루어졌다.

"이 아름다운 사람은 무엇 때문에 우호적이지 않은 환경에서도 무슨 주문에 걸린 듯 그렇게 넋을 잃고 있었을까? 왜 이 여자는 숙녀실로 들어가 있지 않았던 것일까? 우리의 야만적인 독일인은 열렬한 태도로 야만인들의 성적인 비행에 대한 이야기를 해주어 우리를 즐겁게 했네."

마르크스는 귀중한 화물을 마이스너에게 전달했다. 마이스너는 5월 말까지 출간할 목적으로 원고를 식자하러 보냈다. 들뜬 저자는 다음 한 달 동안 하노버에서 닥터 루트비히 쿠겔만의 집에 머물렀다. 교정지가 나오면 언제든지 확인하기 위해서였다. 마르크스는 엥겔스에게 편지를 보냈다.

"쿠겔만은 그의 전문 분야인 부인과에서는 아주 유명한 의사일세. 게다가 쿠겔만은 우리 사상, 그리고 우리 두 사람에 대한 열렬한 지지자일세(내 취향으로는 그의 존경심이 지나치게 베스트팔렌적이기는 하지만). 그러나 가끔 그의 의욕이 지겨울 때도 있네……."

두 사람은 그 전에는 한 번도 만난 적이 없었지만, 쿠겔만은 몇 년 간에 걸쳐 마르크스에게 팬레터를 보내왔다. 그는 마르크스와 엥겔스가 쓴 글들을 두 당사자들보다 더 잘 모아두고 있었다. 마르크스는 그의 집에 묵는 동안에 《성 가족》을 보게 되었다. 마르크스는 출간 직후 그가 가지고 있던 책을 잃어버렸고, 그 뒤로 그 책을 한 번도 보지 못했다.

그러나 쿠겔만의 숨막힐 듯한 아첨에도 불구하고 마르크스는 그를 좋게 보았다.

"그는 이해하네. 그리고 그는 정말로 탁월한 사람이네, 불안의 영향을 받지도 않고, 희생을 할 수도 있고, 가장 중요한 것으로, 확신이 있네. 그에게는 매력적이고 귀여운 부인〔게르트루트〕이 있고, 여덟 살 난 아주 착한 딸〔프란치스카〕이 있네."

마르크스는 즉시 그들에게 별명을 지어주었는데, 그것은 마르크스가 그들을 인정한다는 분명한 표시였다. 쿠겔만 부인은 '백작 부인'이 되었다. 그녀의 사교적인 우아함과 예절에 대한 고집 때문이었다. 그녀의 남편에게는 '벤첼'이라는 별명이 붙었는데, 이것은 평판이 대조적인 두 사람의 옛 보헤미아 통치자 이름을 딴 것이었다. 프란치스카 쿠겔만은 이렇게 회고한다.

"아버지는 공감과 반감을 아주 솔직하게 드러내는 분이었다. 그래서 마르크스는 아버지의 태도에 따라 선한 벤첼이나 악한 벤첼로 부르곤 했다."

의사가 프란치스카나 백작 부인이 있는 곳에서 정치 이야기를 할라치면, 마르크스는 즉시 그의 입을 막았다.

"그것은 젊은 숙녀들 앞에서 할 이야기가 아니오. 그 이야기는 나중에 하도록 합시다."

대신 장난을 좋아하는 이 현자는 농담, 문학적 일화, 민요로 여주인을 즐겁게 해주었다. 딱 한 번 마르크스는 화를 낸 적이 있는데, 그것은 의사의 집을 찾아온 한 손님이 공산주의 하에서는 누가 구두를 닦느냐고 물었을 때였다. 마르크스는 화가 나서 쏘아붙였다.

"당신이 닦으쇼."

쿠겔만 부인은 분위기를 누그러뜨리기 위해 얼른 농담을 한마디 던졌다. 마르크스의 취향과 습관은 철저하게 귀족적이기 때문에 그가 진실로 평등한 사회에서 살아가는 모습은 상상할 수 없다고 말한 것이다. 그러자 마르크스는 대꾸했다.

"나도 상상할 수가 없소. 그런 시대가 반드시 오겠지만, 그때 우리는 이미 세상에 없을 거요."

쿠겔만은 마르크스가 그들의 홀에 있는 제우스 흉상과 닮았다고 말했는데—강해 보이는 머리, 숱 많은 머리카락, 당당한 이마, 권위적이면서도 상냥한 표정—그 말을 듣자 마르크스는 아주 기분이 좋아졌다.

마르크스가 하노버에 있는 동안 그를 떠받들던 사람은 쿠겔만 가족만이 아니었다. 마르크스는 엥겔스에게 보낸 편지에서 이렇게 썼다.

"우리 둘이 독일에서 누리는 지위, 특히 '교육받은' 관리들 사이에서 누리는 지위는 우리가 생각했던 것과는 완전히 다르네. 예를 들면 이곳의 통계국 책임자인 메르켈이 나를 찾아와서 화폐 문제를 몇 년 동안 연구해왔는데 성과가 없다고 말하더군. 그래서 그 자리에서 즉시 문제를 완전히 풀어주었지."

마르크스는 지역의 철도 회사 사장으로부터 저녁 초대를 받기도 했다. 그는 마르크스 박사가 "자신의 초대에 응해주는 영광을 베푼 것"에 매우 감사했다. 더욱 기분이 좋았던 것은 비스마르크가 보낸 사절이 왔다는 것이다. 사절은 재상이 "귀하와 귀하의 위대한 재능을 독일 국민을 위해 이용하고" 싶어한다고 말했다. 우익인 국민 자유당의 의장 루돌프 폰 베닝젠은 직접 나타나서 예를 갖추었다.

이랬으니 마르크스가 그렇게 쾌활했던 것도 놀랄 일은 아니다. 건강도 무척 좋았다. 종기는 감히 그 추한 얼굴을 내밀지 못했으며, 매일 밤 술을 곁들인 저녁 식사 파티에 참석했음에도 간은 아무런 잔소리를 하지 않았다. 병, 더러움, 무명(無名)으로 잠 못 이루던 시절은 역사의 쓰레기통으로 들어가버렸다. 엥겔스는 4월 27일자 편지에서 이렇게 말했다.

"나는 늘 자네가 그렇게 오래 짊어지고 온 그 염병할 책이 자네의 모든 불행의 밑바닥에 놓여 있다는 느낌이었네. 그것을 자네 등에서 떼어내기 전에는 자네가 거기서 절대 벗어나지도 않을 것이고 벗어날 수도 없을 거라는 느낌이었지."

인쇄 쪽에서 일이 지연되면서 5월 5일, 그의 49살 생일날까지도 교정지는 나오지 않았다. 그러나 이런 불편—평소 같으면 하루 이틀은 성질을 부리고도 남았을 텐데—마저도 맑은 기분에 먹구름이 되지는 못했다.

"1년 안에 성공하기를 바라고 또 그러리라고 확신하네. 내 경제적 상황을 근본적으로 개선하고, 마침내 다시 내 발로 설 수 있게 되리란 뜻일세."

다시? 사실 마르크스는 어른이 된 이후로 남에게 손을 벌리지 않아도 되었던 순간이 한 번도 없었다. 그는 엥겔스에게 보낸 편지에서도 이 점을 인정했다.

"자네가 없었다면 나는 이 책을 끝내지 못했을 걸세. 자네가 주로 나 때문에 고귀한 에너지를 상업에 탕진하며 녹슬게 한 점, 게다가 내가 소소한 역경을 겪을 때마다 언제나 나와 함께해준 점은 정말이지 늘 내 양심을 악몽처럼 짓눌렀다네."

그러나 불과 몇 문장 뒤에 불안과 낙담이 다시 기승을 부리기 시작한다. 출판사에서는 그해 말 이전에 2권과 3권을 갖다주기를 기대하고 있고, 런던의 빚쟁이들은 그가 돌아오기만 하면 가만 안 두겠다고 벼르고 있었다. "그리고 상쾌한 기분으로 근심 없이 일에 착수할 수 없게 만드는, 가족 생활의 괴로움, 가족 내의 갈등, 끝없는 골칫거리들."

그러나 런던의 중간 계급이 겪는 괴로움은 진짜로 곤궁한 사람들의 괴로움과는 전혀 달랐다. 마르크스가 런던에 돌아와서 엥겔스에게 처음으로 요청한 것은 클라레와 라인 포도주 몇 상자였다.

"아이들이 이제까지 받은 초대에 응답하여 7월 2일에 무도회를 열고 친구들을 초대해야 한다네. 올해 1년 동안 아무도 초대하지 못하는 바람에 체면이 깎일 지경이거든."

전에는 빵과 신문을 살 돈 몇 펜스를 위해 안간힘을 썼던 데 반해, 이제 그의 가정에서 요구하는 일들은 마치 요즘 교외에 사는 사람들처럼 체면을 유지하는 것이었다. 마르크스는 시인 프라일리그라트가 스위스 은행의 런던 지점 지점장 일자리를 잃은 뒤에, 영국, 미국, 독일에서 그를 추앙하는 사람들이 마련한 기금에서 나오는 수익으로 아주 우아하게 살아간다는 소식을 듣고 "무척 약이 올랐다." 이렇게 약이 올랐을 때 가장 좋은 치료법은 방해받지 않고 《자본》의 교정지를 손볼 수 있도록 아이들을 보르도로 보내 여름 휴가를 즐기게 해주는 것이었다(물론 돈은 엥겔스가 댔다). 원고의 일부를 잠깐 본 사람들이 처음에 몇 마디 던진 말을 듣고 마르크스는 책이 나온 다음날 아침 자신의 명성이 전 유럽에 울려퍼질 것이라는 희망을 품었다. 요한 게오르크 에카리우스는 친구들에게 "'예언자'께서 직접 모든 지혜의 핵심을 공표하실 예정"이라고 말했다.

마르크스는 수정과 교정 끝에 8월 16일 새벽에 1권 교정지를 손보는 일을 끝냈다. 그리고 후원자에게 진심 어린 편지를 썼다.

"자, 이번 책은 끝이 났네. 이것이 가능했던 것은 오로지 자네 덕분일세! 자네가 나를 위해 희생하지 않았으면, 나는 이 세 권을 쓰는 데 드는 엄청난 노동을 절대 감당할 수 없었을 걸세. 정말 고마운 마음으로 자네를 포옹하네. …… 안녕, 나의 귀하디 귀한 친구여."

* * *

《자본》이 나온 지 꼭 1백 년 뒤 영국의 수상 해럴드 윌슨은 그 책을 한 번도 읽어본 적이 없다고 자랑했다.

"나는 겨우 2페이지에서 멈추고 말았다. 거의 한 페이지짜리 주석이 나오는 그 부분 말이다. 나는 본문 두 문장에 주석 한 페이지는 너무 심하다고 생각했다."

윌슨은 정치학, 철학, 경제학에서 일급 학위를 받았다. 그러나 그는 이렇게 무지를 고백하게 되면 중간 계급들이 좋게 봐줄 것이라고 추측했다. 특히 영국과 미국의 중간 계급들은 마르크스와 관련이 없는 것을 자랑거리로 삼는 괴상한 버릇이 있으니까. 그래서 2페이지조차 읽어보지 않은 사람들로부터 말도 안 되는 순환적인 주장을 듣게 된다.

"《자본》은 순 엉터리야."

그것이 엉터리인지 어떻게 아는가?

"읽을 가치도 없는 책이니까."

철학자 카를 포퍼가 제시하는, 이 책에 대한 좀더 세련된 반론은 마르크스의 이야기가 난센스인지 아닌지 알 수가 없다는 것이다. 자본주의의 발전이라는 그의 '철의 법칙'이 노스트라다무스의 예언 4행시와 마찬가지로 모호하고 손에 잘 잡히지 않는 무조건적인 역사적 예언에 불과하기 때문이라는 이야기다. 제대로 된 과학적 가설들과는 달리, 이 예언은 참이 증명될 수도 없고 또 오류가 증명될 수도 없다.—뒷부분이 포퍼적인 검증의 핵심이다. 포퍼는 이렇게 말한다.

"과학에서는 보통 예측에 조건이 붙는다. 어떤 변화(예를 들어 주전자 안의 물 온도의 변화)에는 다른 변화(예를 들어 물이 끓는 것)가 수반된다고 주장한다."

사실 지난 1백 년 간 실제로 일어난 일들을 연구함으로써 마르크스의 경제적인 주장들이 과학적 실험을 통과할 수 있는지 확인해보는 것은 쉬운 일이다. 마르크스의 예측에 따르면, 자본주의가 성숙할수록 주기적인 경기 후퇴가 나타나고, 자본주의는 점차 테크놀로지와 거대 기업들의 독점적 성장에 의존하게 되는데, 이 기업들은 착취할 새로운 시장을 찾아 전세계로 끈끈한 촉수를 뻗는다. 이런 일들 가운데 하나도 일어나지 않았다면, 우리는 마르크스가 당치도 않은 소리를 했다는 데 동의할 수밖에 없을 것이다. 그러나 20세기 서구 경제의 호황-불황 주기들이나 빌 게이츠의 마이크로소프트가 지구를 지배하는 현상 등은 마르크스의 이야기가 옳았음을 보여주는 것 같다.

비판자들은 말할 것이다. 아, 그건 그렇다치고, 프롤레타리아의 '빈곤의 심화'에 대한 마르크스의 믿음은 어떻게 된 것인가? 마르크스는 자본주의의 부풀어오르는 번영이 노동자들의 임금과 생활 수준의 절대적 하락에 의해 성취된다고 예측하지 않았던가? 그러나 오늘날의 노동자들을 보라. 그들의 자동차와 위성방송용 접시 안테나를 보라. 별로 빈곤화된 것은 아니지 않을까? 경제학자 폴 새뮤얼슨은 노동자들의 빈곤화가 '전혀 일어나지 않았기' 때문에 마르크스의 전 저작을 무시해도 괜찮다고 선언했다. 새뮤얼슨의 교과서들은 영국과 미국에서 몇 세대에 걸쳐 학부생들의 주식(主食)이었기 때문에, 이제 그의 말은 통념이 되어버렸다. 그러나 이것은 《자본》 1권 23장에 나오는 '자본주의적 축적의 일반 법칙'을 오독한 데서 나온 신화다. 마르크스는 이렇게 쓰고 있다.

"구휼을 받는 빈민은 부의 자본주의적 생산과 발전의 하나의 존재 조건을 이룬다. 이 빈민은 자본주의적 생산의 잡비의 일부를 이룬다. 그러나 자본은 이 잡비의 대부분을 자신으로부터 노동자 계급이나 소부르주아지에게로 전가하는 방법을 알고 있다."

그러나 이 맥락에서 마르크스는 프롤레타리아 전체의 빈민화가 아니라 사회의 '가장 낮은 침전물'—실업자, 부랑자, 병자, 노인, 과부, 고아—의 빈민화를 언급하고 있다. 이들이 노동하는 인구와 소부르주아지가 지불해야 하는 '잡비'다. 그런 최하층이 지금도 존재한다는 것을 부인할 사람이 있을까? 또 한 사람의 유대인 추방자 예수는 "가난한 사람들은 늘 너희와 함께 있을 것"이라고 말했지만, 아직까지 예수의 영속적 빈곤화에 대한 예측 때문에 그의 가르침 전체를 불신해야 한다고 주장한 경제학자는 없었다.

마르크스는 자본주의 하에서 임금의 상대적—절대적이 아니라—하락이 있을 것이라고 예측했다. 이것은 자명한 사실이다. 잉여가치가 20퍼센트 증가했다고 해서 노동자들에게 임금 20퍼센트 인상이라는 형태로 그 전리품을 모두 건네줄 회사는 거의 없을 것이다. 따라서 노동자들이 전자 레인지를 몇 개나 살 수 있느냐에 관계없이 노동은 점점 자본에 뒤처지게 된다.

"따라서 자본이 축적되는 것에 비례하여 노동자들의 상황은 보수가 높든 낮든 점점 나빠질 수밖에 없다."

마르크스의 빈곤에 대한 정의는 예수의 경우와 마찬가지로 경제적인 동시에 영적인 것이다. 사람이 온 세상을 얻는다 해도 자신의 영혼을 잃는다면 무슨 이득이 있겠는가? 마르크스가 《자본》에서 쓴 대로 자본이 생산성을 높이는 수단은

> 노동자를 인간의 파편으로 왜곡시키고, 기계의 부속물로 타락시키고, 그의 노동을 고통으로 바꿈으로써 그 실질적 내용을 파괴해버린다. 그 수단은 과학이 독립된 힘으로 노동 과정에 통합되는 것과 같은 비율로 노동 과정의 지적 가능성으로부터 노동자를 소외시킨다. 그 수단은 노동자가 일하는 조건을 왜곡시키고, 노동 과정 동안 노동자를 그 비열함 때문에 더욱 가증스러운 전제(專制)에 복속시킨다. 그 수단은 노동자의 일생을 노동 시간으로 바꾸어버리며, 그의 부인과 자식을 자본이라는 전차(戰車)의 수레바퀴 밑에 던져넣는다. …… 따라서 한쪽 극단에서 부의 축적은 다른 쪽 극단에서는 빈곤, 노동의 고통, 노예 상태, 무지, 야만화, 도덕적 타락의 축적이다.

이 마지막 문장도 이것 하나만 따로 떼어놓고 본다면 노동자들의 절대적인 경제적 빈곤을 예측한 또 하나의 증거로 제시할 수도 있을 것이다. 그러나 반편이만이―또는 경제학 강사만이―그 문장에 앞서는 우레와 같은 고발을 읽은 뒤에도 그런 해석을 고집할 것이다.
마르크스주의는 끝났다고 주장하는 현대 학자들 가운데 꽤나 영향력 있는 레셰크 코와코프스키도 이렇게 인정한다.
"물질적 빈곤화는 임금 노동으로 인한 비인간화에 대한 마르크스의 분석, 또는 자본주의의 필연적 파멸에 대한 그의 예측 어느 쪽에서도 필수적인 전제가 아니었음을 염두에 두어야 한다."

맞는 말이다. 그럼에도 코와코프스키는 카를 포퍼의 낡은 쥐덫에 또 하나의 치즈 덩어리를 갖다놓음으로써 자신의 충고를 스스로 무시해버린다. 그는 이렇게 경고한다.

"경제적 현상에 대한 하나의 해석으로 볼 때, 마르크스의 가치론은 과학적 가설의 일반적인 요구 조건, 특히 오류의 검증 가능성이라는 요구 조건을 충족시키지 못한다."

물론 그렇다. 리트머스 종이나 전자 현미경이나 컴퓨터 프로그램으로는 '소외'나 '도덕적 타락'과 같은 손에 잡히지 않는 것들의 존재를 판별할 수 없을 것이다.

사실 《자본》은, 논란의 양편에 서 있는 열성파들의 고집스러운 주장과는 달리, 과학적 가설이 아니다. 경제적 논문이라고 할 수도 없다. 저자 자신은 자신의 의도를 분명히 밝혔다. 마르크스는 1865년 7월 31일 엥겔스에게 보내는 편지에서 이렇게 썼다.

"내 책과 관련된 분명한 사실에 대해서 말해두겠네. 이론적인 부분을 완성하려면 세 개의 장을 더 써야 하네. …… 하지만 그것을 모두 쓰기 전에는 아무것도 보내줄 수가 없네. 내 글에 어떤 약점이 있든 간에, 그 장점은 그것이 예술적 총체를 이루고 있다는 점이라네……."

일주일 뒤에 보낸 편지에서 마르크스는 그 책을 '예술 작품'이라고 부르며, 원고 제출이 늦어진 이유로 '예술적 고려들'을 제시하고 있다.

만일 마르크스가 예술 작품이 아니라 단순한 고전 경제학 텍스트를 쓰려고 했다면, 그렇게 할 수도 있었을 것이다. 실제로 그런 것을 쓰기도 했다. 그가 1865년 6월에 했던 두 차례의 강연은 나중에 《가치, 가격, 이윤》으로 출판되었는데, 여기에서는 그의 결론들을 간략하고 명료하게 요약하고 있다.

상품의 교환 가능한 가치는 그 물건들의 사회적 기능일 뿐이지 타고난 특질과는 아무런 관계가 없기 때문에 우리는 우선 이렇게 물어보아야 한다. 모든 상품에 공통되는 사회적 내용이 무엇인가? 그것은 노동이다. 상품을 생산하기 위해서는 일정한 양의 노동이 거기에 부여되거나 들어가 있어야 한다. 내가 말하는 것은 단순한 노동이 아니라 사회적 노동이다. 자신이 바로 사용하기 위해, 직접 소비하기 위해 어떤 물건을 만드는 사람은 생산물을 만들기는 하지만 상품을 만드는 것은 아니다. …… 상품에는 가치가 있다. 상품은 사회적 노동의 결정체이기 때문이다. …… 가격은 그 자체로만 보면 가치의 화폐적 표현에 지나지 않는다. …… 노동자는 자신의 노동을 직접 파는 것이 아니라, 노동력을 판다. 노동력의 처분을 일시적으로 자본가에게 맡기는 것이다. …… 노동자가 매일 필요로 하는 물건을 생산하는 데 평균 노동 6시간이 평균적으로 필요하다고 가정해보자. 나아가서 6시간의 평균 노동은 3실링에 해당하는 양의 금에 실현되어 있다고 가정해보자. 그렇다면 3실링이 가격이 될 것이다. 즉 그 사람의 노동력의 일일 가치의 화폐적 표현이 될 것이다. …… 그러나 자본가는 방적공의 노동력의 일당 또는 주당 가치를 지불함으로써 하루 동안 또는 일주일 동안 그 노동력을 이용할 권리를 획득했다. 따라서 자본가는 그 방적공에게 하루 종일, 즉 12시간 동안 일을 시킬 것이다. …… 자본가는 3실링을 내고 6실링의 가치를 실현시킬 것이다. 6시간의 노동이 결정되어 있는 가치를 내주고 그 대가로 12시간의 노동이 결정되어 있는 가치를 받게 될 것이기 때문이다. 자본가는 매일 이와 똑같은 과정을 되풀이함으로써 매일 3실링을 내주고 6실링을 얻게 될 것이다. 그 6실링 가운데 반은 새로 임금을 지불하는 데 쓰이고, 나머지 반은 잉여가치를 이룬다. 자본가는 잉여 가치 부분에 대해서는 아무런 대가를 지불하지 않는다. 자본주의적 생산, 또는 임금 체계는 자본과 노동 사이의 이런 종류의 교환 위에 세워져 있으며, 이런 교환을 통해 노동자는 노동자로, 자본가는 자본가로 끊임없이 재생산된다.

이것이 경제적 분석으로서 옳으냐 그르냐는 둘째 치고, 어쨌든 이것은 똑똑한 아이라면 충분히 이해할 만한 내용이다. 여기에는 정교한 비유나 형이상학도 없고, 혼란스러운 탈선이나 철학적 능변도 없고, 문학적 장식도 없다. 그런데 왜《자본》은 똑같은 기초 위에 서 있으면서도 그 스타일이 완전히 다를까? 마르크스가 갑자기 쉽게 말하는 재능을 상실한 것일까? 그것은 분명히 아니다. 그는 이 강연을 할 무렵에《자본》1권을 완성해가고 있었다. 마르크스가《가치, 가격, 이윤》에서 사용한 극소수의 비유 가운데 한 곳에서 실마리를 발견할 수 있을지도 모르겠다. 그는 이윤은 상품을 그 '진짜' 가치대로 파는 데서 생기는 것이지, 흔히 생각하는 대로 추가로 돈을 더 붙여 받는 데서 생기는 것이 아니라는 믿음을 설명하면서 이렇게 말한다.

"이것은 일상적인 관찰과는 반대되는 역설처럼 보인다. 그러나 지구가 태양의 둘레를 돈다는 것도 역설이고, 연소가 잘 되는 두 기체가 모여 물을 이룬다는 것도 역설이다. 과학적 진리는 사물의 기만적 본성만을 포착하는 일상적 경험으로 판단해보면 늘 역설이다."

이 말은 자신의 걸작을 과학적 기준으로 판단해 달라는 권유처럼 들린다. 그러나 좀더 꼼꼼하게 들어보자. 마르크스는 '사물의 기만적 본성'에 도전하고 있다. 이것은 정치경제학, 인류학, 역사학과 같은 기존의 장르 안에 제한될 수 없는 주제다. 마르크스는 이렇게 말한다.

"상품은 첫눈에는 아주 사소한 물건으로 나타나며, 쉽게 이해된다. 그러나 그것을 분석해보면 실제로는 그것이 아주 기묘한 물건이며, 형이상학적 섬세함이나 신학적 까다로움이 가득하다는 것을 알 수 있다."

10. 비루먹은 개 417

그는 리카도와 애덤 스미스의 객관적이고 비감정적인 방법론을 존중한다. 사실 《자본》 가운데 오늘날 가장 조롱을 당하는 측면들—노동가치론 같은 측면들—은 이런 고전 경제학자들로부터 나온 것이며, 당대에는 정통으로 확고하게 자리를 잡았던 것이다. 그럼에도, 마르크스는 그 모든 업적에도 불구하고 "부르주아 경제학은 한계에 이르러, 그 이상으로는 나아갈 수 없다."고 느꼈다. 경험적 측정으로는 절대 착취와 소외라는 인간적 비용을 계량할 수 없었다.

마르크스는 영국박물관에서 자본주의의 관행에 대한 방대한 자료를 발견했다. 정부에서 발행한 청서, 통계 자료, 공장 감독관이나 보건소 관리들의 보고서 등이다. 마르크스는 이런 자료를 이용하여 엥겔스가 《영국 노동 계급의 상태》에서 거두었던 것과 똑같은 물량 공세 효과를 거두었다. 그러나 잘 알려지지 않았지만, 마르크스의 주요한 자료가 또 한 가지 있었는데 그것은 소설이다. 마르크스는 기계가 노동력에 미치는 영향을 논하면서, 1861년의 센서스 수치를 들이댔다. 거기에 보면 직물 공장이나 금속 가공 공장처럼 기계화된 산업에 고용된 노동자들의 숫자가 집 안에서 일하는 하인들의 숫자보다 적다고 나와 있다("기계의 자본주의적 착취의 멋진 결과가 아닌가!"). 자본가들은 기술 진보에 따르는 인간 사상자들에 대해 어떻게 책임을 회피할 수 있을까? 마르크스는 센서스 수치는 접어두고, 디킨스의 《올리버 트위스트》에서 빌 사이크스가 부두에서 했던 연설에 의지한다.

"배심원 여러분, 이 상업적 여행자의 목이 잘린 것은 의심의 여지가 없습니다. 그러나 그것은 내 잘못이 아닙니다. 그것은 칼의 잘못입니다. 이런 일시적 불편 때문에 칼의 이용을 그만두어야 합니까? ……만일 칼을 없앤다면, 여러분은 우리를 다시 야만의 구덩이에 던져넣게 됩니다."

만일《자본》을 상상력에 의한 작품으로 읽으면 거기에서 더 많은 사용가치, 나아가서 이윤을 얻을 수 있을까? 그것을 주인공이 자신이 창조한 괴물의 노예가 되어 결국 그 괴물에게 잡아먹히는 빅토리아 여왕 시대의 멜로 드라마나 방대한 고딕 소설로 읽어야 할까("머리에서 발끝까지 진흙으로 뒤덮인 채 몸의 모든 구멍에서 피를 뿜으며 세상에 나타난 자본")? 아니면 모든 전망이 다 좋은데 인간만이 야비한, 스위프트의 휘넘족의 땅과 같은 풍자적 유토피아로 읽어야 할까? 마르크스가 그려낸 자본주의 사회는 스위프트의 말들이 살고 있는 사이비 천국과 마찬가지로, 보통 사람들을 무능한 망명자 야후(스위프트의 소설에 나오는 인간의 모습을 한 짐승 : 역주)의 지위로 격하시킴으로써 창조해낸 거짓 에덴이다. 단단한 것은 모두 녹아 허공으로 사라진다. 마르크스는《공산당 선언》에서 그렇게 썼다. 이제《자본》에서는 진정으로 인간적인 모든 것은 비인간적인 물질적 힘으로 응축되거나 결정(結晶)된다. 대신 죽은 물체들이 위협적인 생명과 힘을 얻는다. 한때는 가치의 표현물에 지나지 않았던 화폐―상품과 상품 사이에 의사소통을 가능하게 해주는 일종의 혼성 국제어―가 가치 자체가 된다.

가장 단순한 세계에서는 교환 가치가 존재하기 힘들다. 사람들은 자신의 요구를 충족시키기 위해 양의 다리, 빵 한 덩이, 초 등을 생산한다. 그리고 자신이 쓰고 남는 것을 물물교환한다. 그러다가 정육점 주인, 빵가게 주인, 초 만드는 사람이 등장하는데, 이들 셋 다 사람들을 속여 먹으려 든다. 그들의 유혹적인 생산물을 사려면 우리는 보수를 받는 노동자가 되어야 한다. 일을 위해 사는 대신, 살기 위해 일을 해야 한다. 점차적으로―그러나 막는 것은 불가능하다.―우리는 상품과 임금, 가격과 이윤이라는 사회적 관련 속으로 이끌려 들어간다. 어떤 것도 보이는 대로가 아닌 환상의 세계다.《자본》첫 장의 첫 문장을 보라.

"자본주의적 생산양식이 지배하는 사회에서 부는 '상품의 엄청난 집합'으로 나타난다. 개별적인 상품은 그 기초적 형태로 나타난다."

주의 깊은 독자라면 동사의 선택에 주목했을 것이다. '……나타난다'는 말이 강조를 하려는 듯 되풀이해서 등장하고 있다. 이 서두는《공산당 선언》의 첫 문장보다 덜 극적이지만, 목적은 비슷하다. 우리는 유령과 귀신의 세계로 들어가는 것이며, 마르크스는 이후 1천 페이지에 걸쳐 이 점을 계속 상기시켜준다.

교환 가치는 우연적이고 순수하게 상대적인 것으로 나타난다. …… 이제 노동 생산물의 나머지를 보도록 하자. 각각의 경우에 똑같은 환영과 같은 객관성 외에 거기서 남은 것이 없다. …… 이로 인해 복원된 중상주의가 등장하며, 여기서는 가치 속에서 사회적 형태만을 본다. 아니, 그 형태의 내용 없는 유령만을 본다. …… 더 높은 수준의 노동과 단순한 노동 사이의 구분, '숙련 노동'과 '비숙련 노동' 사이의 구분은 부분적으로는 순수한 환상에 근거하고 있다. …… 그들(정치경제학자들)은 자본 관계를 드러내는 대신 관계의 그릇된 겉모습만 보여준다…….

영웅적인 겉모습과 볼썽 사나운 현실 사이의 차이를 폭로하는 것—용감한 기사의 변장을 벗겨내고 속옷 차림의 땅딸막한 남자의 모습을 드러내는 것—은 물론 희극의 고전적인 방법들 가운데 하나다.

《자본》에서 찾아볼 수 있는 터무니없는 면들—마르크스가 정신 나간 사람임을 폭로하고 싶어하는 사람이 얼른 잡아채는 면들—은 저자가 아니라 주제의 정신 나간 면을 반영한다. 이 점은 그가 거의 처음부터 저고리와 20야드의 아마포의 상대적 가치에 대한 황당한 명상, 그리고 점점 초현실로 빠지는 명상으로 뛰어들 때부터 분명하다.

물론 저고리를 만드는 재단은 아마포를 만드는 직조와는 다른 종류의 구체적 노동이다. 그러나 재단을 직조와 동등하게 만들어버림으로써 재단은 이 두 종류의 노동에서 사실상 동등한 것으로, 즉 그들이 공통적으로 가지고 있는 인간적 노동이라는 특징으로 환원된다. …… 그러나 저고리 자체, 저고리-상품의 물리적 측면은 순수하게 사용 가치다. 저고리 자체는 우리가 만나는 아마포 조각과 마찬가지로 가치를 표현하지 못한다. 이 것은 저고리가 아마포와의 가치 관계 외부에서보다 내부에서 더 큰 의미를 가진다는 것을 입증할 뿐이다. 이것은 어떤 사람들이 금술 장식이 달린 제복을 입었을 때 그렇지 않은 경우보다 더 중요하게 여겨지는 것과 마찬가지다.

이 우스꽝스러운 비유는 우리가 지금, 말하는 사람은 신이 나지만 듣는 사람은 지루한 이야기(shaggy-dog story, 여기서 이 장의 제목이 나왔다 : 역주)를 읽고 있다고 경고하는 것이 틀림없다. 이것은 마르크스의 이야기가 진행됨에 따라 점점 분명해진다.

단추를 위까지 꽉 채운 저고리의 겉모습에도 불구하고 아마포는 거기서[저고리에서] 멋진 동족의 영혼을 알아본다. 곧 가치의 영혼이다. 그럼에도 가치가 아마포 앞에서 저고리의 형태를 띠지 않는 한, 저고리는 아마포를 향해 가치를 나타낼 수 없다. 예를 들어 폐하가 B라는 개인의 눈에 A라는 물리적 형태를 띠지 않는 한, 나아가서 '백성의 아버지'가 새로 나타날 때마다 이목구비, 머리 등 많은 것을 바꾸지 않는 한, A라는 개인은 B에게 '폐하'가 될 수 없다. …… 하나의 사용 가치로서 아마포는 저고리와는 명백히 다르다. 그러나 가치로서 아마포는 저고리와 동일하며, 따라서 저고리처럼 보인다.

이윽고 독자의 머리가 걷잡을 수 없이 빙빙 돌기 시작할 때쯤, 마르크스는 결정적인 말을 한다.

이렇게 해서 아마포는 그 자연적 형태와는 다른 가치-형태를 획득한다. 기독교인의 양 같은 본성이 '하느님의 어린 양과 닮은 모습에서 보이듯이, 가치로서 아마포의 존재는 저고리와의 동등한 모습에서 표현된다.

마르크스는 녹색 잉크로 거꾸로 인쇄하지만 않았다뿐이지, 우리가 더 높은 수준의 난센스로 이루어진 영토를 향해 악한 소설의 주인공으로서 오디세이를 떠난다는 신호를 분명하게 보내고 있다. 이것을 보면 그가 좋아하던 《트리스트럼 샌디》의 마지막 몇 줄이 떠오른다.

"아!" 나의 어머니가 말했다. "이 이야기가 다 무슨 소리죠?"
"말도 안 되는 소리지." 요릭이 말했다. "그런데 그런 것치고는 내가 들어본 것 가운데 최고야."

마르크스는 젊은 시절 처음 로렌스 스턴에게 반했을 때 스스로 희극적인 소설—그러나 보는 사람은 따분한 이야기—을 써보려 했다. 마르크스는 거의 30년 뒤에 주제와 문체를 발견했다. 스턴의 전기작가 토머스 요셀로프는 스턴을 이렇게 평가한다.
"그는 당대의 글쓰기 전통과 결별했다. 그의 소설은 에세이도 아니고, 철학책도 아니고, 회고록도 아니고, 팸플릿 저자의 방식을 따른, 지역민을 대상으로 한 풍자도 아니었다. 또한 소설도 아니었다. 그는 말이 나오는 대로, 생각나는 대로 썼다. 그의 책은 구조적으로 느슨하고 뒤죽박죽이었으며, 묘하고도 까다로운 것들로 가득했다……."

마르크스와 그의 서사시에 대해서도 같은 말을 할 수 있을 것이다. 《트리스트럼 섄디》와 마찬가지로 《자본》 역시 체계와 삼단논법, 역설과 형이상학, 이론과 가설, 심원한 설명과 즉흥적인 어릿광대짓으로 가득하다. 이 책에서 유행하는 개그 가운데 하나는 약간 멍청한 맹아적 자본가 머니백스(돈주머니라는 뜻 : 역자) 씨와 관련된 것이다.

"상품의 소비로부터 가치를 뽑아내기 위해서는 우리 친구 머니백스는 아주 운이 좋아서 유통의 범위 내에서, 시장에서, 그 사용 가치가 가치의 원천이 되는…… 그래서 결국 가치를 창조하게 되는 독특한 속성을 지닌 상품을 찾아내야만 한다."

운 좋은 머니백스는 노동력에서 바로 그런 상품을 발견하는데, 노동력에는 자신의 가치를 증식시키는 독특한 능력이 있다.

자본주의의 혼란스러운 논리를 제대로 평가하기 위해 마르크스의 텍스트에는 아이러니가 삼투되어 있다. 때로는 아이러니에 침수되었다는 느낌이 들기도 한다. 그러나 1백 년이 넘도록 거의 모든 독자들이 이 아이러니를 놓쳐왔다. 극소수의 예외 가운데 한 사람이 미국의 문학평론가 에드먼드 윌슨인데, 그는 마르크스를 '스위프트 이래 최대의 풍자작가'로 찬양했다. 이것은 지나친 찬사라는 느낌도 들 터이니, 보강 증거가 필요할지도 모르겠다. 이른바 《자본》 4권인 《잉여가치 학설사》에서 한 구절을 인용해보도록 하자.

여담 : 생산적 노동에 대하여

철학자는 철학을 생산하고, 시인은 시를, 성직자는 설교를, 교수는 개론을 생산한다. 범죄자는 범죄를 생산한다. 생산의 이 분야와 사회 전체의 관련을 자세히 살펴보면 우리는 많은 편견을 없앨 수 있다. 범죄자는 범죄를 생산할 뿐 아니라 형법도 생산한다. 이와 더불어 형법에 대해 강의하는 교수도 생산하고, 여기에 덧붙여 이 교수가 전체 시장에 '상품'으로서 그의 강의를 던지는 방식인 개론서도 필연적으로 생산한다. …… 나아가서 범죄자는 경찰과 형사, 심리 판사, 치안관, 재판관, 교수형 집행인, 배심원 등도 생산한다. 사회적 분업의 범주만큼이나 많은 범주를 구성하고 있는 이 모든 다양한 계열의 일은 인간 정신의 서로 다른 능력을 발전시키고, 새로운 요구와 그 요구를 충족시키는 새로운 방식을 창조한다. 고문 하나만 보아도, 그동안 아주 기발한 기계 장치들이 많이 만들어졌으며, 수많은 존경할 만한 장인들이 그 도구들을 생산해왔다. 범죄자는 경우에 따라 좀 도덕적이기도 하고 또 좀 비극적이기도 한 인상을 생산하는데, 이것을 통해 공중의 도덕적 감정이나 미적 감정을 일으키는 '서비스'를 한다. 범죄자는 형법에 대한 개론서를 생산하고, 형법과 그 분야의 입법가들을 생산할 뿐 아니라, 예술, 순문학, 소설, 심지어 비극까지도 생산한다. 뮐러의 《실트》와 쉴러의 《로이버》만이 아니라, 《오이디푸스》와 《리처드 3세》도 이 점을 입증한다. …… 생산력 발전에서도 범죄자의 영향은 자세히 살펴볼 수 있다. 도둑이 없었다면 자물쇠가 현재의 탁월한 수준에 이를 수 있었을까? 위조범이 없었다면 지폐가 현재와 같은 완벽한 수준에 이를 수 있었을까? …… 개인의 범죄의 영역을 떠나서 보더라도, 국가적 범죄가 없었다면 세계 시장이 생겨날 수 있었을까? 아니, 애초에 국가라는 것이 생겨날 수 있었을까? 아담의 시대 이후로 '죄의 나무'는 동시에 '지식의 나무' 아니었던가?

이것은 굶주리는 빈민에게 그들의 잉여의 아기를 먹도록 설득함으로써 아일랜드의 빈곤을 치유하자는 스위프트의 겸허한 제안에 비길 만하다(1870년에 마르크스가 14권짜리 스위프트의 전집을 4실링 6펜스라는 할인가에 구입했다는 사실은 괄호 안에 기록해둘 만한 가치가 있을지도 모르겠다). 윌슨이 제대로 보았듯이, 마르크스의 이론적 추상화—상품들의 춤, 논리의 미친 듯한 십자수—의 목적은 일차적으로 풍자적인 것이었다. 이것이 자본주의적 법칙들이 실제로 만들어내는 빈곤과 오물에 대한 냉혹하고 잘 정리된 그림들과 병치되어 있다. 윌슨은 이렇게 말을 이어간다.

"마르크스가 그렇게 과학적인 분위기로 제시하는, 비인격적으로 보이는 공식들의 의미는, 마르크스가 이따금씩 능청스러운 표정으로 우리에게 상기시켜주듯이, 노동자의 호주머니에서 우려낸 몇푼의 돈이며, 노동자의 몸에서 짜낸 땀이며, 노동자의 영혼이 목말라하는 자연스러운 즐거움이다. 마르크스는 경제학의 박식한 학자들과 맞서면서 일종의 패러디를 써낸 것이다……."

그러나 궁극적으로는 에드먼드 윌슨조차 플롯을 놓치고 만다. 그는 마르크스를 스위프트와 나란히 풍자의 천재들을 모신 신전에 모시고 나서 불과 몇 페이지 뒤에 "마르크스의 세계관 밑에 깔린 심리적 동기의 조악함"에 이의를 제기하며, 《자본》에서 제시된 이론이 "변증법과 마찬가지로, 마르크스 내부의 경제학자적인 면 앞에서도 결코 뒤로 물러서지 않는 형이상학자적인 면이 창조해낸 것"일 뿐이라고 불평한다. 이런 불만은 독창적인 것도 못 된다. 《자본》 초판을 본 독일의 일부 평자들은 마르크스의 '헤겔주의적인 궤변'을 비난했다. 그러나 이것은 마르크스가 기꺼이 유죄 인정을 할 혐의였다. 1873년에 출간된 독일어 2판 후기에서 마르크스가 밝혔듯이, 그는 거의 30년 전, 헤겔의 변증법이 아직 유행이던 시기에 '헤겔 변증법의 신비적 측면'을 비판한 바 있다.

"그런데 《자본》 1권의 작업을 하는 동안, 공부를 좀 했다는 독일 서클들에서 말깨나 하는 까다롭고, 불손하고, 범속한 아류들이…… 헤겔을

'죽은 개' 취급하는 것을 낙으로 삼기 시작했다. 그래서 나는 공개적으로 나 자신이 그 걸출한 사상가의 제자임을 공언했으며, 심지어 가치론에 대한 장의 여기저기에서 헤겔 특유의 표현 방식들을 가지고 장난을 쳐보기도 했다."

에드먼드 윌슨을 그렇게 화나게 했던 이런 변증법적 장난은 그가 그렇게 높이 찬양했던 아이러니와 하나를 이루고 있다. 두 기술은 모두 겉으로 보이는 현실을 뒤집어 감추어진 진실을 드러낸다. 마르크스는 1873년에 이렇게 썼다.

"독일의 천박한 경제학의 구변 좋은 수다쟁이들이 내 책의 스타일을 가지고 이러니저러니 한다. 그러나 나 자신보다 《자본》의 문학적 약점들을 강하게 느낄 수 있는 사람은 없다."

그러나 다른 곳의 비평가들은 그의 이론에는 적대적이면서도 그 스타일상의 장점들은 인정해주었다. 런던에서 나오는 잡지 〈새터데이 리뷰〉는 이렇게 말했다.

"저자의 관점은 유해하기 짝이 없다. 그러나 논리의 그럴듯함, 수사의 힘, 그가 정치경제학의 가장 따분한 문제들에 부여한 매력에 대해서는 의문의 여지가 없다."

〈컨템퍼러리 리뷰〉는 애국적인 입장에서 독일 경제학을 경멸하면서도("우리는 카를 마르크스가 우리에게 가르칠 것이 별로 많지 않다고 생각한다"), 저자가 "과학의 바다에 깔려 있는 인간적 관심, 즉 '굶주림과 목마름'"을 잊지 않았다는 점을 칭찬했다. 마르크스는 〈상트페테르부르크 저널〉에서 그의 산문의 '특별한 활기'를 칭찬한 것에 만족했다. 그 잡지는 이렇게 덧붙이고 있다.

"이런 점에서 저자는…… 대다수 독일 학자들과는 전혀 다른데…… 그들은 너무 건조하고 모호한 언어로 책을 쓰기 때문에 보통 사람들은 머리가 깨질 것 같다."

이런 활기찬 매력에도 불구하고 《자본》 1권은 여전히 수많은 보통 사람들의 머리로는 접근이 너무 어려웠다. 이런 부담은 마르크스가 가장 뚫고 들어가기 힘든 장들을 책의 서두에 배치함으로써 더욱 심해졌다. 마르크스는 서문에서 이렇게 설명하고 있다.

"어떤 과학이든 시작은 늘 어렵다. 따라서 1장, 특히 상품 분석이 포함된 부분은 이해가 가장 힘들 것이다. 그래서 가치의 내용과 가치의 양과 관련된 구절들은 가능한 한 대중화했다."

마르크스는 가치-형태는 정말 단순하다고 독자들을 안심시킨 뒤 덧붙인다.

"그럼에도 인간 정신은 그 밑바닥에 이르기 위해 2천 년 이상을 노력해왔다. …… 따라서 가치의 형태에 대한 부분을 제외한다면, 이 책에서 어려움 때문에 비난받을 부분은 없다. 물론 나는 뭔가 새로운 것을 배울 용의가 있고, 따라서 혼자 힘으로 생각할 용의가 있는 독자를 염두에 두고 있다."

그러나 이것은 야심이 약간 앞서는 가정이었음이 드러났다. 책이 식자 작업에 들어간 상태에서 엥겔스는 추상적 주장들을 독자적인 제목을 가진 짧은 부분들로 잘게 나누어 명료하게 다루지 않은 것은 '심각한 실수'라고 말했다.

"그렇게 하면 학교에서 쓰는 교과서 같은 느낌이 들기는 했을 테지만, 아주 많은 독자들이 한결 쉽게 이해할 수 있었을 걸세. 사람들은, 심지어 학자들이라 해도, 이제는 이런 사고 방식에 전혀 익숙하지가 않기 때문에, 그들을 위해 가능한 한 쉽게 만들어주어야 하네."

마르크스는 교정지에서 약간 손을 보았으나, 그것은 지엽적인 것만 만지작거린 것에 불과했다. 엥겔스는 최종 교정지를 살펴본 뒤에 약간

화가 나서 말했다.

"아니, 어떻게 책의 외적인 구조를 현재의 모습 그대로 남겨둘 수가 있나! 4장은 거의 2백 페이지에 달하는데, 넷으로밖에 나누어놓지 않았군. …… 게다가 사고의 흐름은 예들 때문에 계속 방해를 받고, 예를 든 사항은 예가 나온 뒤에 다시 요약이 되지 않았네. 그래서 읽다 보면 늘 한 가지 사항의 예로부터 곧바로 다른 사항으로 넘어가버리게 되네. 이것은 아주 짜증나고, 또 혼란스럽기도 하네."

그러나 엥겔스는 힘없이 덧붙인다.

"이런 것은 물론 중요한 일이 아니겠지."

마르크스를 열렬히 추앙하던 제자 가운데 일부도 모호한 앞 장들을 이해하려고 애를 쓰다가 슬며시 눈이 감기는 것을 느꼈다. 마르크스는 루트비히 쿠겔만에게 이렇게 말했다.

"부디 부인에게 '노동일', '협업, 분업, 기계', '원시적 축적'에 대한 장들은 아주 읽기 쉽다고 전해주시오. 이해가 안 되는 용어가 나오면 당신이 설명해주면 될 거요. 그래도 의문이 가는 점들이 남는다면, 내가 기꺼이 돕겠소."

훗날 영국의 위대한 사회주의자 윌리엄 모리스는 《자본》을 읽으면서 "두뇌의 혼란으로 괴로움을 느꼈다."

"그래도 나는 읽을 수 있는 만큼 읽었으며, 이 독서로 몇 가지 정보가 내 머릿속에 달라붙어 있기를 바란다."

《자본》이 출간되었을 때 별 반응이 없었던 것은 어쩌면 정치적인 편견 때문이라기보다도 사람들이 그 내용을 전혀 이해하지 못했기 때문인지도 모른다. 마르크스는 10월에 엥겔스에게 편지를 썼다.

"내 책에 대한 침묵 때문에 조바심이 나네."

그는 불면증이 다시 찾아왔다고 밝혔다.

"내 병은 늘 마음에서부터 생기네."

엥겔스는 독일의 부르주아 언론에 가명으로 적대적인 서평을 기고하여 소란을 일으키려고 최선을 다했다. 그는 마르크스의 다른 친구들에게도 같은 일을 하라고 다그쳤다. 엥겔스는 쿠겔만에게 말했다.

"중요한 것은 어떤 식으로든 그 책이 자꾸 논의가 되어야 한다는 것입니다. 마르크스는 그 문제에서 자유롭지 못하므로, 또 어린 소녀처럼 수줍어하므로, 우리가 그 일을 맡아서 해야 합니다. …… 우리 옛 친구 예수 그리스도의 말로 하자면, 우리는 비둘기처럼 순결하고 뱀처럼 지혜로워야 합니다."

닥터 쿠겔만은 열심히 최선을 다하여 하노버의 한두 신문에 글을 실었으나, 그 자신이 책을 제대로 이해하지 못했기 때문에 그 글들은 거의 도움이 되지 않았다.

"쿠겔만은 날이 갈수록 머리가 단순해져."

엥겔스는 불평을 했다. 그러나 예니 마르크스는 호의적인 편이었다. 그 하노버의 협력자는 무지렁이 바보처럼 굴기는 하지만, 적어도 의도는 좋았기 때문이다. 예니는 남편의 걸작에 대한 세상의 무관심 때문에 우울해졌고, 또 점점 나빠지는 남편의 건강에 신경을 바짝 곤두세우고 있었기 때문에, 누구든 지지의 자세만 보여주면 고마워했다.

"이보다 어려운 환경에서 쓴 책은 거의 없을 거예요. 나는 그 책을 쓴 내밀한 역사에 대해 글이라도 쓸 수 있을 것 같은데, 그러면 이루 말할 수 없는 고통과 불안과 괴로움이 많이, 정말 많이 쏟아져나올 거예요. 노동자들이 이 책, 오로지 그들을 위해서 쓴 이 책을 완성하는 데 얼마나 많은 희생이 필요했는지 눈치라도 챌 수 있다면, 아마 지금보다는 조금 더 관심을 보여줄 거예요."

1867년 크리스마스 이틀 전, 카를은 종기 때문에 아파서 긴의자에 누위 있었다. 예니는 부엌에서 내키지 않는 마음으로 명절용 푸딩을 준비하고 있었다. 건포도를 박고, 아몬드와 오렌지 껍질을 썰고, 쇠기름을 뿌리고, 밀가루에 달걀을 넣어 반죽을 했다. 그때 계단 아래서 누가 소리를 질렀다.

"커다란 조각품이 도착했습니다."

쿠겔만이 독일에서 크리스마스 선물로 보낸 제우스 흉상이었다. 그 먼 길을 왔음에도 조금밖에 부서지지 않았다. 예니는 의사에게 편지를 보냈다.

"선생님이 우리한테 얼마나 큰 기쁨과 놀라움을 주셨는지 짐작도 못 하실 겁니다. 우리에게 보여주시는 크나큰 관심에 대해서, 또 카를의 책을 위해 지칠 줄 모르고 애써주시는 것에 대하여 깊은 감사를 드립니다."

그러면서 예니는 대부분의 독일인들은 찬사를 보내는 방법으로 '완전하고 철저한 침묵'을 애용한다고 씁쓸하게 덧붙였다.

1868년 첫 3개월 동안 마르크스는 전혀 일을 할 수 없었다. 영국박물관까지 걸어가려 해도 허벅지 안쪽의 종기가 바지에 쓸렸다. 책상에 앉으면 엉덩이의 종기 때문에 곧 긴의자로 물러나 모로 누워야 했다. 글을 쓰려고 하면 어깨뼈 밑의 종기가 몹시 아팠다. 엥겔스에게 보내는 편지마저 길이가 현저하게 줄어들었다. 마르크스는 3월 23일자 편지에서 말했다.

"지난 주 내내 여러 군데 피가 줄줄 흐르는 대상포진이 생겨 고생을 했네. 왼쪽 겨드랑이 밑의 지저분한 놈이 특히 고집스럽고 완강하더군. 하지만 전체적으로는 훨씬 좋아졌네……."

그러나 오래 가지 않았다. 바로 다음날, 책을 읽던 중이었다.

"눈앞에 검은 베일 같은 게 생겼네. 거기에다 심한 두통과 가슴이 죄어드는 느낌이 찾아왔네."

 만일 《자본》의 '염병할 나머지 두 권'을 쓰는 일과 영국 출판사를 찾는 일만 아니었다면, 그는 당장 스위스로 이주했을 것이다. 런던에서 마르크스의 1년 생활비는 4백 파운드에서 5백 파운드 사이였다. 그러나 제네바에 가면 2백 파운드 정도로 아주 편안하게 살아갈 수 있을 것이라는 계산이 나왔다.
 그가 런던에 머무는 이유는 시간을 많이 잡아먹는 두 기관 때문이었다. 하나는 영국박물관이었고, 또 하나는 '국제 노동자 협회'의 총평의회였다. 그러나 마르크스는 또 한 가지를 염두에 두고 있었을지도 모른다. 제네바는 이제 미하일 바쿠닌의 본거지였다. 마르크스는 이미 인터내셔널을 파괴할 가능성이 제일 높은 사람으로 바쿠닌을 지목해놓고 있었다.

11 광포한 코끼리

미하일 바쿠닌

> 걷잡을 수 없는 충동이 넘쳐나는 사람과 감정을 지성으로 완벽하게 다스림으로써 언뜻 보면 감정이 없다고 믿게 되는 사람…… 자석처럼 다른 사람들을 끌어당기는 사람과 차가움 때문에 다른 사람들을 기죽이고 내치는 사람. – 바쿠닌과 마르크스에 대한 역사학자 E. H. 카의 비교

> 그것이 자라나는 토양은 근대 사회 자체다. 아무리 살육을 한다 해도 그것을 짓밟아 없앨 수는 없다. 이를 짓밟아 없애고자 한다면, 정부들은 자기 자신의 기생적 존속의 조건인, 노동에 대한 자본의 전제를 짓밟아 없애야 할 것이다. 노동자들의 파리는 그 코뮌과 더불어 새로운 사회의 영광스러운 선구자로서 영원히 찬양될 것이다.
> – 1871년 《프랑스 내전》에서 파리코뮌에 대한 마르크스의 평가

1868 | 1872
무정부주의자 바쿠닌과의 대결

미하일 바쿠닌은 러시아의 털북숭이 거인이었는데, 벼락을 내릴 것 같은 혁명가, 매우 충동적이고 정열적이며 순수한 의지를 가진 혁명가의 전형적인 모델이었다. 1849년 드레스덴 봉기 때 전우였던 작곡가 리하르트 바그너는 그를 지크프리트의 모델로 삼았다고 한다. 또 도스토예프스키의 소설 《악령》에서도 그의 흔적을 찾아볼 수 있다. 이런 인물에게는 당연히 전설들이 따라다니게 마련인데, 그 가운데 다수는 바쿠닌 자신이 만들어낸 것이었다. 이탈리아에서 폭동이 일어났을 때 이 두려움을 모르는 거인은 포위된 집에서 나가 군인들 사이를 당당하게 걸어갔는데, 아무도 감히 그에게 손을 대지 못했다고 한다. 그는 무슨무슨 형제단이나 무슨무슨 동맹 등 거창한 반역자 집단의 지도자임을 내세우며 세계를 돌아다녔는데, 보통 그런 집단은 선술집에 모이는 여남은 명의 친구들에 불과한 경우가 많았다. 그는 어린 소년처럼 음모의 소도구에 집착했다.—암호 문서, 비밀 암호, 보이지 않는 잉크 등. 마르크스는 그를 러시아 사제(hierophant)라고 불렀으나, 엥겔스는 거대한 몸집, 쿵쾅거리는 걸음, 그의 앞길을 막아서는 것은 무엇이든 짓밟는 습관 등을 볼 때 코끼리(elephant)가 더 적절할 것이라고 대꾸했다.

바쿠닌은 종종 '근대 무정부주의의 아버지'라고 일컬어진다(같은 칭호를 두고 프루동과 경쟁하는 관계다). 그러나 그는 이렇다 할 이론적 경전을 남겨준 바 없다. 그의 유산은 국가는 악이며 따라서 파괴해야 한다는 단순한 개념뿐이다. 공산주의 국가도 자본주의 국가보다 나을 것이 없었다. 그 경우에도 여전히 소수의 손에 권위가 집중될 것이며, 설사 '노동자들'이 다스리는 국가라 해도 곧 부패하여 그들이 쓰러뜨린 압제자들과 마찬가지로 독재적이 될 것이라는 이야기였다. 바쿠닌은 대신 연방 무정부를 제안했는데, 이 경우에는 권력이 아주 광범위하게 분산되어 아무도 권력을 남용할 수 없을 것이라는 생각이었다.

어쨌든 그의 제자들은 그것이 바쿠닌의 생각이라고 주장할 것이다. 현재는 그의 제자들의 숫자가 엄청나다. 그러나 그가 살아 있을 때 바쿠닌은 군대 없는 장군, 또는 코란 없는 마호메트라고 할 수 있었다. 20세기에는 그를 추앙하는 사람이 엄청나게 늘어났는데―그들 가운데 다수는 전혀 혁명적이지도 않고 무정부적이지도 않았다.―그들은 바쿠닌이 마르크스의 사상들은 결국 굴락(소련의 교정〔矯正〕노동 수용소 관리국(1934~1960)을 가리키는 말이며, 보통 정치범 강제 노동 수용소라는 뜻으로 쓰인다 : 역주)으로 나아갈 수밖에 없음을 예측한 사람이라고 찬양했다. 이들은 두 사람을 늘 나란히 놓으며, 늘 마르크스를 불신한다. 독일의 마르크스 연구자인 프리츠 라다츠 교수는 이렇게 말한다.

"둘 사이의 투쟁은 현재에 이르기까지 노동운동의 역사를 둘러싼 모든 논쟁의 핵심에 자리잡고 있다. 이것은 피해갈 도리가 없다. …… 마르크스와 바쿠닌은 곧 스탈린과 트로츠키다."

영국의 역사학자 E. H. 카는 이렇게 비교했다.

"걷잡을 수 없는 충동이 넘쳐나는 사람과 감정을 지성으로 완벽하게 다스림으로써 언뜻 보면 감정이 없다고 믿게 되는 사람…… 자석처럼 다른 사람들을 끌어당기는 사람과 차가움 때문에 다른 사람들을 기죽이고 내치는 사람."

카도 바쿠닌이 이따금씩 무모하고 일관성이 없다는 점은 인정했다. 그러나 이런 결함들은 메마른 마르크스의 계산기에서 나오는 차갑고 비인간적인 규율과 대비될 때는 미덕이 된다.

아이제이어 벌린은 "바쿠닌과 마르크스는 시와 산문처럼 달랐다."고 말한다. 이 말은 언뜻 보기에는 바쿠닌은 서정적이고 자유로운 정신이었던 반면, 마르크스는 융통성 없이 꾸준히 일만 하는 사람이라는 뜻 같은데, 그렇다면 이것은 목에 힘만 주었다뿐이지, 유치한 트로츠키/스탈린 공식—인간적인 자유의지론자 대 무자비한 권위주의자—을 재구성해놓은 것에 지나지 않는다. 이 신화에도 어느 정도의 진실이 있기 때문에 지금까지 살아남아 있는 것이라고 생각할 수도 있다. 실제로 바쿠닌은 순수한 감정의 인간이었는데, 마르크스의 꼼꼼한 합리주의와 세부에 대한 관심을 경멸했다. 그가 자본의 복잡한 역학에 관심이 없는 것은 마르크스가 비밀스러운 음모를 경멸한 것과 어울리거나 균형을 이룬다고 말할 수 있다. 그러나 이 정도 이야기를 넘어서게 되면, 이 두 거인의 싸움에 대한 거의 모든 말이나 글은 터무니없게 느껴진다.

그들은 1844년 파리에서 만났고, 1848년 혁명 직전 브뤼셀에서도 만났다. 당시 바쿠닌은 무정부주의자라기보다는 공산주의자에 가까웠다. 바쿠닌은 마르크스보다 4년 연상이었는데, 그들의 화해할 수 없는 기질 때문에 '솔직한 친밀함'은 절대 가능하지 않을 것이라고 짐작하면서도, 이 젊은이의 우월한 학식은 인정했다("나는 당시에는 정치경제학에 대해 전혀 몰랐다"). 그해 여름 마르크스의 〈노이에 라이니셰 차이퉁〉은 파리에서 돌고 있는 소문을 기사화했는데, 그것은 바쿠닌이 차르의 비밀 요원이라는 주장—조르주 상드가 그렇게 말했다고 한다.—이었다. 마르크스가 이런 소문을 퍼뜨린 것은 어쩌면 러시아와 러시아인에 대한 본능적인 불신에서 기인했다고도 할 수 있다. 그럼에도 마르크스는 조르주 상드가 자신은 그런 말을 한 적이 없다는 내용의 편지를 보내오자 그것을 신문에 게재했으며, 거기에 실수를 사과하는 짤막한 편집자 주를 덧붙였다. 몇 주 뒤에 두 사람은 베를린에서 우연히 만났다. 이때 마르크스는 신파조로 이렇게 이야기했다고 한다.

"나는 지금 공산주의 비밀 결사의 수령이오. 이 조직은 워낙 규율이 튼튼해서, 내가 아무 회원한테나 '가서 바쿠닌을 죽여라.' 하고 말하면 그대로 당신을 죽여버릴 거요."

그러나 마르크스가 이런 말을 했다고 주장한 사람은 바로 구제 불능의 몽상가 바쿠닌 자신이었기 때문에, 이 주장을 반드시 믿을 필요는 없다. 만일 마르크스가 정말로 그런 협박을 했다면, 그 성질 급한 러시아인이 두 번 다시 마르크스와 이야기라도 하려 했겠는가.

공교롭게도 두 사람은 그 이후 16년 동안 만나지 못했다. 그러나 이것은 순전히 지리적 거리 때문이었다. 바쿠닌은 1849년에 리하르트 바그너와 모험을 한 뒤 드레스덴, 프라하, 상트페테르부르크 감옥에서 8년을 보냈다. 1857년 니콜라이 황제가 죽자 그의 형벌은 시베리아 '무기 추방'으로 바뀌었다. 바쿠닌은 4년 뒤 샌프란시스코로 가는 배에 몰래 올라타 탈출했으며, 뉴욕을 거쳐 유럽으로 돌아왔다.

라살의 경우에 그랬던 것처럼, 마르크스는 설사 태도와 허세가 마음에 들지 않아도 거물을 만나면 그가 거물이라는 점은 인정을 했다. 엥겔스는 1849년에 그런 태도를 적절하게 표현한 적이 있다. 그는 범슬라브 국가를 만들자는 바쿠닌의 계획을 공개적으로 비난하면서 이렇게 말했다.

"바쿠닌은 우리 친구다. 그렇다고 해서 우리가 그의 팸플릿을 비판하는 일을 망설인다는 것은 아니다."

또한 그의 습관을 조롱하는 일도 망설이지 않았다. 바쿠닌도 라살과 마찬가지로 마르크스와 엥겔스 사이의 편지에서는 조롱의 단골 소재였다. 마르크스는 1863년에 명랑하게 써 내려갔다.

"바쿠닌은 괴물이 되었네. 엄청난 살과 기름 덩어리가 되었지. 이제 제대로 걷지도 못해. 더 웃기는 것은 성적으로도 변태라서, 시베리아에서 순교자연 하는 태도 때문에 그와 결혼했던 17살 난 폴란드 아가씨 때문에 질투심에 시달리고 있다는 걸세. 그는 지금 스웨덴에 있는데, 거기서 핀란드 사람들하고 '혁명'을 부화시키고 있네."

마르크스는 사실 1848년 이후 이 괴물을 직접 본 적이 없는 상태에서 이 편지를 썼다. 그러나 1864년 가을 바쿠닌이 스웨덴에서 이탈리아로 가는 길에 사회주의자 재단사 프리드리히 레스너에게 양복 몇 벌을 맞추기 위해 런던에 들렀을 때 둘은 다시 만나게 되었다.

일부 역사가들은 마르크스가 늘 바쿠닌을 싫어했다고 주장하지만, 이 만남과 관련된 여러 사실들은 그렇지 않았음을 보여준다. 우선 레스너(그도 인터내셔널의 총평의회의 위원이었다)에게서 바쿠닌이 런던에 있다는 이야기를 듣고 먼저 만나자고 한 사람은 마르크스였다. 그를 경멸했다면 왜 굳이 만나려 했겠는가? 다음날 마르크스가 엥겔스에게 보낸 편지를 보면 이 만남이 동지 간의 재회였음을 확인할 수 있다.

"그가 매우 마음에 들더군. 전보다 더 좋던걸. …… 전체적으로 그는 못 만났던 16년 동안 후퇴한 것이 아니라 전진을 했네. 이런 사람은 아주 드물지."

몇 주 뒤 이탈리아 피렌체에서 보낸 애정이 넘쳐나는 편지에서 바쿠닌은 마르크스를 '내 가장 귀한 친구'라고 부르면서, 마르크스의 인터내셔널 개회 연설에 찬사를 보내고, 서명을 한 사진을 보내 달라고 요청했다.

런던에서 마르크스를 만났을 때 바쿠닌은 이제 은밀한 음모와 비밀 결사에 대한 어린아이 같은 집착을 버렸다고 말했다. 그는 이제부터는 폭넓은 '사회주의 운동', 즉 인터내셔널에만 전념하겠다고 맹세했다. 그러나 이탈리아에 도착하자마자 과거의 음모적 계획으로 돌아가고 말았다. 새로운 러시아인 후원자 오볼렌스키 공주가 지원하고 부추겼기 때문이다. 공주는 이 뚱뚱하고 치아가 없는 거인에게서 큰 매력을 느꼈던 것 같다. 바쿠닌은 이후 3년여 동안 인터내셔널과 아무런 관계를 가지지 않았다.

1867년 공주와 그녀의 귀염둥이 무정부주의자는 스위스로 이주했다. 바쿠닌은 그곳에서 인터내셔널이 중요한 세력으로 자리를 잡고 있음을 알게 되었다. 바쿠닌은 잃어버린 시간을 벌충하기 위해 조직을 강탈하기로 결심하고 그의 전기 작가인 E. H. 카가 '대담한 계획'이라고 부른 것을 고안했다. 그러나 대담하기는 하지만, 동시에 얼토당토않은 것이기도 했다. 그는 자칭 '국제 사회민주주의 동맹'—거창해 보이지만 사실은 소집단에 지나지 않는 그의 많은 조직들 가운데 그 즈음에 새로 만든 것—의 지도자로서 노동자 인터내셔널에 통합, 그것도 동등한 입장에서의 통합을 제안하는 편지를 보냈다. 그렇게 하면 새로운 조직의 공동의장이 될 수 있을 것이라는 계산이었다. 당연한 일이지만, 총평의회의 마르크스와 그의 동료들은 그 제안에 코웃음을 쳤다. 그들은 가입 조합이나 조직을 통하여 수만 명의 노동자들을 대표하고 있었던 반면, 바쿠닌의 '국제 동맹'의 회원은 다 합쳐 20명쯤이었을 것이기 때문이다. 바쿠닌은 정면 공격이 좌절되자, 대신 살금살금 뒷문으로 들어가기로 했다. 그는 '총평의회'에 '국제 동맹'이 해체되었다고 알렸다. 대신 새로운 조직인 '사회민주주의를 위한 동맹'—이번에는 수식어 없이 그냥 '동맹'이었다.—이 다른 지역 단체들과 마찬가지로 노동자들의 인터내셔널의 평범한 가입 단체가 되기를 바란다고 겸손하게 요청했다. 마르크스는 해가 될 것이 없다고 보고 가입을 추천했다.

바쿠닌을 중앙집중적인 권력 구조와 엄격한 위계에 대한 영웅적 반대자로 묘사하는 사람들은 가입 이후 그의 행동을 설명하기가 곤란할 것이다. 그래서 아예 무시해버리는 쪽을 택하는지도 모르겠다. 그가 참석한 처음이자 유일한 인터내셔널 대회(1869년 바젤에서 열렸다)에서 그는 "수백만 노동자의 국제적 국가의 건설"을 주장하면서, "그 국가를 구성하는 것이 인터내셔널의 역할이 될 것"이라고 말했다.—어떤 종류든 '국가'는 그와 같은 진정한 무정부주의자에게는 저주의 대상임을 잠시 잊었던 모양이다. 또 다른 논쟁에서는 '총평의회'의 권한을 강화하여, 새로운 신청자의 가입을 거부하고 기존 회원을 제명할 권리를 부여하자고 제안하기도 했다. 그도 그럴 만한 것이, 카도 인정했지만, "이 단계에서 바쿠닌의 야망은 '총평의회'를 파괴하는 것이 아니라 그것을 장악하는 것"이었기 때문이다. 자세히 들여다볼수록, 나중에 그가 '총평의회'에 격분한 것은 고결한 정신에서 우러나온, 권위에 대한 혐오 때문이 아니라, 장악에 실패한 뒤 못 먹는 감 찔러나 보자는 식이었다는 것이 분명해진다.

바쿠닌은 배후에서 평소와 다름없이 음모를 꾸미고 있었다. 바쿠닌의 사업 방식은 그의 부하인 샤를 페롱과의 대화에서 아주 잘 드러난다.

바쿠닌은 인터내셔널이 그 자체로는 훌륭한 조직이지만, 페롱이 가입해야 할 더 나은 조직, 즉 '동맹'이 있다고 설득했다. 페롱은 동의했다. 이어 바쿠닌은 '동맹' 내부에도 진정한 혁명가가 아닌 사람, 그 활동에 장애가 되는 사람들이 있을 수 있다면서, '동맹'의 배후에서 '국제 형제단'이라는 그룹을 결성하는 것이 좋겠다고 말했다. 페롱은 여기에도 동의했다. 그들이 며칠 뒤에 만났을 때, 바쿠닌은 '국제 형제단'은 너무 광범위한 조직이기 때문에 그 배후에 세 명으로 이루어진 '이사회' 또는 '사무국'이 있어야 한다고 이야기했다. 물론 페롱도 그 세 명 가운데 하나였다. 페롱은 웃음을 터뜨리며, 다시 한 번 동의했다.

권력을 민중에게 돌려주자고 외치는 사람이 그런 식으로 말했던 것이다.

1869년 바젤 대회에서는 1년 후에 대표단이 파리에서 다시 만나기로 합의했다. 그러나 이 계획은 1870년 7월에 프로이센 프랑스전쟁—나폴레옹 3세가 막강한 비스마르크에 도전하여 비틀거리는 제2제국을 강화해보려 했던 필사적인 노력의 산물—이 터지면서 좌초했다. 인터내셔널은 오래 전부터 이 순간에 대비해왔다. 1868년 브뤼셀 대회에서는 전쟁이 시작되자마자 총파업을 호소하는 동의안을 통과시켰다. 그러나 마르크스는 그런 발상을 "벨기에에서 벌어진 말도 안 되는 짓"이라고 폄하하면서, 노동 계급은 "아직 저울 위에 결정적인 추를 올려놓을 만큼 충분히 조직되지 않았다."고 주장했다. 마르크스는 노동 계급이 할 일은 프랑스와 독일 사이의 전쟁이 양국에, 그리고 유럽 전체에 파멸을 가져올 것이라는 취지로 상황에 어울리는 "거만한 선언과 꾸짖는 말들"을 내놓는 것이라고 생각했다.

마르크스는 그렇게 했다. 1870년 7월 23일, 선전포고 나흘 뒤, 총평의회는 마르크스가 작성한 '담화'를 승인했다. 마르크스는 이 '담화'에서 그가 오래 전부터 싫어하던 루이 보나파르트의 패배를 즐거운 마음으로(그리고 정확하게) 예측했다. 그러나 마르크스는 독일 노동자들에게 전쟁이 "엄격하게 방어적인 성격"을 잃고 프랑스 국민에 대한 공격으로 타락하면, 승리를 하든 패배를 하든 똑같이 참담한 결과를 가져올 것이라고 경고했다. 그러면서 다행히도 독일 노동 계급은 상당히 계몽되어 있기 때문에 그런 결과를 허용하지 않을 것이라고 덧붙였다.

임박한 무시무시한 전쟁이 어느 쪽으로 방향을 틀든, 만국의 노동 계급의 단결은 궁극적으로 전쟁을 죽여 없애게 될 것이다. 프랑스와 독일이 공식적으로 형제를 죽이는 전쟁에 뛰어들고 있는 반면, 프랑스와 독일의 노동자들은 서로 평화와 우호의 메시지를 보내고 있다는 사실. 이 역사상 유례가 없는 사실은 밝은 미래의 전망을 열어주고 있다. 이것은 경제적으로 곤궁하고 정치적으로 착란 상태인 낡은 사회와는 다른 새로운 사회가 솟아오르고 있다는 증거다. 새로운 사회의 국제적 질서는 평화가 될 것이다. 그 자연스러운 통치자는 어디에서나 똑같이 노동자일 것이기 때문이다. 이 새로운 사회의 개척자는 '국제 노동자 협회'이다.

읽는 사람의 가슴이 뛰게 만드는 대목이다. 존 스튜어트 밀은 축하의 메시지를 보내면서, "'담화'에 몹시 기뻐했다."고 말했다.
"'담화'에는 없어야 할 말은 한 단어도 없었다. 더는 줄일 수 없는 글이다."
그러나 마르크스는 공식적으로는 중립을 지키면서도, 속으로는 여러 가능성들을 계산해보며 어떤 결과가 그의 목적에 가장 적합한지 생각해보지 않을 수 없었다.
오래 전인 1859년 2월, 마르크스는 라살에게 보낸 편지에서 프랑스와 독일의 전쟁은 "당연히 심각한 결과를 낳을 것이며, 결국 혁명을 불러올 것이 틀림없다."고 썼다.

"그러나 처음에 프랑스에서는 보나파르트주의를 강화해줄 것이며, 영국과 러시아에서는 국내의 운동을 퇴행시킬 것이며, 독일에서는 민족 문제와 관련하여 가장 편협한 열망들이 다시 생겨날 것일세. 따라서 내 생각으로는, 전쟁이 일어나면 우선은 모든 면에서 반혁명적 영향을 줄 것이라고 보네."

11년 뒤에 마르크스는 전쟁의 결과들을 따져보는 일에 집착하고 있었다. 마르크스는 1870년 8월 엥겔스에게 이렇게 말했다.

"류머티즘 때문에 지금까지 나흘 동안 밤에 전혀 잠을 못 잤네. 그 시간에 파리 등등에 대한 공상을 하고 있네."

공상 중에 기쁜 것은 양쪽이 번갈아 서로를 두들겨서 보나파르트와 비스마르크 둘다 약화되고, 결국에는 독일이 승리를 거두는 시나리오였다.

"내가 이런 결과를 바라는 것은 보나파르트가 분명하게 패배하면 프랑스에서 혁명이 일어날 가능성이 있기 때문이지. 그러나 독일은 분명히 패배한다 해도 현재의 상황이 20년은 계속될 걸세."

그러나 마르크스의 부인이나 가장 친한 친구는 자신이 어느 편을 드는가를 그렇게 복잡하게 정당화할 필요가 없었다. 예니는 프랑스가 뻔뻔스럽게도 독일의 신성한 땅에 그 '문명'을 수출하려 하는 것에 대해 한번 크게 혼이 나야 된다고 생각했다. 그녀는 엥겔스에게 보낸 편지에서 이렇게 말했다.

"모든 프랑스인들, 심지어 좀 낫다고 하는 극소수의 프랑스인들에게도, 그 마음 한구석에는 쇼비니즘의 요소가 있어요. 그들은 한번 혼줄이 나서 그것을 다 털어버려야 해요."

〈펠멜 가제트〉에 군사적인 분석을 써서 전쟁 덕에 부수입도 얻고 있던 엥겔스 역시 유전적인 충성심에 어느 정도 이끌리고 있었다. 그는 감격한 어조로 말했다.

"독일인들의 군사적 성취에 대한 나의 확신은 날이 갈수록 커지고 있네. 우리는 첫 번째 중요한 교전에서 승리를 거둔 것으로 보이는군."

일단 보나파르트가 무너지고 나면 오랫동안 고통을 받아온 시민들이 마침내 스스로 권력을 손에 쥘 기회를 얻을 것 같았다.

그러나 파리 시민들에게 프로이센 군대에 저항하면서 동시에 혁명을 일으킬 수단이나 지도자가 있었을까? 그 잠 못 이루던 밤에 마르크스를 괴롭힌 것은 무엇보다도 이 질문이었다. 마르크스는 엥겔스에게 말했다.

"20년에 걸친 보나파르트의 소극(笑劇)이 엄청난 사기 저하를 가져왔다는 사실은 감출 수가 없네. 혁명적 영웅주의에만 의존하는 것은 정당화되기 힘들 것 같네. 자네는 어떻게 생각하나?"

엥겔스가 답장을 쓰기도 전에 보나파르트는 스당에서 항복을 하고, 파리에는 새로운 체제―제3공화국―가 들어섰다.

강 옆에서 오래 기다리다 보면 적들의 시체가 둥둥 떠내려가는 것을 보게 된다. 마르크스는 거의 20년 전, 나폴레옹이 벼락 출세를 한 것을 보고 자극을 받아 《루이 보나파르트의 브뤼메르 18일》을 썼다. 이제 그는 즐거운 마음으로 부고를 쓸 수 있게 되었다. 인터내셔널은 9월 9일에 전쟁에 대한 '2차 담화'를 발표했는데, 이 담화는 "제2제국의 생명력에 대한 우리의 판단은 틀리지 않았다."는 다소 으스대는 문장으로 시작된다. 마르크스는 계속해서 이렇게 말한다.

"우리는 또 독일의 전쟁이 '엄격하게 방어적인 성격을 잃고 프랑스 국민에 대한 공격으로 타락할 것'을 우려했는데, 이것 역시 틀리지 않았다."

'1차 담화'를 들추어본 사람이라면 그가 사실 이 가능성을 부정하고,

영웅적인 독일 노동 계급이 그것을 저지할 것이라고 주장했다는 것을 기억할 것이다. 그러나 순수하게 '방어적인' 전쟁은 나폴레옹이 스당에서 항복하면서 함께 끝이 났다. 이제 독일이 알사스와 로렌의 합병을 요구하고 있었기 때문에 마르크스는 창피를 면하기 위해 얼른 역사를 고쳐 쓴 것이다.

그렇다고 마르크스에게 너무 가혹하게 굴 필요는 없다. 그가 이전에 독일인들의 자제력에 대해 찬사를 보냈던 것은 경험보다 희망이 앞선 것이었다. 이것만 제외하면 그가 세부를 읽어낸 것은 놀라울 정도로 정확하다. 무기라는 행운과 성공이라는 오만으로 프로이센이 프랑스를 분할하면 어떻게 될까? '2차 담화'에서 마르크스는 독일이 "러시아의 세력 확장의 공인된 도구가 되거나, 짧은 휴식 뒤에 다시 '방어적' 전쟁에 대비하게 될 것"인데, 이때의 전쟁은 "새롭게 유행하는 '국지적' 전쟁이 아니라 인종 간의 전쟁—슬라브와 로마 인종과의 전쟁"이 될 것이라고 경고했다. 인터내셔널의 미국 조직가 프리드리히 아돌프 조지에게 보낸 편지에는 그의 선견지명이 좀더 분명하게 나타난다.

"프로이센의 멍청이들이 보지 못하는 것은 현재의 전쟁이…… 필연적으로 독일과 러시아 사이의 전쟁에 이르게 된다는 사실이라네. 이 두 번째 전쟁은 러시아에 불가피한 사회 혁명의 산파 역할을 할 걸세."

마르크스는 살아서 1917년의 드라마를 보지는 못했지만, 보았다 해도 전혀 놀라지 않았을 것이다. 오히려 그것보다 훨씬 더 멀리 내다본 듯한 느낌도 든다.

군사적 이익에 의해 경계가 확정된다면 요구에는 끝이 없을 것이다. 모든 군사적 분계선은 불완전할 수밖에 없으며, 각국은 변경의 영토를 좀더 합병하여 그 불완전함을 개선하려 할 것이기 때문이다. 나아가서 이 분계선은 절대 최종적으로 공정하게 확정될 수 없다. 그것은 늘 정복자가 피정복자에게 강제하는 것이며, 따라서 그 안에는 새로운 전쟁의 씨앗이 담겨 있기 때문이다.

간혹 나타나는 마르크스의 오판을 그가 근시안적으로 역사를 보았다는 증거로 간주하려는 사람들에게 빅토리아 여왕 시대 중기에 이렇게 예리하게 아돌프 히틀러의 등장을 예감한 사람이 달리 있었는지 묻고 싶다.

마르크스의 '2차 담화'는 새로운 프랑스 공화국을 환영했다("공화국 만세!"). 그러나 심각한 우려를 덧붙였다.

"이 공화국은 왕좌를 전복한 것이 아니라, 빈 자리를 차지했을 뿐이다. 이 공화국은 사회적인 정복으로서가 아니라 국가적 방어 수단으로서 선포되었다."

임시 정부에서는 오를레앙 왕가(루이 14세의 동생 오를레앙공을 시조로 하는 왕가 : 역주) 지지자와 공화주의자, 보나파르트 지지자와 자코뱅주의자들이 불안하게 제휴하고 있었다. 이러한 미봉책은 결국 왕정 복고로 가는 다리가 될지도 몰랐다. 그럼에도 프랑스 노동자들은 시민으로서 자신의 의무를 이행하고, 혁명에 대한 모든 생각을 추방해야 했다.

"적이 파리의 문간을 두드리는 현재의 위기에서 새로운 정부를 전복하려는 시도는 자포자기에 가까운 어리석은 행동이다."

물론 자포자기에 가까운 어리석은 행동은 미하일 바쿠닌이 가장 좋아하는 소일거리였다. 바쿠닌은 스위스의 별장에서 프랑스로부터 들려오는 소식에 귀를 기울이고 있었다. 스당에서 패배한 후 리옹에서 봉기가 일어났다는 소식이 들리자 바쿠닌은 즉시 그곳으로 가서 호텔 드 빌로 점잔빼며 걸어들어가 '프랑스 구조 위원회' 위원장으로 자신을 내세왔다. 바쿠닌은 시청 발코니에서 '국가의 폐지'를 선포하면서, 자신의 포고에 반대하는 사람은 모두 처형하겠다고 덧붙였다(정말 자유의지론 적이기도 하지). 국가에서 파견한 국민방위군 소대는 경계를 게을리한 문을 통해 시청으로 진입하여, 리옹의 메시아를 안전한 제네바 호숫가로 얼른 돌려보냈다.

사과 수레를 뒤집지 말라는 마르크스의 충고도 바쿠닌의 허영심에 찬 익살만큼이나 영향력이 없었다. 노회한 자유주의적 변호사 아돌프 티에르는 제3공화국 대통령으로 취임하자 곧 그의 '국가 방위 정부'라는 고약한 이름이 붙은 정부를 대표하여 프로이센과 휴전을 간청했다. 여기에 덧붙여, 포위 동안 중단되었던 모든 미해결 납부금과 세를 즉시 거두어서 배상금을 조달할 것이라는 발표가 나오자, 파리 시민의 분노는 극에 달했다. 1871년 3월 18일 격분한 군중이 거리로 몰려나왔다. 정부에 무기를 반납하라는 명령에 불복하던 국민방위군도 합세했다. 티에르와 그의 추종자들은 국가 수도를 국민의 손에 남겨두고 베르사유로 도주했다.

프랑스의 수탉은 다시 울었다. 유럽의 통치자들은 처음에는 그 소리를 못 들은 체했다. 그들이 모른 체하면 그 소리가 희미해질 것이라고 기대했는지도 모른다. 그러나 그들의 기대가 어긋났을 때 그들이 공황에 빠져 허둥대는 모습은 유쾌한 구경거리였다. 런던의 〈더 타임스〉는 "민주주의라는 이 위험한 감정, 이른바 문명의 수도에서 일어난 문명에 대항하는 음모"에 반대하는 목소리를 높였다. 〈더 타임스〉는 카를 마르크스조차 봉기에 겁을 먹고 인터내셔널의 프랑스 회원들에게 엄하게 꾸짖는 메시지를 보냈다고 보도했다. 곧 이어 이 신문은 마르크스가 그런 사실을 부인하는 문서를 게재해야 했는데, 마르크스는 그 편지가 '뻔뻔스러운 위조물'이라고 밝혔다(마르크스는 독일에 있던 리프크네히트에게 충고했다. "파리 내부의 사건들에 대하여 부르주아 신문에서 보게 되는 것들은 한마디도 믿지 말게. 모두 거짓말이고 속임수일세. 파충류와 같은 부르주아 신문의 삼류 글쟁이들이 그 비열함을 이렇게 화려하게 드러내는 것은 본 적이 없네").

마르크스는 '파리 내부의 사건들'에 대해 무척 흥분하고 있었는데, 다만 혁명가들이 지나치게 품위를 지키려다 그들의 이익에 해가 되는 일을 하지 않을까 걱정일 뿐이었다. 그들은 즉시 베르사유로 행진해 가 티에르와 그 일파를 끝장내는 대신 도시 전체에서 코뮌을 위한 선거를 하느라고 '중요한 시기'를 놓쳤다. 마르크스는 또 국립은행이 평소처럼 업무를 보도록 허용한 것도 못마땅해했다. 마르크스였다면 지하 금고를 약탈했을 것이다. 그렇다 해도 이 혁명의 새벽에는 살아 있음이 축복이었다.

"이 파리인들에게서는 엄청난 탄력, 역사를 주도하는 힘, 커다란 희생 능력을 볼 수 있소! 외적인 적보다도 내적인 배반으로 야기된 6개월간의 기아와 폐허 뒤에 그들은 마치 프랑스와 독일 사이에 전쟁 같은 것은 있지도 않았던 것처럼, 적이 파리의 문간에 있지도 않은 것처럼, 프로이센의 총검 밑에서 일어서고 있소! 역사에서 이런 위대함은 달리 찾아볼 수 없소."

3월 28일 주민 투표로 선출된 코뮌 위원 92명 가운데 17명이 인터내셔널 회원이었다. 같은 날 런던에서 열린 '총평의회'에서는 마르크스가 '파리 민중에게 보내는 담화'를 새로 작성하기로 만장일치로 합의했다. 그러나 그 다음에는 아무것도 없었다. 코뮌이 존속하던 두 달 동안 인터내셔널은 한 번도 공식 성명을 내놓지 않았다. 마르크스가 5월 30일에 50페이지에 달하는 '담화'를 발표했을 때, 그것은 묘비명이 되었다. 티에르의 군대가 3일 전에 파리를 다시 장악했으며, 파리의 도로에 깔린

돌은 그들에게 살해당한 최소 2만 명의 피로 붉게 물들었다.

왜 그렇게 늦었을까? 마르크스의 전기 작가들은 보통 그것이 "마르크스 개인의 코뮌에 대한 양면적 평가" 때문이라고 한다. 물론 마르크스는 코뮌이 함락될 것이라는 두려움에 시달렸지만, 불안은 양면적인 평가와는 다르다. 중요한 이유는 그것보다 평범하고 우리에게 익숙한 것인데, 그가 4월과 5월에 오랫동안 기관지염과 간 때문에 고생을 했다는 것이다. 그는 이 때문에 '총평의회'에 참석도 못했다. 하물며 파리인들의 역사적인 대중 봉기를 정당하게 평가하는, 권위 있는 50페이지짜리 찬사를 쓰는 데 필요한 증거를 수집하는 일은 엄두도 낼 수 없었다. 딸 예니는 4월 중순에 이렇게 썼다.

"현재의 상황 때문에 무어는 심하게 고민을 하고 있어요. 그것이 무어의 병의 주된 원인들 가운데 하나라는 데는 의심의 여지가 없어요. 우리 친구들 다수가 코뮌에 있거든요."

그 친구들 가운데 한 사람인 일간 〈주르날 오피시엘〉 편집자 샤를 롱게는 코뮌 함락 후 런던으로 이주하여 1872년에 예니헨과 결혼했다. 또 한 사람의 코뮈나르 프로스페 올리비에 리사가레는 나중에 엘레아노르 마르크스의 비밀 약혼자가 된다. ─결국 약혼은 깨지지만. 폴과 라우라 라파르그는 프로이센이 파리를 포위 공격하기 직전 탈출했으나, 보르도의 도피처에서 코뮌을 위해 바쁘게 선동 활동을 하고 있었다.

마르크스는 병과 불길한 예감에 시달리는 한편 강박적인 완벽주의에 대항해 싸워야 했다. 《자본》에서건 짧은 팸플릿에서건 그는 이용 가능한 증거들을 모두 모아 선별을 하기 전에는 어떤 문제에 대해서도 분명한 이야기를 하는 것을 망설였다. 코뮌이 지속되던 몇 주 동안 마르크스는 대륙에 있는 동지들에게 수십 통의 편지를 보내 더 많은 문건과 신문 스크랩을 보내달라고 졸라댔다. 오랫동안 기다려온 그의 '담화'─《프랑스 내전》이라는 제목으로 출간되었다.—의 상스러운 구절들로 판단해 보건대, 마르크스는 신문의 가십 칼럼까지 꼼꼼하게 살펴본 것 같다. 처음 두 페이지가 지나가기 전에 우리는 티에르 정부의 외무장관에 대한 매혹적인 초상화를 만나게 된다.

"쥘 파브르는 알제에 거주하는 술주정뱅이의 부인과 내연의 관계를 맺고 살면서, 장기간에 걸친 매우 대담한 위조 계획을 통하여 자신과 정부 사이에서 낳은 자식들의 이름으로 큰 재산의 상속권을 얻었으며, 이를 통해 부자가 되었다."

재무장관인 에르네스트 피카르에게는 '국가 방위 정부의 조 밀러'라는 별명을 붙여주었는데, 조 밀러란 런던의 음악당의 코미디언 이름이다. 마르크스는 영국 대중문화에 대해서는 거의 아는 것이 없었기 때문에, 이 구절은 무대에 진출할 꿈을 품었던 딸들이 제안한 것이라고 추측해볼 수도 있다. 그러나 피카르에 대한 나머지 고발은 마르크스의 특징을 그대로 보여주는데, 고발장에 새로운 항목이 나타날 때마다 법률가적인 화려함이 보태진다. 우리는 피카르에 대해 다음과 같은 사실을 알게 된다.

"그는 아르튀르 피카르의 형제인데, 아르튀르 피카르는 사기꾼이라 하여 파리의 증권거래소에서 추방당한 자이며(1867년 7월 13일자 파리 시경국장의 보고서 참조), 팔레스트로 거리 5번지에 있는 소시에테 제네랄(1852년에 창립된 프랑스의 주식은행 : 역주)의 한 지점 지점장으로 있을 때 30만 프랑을 횡령한 죄를 자백함으로써 유죄 판결을 받았던 자다(1868년 12월 11일 파리 시경국장의 보고서 참조). 에르네스트 피카르는 이 아르튀르 피카르를 그의 신문 〈렐렉튀 리브르〉 편집자로 앉혔다……."

코뮌 주민들은 은행의 지하금고는 놓아두었지만, 경찰의 문서보관소를 뒤지는 일은 즐겼던 것 같다. 마르크스는 단역들을 소개한 뒤 '추물스러운 난쟁이 괴물'인 티에르를 등장시켰다.

> 그는 국가에서 저지르는 소소한 부정 행위의 달인이었으며, 위약과 배신의 대가였으며, 의회적 당쟁의 모든 쩨쩨한 술책과 교활한 책략과 저열한 배반의 전문 기술자였다. 그는 권좌 밖에 있을 때에는 혁명을 부채질하는 일을 결코 머뭇거리지 않았으며, 정권을 장악했을 때에는 유혈 사태를 통해 혁명을 교살하는 일을 결코 머뭇거리지 않았다. 그의 사상을 채운 것은 계급적 편견이었으며, 그의 마음을 채운 것은 허영이었다. 공적 생활만큼이나 악명 높은 그의 사생활은 가증스러웠다. 그가 프랑스의 술라(고대 로마의 노예소유 귀족의 대표자를 가리키는 말. 기원전 82~79년에 이들의 독재가 이루어졌다 : 역주) 역을 담당하고 있는 지금도, 그의 허식에 대한 사람들의 조롱은 곧 그의 행동에 대한 증오로 이어지곤 한다.

이어 마르크스는 코뮌의 배경을 스케치한다. 코뮌은 결코 합법 정부에 대한 폭동이 아니다. 코뮌은 국민방위군의 무기를 반납하고 파리를 무방비 상태로 남겨놓으라는 티에르의 무조건적 요구로부터 제3공화국을 구출하려는 용감한 시도였다. 그러면서 마르크스는 3월 18일의 민중 봉기에는 "'유복한 계급들'의 혁명, 그리고 반혁명에서 많이 나타나는 폭력 행위"를 대체로 찾아보기 힘든 편이었다고 자랑스럽게 덧붙인다.

이런 유복한 계급들의 한 예로 마르크스는 다시 대통령에 대한 이야기로 돌아가, 독자들에게 그의 정체를 남김없이 까발린다.

티에르는 4월 초에 파리에 대한 제2차 원정을 시작했다. 베르사유로 이

송된 파리의 포로들은 혐오스러운 가혹 행위를 당했다. 그러는 동안 에르네스트 피카르는 바지 주머니에 손을 집어넣은 채 그들을 조롱하며 어슬렁댔고, 티에르 부인과 파브르 부인은 귀부인들(?) 틈에 끼어 발코니로부터 베르사유 군중의 난폭함에 갈채를 보냈다. 교전 중에 사로잡힌 병사들은 무자비하게 학살당했으며, 제철공 출신의, 우리의 용감한 친구 뒤발 장군은 어떤 형태의 재판도 거치지 않은 채 총살되었다. 그의 부인—제2제정기의 방탕한 연회에서 부끄러움 모르는 과시로 악명 높았다.—의 정부(情夫) 갈리페는 우쭐거리며 국민방위군의 소부대를 살해하라고 명령한 사실을 공표했다. …… 그 [티에르]는 의회의 난쟁이로서 타메를란(절름발이 티무르라는 뜻으로, 대제국을 건설한 몽고의 왕 티무르의 별칭 : 역주)의 역할을 허용받자 허영에 가슴이 부풀어, 자신의 왜소함에 대한 반역자들에게는 야전병원의 중립성에 대한 권리에 이르기까지 문명화된 전쟁의 모든 권리를 부인했다. 볼테르가 예견하였듯이, 잠시 동안 자신의 호랑이 같은 본능을 남김 없이 발휘하도록 허용받은 원숭이보다 더 무서운 것은 없는 법이다.

우리가 이 모든 유혈과 격분에 물리기 전에 마르크스는 능숙하게 톤을 바꾸어, 잠시 숨을 가다듬고 코뮌의 교훈들을 생각한다. 마르크스는 파리의 프롤레타리아가 "정부의 권력을 장악함으로써 자신의 운명의 주인"이 되었다고 자랑하던 3월 18일의 선언서를 인용한다. 이것은 순진한 착각이다. 마르크스는 그렇게 주장한다. 노동 계급이 "기성 국가 기구를 장악하여 그것을 자신의 목적에 맞게 휘두르는 일"은 절대 불가능하기 때문이다. 차라리 양철 호각으로 피아노 소나타를 연주하는 것이 나을 것이다. 다행히도 코뮌은 그 점을 금방 간파하고, 정치적 경찰을 없애고, 상비군을 무장 주민으로 대체하고, 교회를 해체하고, 학교를 주교와 정치가들의 간섭으로부터 해방시키고, 모든 공복—판사를 포함하여—에 대한 선거를 도입하여 "책임을 묻고 소환을 가능하게" 해놓았다. 코뮌의 조직은 이제까지 국가가 흡수했던 모든 힘들을 사회에 되돌려놓았다. 이런 변화는 즉시 눈으로 볼 수 있었다.

"코뮌이 파리에 가져온 변화는 진정 놀라운 것이다! …… 파리는 이제 영국의 지주들, 아일랜드의 부재지주들, 미국의 왕년의 노예 소유주와 속물들, 러시아의 왕년의 농노 소유주들, 왈레이키아의 토지 귀족들의 회합 장소가 아니었다. 시체 공시소에는 시체가 없었으며, 야간 강도 범행이 없었으며, 좀도둑질도 거의 찾아볼 수가 없었다. 실제로 1848년 2월 혁명 후 처음으로 파리의 거리는 안전했고, 이것은 종류를 불문하고 어떠한 경찰력도 없이 이루어진 일이다."

그러나 이런 일은 오래 가지 않았다. 마르크스도 지적하듯이, 티에르는 둘 중의 하나를 택해야 했기 때문이다. 만일 코뮌이 소수의 '찬탈자들'이 두 달 간 파리 시민을 인질로 잡아놓고 벌인 짓이라면, 왜 베르사유의 군대가 혁명을 죽이기 위해 수만 명을 살해해야 했을까? 마르크스는 다시 정부의 야만성에 격분을 토한 뒤, 코뮌의 정신은 프랑스에서든 다른 어디에서든 절대 억누르지 못할 것이라는 예언으로 끝을 맺는다.

그것이 자라나는 토양은 근대 사회 자체다. 아무리 살육을 한다 해도 그것을 짓밟아 없앨 수는 없다. 이를 짓밟아 없애고자 한다면, 정부들은 자기 자신의 기생적 존속 조건인, 노동에 대한 자본의 전제를 짓밟아 없애야 할 것이다.

노동자들의 파리는 그 코뮌과 더불어 새로운 사회의 영광스러운 선구자로서 영원히 찬양될 것이다. 그 순교자들은 노동 계급의 위대한 마음에 고이 간직될 것이다. 코뮌을 말살한 자들에 대해서는 이미 역사가 그들의 목에 두른 칼에 못질을 해왔다. 그들의 성직자들이 어떤 기도를 해도 그들을 그 칼로부터 구해내지는 못할 것이다.

《프랑스 내전》은 마르크스의 가장 자극적인 책 가운데 하나다. 벤저민 루크라프트와 조지 오저 등 온건한 영국의 노동조합주의자들에게는 너무 자극적이었던지, 그들은 이 문건이 승인되자마자 인터내셔널은 정치에 개입하지 말아야 한다고 항의하며 총평의회에서 사임했다(그 뒤로 그들은 그들이 좋아하는 비정치적 자유당을 통해 그들의 온건한 야망을 추구하게 된다). 이 책은 처음에 2쇄로 3천 부를 찍었는데, 두 주가 안 되어 매진되었다. 곧 독일어판과 프랑스어판이 나왔다. 어쩌면 마르크스가 이 책을 통해 이룩한 가장 인상적인 업적은 좌익의 경쟁 분파들이 그들의 말다툼을 완전히 잊어버리게 만든 것인지도 모른다. 딸 예니는 이렇게 썼다.

"《프랑스 내전》 프랑스어판은 망명자들에게 놀라운 영향을 주었어요. 블랑키주의자, 프루동주의자, 공산주의자들 모두를 똑같이 만족시켰기 때문이죠."

이 책은 카를 마르크스와 그의 '협회'의 악명에도 놀라운 영향을 주었다. 현상을 지탱하는 자들은 보통 사람들이 현상에 도전하는 일을 할 수도 없고 하지도 않으려 한다고 믿는다. 따라서 시민 불복종 또는 도전 행위 뒤에는 반드시 배후에서 조종을 한 감추어진 손—실력자 한 사람이든 아니면 '정치적 동기를 가진 사람들의 긴밀한 집단'이든—을 추적하는 일이 뒤따르게 마련이다(이런 편집증적인 경향의 가장 재미있는 예는 1922년에 출간된 애거사 크리스티의 소설 《은밀한 적》에서 찾아볼 수 있다. 여기서는 겁 없는 두 사립탐정 토미와 투펜스가 갑작스럽게 터져나오는 파업들을 조사한다. 그들은 "볼셰비키가 노사 분규의 배후에 있지만, 볼셰비키의 배후에는 또 다른 사람이 있다."는 것을 알게 된다. 전혀 드러나지 않고 배후에서 러시아 혁명 전체를 지도하고 조종한 이 악당은 결국 브라운 씨라는 영국인임이 드러난다). 빅토리아 여왕 시대의 토미와 투펜스는 금세 파리 코뮌 배후의 범죄 세력을 찾을 수 있었다. 그 증거는 《프랑스 내전》의 마지막 페이지에 다 나와 있었다. 마르크스는 비꼬는 투로 이렇게 말했다.

"경찰에 물든 부르주아적 정신은 당연히 '국제 노동자 협회'가 비밀 음모의 방식으로 활동하며, 그 중심 기구가 때때로 여러 국가에서 폭발적 사태를 명령한다고 상상한다. 사실상 우리 협회는 문명화된 세계 여러 나라의 가장 선진적인 노동자들 간의 국제적 연대에 불과하다. 계급투쟁이 어디에서, 어떤 형태로, 어떤 조건에서 일관성을 획득하여 터져 나오든 간에, 우리 협회 회원들이 그 전경(前景)에 서 있는 것은 당연한 일일 따름이다."

인터내셔널의 개별 회원 몇 명이 코뮌에 선출되기는 했지만, 인터내셔널 자체는 그 두 달 내내 마르크스에게 '담화'를 작성하라고 위임한 것을 제외하면 말한 것도 없고 한 일도 없다. 게다가 '담화'는 너무 늦게 나오는 바람에 결과에 영향을 미치지도 못했다. 그러나 협회가 "전경에 서 있다."는 과장된 주장 때문에 대륙 전체에서 죄인을 추적하는 고함 소리가 울려퍼졌다. 다시 외무장관 자리에 오른 쥘 파브르는 모든 유럽 정부에 인터내셔널을 즉시 불법으로 선포해줄 것을 요청했다. 한 프랑스 신문은 마르크스를 음모자들 가운데 '수괴'로 지목하면서, 그가 런던의 은신처로부터 2월 18일 봉기를 '조직했다'고 주장했다. 인터내셔널의 회원은 7백만 명이며, 모두가 마르크스의 폭동 명령을 기다리고 있는 것으로 이야기되었다. 공화주의적 민족주의의 낭만적 영웅인 위대한 마치니는 이 기회를 놓치지 않고 복수를 했다. 그는 이탈리아와 영국의 언론에 마르크스에 대해 이렇게 알려주었다.

"[마르크스는] 권력을 휘두르는 기질이 있고, 다른 사람들의 영향력을 시샘하고, 철학적이거나 종교적인 진지한 믿음은 무시하는 사람이다. 그의 본성에는 사랑보다는 분노의 요소가 더 많은 것 같다."

유럽의 다른 정부들도 공황을 부채질했다. 스페인은 코뮌 망명자들을 인도하겠다고 했으며, 런던 주재 독일 대사는 영국 외무상 그랜빌 경에게 망명자들을 '생명과 재산을 위협'하는 무도한 죄를 저지른 일반 범죄자로 취급할 것을 촉구했다. 그랜빌은 수상과 여왕하고 상의한 뒤, "이 나라의 노동자들에게는 극단적인 사회주의적 견해들이 영향을 미치지 못하는 것으로 여겨지며", "'협회'의 영국 지부는 외국에 대해서 실제적인 조치를 취한 일이 없는 것으로 알려져 있다."고 대꾸했다. 게다가 법을 어기지도 않은 사람을 체포할 수는 없다고 말했다.

내무상인 에이버데어 경은 마르크스와 인터내셔널에 대해 어떤 조치를 취하라는 끊임없는 요구에 시달렸다. 특히 알렉산더 바일리 코크런이라는 시끄러운 하원의원이 집요했다. 에이버데어는 자신의 의견을 말하기 전에 개인 비서에게 인터내셔널에서 나온 선동적인 문건들을 구해 오라고 지시했다. 마르크스는 기꺼이 협조했다. 7월 12일 마르크스는 내무성에 '개회 연설', '임시 규약', 《프랑스 내전》 등이 포함된 문서 보따리를 보냈다. 바쿠닌은 문건 제출 소식을 듣고, 마르크스가 "비열하고 중상에 능한 경찰 첩자"라고 비난했다. 이 비방은 그 이후 주기적으로 되풀이되었다. 최근에 마르크스 전기를 쓴 로버트 페인은 "이 혐의에 약간의 진실이 담겨 있다."고 결론을 내리기도 했다.

왜 마르크스는 말도 안 되는 소문들을 없애려고 노력하지 않았던 것일까? 혹시나 영국 정부가 그런 소문을 믿을지도 모르는데. 그러나 마르크스는 바쿠닌과는 달리 은밀하게 음모를 짤 시간이 없었다. 인터내셔널은 합법적으로 조직된 노동조합들의 연합이었다. 따라서 그 안 어딘가에 켕기는 비밀이 있는 것처럼 행동할 이유가 없었다. 에이버데어는 문건들을 살펴본 뒤, 의회에서 마르크스와 그의 지지자들은 "약간의 종교적 훈련을 가미한 교육"만으로도 교정 가능한, 해로울 것 없는 불평분자들이라고 답변했는데, 이로써 공개성에 대한 마르크스의 믿음이 정당하다는 것은 확인된 셈이다. 그러나 〈더 타임스〉는 에이버데어의 말을 믿지 않았다. "공정한 하루 일에 대해 공정한 하루 임금" 이상의 것을 바라지 않는 영국의 건전한 노동조합주의자들이 해외에서 수입된 '이상한 이론들' 때문에 부패할지도 모른다고 걱정을 했기 때문이다.

마르크스의 팸플릿 덕분에 영국 신문들은 이제 내부의 적에 대해 완전한 경계 태세를 갖추게 되었다.

"우리는 '인터내셔널'의 영향에 대해 공개적으로 보거나 들은 바는 거의 없지만, 사실은 그것이 진짜 원동력이며, 그 감추어진 손이 신비하고 무시무시한 힘으로 혁명이라는 기계를 돌렸다."

1871년 6월의 〈프레이저스 매거진〉 기사다. 가톨릭계 잡지인 〈태블릿〉은 런던 중심부에 있는 수상쩍은 서점의 불길한 의미에 대해 독자들에게 경고했다.

"우리는 그 특색없는 점포를 하나의 궁전이자 기념관 이상으로 취급하고자 한다. 그곳에는 한 조직의 본부가 자리잡고 있는데, 거기에서 명령만 떨어지면 모스크바에서 마드리드에 이르기까지 헤아릴 수 없이 많은 사람들이 복종을 한다. 구세계만이 아니라 신세계도 마찬가지다. 그 제자들은 이미 한 정부에 대해 필사적인 전쟁을 벌였으며, 그 선언문에 따르면 모든 정부에 대항하는 전쟁을 벌일 각오라고 한다. 그 불길한 조직은 어디를 가나 눈에 띄는 '국제 노동자 협회'이다."

〈스펙테이터〉의 사설은 마르크스의 산문 스타일은 칭찬하면서("코벳 [19세기 초 영국의 저널리스트 : 역주]처럼 힘차다"), '담화'가 "이 시대의 정치적 징후 가운데 가장 의미심장하고 불길한 것"이라고 말했다. 프로이센-프랑스전쟁 동안 엥겔스를 기고가로 높이 대접하던 〈펠멜 가제트〉마저 마녀 사냥에 합세하여, 마르크스가 '유대인 출신'으로, "정치적 공산주의를 이루고자 하는 목적을 가진 거대한 음모 집단"의 수괴 자리에 앉았다고 묘사했다.

기나긴 무명의 세월은 가고, 카를 마르크스는 어느 날 깨어 보니 악명을 드날리고 있었다. 〈쿼털리 리뷰〉는 이렇게 썼다.

"그 집단을 지휘하고, 그 집단의 이름으로 말을 하고 글을 쓰는 서기가 카를 마르크스라는 이름의 짓궂고, 성미 급하고, 무절제한 사람인 것은 분명한 사실이다. 그러나 그의 영국인 동료들 다수가 그의 폭력에 역겨움을 느끼고, 그의 오만한 행동에 저항하며, 그는 아무렇지도 않게 여기는 진창과 피로 끌려가는 것을 철저히 거부하는 것 또한 사실이다."

마르크스는 처음에는 이 소란에 약간 기분이 좋았다. 마르크스는 독일 친구 루트비히 쿠겔만에게 자랑을 했다.

"나는 지금 이 순간 영광스럽게도 런던에서 가장 많은 비방을 당하고, 가장 큰 위협을 당하는 사람이오. 20년 동안 변경에서 목가적인 생활을 지겹게 누린 뒤라 그것도 큰 도움이 되는구려. 정부쪽 신문인 〈옵서버〉는 나를 법적으로 기소하겠다고 협박하고 있소. 해보라지! 나는 그런 악당들에게는 전혀 신경쓰지 않소!"

그러나 이런 태평하고 도전적인 태도는 곧 사라졌다. 거의 매일 언론에서 되풀이되는 허위와 공상에 자존심이 상한 것이다. 예니가 그 대신 주간지 〈퍼블릭 오피니언〉에 사과를 요구하겠다고 나서자, 마르크스는 그녀에게 그녀의 옛 명함('예니 마르크스 부인, 구성 베스트팔렌 여남작')을 동봉하라고 일렀다. 마르크스는 그것이 "그 토리당 인간들에게 틀림없이 두려움을 불러일으킬 것"이라고 생각했다. 그러나 대부분의 경우 마르크스는 이런 방법보다는 좀더 노골적으로 반격하는 것을 좋아했다.

"귀신문이 계속 그러한 거짓말을 유포한다면 법적인 행동에 나설 것이오."

마르크스는 런던에서 발행되는 프랑스어 신문 〈랭테르나쇼날〉 편집자에게 경고했다. 이 신문은 마르크스에게 '혹한' 유럽 노동자들이 그에게 '런던에서 쾌적한 생활을 영위하는 데 필요한 모든 바람직한 안락'을 제공하느라 파산 지경에 이르렀다고 주장했다. 〈펠멜 가제트〉에서 새로 비방을 하자 마르크스도 다시 반격을 했다.

관계자 귀중,

어제 귀신문의 파리 통신원 보도를 보면, 나는 머릿속으로는 런던에 사는 것이라고 상상하지만, 사실은 비스마르크 파브르의 요청에 따라 네덜란드에서 체포된 것으로 되어 있소. 이것은 지난 두 달 간 프랑스-프로이센 경찰이 지칠 줄 모르고 날조해내고, 베르사유의 언론이 지칠 줄 모르고 보도하고, 유럽 나머지 언론이 지칠 줄 모르고 재생산하는 인터내셔널에 대한 수많은 선정적인 이야기들 가운데 하나에 불과하오.

여불비례
카를 마르크스
메이틀랜드 파크, 모데나 빌라스 1번지

〈펠멜 가제트〉는 마르크스가 프랑스 정치가 쥘 파브르를 중상했다는 비난으로 맞받아쳤다. 그러자 모데나 빌라스의 예를 다 갖추지 못한 거주자는 다시 한 번 펜을 들었다. 마르크스는 편집자인 프레드릭 그린우드에게 말했다.

"귀하는 지금 내 명예를 훼손하고 있소. 귀하가 오만한 만큼 무지하기까지 한 것은 내 잘못이 아니오. 우리가 대륙에 산다면, 귀하에게 다른 방법으로 책임을 지라고 요청했을 거요. 여불비례, 카를 마르크스."

물론 이 편지가 신문에 실렸다면 영국 독자들은 이 위험한 독일의 악한에 대한 그들의 최악의 두려움을 확인했을 것이다.

7월 중순 뉴욕에서 발행되는 〈월드〉 통신원은 이 괴물의 소굴을 살펴보기 위해 모데나 빌라스까지 왔다. 그가 맨 처음에 놀랐던 것은 마르크스의 환경이나 외모가 중간 계급의 유족한 사람에게서 볼 수 있는 것과 다를 바가 없었다는 점이다. 잘 나가는 주식 중개인이라 해도 좋을 것 같았다.

그것은 인격화된 안락이라고 할 수 있었다. 편안하게 살 만한 자산과 수준 높은 취향을 가진 사람의 아파트였다. 그러나 그 아파트에는 특별히 주인의 성격을 나타낼 만한 것은 없었다. 다만 탁자 위에 놓인, 라인 지방의 풍경이 담긴 멋진 사진첩이 주인의 국적을 말해줄 뿐이다. 나는 옆쪽 탁자에 놓인 꽃병 안을 조심스럽게 살펴보았다. 혹시 폭탄이 있나 해서였다. 나는 석유 냄새가 나는지 코를 킁킁거려 보기도 했다. 그러나 장미 냄새뿐이었다. 나는 살그머니 내 자리로 돌아와, 우울한 마음으로 최악의 사태를 기다렸다.

그가 들어오더니 다정하게 인사를 했다. 우리는 얼굴을 마주하고 앉았다. 그래, 나는 혁명의 화신이며, '국제 노동자 협회'의 진짜 설립자이자 지도자이며, 자본이 노동에 싸움을 걸면 세상이 완전히 박살나게 될 것이라고 경고하는 연설을 쓴 자와 얼굴을 마주하고 앉은 것이다. 한마디로, 파리 코뮌의 선동가와 마주앉은 것이다. 독자들은 소크라테스의 흉상을 기억하는가? 당대의 신들에 대한 신앙을 고백하느니 차라리 죽음을 택해 버린 사람 말이다. 아름다운 이마의 선이 갑자기 이상해지면서, 작고 납작한 들창코, 불 위에 냄비를 매다는 고리를 둘로 쪼개놓은 것 같은 코가 나타나는 그 흉상을 기억하는가? 우선 그 흉상의 모습을 머릿속에 그려보라. 그리고 그 턱수염에 검은색을 칠한 다음 여기저기에 희끗희끗 잿빛을 칠해보라. 그렇게 만든 머리를 풍채 좋은 중키의 몸 위에 얹어놓아라. 그러면 눈앞에 마르크스 박사의 모습을 보게 될 것이다. 얼굴 윗부분에 베일을 덮어놓는다면 타고난 교구 위원과 함께 앉아 있다는 느낌이 들 것이다. 그러나 그의 이목구비 가운데 핵심을 이루는 부분, 그 널찍한 이마를 드러내보라. 그러면 그 즉시 모든 복합적인 힘들 가운데 가장 완강한 힘과 마주하고 있음을 알게 될 것이다. 즉 생각하는 몽상가요, 꿈을 꾸는 사상가와 마주하고 있음을.

인터뷰 자체는 이 정교한 미장센에 훨씬 못미친다. 당신이 인터내셔널 배후에 숨은 꼭두각시 조종자인가? 마르크스는 껄껄 웃는다.

"그 점에 대해서는 밝혀낼 수수께끼조차 없소. 우리 협회가 공적인 조직이라는 사실, 그 의사록이 완전히 공개되어 있기 때문에 읽고 싶은 사람은 누구나 읽을 수 있다는 사실을 끝까지 무시하려는 사람들이 있소. 수수께끼가 있다면 사람이 어떻게 그렇게까지 어리석을 수 있는지 그것이 수수께끼요. 1페니만 내면 우리 규약을 구입할 수 있소. 그리고 1실링만 내서 팸플릿들을 구입하면 우리가 우리 자신에 대해 아는 것만큼 우리를 잘 알 수가 있소."

그러나 이 미국 기자는 믿으려 하지 않았다. 인터내셔널은 진짜로 노동자들의 조직인 것처럼 보이지만, 사실은 런던 북서부의 품위 있는 중간 계급 시민으로 가장하고 있는 사악한 천재의 손에 놀아나는 도구에 불과한 것 아닌가? 마르크스는 무뚝뚝하게 대꾸했다.

"그렇다는 증거는 전혀 없소."

마르크스는 유럽 서부와 그 너머에까지 널리 퍼져 있는 선정적인 소문들을 반박하는 데 짜증이 났다. 프랑스 신문 〈아베니 리베랄〉은 마르크스가 죽었다고 보도했다. 이어 마르크스는 뉴욕의 〈월드〉에서 자신의 부고를 읽었다. 〈월드〉는 "억압받는 모든 계급과 민족들을 가장 헌신적으로, 전혀 두려움 없이, 아무런 이기심 없이 옹호해온 사람"을 기렸다. 매우 만족스러운 부고였는지도 모른다. 그러나 한편으로는 자신의 죽음을 일깨운다는 점에서 달갑지만은 않은 일이었을 것이다. 실제로 마르크스는 건강이 몹시 안 좋았으니까. 8월 중순에 의사는 '지나친 긴장'이라는 진단을 내리고, 두 주 동안 바다 공기를 마시며 쉬라고 권했다. 마르크스는 브라이턴의 글로브 호텔에서 엥겔스에게 편지를 보냈다.

"간장약을 안 가져왔네. 하지만 신선한 공기가 큰 도움이 되네."

그러나 매일 비가 내리는 바람에 심한 감기에 걸렸다는 말은 덧붙이지 않았다.

마르크스는 어디를 가나 유명세를 치러야 했다. 브라이턴에 도착한 직후에는 거리 모퉁이에서 눈에 익은 남자의 얼굴이 보였다. 런던에서 그와 엥겔스를 자주 미행하던 무능한 첩자였다. 며칠 뒤, 가는 곳마다 미행을 당하는 것에도 질려, 마르크스는 걷다 말고 몸을 돌려 쫓아오던 사람을 위협적인 눈길로 노려보았다. 첩자는 겸손하게 모자를 벗어 인사를 하더니 서둘러 내뺐다. 첩자는 그 뒤로는 다시 얼굴을 내밀지 않았다.

이런 첩자들이 진실을 알았더라면 구두 밑창은 아낄 수 있었을 것이다. 마르크스가 거느린 방대한 혁명가 정예부대는 흥분 잘 하는 정치가

나 편집자들의 상상력 속에만 존재했다. 코뮌이 진압당하자마자 인터내셔널도 곧 해체되기 시작했다. 프랑스 지부는 불법 단체로 선포되어, 그 회원들은 살해당하거나 누벨칼레도니섬이라는 먼 식민지로 유배되었다. 영국의 노동조합 지도자들은 글래드스턴이 이끄는 자유당 품 안으로 뛰어들었다. 미국의 많은 지부는 빅토리아 우드헐과 테네시 클래플린이라는 괴상한 자매의 중간 계급 제자들에 의해 변질되었다. 이 자매는 강신술, 마법, 자유 연애, 절대 금주, '보편 언어'를 옹호했다(우드헐은 원래는 약장사 유랑극단에서 뱀 기름을 팔던 여자였는데, 유혹적인 매력을 이용해 거물 코넬리어스 밴더빌트로부터 거금을 긁어냈다. 그녀는 마르크스의 문호 개방 정책의 수혜자였다. 당시에는 '협회'의 목적에 동의하기만 하면 누구나 가입할 수 있었다. 그러나 그녀가 '국제 노동자 협회'와 '전국 강신술 협회'의 후보로서 미국 대통령직에 입후보하겠다고 선언했을 때는 마르크스도 참을 수가 없었다). 마르크스가 바닷가에 가 있는 동안, 런던에 와 있던 파리 출신의 망명자 몇 명이 총평의회 위원으로 선출되었다. 그들 대부분이 프루동주의적인 수다쟁이였기 때문에 예전의 분파적인 분쟁이 다시 시작되었다.

물론 미하일 바쿠닌의 위협은 여전했다. 바쿠닌은 상처 입고 절름거리는 인터내셔널을 점심거리를 바라보는 굶주린 하이에나처럼 바라보고 있었다. 그는 이제 새로운 심복 세르게이 네차예프와 좀더 무자비한 음모를 꾸미고 있었다. 러시아 출신의 미치광이 무정부주의 테러리스트인 네차예프는 1869년에 스위스로 왔다. 바쿠닌 자신도 만만치 않은 몽상가였지만, 네차예프가 러시아 전역에 혁명 세포들의 네트워크를 조직했다고 자랑하고, 상트페테르부르크의 페트로파블로프스크 요새에서 극적으로 탈옥한 이야기를 해주자 경외심을 느꼈다. 그 이야기들 가운데 대부분은 완전한 허구였지만, 네차예프의 폭력에 대한 욕망만큼은 진짜였다. 그는 러시아에서 탈출하기 전에 상트페테르부르크에서 같이 공부하던 학생을 죽였다. 자신이 그렇게 할 수 있다는 것을 보여주는 것 외에 다른 이유는 없었던 것 같다. 그는 바쿠닌과 팀을 이룬 후로 다가올 진노의 날을 경고하는 일련의 선동적인 글과 선언문을 발표했다. 이 모든 글이 표면적으로는 '인터내셔널'에서 나온 것으로 되어 있었다.

바쿠닌주의자들의 기괴한 행동 때문에 인터내셔널의 스위스 지부인 '로망드 동맹'은 완전히 둘로 갈라져 끝이 안 보이는 혼란을 일으키고 있었다. 두 분파 모두 계속해서 '동맹'의 이름으로 성명을 발표했기 때문에 이런 혼란은 가중되었다. 런던 본부는 이 분쟁을 해결하기 위해 1871년 9월 토튼엄 코트 로드의 블루 포스츠라는 술집에서 특별 회의를 열었다. 마르크스는 이 회의가 열리는 동안, 지혜롭게도 램즈게이트로 떠나 있던 부인에게 편지를 썼다.

"힘든 일이오. 아침과 저녁에 회의가 열리고, 그 중간에 위원회가 열리고, 거기에 증인 심리에다가 보고서도 작성해야 한다오. 그래도 이전 대회들을 다 합친 것보다 더 많은 일을 했소. 청중이 없고, 따라서 그 앞에서 수사학적인 희극을 펼치는 사람들도 없기 때문이지."

술집에서는 늘 훌륭한 솜씨를 발휘하는 마르크스가 이번에도 회의를 주도했다. 그는 바쿠닌이 인터내셔널 가입 조건으로 이른바 '사회민주주의 동맹'을 해체하겠다고 약속했음에도, "동맹은 해체된 적이 없으며, 늘 어떤 형태로든 조직을 유지해왔다."고 지적했다. 바쿠닌에 대한 직접적인 비난은 없었지만, 대표들은 인터내셔널의 회원이나 대리인이 아닌 네차예프가 "러시아에서 사람들을 속이고 피해를 주기 위해서 부정하게 '국제 노동자 협회'의 이름을 이용했다."는 취지의 동의안을 통과시켰다. 또한 바쿠닌주의자들에게 '로망드 동맹'의 이름을 사용하지 말라는 명령도 내렸다. 그러나 그들을 달래기 위해, '유라시안 동맹'이라는 별도의 스위스 분파를 형성하는 것은 허용했다.

바쿠닌은 아주 가벼운 벌만 받은 셈이었다. 그러나 그는 마르크스가 최종적인 대결을 준비하고 있음을 알았다. 인터내셔널은 그들 둘 다 있을 만큼 큰 곳이 아니었기 때문이다. 런던 회의 직후, 새로운 '유라시안 동맹'은 송빌리에라는 스위스 도시에서 자체 대회를 개최했다. 이 대회에서는 런던 회의의 '비대표적' 성격을 두고 한바탕 소동이 벌어졌다. 일리가 있는 지적이었다. 블루 포스츠에는 총평의회 위원 13명이 모였지만, 나머지 지역에서는 10명의 대표밖에 모이지 않았다. 스위스에서는 2명(둘 다 바쿠닌 반대파였다), 프랑스와 스페인에서 각각 1명, 그리고 벨기에에서 무려 6명이었다. 그러나 송빌리에 집회는 대표성이 훨씬 더 떨어졌다. 이 자리에 모인 16명의 대표는 모두 바쿠닌주의자였다. 그들은 회람을 만들었는데, 이 회람은 대륙 전역의 인터내셔널 지부에 배포되었다.

"경험으로 수도 없이 확인된, 아무도 부정할 수 없는 사실이 있다면, 그것은 권위가 권위를 쥔 사람들을 부패시킨다는 것이다. …… 총평의회 위원들의 기능은 소수의 개인의 사적 소유가 되어버렸다. …… 그들은 그들 자신의 눈으로 보았을 때 일종의 정부가 되었다. 그들의 눈에는 그들 자신의 사상이 '협회'의 공식적이고 유일하게 권위 있는 주의가 되는 것이 당연할 것이다. 다른 그룹이 표명하는 다른 사상들은 이제 그들 자신의 의견과 동등한 가치를 가진 의견의 표명이 아니라 이단이 될 뿐이다."

그들은 '협회'에 만연하는 권위주의를 치료하는 유일한 방법은 총평의회의 권력을 박탈하고, 총평의회를 단순한 '우편함'으로 축소시키는 것이라고 주장했다.

이후 몇 달 동안 바쿠닌은 점점 더 신경질적인 일련의 회람을 스페인과 이탈리아의 인터내셔널 회원들에게 보내면서, 자신이 "독재자이자 메시아인 마르크스에게 광적으로 헌신하는" "독일과 러시아 유대인들의 무서운 음모"의 희생자라고 주장했다. 그는 회람을 받는 사람들의 비위를 맞추려는 듯, 오직 '라틴 인종'만이 헤브루인들의 세계 지배 계획을 막을 수 있다고 덧붙였다.

이 유대인의 세계는 단일한 착취적 분파를 형성하고 있다. 이들은 일종의 흡혈인들이며, 집단적인 기생충이다. 이들은 탐욕스럽고, 저절로 조직되어 있다. 이들은 국가의 경계들을 뛰어넘을 뿐 아니라, 심지어 모든 정치적 견해의 차이도 뛰어넘는다. 현재 이 세계는, 적어도 그 많은 부분은 한편에서는 마르크스가 마음대로 하고, 다른 한편에서는 로스차일드 집안이 마음대로 한다. 나는 로스차일드 집안이 비록 반동적이고 또 그럴 수밖에 없기는 하지만, 공산주의자 마르크스의 장점들을 매우 높이 평가한다고 알고 있다. 또 공산주의자 마르크스는 본능적으로 또 존경심 때문에 경제의 천재 로스차일드를 무조건적으로 따르고 있다. 유대인의 연대, 기나긴 역사 과정을 통해 유지되어온 그 막강한 연대가 그들을 결합시키고 있는 것이다.

이 고약한 헛소리는 다른 것은 몰라도 속내를 그대로 드러내고 있기는 하다. 일찍이 1869년 바쿠닌은 유대인들("모든 도덕적 감각과 모든 개인적 존엄을 결여한" 사람들)에 반대하는 긴 글을 썼는데, 여기에 딱 5명의 예외가 있다고 했다. 예수 그리스도, 성 바울, 스피노자, 라살, 마르크스가 그들이었다. 한 친구가 왜 마르크스를 예외로 취급했느냐고 묻자, 바쿠닌은 적이 경계심을 풀게 하고 싶었다고 설명했다.

"곧 그와 전투를 시작하게 될지도 모르네. …… 그러나 모든 일에는 때가 있는 법. 아직은 투쟁할 때가 아니라네."

이제 그 전투가 시작되었기 때문에, 바쿠닌은 자신의 진짜 감정을 감출 필요가 없었다.

여기서 한 가지 중요한 구별을 해둘 필요가 있다. 제2차 세계대전 전까지는 애거사 크리스티 같은 대중적인 소설가들도 때때로 그들의 책에서 반유대인적인 언급을 서슴지 않았다("그는 물론 유대인이지, 하지만 아주 좋은 유대인이야"). 그러나 아무도 크리스티가 6백만 명의 유대인들을 모아 그들을 학살하려 한다고 비난하지 않았다. 마찬가지로 19세기에는 '경제적인 유대인'이라는 상투적 표현이 거의 보편적인 것이었다. 마르크스 자신도 초기 에세이인 〈유대인 문제에 대하여〉에서 그런 상투적 표현을 이용한 적이 있다. 그러나 바쿠닌은 그들의 실제적인 종교 의식, 사업 방법, 사회 계급, 정치적 이데올로기에 관계없이 '혈통적 유대인'에 대해 악의에 찬 비방을 했다. 마르크스는 인류의 해방이 유대인을 유대교의 압제로부터 해방시켜줄 것이라고 주장한 반면, 바쿠닌은 단지 그들을 멸절시키기만을 바랐다. 바쿠닌은 인터내셔널의 볼로냐 지부에 보내는 회람 서신에서 이렇게 말했다.

"모든 나라에서 사람들은 유대인을 싫어한다. 워낙 싫어하기 때문에 대중적인 혁명이 일어났다 하면 유대인 학살이 뒤따른다. 그것은 당연한 결과다……."

이해할 수 있는 일이지만, 총평의회는 이러한 민족 근절을 노리는 폭언과 거리를 두어야 한다고 생각했다. 그렇지 않아도 유럽의 모든 편집자들이 '국제 노동자 협회'에 흙탕물을 끼얹고 싶어하는 시점이었다. 1872년 6월 인터내셔널은 마르크스가 작성한 《인터내셔널 내부의 허구의 불화》라는 제목의 팸플릿을 발행했다. 그러나 이 팸플릿은 제목과는 달리 첫 페이지에서부터 인터내셔널 내부에 영국 해협만큼 넓은 틈이 벌어지고 있음을 확인해주고 있다.

"인터내셔널은 창립 이래 가장 심각한 위기를 겪고 있다."

이 팸플릿은 '인종 전쟁'을 부추기고, 노동 계급 운동을 망치기 위한 무정부주의적 마스터플랜의 일환으로 비밀 결사들을 조직하고 있다는 이유로 바쿠닌을 비난했다.

바쿠닌은 이 분쟁을 단번에 완전히 끝내기 위해 전체 대회를 소집하자고 응수했다. 1869년 이후 대회가 열린 적이 없었기 때문에―한편으로는 프로이센-프랑스전쟁 때문에, 또 한편으로는 파리 코뮌에 뒤이은 경찰의 박해 때문에―총평의회는 그 요구를 거부하기가 힘들었다. 인터내셔널은 1872년 9월 2일 헤이그에서 총회를 열겠다고 정식으로 발표했다. 그러나 이 발표가 나오자마자 바쿠닌은 더욱 시끄럽게 항의를 했다. 바쿠닌은 자신의 요새인 제네바에서 대회를 열고 싶어했다. 그러나 총평의회는 인터내셔널의 네 번의 대회 가운데 세 번이 스위스에서 열렸으며, 좋은 것도 너무 지나치면 좋지 않다고 대꾸했다. 바쿠닌은 대회를 전면 거부하기로 결정하는 한편, 추종자들에게는 "헤이그로 대표를 보내되, 어떤 문제에서건 마르크스가 제시하는 방향으로 다수가 결정을 내리면 그 즉시 연대하여 대회장에서 퇴장하라는 엄명을 내리라."고 지시했다.

이미 예비적인 전초전이 있었던 터라, 헤이그 대회는 대회가 열린 콘코디아(조화라는 뜻 : 역주) 홀이라는 이름에 어울리지 않게 음모의 광풍이 휘몰아치는 분위기에서 개최되었다. 대표는 65명이었으나, 기자, 첩자, 서커스의 사자를 구경하듯 위험한 혁명가들을 구경하러 온 호기심 많은 구경꾼 수는 훨씬 더 많았다. 벨기에의 한 신문은 독자들에게 테러리즘과 혼돈의 대부 마르크스 박사가 '농장 경영자'처럼 보인다는 슬픈 소식을 전했다. 네덜란드의 자유주의적인 저널리스트 S. M. N. 카를리시는 암스테르담에 마르크스의 친척이 있다는 소문에 주목했다.

"만일 그 소문이 사실이라면, 그의 친척들은 그를 사교계에 소개하거나 명사들이 모이는 카페에서 그와 함께 차를 마셔도 아무런 문제가 없을 것이다. 회색 양복을 입은 그의 인상은 품위 있어 보였기 때문이다. 그를 모르거나 인터내셔널이라는 악몽과 아무런 관련이 없는 사람이라면 그를 도보 여행에 나선 관광객으로 보기 십상일 것이다."

그래도 보석상들은 가게 문을 잠그고 철창을 설치했다. 공산주의자들이 창문을 부수고 보석을 훔쳐갈지도 모른다고 걱정했기 때문이다. 지역 신문인 〈하게르 다그블라드〉는 부녀자들에게 집 밖으로 나오지 말라고 권고했다.

그러나 대회가 즉시 비공개 회의로 들어가면서 대표단의 신분을 검사하는 바람에 경찰 첩자와 기자들은 당황했다. 베를린에서 온 한 첩자는 낙담한 목소리로 그의 고용주에게 "일반인은 회의가 열리는 일층을 들여다보는 것이 허용되지 않으며, 심지어 열린 창문을 통해 안에서 벌어지는 일을 엿듣는 것도 불가능하다."고 보고했다. 〈더 타임스〉의 특파원은 열쇠 구멍에 귀를 갖다대는 데까지는 성공했으나, "성난 목소리들이 폭풍처럼 휘몰아치는 가운데 이따금씩 의장의 종이 딸랑거리는 소리"만 들렸다. 논쟁은 격렬했고 시간도 오래 걸렸다. 경쟁하는 분파들은 사흘 간 상대편 회원 거의 모두의 자격을 문제삼음으로써 기선을 제압하려 했다. 누군가 시카고에 있는 독일 노동자들을 대표해서 참석한 몰트먼 배리가 사실은 런던 출신의 토리당원으로서 "영국 노동자들의 인정을 받는 지도자"가 아니라고 지적하자, 마르크스는 "영국 노동자들의 인정을 받는 지도자들은 거의 모두 글래드스턴에게 팔려갔기" 때문에 그것은 창피해할 일이 전혀 아니라고 응수했다.—다른 영국 대표들을 그의 편으로 끌어오려는 계산에서 한 발언이 아닌 것은 분명하다. 어쨌든 그는 독일과 프랑스 대표들은 신뢰할 수 있었다. 프랑스 대표단에는 예니헨의 약혼자인 샤를 롱게도 포함되어 있었다. 마르크스의 사위인 폴 라파르그는 교활하게도 스페인 대표단으로 끼여들었는데, 스페인의 나머지 대표들은 굳건한 친바쿠닌주의자들이었다.

사흘 간의 마라톤 회의가 끝나자 무정부주의자들이 수적으로 절대 열세라는 것이 분명해졌다. 일부 대표들은 직장을 너무 오래 비울 수가 없어, 정작 진짜 토론과 표결에는 참석도 못하고 집으로 돌아갔다. 일부는 좀더 자극적인 회합을 찾아 인근 맥주굴을 기웃거렸다.

9월 5일 저녁 일반인에게 문호를 개방하자 〈르 프랑세즈〉는 이렇게 보도했다.

"마침내 인터내셔널 대회의 진짜 회의가 시작되었다. 회의장에는 수용 인원의 10배가 넘는 사람들이 몰려들었다. 환호와 야유가 터져나오고, 사람들은 밀고당기면서 왁자지껄하게 떠들어댔다. 인신공격도 나왔으며, 매우 급진적인 동시에 서로 대립적인 의견들이 동시에 쏟아져 나왔다. 더불어 반박, 탄핵, 항의, 정숙 요구 등등이 이어지고, 10시가 지나서 열대와 같은 더위와 긴박한 상황으로 이루 말할 수 없이 어지러운 분위기에서 회의가 끝났다. 그렇다고 토론까지 완전히 끝난 것은 아니었다."

마르크스는 엥겔스 뒤에 앉아 눈에 띄지 않으려고 신중하게 노력했지만, 그 농장 경영주 같은 사람이 대회 흐름을 통제하고 있다는 사실은 아무도 의심하지 않았다. 총평의회 권한을 확대하는 문제를 놓고 첫 논란이 벌어졌을 때, 뉴욕에서 온 대표는 인터내셔널에 '아주 총명하고 강력한 수뇌가 필요하다고 주장했다. 그러자 장내에 웃음이 터지면서, 모두의 시선이 일제히 마르크스를 향했다. 이 동의는 찬성 32, 반대 6,

기권 16으로 통과되었다.

표결 결과가 발표되자 엥겔스가 갑자기 자리에서 일어나 '대회에 발언하는 것'을 허용해 달라고 요청했다. '협회'가 명백히 분열되어 있고, 프랑스인들과 스페인인들, 또는 영국인들과 독일인들을 화합시키는 것이 무망한 일이기 때문에, 그와 마르크스는 총평의회 본부를 뉴욕으로 옮기자고 제안한다고 말했다.

대표들은 뜻밖의 제안에 1, 2분 동안 멍하니 입을 다물고 있었다. 한 영국인 관찰자는 이렇게 썼다.

"그것은 쿠데타였다. 모두 주문에서 깨어나려는 듯 옆사람을 바라보았다."

불과 1년 전에 파리의 코뮌 위원들이 보여주었듯이 유럽은 새로운 혁명 운동의 요람이었다. 인터내셔널이 어떻게 대서양 건너편에서 이 갓난아기를 양육하고 교육할 수 있단 말인가? 엥겔스는 미국의 조직 노동자들의 우월한 '능력과 열정'에 찬사를 보냈지만, 이것도 그다지 미덥지 못했다. 인터내셔널의 미국 지부가 지난 2년 간 빅토리아 우드헐의 기괴한 종교와 싸우는 데 몰두해 있었다는 것을 모르는 사람은 없었기 때문이다. 미국인들로 구성된 '총평의회'는 프루동주의자, 블랑키주의자, 공산주의자 사이의 다툼 때문에 고생하는 일은 줄어들 터였다. 그러나 그곳에는 카를 마르크스라는 강력한 두뇌가 없다는 약점이 있었다. 마르크스의 적들 가운데 일부는 바로 이런 이유 때문에 엥겔스의 제안을 적극 지지했으며, 마찬가지 이유에서 마르크스의 많은 협력자들은 이 제안에 반대할 수밖에 없었다.

"마르크스의 개인적인 감독과 지도가 절대적으로 중요합니다."

한 마르크스주의자는 괴로운 표정으로 그렇게 말했다. 또 한 사람은 본부를 뉴욕으로 옮기느니 차라리 달로 옮기는 것이 낫다고 말했다. 그러나 블록 투표(대의원에게 그가 대표하는 인원수에 상응하는 영향력을 부여하는 투표 방법 : 역주) 덕분에 마르크스와 엥겔스는 그들의 뜻을 관철할 수 있었다. 찬성 26표, 반대 23표, 기권 6표였다.

마르크스는 인터내셔널을 미국으로 추방함으로써, 의도적으로 사형선고를 내린 셈이었다. 〈스펙테이터〉는 9월 14일에 논평했다.

"코뮌의 별은 이미 가장 높은 자오선을 넘어갔다. 러시아에서가 아니라면 우리는 그 별이 다시 그렇게 높게 뜨는 것을 보기 힘들 것이다."

마르크스는 왜 그렇게 했을까? 마르크스 연구자들은 이 질문을 해결 불가능한 수수께끼로 여긴다. 그러나 수수께끼랄 것도 없다. 마르크스는 단지 서로 싸우는 부족들을 한데 모아놓고 있는 것에 지쳤을 뿐이다. 마르크스는 이미 동지 한두 명에게 그 비밀을 털어놓았다. 그는 대회 석 달 전 한 러시아인 친구에게 보낸 편지에서 이렇게 말했다.

"나는 너무 과로하고 있습니다. 사실 이것 때문에 이론적인 연구가 많은 방해를 받아, 9월 이후에는 회사(총평의회를 가리키는 암호)로부터 물러날 예정입니다. 현재는 이 일을 주로 내가 맡고 있는데, 이 회사는 알다시피 전세계에 지사를 두고 있습니다. 그러나 모든 일에서 절제가 필요합니다. 나는 이제 성격이 아주 다른 두 종류의 일을 결합할 여유가 없습니다. 적어도 한동안은."

1872년 5월 28일에 벨기에의 사회주의자 세자르 드 파에페에게 보낸 편지에서는 마치 제대병처럼 즐거운 목소리를 내고 있다.

"다음 대회가 몹시 기다려집니다. 그때면 나의 노예 생활도 끝이 날 것입니다. 그 뒤로는 다시 자유인이 되겠지요. 앞으로 행정적인 직책은 맡지 않을 것입니다……."

마르크스는 어차피 자신이 없으면 '총평의회'는 해체될 것인데, 그 과정이 길어지면 공산주의에 심각한 피해가 올 수도 있다고 생각했다.

그래서 부상당한 짐승은 얼른 비참한 상태를 벗어나게 해주는 것이 훨씬 낫다고 결정을 내렸다.

뉴욕 결정 이후 헤이그 대회에서 벌어진 논쟁들은 김이 빠질 수밖에 없었다. 그러나 마르크스는 공적인 무대를 떠나면서 극적인 장치를 하나 더 마련해두었다. 네덜란드로 가기 두 주 전 마르크스는 상트페테르부르크로부터 미하일 바쿠닌이 미치광이 살인자임을 증명하는 것처럼 보이는 문건을 입수했다. 마르크스는 이 문건을 대회에 제출함으로써, 마지막으로 대회를 뜨거운 논란으로 몰아넣었다.

1869년 겨울, 평소처럼 돈이 부족했던 바쿠닌은 출판사의 대행인인 류바빈이라는 사람으로부터 《자본》을 러시아어로 번역해 달라는 요청과 함께 3백 루블을 받았다. 그러나 그 일에 바쿠닌보다 적임이 아닌 사람을 생각하기도 힘들었다. 그는 대책없이 일을 질질 끄는 버릇이 있는 사람이었을 뿐 아니라, 마르크스의 평판을 높여주는 일을 할 리도 없는 사람이었다. 그러나 류바빈은 이런 사실을 몰랐던 것 같다. 몇 달 뒤 류바빈은 원고를 보낼 때가 되었다는 내용의 정중한 편지를 보냈다. 그러나 1870년 2월 류바빈은 대답 대신, 혁명 암살자들의 비밀 '사무국'을 대표하여 활동한다고 주장하는, 바쿠닌의 미친 공격견 세르게이 네차예프로부터 무시무시한 편지를 받았다. 네차예프는 류바빈이 바쿠닌에게 단조로운 문학적인 일을 강제함으로써 그가 "러시아 민족에게 중요한 대의를 위해 일하는 것"을 막으려 한 기생충이자 약탈자라고 비난한 뒤, 그에게 돈은 잊어버리고 계약서는 찢어버리라고 명령했다. 아니면,

당신이 누구를 상대하는지를 깨닫게 될 것이며, 그때는 우리가 당신에게 덜 문명적인 방식으로 다시 이야기하는 것을 피하기 위해 무슨 일이든 하게 될 것이다. …… 우리는 늘 정확하며, 당신이 이 편지를 받게 되는 날

짜도 정확하게 계산해놓았다. 당신 역시 이 요구에 따르는 데 정확해야 할 것이며, 그렇게 해서 우리가 극단적인 방법—약간 더 가혹할 것이다.—에 호소하는 일이 없도록 해주기 바란다. …… 우리 관계가 좀더 우호적이 되어 우리 사이에 좀더 굳건한 이해가 이루어질지, 아니면 우리 관계가 좀더 불쾌한 쪽으로 가게 될지는 전적으로 당신에게 달려 있다.

　이만 총총…….

　그가 말하는 '극단적인 방법'이 무엇인지 알려주는 실마리로서 네차예프는 편지지에 권총, 도끼, 단검으로 이루어진 문장(紋章)을 그려넣었다.

　물론 마감을 어긴 저자가 출판사에게 이런 식으로 이야기하는 것은 널리 권할 만한 일이 아니다. 바쿠닌은 나중에 이 편지에 대해 아는 바 없다고 주장했다. 네차예프가 상트페테르부르크에서 학생을 죽인 죄로 수배 중이라는 사실을 몰랐다는 것과 마찬가지였다. 그는 1870년 봄 이 무시무시한 사실을 알게 되자 즉시 이 피에 굶주린 동료와 관계를 끊었다. 역사가와 전기 작가들은 그의 무죄 주장을 받아들여왔다. 그러나 그의 주장은 이 세계 일급의 몽상가에게서 나온 다른 모든 말들과 마찬가지로 믿음직하지가 못하다.

　그 진실은 파리의 비블리오테크 나쇼날 문서보관소에 있다. 1966년 마이클 콘피노 교수는 1870년 6월 2일 바쿠닌이 네차예프에게 보낸 긴 편지를 발견했다. 즉, 무정부주의의 아버지가 비행을 저지른 아들과 의절했다고 하는 날짜보다 뒤에 보낸 편지다. 바쿠닌은 네차예프를 꾸짖기는커녕, 계속해서 함께 음모와 계획을 짜자고 제안한다. 유일한 조건은 '소년'(바쿠닌은 네차예프를 그렇게 다정하게 불렀다)이 상대를 고를 때 좀더 분별력이 있어야 한다는 것이다.

"다음의 단순한 법칙이 우리 행동의 기초가 되어야 하네. 모든 '형제들' 사이에, 그리고 '형제'가 될 수 있고 또 '형제'로 만들고 싶은 모든 사람을 향해서는 진실, 정직, 상호 신뢰. 그리고 적에 대해서는 거짓, 교활, 분규, 그리고 필요하다면 폭력."

이것이 네차예프의 '폭력 행위'에 대한 바쿠닌의 이른바 비난이다.

마르크스가 헤이그의 대의원들에게 보여주었던 편지, 즉 네차예프가 불행한 류바빈에게 보낸 편지는 기대했던 효과를 낳았다. 대회 마지막 날, 바쿠닌을 협회에서 추방하자는 제안은 찬성 27표 대 반대 7표로 통과되었다.

인터내셔널은 뉴욕으로 옮겨간 후 급속히 쇠퇴했으며, 1876년에 공식 해체되었다. 같은 해에 바쿠닌이 사망했다. 그가 사랑하던 '소년' 네차예프는 1872년 가을 스위스에서 러시아로 추방되었으며, 그곳에서 살인 유죄 판결을 받고 페트로파블로프스크 요새에 수감되었다. 네차예프는 그곳의 습기찬 지하동굴에서 10년 독방 생활을 하다가 35살의 나이로 죽었다. 마르크스는 그들 모두보다 오래 살았다.

12 털 깎은 고슴도치

마르크스(1882)

그는 키가 작고 몸집도 자그마했습니다. 머리카락과 턱수염은 희었지만 콧수염은 여전히 거무스름해서 묘한 대조를 이루더군요. 얼굴은 둥그스름한 편이었습니다. 잘생긴 이마는 불룩한 느낌을 주었습니다. 눈은 강렬한 편이었지만 전체적인 표정은 호감이 가는 쪽이었습니다. –1879년 마운트스튜어드 경이 빅토리아 공주에게 보낸 편지에서

잠시 침묵이라는 공간이 형성되었을 때 나는 이 혁명가이자 철학자에게 다음과 같은 숙명적인 말을 던졌다.
"무엇입니까?"
나는 그렇게 물었고, 이에 대해 그는 낮고 엄숙한 목소리로 대답했다.
"투쟁이지!"
처음에는 절망의 메아리를 들은 것 같았다. 그러나 어쩌면 그것이 삶의 법칙인지도 모르겠다.
–1880년 미국 저널리스트 존 스윈턴의 인터뷰에서

1872 | 1883
인자하고 너그러운 할아버지

역설, 풍자, 모순. 마르크스의 작품에 살아 숨쉬는 이런 정신들은 그의 삶을 구성하는 개구쟁이 삼총사이기도 했다. 마르크스는 랠프 월도 에머슨의 도전적인 신조에 환호를 보냈을지도 모른다.

"우둔한 일관성은 작은 정신들을 따라다니는 요귀이며, 작은 정치가와 철학자와 성직자들이 사모하는 것이다. 위대한 영혼은 일관성과는 아무런 관계가 없다."

따라서 일을 하면서 지낸 세월 내내 무일푼으로 살았던 사람이 생계를 유지하려는 투쟁을 포기했을 때에야 비로소 경제적 안정을 찾았다는 것도 놀랄 일은 아니다. 1870년 여름 엥겔스는 가족 사업의 동업자 지분을 에르멘 형제 가운데 한 사람에게 팔았다. 거기서 나온 돈으로 궁핍한 친구에게 1년에 350파운드의 연금을 보장할 수 있게 되었다. 마르크스는 입을 떡 벌렸다.

"자네의 엄청난 호의에 압도당하고 말았네."

엥겔스는 20년 동안 그에게 의존하는 아주 많은 사람들—번스 자매, 마르크스 가족, 헬레네 데무트—을 먹여 살렸다. 그러면서도 정치적 대의를 위해 정력적으로 글을 쓰고 운동을 했다. 그는 단 한 번도 불평을 한 적이 없었다. 예니 마르크스는 이렇게 말했다.

"그는 늘 건강하고, 정력적이고, 명랑하고, 활기차며, 맥주를 철저하게 음미하죠(특히 맥주가 빈 산〔産〕일 때는)."

엥겔스는 리지 번스, 그녀의 멍청한 조카딸 메리 엘렌('펌프스')—그가 떠맡은 또 한 사람의 집 없는 아이였다.—과 함께 런던으로 이사하여, 리젠츠 파크 로드 122번지의 당당한 집을 임대했다.

그러나 운명의 아이러니들이 모두 그렇게 자비로웠던 것은 아니다. 인터내셔널에서 투쟁하며 보낸 세월 때문에 마르크스는 프랑스 사회주의자들에게 심한 알레르기를 가지게 되었으며, 총평의회에서 사퇴함으로써 그것을 치료하기를 바랐다. 그러나 운명은 그에게 두 명의 프랑스인 사위라는 형태로 알레르기 자극물을 유지해주었다. 1872년 10월 2일, 헤이그 대회 두 주 후, 예니헨은 세인트 판크라스 등기소에서 샤를 롱게와 비종교적인 결혼식을 올렸다.

늘 카를의 극단적인 편견에 공감하지는 않았던 신부 어머니도 프랑스인에 대한 편견에서는 같은 견해였던 것이 틀림없다. 그녀 역시 프랑스인의 거의 모든 것에 혐오감을 느꼈기 때문이다. 그들의 오만, 그들의 활기, 그들의 수완, 그들의 고정관념, 그들의 격정, 그리고 그 '뭐라 말하기 힘든 것'에도. 그녀는 약혼을 알리면서 리프크네히트에게 편지를 보냈다.

"롱게는 아주 재능있는 사람이에요. 그리고 착하고, 정직하고, 품위 있죠. …… 하지만 둘이 결합한다는 것이 몹시 불안하기도 해요. 사실 예니가 프랑스인 대신 영국인이나 독일인을 선택하기를 바랐어요(라우라와는 달리 말이에요). 롱게는 물론 그의 민족의 모든 매력적 자질을 소유하고 있지만, 그 결함과 부적절한 면으로부터도 자유롭지 못하거든요."

아니나 다를까, 롱게는 부인에게 끝없이 집안일만 시키는 침울하고, 이기적이고, 소리 지르기 좋아하는 야만적인 인간이라는 것이 드러났다. 예니헨은 엘레아노르에게 말했다.

"나는 검둥이처럼 뼈빠지게 일을 하는데, 그이는 집에 있을 때는 계속 나한테 소리를 지르고 투덜거리기만 해."

카를 마르크스에게 이 비참한 결혼에서 유일하게 위로가 되는 것은 손자들—사내 아이 다섯 명이었는데 그 가운데 하나는 어려서 죽었다.—이 태어난다는 사실과 롱게가 런던대학의 강사로서 정기적인 수입이 있기 때문에 예니헨이 먹고 사는 데는 큰 걱정이 없다는 사실이었다(결혼 2년 전 마르크스의 가족 경제가 최저점으로 곤두박질쳤을 때, 예니헨은 가정교사 일자리를 알아보는 신세로 전락하기도 했다).

반면 라우라의 남편은 가망 없는 경우였다. 폴 라파르그는 세 아이가 죽는 것을 보고 의사에 대한 믿음이 흔들려 의사의 꿈을 접었다. 대신 사업을 하겠다고 나서서 사진 판화의 '새로운 공정'에 대한 특허권을 사들였다. 이 가능성 없어 보이는 사업은 코뮌 망명자 출신의 동업자 뱅자맹 콩스탕 르 무슈와의 끝없는 불화 때문에 처음부터 흔들렸으며, 마르크스는 가문의 명예를 위해 라파르그의 지분을 매입해야겠다고 생각했다(덧붙일 필요도 없는 이야기지만, 자금은 엥겔스가 댔다). 그러자 이번에는 마르크스 자신이 르 무슈와 특허의 소유권 문제를 놓고 다투게 되었다. 그들은 창피를 당하고 법정에 가느라 돈을 쓰느니, 차라리 좌익 변호사 프레드릭 해리슨의 개인적 중재에 분쟁의 해결을 맡기기로 했다. 해리슨은 회고록에서 이렇게 기록하고 있다.

그들이 증거를 제출하기 전, 나는 그들에게 당시 법에서 법적인 증언에 대해 요구하던 대로, 성경에 손을 얹고 선서하는 형식을 갖출 것을 요구했다. 둘다 그 말을 듣자 경악했다. 카를 마르크스는 그런 식으로 품위를 떨어뜨리는 짓은 절대 할 수 없다고 말했다. 르 무슈는 그런 비겁한 짓을 했다고 비난받고 싶은 생각은 추호도 없다고 말했다. 30분 동안 그들은 이의를 제기하며 자기 주장을 펼쳤다. 둘다 상대가 있는 데서 먼저 선서하기를 거부했다. 마침내 나는 타협안을 제시했다. 두 증인이 말은 한마디도 하지 않고 동시에 '책에 손을 대자'는 것이었다. 둘다 그 거룩한 책에 손을 대면 자기들 손이 더럽혀질까 봐 움츠러드는 것 같았다. 마치 오페라의 메피스토펠레스가 십자가를 보고 움츠러드는 것 같았다. 마침내 실제 사건에 대한 주장에 들어가자 영리한 르 무슈가 승리를 거두었다. 카를 마르크스는 완전히 혼란에 빠져 실언만 거듭했기 때문이다.

이 분쟁에서 패배함으로써 파리의 사회주의자들은 모두 '프랑스식의 껄렁한 모습'을 들추어내면 거짓말쟁이와 악당만 남는다는 마르크스의 확신은 더 강해졌다. 르 무슈는 곧 밥벌레들을 모아놓은, 마르크스의 개인적인 우화집에 한자리를 차지하게 되었다. 르 무슈는 "나를 비롯한 많은 사람들을 속여 상당한 돈을 우려내고 나서는, 자신의 체면을 살리기 위해, 그리고 자신을 제대로 인정받지 못한 아름다운 영혼을 가진 순결한 사람으로 내세우기 위해 흉악한 중상을 일삼는" 횡령범으로 비난을 받았다. 그러나 마르크스의 진노는 곧 그를 이런 지저분한 일로 끌어들인 무능한 멍청이 폴 라파르그 쪽으로 방향을 틀었다. 라파르그와 롱게는 둘의 개인적인 '결함과 부적절한 면'은 둘째로 하고라도, 격분한 장인의 헤아릴 수 없이 많은 설교와 지도에 전혀 주의를 기울이지 않는 정치적인 수다쟁이들이었다. 마르크스는 엥겔스에게 하소연했다.

"롱게는 마지막 프루동주의자이고, 라파르그는 마지막 바쿠닌주의자라네! 악마는 그것들 좀 안 데려가고 뭐하고 있나 몰라!"

두 딸을 프랑스인에게 여의었다는 것은 불운이라고 할 수 있다. 그러나 세 번째마저 프랑스인에게 여읜다면, 그것은 이해가 가지 않을 정도로 부주의하다고 볼 수밖에 없을 것이다. 따라서 엘레아노르가 화려한 이폴리트 프로스페르 올리비에 리사가레—34살로 엘레아노르의 나이의 꼭 두 배였다.—를 사랑하게 되었을 때, 마르크스가 얼마나 경악했을지 상상이 갈 것이다. 그렇지 않아도 라파르그와 롱게라는 두 프랑스인 때문에 골머리를 앓고 있을 때 모데나 빌라스에 나타난 것이 리사가레의 불행이라면 불행이었다. 다른 상황에서라면 충분히 받아들여질 만한 사람이었기 때문이다.

"단 하나의 예외를 제외하면, 이제까지 나온 코뮌에 대한 모든 책은 쓰레기예요. 이 일반 법칙의 단 하나의 예외가 리사가레의 책이지요."

1871년에 예니헨은 쿠겔만에게 이렇게 말했는데, 이것은 아버지 의견을 그대로 되풀이한 것으로 보인다. 몇 년 뒤 리사가레가 보완을 하여 《코뮌의 역사》를 펴냈을 때, 마르크스는 심지어 엘레아노르가 영어 번역판을 준비하는 일을 돕기까지 했다. 그럼에도 리사가레는 의심할 여지 없는 프랑스인이었다. 포마드를 발라 앞이마에 늘여 붙인 머리카락, 사람을 내려다보며 능글맞게 웃는 모습, 경솔하고 화려한 태도. 이 모든 것이 변덕스러운 개인주의자의 상징으로 보였다. 게다가 리사가레에게는 책임있는 남편이 될 수 있다는 것을 증명해 보여야 할 책임이 뒤따랐다. 마르크스는 엥겔스에게 이렇게 말했다.

"나는 그 친구에게 아무것도 요구하지 않았네. 다만 그가 평판보다는 나은 사람이라는 것, 그를 믿을 만한 타당한 이유가 있다는 것을 말이 아닌 증거로 보여달라고만 했지. …… 염병할 짜증나는 것은 내가 우리 아이 때문에 아주 신중하고 관대한 태도를 보일 수밖에 없다는 걸세."

꼭 그렇게 신중하고 관대했던 것은 아니다. 마르크스는 오랫동안 '투시'가 '리사'를 절대 만나지 못하게 했고, 정말로 신중하고 관대했던 예니 마르크스가 그들의 밀회를 잠깐씩 눈감아주었다. 그러나 이런 식의 짧은 만남은 떨어져 있는 고통만 가중시킬 뿐이었다. 1873년 5월 엘레아노르는 마르크스의 사나운 눈길로부터(그리고 아마도 경제적 의존으로부터도) 벗어나고자 브라이턴의 여학교 교사직을 맡았다. 그러나 9월이 되자 신경쇠약에 걸려 집으로 돌아오고 말았다. 아버지와 연인 사이에서 선택을 해야 할 경우, 그녀는 자식으로서의 헌신이라는 중력의 힘에 도전할 수 없었다. 그러나 왜 그런 선택을 강요받아야 하는가? 그녀가 몇 달 뒤 마르크스의 책상에 남겨놓은 편지는 그녀의 고민과 더불어 변함없는 복종심을 보여준다.

사랑하는 무어,

한 가지 묻고 싶어요. 하지만 먼저 너무 화를 내시지 않겠다고 약속을 해주세요. 사랑하는 무어, 저는 L.을 다시 만나도 되는지 알고 싶어요. 그를 두 번 다시 보지 않는다는 것이 너무 힘들어요. 견디려고 최선을 다하고 있지만, 너무 힘들어서 오래 버틸 수 있을 것 같지 않아요. 저도 무어한테서 그가 다시 이곳에 와도 좋다는 허락을 받아낼 수 있을 것이라는 생각은 하지 않아요. 그런 기대는 가지지도 않아요. 하지만 제가 이따금씩 그와 산책을 할 수도 없는 건지요? ······

브라이턴에서 제가 몹시 아팠을 때(하루에도 두세 번씩 정신을 잃고 쓰러지곤 했어요), L.이 저를 보러 왔어요. 그때마다 몸이 조금씩 나아졌고 기분도 좋아졌지요. 저에게 맡겨진 무거운 짐도 쉽게 감당할 수 있었고요. [마르크스는 그가 엘레아노르를 찾아갔다는 사실을 전혀 모르고 있었다.] 그를 본 지가 너무 오래 되어서, 버티려고 노력은 하고 있지만 몹시 힘들어요. 저도 즐겁고 명랑하게 지내려고 노력은 해왔어요. 하지만 오래 버틸 수는 없을 것 같아요……

어쨌든 사랑하는 무어, 지금 만나지 못한다면, 언제쯤이면 만나도 좋다는 이야기도 해주실 수 없나요? 그러면 저한테도 기대할 수 있는 일이 생기게 되고, 그 시간이 정해져 있으면 기다리는 것도 덜 지루할 테니까요.

사랑하는 무어, 이 편지를 쓴 것을 가지고 화를 내지는 마세요. 다시 걱정을 끼쳐서 죄송해요.

투시

그러나 마르크스는 양보하려 들지 않았다.

엘레아노르는 바쁜 일을 만들어 그쪽에 정신을 집중하려 했다. 아버지가 늘 애용하던 방법이었다. 어릴 때 무대를 향해 품었던 꿈을 실현시키고자 하는 마음에 베진 부인이 운영하던 연기학교에 등록을 하기도 했다. 또 사회주의자 교사인 프레드릭 제임스 퍼니볼이 설립한 많은 그룹들 가운데 '뉴 셰익스피어 소사이어티'와 '브라우닝 소사이어티'에 가입했다. 그녀는 또 마르크스와 마찬가지로, 영국박물관에서 따뜻한 피난처를 발견했다. 그곳에서 엘레아노르는 퍼니볼을 위해 프리랜서로서 조사도 하고 번역도 했다(그녀는 열람실에서 작업을 하던 도중 막 영국에 도착한 젊은 아일랜드인 조지 버나드 쇼를 만났는데, 그는 그녀의 믿음직한 친구가 되었다). 몇 년 뒤인 1882년 6월 '브라우닝 소사이어티'의 연례집회에서 낭송을 마친 뒤, 엘레아노르는 흥분해서 예니헨에게 편지를 썼다.

그곳은 사람들로 꽉 찼어. '문단'과 다른 분야의 온갖 종류의 '거물'들이 와 있었기 때문에 바보같이 떨렸지만, 그래도 훌륭하게 해냈어. 서덜랜드

오어 부인(왕립 미술원의 원장인 프레드릭 라이턴의 누이)는 나를 브라우닝에게 데려가 그가 쓴 시를 그 앞에서 낭독하게 하고 싶어했어! 오늘 오후에 레이디 와일드의 집에서 열리는 '바글거리는 연회'에 가자는 초대를 받았지. 레이디 와일드는 그 다리를 심하게 저는 추잡한 젊은이 오스카 와일드의 어머니야. 오스카 와일드는 미국에서 아주 염― 바보 노릇을 했지. 아들은 아직 영국에 돌아오지 않았고 어머니는 훌륭하시니, 거기에 가도 괜찮을 것 같아. …… 의욕이란 얼마나 좋은 것인지!

느낌표를 찍는 것이나 '거물'들의 이름을 들먹거리며 경외감을 표현하는 것을 보면 마치 찰스 푸터(조지 그로스미스와 위든 그로스미스 형제가 19세기 말에 발표한 《어느 무명인사의 일기》에 나오는 중간 계급 하층 출신의 주인공 : 역주)를 보는 듯하다.

의욕을 통해 약간의 기쁨과 위로를 얻기도 했지만 그렇다고 해서 리사가레로 인한 고민을 완전히 잊을 수는 없었다. 엘레아노르가 가장 괴로워했던 것은 한 번도 그녀를 이해해준 적이 없는 예니가 아주 동정적으로 나오는 반면, 사랑하는 무어는 그녀의 희생을 모른 체한다는 점이었다.― '우리 둘의 본성이 똑같음'에도 불구하고. 많은 손님들의 말을 들어보면, 그들은 생긴 것도 놀랄 정도로 닮았다. 둘다 넓은 이마 밑에 짙은 색의 눈이 반짝였고, 그 밑으로는 금방 눈에 띄는 코가 자리잡고 있었다. 엘레아노르의 사진에 턱수염을 그려넣으면 그것이 바로 젊은 시절의 카를 마르크스의 모습이었다.

"나는 불행히도 아버지의 코만 물려받았을 뿐 천재성은 물려받지 못했어요."

엘레아노르는 그렇게 농담을 하곤 했다. 마르크스도 딸들을 비교할 때면 "예니는 나와 가장 비슷하지만 투시는 바로 나"라고 말하곤 했다.

엘레아노르는 역시 아버지의 예를 따라 줄담배로 신경을 진정시키려 했다. 줄담배는 문인들 사이에서는 흔한 습관이었지만, 빅토리아 여왕 시대에 좋은 교육을 받은 십대 소녀에게는 드물고 충격적인 일이었다.

심지어 그들은 병조차도 섬뜩할 만큼 동시에 생기곤 했다. 투시의 우울증은 두통, 불면증, 담즙 이상을 비롯해 마르크스가 너무나 잘 알고 있는 거의 모든 증상들로 표현되었다(종기를 제외하고).

"아빠도 의사도 또한 누구도 이해하지 못하는 것은 나를 괴롭히는 것이 주로 정신적인 걱정이라는 거야."

엘레아노르는 그렇게 불평했다. 스스로 "내 병은 늘 마음에서 생긴다."고 인정한 적이 있는 사람이 그것을 이해 못했다니 이상한 일이다. 1870년대의 많은 기간 반 환자나 다름없던 이들 부녀는 줄담배 때문에 씨근덕거리면서 몸에 좋다는 곳을 찾아 유럽의 여러 온천을 전전했다. 그러나 두 사람이 서로를 아프게 만들고 있었다는 결론을 피하기는 힘들다. 1873년 8월 투시가 브라이턴에서 정신을 잃고 쓰러지곤 하던 무렵 마르크스는 상트페테르부르크에 있는 동지에게 편지를 보냈다.

"그 이후 몇 달 동안 나는 몹시 괴로웠습니다. 한동안은 병이 아주 위중한 상태에 이르기도 했지요. 과로한 결과입니다. 머리가 너무 많이 아파, 마비를 일으키는 발작이 오지나 않을까 우려할 정도였습니다……."

두 주 뒤 몸에 좋은 것이라는 이유로 나무딸기 식초를 한 숟가락 입에 넣다가 심한 사레에 걸렸다.

"얼굴이 완전히 시커매졌네. 그 상태가 조금만 더 지속되었다면, 나는 이 세상을 완전히 떠났을 걸세."

투시가 런던으로 돌아온 뒤에는 '졸중에 걸릴 심각한 가능성'에 대해 걱정하기 시작했다. 처음에는 의사도 그런 발작이 일어날 수 있다고 생각했으나, 나중에 신경쇠약으로 진단을 바꾸었다. 11월 24일 이들 부녀는 해로게이트의 온천으로 떠났고, 예니 마르크스는 무척 안도했다.

두 사람은 3주 동안 휴식을 하고 온천욕을 즐겼다. 그러나 마르크스는 평소에도 싫어하던 생트뵈브를 읽으며 그렇지 않아도 아픈 머리를 더 괴롭혔다. 마르크스는 엥겔스에게 말했다.

"이 사람이 프랑스에서 그렇게 유명해졌다면 그것은 이 사람이 모든 면에서 프랑스의 허영심의 가장 고전적인 화신이기 때문임이 틀림없네. …… 로맨틱하게 변장을 하고 새로 만든 숙어로 몸을 감싸고 점잔 빼며 걷고 있기는 하지만."

따라서 이 책은 딸이 동경하는, 또 다른 점잔 빼는 프랑스인을 잊기에 이상적인 책은 아니었다. 그래도 그는 상당히 명랑했던 것 같다. 크리스마스에 맞추어 모데나 빌라스에 돌아왔을 때 종기들이 일시에 터져나오고, 신문에서는 그의 건강에 대해 온갖 헛소문이 난무했지만, 그런 기분에는 큰 변화가 없었다.

"나는 이따금씩 살아 있다는 표시를 전혀 하지 않음으로써 영국 신문들이 내 죽음을 알리는 것을 방관하고 있소. 나는 공중에게는 전혀 신경을 쓰지 않아요. 가끔 내 병이 과장되기는 하지만, 세상 구석구석의 알지도 못하는 사람들이 온갖 요청(이론적인 것이나 다른 것)을 해오는 일이 사라진다는 장점은 있지요."

마르크스는 해로게이트로부터 집으로 돌아가는 길에 맨체스터에 하루 머물며 엥겔스의 친구인 닥터 에두아르트 굼페르트로부터 진찰을 받았다. 그는 '간이 약간 팽창'한 것을 발견했는데, 유일한 치료법은 보헤미아의 유명한 온천 도시 카를스바트로 여행을 떠나는 것뿐이었다. 그러나 카를스바트로 가려면 독일을 통과해야 했고, 독일에서는 파괴 분자로 체포될 수 있었기 때문에, 마르크스는 그 여행이 불가능하다고 생각했다. 그러다가 좋은 생각이 떠올랐다. 영국에서 1년 이상 산 망명자는 영국 시민권을 얻을 자격이 있었으며, 따라서 외국의 국경에서도 영국 여왕 폐하의 보호를 받을 수 있었다. 마르크스와 엘레아노르는 내무성에 신청서와 더불어 햄스테드의 네 명의 이웃이 그의 '선량한 성격'을 증언하는 선서진술서를 제출한 다음, 귀화 증명서가 며칠 내로 나올 것이라고 믿고 1874년 8월 15일에 독일로 출발했다. 그러나 8월 26일 내무성 장관은 마르크스의 변호사에게 신청이 기각되었다고 알렸다. 이유는 제시하지 않았다. 그러나 공공기록 보관소에서 발견된, 런던 경시청이 내무성으로 보낸 8월 17일자 비밀 서신이 모든 것을 밝혀준다.

카를 마르크스—귀화 건

상기자와 관련하여 그는 악명 높은 독일 선동가이며, '인터내셔널 협회'의 회장이며, 공산주의 원칙의 옹호자라는 사실을 보고하고자 합니다. 그는 자신의 왕과 국가에 충성한 적이 없습니다.
'시튼', '메이서슨', '매닝', '애드콕' 등 신원보증인들은 모두 영국 태생의 신민들로서, 존경할 만한 세대주들입니다. 그들이 신청자를 알고 지냈다고 진술한 기간은 정확합니다.

W. 라이머스, 경사
F. 윌리엄슨, 총경

그러나 마르크스는 빅토리아 여왕이나 그녀의 전권대사의 도움 없이 카를스바트에 도착했다. 어쩌면 출생에 의해 영국 신민이 된 엘레아노르를 동반했기 때문인지도 모른다. 그러나 마르크스는 방심하지 않았다. 게르마니아 호텔에서 숙박계를 쓸 때도 정체가 드러나지 않게 하기 위해서 '찰스 마르크스 씨, 일반 시민'이라고 썼다. 물론 지역 경찰은 한눈에 그의 정체를 파악했다. 그러나 한 달 간 계속 감시를 한 뒤에, 그를 '의심할 이유'가 없다고 인정할 수밖에 없었다. 놀랄 일도 아닌 것이, 그는 건강을 돌보느라 바빴기 때문에 무기력한 몸으로 온천욕을 하는 환자들과 그들의 의사들 사이에서 혁명을 일으킬 여유가 없었다. 마르크스는 엥겔스에게 편지를 보냈다.

"우리 둘다 엄격한 규칙에 따라 살고 있네. 매일 아침 6시면 각자 샘으로 떠나네. 나는 그 샘물을 일곱 잔 마셔야 하네. 두 잔을 마신 뒤에는 15분 동안 쉬는데, 그때는 이러저리 걸어다니지. 마지막 잔을 마신 뒤에는 한 시간을 걸어야 하고, 그런 다음에 커피를 마실 수 있네. 저녁에 잠자리에 들기 전에도 차가운 물을 한 잔 더 마셔야 하네."

오후에 그들은 슐로스베르크의 숲이 울창한 화강암 언덕을 돌아다녔다. 다른 환자들은 엘레아노르가 계속 담배 연기를 뿜어대는 모습에 깜짝 놀랐다.

온천욕이 마르크스의 간에는 놀라운 효과를 발휘했을지 몰라도, 그의 성질은 더 까다로워졌다. 루트비히 쿠겔만과 게르트루트 쿠겔만이 찾아와도 별 도움이 되지 않았다. 그들은 옆방에 자리를 잡았다. 그 즈음 마르크스는 이 자칭 제자의 어리석음과 무분별에 점차 짜증이 나고 있었다. 게다가 얇은 호텔 벽 너머에서 쿠겔만 씨가 부인을 야단치는 시끄러운 소리에 잠이 깨는 일도 많아졌다.

"그의 집안에서 벌어지는 일 때문에 내가 고통을 받게 되었을 때 내 인내심은 한계에 이르렀네. 이 학자입네 뽐내고 다니고, 되지도 않는 소리를 지껄이기 좋아하는 부르주아 속물은 부인이 자기를 이해하지 못한다고 생각하게 되었던 걸세. 좀더 높은 세계관을 향한 갈망을 가진 자신의 파우스트적인 성격을 이해 못한다고 말이야. 그래서 그 여자를 괴롭히는 거야. 그 여자는 모든 면에서, 가장 역겨운 방식으로 남편보다 우월한데 말이지."

마르크스는 더 높은 층의 침실로 옮겨가, 두 번 다시 닥터 쿠겔만과 이야기를 하지 않았다.

마르크스가 건강 리조트에 모인 천박하고 편협한 사람들 사이에서 지루해 미칠 지경이 되었을 것이라고 상상할지도 모르겠다. 그러나 그는 곧 이 온천의 애호가가 되었다. 그는 1875년과 1876년에도 카를스바트를 찾았다. 그 뒤 독일의 새로운 반사회주의자 법 때문에 여행이 너무 위험해지자, 그는 애정의 대상을 빅토리아 여왕과 테니슨 경이 아주 좋아하던 온천장이며 그 어느 곳보다 부르주아적인 분위기를 풍기는 아일오브와이트로 옮겼다. 마르크스가 그곳에 갈 때마다 다른 손님들은 이 무시무시한 공산주의자 도깨비가 사실은 그 지역에서 열리는 파티의 중요인사라는 것을 알고 놀라곤 했다. 1875년에 카를스바트에 갔을 때 빈의 한 신문은 그가 그곳에서 가장 인기 있는 이야기꾼이라고 소개했다.

그는 늘 적절한 말, 놀랄 만한 비유, 갑자기 눈이 번쩍 뜨이는 농담을 던진다. 그가 아주 재치있는 여자와 함께 있을 때 곁에 가게 되면—여자와 아이들은 대화에서 가장 훌륭한 공작원이며, 그들은 개인적인 것과 관련해서만 일반적인 것을 평가하기 때문에 늘 사람들을 개인적인 만남이라는 아늑한 정자로 불러들인다.—마르크스가 풍부하고 잘 정돈되어 있는 그의 추억들을 푸짐하게 펼쳐놓는 모습을 보게 될 것이다. 그는 로맨티시즘이 마지막으로 자유로운 숲의 노래를 부르던 과거로 돌아가기를 좋아한다. …… 하이네가 아직 잉크가 덜 마른 시를 마르크스의 서재로 가져가던 시절 말이다.

재미있는 것은, 이 신문이 '마르크스는 이제 63살'이라고 기록했다는 점이다. 그는 사실 57살이었다. 3년 뒤 〈시카고 트리뷴〉에서 인터뷰를 하러 온 사람은 '그는 분명 70살이 넘었을 것'이라고 말했다. 마르크스는 의사가 허락할 때는 여전히 《자본》 2권 작업을 하고 있었지만, 겉으로 보기에는 패배를 받아들이고 온화한 일화집이나 쓰면서, 관찰을 하고 회고를 하는 것에 만족하는 것 같았다. 정열적인 참여―팸플릿과 청원서, 집회와 작전―의 세월은 끝이 난 것이다.

* * *

위의 두 딸이 결혼을 하여 햄스테드의 다른 곳에 자리를 잡았기 때문에, 줄어든 살림에는 메이틀랜드 파크 로드의 빌라가 너무 컸다. 1875년 3월 남은 가족―카를, 예니, 엘레아노르, 헬레네―은 같은 거리에서 1백 미터 정도 떨어진 44번지로 이사했다. 4층짜리 연립주택으로, 전에 살던 집보다 약간 작았지만 세는 훨씬 쌌다. 마르크스는 죽을 때까지 그곳에서 살았다.

마르크스는 나이가 들면서 집에서의 습관은 규칙적이고 온건해졌다. 토튼엄 코트 로드의 술집들을 쏘다니거나, 쉬지 않고 체스를 두거나, 밤을 새우며 책상에 앉아 있을 힘이 없었다. 다른 사람들이 일어나는 시간에 일어나 여느 중간 계급 신사와 마찬가지로 아침을 먹으면서 〈더 타임스〉를 읽고, 하루 일을 하러 서재로 들어갔다. 해질녘이면 검은 망토를 걸치고 중절모를 쓰고(엘레아노르는 '꼭 음모자들의 합창단 단원'처럼 보인다고 말했다) 런던 거리를 한 시간 정도 산책했다. 근시는 아주 심해졌다. 산책을 하다 돌아오면서 가끔 이웃집 문으로 잘못 찾아가는 경우도 생겼는데, 열쇠가 맞지 않을 때에야 실수를 알아차렸다.

일요일은 가족과 함께 보냈다. 구운 쇠고기로 점심을 먹고(헬레네가 완벽하게 요리했다), 라우라, 예니헨, 예니헨의 아들들과 함께 히스까지 긴 산책에 나섰다. 독일 사회민주주의 창립자 가운데 한 사람인 아우구스트 베벨은 "당시 어디에서나 사람을 무지하게 싫어하는 사람으로 묘사되던 마르크스가 따뜻한 애정을 드러내며 손자들과 놀아주고, 손자들은 또 할아버지를 무척 사랑하는 것을 보고 놀라면서도 기분이 좋았다." 에드가 롱게는 18개월 때 초콜릿 조각인 줄 알고 날콩을 깨문 적이 있었다. 에드가는 초콜릿이 아닌 줄 알면서도 계속 씹었다. 마르크스는 곧 그 아이에게 '울프'라는 별명을 지어주었다. 그러나 이 별명은 나중에 아이의 끝없는 목마름 때문에 '미스터 티'로 바뀌었다.

일요일을 제외하면, 낮에는 방문객을 받지 않았다. 그러나 의사(사실은 마르크스 부인)가 저녁에는 일을 못하게 했기 때문에, 저녁 식사 자리에서는 다정한 주인 노릇을 하여, 위인과 알고 지내기 위해 멀리서 찾아온 사람들에게 포도주를 따라주고 일화를 들려주었다. 러시아의 혁명가 니콜라이 모로조프는 이렇게 말했다.

"그는 아주 상냥했다. 그가 병적이고 다가가기 힘들다는 이야기도 들었는데, 나는 그런 것은 전혀 느끼지 못했다."

메이틀랜드 파크 로드를 찾아가는 사람들 모두가 똑같이 놀라운 발견을 했다. 그 사자 같은 갈기 밑에는 장난스럽게 만족스러운 소리를 내는 새끼 고양이가 숨어 있었다. 독일의 저널리스트 에두아르트 베른슈타인은 이렇게 말했다.

"그는 가부장처럼 초연한 태도로 조용조용하게 말을 했다. 내가 상상하던 그림과는 정반대였다. 사실 나는 그의 적들이 퍼뜨린 이야기 때문에, 아주 병적이고 짜증이 심한 노신사를 만나게 될 줄 알았다. 그러나 내 앞에 앉아 있는 머리가 허연 노인의 웃음을 터뜨리는 검은 눈은 우정을 드러내고 있었고, 그의 말에는 온화함이 가득했다. 며칠 뒤 엥겔스를 만났을 때 마르크스가 내 예상과는 많이 달라 놀랐다고 말하자, 엥겔스는 이렇게 대꾸했다. '글쎄, 그래도 마르크스는 여전히 엄청난 폭풍을 몰아올 수 있는 사람이지.'"

역시 독일의 사회주의자인 카를 카우츠키는 그런 폭풍에 대해 많은 이야기를 들었기 때문에 마르크스를 찾아갔을 때 불안으로 몸이 마비될 정도였다. 그는 젊은 하인리히 하이네—그는 괴테를 만났을 때 예나에서 바이마르에 가는 길에 발견했던 달콤한 플럼에 대한 이야기 외에는 아무런 생각도 떠오르지 않았다고 한다.—처럼 바보 짓을 할까 봐 심하게 걱정하고 있었다. 그러나 마르크스는 늙은 괴테처럼 멀게 느껴지지도, 가까이 하기 힘들지도 않았다. 그는 다정하게 웃음을 지으며 카우츠키를 맞이했으며, 인기 있는 소설가였던 어머니 민나 카우츠키를 닮았냐고 물었다. 전혀요. 카우츠키는 명랑하게 대답했다. 첫눈에 이 거만한 젊은이가 마음에 들지 않았던 마르크스가 속으로 카우츠키 부인의 행운을 축하하고 있었다는 것은 아마 짐작도 하지 못했을 것이다. 카우츠키는 오랜 세월 뒤에 이렇게 썼다.

"마르크스가 나를 어떻게 생각했는지 몰라도, 싫은 감정은 조금도 내비치지 않았다. 나는 아주 만족스러운 기분으로 그와 헤어졌다."

마르크스는 속으로 카를 카우츠키가 '속 좁고 범속한 인간'이라고 생각했기 때문에, 그의 인내심은 이 주피터 토난스(천둥의 주피터 : 역주)가 얼마나 부드러워졌는지를 보여주는 증거라고 할 수 있다.

마르크스는 이제 굳이 적들의 중상이나 부정확한 말을 고치려 들지 않았다. 그는 1879년 한 미국인과의 회견에서는 이렇게 말했다.

"다른 사람들이 나에 대해 말한 것이나 쓴 것을 일일이 바로잡으려 한다면, 비서가 스무 명쯤은 필요할 거요."

그는 하를렘의 한 출판사가 발행한 편향적인 '전기'도 오만하게 무시해버렸다. 네덜란드의 어떤 잡지가 이 엉터리 전기에 대해 평가해 달라고 하자 마르크스는 이렇게 대꾸했다.

"나는 성가시게 구는 일에 일일이 대꾸하지 않소. 젊은 시절에는 가끔 강력하게 나간 적도 있지요. 하지만 나이가 들면서 지혜가 생기는 법이오. 적어도 쓸데없이 힘을 낭비하는 일은 피하게 된 것 같소."

나이는 또 명성도 가져다주었다. 같은 나라에 살고 있는 이 거인을 30년 동안 무시했던(그에게 암살자라고 욕을 할 때를 빼고는) 영국인들조차 이제 약간의 호기심과 존경심을 나타내기 시작했다. 1879년 다름아닌 영국 여왕의 딸이자 훗날 독일 황제 프리드리히 빌헬름의 부인이 되는 여성 왕위계승자 빅토리아는 자유당의 한 나이든 정객에게 이 마르크스라는 사람에 대해 아는 것이 있느냐고 물었다. 질문을 받은 의원인 마운트스튜어트 엘핀스턴 그랜트 더프 경은 아는 것이 없지만, 이 '빨갱이 테러리스트 박사'를 점심에 초대한 뒤 보고를 하겠다고 대답했다.

마운트스튜어트 경이 다시 공주에게 보낸 편지로 판단해보건대, 세인트제임스의 데번셔 클럽의 화려한 식당에서 세 시간에 걸친 만남 내내 마르크스는 아주 얌전하게 굴었던 모양이다.

그는 키가 작고 몸집도 자그마했습니다. 머리카락과 턱수염은 희었지만 콧수염은 여전히 거무스름해서 묘한 대조를 이루더군요. 얼굴은 둥그스름한 편이었습니다. 잘생긴 이마는 불룩한 느낌을 주었습니다. 눈은 강렬한 편이었지만 전체적인 표정은 호감이 가는 쪽이었습니다. 요람에 누운 아기를 잡아먹는 신사—아마 경찰에서는 그렇게 생각하는 것 같던데—의 표정은 전혀 아니더군요.

그의 이야기는 견문이 넓은, 아니 박식한 사람의 입에서 나올 만한 것이었습니다. 비교 문법에도 관심이 많아 옛 슬라브어를 비롯해 진기한 것들을 공부했고, 여러 가지 예스런 취향도 있더군요. 이따금씩 약간 비꼬는 기색을 내비치기는 했습니다…….

슬라브어 문법에 대해 할 이야기를 다하고 나서 마르크스는 정치 쪽으로 방향을 틀었다. 마르크스는 러시아에서 '머지 않아 큰 충돌'이 일어날 것이라고 보았는데, 이것은 위로부터의 개혁에서 시작되어 차르 체제의 붕괴로 절정에 이르게 될 것이라고 말했다. 이어 독일에서 '기존의 군사 체제'에 대한 폭동이 일어날 것이라고 말했다. 그랜트 더프가 유럽의 통치자들이 군비 지출을 줄여 백성의 경제적 부담을 경감하는 데 합의함으로써 혁명을 막을지도 모른다고 말하자, 마르크스는 '온갖 공포와 질투' 때문에 그런 일은 불가능할 것이라고 장담했다. 마르크스는 이렇게 예측했다.

"과학이 발전하면서 부담은 점점 커질 것이오. 과학의 발전에 발을 맞추어 파괴 기술의 개선이 이루어질 것이고, 해가 갈수록 전쟁의 값비싼 기계에 들어가는 비용은 늘어날 것이기 때문이오."

그렇다고 치자. 그러나 설사 혁명이 일어난다 해도, 그 혁명을 통해 반드시 공산주의자들의 모든 꿈과 계획이 실현될 것이라는 보장은 없다. 그랜트 더프는 그렇게 응수했다. 그러자 마르크스는 대꾸했다.

"물론 그렇지요. 하지만 모든 위대한 운동은 속도가 더디오. 공산주의 혁명은 당신네 1688년 혁명과 마찬가지로 더 나은 것들을 향한 첫걸음이 될 뿐이오."

승부 끝!

마르크스는 자신의 말이 편지지에 적히게 될 것임을 몰랐음에도, 신중한 태도와 상식으로 교활한 심문자가 쳐놓은 작은 덫들을 잘 피해나갔다. 마운트스튜어트 경은 공주에게 말했다.

대화를 나누는 과정에서 카를 마르크스는 폐하와 공주에 대해 몇 번 언급했는데, 그때마다 존경과 예의를 잃지 않았습니다. 그가 전혀 존중하지 않는 태도로 거론한 저명 인사들의 경우에도, 포악하거나 잔인한 태도는 전혀 드러나지 않았습니다. 물론 신랄하게 비판을 하기는 했지만, 마라(프랑스 혁명의 지도자 가운데 한 사람 : 역주) 식의 말투는 아니었다는 것입니다.

인터내셔널과 관련된 무시무시한 일들에 대해서도 품위 있게 말을 했습니다……

전체적으로 마르크스에 대한 내 인상은 그가 나와 정반대되는 견해를 지닌 사람임을 감안할 때, 전혀 나쁘지 않았으며, 기꺼이 다시 만나고 싶은 마음입니다. 그가 바라든 바라지 않든, 세상을 뒤집을 사람은 마르크스가 아닐 것입니다.

우울할 때면 마르크스 자신도 가끔 그 점을 걱정했다. 그는 발자크의 소설 《미지의 걸작》에서 그의 불안을 정확하게 묘사한 부분을 발견했다. 이 소설은 완벽주의에 빠진 나머지 '현실의 가장 완벽한 재현'을 이루기 위해 오랜 세월에 걸쳐 한 매춘부의 초상을 계속 손질하는 뛰어난 화가의 이야기다. 결국 이 화가가 친구들에게 걸작을 보여주었을 때, 거기에 그려져 있는 것은 형체 없는 색깔의 덩어리와 무작위적인 선들 뿐이었다. "아무것도 없어! 아무것도 없어! 십 년 동안이나 공을 들였는데……." 화가는 쓸모없는 캔버스를 불— '프로메테우스의 불'—속에 집어던지고 그날 밤 죽었다.

그러나 카를 마르크스의 미지의 걸작의 경우에는 그 가치를 아는 유명한 독자가 적어도 한 사람은 있었다. 적어도 마르크스는 그렇게 생각했다. 1873년 10월, 《자본》의 독일어 제2판을 출간하고 나서 몇 달 뒤, 그는 다음과 같은 편지를 받았다.

켄트, 베큰햄, 다운

선생께,

영광스럽게도 자본에 대한 선생의 훌륭한 저서를 보내주셔서 감사합니다. 내가 정치경제학이라는 심오하고 중요한 주제에 대해 좀더 이해력을 갖춤으로써 그 책을 받을 만한 자격을 제대로 갖추었다면 좋았을 것이라는 마음이 간절합니다. 우리의 연구는 매우 다르지만, 우리 둘다 지식의 확대를 진지하게 바라고 있으며, 또 이것이 결국 인류의 행복 증진에 기여할 것이라고 믿습니다.

여불비례,

찰스 다윈

마르크스와 다윈은 19세기의 가장 혁명적이고 가장 영향력 있는 사상가들로 꼽힌다. 그들은 성인이 되어서 오랜 세월을 불과 30킬로미터 떨어진 거리에 살았고, 또 서로 아는 사람들도 몇 명 있었기 때문에, 둘 사이의 사라진 고리를 찾고 싶은 유혹은 물리치기 힘들다. 하이게이트 공동묘지에서 마르크스의 관을 하관할 때도 엥겔스는 이미 두 사람을 관련짓고 있었다.

"다윈이 인간의 자연적인 면의 진화의 법칙을 발견했듯이, 마르크스는 인간 역사의 진화의 법칙을 발견했다."

무덤가의 조객 가운데는 마르크스와 다윈 양쪽의 친밀한 친구였던 에드윈 레이 랭커스터 교수도 있었다. 그는 엥겔스가 그런 식으로 진화론자와 혁명가를 결합시키려 한 것에 반대하지 않았던 것 같다. 혹시 이의를 제기할 만한 사람이 하나 있다면 마르크스 자신인데, 물론 그는 그럴 수 없는 상황이었다.

1860년에 출간된 다윈의 《종의 기원》에 대한 마르크스의 첫 반응은 엥겔스가 사후에 내린 판단을 정당화시켜 주는 듯하다. 마르크스는 1860년 12월에 이렇게 썼다.

"영국식으로 서툴게 전개하기는 했지만, 이 책에서는 자연사와 관련된 우리의 관점의 기초를 발견할 수 있네."

한 달 뒤, 마르크스는 라살에게 말했다. "다윈의 책은 매우 중요하며, 역사에서 계급 투쟁과 같은 것을 자연과학에서 찾아볼 수 있는 기초를 제공해주네."

그러나 이후 몇 년 간에 걸쳐 초기의 열광은 변색되고 희석되었다. 다윈의 '생명을 위한 투쟁'이 식물이나 동물에는 적용될 수 있을지 몰라도, 그것으로 인간 사회를 설명할 경우에는 과잉 인구가 정치경제학의 원동력이라는 맬서스적인 공상을 낳았기 때문이다.

마르크스는 맬서스를 혐오하는 바람에 프랑스의 자연주의자 피에르 트레모가 1865년에 제시한 훨씬 더 괴상한 이론에 빠져들었다. 트레모는 그의 책 《인간과 다른 존재의 기원과 변화》에서 진화는 토양의 지리학적이고 화학적인 변화에 의해 통제된다고 가정했다. 이런 발상은 당시에도 거의 주목을 받지 못했으며, 현재에는 완전히 잊혀졌다. 그러나 몇 주 동안 마르크스는 다른 것은 거의 생각할 수 없었다.

"이것은 다윈으로부터 매우 의미있는 진전이라고 할 수 있네. 민족성

등 몇 가지 문제에 대해 자연에서 그 기초를 찾은 것은 오직 이 책뿐일세."

러시아 풍경의 '표면 구성'이 슬라브인들을 타타르인이나 몽골인으로 만들었고, "일반적인 니그로 유형이 훨씬 더 높은 유형으로부터의 타락일 뿐"인 이유도 아프리카의 흙바람 이는 평원에서 찾을 수 있다는 것이다. 보통 마르크스를 비판할 때는 가능한 한 온화하고 정중한 태도를 잃지 않던 엥겔스도 이번만은 굳이 이 오랜 친구의 머리가 좀 이상해졌다고 믿는다는 사실을 숨기려 하지 않았다. 그 뒤로 트레모는 곧 마르크스주의의 만신전으로부터 조용히 퇴장당하고, 다윈이 복권되었다. 1873년에 그가 다윈에게 보낸 《자본》에는 '카를 마르크스가 진심으로 존경하는 찰스 다윈 씨에게'라는 헌사가 붙어 있었으며, 《종의 기원》의 '획기적인 영향'에 대해 언급하는 주석도 달려 있었다.

마르크스 다윈의 동반 관계의 역사는 거기서 끝나는 듯했으나, 70년 전 또 다른 편지가 발견되면서 수많은 마르크스 연구가들에게 오해를 불러일으켰다. 이 편지는 1880년 10월 13일에 쓴 것이다.

켄트, 베큰햄, 다운

선생께,

선생의 친절한 편지와 동봉한 것에 큰 감사를 드립니다. 내 글에 대한 선생의 언급을 어떤 형태로 발표하시든 나의 동의는 필요하지 않으며, 동의가 필요하지 않은데도 굳이 동의를 한다는 것은 우스운 일이 될 것입니다. 나는 그 부분 또는 권(卷)이 나에게 헌정되지 않기를 바랍니다(나에게 영광을 베풀어주시려는 의도에는 감사를 드립니다만). 그렇게 되면 내가 전혀 알지도 못하는 출간물 전체를 내가 어느 정도 승인했다는 뜻이 되기 때문입니다. 나아가서, 나는 모든 문제에 대해 자유로운 사고를 강력하게 옹호하는 사람이지만, 기독교와 유신론에 대한 직접적인 반대는 대중에게 거의 영향을 줄 수 없다고 생각합니다. 사상의 자유는 사람들의 정신을 점진적으로 계몽할 때 가장 쉽게 이룩할 수 있으며, 이것은 과학의 발전으로 가능합니다. 따라서 나는 늘 종교에 대한 글을 쓰는 것을 피하고자 했고, 어디까지나 과학에만 집중했습니다. 어쩌면 내가 종교를 직접 공격하는 일을 도왔을 경우 내 가족이 입었을 피해에 대한 생각 때문에 지나치게 편견을 가지게 된 것인지도 모르겠습니다. 선생의 요청을 거절해서 미안합니다. 하지만 나는 늙고 힘도 없으며, 교정지를 들여다보는 일은 몹시 피곤합니다(이번 경험으로도 알 수 있듯이).

여불비례.

찰스 다윈

이 편지는 1931년 소련의 신문인 〈마르크스주의의 깃발 아래〉에 처음 공개되었는데, 이 신문에서는 '동봉한 것'이 진화론을 다루는, 《자본》 영어판의 두 장임에 틀림없다고 가정하고 있다. 물론 이것은 말도 안 되는 소리다. 《자본》은 마르크스가 죽은 지 3년 뒤인 1886년에야 영어로 번역되었기 때문이다.

아이제이어 벌린은 이런 혼란을 가중시켰다. 벌린은 1939년에 출간된, 엄청난 영향을 준 카를 마르크스 연구서에서 마르크스가 다윈—"그에 대해 그 시대의 다른 누구에게도 품지 않았던 큰 지적 존경심을 품고 있었다."—에게 헌정하려 했던 것이 최초의 독일어판이라고 주장했다. 벌린은 이렇게 말한다.

"다윈은 신중하게 말을 골라 쓴 정중한 편지에서 그 영광을 사양하면서, 불행히도 경제학에 대해서는 무지하지만, 그가 두 사람의 공동 목표로 여기는 것, 즉 인간 지식의 발전이라는 목표를 향해 마르크스가 잘

해나가기를 빈다는 뜻을 전했다."

이렇게 해서 벌린은 두 편지를 하나로 합쳐버리면서, 《자본》―빌헬름 볼프에게 헌정되었다.―이 마르크스가 다윈에게 헌정의 '영광'을 제안한 것으로 되어 있는 해보다 무려 13년이나 빠른 1867년에 나왔다는 사실을 완전히 간과하고 있다.

제2차 세계대전 이후 마르크스를 연구한 모든 사람들(또한 다윈을 연구한 많은 사람들)이 마르크스가 《자본》을 헌정하려 했으나 다윈이 퇴짜를 놓았다는 전설을 받아들였다. 다만 관련된 책이 어떤 판본이었느냐 하는 문제에서만 차이를 보였을 뿐이다.

"마르크스는 다윈에게 《자본》 2권을 헌정하고 싶어했던 것이 틀림없다."

데이비드 맥릴런은 1973년의 전기에서 그렇게 이야기했는데, 이 주장은 가장 최근에 나온 페이퍼백(1995년)에도 그대로 남아 있다. 그러나 이것은 아이제이어 벌린의 주장보다 더 설득력이 떨어진다. 2권은 마르크스가 죽은 뒤에 엥겔스가 여러 노트와 원고를 모아서 펴낸 것이다. 따라서 1880년에 다윈에게 "교정지를 보아달라."고 요청했을 리 없다. 게다가 엥겔스는 2권에서 "마르크스가 누차 말했거니와, 《자본》 2권과 3권은 그의 부인에게 헌정될 예정이었다."고 밝히고 있다.

'마르크스에게 보낸 두 번째 편지'는 모든 것이 가짜처럼 느껴진다. 정치경제학에 대한 원고를 보냈다면 다윈이 왜 '종교에 대한 공격'을 가지고 한참 이야기를 했을까? 1967이 되어서야 슐로모 아비네리 교수가 처음으로 의문을 제기했다. 그는 〈인카운터〉지에서 마르크스는 다윈주의를 정치적으로 응용하는 것에 대해 우려하고 있었기 때문에, 이 위대한 공산주의자가 진화론자의 출판 허가를 구했다는 것은 '생각도 할 수 없는 일'이라고 주장했다. 그렇다면 1880년의 편지는 어떻게 설명할 것인가? 아비네리는 빈약한 설명으로 보이기는 하지만, "마르크스가 《자본》을 다윈에게 헌정한 것은 본심과는 관계가 없었음이 분명하다."고 말한다.

아비네리의 의심—분명한 결론을 내리지는 않았지만—은 캘리포니아대학의 젊은 대학원생이었던 마거릿 페이에게 영감을 주었다. 그녀는 아비네리가 글을 발표하고 나서 7년 뒤에 〈인카운터〉지를 보게 되었다.

"나는 어떤 본능적인 느낌 때문에 뚜렷한 목적도 없이 자꾸 생물학 연구소로 발을 옮겼다. 나는 그곳에서 다윈의 전기를 들춰보기도 하고, 그의 진화론을 마르크스주의적으로 해석한 책들을 살펴보기도 했다. 혹시나 다윈의 작업이 가지는 정치적 의미 가운데 내가 놓치고 지나간 것이 있지 않나 해서였다."

그러다가 그녀는 우연히 《학생들의 다윈》이라는 얇은 책을 발견했다. 내용에는 특별할 것이 없었다. 학생들을 위해 진화론을 쉽게 설명해놓은 책일 뿐이었다. 그녀의 시선을 끈 것은 출판 연도인 1881년, 그리고 저자의 이름인 에드워드 B. 에이블링이었다. 에이블링은 훗날 엘레아노르 마르크스의 연인이 된 사람이었다. 다윈의 두 번째 편지가 마르크스에게 보낸 것이 아니라, 에이블링에게 보낸 것이었다면?

반짝 하는 순간에 마거릿 페이는 아이제이어 벌린을 비롯하여 수많은 교수들이 50년 동안 풀지 못했던 수수께끼를 풀었다. 《학생들의 다윈》은 선구적인 무신론자들이었던 애니 베선트와 찰스 브래드래프가 편집한 '국제 과학과 자유사상 문고'의 두 번째 책이었다. 이렇게 보면 다윈이 "내가 전혀 알지도 못하는" 출간물 전체 가운데 "부분 또는 권"이라고 말한 것이나, 그가 "기독교와 유신론에 대한 직접적인 반대"와 관련을 맺고 싶어하지 않았다고 말한 것이 이해가 된다. 페이의 육감은 케임브리지대학 도서관의 다윈 문서에서 1880년 10월 12일에 에드워드 에이블링이 보낸 편지가 발견됨으로써 확인되었다. 그 편지에는 《학생들의 다윈》의 견본 몇 장(章)이 포함되어 있었다. 에이블링은 "선생님의 동의라는 화려한 지원"을 요청한 뒤, "역시 선생님께서 허락하신다면, 제 책을 선생님께 헌정함으로써 제 책과 제가 영광을 누리고자 한다."고 덧붙였다.

이제 유일하게 남은 문제, 즉 다윈이 에이블링에게 보낸 편지가 어떻게 마르크스 문서 보관소에 들어가 있게 되었느냐 하는 문제는 쉽게 대답할 수 있다. 1895년 엘레아노르 마르크스와 에드워드 에이블링은 엥겔스의 사망 후 그들의 수중으로 넘어온 마르크스의 편지와 원고를 정리하기 시작했다. 2년 뒤 에이블링은 그가 존경하는 두 영웅을 비교하는 글을 썼는데, 그 글에서 1873년의 편지를 인용하면서 자신도 다윈과 서신 교환을 했다고 언급했다. 그는 글을 쓴 뒤 조사했던 자료들을 한 서류철에 넣어두었다. 물론 그 때문에 다음 세기의 긴 기간 동안 많은 사람들이 쓸데없는 수고를 하게 될 것이라고는 짐작도 못했을 것이다. 심지어 1998년 10월이라는 뒤늦은 시기에도 영국의 역사학자 폴 존슨은 에이블링 때문에 다음과 같은 말을 하게 되었다.

"다윈은 마르크스와는 달리 진짜 과학자였다. 마르크스가 파우스트적인 거래를 하자고 권했을 때 정중하지만 단호하게 거부를 한 유명한 사건만 보아도 그것을 알 수 있다."

사실 빅토리아 여왕 시대의 이 두 현자 사이에 이루어진 접촉에 대해서는 1873년의 감사 편지, 논란의 여지없이 진짜인 이 편지만 알려져 있을 뿐이다. 마르크스는 이 편지를 친구와 가족에게 보여주며, 다윈이 《자본》을 '훌륭한 저서'라고 칭찬했다고 자랑했다. 그러나 지금도 켄트의 다운 하우스 선반에 놓여 있는 문제의 이 책은 슬프게도 다른 이야기를 전해준다. 다윈은 책을 읽을 때 연필로 여백에 메모를 하는 습관이 있었는데, 이 책에는 그런 흔적이 없다. 그리고 전체 822페이지 가운데 앞의 105페이지만 잘라서 펼쳐보았다. 따라서 다윈이 앞의 한두 장(章)만 보고 감사 편지를 보낸 뒤, 두 번 다시 그 원치 않았던 선물을 들추어 보지 않았다고 결론을 내릴 수밖에 없다.
"전형적인 영국인이로군."
마르크스가 그 사실을 알았더라면 아마 그렇게 투덜댔을 것이다. 마르크스는 《종의 기원》을 처음 읽고 나서 엥겔스에게 "물론 영국식의 서툰 논증 방식을 참아야만 한다."고 이야기했다. 그리고 《자본》이 나왔을 때 그것을 이해하지 못하는 침묵의 반응을 보고 "둔감함과 어리석음이라는 특별한 재능"이 모든 진정한 브리튼 사람의 생득권임을 확신했다. 운명의 역설적인 장난 때문에 재치가 넘치는 변증법의 대가는 지상에서 가장 속물적인 나라로 망명했다. 이곳은 본능과 조악한 경험론이 지배하는 땅이었으며, '지식인'이라는 말은 치명적인 모욕이었다. 변호사 존 맥도널 경은 1875년 3월에 〈포트나이틀리 리뷰〉에서 이렇게 말했다.
"마르크스는 영국에서 오래 살았지만, 이곳에서 그의 이름은 그림자와 같다. 사람들은 그에게 그를 욕하는 명예를 베풀어줄지는 모르지만, 그의 책을 읽지는 않는다."
마르크스 생전에 영어판이 나오지 않았다는 사실이 마르크스에게는 영국의 민족적 근시안의 원인이 아니라 증상으로 보였을 것이다. (맥밀런 회사는 엥겔스의 친구이자 맨체스터대학의 유기화학 교수인 칼 슐레머에게 이런 내용의 편지를 보냈다. "교수님의 편지에 매우 감사를 드리지만, 우리는 《Das Kapital》의 번역판 출간을 받아들이고 싶지 않습니다"). 실제로 그 텍스트를 공부하고 싶어하는 극소수의 사람들은 언어 장벽은 넘을 수가 없었다. 인터내셔널의 옛 동료인 피터 폭스는 이 책을 선물받고, 마치 코끼리를 선물받은 사람처럼 어쩔 줄을 몰랐다. 마르크스의 문서들 가운데는 노동 계급 출신의 스코틀랜드인 로버트 배너가 도움을 호소하는 간절한 편지들이 몇 통 들어 있다.

이 책이 번역될 가능성은 없습니까? 고된 일을 하는 대중의 대의를 옹호하는 영어 책은 전혀 없고, 우리 젊은 사회주의자들이 보게 되는 책은 모두 자본의 이익을 위한 것뿐입니다. 그래서 이 나라에서는 우리의 대의를 위한 운동이 이렇게 후진적입니다. 사회주의 관점에서 경제를 다루는 책이 있다면, 이 나라에서도 곧 이 빌어먹을 것을 잠재우는 운동을 보게 될 것입니다.

그 책을 가장 높이 평가할 만한 사람들은 그 책을 가장 이해하기 힘들어할 사람들이었던 반면, 그 책을 읽을 수 있는 교육받은 엘리트는 그것을 읽고 싶어하지 않았다. 영국의 사회주의자 헨리 하이드만은 이렇게 불평했다.

"특히 영국에서는 요즘 칼 끝에 커다란 솜뭉치를 달고 펜싱을 하는 데 익숙해 있기 때문에, 마르크스가 솜뭉치를 달지 않은 강철 날을 무시무시하게 휘두르는 것은 어울리지 않는다고 생각한다. 따라서 우리의 신사인 체하는 가짜 투사들과 정신적 체육관에서 연습만 하는 사람들은 이 가차없는 논쟁가이자 자본과 자본가를 사납게 공격한 사람이 사실 근대의 가장 심오한 사상가라는 것을 믿을 수가 없을 것이다."

하이드만 자신은 이 법칙의 예외였다. 아니, 모든 법칙의 예외였다. 이튼과 케임브리지의 트리니티 칼리지 출신인 하이드만은 서섹스 카운티 크리켓 클럽에서 가끔 타자를 맡기도 했는데, "케임브리지 크리켓 대표선수에 뽑히지 못했기 때문에 세상에 원한을 품고" 사회주의를 택했다고 전해진다(P. G. 우드하우스의 작품에 등장하는 인물인 프스미스에게서 그의 모습을 엿볼 수 있는데, 프스미스는 이튼에서 쫓겨나는 바람에 로즈에서 해로를 상대로 크리켓 시합을 하는 영예를 누리지 못하자 마르크스주의자로 전향하며, 그 이후 모든 사람을 '동지'로 불렀다고 전해진다). 하이드만은 절대 그의 계급의 의상을 버리지 않았다. 좌익 청중 앞에도 프록코트와 실크해트 차림으로 나타나는 경우가 많았다. 그의 정치 역시 거만했다. 프롤레타리아는 노동자들 자신의 힘으로 해방될 수 없으며, 오직 "다른 지위를 가지고 태어나 어렸을 때부터 자신의 능력을 활용하는 훈련을 받은 사람들"의 힘으로 해방될 수 있다고 생각했다. 그럼에도 그는 자신이 런던에서 가장 붉고 뜨거운 급진주의자라고 확신했다.

"다음 월요일 아침 10시에 혁명을 예상하지 않는다면 나는 견딜 수가 없다."

1880년 초, 그는 《자본》의 프랑스어 번역판을 읽은 뒤 저자에게 엄청난 찬사를 쏟아내는 바람에, 마르크스도 결국 그를 만나는 데 동의했다.

하이드만은 메이틀랜드 파크 로드 41번지에서 마르크스를 처음 만난 일에 대해 이렇게 쓰고 있다.

"우리가 말하는 방법은 독특했다. 마르크스는 토론에 흥미를 느낄 때면 마치 스쿠너 갑판에서 운동을 하듯이 방 안을 활발하게 걸어다니는 버릇이 있었다. 나 역시 오랜 항해 경험을 통해 어딘가에 생각이 팔려 있을 때는 어슬렁거리는 버릇이 있었다. 그래서 스승과 제자는 과거와 현재의 미래를 토론하는 데 몰두하여 두세 시간씩 쉬지 않고 탁자 양쪽을 걸어다녔다."

하이드만은 자신이 "열심히 배웠다."고 주장했지만, 마르크스에 따르면 주로 이야기를 하는 쪽은 이튼 졸업생이었다.

이렇게 입장 허가를 얻고 난 뒤, 하이드만은 의사가 마르크스에게 저녁에 일을 하지 못하게 한다는 것을 알았기 때문에 저녁 식사 후에 초대도 없이 메이틀랜드 파크 로드에 나타나곤 했다. 집 안의 모든 사람이 이 방문을 아주 짜증스럽게 여겼다. 엘레아노르 친구들의 모임인 '도그베리 클럽'이 응접실에서 셰익스피어의 희곡을 암송하던 밤에는 특히 그랬다. 마르크스는 이 공연을 아주 좋아했고, 늘 공연 뒤에 운(韻) 맞추기 제스처 게임 같은 놀이를 하자고 했다("특히 우스꽝스러운 장면이 나올 때는 뺨에 눈물이 흘러내릴 때까지 웃었다."고 이 클럽의 한 참가자는 회고했다). 그러나 하이드만은 아무 거리낌없이 그들 사이에 끼어들어 모인 사람들에게 글래드스턴 씨에 대한 자신의 견해를 이야기하곤 했다. 마르크스는 그런 일이 한 번 있고 나서 예니헨에게 말했다.

하이드만 부부가 우리 집에 쳐들어왔는데, 그 사람들은 지구력이 대단해. 나는 그의 부인이 생각을 하거나 말을 할 때 활달하고 소탈하고 단호하기 때문에 꽤 좋아하지. 하지만 자족적인 수다쟁이 같은 남편의 말에 감탄하는 표정으로 귀를 기울이고 있는 것을 보니 재미있더구나! 엄마는 너무 피곤해서(밤 10시 30분이 다 되었거든) 먼저 일어났단다.

필연적이라고도 할 수 있는 불화가 일어난 것은 1881년 6월, 하이드만이 사회주의 선언서인 《모두를 위한 영국》을 발표했을 때였다. 마르크스는 그 책에 《자본》 두 장을 허락 없이 표절한 것을 보고 깜짝 놀랐다. 서문의 주석에서 "2장과 3장에 실린 생각과 많은 자료에 대해서는 내 동포 다수가 곧 만나게 될 것이라고 믿는 위대한 사상가이자 독창적인 저술가의 작업에 힘입은 바 크다."고 밝히기는 했다. 그러나 마르크스는 이것이 완전히 예의에 어긋난 일이라고 생각했다. 왜 하이드만은

《자본》과 그 저자를 분명히 밝히지 않았을까? 하이드만은 영국인들이 '사회주의에 대한 공포'에 젖어 있음과 동시에 '외국인에게서 배우는 것에 대한 두려움'도 있기 때문에 그렇다는 식으로 얼렁뚱땅 넘어가려 했다. 그러나 마르크스도 지적하듯이, 이 책은 86페이지에서 스스로 '사회주의의 악마'를 불러내고 있기 때문에 사회주의에 대한 공포를 무마하기 위한 것이라는 이유는 말이 안 되며, 또한 서문을 보면 아무리 아둔한 영국인 독자라도 그 익명의 사상가가 외국인이라는 것을 짐작할 수 있었다. 이것은 명백한 도둑질이었다.―《자본》에서 직접 표절하지 않은 얼마 안 되는 구절에서는 멍청한 실수까지 함으로써 사태를 악화시켰다. 하이드만은 메이틀랜드 파크 로드에서 추방당했다. 그는 30년 뒤에 쓴 회고록에서는 마르크스의 새로운 사상들을 향한 열망에 대해 중얼거리다가, "그는 자신의 글을 대량으로 표절했을 때도, 충분히 불만을 표시할 수 있었음에도, 별로 개의치 않았다."고 덧붙이고 있다. 하이드만은 그의 계급에 속한 다른 많은 사람들과 마찬가지로, 마취된 물소처럼 무감각한 사람이었던 것 같다.

다행히도, 마르크스는 영국인 제자 한 사람을 잃고 나서 곧 다시 다른 사람을 얻었다. 그러나 마르크스는 이번에도 자족적인 수다쟁이를 만나게 될까 두려워, 실제로 당사자를 만나지는 않았다. 1854년에 태어난 어니스트 벨포트 백스는 방수 외투 제조업자이자 독실한 기독교도로 중간 계급 집안 출신이지만, 학창 시절에 파리 코뮌을 통해 급진적으로 변했다. 그는 1879년 지식인용 월간지인 〈모던 소트〉에 당대의 지식인 지도자들에 대한 글을 오랫동안 연재했다. 그 글에는 쇼펜하우어, 바그너, 마르크스(1881년에 실렸다)에 대한 평가도 있었다. 백스는 독일에서 헤겔 철학을 공부했으며, 변증법을 삶의 내적 역학으로 받아들인 당대 유일의 영국인 사회주의자였다. 백스는 《자본》을 "하나의 주의를 기초로 경제를 풀어낸 책인데 그 혁명적 성격과 광범위한 중요성에서 볼 때 천문학에서 코페르니쿠스 체계나 역학에서 중력의 법칙에 비길 만하다."고 평가했다.

마르크스는 흥분했다. 마침내 그를 이해하는 영국인을 만난 것이다. "이것은 새로운 사상에 대한 진정한 열망에 가득 차 영국의 속물 근성에 담대하게 저항하는 첫 글일세."

마르크스는 당시 미국에 살고 있던 1848년 혁명의 용사 프리드리히 아돌프 조지에게 그렇게 써보냈다. 더욱 기분이 좋았던 것은 〈모던 소트〉가 런던 웨스트 엔드의 여러 벽에 그 기사를 알리는 플래카드들을 내걸었다는 점이었다. 마르크스가 병든 아내에게 백스의 평을 읽어주자 예니는 즉시 기운을 차렸다.

* * *

하이드만이 마르크스의 측근 자리에서 쫓겨난 것에는 표절과 촌스러운 태도가 주요한 이유가 되었음은 말할 것도 없다. 그러나 예니가 늘 시름시름 앓는 바람에 마르크스가 기분이 좋지 않아 "모든 일의 최악의 면만 보게 되었다."는 하이드만의 지적에도 일리는 있다. 1880년 여름 마르크스는 예니의 건강 때문에 무척 근심하여, 그녀를 데리고 맨체스터로 가 친구인 닥터 에두아르트 굼페르트의 진찰을 받게 했다. 닥터 굼페르트는 예니가 심한 간 질환을 앓고 있다고 진단을 내렸다. 오랫동안 아무 일도 하지 말고 쉬라는 처방이 떨어졌는데, 그것도 가능하면 바닷가가 좋다고 했다. 그래서 대부대가 램즈게이트로 이동했다. 엥겔스, 카를과 예니, 라우라와 폴 라파르그, 예니와 샤를 롱게, 거기에 그들의 자식들인 장, 앙리, 에드가까지. 엥겔스는 제네바에 있는 한 공산주의자에게 편지를 보냈다.

"이 휴가는 특히 마르크스에게 도움이 되는 것 같소. 마르크스가 새로 힘을 얻기를 바라고 있소. 불행히도 그의 부인은 계속 아픈 상태인데, 그래도 최대한 기운찬 모습을 보여주고 있소."

바꾸어 말하면 전혀 기운차지 않았다는 뜻이다. 마르크스는 닥터 쿰페르트의 진단에 불만을 느끼고, 카를스바트의 전문의인 닥터 페르디난트 플레클스의 의견을 들어보자고 했다. 닥터 플레클스는 예니를 만난 적이 없기 때문에, 예니의 상태를 자세히 이야기해 달라고 했다. 그녀는 신체적인 증상을 쭉 나열한 뒤에 덧붙였다.

"최근에 내 상태가 나빠진 것은 아마도 우리 '노인네'들을 무겁게 짓누르고 있는 큰 불안 때문인 것 같아요."

프랑스 정부는 정치적 망명자들에 대한 사면을 선포했기 때문에, 사위인 롱게가 파리로 돌아가는 데 아무런 문제가 없었다. 그것은 곧 예니가 딸과 손자들을 빼앗긴다는 뜻이었다.

"의사 선생님, 정말이지 나는 조금 더 살고 싶어요. 모든 것이 끝나가는 상황에서 이 '눈물의 골짜기'에 더 집착하게 되다니, 묘한 일이지요."

마르크스는 이 편지를 보지 못했지만, 그녀의 죽음에 대한 공포를 충분히 이해했다. 램즈게이트에서 한 달 간 한가한 시간을 보낸 뒤, 마르크스는 예니의 병이 "갑자기 악화되어, **최종적인 종말을 걱정할 정도가 되었다.**"고 말했다.

마르크스 자신은 휴식을 한 뒤 약간 기운을 얻은 느낌이었다. 그러나 조금 나아졌다고는 해도 습기가 많고 추운 겨울로 도로 다 까먹고 말았다. 마르크스는 상트페테르부르크에 있는 한 통신원에게 《자본》의 나머지 책들이 진전이 없을 뿐만 아니라 그의 편지에도 자주 답장을 하지 못하는 이유를 이야기하면서, 겨울에 "계속 감기에 시달렸고 기침을 하느라 잠도 잘 못 잤다."고 말했다.

"가장 견디기 어려운 일은 런던에서 가장 유명한 의사의 도움을 청했음에도 집사람의 상태가 매일 더 위험해진다는 것입니다. 그 외에도 집안에 많은 문제가 있습니다."

그 문제 가운데 하나는 예니헨과 그녀의 아들들이 갑자기 파리로 떠났다는 것이다. 샤를 롱게가 조르주 클레망소의 급진적인 일간지 〈라 쥐스티스〉의 편집자로 임명되었기 때문이다.

"집사람의 현재 상태를 고려할 때 이런 이별이 얼마나 고통스러운지 이해하실 것입니다. 집사람과 나한테는 우리 손자들, 그 귀여운 세 사내아이들이 기쁨과 생명을 끝없이 제공해주는 원천이었습니다."

가끔 거리에서 아이들 목소리가 들릴 때면, 마르크스는 사랑하는 어린아이들이 해협 건너편에 있다는 것을 잠시 잊고 앞창문으로 달려가 보곤 했다. 하루는 메이틀랜드 파크를 걷다가 공원 관리인이 그에게 '조니', 즉 장 롱게가 왜 보이지 않느냐고 묻는 바람에 새삼스럽게 아픔을 느끼기도 했다. 더 괴로웠던 것은 손자 마르셀이 태어나는 것을 보지 못한 것이었다. 새 손자는 1881년 4월에 아르장퇴유에 있는 롱게의 새집에서 태어났다. 어쩌면 그래서 축하 메시지를 전하면서도 약간 툴툴거렸는지 모르겠다.

"물론 엄마와 투시는 나더러…… 너희들에게 좋은 것들을 모두 빌려주라고 했다. 하지만 그 '빌려준다'는 것이 나 자신의 무력함을 훑어보는 것 외에 무엇에 쓸모가 있는지 모르겠구나."

그래도 사내아이였다. 예니 마르크스는 손녀를 예상했고 또 바랐다.

"나로서는 이 역사의 전환기에 '남자다운' 성이 태어나는 것이 더 좋구나. 이 아이들 앞에는 인류가 이제까지 겪어보지 못했던 혁명적인 시기가 놓여 있으니까 말이다. 안타까운 것은 이제 나는 '늙어서' 보는 대신에 예측할 수밖에 없다는 거다."

마르크스와 그의 부인은 므두셀라(성경의 창세기에 나오는, 969살까지 살았다는 인물 : 역주)만큼 늙은 느낌이었다. 카를은 류머티즘으로 뻣뻣해진 다리를 풀기 위해 터키 목욕을 했다. 예니는 며칠씩 계속해서 침대에 누워, 계속 여위어갔다. 이따금씩 기적처럼 통증이 사라져서 그녀는 산책도 나가고 극장에 가기도 했다. 그러나 마르크스는 회복은 불가능하다는 것을 알았다. 예니는 암이었다. 마르크스는 1881년 오랜 친구 조지에게 편지를 썼다.

"우리끼리 이야기지만, 집사람 병은 슬프게도 치료가 불가능하다네. 며칠 뒤에 이스트본 해변으로 데려갈 걸세."

그곳에서 예니는 휠체어를 이용해야 했다.

"빼어난 보행자인 나로서는 몇 달 전만 해도 내 존엄에 미치지 못한다고 간주했을 일이에요."

남해안에서 두 주를 보내고 나자 예니는 원기가 회복되어 카를과 함께 새 손자를 보러 해협을 건너갔다. 그러나 아르장퇴유에 이르렀을 때 예니는 심한 설사에 걸렸다. 그들의 딸도 별로 건강하지 않았다. 마르크스는 엥겔스에게 편지를 썼다.

"예니헨은 천식이 심하더군. 집 안에 바람이 많아서 그런가 봐. 그래도 그 아이는 늘 그렇듯이 영웅적일세."

그때 영국에서 투시가 뭔지는 모르지만 심한 병에 걸렸다는 전갈이 왔다. 마르크스는 무슨 일인지 보려고 서둘러 혼자 런던으로 돌아갔다. 마르크스는 그녀가 오늘날 같으면 신경성 무식욕증이라고 부를 만한 '심한 신경성 우울증'에 걸렸다는 것을 알았다. 그는 엥겔스에게 편지를 썼다.

"그애는 몇 주 동안 거의 아무것도 먹지 않았네. 돈킨〔의사〕은 몸에는 문제가 없다고 하더군. 심장도 괜찮고, 폐도 괜찮대. 근본적으로 이런 상태가 온 것은 위의 작용에 완전히 혼란이 일어나 음식에 익숙해지지 않게 되고(게다가 그애는 차를 너무 많이 마셔서 상태가 더 악화되었네. 의사는 차를 당장 중단시켰네), 신경도 위험할 정도로 과로를 했네."

예니 마르크스는 두 주 뒤 지칠 줄 모르는 헬레네 데무트의 간호를 받으며 돌아와, 즉시 자리에 누웠다. 10월 초가 되자 마르크스는 그녀의 병이 "마지막에 가까워진다."고 확신했다. 마르크스 자신도 기관지염 때문에 자리에 누웠다가, 독일 사회민주당이 라이히슈타크에서 12석을 얻었다는 소식을 듣고 생기를 찾았다. 엥겔스는 11월 말에 에두아르트 베른슈타인에게 편지를 썼다.

"외부의 사건 가운데 마르크스에게 다소나마 다시 힘을 주는 것이 하나 있다면, 그것은 선거일세. 프롤레타리아가 이렇게 당당하게 행동한 적이 없었네. …… 독일에서 3년 간 유례없는 박해와 무자비한 압력을 겪으면서, 어떤 형태의 공적 조직, 심지어 통신도 불가능했던 상황에서, 우리 젊은이들은 이전의 힘으로 돌아왔을 뿐 아니라, 사실 그 전보다 더 강해졌네."

예니 마르크스는 1881년 12월 2일에 죽었다. 마지막 3주 동안 이들 부부는 서로 얼굴도 볼 수 없었다. 마르크스는 기관지염에 늑막염이 겹쳐, 옆 침실에 꼼짝도 못하고 누워 있었다. 그녀는 마지막에 영어로 층계참 건너편 침실을 향해 소리쳤다.

"카를, 힘이 빠지고 있어요……."

장례식은 사흘 뒤 하이게이트 공동묘지의, 기독교와 관계없는 한 모퉁이에서 치렀으나, 의사의 명령 때문에 마르크스는 참석하지 못했다. 마르크스는 예니가 죽기 전날 격식을 소홀히 한 일로 간호사를 야단치던 일을 기억하며 자신을 위로했다.

"우리는 바깥 생각만 하는 그런 사람들이 아니에요!"

또 하나 슬픔에 빠지지 않게 막아주었던 것은 그 자신의 비참한 상태였다. 마르크스는 가슴과 목에 하루에도 몇 번씩 요오드를 발라야 했다.

"정신적인 고통에 대해 효과적인 해독제는 하나밖에 없네. 그것은 육체적 고통일세. 사람한테 한쪽에서는 세상의 종말을 떠안기고 다른쪽에서는 심한 치통을 떠안겨보세."

엥겔스는 이제 마르크스 자신도 죽은 것이나 다름없다고 생각했다. 냉혹한 관찰이지만, 그럼에도 무시무시한 진실이 담겨 있었다. 예니가 죽기 전 마지막 며칠 동안 잠도 못 자고 몸도 움직이지 못한 탓에 마르크스는 병에 걸렸는데, 결국 그 병이 그의 목숨을 앗아갔다. 그의 독일인 편집자는 하필이면 이 좋지 않은 시기에 《자본》의 새로운 판을 요청했으나, 마르크스에게 일은 불가능했다. 마르크스는 의사의 충고에 따라 '따뜻한 기후와 건조한 공기'를 찾아 아일오브와이트에 가서 두 주를 보냈다. 이 여행에는 엘레아노르가 동행했다. 그러나 질풍, 비, 영하의 기온으로 고생만 했다. 기관지 카타르(점막의 염증 : 역주)는 '변덕스러운 날씨 때문에' 오히려 더 심해졌다. 그 지역 의사는 벤트노어에서 바닷가 산책길을 걸어다닐 때 쓰라고 마스크를 주었다.

여전히 제대로 먹지도 자지도 못하는 엘레아노르는 병적인 침묵과 '놀랄 정도로 히스테리를 부리는 성격'의 폭발 사이에서 왔다갔다했다. 무대에 서고 싶은 갈망은 이제 거의 육체적 요구로 바뀌어버렸다. 이 욕구를 충족시키기 전에는 다른 욕구들도 돌볼 수 없었다. 그들이 벤트노어에서 돌아온 1882년 1월 16일은 공교롭게도 엘레아노르의 27살 생일이었다. 가족의 의무라는 제단에서 그녀의 청춘이 희생되었음을 고통스럽게 일깨워주는 날인 셈이었다. 마르크스는 그녀를 놓아주어야 한다는 것을 알았다. 그는 1월 12일에 엥겔스에게 편지를 썼다.
"앞으로의 계획에서 첫 번째 고려 사항은 투시를 나의 동행자 역할에서 벗어나게 해주어야 한다는 걸세. …… 이 아이는 정신적인 압박이 너무 심해 건강을 해칠 정도라네. 이런 경우에는 여행도, 기후 변화도, 의사도 아무 소용이 없네."

그러나 마르크스 자신에게는 기후 변화가 몹시 필요했다. 진저리나는 영국의 겨울로부터 도망치지 않고는 카타르— '이 저주받을 영국의 병'—가 누그러질 수 없었다. 실제로 날씨 때문에 카타르는 심해지고 있었다. 마르크스는 이탈리아에는 갈 수 없었기 때문에(그 즈음 밀라노에서 어떤 사람이 이름이 마르크스라는 이유만으로 체포되기도 했다), 평생 처음으로 유럽을 떠나기로 결정하고, 2월 18일 알제리로 가는 배에 몸을 실었다.

이렇게 해서 끝없는 방랑의 한 해가 시작되었다. 석 달은 알제에서, 한 달은 몬테카를로에서, 석 달은 아르장퇴유의 롱게 집에서, 한 달은 스위스 브베의 휴양지에서. 무슨 우스운 우연의 일치인지, 그가 이 각각의 장소에 도착하기만 하면 비가 억수로 퍼붓고 천둥 폭풍이 몰아쳤다. 그 전 몇 주 동안 태양이 이글거리다가도 그가 가기만 하면 상황이 바뀌었다. 마르크스는 10월에 런던으로 돌아왔으나, 습기와 추위 때문에 즉시 벤트노어로 다시 떠나야 했다. 그는 그곳에서 1883년 1월까지 머물렀다. 1840년대에 마르크스는 혁명과 반동의 질풍에 휘몰려 유럽의 수도들을 떠돌아다녔다. 이제 그는 다시 방랑자가 되었는데, 이번에는 기관지의 따끔거림이 원인이었다. 역사는 되풀이되는데, 이번에는 약간 지루한 소극이었다. 알제에서 마르크스는 거의 신문도 보지 않았고, 차라리 그 시간에 식물원에 가거나, 호텔 손님들과 이야기를 하거나, 멍하니 바다를 바라보았다. 이제 그의 유물론과 변증법이 무슨 소용이 있을까? 마르크스는 라우라에게 보내는 편지에서 그곳에서 들은 아랍 우화를 이야기해주었는데, 그것은 그 자신의 상황에 너무 잘 들어맞는 것 같았다.

폭풍우가 휘몰아치는 강에서 뱃사공이 작은 배를 준비하고 기다리고 있었다. 건너편에 가고 싶어하는 철학자가 배에 올라탔다. 그들은 이런 대화를 나누었다.

철학자 : 역사에 대해 아시오, 뱃사공?

뱃사공 : 아뇨!

철학자 : 그럼 당신 반평생을 허비한 것이로군! 당신 수학은 공부했소?

뱃사공 : 아뇨!

철학자 : 그럼 당신 평생의 반 이상을 낭비했군.

철학자가 그런 이야기를 하자마자 바람에 배가 뒤집히며 뱃사공과 철학자는 물에 빠졌다. 그러자 뱃사공이 소리쳤다.

뱃사공 : 수영할 줄 아십니까?

철학자 : 아니!

뱃사공 : 그럼 평생을 헛사셨군요.

마르크스는 겉으로 보기에는 여전히 무시무시한 인물이었다. 이 무렵 마르크스를 만났던 한 영국 여자는 그가 "모든 면에서 큰 사람이었다. 머리도 아주 컸고, 머리카락은 '봉두난발의 피터' 같았다."고 기억한다. 또는 존 밀턴의 시에 나오는 삼손처럼, 그 머리카락이 "안달난 멧돼지, 또는 약오른 고슴도치의 등마루에 솟은 빳빳한 털"과 같았다. 그러나 그는 말년에 늑막염과 기관지염으로 몸이 약해지면서, 더는 블레셋 사람들을 나귀 턱뼈로 때려부수던 그 힘을 불러낼 수가 없었다. 마침내 자신의 힘이 사라졌음을 받아들인 마르크스는 알제리의 이발사에게 자신의 머리카락을 바쳤다. 마르크스는 1882년 4월 28일 엥겔스에게 보내는 편지에서 이렇게 말했다.

"내 예언자의 턱수염과 왕관처럼 머리를 덮었던 영광을 없애버렸네."

삼손은 가자에서 눈을 잃고, 마르크스를 알제에서 머리카락을 잃었다. 머리를 빡빡 민 카를 마르크스를 상상하는 것은 불가능하다. 실제로 마르크스는 후세 사람들이 그런 모습을 절대 보지 못하게 해두었다. 상징적인 삭발 전에 그는 사진을 한 장 찍어두었다. 더부룩한 머리와 반짝거리는 눈은 그의 딸들이 알고 있는 모습 그대로였다. 이것이 남아 있는 그의 마지막 사진이다. 온화한 제우스요, 지적인 크리스마스 신부(神父)의 모습.

"나는 여전히 태연한 얼굴로 일들을 해치우네."

마르크스는 그렇게 농담을 했다. 적어도 가족에게는 그랬다. 늑막염은 약발이 받지 않았다. 몬테카를로에 있을 때 지역의 전문의는 기관지염이 만성이 되었다고 확인해주었다. 그러나 마르크스는 이런 사실을 딸들에게 알리지 않았다.

"내가 자식들에게 쓰고 말하는 것은 진실이지만, **진실의 전부는 아닐**세. 그애들을 놀라게 할 필요가 없지."

한편 임신을 자주 하고 활달한 남자아이 넷을 돌보느라 지친 예니헨 역시 자신의 비밀을 아버지에게 숨기고 있었다. 그녀는 방광에 암이 생겼다. 그녀는 어떻게 했는지 1882년 여름 마르크스가 아르장퇴유에 있는 동안에는 자신의 고통을 숨겼다. 틀림없이 엘레아노르와 헬레네가 함께 있었던 것이 도움이 되었을 것이다. 리틀 조니(장) 롱게는 프랑스로 온 후로 거칠어지고 있었다("지루함 때문에 짓궂어진 게지." 마르크스는 그렇게 결론을 내렸다). 엘레아노르는 8월 중순에 런던으로 돌아가면서 이 여섯 살짜리 불량배를 데려갔다. 다음 몇 달 간 그 아이의 교육과 규율을 책임지겠다는 것이었다. 아버지의 간호사 노릇에서 벗어난 지 1년이 안 되어 조카의 가정교사가 되었으니, 그녀가 가족의 의무라는 굴레에서 벗어난다는 것은 무망한 노릇이었다. 그러나 이 새로운 책임에서 엘레아노르는 큰 기쁨을 느꼈다. 오래지 않아 조니를 '내 아이'라고 생각하게 되었다. 8월 말에는 조니의 형제들인 에드가와 앙리가 아버지와 함께 칼바도스로 휴가를 떠났고, 예니헨은 갓난 마르셀하고 둘이만 집에 있게 되었다. 그녀는 여전히 지친 상태였고, 늘 통증을 느꼈다. 그녀는 딸(예니라고 이름을 지었는데, 멤이라고 부르기도 했다)을 낳은 뒤, 마침내 엘레아노르에게 보내는 편지에서 방광의 병에 대해 밝혔다.

"내가 8개월 전부터 겪은 이 고통은 세상 누구도 겪는 일이 없기를 바라. 말로 형언할 수가 없어. 거기다 이제 애까지 돌봐야 하니, 인생은 나에게 지옥이야."

그녀는 무어에게는 절대 이야기를 하지 말라고 덧붙였다. 그러나 마르크스는 한지붕 아래서 여름을 보냈기 때문에 뭔가 심하게 잘못되어 가고 있다는 것을 느끼지 않을 수가 없었다. 그는 아일오브와이트의 겨울 숙소에서 '가엾은 예니헨'과 그녀의 아기에 대한 소식을 전해 달라고 계속 요청했다. 마르크스는 11월에 엘레아노르에게 말했다.

"이 짐이 그애가 감당할 수 없는 것이라는 걱정 때문에 몹시 괴롭구나."

마르크스도 그 짐을 덜어주기 위해 할 수 있는 일이 없었다. 12월에는 기관지 카타르 때문에 벤트노어의 보니페이스 가든스 1번지에 있는 숙소에서 거의 밖에 나가지도 못했다. 그래도 늑막염과 기관지염은 중지되었다("내 동년배들이 꽤 많이 죽은 것을 고려할 때, 이것은 무척 고무적인 일이지"). 1883년 1월 5일, 마르크스는 라파르그 집안으로부터 예니헨의 병이 위중하다는 소식을 들었다. 다음날 아침 마르크스는 잠을 깨면서 심한 기침 발작을 일으켜, 그대로 숨이 멎는 줄 알았다. 혹시 그 두 사건이 무슨 관련이 있는 것일까? 마르크스는 지역 의사—제임스 윌리엄슨이라는, 친절하고 젊은 요크셔 사람이었다.—에게 정신적인 고민이 '점액의 움직임을 자극'할 수 있는 것이냐고 물었다.

예니 롱게는 1월 11일 오후 5시에 38살의 나이로 죽었다. 엘레아노르는 그 소식을 듣자마자 벤트노어로 떠났다.

나는 슬픈 시간을 많이 겪었지만, 이처럼 슬픈 일은 없었다. 나는 아버지에게 사형 선고를 전하러 가는 기분이었다. 나는 가는 길 내내 불안에 떨며, 어떻게 아버지에게 그 소식을 전할지 머리를 쥐어짰다. 그러나 그럴 필요가 없었다. 내 얼굴이 모든 것을 말하고 있었다. 무어는 나를 보자마자 말했다.

"우리 예니헨이 죽었구나."

이윽고 아버지는 나더러 당장 파리로 가서 아이들을 돌보아주라고 말했다. 나는 아버지와 함께 있고 싶었으나, 그는 허락하지 않았다. 나는 벤트노어에 30분 정도 있다가 바로 다시 런던으로 슬픈 여행을 시작했다. 그리고 그곳에서 파리로 향했다. 나는 아이들을 위해 무어가 나에게 원하는 일을 하고 있었다.

내가 집으로 돌아온 것에 대해서는 더 이야기하지 않겠다. 나는 그때, 그 괴로움, 그 고통을 생각만 해도 몸이 떨린다. 하지만 그 이야기는 하지 말자. 어쨌든 나는 집으로 돌아왔다. 무어도 집으로 돌아왔다. 죽으러.

마르크스는 벤트노어를 떠나기 전에 닥터 윌리엄슨에게 서둘러 출발하는 이유를 적은 메모를 남겼다.

"청구서는 NW, 런던, 메이틀랜드 파크 41번지로 보내주시기 바랍니다. 작별 인사를 할 시간이 없었던 것을 안타깝게 생각합니다. 사실 나는 심한 두통에서 약간 벗어났습니다. 정신적 고통을 '마비시켜' 주는 유일한 약은 육체적 고통뿐입니다."

우리가 아는 한, 그것이 마르크스가 쓴 마지막 편지다. 마르크스는 기념으로 자신의 사진을 첨부하고, 사진에 떨리는 필체로 "행복한 새해를 맞으시기를 기원하며"라고 적었다.

엘레아노르가 알고 있었듯이, 그녀의 아버지는 죽으러 집으로 돌아왔다. 후두염, 기관지염, 불면증, 식은땀에 시달리는 바람에, 그럴 때면 종종 위로가 되었던 빅토리아 여왕 시대 소설도 읽을 수가 없었다. 그는 겨자를 푼 따뜻한 물에 발을 담그고 앉아 멍하니 허공을 바라보거나, 이따금씩 출판사 카탈로그를 훑어보았다. 헬레네 데무트는 저녁으로 이국적인 새 요리를 만들어 기운을 북돋우려 했으나, 마르크스는 자신이 고안한 식사를 더 좋아했다. 매일 럼과 브랜디를 듬뿍 넣은 우유(전에는 우유를 몹시 싫어했다)를 0.5리터씩 마시는 것이었다. 2월이 되자 폐에 농양(膿瘍)이 생겨 자리에 누웠다. 3월 7일 엥겔스는 이렇게 썼다.

"〔마르크스의 건강이〕 기대만큼 좋아지지 않고 있소. 앞으로 두 달 후면 기온과 공기가 도움이 되겠지만, 지금은 북풍이 불고 있소. 거의 폭풍에 가까운데, 거기에 눈발까지 날리고 있소. 이러니 기관지염을 장기간 앓아온 사람이 어떻게 낫기를 바랄 수 있겠소!"

엥겔스가 3월 14일 수요일 오후 2시 30분—그는 보통 이 시간에 방문했다.—에 마르크스의 집으로 갔을 때, 렌헨이 아래층으로 내려오더니 마르크스가 난롯가의 그가 좋아하는 안락의자에서 "반쯤 잠이 들었다."고 말했다. 불과 1, 2분 뒤 그들이 침실에 들어갔을 때, 마르크스는 죽어 있었다.

"인류는 머리 하나만큼 키가 줄었네. 그것도 우리 시대에 가장 뛰어난 머리 하나만큼."

엥겔스는 미국에 있는 동지에게 그렇게 말했다.

카를 마르크스는 1883년 3월 17일 하이게이트 공동묘지의 외딴 구석에 묻혔다. 그의 부인이 15개월 전에 묻힌 곳 근처였다. 장례식에는 불과 11명밖에 참석하지 않았다. 무덤가에서 조사를 하면서 엥겔스는 마르크스를 그의 시대에 가장 미움을 받고 중상을 당한 혁명적 천재라고 말하면서, "그의 이름과 업적은 많은 세월이 흘러도 사라지지 않을 것"이라고 예언했다. 프랑스, 러시아, 미국의 사회주의 신문들은 비슷비슷하게 아첨하는 헤드라인 아래 찬사를 내보냈다. "노동자들의 가장 좋은 친구이자 가장 위대한 스승", "인류의 불행", "왕들이 잊혀진 뒤에도 그에 대한 기억은 오래 살아남으리라", "이 땅에서 살았던 가장 고귀한 사람 가운데 하나". 그러나 마르크스가 65년의 인생 가운데 반 이상을 살았던 나라에서 그의 죽음은 거의 주목을 받지 못했다. 런던의 〈데일리 뉴스〉는 보도했다.

"독일의 사회주의자 카를 마르크스 박사의 사망이 발표되었다. 그는 한때 황제와 재상들을 벌벌 떨게 했던 그의 이론의 일부가 소멸하는 모습을 살아서 지켜보았다. …… 영국 노동자들은 자신들이 이런 원칙들과 동일시되는 것을 원치 않을 것이다."

〈더 타임스〉는 한 문단짜리 부고를 내보냈는데, 문장마다 오류가 발견된다. 〈더 타임스〉는 마르크스가 쾰른에서 태어나, 20살에 프랑스로 이주했다고 주장했다. 오직 〈펠멜 가제트〉만이 마르크스가 앞으로도 기억될지 모른다고 추측했다.

"《자본》은 비록 미완성이지만 수많은 작은 책들을 낳을 것이며, 사회적 문제에 대해 진지하게 생각하는 모든 계급의 사람들에게 점점 큰 영향을 미치게 될 것이다."

만일 그 자신더러 고르라고 했다면 그는 어떤 묘비명을 골랐을까? 마르크스는 1880년 여름 램즈게이트에서 휴가를 보내다가 미국 저널리스트 존 스윈턴을 만났다. 그는 〈뉴욕 선〉에 '프랑스와 영국 여행'이라는 연재물을 쓰고 있었다. 스윈턴은 늙은 가장이 손자들과 함께 해변에서 노는 모습을 지켜보다가("카를 마르크스도 빅토르 위고만큼이나 할아버지가 되는 기술을 멋지게 이해하고 있는 것 같다"), 어스름녘에 인터뷰를 허락받았다. 그는 이렇게 보도하고 있다.

우리는 바닷가에서 잔을 부딪치며 세상, 사람, 시간, 사상에 대해 이야기를 나누었다. 기차는 아무도 기다리지 않고, 밤은 코앞에 다가왔다. 이 시대와 또 다른 모든 시대의 수다와 황폐에 대해 생각하다가, 이날의 이야기와 저녁의 장면들에 대해 이야기를 하다가, 내 마음 속에 존재의 마지막 법칙에 관한 질문이 떠올랐다. 나는 이 현자에게 그 답을 구하고 싶었다. 그가 언어의 깊은 곳들로 내려갔다가 다시 강조를 위해 높은 곳으로 올라오던 도중, 잠시 침묵이라는 공간이 형성되었을 때 나는 이 혁명가이자 철학자에게 다음과 같은 숙명적인 말을 던졌다.

"무엇입니까?"

잠시 그의 정신이 물구나무를 선 것 같았다. 그는 앞에서 포효하는 바다와 해변을 불안하게 떠도는 수많은 사람들을 물끄러미 바라보고 있었다.

"무엇입니까?"

나는 그렇게 물었고, 이에 대해 그는 낮고 엄숙한 목소리로 대답했다.

"투쟁이지!"

처음에는 절망의 메아리를 들은 것 같았다. 그러나 어쩌면 그것이 삶의 법칙인지도 모르겠다.

후기 1 — 마무리

카를 마르크스는 국적이 없는 상태에서, 유언장을 남기지 않고 죽었다. 그의 유산은 250파운드로 평가되었는데, 그 대부분은 메이틀랜드 파크 로드 41번지에 있는 가구와 책들이 차지하고 있었다. 이 유산은 그의 방대한 편지, 공책들과 더불어 엥겔스가 보관하게 되었다. 헬레네 데무트도 엥겔스가 데려갔는데, 그녀는 리젠츠 파크 로드 122번지에 가정부로 고용되었다가 그곳에서 1890년 11월 4일 장암으로 사망했다.

엥겔스는 마르크스의 《자본》을 위한 메모와 원고를 책으로 만드는 일에 몰두했다. 2권은 1885년 7월에 출간되었으며(독일에서), 3권은 1894년 11월에 출간되었다. 첫 공식 영어 번역본(1887년)은 잘 팔리지 않았으나, 3년 후 뉴욕에 나타난 영어 해적판은 초판 5천 부가 거의 즉시 매진되었다. 아마 그것은 출판업자가 월스트리트의 은행가들에게 이 책에 '자본을 축적하는 방법'이 담겨 있다고 광고지를 돌렸기 때문일 것이다. 엥겔스는 1895년 8월 5일 식도암으로 죽었다. 워킹 화장장에서 거행된 장례식에는 약 80명의 조객이 참석했다. 장례식 후 엘레아노르 마르크스와 세 친구가 이스트본으로 가, 비치헤드에서 10킬로미터 떨어진 곳까지 배를 저어 나간 다음 바다에 유해를 뿌렸다.

엥겔스가 죽은 뒤, 마르크스의 문서를 정리하고 보관하는 일은 엘레아노르 마르크스와 그녀의 연인 에드워드 에이블링이 맡았다. 에이블링은 놀라울 정도로 못생겼고 또 믿을 만하지 못한 사람이라는 악평이 자자했음에도, "30분만 먼저 여자를 만나게 해주면" 런던의 잘생긴 남자도 여자를 유혹하는 데서는 그를 당할 수가 없다는 소문이 있을 정도로 구변이 좋고 남성적인 매력이 넘치는 사람이었다. 에이블링과 엘레아노르는 숨기지 않고 동거했으나, 그들의 친구들 대부분이 배우, 자유사상가 등 보헤미안적인 사람들이었기 때문에 주위에서는 크게 문제삼는 사람이 없었다. 그들의 집을 찾은 많은 사람들이 충격을 받았던 것은 에이블링이 엘레아노르를 대하는 경악스러운 태도 때문이었다. 소설가 올리브 슈라이너는 에이블링을 '폭력배'라고 불렀다. 윌리엄 모리스는 그를 '추레한 개'라고 생각했다. 엘레아노르는 1898년 3월 에이블링이 한 해 전 여름 22살짜리 여배우와 비밀 결혼을 한 것을 알고, 그들의 생각이 옳다는 것을 깨달았다. 에이블링은 동반 자살을 제안하여 위기를 돌파하려 했다. 엘레아노르는 애정이 깃든 유서를 써놓고 그가 내민 청산을 마셨다. 물론 에이블링은 자신의 제안을 실행에 옮길 의도가 없었다. 그는 엘레아노르가 치명적인 양을 마시자마자 집을 나왔다. 그는 살인 혐의로 고발당하지는 않았지만, 분명히 엘레아노르를 죽였다.

라우라와 폴 라파르그는 파리 외곽에 살았는데, 주로 엥겔스의 돈에 기생하여 생계를 유지했다. 1911년 11월, 폴이 69살이고 라우라가 66살일 때, 그들은 더 살 이유가 없다고 보고 함께 자살했다. 그들의 합동 장례식 때 긴 조사를 맡았던 사람은 러시아 공산주의자들의 대표인 블라디미르 일리치 레닌으로, 그는 라우라 선친의 사상이 누구의 예상보다도 빠르게 거침없이 실현될 것이라고 말했다.

마르크스는 자식 가운데 넷을 앞세웠으며, 그보다 오래 살았던 둘은 자살했다. 가족 가운데 유일하게 저주를 피한 사람은 프레디 데무트로, 그는 런던 동부에서 조용히 살면서 일을 했다. 그는 1929년 1월 28일 심장마비로 사망했다. 향년 77세였다. 죽는 날까지 프레디 자신이나 다른 누구도 그가 전세계적으로 얼굴과 이름이 알려지게 된 사람의 아들이라는 것을 짐작도 하지 못했다.

후기 2 — 고백

마르크스의 딸 셋은 모두 빅토리아 여왕 시대의 응접실 게임인 '고백' — 요즘에는 흔히 '프루스트 설문'이라고 부르는 것 — 을 좋아했다. 1860년대 중반 그들은 아버지를 불러서 심문을 했다. 다음은 그의 답변이다.

당신이 제일 좋아하는 미덕은 :	단순함
당신이 남자에게서 제일 좋아하는 미덕은 :	강함
당신이 여자에게서 제일 좋아하는 미덕은 :	약함
당신의 주요한 특징은 :	목적의 단일함
당신이 생각하는 행복이란 :	싸우는 것
당신이 생각하는 불행이란 :	굴복하는 것
당신이 가장 쉽게 용서할 수 있는 악덕은 :	속기 쉬움
당신이 가장 혐오하는 악덕은 :	노예 근성
당신이 가장 싫어하는 사람은 :	마틴 터퍼[빅토리아 여왕 시대의 대중 작가]

당신이 가장 좋아하는 일은 :	책에 파묻히기
당신이 가장 좋아하는 시인은 :	셰익스피어, 아이스킬로스, 괴테
당신이 가장 좋아하는 산문 작가는 :	디드로
당신이 가장 좋아하는 영웅은 :	스파르타쿠스, 케플러
당신이 가장 좋아하는 여주인공은 :	그레트헨(괴테의 《파우스트》 1부의 주인공 : 역주)
당신이 가장 좋아하는 꽃은 :	월계수
당신이 가장 좋아하는 색깔은 :	빨강
당신이 가장 좋아하는 이름은 :	라우라, 예니
당신이 가장 좋아하는 음식은 :	생선
당신이 가장 좋아하는 경구는 :	Nihil humani a me alienum puto[인간적인 것 가운데 나와 무관한 것은 없다].
당신이 가장 좋아하는 좌우명은 :	De omnibus dubitandum [모든 것은 의심해보아야 한다].

후기 3 — 왕 살해

카를 마르크스는 1867년 독일을 방문하여 《자본》의 교정지가 나오기를 기다리는 동안 체스의 대가 구스타프 R. L. 노이만이 주최하는 파티에 참석했다. 그가 이날 밤 마이어라고 하는 사람과 둔 체스 시합의 기록이 지금까지 남아 있다.

마르크스	마이어		
1. e2—e4	e7—e5	15. Bf6 × Bg5	Qf5 × Bg5
2. f2—f4	e5 × f4	16. Nd5 × f4	Nc6—e5
3. Ng1—f3	g7—g5	17. Qf3—e4	d7—d6
4. Bf1—c4	g5—g4	18. h2—h4	Qg5—g4
5. 0—0	g4 × Nf3	19. Bc4 × f7	Rg8—f8
6. Qd1 × f3	Qd8—f6	20. Bf7—h5	Qg4—g7
7. e4—e5	Qf6 × e5	21. d3—d4	Ne5—c6
8. d2—d3	Bf8—h6	22. c2—c3	a7—a5
9. Nb1—c3	Ng8—e7	23. Nf4—e6+	Bc8 × Ne6
10. Bc1—d2	Nb8—c6	24. Rf1 × Rf8+	Qg7 × Rf8
11. Ra1—e1	Qe5—f5	25. Qe4 × Be6	Ra8—a6
12. Nc3—d5	Ke8—d8	26. Re1—f1	Qf8—g7
13. Bd2—c3	Rh8—g8	27. Bh5—g4	Nc6—b8
14. Bc3—f6	Bh6—g5	28. Rf1—f7	흑 기권

■ 고마움의 말

다음 기관의 협조에 감사드린다. 암스테르담 국제 사회사 연구소, 이곳은 마르크스의 편지와 원고만이 아니라 그 시기의 다른 많은 사회주의 자료도 최종적으로 보관하게 되었다. 트리어의 카를 마르크스 박물관(프리드리히 에베르트 재단)과 부설 카를 마르크스 연구 센터, 특히 내가 마르크스의 유일한 체스 시합 기록을 찾아내는 것을 도와주었다. 런던의 마르크스 기념 도서관. 영국박물관. 런던도서관. 큐의 공공기록 보관소. 센서스국. 또한 얻기 힘든 책과 문서를 제공해준 분들께도 감사드린다. 왕립 예술협회의 애너 커스, 폴 푸트, 마크 가넷, 에드 글리너트, 로널드 그레이, 브루스 페이지, 크리스토퍼 호트리, 콜린 매슈 교수, 보브 오하라, 닉 스퍼리어 등이 그분들이다. 내 에이전트인 패트 캐버너와 포스에스테이트 출판사의 빅토리아 반슬리는 마르크스의 전기를 써보겠다는 내 제안을 선선히 받아들였다. 내 믿음과 눈꺼풀이 처질 때도 이 책에 대한 의욕이 전혀 시들지 않았던 줄리아 소로굿에게도 큰 사랑과 감사를 전한다. 잭, 프랭크, 조지애너 소로굿도 나를 자주 격려해주었다. 물론 사실이나 해석상에 오류가 있다면 그것은 오로지 내가 사랑하는 두 아들 버티와 아키 책임이다.

■ 카를 마르크스 연보

1818년 5월 5일 프로이센의 라인란트 트리어 시에서 7남매 중 첫째로 태어남.
1830년 트리어고등학교에 입학.
1835년 본대학에 입학.
1836년 베를린대학으로 전학.
1837년 청년헤겔주의자 모임에 참여.
1841년 예나대학에서 〈데모크리토스와 에피쿠로스 철학의 차이〉란 논문으로 박사학위 취득.
1842년 〈라이니셰 차이퉁〉의 편집장이 됨.
1843년 〈라이니셰 차이퉁〉폐간당함. 예니 폰 베스트팔렌과 결혼. 파리로 이주.
1844년 《경제학·철학 원고》《헤겔 법철학 비판 서문》
1845년 파리에서 추방당해 브뤼셀로 향함. 《성 가족》
1846년 《독일 이데올로기》
1847년 《철학의 빈곤》
1848년 《공산당 선언》 쾰른에서 〈노이에 라이니셰 차이퉁〉 발행.
1849년 마지막 피난처인 런던으로 이주.
1851년부터 〈뉴욕 데일리 트리뷴〉 유럽 통신원으로 활동.
1852년 《루이 보나파르트의 브뤼메르 18일》
1859년 《정치경제학 비판》
1864년 제1인터내셔널(국제 노동자 협회) 참여.
1867년 《자본》1권 함부르크에서 출판.
1871년 《프랑스 내전》
1881년 12월 아내 예니 사망.
1883년 3월 17일 런던에서 폐종양으로 사망.
1885년 《자본》2권 엥겔스의 편집에 의해 출간.
1894년 《자본》3권 출간.

■ 역자 후기

올해가 이탈리아의 오페라 작곡가 주세페 베르디 서거 100주년이라고 한다. 기념할 만하니까 기념하는 것일 터이고, 그 외에 다른 속셈도 없다고 할 수는 없겠지만, 하여간 중요한 인물이 나고 죽은 해를 따져서 거기에 100, 심지어는 50을 곱해 기념하는 것이 그 인물을 기리는 편리한 방법으로 자리를 잡은 모양이다. 베르디는 1813년에 나서 1901년에 죽었다고 하는데, 마침 이 책을 번역했으니 비슷한 시기를 살았던 카를 마르크스의 서거 100주년에 대해서도 궁금해지지 않을 수 없다. 여러 여건상 베르디만큼 장수할 수 없었던 마르크스는 베르디보다 5년 뒤인 1818년에 나서, 18년 이른 1883년에 죽었다. 그렇다면 마르크스의 서거 100주년은 1983년이었다는 이야기인데, 1983년이라······.

그리고 보니, 그 즈음 어느 교수님이 "너희들은 왜 백 년 전 사람한테서 그렇게 벗어나지 못하느냐."는 취지의 말씀을 하셨다는 이야기를 전해들은 기억이 난다. 그 말을 전해준 사람, 즉 그 교수님의 말을 직접 들었던 사람은, "백 년 전 사람도 이렇게 막강한 영향력을 행사하는데 왜 교수님은……." 하고 속으로 대꾸했다고 한다. 이 잘 짜여진 농담을 들은 사람들은 물론 웃음을 터뜨렸는데, 지금 그 일을 돌이켜보니 다시 웃음이 나오는 것 외에도 한두 가지 생각이 함께 떠오른다.

우선 이 에피소드만 놓고 보면 강의실에서 화기애애한 분위기 속에 자유롭게 마르크스를 논의한 것처럼 보이지만, 다 알다시피 실제로는 전혀 그렇지 않았다는 것이다. 실제로 그런 행사가 있었는지 없었는지는 모르지만, 아마 학자들끼리 모여 마르크스 서거 100주년 학술 행사를 여는 것도 절대 쉽지 않았을 것이다. 그럼에도 교수가 우려할 만큼 학생들 사이에서 마르크스에 대한 관심이 증대하고 있었다는 것은 분명하다. 물론 상황이 상황이니만치 당시만 해도 마르크스가 직접 쓴 글을 본 사람은 많지 않았을 것이고, 많은 경우는 마르크스에게서 파생된 것을 출발점으로 해서 거꾸로 마르크스에게 거슬러 올라가는 방식으로, 간접적으로 마르크스의 영향을 받아들이고 있었던 것 같다(몇 년 내로 상황이 달라지게 되지만). 이런 영향력 증대에는 여러 가지 이유가 있겠지만, 개체발생이 계통발생을 되풀이하듯이, 학생들 사이에 점차 "과학적"이라는 수식어가 중시되었다는 점도 한 가지 이유—어쩌면 이유가 아니라 결과인지도 모르겠지만—라고 할 수 있다. 이 되풀이도 "소극(笑劇)"이었을까? 글쎄, 적어도 그 당시에 그 영향력 아래 있었던 사람들은 설사 세월이 좀 흘렀다 해도 그렇게 간단히 웃어넘기지는 못할 것이다. 어쨌거나 마르크스 자신은 거의 관심이 없던 극동에서 그의 100주기를 기념이라도 하듯 이렇게 그에 대한 관심이 급증했으니, 비록 공식적인 제사상은 못 받았다 하나 마르크스 자신도 과히 섭섭하지는 않았을 것 같다.

앞서 말한 에피소드에서 또 한 가지 떠오르는 생각은 그런 말씀을 했다고 전해지는 교수님은 그래도 백 년이라는 원근감을 가지고 마르크스를 바라보려 했다는 것이다. 사실, 젊음 특유의 압축된, 거의 평면에 가까운 시간 감각 때문인지 몰라도, 마르크스를 원근법 속에서 바라본다는 것은 학생들에게는 쉽지 않았던 것 같다. 또, 아마도 그 찬란한 광채 때문이었겠지만, 그의 이미지에서 풍부한 음영까지 포착해내지는 못했던 것 같다. 결국 마르크스의 초상은 근대적인 사실적 초상은 아니고, 원근과 명암을 찾아보기 힘든 성화(聖畵)에 가까웠던 셈이다—물론 다른 편에서 볼 때는 몽타주나 음화(陰畵)에 가까웠겠지만. 어느 쪽이든 마르크스를 눈앞에 대하는 느낌이었으면서도, 실제로 사람 대접은 안 해 주었던 셈이다. 그야말로 정식 제사상을 못 받은 마르크스의 '유령에 사로잡혀' 있었다고나 해야 할까?

이런 면에서 마르크스라는 인간을 발견하겠다는 프랜시스 윈의 전기는 의미가 각별하다. 그리고 읽은 소감부터 성급히 말하자면, 비로소 원근과 명암이 제대로 갖추어진 마르크스의 초상이 눈앞에 떠오르는 느낌이다. 그렇다고 저자가 무조건적으로 '공정한' 입장에서 '냉정하고 객관적인' 묘사를 해나갔기 때문에 그런 성과를 얻은 것은 아니라는 점도 미리 말해 두는 것이 좋겠다(세상에 그렇게 묘사된 전기가 어디 있겠는가).

마르크스는 헤겔이 하찮게 여겨지는 상황을 개탄하여 이렇게 말했다고 한다.

　　공부를 좀 했다는 독일 서클들에서 말께나 하는 까다롭고, 불손하고, 범속한 아류들이…… 헤겔을 '죽은 개' 취급하는 것을 낙으로 삼기 시작했다. 그래서 나는 공개적으로 나 자신이 그 걸출한 사상가의 제자임을 공언했으며…….

원은 마르크스가 "그를 순수에서 끌어내준 사람에 대해 애정 어린 목소리로 이야기를" 했는데, 마르크스는 "말하자면, 친한 친구로서 건강한 정직성을 전제로 헤겔을 꾸짖을 수 있는 권리를 얻은 셈이었다."고 이야기한다. 언감생심, 원이 마르크스와 헤겔의 관계를 자신과 마르크스의 관계에 대입할 생각이야 했을 리 없겠지만, 마르크스의 전기를 쓰겠다고 하면서 원에게는 이런 정황이 특별하게 마음에 와닿았고, 그것이 이 책을 쓰는 태도에도 반영되었다는 것이 역자의 추측이다. 그래서 원은 마르크스에게 기본적으로 공감하면서도 그를 놀릴 수 있는 관계를 확립하는 데 초점을 맞춘 것 같다. 다시 말하면, 마르크스와 원 사이에는 상대를 놀려도 함께 웃음을 터뜨릴 수 있는 관계가 형성된 듯한 느낌을 받게 되는데, 이런 관계의 특징인 애정과 비판적 거리 사이의 균형을 끝까지 유지해 나갔기 때문에 음영이 살아 있는 그림이 그려진 것이고, 독자 역시 마르크스와 함께 웃을 수 있는 마르크스 전기가 탄생한 것이라고 할 수 있다. 이 웃음이야말로 이 책의 가장 중요한 미덕의 하나이고, 또 우리에게 그 동안 아쉬웠던 것이 아닐까.

여러 친구들이 역자의 부족한 부분을 메워 주었는데, 이 자리를 빌려 감사하고 싶다. 더불어, 그 자신도 먹고 사는 데 꽤 어려움을 겪었으면서도 간접적으로나마 역자의 생계에 보탬을 준 마르크스에게도 감사하고 싶다.

■ 주석

이하의 주석에서는 다음과 같은 약자가 사용된다.

MECW : *Karl Marx, Frederick Engels, Collected Works*(International Publishers Co. Inc., New York 및 Lawrence & Wishart, London과 함께 준비하여 Progress Publishers, Moscow가 1975년 이후 간행한 47권짜리 전집).

RME : *Reminiscences of Marx and Engels*(Foreign Languages Publishing House, Moscow, 연도 미상).

KMIR : *Karl Marx* : *Interviews and Recollections*, David McLellan편 (Macmillan, London, 1981).

KM : Karl Marx

FE : Friedrich Engels

다른 문헌이 출처인 경우에는 주석 안에 자세히 밝혀놓았다.

앞 부분의 숫자는 주석 번호가 아니라 본문의 페이지이다.

1. 아웃사이더

18. "가족이 없는……" 1854년 6월 21일, KM가 FE에게 보낸 편지.
19. "아버지는 독특하고, 비길 데 없는……" "Karl Marx", Eleanor Marx, *RME*, p.251.
19. "그녀는 오빠가 사회주의자들의……" "Meetings with Marx", Maxim Kovalevsky, *RME*, p.299.
20. "우리는 우리가 소명을……" *MECW*, Vol.1, p.4.
21. "수백 년 동안 아들들은……" Eleanor Marx가 Wilhelm Liebknecht에게 보낸 편지, *Mohr und General : Erinnerungen an Marx und Engels*(Dietz Verlag, Berlin, 1965).
21. "이 도시는 그 성벽 안에……" Goethe의 *French Campaign, Karl Marx : Man and Fighter*, Boris Nicolaievsky and Otto Maenchen-Helfen(Methuen, London, 1936 ; 개정판은 Penguin, Harmondsworth, 1973)에서 재인용.
22. "프로이센 국가 입장에서 보자면……" "The Baptism of Karl Marx", Eugene Kamenka, *The Hibbert Journal*, Vol.LVI(1958), pp.340-51.
24. "사랑하는 카를, 청결과 질서를……" Henriette Marx가 KM에게 보낸 편지, 1835년 11월 29일.
24. "학비, 집세 독촉이……" KM가 FE에게 보낸 편지, 1863년 1월 8일.
26. "비텐바흐 선생이……" Heinrich Marx가 KM에게 보낸 편지, 1835년 11월 18일.
27. "로어스 선생은 네가……" Heinrich Marx가 KM에게 보낸 편지, 1835년 11월 18일.
27. "사회 개혁은 절대……" "Speech of Dr Marx on Protection, Free Trade, and the Working Classes", *Northern Star*, 1847년 10월 9일.
28. "아홉 개의 강의는……" Heinrich Marx가 KM에게 보낸 편지, 1835년 11월 18-25일.
28. "해로운 것을 무절제하게……" Heinrich Marx가 KM에게 보낸 편지,

1836년 초.
28. "건강을 더 나쁘게……" Henriette Marx가 KM에게 보낸 편지, 1836년 초.
29. "그는 밤에 소란과 만취로……" Certificate of Release from Bonn University, 1836년 8월 22일, *MECW*, Vol.1, pp.657-8.
30. "그렇다면 그 결투가……" Heinrich Marx가 KM에게 보낸 편지, 1836년 5/6월경.
32. "매일 어디를 가나……" KM가 Jenny Marx에게 보낸 편지, 1863년 12월 15일.
34. "그분의 셰익스피어에 대한……" "Reminiscences of Marx" Paul Lafargue, *RME*, p.74.
35. "아이들이 늘……" Letter from KM to FE, 1856년 4월 10일.
35. "늘 영국 문학에 대한……" *Karl Marx and World Literature*, S. S. Prawer(Oxford University Press, 1976), p209.
35. "당신은 내 앞에……" KM가 Jenny Marx에게 보낸 편지, 1856년 6월 21일.
37. "거의 30년 전……" *Capital* 독일어 2판 후기, *MECW*, Vol.35, p.9.
39. "내가 가르치는 말들은……" 'On Hegel' KM, *MECW*, Vol.1, p.576.
40. "그 새로운 비도덕주의자들은……" Heinrich Marx가 KM에게 보낸 편지, 1837년 12월 9일.
41. "산만하고 두서없는……" KM가 Heinrich Marx에게 보낸 편지, 1837년 11월 10-11일.
43. "헤겔은 어디에선가……" *The Eighteenth of Brumaire*의 1852년 텍스트에서, *MECW*, Vol.2, p.103.
47. "신이 애통해하실 일이다……" Heinrich Marx가 KM에게 보낸 편지, 1837년 12월 9일.
48. "그런 송시는 프로이센의……" Heinrich Marx가 KM에게 보낸 편지, 1837년 3월 2일.

2. 귀여운 멧돼지

52. "만일 마르크스, 브루노 바우어……" Georg Jung이 Arnold Ruge에게 보낸 편지, *Marx-Engels Gesamtausgabe*, I i (2), p.261.
53. "세계를 정복하는 자유로운……" *The Early Texts*, Karl Marx(Oxford University Press, 1971), p.13
54. "내 작은 마음에는……" Jenny von Westphalen이 KM에게 보낸 편지, 1841년 8월 10일.
55. "며칠 뒤면 쾰른에 가야……" KM가 Arnold Ruge에게 보낸 편지, 1842년 3월 20일.
55. "쾰른에 정착하려던 계획을……" KM가 Arnold Ruge에게 보낸 편지, 1842년 4월 27일.
56. "당신이 행복하다니……" Jenny von Westphalen이 KM에게 보낸 편지, 1841년 8월 10일.
57. "모든 진정한 철학은……" *Rheinische Zeitung* 1842년 7월 14일자 기사, *MECW*, Vol.1, p.195에 번역 수록.
57. "자유가 현실의 단단한……" *Rheinische Zeitung* 1842년 5월 19일자 기사, *MECW*, Vol.1, p.172에 번역 수록.
58. "그는 물건일세……" *Briefwechsel*, Moses Hess, E. Silberner편(헤이그, 1959), *KMIR*, pp.2-3에 번역 수록.
59. "누가 옆에서 미친 듯이……" 'The Insolently Threatened Yet Miraculously Rescued Bible', 1842년 12월 익명의 팸플릿으로 발행, *MECW*, Vol.2, p.336에 번역 수록.
59. "너무 뻔하면 오히려……" 유일한 예외가 미국의 위대한 학자 헬 드레이퍼인데, 그는 *Karl Marx's Theory of Revolution, Volume II : The Politics of Social Classes*(Monthly Review Press, New York and London, 1978)에서 '마르크스와 다모성(多毛性)'에 대한 재미있는 주석을 달아놓았다.
61. "런던은 이 존경받는 인물에게……" *Great Men of the Exile*, KM과 FE,

The Cologne Communist Trial(Lawrence & Wishart, London, 1971), p.166에 번역 수록.
61. "지난 일요일은 콧수염의……" FE가 Marie Engels에게 보낸 편지, 1840년 10월 29일.
63. "나는 경찰이 조사를 하듯이……" Marx-Engels Gesamtausgabe, I i (2), p.257, Karl Marx, Werner Blumenberg(New Left Books, London, 1972)에 번역 수록.
63. "갑자기 다른 탁자로……" Erlebtes, Karl Heinzen(Boston, Mass, 1874), KMIR, pp.5-6에 번역 수록.
65. "금세기의 가장 어리석은……" Against the Current : The Life of Karl Heinzen 1809-80, Carl Heinzen(University of Chicago Press, 1945).
66. "스타일은 심장을 잘 겨냥하여……" Karl Marx : Biographical Memoirs, Wilhelm Liebknecht, E. Untermann 역(London, 1901)
67. "〈라이니셰 차이퉁〉은 현재 형태의……" Rheinische Zeitung, 1842년 10월 16일, MECW, Vol.1, p.220에 번역 수록.
69. "나는 공산주의나 사회주의……" KM가 Arnold Ruge에게 보내는 편지, 1842년 11월 30일.
69. "〈라이니셰 차이퉁〉의 편집장으로서……" A Contribution to the Critique of Political Economy(1859), The Portable Karl Marx(Penguin Books, New York, 1983), p.158에 번역 수록.
70. "이것에서 유추해보면……" Rheinische Zeitung, 1842년 10월 25일, MECW, Vol.1, p.225에 번역 수록.
70. "라인 강변의 우리라고……" KM가 Arnold Ruge에게 보내는 편지, 1842년 7월 9일.
71. "어느 날 저녁 검열관은……" 'Karl Marx als Mensch', Wilhelm Blos, Die Glocke v(1919), KMIR, pp.3-4에 번역 수록.
72. "우리 신문은 경찰이……" KM가 Arnold Ruge에게 보내는 편지, 1843년 1월 25일.
74. "그렇지 않아도 그곳 분위기 때문에……" KM가 Arnold Ruge에게 보내

는 편지, 1843년 1월 25일.
74. "내 약혼녀는 나를 위해……" KM가 Arnold Ruge에게 보내는 편지, 1843년 3월 13일.
76. "아, 사랑하는, 정말 사랑하는……" Jenny von Westphalen이 KM에게 보낸 편지, 1841년 8월 10일.
76. "어느 날 저녁 문도……" *Red Jenny : A Life with Karl Marx*, H. F. Peters(Allen & Unwin, London, 1986)에서.
77. "그래서 당신의 지난 편지를……" Jenny von Westphalen이 KM에게 보낸 편지, 1839-40년경.
81. "그는 독일 경찰 전체를……" KM가 Ludwig Feuerbach에게 보낸 편지, 1843년 10월 3일.
82. "제가 선생님께 느끼고 있는……" KM가 Ludwig Feuerbach에게 보낸 편지, 1844년 8월 11일.
83. "그의 머리 모양과 머리카락이……" KM가 FE에게 보낸 편지, 1862년 7월 30일.
84. "유대교의 세속적 기초는……" *Karl Marx : Early Writings*, Rodney Livingstone and Gregor Benton 역(Pelican Books, London, 1975), pp.212-41.
86. "종교적 고난은 현실적 고난의……" *Karl Marx : Early Writings*, Rodney Livingstone and Gregor Benton 역(Pelican Books, London, 1975), pp.243-57.

3. 풀을 먹는 왕

92. "부르주아 왕이 민중에게서……" *Zwei Jahre in Paris*, Arnold Ruge (Leipzig, 1846).
93. "헤르베그 부인은 한눈에……" *1848 : Briefe von und an Herwegh*, Marcel Herwegh편(Munich, 1898), *KMIR*, pp.6-7에 번역 수록.

93. "아무것도 마무리를 짓지 못하고……" *Arnold Ruges Briefwechsel und Tagebuchblätter aus den Jahren 1825-80*, P. Nerrlich편(Berlin, 1886), *KMIR*, pp.8-9에 번역 수록.
93. "부인이 마르크스의 생일 선물로……" Arnold Ruge가 Julius Fröbel에게 보낸 편지, 1844년 6월 4일.
94. "가엾은 꼬마 인형이……" Jenny Marx가 KM에게 보낸 편지, 1844년 6월 21일.
95. "당시 마르크스는 나보다……" *Mikhail Bakunin and Karl Marx*, K. Kenafick(Melbourne, 1948), p.25.
97. "아버지는 하이네의 작품만큼이나……" *KMIR*, p.10.
98. "다른 개인적인 차이들……" *Karl Marx : Man and Fighter*, Boris Nicolaievsky and Otto Maenchen-Helfen(Methuen, London, 1936).
98. "저는 헤르베그의 생활 방식과……" *Arnold Ruges Briefwechsel und Tagebuchblätter aus den Jahren 1825-80*, P. Nerrlich편(Berlin, 1886), *Karl Marx : Man and Fighter*에 번역 수록.
99. "마음은 원이로되 육신이……" Jenny Marx가 KM에게 보낸 편지, 1844년 8월 11-18.
99. "일부는 침대나 트렁크에 앉았고……" *Fünfunsiebzig Jahre in der alten und neuen Welt*, Heinrich Börnstein(Leipzig, 1881).
100. "이것이 비인간화된 삶에……" 'Critical Marginal Notes on the Article "The King of Prussia and Social Reform. By a Prussian."' *Vorwärts!*, 1844년 8월 7일과 10일, *MECW*, Vol.3, pp.189-206에 번역 수록.
105. "내 등에 있는 제2의 프랑켄슈타인……" KM가 FE에게 보낸 편지, 1863년 12월 4일.
105. "이것이 단편소설의……" KM가 FE에게 보낸 편지, 1863년 12월 27일.
106. "아버지가 나에게 해주신……" 'Karl Marx : A Few Stray Notes', Eleanor Marx, *RME*, pp.251-2.
109. "정치와 경제에 대한 토론에서……" *Karl Marx : Biographical Memoirs*,

Wilhelm Liebknecht, E. Untermann 역(London, 1901).
111. "내가 1844년 여름 파리로······" 'On the History of the Communist League', FE, 1885, *The Cologne Communist Trial*(Lawrence & Wishart, London, 1971)에 번역 수록.
111. "워낙 특별해서······" *Friedrich Engels : A Biography*, Gustav Mayer, Gilbert and Helen Highet 역, R.H.S. Crossman 편(Chapman & Hall, London, 1936).
112. "아주 좋은 분이야······" FE가 Friedrich and Wilhelm Graeber에게 보낸 편지, 1838년 9월 1일.
113. "집으로 돌아가라······" *MECW*, Vol.2, p.4.
114. "내 시로는 아무것도······" FE가 Friedrich and Wilhelm Graeber에게 보낸 편지, 1838년 9월 17-18일.
114. "내용도 아주 좋았고······" FE가 Friedrich and Wilhelm Graeber에게 보낸 편지, 1838년 9월 1일.
115. "나라는 가엾은 놈은······" FE가 Friedrich and Wilhelm Graeber에게 보낸 편지, 1839년 4월 8일.
117. "하, 하, 하······" FE가 Friedrich and Wilhelm Graeber에게 보낸 편지, 1839년 4월 24일.
118. "사방으로 쓰레기······" *The Condition of the Working Class in England*, FE(London, 1892).
121. "어떻게 천재를 질투할 수 있는지······" FE가 Eduard Bernstein에게 보낸 편지, 1881년 10월 25일.
123. "자네가 모은 자료가······" FE가 KM에게 보낸 편지, 1844년 10월 초.
123. "나는 날이 갈수록······" FE가 KM에게 보낸 편지, 1844년 11월 19일.
124. "《비판적 비판론》은 아직······" FE가 KM에게 보낸 편지, 1845년 2월 22일-3월 7일.
124. "나한테 편지가 오면······" FE가 KM에게 보낸 편지, 1845년 3월 17일.
125. "포이어바흐에 대한 숭배가······" KM가 FE에게 보낸 편지, 1867년 4월 24일.

4. 다락의 쥐

129. "이 묘한 마음의 움직임에……" *Vorwärts!*, 1844년 8월 17일, *MECW*, Vol.3, pp.207-210에 번역 수록.
132. "자네는 결국 벨기에에서도……" FE가 KM에게 보낸 편지, 1845년 2월 22일-3월 7일.
132. "그녀가 만든 잼 타트가 어찌나……" "My Recollections of Karl Marx", Marian Comyn, *Nineteenth Century and After*, Vol.XCI(1922), pp.161 이하.
133. "그 작은 집이면……" Jenny Marx가 KM에게 보낸 편지, 1845년 8월 24일 이후.
134. "내 의견을 개진하기 전에 현재까지의……" KM가 Karl Leske에게 보낸 편지, 1846년 8월 1일.
134. "이전의 모든 유물론……" "Theses on Feuerbach", KM, *MECW*, Vol.5, pp.3-5.
135. "옛날에 한 용감한 사나이가……" *The German Ideology*, KM and FE, *MECW*, Vol.5, pp.19-531.
144. "부르주아지 ─ 그 철학자들이나 학식 있는……" "Critical Marginal Notes on the Article by a Prussian", KM, *Vorwärts!*, 1844년 8월 10일.
145. "우리가 여기서 어떤 생활을……" Joseph Weydemeyer가 Louise Lüning에게 보낸 편지, 1846년 2월 2일, *Münchner Post*, 1926년 4월 30일자에 발표.
146. "바이틀링은 이제 이 나라에서……" "On the History of the Communist League", FE, *MECW*, Vol.26. p.320.
146. "이자는 나와 이야기를 하면서……" *To the Finland Station,* Edmund Wilson(Macmillan, London, 1972년판), pp.193-4에 인용되어 있음.
147. "마르크스는 에너지, 의지……" "A Wonderful Ten Years", Pavel Annenkov, *RME*, pp.269-72.

150. "공산주의가 이기주의의 대립물……" "Circular Against Kriege", KM and FE, 1846년 5월 11일, *MECW*, Vol.6. pp.35-51에 번역 수록.
151. "프랑스에 관한 한……" KM가 Pierre-Joseph Proudhon에게 보낸 편지, 1846년 5월 5일.
152. "원한다면 함께 협력하여……" *Confessions d'un révolutionnaire*, Pierre-Joseph Proudhon(Paris, 1849).
153. "프루동 씨는 불행하게도 유럽에서……" *Misère de La Philosophie*, KM(A. Frank, Paris and C. G. Vogler, Brussels, 1847).
155. "여기서 우리 일이 번창할 것……" FE가 Communist Correspondence Committee에 보낸 편지, 1846년 8월 19일.
156. "아직도 그런 미개한 난센스와……" FE가 KM에게 보낸 편지, 1846년 9월 18일.
156. "약간의 인내심과……" FE가 KM에게 보낸 편지, 1846년 10월 18일.
157. "말리지 않은 깃털 침대……" FE가 KM에게 보낸 편지, 1847년 3월 9일.
157. "가능하다면 4월에 이곳으로……" FE가 KM에게 보낸 편지, 1847년 3월 9일.
158. "충성스럽게 일하고……" 1차 대회에서 채택된 "Rules of the Communist League"에서, 1847년 6월.
159. "아무리 작은 일이라도……" KM가 Herwegh에게 보낸 편지, 1847년 10월 26일.
159. "우리는 한편으로는 자꾸……" "A Circular of the First Congress of the Communist League to the League Members, 1847년 6월 9일", *MECW*, Vo.l6, p.589에 번역 수록.

5. 무시무시한 요귀

163. "문 1 : 당신은 공산주의자입니까……" "Draft of a Communist Confession of Faith", FE, *MECW*, Vol.6, pp.96-103.

165. "그런 식으로 반도 안 나갔는데……" FE가 KM에게 보낸 편지, 1847년 10월 25-26일.
165. "공산주의란 무엇인가……" "Principles of Communism", FE, *MECW*, Vol.6. pp.341-57.
166. "마르크스는 타고난 민중의……" "Before 1848 and After", Friedrich Lessner, *RME*, pp.149-66.
167. "소유의 공유 이론을 전파하고……" *Gründungsdokumente des Bundes der Kommunisten*(Juni bis September 1847), Bert Andreas 편(Hamburg, 1969).
167. "동맹의 목표는 부르주아지……" *Die Communisten-Verschwörungen des neunzehnten Jahrhunderts*, Karl Wermuth and Wilhelm Stieber(Berlin, 1853).
168. "중앙위원회는 브뤼셀 지역위원회에……" *The Communist Manifesto of Karl Marx and Friedrich Engels*, David Ryazanov 편(Russell & Russell, New York, 1963)에 인용.
170. "부르주아지의 업적에 대한……" *All That is Solid Melts into Air : The Experience of Modernity*, Marshall Berman(Verso, London, 1982).
176. "우리 시대, 민주주의 시대가……" *Deutsche-Brüsseler-Zeitung*, 1848년 2월 27일.
177. "플로콩은 완전히 바보야……" FE가 KM에게 보낸 편지, 1847년 11월 15일.
177. "선하고 의리 있는 마르크스……" *MECW*, Vol.6, p.649.
178. "[브뤼셀의] 독일 노동자들은……" "Short Sketch of an Eventful Life", Jenny Marx, *RME*, p.223.
179. "다음날 예니가 법정에 출두하자……" "To the Editor of the *Northern Star*", Friedrich Engels, *Northern Star*, 1848년 3월 25일, *La Réforme*, 1848년 3월 8일자에 실린 KM의 편지.
183. "염병할, 이곳에서는 주식을……" FE가 KM에게 보낸 편지, 1848년 4월 25일.

주석 547

184. "마르크스에 대한 가장 신랄한 불평은……" *Erinnerungen eines Achtundvierzigers*, Stephan Born(Leipzig, 1898), *KMIR*, p.16에 번역 수록.
186. "독일이 국민 전체가 선출한……" *Neue Rheinische Zeitung*, 1848년 6월 1일.
188. "그는 당시에 서른보다 크게 많은……" *The Reminiscences of Carl Schurz*(London, 1909), Vol.1, p.138.
190. "라인란트의 특징은 프로이센 관료주의와……" *Neue Rheinische Zeitung*, 1848년 9월 13일자에 보도.
190. "정부가 패배했다는 소식이……" *Neue Rheinische Zeitung*, 1848년 9월 9일.
192. "이름 : 프리드리히 엥겔스……" *Kölnische Zeitung*, 1848년 10월 4일.
192. "이 사실로 보아 벨기에 정부는……" *Neue Rheinische Zeitung*, 1848년 10월 12일.
194. "본 신문이 독일 국민에게 검찰관 헤커가……" *Neue Rheinische Zeitung*, 1848년 10월 29일.
194. "자연의 선물과 산물의 풍요로움……" "From Paris to Berne", FE, *MECW*, Vol.7. pp.507-29.
195. "엥겔스에게. 아직도 내가 보낸 돈을……" KM가 FE에게 보낸 편지, 1848년 11월 전반기.
196. "자네 아버지한테서 돈을……" KM가 FE에게 보낸 편지, 1848년 11월 29일.
197. "따라서 프랑스의 부르주아지 전복……" "The Revolutionary Movement", *Neue Rheinische Zeitung*, 1849년 1월 1일.
200. "정부는 요즘 정치 재판에서……" *Deutsche Londoner Zeitung*, 1849년 2월 16일.
200. "마르크스는 배심에 의해 석방된 뒤……" Colonel Engels가 Oberpräsident Eichmann에게 보낸 편지, 1849년 2월 17일.
201. "군 중대가 마치 도적의 무리처럼……" KM가 Colonel Engels에게 보낸

편지, 1849년 3월 3일. FE가 Karl Kautsky에게 보낸 편지 1885년 12월 2일도 참조.
202. "우리가 프로이센의 일급 요새 내에서……" "Marx and the *Neue Rheinische Zeitung*", FE, *Der Sozialdemokrat*, 1884년 3월 13일.
203. "사람들이 뽐내는……" FE가 Jenny Marx에게 보낸 편지, 1849년 7월 25일.
203. "그렇지만 오늘의 파리에는……" KM가 FE에게 보낸 편지, 1849년 6월 7일.
204. "안사람이 임신한 몸만 아니면……" KM가 FE에게 보낸 편지, 1849년 7월 말.
204. "이것은 은근히 내 생명을……" KM가 FE에게 보낸 편지, 1849년 8월 23일.
205. "현재 배에 승선하고 있는……" HO 3/53, Public Record Office, London.
205. "자네도 당장 런던으로……" KM가 FE에게 보낸 편지, 1849년 8월 23일.

6. 메갈로사우루스

210. "무자비한 11월의 날씨였다……" *Bleak House*, Charles Dickens (Chapman & Hall, London, 1853), p.1.
210. "힘이 있는 분들이 우리를……" *The Times*, 1849년 7월 5일.
212. "나는 지금 정말 어려운 상황에……" KM가 Ferdinand Freiligrath에게 보낸 편지, 1849년 9월 5일.
214. "우리가 속한 두 협회 사이에……" KM가 Louis Bauer에게 보낸 편지, 1849년 11월 30일.
214. "전체적으로 이곳의 일은……" FE가 Jakob Lukas Schabelitz에게 보낸 편지, 1849년 12월 22일.

215. "하인첸 씨는 언급된 정당에……" *Northern Star*, 1849년 12월 1일.
215. "나는 개인 응접실이 무엇인지……" *Karl Marx : Biographical Memoirs*, Wilhelm Liebknecht, E. Untermann 역(London, 1901).
218. "카를 마르크스가 편집하는 ……" *Westdeutsche Zeitung*, 1850년 1월 8일.
218. "이 월간지의 3호, 아니, 2호가……" KM가 Joseph Weydemeyer에게 보낸 편지, 1849년 12월 19일.
219. "이런 패배에서 굴복한 것은……" "The Class Struggles in France, 1848부터 1850까지", *MECW*, Vol.10, pp.47-145에 번역 수록.
220. "전체가 런던에 있는……" *Karl Marx : A Study in Fanaticism*, E. H. Carr(J. M. Dent & Sons, London, 1934).
220. "〈레뷔〉에서 들어온 돈……" Jenny Marx가 Joseph Weydemeyer에게 보낸 편지, 1850년 5월 20일.
220. "안사람이 흥분해서 보낸 편지에……" KM가 Joseph Weydemeyer에게 보낸 편지, 1850년 6월 27일.
220. "우리의 하루 생활을 있는 그대로……" Jenny Marx가 Joseph Weydemeyer에게 보낸 편지, 1850년 5월 20일.
223. "남편과 우리 가족은 엥겔스 씨를……" Jenny Marx가 FE에게 보낸 편지, 1850년 12월 2일.
224. "오늘은 안타깝게도 자네에게 약속했던……" FE가 KM에게 보낸 편지, 1850년 11월 25일.
224. "그 돈이면 모든 것이……" FE가 KM에게 보낸 편지, 1851년 7월 6일경.
225. "다행히도 작년에는……" FE가 KM에게 보낸 편지, 1853년 3월 10일.
225. "우리는 정말이지 이 나라에……" *Spectator*, 1850년 6월 15일.
227. "제후들의 살인은 공식적으로……" FO 64/317, Public Record Office, London.
227. "이 보고서는 묘하게도……" *Marx*, Robert Payne(W. H. Allen, London, 1968).
231. "우리 집에 완전한 사무실 하나가……" Jenny Marx가 Adolf Cluss에게 보낸 편지, 1852년 10월 30일.

232. "몇 분 전까지만 해도……" KM가 FE에게 보낸 편지, 1850년 11월 19일.
232. "11월 19일과 20일 이틀 동안……" KM가 FE에게 보낸 편지, 1850년 11월 23일.
233. "당신이 어제 '노동자 협회'에 보낸……" KM가 Eduard von Müller-Tellering에게 보낸 편지, 1850년 3월 12일.
236. "그는 진짜 보헤미안 지식인의 생활을……" 익명의 독일 경찰 첩자의 보고서, *KMIR*, pp.34-6.
238. "나는 프레디 데무트가 마르크스의 아들이라는……" 원본은 International Institute of Social History, Amsterdam에 보관. *Karl Marx*, Werner Blumenberg(Rowohlt, 1962; 영역판은 Verso, London, 1972)에 처음 공개.
240. "그[프레디]가 마르크스의 아들이라는……" *Eleanor Marx : Volume One, Family Life 1855-83*, Yvonne Kapp(Lawrence and Wishart, London, 1972).
240. "아마 사회주의에 대한 불신을 퍼뜨리고자……" *Friedrich Engels : His Life and Thought*, Terrell Carver(Macmillan, London and Basingstoke, 1989).
241. "프레드릭 데무트의 생애와 그의 관계들을……" Terrell Carver의 편지, *Sunday Times*, London, 1982년 6월 27일.
244. "물론 나야 이 지저분한 일 전체를……" KM가 Joseph Weydemeyer에게 보낸 편지, 1851년 8월 2일.
245. "자네 가족이 좀더 건강에 좋은……" FE가 KM에게 보낸 편지, 1852년 4월 20일.

7. 굶주린 이리떼

252. "바이런과 라이프니츠가 하나로……" KM가 FE에게 보낸 편지, 1854년

4월 22일.

252. "왜 그 친구가 계속 필요한지……" FE가 KM에게 보낸 편지, 1853년 6월 1일.

252. "그가 그 늙은 암소와……" KM가 FE에게 보낸 편지, 1856년 2월 13일.

253. "그 여자 전체가 야채의……" KM가 FE에게 보낸 편지, 1856년 4월 10일.

253. "슬프게도 나는 다시 피퍼라는 부담을……" KM가 FE에게 보낸 편지, 1854년 7월 27일.

254. "그의 '불가결함'은 그 자신의 상상이……" KM가 FE에게 보낸 편지, 1857년 4월 23일.

254. "어설픈 지식과 독선의 결합……" KM가 FE에게 보낸 편지, 1858년 1월 7일.

255. "나는 곤경에 처해 있네……" KM가 FE에게 보낸 편지, 1854년 6월 21일.

256. "바다는 안사람에게 큰 도움이……" KM가 FE에게 보낸 편지, 1858년 8월 13일.

257. "나 자신은 화이트채플에 산다 해도……" KM가 FE에게 보낸 편지, 1858년 7월 15일.

257. "내 집이 분수에 맞지 않는 것은……" KM가 FE에게 보낸 편지, 1865년 7월 31일.

257. "머리를 쥐어짰지만 영국에서……" FE가 KM에게 보낸 편지, 1858년 7월 16일.

257. "런던에 있는 우리 젊은 아이들이……" FE가 KM에게 보낸 편지, 1853년 1월 11일.

258. "오래 전에 '장사'를……" KM가 Ludwig Kugelmann에게 보낸 편지, 1866년 10월 25일.

259. "엥겔스는 정말 할 일이……" KM가 Adolf Cluss에게 보낸 편지, 1853년 10월 18일.

260. "한 주 간 동안 의회 토론에는……" *New York Daily Tribune*, 1853년 3

월 15일.
260. "영국에서 총선거 기간은……" *New York Daily Tribune*, 1852년 9월 4일.
260. "인간의 역사에는 응보 비슷한 것이……" *New York Daily Tribune*, 1857년 9월 16일.
261. "그가 노리는 것은 성공의 내용이……" *New York Daily Tribune*, 1853년 10월 19일.
261. "큰 진전이 있었기 때문에……" KM가 FE에게 보낸 편지, 1851년 4월 2일.
262. "마르크스는 은둔 생활을 하고……" Wilhelm Pieper가 FE에게 보낸 편지, 1851년 1월 27일.
262. "내가 다루고 있는 자료는……" KM가 Joseph Weydemeyer에게 보낸 편지, 1851년 6월 27일.
262. "우리 친구 다킨스는 일종의……" KM가 Jenny Marx(딸)에게 보내는 편지, 1869년 6월 10일.
264. "이 어물(魚物)들을 절이는 과정에서……" KM가 Jenny Marx에게 보낸 편지, 1852년 6월 11일.
264. "당신의 답변을 우편으로……" KM가 J. G. Kinkel에게 보낸 편지, 1852년 7월 22일.
264. "내가 당신이나 엥겔스 씨의 명예에……" J. G. Kinkel이 KM에게 보낸 편지, 1852년 7월 24일.
265. "당신의 편지―지금 말하는 것은……" KM가 J. G. Kinkel에게 보낸 편지, 1852년 7월 24일.
265. "킹켈은 나중에, 《망명의 위인들》의……" KM가 Adolf Cluss에게 보낸 편지, 1852년 7월 30일.
266. "다른 전직 장교들에게……" KM가 FE에게 보낸 편지, 1852년 5월 22일.
267. "만일 내 설명이 충분치 않다면……" KM가 A. von Brüningk 남작에게 보낸 편지, 1852년 10월 18일.

268. "이 편지가 기분이 나쁘다면……." KM가 Karl Eduard Vehse에게 보낸 편지, 1852년 11월말.
268. "나는 가짜 자유주의자들과……." KM가 Karl Eduard Vehse에게 보낸 편지, 1852년 11월말.
268. "영감이 '위로부터' 오는……." KM가 Joseph Weydemeyer에게 보낸 편지, 1851년 6월 27일.
269. "뛰어 돌아다니는 것도……." *The Great Men of the Exile*, KM and FE, *The Cologne Communist Trial*(Lawrence & Wishart, London, 1971), p.167.
272. "올해 안에 인민 헌장이 인정되고……." George Julian Harney가 FE에게 보낸 편지, 1846년 3월 30일.
273. "차티스트들이 기선을 제압하면……." FE가 Emil Blank에게 보낸 편지, 1848년 4월 15일.
274. "유명한 이름들에 귀가 얇아……." KM가 FE에게 보낸 편지, 1851년 2월 23일.
274. "나는 하니가 시시한 위인들의……." KM가 FE에게 보낸 편지, 1851년 2월 11일.
274. "나는 하니가 이렇게 제정신이 아닌……." FE가 KM에게 보낸 편지, 1851년 2월 13일.
276. "다름아닌 '우리 자기' 가……." KM가 FE에게 보낸 편지, 1851년 2월 24일.
277. "영국인이라기보다는 프랑스인에……." George Julian Harney가 FE에게 보낸 편지, 1846년 3월 30일 참조.
277. 1848년 프랑스에서 보통선거의 의미를……." *Neue Oder-Zeitung*, 1855년 6월 8일.
278. "우리가 사는 이 19세기의 특징이라고도……." KM가 1856년 4월 14일에 한 연설, 1856년 4월 19일, *People's Paper*에 게재.
279. "다음 여섯 주 안에 일이……." FE가 KM에게 보낸 편지, 1851년 7월 30일.

280. "교역의 위기라는 아주 즐거운……" KM가 FE에게 보낸 편지, 1851년 7월 31일.
280. "6개월이 지나면 기선을 통한……" FE가 KM에게 보낸 편지, 1851년 9월 23일.
280. "철강 교역이 완전히 마비되었네……" FE가 KM에게 보낸 편지, 1851년 10월 15일.
281. "엥겔스가 하는 이야기로 볼 때……" KM가 Ferdinand Freiligrath에게 보낸 편지, 1851년 12월 27일.
281. "현재의 번영기가 예외적으로……" FE가 KM에게 보낸 편지, 1852년 4월 20일.
282. "겨울 작황이 이 정도이니……" 이하 인용, KM가 FE에게 보낸 편지, 1853년 1월 29일, 1853년 3월 10일, 1853년 9월 28일.
283. "우리는 처음부터 끝까지……" *Neue Oder-Zeitung*, 1855년 6월 28일.
283. "곧 잠복해 있던 경찰관들이……" *Neue Oder-Zeitung*, 1855년 7월 5일.
284. "영국 대중의 변함없는 철저함을……" *Die Presse*(Vienna), 1862년 2월 2일.
284. "영국인에게는 우선 혁명적 교육이……" KM가 FE에게 보낸 편지, 1866년 7월 27일.
285. "원예나 애완동물 기르기……" *Man and the Natural World : Changing Attitudes in England 1500-1800*, Keith Thomas(Allen Lane, London, 1983), p.240.
285. "영국 프롤레타리아는 사실……" FE가 KM에게 보낸 편지, 1858년 10월 7일.
286. "빌어먹을 영국인들!" KM가 Eleanor Marx에게 보낸 편지, 1883년 1월 9일.
287. "그의 지지자들 대부분에게……" *David Urquhart : Some Chapters in the Life of a Victorian Knight Errant of Justice and Liberty*, Gertrude Robinson(Basil Blackwell, Oxford, 1920).
288. "이자는 그리스 애호가로서……" KM가 FE에게 보낸 편지, 1853년 3월

주석 555

10일.
290. "〈애드버타이저〉에 실린 D. 어카트의……" KM가 FE에게 보낸 편지, 1853년 8월 18일.
290. "그 사람 완전히 정신병자더군……" KM가 FE에게 보낸 편지, 1854년 2월 9일.
291. "나는 그 사람의 추종자로……" KM가 Ferdinand Lassalle에게 보낸 편지.
291. "염병할, 어카트주의자들은……" KM가 Jenny Marx에게 보낸 편지, 1856년 8월 8일.
293. "자네가 나한테 보내준 〈가디언스〉……" KM가 FE에게 보낸 편지, 1858년 3월 5일.
293. "터키식 목욕탕을 갖춘 동양식 궁전으로……" *In the Days of the Dandies*, Lord Lamington(London, 1890).

8. 말을 탄 영웅

297. "불행하게도 더할 나위 없는……" KM가 FE에게 보낸 편지, 1855년 1월 17일.
299. "개인적으로 나에게 그 누구보다……" KM가 Amalie Daniels에게 보낸 편지, 1855년 9월 6일.
299. "내 심장에서는 피가 철철 흐르고……" KM가 FE에게 보낸 편지, 1855년 3월 30일.
300. "나도 불운은 겪을 만큼 겪은……" KM가 FE에게 보낸 편지, 1855년 4월 12일.
300. "소호 광장 근처는 우연히……" KM가 FE에게 보낸 편지, 1863년 2월 13일.
301. "베이컨은 진짜 훌륭한 사람들은……" KM가 Ferdinand Lassalle에게 보낸 편지, 1855년 7월 28일.

301. "우세한 힘에 밀려 남부 전선에서……" KM가 FE에게 보낸 편지, 1855년 9월 11일.
304. "이곳은 우리가 전에 살던……" Jenny Marx가 Louise Weydemeyer에게 보낸 편지, 1861년 3월 11일.
304. "무어는 정말이지 멋진 말이었다……" "Karl Marx : A Few Stray Notes", Eleanor Marx, *RME*, pp.250-1.
306. "지금 시장 위에는 먹구름이……" FE가 KM에게 보낸 편지, 1856년 9월 27일 이후.
307. "따라서 나는 아무런 전망이……" KM가 FE에게 보낸 편지, 1857년 1월 20일.
307. "나는 마침내 모든 것이……" FE가 KM에게 보낸 편지, 1857년 1월 22일경.
308. "우리의 매력적인 작은 집은……" "Short Sketch of an Eventful Life", Jenny Marx, *RME*, pp.229-30에 번역 수록.
309. "실질적으로 반으로 줄이겠다는……" KM가 FE에게 보낸 편지, 1857년 3월 24일.
309. "그 사람한테 뭐라고 하지……" KM가 FE에게 보낸 편지, 1857년 6월 29일.
310. "델리 사태에 대해서는……" KM가 FE에게 보낸 편지, 1857년 8월 15일.
310. "이곳 [면직물] 교환소의……" FE가 KM에게 보낸 편지, 1857년 11월 15일.
311. "두 주만 있으면 상황은……" FE가 KM에게 보낸 편지, 1857년 12월 7일.
311. "이것은 죽을 각오로 임해야……" FE가 KM에게 보낸 편지, 1857년 11월 15일.
311. "결국 독일에 돌아갔을 때……" FE가 KM에게 보낸 편지, 1858년 2월 11일.
312. "자네에게 부담을 주어……" KM가 FE에게 보낸 편지, 1858년 1월 5일.

313. "한편으로는 레모네이드 한 잔……" KM가 FE에게 보낸 편지, 1857년 12월 8일.

313. "공공의 이익을 위해서는……" KM가 FE에게 보낸 편지, 1857년 12월 18일.

317. "시간과 돈이 있고……" KM가 FE에게 보낸 편지, 1858년 2월 1일.

318. "그라살는 우리가 그를 보는 것과는……" KM가 FE에게 보낸 편지, 1856년 3월 5일.

319. "자네의 헤라클레이토스를 주의 깊게……" KM가 Lassalle에게 보낸 편지, 1858년 5월 31일.

319. "내가 현재 관심을 가지는 작업은……" KM가 Lassalle에게 보낸 편지, 1858년 2월 22일.

320. "슬프게도 우리는 과제의 미완성에 대한……" FE가 Nikolai Danielson에게 보낸 편지, 1885년 11월 13일.

320. "내 병은 늘 마음에서……" KM가 FE에게 보낸 편지, 1867년 10월 19일.

321. "그이의 상태가 악화되는 것은……" Jenny Marx가 FE에게 보낸 편지, 1858년 4월 9일.

321. "오늘 무어는 두 시간 동안……" FE가 Jenny Marx에게 보낸 편지, 1858년 5월 11일.

322. "내 책 1권 원고는 거의 완성했지만……" KM가 Carl Friedrich Julius Leske에게 보낸 편지, 1846년 8월 1일.

322. "내 정치경제학이 어떻게 진행되고……" KM가 Lassalle에게 보낸 편지, 1858년 2월 22일.

323. "누구도 이렇게 돈이……" KM가 FE에게 보낸 편지, 1859년 1월 21일.

323. "몇 주 뒤에야 원고를……" KM가 FE에게 보낸 편지, 1858년 10월 22일.

323. "최악의 끔찍한 치통과……" KM가 FE에게 보낸 편지, 1858년 11월 10일.

323. "내가 염려했던 것은 형식뿐이었네……" KM가 Lassalle에게 보낸 편지,

1858년 11월 12일.
324. "안사람은 자기가 지금까지 이렇게……" KM가 FE에게 보낸 편지, 1858년 12월 11일.
324. "원고는 인쇄용 매엽지……" KM가 FE에게 보낸 편지, 1859년 1월 13-15일.
325. "내가 도달하게 된 일반적 결과……" "Preface to *A Critique of Political Economy*", Karl Marx, *MESW*, Vol.1, pp.361 이하.
326. "더위 때문에 콜레라 비슷한 것에……" KM가 FE에게 보낸 편지, 1859년 7월 22일.
327. "카를의 책에 대하여 우리가……" Jenny Marx가 FE에게 보낸 편지, 1859년 12월 24일.
329. "우리는 먼저 포트와인을 마시고……" *Mein Prozess gegen die Allgemeine Zeitung*, Karl Vogt(Geneva, 1859), *KMIR*, pp.17-19에 번역 수록.
333. "런던의 모든 변소들은……" *Herr Vogt*, Karl Marx, *MECW*, Vol.17, p.243에 번역 수록.
335. "나에게 큰 도움이 되었던 것은……" KM가 FE에게 보낸 편지, 1860년 11월 28일.
335. "시간이 갈수록 아픈 게……" Jenny Marx가 Louise Weydemeyer에게 보낸 편지, 1861년 3월 11일.
336. "나는 욥만큼 신을……" KM가 FE에게 보낸 편지, 1861년 1월 18일.
338. "쉴새없이 미소를 짓거나 싱글거리고……" KM가 Antoinette Phillips에게 보낸 편지, 1861년 3월 24일.
339. "만일 내가 마음대로 할 수 있다면……" KM가 Antoinette Phillips에게 보낸 편지, 1861년 4월 13일.
339. "나 자신은 조국에 대한……" Jenny Marx가 FE에게 보낸 편지, 1861년 4월 초.
339. "아주 뛰어난 부인입니다……" KM가 Antoinette Phillips에게 보낸 편지, 1861년 3월 24일.
340. "머리 모양과 머리카락이……" KM가 FE에게 보낸 편지, 1862년 7월 30

주석 559

341. "내가 가지고 온 것을 이미 다……" KM가 FE에게 보낸 편지, 1861년 6월 19일.
341. "매일 안사람은 자식들과 함께……" KM가 FE에게 보낸 편지, 1862년 6월 18일.
343. "내가 1년 전에 본 뒤로……" KM가 FE에게 보낸 편지, 1862년 7월 30일.
343. "그는 학자, 사상가, 시인, 정치가로서……" "Short Sketch of an Eventful Life", Jenny Marx, *RME*, p.234에 번역 수록.
345. "이것 때문에 우리가……" KM가 Lassalle에게 보낸 편지, 1862년 11월 7일.
345. "그 점에 대해서는 재상께서도……" Lassalle이 Bismarck에게 보낸 편지, 1863년 6월 8일, *Karl Marx' s Theory of Revolution, Volume IV : Critique of Other Socialisms*, Hal Draper(Monthly Review Press, New York, 1990), p55에 번역 수록.
347. "그런 일은 오직 라살에게만……" FE가 KM에게 보낸 편지, 1864년 9월 4일.
347. "정말이지, 우리 대오는……" KM가 FE에게 보낸 편지, 1864년 9월 7일.
347. "그는 아킬레스처럼 젊어서……" KM가 Sophie von Hatzfeldt에게 보낸 편지, 1864년 9월 12일.
348. "가엾은 아이들에게는 멋진……" KM가 FE에게 보낸 편지, 1862년 12월 24일.
348. "내가 무슨 사업이라도 할 줄……" KM가 FE에게 보낸 편지, 1862년 8월 20일.
349. "카를 마르크스는 그를 가장 모르는……" "The Socialism of Karl Marx and the Young Hegelians", John Rae, *Contemporary Review* vol.XL, 1881년 10월, p.585.
349. "영국의 〈포트나이틀리 리뷰〉 독자들이……" KM가 Collet Dobson Collet에게 보낸 편지, 1871년 9월 6일.

350. "허무맹랑하고 무정부주의적인 주장이……" *The Times*, 1851년 9월 2일.
351. "마르크스는 1869년 5월에……" "The 'Red Doctor' Amongst the Virtuosi : Karl Marx and the Society", D. G. C. Allan, *Journal of the Royal Society of Arts*, Vol. 129(1981), pp.259-61과 309-11.
351. "수많은 지겨운 행사들 가운데도……" Jenny Marx(딸)가 FE에게 보낸 편지, 1869년 7월 2일.
352. "우리는 '맥주 여행'을 잠시 중단하기로……" *Karl Marx : Biographical Memories*, Wilhelm Liebknecht, E. Untermann 역(London, 1901).
354. "1860년에 이르면 마르크스는……" "The Introduction and Critical Reception of Marxist Thought in Britain, 1850-1900", Kirk Willis, *The Historical Journal*, 20, 2(1977), pp.417-459.
354. "그런데 나는 열심히 공부를……" KM가 FE에게 보낸 편지, 1862년 6월 18일.
355. "선생의 편지를 보니 선생과……" KM가 Ludwig Kugelmann에게 보낸 편지, 1862년 12월 28일.

9. 불독과 하이에나

362. "마르크스에게, 이번에는 내가 당한……" FE가 KM에게 보낸 편지, 1863년 1월 13일.
363. "자네에게 그런 편지를 쓰다니……" KM가 FE에게 보낸 편지, 1863년 1월 24일.
364. "그렇게 솔직하게 이야기해줘서……" FE가 KM에게 보낸 편지, 1863년 1월 26일.
365. "운명이 우리 가족 가운데 한 사람을……" KM가 FE에게 보낸 편지, 1863년 12월 2일.
366. "나의 사망시에 내가 소유하였거나……" *Last will and testament of*

Johann Friedrich Wilhelm Wolff, Manchester Probate Court, Register No.1(1864), Folio 606.

367. "자네 친구인 속물은 여기서……" KM가 FE에게 보낸 편지, 1864년 7월 25일.
368. "많이 놀라시겠지만……" KM가 Lion Philips에게 보낸 편지, 1864년 6월 25일.
369. "돈이 있었다면 지난 열흘 동안……" KM가 FE에게 보낸 편지, 1864년 7월 4일.
369. "세인트판크라스의 총사령관께 경례……" FE가 KM에게 보낸 편지, 1868년 6월 28일.
369. "나 같으면, 나는 외국인이다……" KM가 FE에게 보낸 편지, 1868년 6월 27일.
372. "아돌프 바르텔스 씨는 자신에게……" "Remarks on the Article by M. Adolphe Bartels", Karl Marx, *Deutsche-Brüsseler-Zeitung*, 1847년 12월 19일.
373. "선생이 시인이듯이 나는 비평가입니다……" KM가 Ferdinand Freiligrath에게 보낸 편지, 1860년 2월 29일.
375. "어떤 외국에 나갔다가도……" *The Lion and the Unicorn : Socialism and the English Genius*, George Orwell(Secker & Warburg, London, 1941).
375. "사람들은 비로소 국내 문제만이……" Northern Star, 1847년 6월 19일.
376. "하이에나가 양조장에 들어오자마자……" 하이나우 사건에 대한 설명으로는, *The Chartist Challenge : A Portrait of George Julian Harney*, A. R. Schoyen(Heinemann, London, 1958) ; *A History of the Chartist Movement*, Julius West(Constable, London, 1920) ; *The Common People 1746-1938*, G. D. H. Cole and Raymond Postgate(Methuen, London, 1938); Harney의 사설, *Red Republican*, 1850년 9월 14일 참조.

377. "정치적인 행동과 산업적인 행동의……" *The Age of Capital 1848-75*, E. J. Hobsbawm(Abacus, London, 1977), pp.134-5.
378. "노동자들은 부르주아적 수사의 흔적 없이……" KM가 FE에게 보낸 편지, 1863년 4월 9일.
379. "마르크스의 인간, 특히……" Marx, Robert Payne(W. H. Allen, London, 1968), p.322.
379. "프롤레타리아가 외부에서 지식인이……" *The Social and Political Thought of Karl Marx*, Shlomo Avineri(Cambridge University Press, 1968), p.63.
379. "마르크스의 저작들을 뒤져보고……" Avineri의 오류들에 대한 철저한 분석을 보려면, *Karl Marx's Theory of Revolution - Volume II : The Politics of Social Classes*, Hal Draper(Monthly Review Press, New York, 1978)의 부록, pp.635 이하 참조.
380. "이 글을 쓴 사람은 그 자신이……" *Neue Rheinische Zeitung, Politisch-ökonomische Revue*, Nos. 5-6, 1850.
381. "내가 지금까지 이곳 런던에서……" KM가 FE에게 보낸 편지, 1859년 2월 9일.
381. "다시 착취 공장에서 몸이……" KM가 FE에게 보낸 편지, 1859년 5월 18일.
383. "우선 국제 협회의 회원에서……" KM가 FE에게 보낸 편지, 1866년 9월 26일.
383. "마르크스는 위원회의 대다수가……" 속기록으로부터의 인용은 모두 모스크바의 Foreign Languages Publishing House가 펴낸 5권으로 된 평의회 의사록 전집 *The General Council of the First International*에서 나온 것임.
385. "상투어투성이에, 문체도 형편없고……" KM가 FE에게 보낸 편지, 1864년 11월 4일.
389. "그 라파르그라는 염병할 녀석이……" KM가 Laura Marx에게 보낸 편지, 1866년 3월 20일.

390. "라파르그를 비롯해 몇 사람은······" KM가 FE에게 보낸 편지, 1866년 6월 20일.
391. "엄청난 시간 낭비야······" KM가 FE에게 보낸 편지, 1865년 3월 13일.
391. "인터내셔널이 없는 무어의 삶은······" FE가 Laura Lafargue(처녀 때 성은 Marx)에게 보낸 편지, 1883년 6월 24일.
391. "나는 국제 노동자 협회의 순진한 우애가······" FE가 KM에게 보낸 편지, 1865년 4월 12일.
392. "나는 현재 프로이센에서는······" KM가 Ludwig Kugelmann에게 보낸 편지, 1865년 2월 23일.
393. "영국 노동 계급의 정치적 운동에······" KM가 FE에게 보낸 편지, 1865년 5월 1일.
396. "두 달 동안 나는 오로지······" KM가 FE에게 보낸 편지, 1865년 7월 31일.
397. "라파르그에게, 자네에게······" KM가 Paul Lafargue에게 보낸 편지, 1866년 8월 13일.
398. "라파르그에게는 니그로 부족에게서······" KM가 FE에게 보낸 편지, 1882년 11월 11일.
398. "자네도 내가 혁명 투쟁에······" KM가 Paul Lafargue에게 보낸 편지, 1866년 8월 13일.
398. "집안 전체가 큰 짐을 덜었는데······" KM가 FE에게 보낸 편지, 1868년 3월 6일.
398. "결혼식 오찬에서는 엥겔스가······" Laura Lafargue가 FE에게 보낸 편지, 1893년 3월 6일, Engels-Lafargue *Correspondence*, Vol.3, pp.246-7.
399. "나는 습관적으로 늘 뒤에······" Laura Marx가 FE에게 보낸 편지, 1893년 10월 16일, Engels-Lafargue *Correspondence*, Vol.3, p.304.
399. "이 모든 투쟁들 속에서······" Jenny Marx가 Wilhelm Liebknecht에게 보낸 편지, 1872년 5월 26일.

10. 비루먹은 개

403. "창문 맞은편과 벽난로……" "Reminiscences of Marx", Paul Lafargue, *RME*, p.73.

405. "어쨌든 나는 부르주아지가……" KM가 FE에게 보낸 편지, 1867년 6월 22일.

405. "내 가족을 이런 상태로 두고는……" KM가 FE에게 보낸 편지, 1867년 4월 2일.

406. "이 아름다운 사람은 무엇 때문에……" KM가 FE에게 보낸 편지, 1867년 4월 13일.

407. "그는 이해하네. 그리고……" KM가 FE에게 보낸 편지, 1867년 4월 24일.

410. "그리고 상쾌한 기분으로……" KM가 FE에게 보낸 편지, 1867년 5월 7일.

410. "아이들이 이제까지 받은……" KM가 FE에게 보낸 편지, 1867년 6월 22일.

411. "자, 이번 책은 끝이 났네……" KM가 FE에게 보낸 편지, 1867년 8월 16일.

411. "나는 겨우 2페이지에서……" *Conversations*, Kenneth Harris(Hodder & Stoughton, London, 1967), p.268. 윌슨은 *The Times*, 1976년 8월 2일과의 인터뷰에서 같은 이야기를 되풀이했다.

413. "구휼을 받는 빈민은 부의 자본주의적 생산……" *Capital : A Critique of Political Economy*, Vol.1, KM, Ben Fowkes 역(Pelican Books, London, in association with *New Left Review*, 1976), p.797.

413. "따라서 자본이 축적되는 것에……" 같은 책, p.799.

414. "물질적 빈곤화는 임금 노동으로……" *Main Currents of Marxism : Its Rise, Growth and Dissolution*, Vol.1, Leszek Kolakowski(Clarendon Press, Oxford, 1978), p.291.

415. "경제적 현상에 대한 하나의……" 같은 책, p.329.

416. "상품의 교환 가능한 가치는……" KM가 1865년 6월 20일과 27일에 제1 인터내셔널 총평의회에서 한 강연, *Value, Price and Profit*, Eleanor Marx-Aveling 편(London, 1898).
418. "부르주아 경제학은 한계에……" *Capital*, 독일어 제2판 후기, 1873.
421. "물론 저고리를 만드는 재단은……" *Capital*, Vol.1, pp.142-3.
422. "아!" 나의 어머니가 말했다……" *The Life and Opinions of Tristram Shandy, Gent*, Laurence Sterne, *The Works of Laurence Sterne*, Vol.1(Bickers & Son, London, 1885).
422. "그는 당대의 글쓰기 전통과……" *Laurence Sterne : A Fellow of Infinite Jest*, Thomas Yoseloff(Francis Aldor, London, 1948), p.87.
423. "철학자는 철학을 생산하고……" *MECW*, Vol.30, pp.306-10.
425. "마르크스가 그렇게 과학적인 분위기로……" *To the Finland Station*, Edmund Wilson(Macmillan, London, 1972), pp.340-2.
426. "저자의 관점은 유해하기……" *Saturday Review of Politics, Literature, Science and Art*, London, 1868년 1월 18일.
426. "우리는 카를 마르크스가 우리에게……" *Contemporary Review*, London, 1868년 6월.
427. "그렇게 하면 학교에서 쓰는……" FE가 KM에게 보낸 편지, 1867년 6월 16일.
428. "아니, 어떻게 책의 외적인 구조를……" FE가 KM에게 보낸 편지, 1867년 8월 23일.
428. "부디 부인에게 '노동일'……" KM가 Kugelmann에게 보낸 편지, 1867년 11월 30일.
429. "내 병은 늘 마음에서부터……" KM가 FE에게 보낸 편지, 1867년 10월 19일.
429. "중요한 것은 어떤 식으로든 그 책이……" FE가 Ludwig Kugelmann에게 보낸 편지, 1867년 11월 8일과 20일.
429. "이보다 어려운 환경에서 쓴……" Jenny Marx가 Ludwig Kugelmann에게 보낸 편지, 1867년 12월 24일.

430. "선생님이 우리한테 얼마나……" 같은 글.

11. 광포한 코끼리

436. "둘 사이의 투쟁은 현재에……" *Karl Marx : A Political Biography*, Fritz J. Raddatz, Richard Barry 역(Weidenfeld & Nicolson, London, 1978), p.207.
436. "걷잡을 수 없는 충동이 넘쳐나는……" *Karl Marx*, E. H. Carr(J. M. Dent & Sons, London, 1934), p.224.
437. "바쿠닌과 마르크스는 시와 산문처럼……" *Karl Marx : His Life and Environment*, Isaiah Berlin(Butterworth, London, 1939), p.79.
438. "나는 지금 공산주의 비밀 결사의……" *Archives Bakounine*, A. Lehning 편(International Institute for Social History, Amsterdam, 1967).
439. "바쿠닌은 우리 친구다……" "Democratic Pan-Slavism", FE, *Neue Rheinische Zeitung*, 1849년 2월 15일.
439. "바쿠닌은 괴물이 되었네……" KM가 FE에게 보낸 편지, 1863년 9월 12일.
439. "그가 매우 마음에 들더군……" KM가 FE에게 보낸 편지, 1864년 11월 4일.
441. "바쿠닌은 인터내셔널이 그 자체로는……" *Michael Bakunin*, E. H. Carr(Vintage Books, New York, 1961).
443. "임박한 무시무시한 전쟁이……" Address "To the Members of the International Working Men's Association in Europe and the United States", IWMA, 1870년 7월.
443. "존 스튜어트 밀은 축하의 메시지를……" 총평의회 의사록, 1870년 8월 22일.
443. "당연히 심각한 결과를……" KM가 Ferdinand Lassalle에게 보낸 편지, 1859년 2월 4일.

444. "류머티즘 때문에 지금까지……" KM가 FE에게 보낸 편지, 1870년 8월 17일.
444. "내가 이런 결과를 바라는 것은……" KM가 Paul and Laura Lafargue에게 보낸 편지, 1870년 7월 28일.
444. "모든 프랑스인들, 심지어 좀 낫다고……" Jenny Marx가 FE에게 보낸 편지 1870년 8월 10일.
445. "독일인들의 군사적 성취에 대한……" FE가 KM에게 보낸 편지, 1870년 7월 31일.
445. "20년에 걸친 보나파르트의……" KM가 FE에게 보낸 편지, 1870년 8월 8일.
445. "제2제국의 생명력에 대한……" Address "To the Members of the International Working Men's Association in Europe and the United States", IWMA, 1870년 9월.
446. "프로이센의 멍청이들이 보지 못하는……" KM가 Friedrich Adolph Sorge에게 보낸 편지, 1870년 9월 1일.
448. "뻔뻔스러운 위조물……" *The Times*, 1871년 3월 22일.
449. "파리 내부의 사건들에 대하여……" KM가 Wilhelm Liebknecht에게 보낸 편지, 1871년 4월 6일.
449. "이 파리인들에게서는 엄청난 탄력……" KM가 Ludwig Kugelmann에게 보낸 편지, 1871년 4월 12일.
450. "마르크스 개인의 코뮌에 대한……" 예를 들어, *Karl Marx : A Biography*, David McLellan, p.359.
450. "현재의 상황 때문에 무어는……" Jenny Marx(딸)가 Kugelmann 가족에게 보낸 편지, 1871년 4월 18일.
452. "그는 국가에서 저지르는……" *The Civil War in France*(Edward Truelove, London, June 1871).
457. "[마르크스는] 권력을 휘두르는 기질이……" "The International : addressed to the Working Class", Joseph Mazzini, *Contemporary Review*, XX(July 1872), p.155.

458. "공정한 하루 일에 대해……." *The Times*, 1872년 4월 16일.
458. "우리는 '인터내셔널'의 영향에 대해……." "The Commune of 1871", E. B. M. *Fraser's Magazine*, 1871년 6월.
458. "우리는 그 특색 없는 점포를……." *The Tablet*, 1871년 7월 15일.
458. "이 시대의 정치적 징후 가운데……." *Spectator*, 1871년 6월 17일.
459. "그 집단을 지휘하고, 그 집단의……." "The proletariat on a false scent", W. R. Greg, *Quarterly Review*, CXXXII(1872년 1월), p.133.
459. "나는 지금 이 순간 영광스럽게도……." KM가 Ludwig Kugelmann에게 보낸 편지, 1871년 6월 18일.
460. "관계자 귀중, 어제 귀신문의……." *Pall Mall Gazette*, 1871년 6월 9일.
461. "귀하는 지금 내 명예를……." *Pall Mall Gazette*, 1871년 7월 3일.
461. "그것은 인격화된 안락이라고……." *The World*, New York, 1871년 7월 18일.
465. "힘든 일이오. 아침과 저녁에……." KM가 Jenny Marx에게 보낸 편지, 1871년 9월 23일.
467. "이 유대인의 세계는 단일한……." *Archives Bakounine, Karl Marx's Theory of Revolution, Volume IV : Critique of Other Socialisms*, p.296에 번역 수록.
469. "인터내셔널은 창립 이래 가장 심각한……." *Les Prétendues Scissions Dans L'Internationale*(Co-operative Press, Geneva, 1872).
470. "만일 그 소문이 사실이라면……." *Een Zesdaagsch International Debat*(Dordrecht, 1872), *KMIR*, pp.114-15에 번역 수록.
470. "일반인은 회의가 열리는……." Nicolaievsky and Maenchen-Helfen, p.382.
470. "성난 목소리들이 폭풍처럼 휘몰아치는……." *The Times*, 1872년 9월 7일.
471. "마침내 인터내셔널 대회의 진짜 회의가……." Nicolaievsky and Maenchen-Helfen, p.384.
472. "그것은 쿠데타였다……." *Report of the Fifth Annual General Congress of*

the International Working Men's Association held at the Hague, Holland, 2-9 September 1872, Maltman Barry(London, 1873).

473. "나는 너무 과로하고 있습니다……" KM가 Nikolai Danielson에게 보낸 편지, 1872년 5월 28일.
473. "다음 대회가 몹시 기다려집니다……" KM가 César de Paepe에게 보낸 편지, 1872년 5월 28일.
476. "다음의 단순한 법칙이 우리 행동의……" *Violence dans la violence : le débat Bakounine-Necaev*, Michael Confino(Maspero, Paris, 1973), p.88; 또 *Karl Marx's Theory of Revolution, Volume IV : Critique of Other Socialisms*, p.302 참조.

12. 털 깎은 고슴도치

480. "그는 늘 건강하고, 정력적이고……" Jenny Marx가 Friedrich Adolph Sorge에게 보낸 편지, 1877년 1월 20일 또는 21일.480
480. "롱게는 아주 재능있는 사람이에요……" Jenny Marx가 Wilhelm Liebknecht에게 보낸 편지, 1872년 5월 26일.
481. "나는 검둥이처럼 뼈 빠지게……" Jenny Marx(딸)가 Eleanor Marx에게 보낸 편지, 1882년 4월 10일, *Eleanor Marx, Volume I : Family Life 1855-83*, Yvonne Kapp(Lawrence & Wishart, London, 1972), p.240에서 인용.
481. "그들이 증거를 제출하기 전……" *Autobiographic Memoirs*, Frederic Harrison(London, 1911), Vol.2, p.33.
482. "나를 비롯한 많은 사람들을 속여……" KM가 Friedrich Adolphe Sorge에게 보낸 편지, 1874년 8월 4일.
482. "롱게는 마지막 프루동주의자이고……" KM가 FE에게 보낸 편지, 1882년 11월 11일.
483. "단 하나의 예외를 제외하면……" Jenny Marx(딸)가 Ludwig and

Gertrud Kugelmann에게 보낸 편지, 1871년 12월 21-22일.
483. "나는 그 친구에게 아무것도……" KM가 FE에게 보낸 편지, 1873년 5월 31일.
484. "사랑하는 무어, 한 가지 묻고 싶어요……" Eleanor Marx가 KM에게 보낸 편지, 1874년 3월 23일, *Eleanor Marx, Volume I : Family Life 1855-83*, Yvonne Kapp(Lawrence & Wishart, London, 1972), pp.153-4에 번역 수록.
485. "그곳은 사람들로 꽉 찼어……" Eleanor Marx가 Jenny Longuet에게 보낸 편지, 1882년 7월 1일.
486. "나는 불행히도 아버지의 코만……" Eleanor Marx가 Karl Kautsky에게 보낸 편지, 1896년 12월 28일.
487. "아빠도 의사도 또한 누구도……" Eleanor Marx가 Jenny Longuet에게 보낸 편지, 1882년 1월 8일.
487. "그 이후 몇 달 동안 나는 몹시……" KM가 Nikolai Danielson에게 보낸 편지, 1873년 8월 12일.
487. "얼굴이 완전히 시커매졌네……" KM가 FE에게 보낸 편지, 1873년 8월 30일.
487. "졸중에 걸릴 심각한……" KM가 Friedrich Adolph Sorge에게 보낸 편지, 1873년 9월 27일.
488. "나는 이따금씩 살아 있다는 표시를……" KM가 Ludwig Kugelmann에게 보낸 편지, 1874년 1월 19일.
489. "카를 마르크스—귀화 건……" File HO45/9366/36228, Public Record Office, London.
490. "우리 둘다 엄격한 규칙에 따라……" KM가 FE에게 보낸 편지, 1874년 9월 1일.
490. "그의 집안에서 벌어지는 일 때문에……" KM가 FE에게 보낸 편지, 1874년 9월 18일.
491. "그는 늘 적절한 말, 놀랄 만한 비유……" *Sprudel*(Vienna), 1875년 9월 19일, *KMIR*, pp.124-5에 번역 수록.

493. "당시 어디에서나 사람을……" "Going to Canossa", August Bebel, *RME*, p.216.
493. "그는 아주 상냥했다……" "Visits to Karl Marx", Nikolai Morozov, *RME*, p.303.
493. "그는 가부장처럼 초연한 태도로……" *Aus den Jahren meines Exils : Erinnerungen eines Sozialisten*, Eduard Bernstein(Berlin, 1919), *KMIR*, pp.152-3에 번역 수록.
494. "마르크스가 나를 어떻게 생각했는지……" *Aus den Frühzeit des Marxismus*, Karl Kautsky(Prague, 1935), *KMIR*, pp.153-6에 번역 수록.
495. "다른 사람들이 나에 대해……" *Chicago Tribune*, 1879년 1월 5일.
495. "나는 성가시게 구는 일에……" KM가 Ferdinand Domela Nieuwenhuis에게 보낸 편지, 1881년 2월 22일.
495. "그는 키가 작고 몸집도……" Sir Mountstuart Elphinstone Grant Duff MP가 Crown Princess Victoria에게 보낸 편지, 1879년 2월 1일, "A Meeting with Karl Marx", *Times Literary Supplement*, 1949년 7월 15일에 처음 공개.
497. "그는 발자크의 소설《미지의 걸작》에서……" "Karl Marx, Persönliche Erinnerungen", Paul Lafargue, *Die Neue Zeit*, Vol. IX, pt 1(1890-1), *KMIR*, p.73에 번역 수록; 또 "Karl Marx and the Promethean Complex", Lewis S. Feuer, *Encounter*, Vol. XXXI, No.6(December, 1968), p15.
498. "선생께, 영광스럽게도 자본에 대한……" Charles Darwin이 KM에게 보낸 편지, 1873년 10월 1일.
499. "영국식으로 서툴게 전개되기는……" KM가 FE에게 보낸 편지, 1860년 12월 19일.
499. "다윈의 책은 매우 중요하며……" KM가 Lassalle에게 보낸 편지, 1861년 1월 16일.
499. "이것은 다윈으로부터 매우 의미있는……" KM가 FE에게 보낸 편지,

1866년 8월 7일.

500. "선생께, 선생의 친절한 편지와……" Charles Darwin이 Edward Aveling에게 보낸 편지, 1880년 10월 13일. 이 편지와 1873년 10월의 다윈의 편지는 암스테르담의 IISH에서 찾아볼 수 있다. 두 편지 모두 누군가--아마 에이블링 자신이겠지만--잉크를 쏟아 똑같은 자국이 남아 있다. 이 자국들은 마르크스의 편지에 있는 자국보다 약간 더 희미하기 때문에 사람들은 잉크를 엎질렀을 때 이 문건들이 함께 그의 책상에 있었으며, 1880년 편지가 맨 위에 있었다고 추론한다. Marx-Darwin의 신화에 대해 더 보려면 다음을 참조하라. "The Contacts Between Karl Marx and Charles Darwin", Ralph Colp Jr., *Journal of the History of Ideas*, Vol. XXXV, No.2(1974년 4월-6월), pp.329-38; "Did Marx Offer to Dedicate *Capital* to Darwin?", Margaret A. Fay, *Journal of the History of Ideas*, Vol. XXXIX, No.1(1978년 1월-3월), pp.133-146; "The Case of the 'Darwin-Marx' Letter", Lewis S. Feuer, *Encounter*, Vol. LI, No.4(1978년 10월), pp.62-77; "Marx and Darwin : A Literary Detective Story", Margaret A. Fay, *Monthly Review*(NY), Vol.31, No.10(1980년 3월), pp.40-57; "The Myth of the Darwin-Marx Letter", Ralph Colp Jr., *History of Political Economy*(Duke University, North Carolina), Vol.14, No.4(1982년 겨울), pp.461-481.

501. "다윈은 신중하게 말을 골라 쓴……" *Karl Marx*, Isaiah Berlin (Thornton Butterworth, London, 1939), p.218.

503. "마르크스가 《자본》을 다윈에게……" "From Hoax to Dogma : A Footnote on Marx and Darwin", Shlomo Avineri, *Encounter*, Vol.XXVIII(1967년 3월), pp.30-32.

504. "다윈은 마르크스와는 달리……" *Spectator*, 1998년 10월 17일.

505. "마르크스는 영국에서 오래 살았지만……" "Karl Marx and German Socialism", John Macdonnell, *Fortnightly Review*, 1875년 3월 1일.

505. "교수님의 편지에 매우 감사를……" Macmillan & Co.(London)가

Professor Carl Schorlemmer에게 보낸 편지, 1883년 5월 25일.
506. "이 책이 번역될 가능성은 없습니까······" Robert Banner가 KM에게 보낸 편지, 1880년 12월 6일.
506. "특히 영국에서는 요즘 칼 끝에······" *The Record of an Adventurous Life*, H. M. Hyndman (Macmillan, London, 1911), pp.271-2.
506. "케임브리지 크리켓 대표선수에 뽑히지······" *The Proud Tower : A Portrait of the World Before the War, 1890-1914*, Barbara Tuchman (Macmillan, London, 1980), p.360.
507. "우리가 말하는 방법은 독특했다······" Hyndman, p.273.
508. "특히 우스꽝스러운 장면이 나올 때는······" "My Recollections of Karl Marx", Marian Comyn, *Nineteenth Century and After* (London, 1922), pp.161 이하.
508. "하인드만 부부가 우리 집에······" KM가 Jenny Longuet에게 보낸 편지, 1881년 4월 11일.
509. "1854년에 태어난 어니스트 벨포트 백스는······" *The Victorian Encounter with Marx : A Study of Ernest Belfort Bax*, John Cowley (British Academic Press, London & New York, 1992).
510. "이것은 새로운 사상에 대한······" KM가 Friedrich Adolphe Sorge에게 보낸 편지, 1881년 12월 15일.
511. "이 휴가는 특히 마르크스에게······" FE가 Johann Philipp Becker에게 보낸 편지, 1880년 8월 17일.
511. "의사 선생님, 정말이지 나는······" *Eleanor Marx*, Vol.1, Yvonne Kapp (Lawrence & Wishart, London, 1972), pp.215-16에서 인용.
512. "가장 견디기 어려운 일은······" KM가 Nikolai Danielson에게 쓴 편지, 1881년 2월 19일.
512. "나로서는 이 역사의 전환기에······" KM가 Jenny Longuet에게 보내는 편지, 1881년 4월 29일.
513. "우리끼리 이야기지만, 집사람 병은······" KM가 Friedrich Adolph Sorge에게 보낸 편지, 1881년 6월 20일.

513. "예니헨은 천식이 심하더군……" KM가 FE에게 보낸 편지, 1881년 8월 9일.
514. "그애는 몇 주 동안 거의……" KM가 FE에게 보낸 편지, 1881년 8월 18일.
514. "마지막에 가까워진다……" KM가 Karl Kautsky에게 보낸 편지, 1881년 10월 1일.
514. "외부의 사건 가운데 마르크스에게……" FE가 Eduard Bernstein에게 보낸 편지, 1881년 11월 30일.
515. "우리는 바깥 생각만 하는……" KM가 Jenny Longuet에게 보낸 편지, 1881년 12월 7일.
517. "폭풍우가 휘몰아치는 강에서……" KM가 Laura Lafargue에게 보낸 편지, 1882년 4월 13일과 14일.
517. "모든 면에서 큰 사람이었다.……" 이 여자는 Virginia Bateman으로, 소설가 Compton Mackenzie의 어머니이다. 그녀의 회고는 *My Life and Times*, Compton Mackenzie(London, 1968), Vol. VII, p.181에서 찾아볼 수 있다.
518. "내가 자식들에게 쓰고 말하는……" KM가 FE에게 보낸 편지, 1882년 5월 20일.
519. "내가 8개월 전부터 겪은……" Jenny Longuet가 Eleanor Marx에게 보낸 편지, 1882년 11월 8일.
519. "내 동년배들이 꽤 많이 죽은 것을……" KM가 Laura Lafargue에게 보낸 편지, 1882년 12월 14일.
520. "점액의 움직임을 자극……" KM가 Dr James M. Williamson에게 보낸 편지, 1883년 1월 6일. 또 *Prometheus Bound : Karl Marx on the Isle of Wight*, Dr A. E. Lawrence and Dr A. N. Insole(Isle of Wight County Council Cultural Services Department, Newport, 1981) 참조.
520. "나는 슬픈 시간을 많이 겪었지만……" *RME*, p.128.
521. "[마르크스의 건강이] 기대만큼……" FE가 August Bebel에게 보낸 편지, 1883년 3월 7일.

522. "인류는 머리 하나만큼……" FE가 Friedrich Adolph Sorge에게 보낸 편지, 1883년 3월 15일.

522. "독일의 사회주의자 카를 마르크스 박사의……" *Daily News*(London), 1883년 3월 17일.

522. "《자본》은 비록 미완성이지만……" *Pall Mall Gazette*, 1883년 3월 16일.

523. "우리는 바닷가에서 잔을 부딪치며……" *New York Sun*, 1880년 9월 6일.

■ 찾아보기

인명

ㄱ

가리발디, 주세페 343, 378
간스, 에두아르트 41, 51
게바라, 체 5
고트샬크, 안드레아스 186~188, 201
괴테, 요한 볼프강 폰 67, 494, 529
굼페르트, 에두아르트 488, 510, 511
그랜빌 경 457
그레이, 조지 228
그로스미스, 조지 486
그로스미스, 위든 486
그륀, 카를 151~152, 156, 158
그리스도 467
그린우드, 프레더릭 460
글래드스턴, 윌리엄 464, 470, 508
기조, 프랑수아 피에르 기욤 130
기조, 필립 147, 174

ㄴ

나폴레옹 3세(보나파르트, 루이) 219, 312, 328, 378, 391, 442, 444~445, 447
나폴레옹, 보나파르트 44, 330, 446
네차예프, 세르게이 464, 474~476
노스트라다무스 412
노이만, 구스타프 R. L. 530
니체, 프리드리히 346

ㄷ

다윈, 찰스 498~499, 501~504
단테 306
당통, 조르주 자크 43
더프 경, 마운트스튜어트 엘핀스턴 그랜트 495~497
데무트, 프레디 237~242, 527
데무트, 헬레네 132, 213, 237, 303, 335, 363, 479, 514, 518, 521, 525

찾아보기 577

도스토예프스키, 표도르 미하일로비치 435
돈 후안 343
돌레샬, 라우렌츠 70
둔커, 프란츠 319, 321, 324
뒤퐁, 외젠 387
드레이퍼, 헬 384
드롱케, 에른스트 147, 183, 190, 192
디드로 529
디즈레일리, 벤자민 121, 333
디킨스, 찰스 211, 213, 216, 220, 269, 374, 418

ㄹ

라다츠, 프리츠 346, 436
라마르틴, 알퐁스 드 91
라살, 페르디난트 83, 286, 291, 314, 316~324, 334, 337~347, 391, 438~439, 467, 499
라이마루스 42
라이턴, 프레데릭 486
라파르그, 폴 34, 389~390, 397~398, 450, 471, 481~482, 510, 526
러셀, 존 261
레닌, 블라디미르 일리치 526
레비, 구스타프 318
레비, 조지프 모지스 333, 340

레스너, 프리드리히 60, 142, 166, 176, 239, 387, 389, 439
레싱, 고트홀트 에프라임 37, 58
레오폴 1세 130, 177
레이, 존 349, 350
로베스피에르, 막시밀리앙 프랑수아 43
로스차일드, 네이션 마이어 467
로이드, 새뮤얼 존스 262
롱게, 샤를 450, 471, 480~482, 510, 512
롱게, 에드가 493
롱게, 리틀 조니(장) 518
루게, 아르놀트 45, 55, 57, 70, 73, 80~81, 85, 91~100, 108, 235, 274
루크라프트, 벤저민 455
루텐베르크, 아돌프 58, 68, 72
뤼베, 빅토르 르 378~379, 385, 389~390
류바빈 474, 476
르드뤼 롤랭 274
르루, 피에르 67, 91
리사가레, 이폴리트 프로스페르 올리비에 483~484, 486
리사그라레, 프로스페 올리비에 450
리슐리외 343
리카도, 데이비드 101, 104, 314,

355
리프크네히트, 빌헬름 60, 109, 173, 215~217, 229, 169, 300, 305, 326, 335, 352, 353, 354, 387, 391, 448, 480
링컨, 에이브러햄 378

ㅁ

마르크스, 라우라 35, 133, 158, 212, 213, 241, 304, 363, 368, 389, 397~399, 405, 450, 480~481, 493, 510, 517, 526, 529
마르크스, 루이제 19
마르크스, 에드가 158, 511, 519
마르크스, 엘레아노르 19, 35, 83, 97, 106, 238, 241, 293, 297, 304, 323, 363, 368, 399, 450, 481, 483~490, 492, 503~504, 508, 512~521, 525~526
마르크스, 예니(헨) 35, 94, 96, 158, 212, 304, 341, 351, 363, 368~399, 450, 471, 480~486, 493, 508, 510, 512~513, 518~520, 529
마르크스, 하인리히 22~24, 26~31, 33, 39, 45~48, 178
마르크스, 헨리에테 21, 24, 28, 33, 337, 365~366
마오 쩌둥 5, 7

마이스너 405~406
마이어 530
마이엔, 에두아르트 68
마치니, 주세페 269, 274, 343
매슈, 콜린 531
맥팔레인, 헬렌 175
맬서스 499
메링, 프란츠 20, 72
메이휴, 헨리 209, 272
메테르니히 97, 174, 176
메피스토펠레스 482
멘델스존, 모제스 37
모로조프, 니콜라이 493
몰, 요제프 141, 145, 158, 180
무어, 새뮤얼 175, 239, 350
무슈, 뱅자맹 콩스탕 르 481~482
뮐러 424
밀, 제임스 101
밀, 존 스튜어트 262, 443
밀턴, 존 517

ㅂ

바그너, 리하르트 253, 435, 438, 509
바르텔레미, 에마누엘 229
바르텔스, 아돌프 372~373
바뵈프, 그라쿠스 108, 141
바우어, 루이스 214
바우어, 브루노 45, 51~55, 57,

63, 76, 84, 96, 110, 123, 125, 136
바우어, 에드가 109, 110, 125, 352
바우어, 하인리히 141, 145, 158, 180
바울 467
바이데마이어, 루이제 335
바이데마이어, 요제프 131, 145, 147, 213, 220, 244, 246, 258, 263
바이틀링, 빌헬름 142~151, 158~159, 258, 380
바쿠닌, 미하일 95, 99, 431, 435~441, 447~448, 457, 464~469, 474~476
반자 대령 258, 264
발라우, 카를 147, 180
발자크, 오노레 드 497
배너, 로버트 506
배리, 몰트먼 470
배젓, 월터 392
백스, 어니스트 벨포트 509~510
밴더필드, 코넬리어스 464
번스, 메리 24, 118, 225, 359~362, 479
번스, 리디어 360, 479~480
벌린, 아이제이어 501~503
베르나이스, 카를 루트비히 99, 157
베르트, 게오르크 147, 184
베른슈타인, 에두아르트 493, 514

베벨, 아우구루이 493
베선트, 애니 503
베스트팔렌, 루트비히 폰 32~37, 54, 57, 79
베스트팔렌, 에드가 폰 31, 33, 79, 131, 147, 396
베스트팔렌, 카롤리네 폰 33, 365
베스트팔렌, 페르디난트 폰 32, 79, 226, 227, 267
베이컨, 프랜시스 42, 301
베제, 카를 에두아르트 267
베커, 헤르만 191
벤담, 제레미 287
보르샤르, 루이 367
보르크하임, 지기스문트 334
보른, 슈테판 147, 182, 184
보른슈테트, 아달베르트 폰 180
보크트, 카를 234, 236, 328, 330~332, 348
볼프, '루푸스' 빌헬름 147, 159, 182, 184, 265, 366~367, 369, 403, 502
볼프, 페르디난트 147, 184
뷔르거스, 하인리히 130
브라우닝 486
브래드래프, 찰스 503
브론티, 샬럿 78
브루스, 레니 384
블랑, 장 조제프 샤를 루이 43,

269, 270, 274, 276
블루멘베르크, 베르너 238
블린트, 카를 327
비스마르크 345, 346, 444
비텐바흐, 후고 26, 27
빅토리아 여왕 211, 284, 315, 341
빌리히, 아우구스트 폰 203, 228, 229, 233, 266, 329
빌헬름 1세 337, 346
빌헬름 4세, 프리드리히 52, 58, 129, 226, 230
빙켈만, 요한 요아힘 42

ㅅ

사비니, 프리드리히 카를 폰 41~42
사이크스, 빌 418
상드, 조르주 155, 438
새뮤얼슨, 폴 412~413
샤퍼, 카를 141, 145, 158, 180, 182, 191
셈프룬, 호르헤 17
셰익스피어, 윌리엄 34, 297, 306, 339, 374, 508, 529
셸리, 메리 77, 105
셸링, 프리드리히 빌헬름 폰 52, 53, 81
솔즈베리 9
쇼, 조지 버나드 485

쇼펜하우어, 아르투어 509
숄레머, 칼 505
슈람, 루돌프 233, 235, 244
슈람, 콘라트 218, 229, 232, 276
슈르츠, 카를 60, 189
슈바르츠실트, 레오폴트 7, 8
슈바이처, 요한 밥티스트 폰 391
슈탈, 율리우스 51
슈트루베, 구스타프 폰 214, 235
슈티르너, 막스 136~139
슈티버, 빌헬름 227
스미스, 애덤 101, 104, 314, 418
스위프트 423
스윈턴, 존 523
스탈린, 요시프 5, 6, 7, 436
스턴, 로렌스 43, 422
스파르타쿠스 529
스피노자, 바루흐 37, 467
실러, 요한 크리스토프 프리드리히 폰 424

ㅇ

아르님, 베티나 폰 76
아바르바넬 348
아비네리, 슐로모 379~380, 502~503
아싱, 루트밀라 338
아이스킬로스 529
안네케, 프리드리히 188~189

안넨코프, 파벨 60, 147
어카트, 데이비드 287~293, 350
에르멘, 페터 224, 479
에머슨, 랠프 월도 479
에베르베크, 아우구스트 헤르만 155
에이버데어 경 457~458
에이블링, 에드워드 B. 503~504, 526
에카리우스, 요한 게오르크 379~381, 385, 410
엘렌, 메리 480
엘리엇, 조지 262
오볼렌스키 공주 440
오언, 로버트 269
오웰, 조지 375
오저, 조지 378~379, 383, 393~394, 455
오코너, 퍼거스 에드워드 272, 273
오하라, 보브 531
요셀로프, 토머스 422
와일드, 오스카 486
우드하우스, P. G. 507
우드헐, 빅토리아 464
웜브랜드, 리처드 8, 9
위고, 빅토르 523
윌리스, 커크 354
윌슨, 에드먼드 423, 425~426
윌슨, 해럴드 411

융, 헤르만 180, 387

ㅈ
자일러, 제바스티안 131, 147
제럴드, 더글러스 374
제우스 315
조지, 프리드리히 아돌프 446, 510, 513
존스, 어니스트 265, 272, 277, 285, 286
존슨, 폴 504
지벨, 카를 338

ㅊ
치머만 338

ㅋ
카, E. H. 220, 436~437, 440
카를리시, S. M. N. 470
카베, 에티엔 91
카스트로, 피델 5
카우츠키, 카를 494
카우츠키, 민나 494
카터, 제임스 394
칼라일, 토머스 110, 210
케플러 529
코벳 458
코슈트, 라요시 269
코시디에르 43

코와코프스키, 레셰크 414~415
코크런, 알렉산더 바일리 457
콩시데랑, 빅토르 67, 91
쾨펜, 카를 프리드리히 62
쿠겔만, 게르트루트 407~408, 490
쿠겔만, 루트비히 355, 391, 406~408, 428~430, 459, 483, 490~491
쿠겔만, 프란치스카 407
쿡, 피터 491
크리게, 헤르만 147, 149
크리머, 윌리엄 래들 385, 388, 393~394
크리스티, 애거사 455, 468
클래플린, 테네시 464
킹켈, 고트프리트 61, 213, 234, 236, 263, 269

ㅌ

터퍼, 마틴 528
테니슨, 앨프리드 315
테일러, 허버트 288
테호프, 구스타프 329, 330
텔러링, 에두아르트 폰 뮐러 233, 234
토머스, 키스 285
톨랭, 앙리 루이 390, 395
트레모, 피에르 499~500
트로츠키 436

티에르, 루이 아돌프 448~449, 452, 454

ㅍ

파머스턴, 헨리, 존 템플 228, 261, 273, 289, 290, 377
파브르, 쥘 451, 456, 460
파에데, 세자르 드 473
파엔더, 카를 216
팬더, 카를 387, 389
퍼니볼, 프레드릭 제임스 485
페롱, 샤를 441, 442
페이, 마거릿 503
페인, 로버트 8, 379, 457
포이어바흐, 루트비히 31, 52, 81, 82, 96, 125, 134, 137
포퍼, 카를 411~412, 415
폭스, 피터 385, 506
푸리에, 샤를 92, 108
푸터, 찰스 486
프라이베르거, 루이제 238, 241
프라일리그라트, 페르디난트 131, 147, 212, 281, 318, 373, 396, 410
프루동, 피에르 조제프 67, 92, 108, 151~156, 158, 436
플레클스, 페르디난트 511
플로콩, 페르디낭 177
피카르, 에르네스트 451, 453
피카르, 아르튀르 451

피퍼, 빌헬름 252, 276, 298
필립, 루이 346
필립스, 리옹 222, 337, 341, 347, 368

ㅎ

하니, 조지 줄리언 272, 273, 350, 375~377
하이나우 376~377
하이네, 하인리히 37, 58, 96, 97, 99, 100, 115, 146, 491, 494
하인드만, 헨리 메이어스 506~510
하인첸, 카를 63~65, 131, 214
하일베르크, 루이스 147
해리슨, 프레드릭 481
헤겔, 게오르크 빌헬름 프리드리히 36~41, 44~45, 57~58, 81, 95, 97, 107, 134~137, 168, 314, 335, 345, 426
헤라클레이토스 317, 319
헤르베그, 게오르크 60, 92~93, 98~99, 159, 180
헤스, 모제스 58, 68, 124, 131, 147, 151
헤커 194
홉스봄, 에릭 377
호메로스 34, 297
히틀러 84

책·신문·잡지

ㄱ

《가치, 가격, 이윤》 415, 417
《게르마니아》 42
《경제학 철학 원고》(파리원고) 101, 107, 314
《공산당 선언》 9, 88, 163, 181, 239, 330, 346, 350, 386, 419~420
《과거와 현재》 110
《긴 하루》 17

ㄴ

《나의 투쟁》 84
〈나치오날 차이퉁〉 331, 332
〈노던 스타〉 215, 271
〈노이에 라이니셰 차이퉁〉 182, 185, 187, 189~193, 200~202, 264, 273, 337, 366, 437
〈노이에 라이니셰 차이퉁 폴리티쉬 외코노미셰 레뷔〉 218
〈노이에 오더 차이퉁〉 251, 277, 279, 283
〈뉴요커〉 10, 11
〈뉴욕 데일리 트리뷴〉 251, 259, 260, 282, 290, 302, 308~310, 320, 337, 342, 350
〈뉴욕 선〉 523

ㄷ

《다사다난한 삶의 짧은 기록》 242, 245
〈다스 폴크〉 328
〈더 타임스〉 185, 193, 210, 215, 350, 448, 458, 470, 492, 522
〈데일리 뉴스〉 522
〈데일리 텔레그라프〉 333, 340
〈도이체 런더너 차이퉁〉 200
〈도이체 브뤼셀러 차이퉁〉 167, 176
〈독일 연보〉 57, 58, 70, 73, 74
《독일 이데올로기》 134~140, 153
〈독일-프랑스 연보〉 74, 80, 81, 83, 92~93, 95, 97, 99, 110
〈디 레볼루치온〉 263, 321

ㄹ

〈라 레포름〉 177, 180
〈라이니셰 차이퉁〉 56, 58, 60, 63, 66~68, 70, 72, 74, 77, 81, 94, 109, 110, 131, 182, 325, 373
〈라 쥐스티스〉 512
〈랭테르나쇼날〉 460
《런던의 노동과 런던 빈민》 272
〈레드 리퍼블리컨〉 175, 274, 350, 377
《렐렉튀 리브르》 451
《로이버》 424

《루이 보나파르트의 브뤼메르 18일》 20, 43, 263, 334, 445
〈르 프랑세즈〉 471
《리처드 3세》 424

ㅁ

〈마르크스주의의 깃발 아래〉 501
《망명의 위인들》 213, 234, 235, 263, 265, 267
〈맨체스터 가디언〉 120
《모두를 위한 영국》 508
〈모던 소트〉 509~510
《무신론자이자 적 그리스도인 헤겔을 심판하는 최후의 수단》 55
〈미들 마치〉 262
《미지의 걸작》 497

ㅂ

《법 철학》 168
《보크트 씨》 234, 334, 335
《붉은 프로이센인》 7
《빈곤의 철학》 92, 153

ㅅ

《사슬에서 풀려난 프로메테우스》 77
〈상트페테르부르크 저널〉 426
《새 미국 백과사전》 309, 312, 321
〈새터데이 리뷰〉 426

《성 가족》 123~124, 407
《수사학》 42
〈스펙테이터〉 225, 226, 458
〈시카고 트리뷴〉 492
《신앙 고백》 131
《실트》 424

ㅇ

〈아베니 리베랄〉 463
〈아우크스부르크 알게마이네 차이퉁〉 67, 328
《악령》 435
〈알게마이네 리테라투르 차이퉁〉 125
《야콥 그림이 자신의 퇴직에 관하여》 114
《어느 무명인사의 일기》 486
《영국 노동 계급의 상태》 118, 132, 359, 418
《영국 헌법》 392
《예술사》 42
《오이디푸스》 424
《올리버 트위스트》 418
〈옵서버〉 459
〈울라넴〉 9, 44
〈유대인 문제에 대하여〉 468
《율리시즈》 315
〈월드〉 461, 463
《은밀한 적》 455

〈이코노미스트〉 120, 185
《인간과 다른 존재의 기원과 변화》 499
《인간의 현재와 지향해야 할 미래》 142
〈인카운터〉 502~503
《인터내셔널 내부의 허구의 불화》 468
《일리아스》 315
《잉여가치 학설사》 423

ㅈ

《자본》 37, 120, 217, 231, 236, 239, 314, 349, 367, 383, 388, 393, 395~396, 404~406, 410~411, 413~415, 417~420, 423, 425~428, 431, 450, 474, 492, 498, 500~505, 507~511, 522, 525, 530
《재산이란 무엇인가?》 91
〈전갈과 펠릭스〉 43~44
〈젊은이의 직업 선택에 관한 고찰〉 20
《정치경제학 비판》 110, 134
《정치경제학 비판을 위한 논문》 373
《제인 에어》 78
《조화와 자유의 보증》 143~144
《종의 기원》 499, 500, 505

〈주르날 오피시엘〉 450

ㅊ
《철학의 빈곤》 92, 153~155
《철학 개혁에 관한 예비 테제》 81

ㅋ
《카를 마르크스는 악마 숭배자였나?》 8
〈컨템퍼러리 리뷰〉 349, 426
〈코뮌의 역사〉 483
〈쾰르니셰 차이퉁〉 56, 192
〈쿼털리 리뷰〉 350, 377, 459

ㅌ
〈태블릿〉 458
〈텔레그라프 퓌어 도이칠란트〉 116, 117
〈텔리그라프〉 185
《트리스트럼 섄디》 43, 422~423
《트리스티아》 42

ㅍ
〈펀치〉 374
〈펠멜 가제트〉 444, 459
〈포어베르츠!〉 99, 100, 129~130, 157
《포이어바흐에 관한 테제》 82, 134
〈포트나이틀리 리뷰〉 349, 505

〈폴크스 트리뷴〉 150
《프랑스 내전》 450, 455~457
《프랑켄슈타인》 105
〈프레이저스 매거진〉 458
〈피플스 페이퍼〉 277, 278

ㅎ
〈하게르 다그블라드〉 470
〈하우 두 유 두〉 267
《학생들의 다윈》 503~504
《햄릿》 36
〈헤겔에 대하여〉 39
《헤겔의 법철학 비판 서문》 85
《황폐한 집》 209

옮긴이 **정영목**

서울대 영문과 졸업, 동대학원 수료. 전문 번역가로 활동 중. 주요 번역서로 《신의 가면》, 《눈먼 자들의 도시》, 《클레오파트라의 코》, 《사람과 상징》, 《쥬라기 공원》 등이 있다.

마르크스 평전

첫판 1쇄 펴낸날 2001년 6월 15일
17쇄 펴낸날 2021년 10월 20일

지은이 프랜시스 윈 **옮긴이** 정영목
발행인 김혜경
편집인 김수진
편집기획 김교석 조한나 이지은 유승연 임지원 곽세라
디자인 한승연 성윤정
경영지원국 안정숙
마케팅 문창운 백윤진
회계 임옥희 양여진 김주연

펴낸곳 (주)도서출판 푸른숲
출판등록 2003년 12월 17일 제 2003-000032호
주소 경기도 파주시 심학산로 10(서패동), 3층 우편번호 10881
전화 031)955-9005(마케팅부), 031)955-9010(편집부)
팩스 031)955-9015(마케팅부), 031)955-9017(편집부)
홈페이지 www.prunsoop.co.kr
페이스북 www.facebook.com/prunsoop   **인스타그램** @prunsoop

ⓒ푸른숲, 2001
ISBN 978-89-7184-321-5 03990

* 잘못된 책은 구입하신 서점에서 바꾸어 드립니다.
* 본서의 반품 기한은 2026년 10월 31일까지입니다.